3 伊藤 真 試験対策講座
ITO MAKOTO SHIKENTAISAKU KOUZA

▶債権法序説　　▶債権債務の移転　　▶責任財産の保全
▶債権の効力　　▶債権の消滅　　　　▶多数当事者の債権および債務

伊藤 真[著]
債権総論
第4版

弘文堂

シリーズ刊行に際して

1 初心者にもわかりやすく

　法律は国民のものでなければならない。しかし、現時点ではあまりにもわかりにくい。もっと多くの国民が法律を理解できるようにしなければならない。そのためには内容のレベルを保ったままでわかりやすく伝えることが必要である。本シリーズは司法試験の受験生をはじめとして、一般の法学部生、仕事で法律の学習を必要としているビジネスパーソンの方が、必要十分なレベルを保ちつつ、わかりやすく六法を学習していけるように作成した。本シリーズをきっかけとしてさまざまな分野のできるだけ多くの方が法律に親しんでいただけることを望んでいる。

2 法律を使いこなせるようにすること

　法律は知識としてもっているだけでは、あまり意味がない。すぐに内容は変わるし、数千もある法律の一部にすぎない基本六法を学んだとしても知識としてはたかが知れている。しかし、これを学ぶことで法的な考え方が身につき、法律を使いこなせるようになっていく。これこそが基本六法を学ぶ目的である。

　私たちは法律を手段として学んでいるにすぎない。法律を使って何を実現するかはその人の価値観次第である。もちろん私は一定の思いをもって法律に接しているが、それをみなさんに押しつける気はない。みなさんには六法を使いこなして、自分の目的を実現していってほしい。

　そのためには、知識と考える力、そして表現力をバランスよく学習することが必要である。本シリーズではこの点に一番気をつかった。知識だけでは意味がないが、自分の頭で考えるためには最低限の知識はどうしても必要である。そしてどんなに力があってもそれを一定の制限内で表現できなければ試験には受からないし、実務の現場では使えない。そこでこうした要素をバランスよく学習することが法律を自分のものにして使いこなすためには不可欠なのである。

3 試験対策として現実的であること

　学問としての法律と試験対策としての法律はその学習方法に明らかに差がある。目的が異なるからである。これを無視するといつまでたっても受からない。学問的にしっかりと理解していれば受かるというのは一部の秀才だけである。私は、むしろ、ごく普通の頭の持ち主で、法律を学びたいがその方法がわからないで悩んでいる人を対象に考えている。

　さらに、試験は時間との戦いである。たとえば、司法試験なら7科目を短期間のうちにマスターしなければならない。しかも学生なら3年生のときに就職するか受験を続けるかの決断を迫られる。そのときまでにある程度の学習を終えていなければならない。会社を辞めて試験に専念する決意をされた方は短期合格が死活問題であろう。短期間で、できるだけ効率的に学習できるようにすることが本シリーズの大きな目的である。ただし、どんな試験であろうと、要領やテクニックだけで受かるほど甘くはない。本シリーズでしっかりと基礎固めをしてほしい。

　そして、よい法律家になるには、有効な無駄も必要。基本書、判例百選、先生方の論文に自分であたっていくことによって頭は鍛えられ、また、さまざまな体験を通じての経験的知性によってそれにいっそう磨きがかかっていく。本シリーズがそうしたこれからの学習のパイロットの役割を果たすことができれば幸いである。

伊藤　真

『債権総論[第4版]』はしがき

『債権総論[第3版]』を刊行してから8年以上が経過した。その間、債権法の現代化をめざして、民法改正に向けての大きな動きがあった。具体的には、2009年1月24日の法制審議会民法(債権関係部会)の第1回会議から、2015年2月24日の法制審議会総会による法務大臣への「民法(債権関係)の改正に関する要綱」の答申を経て、民法(債権関係)の改正法案(「民法の一部を改正する法律案」)とその整備法が国会に提出され、2年余りを経た2017年5月26日、参議院本会議において可決・成立した(同年6月2日公布)。一部の規定を除き、2020年4月1日から施行される。

このように、今回の改正は、民法のうち債権関係の分野について、1896年の同法の制定以来約120年ぶりに全面的な見直しがなされたものである。

改正の目的について、法務省ホームページによれば、「今回の改正は、民法のうち債権関係の規定について、取引社会を支える最も基本的な法的基礎である契約に関する規定を中心に、社会・経済の変化への対応を図るための見直しを行うとともに、民法を国民一般に分かりやすいものとする観点から実務で通用している基本的なルールを適切に明文化することとしたもの」と説明されている。

本書は、上記の民法改正(以下、「平成29年改正民法」という)にあわせて、全面的に改訂したものである。改訂に際しては、平成29年改正民法を当然の前提としてその内容だけを示すことも考えたが、これまですでに改正前民法を学習してきた方にとっては、どの部分がどのように改正されたのかの指摘がなければ、平成29年改正民法の内容を十分に理解することは困難に思えた。そのため、本書を制作するにあたっては、可能なかぎり改正前民法との対比をし、平成29年改正民法によってどの部分がどのように改正されたのかを明らかにすることに努めた。そのため、本書では、改正の過程で法務省事務当局が作成した法制審議会民法(債権関係)部会席上配布資料(部会資料)などを引用したり、参考にしたりして、改正の理由を多く記述している。この平成29年改正民法の内容を拾い読みしたい場合や改正前民法との対比に重きをおいた学習をしたい場合には、本文右欄の「← 平成29年改正」も目印にしてほしい。

また、一言に改正といっても、その内容はさまざまな類型に分けることができる。そこで、本書では、改正の類型を整理するに際し、法学教室(有斐閣・2017年3月号・No.438)で特集されていた「〔鼎談〕債権法改正の教え方・学び方」の中での分類の仕方を参考にさせていただき、平成29年改正事項を次頁のように分類した。なお、この分類では、A型は改正前民法のため改正点がないので、本書で指摘した分類はB型とC型ということになる。すでに改正前民法を学習したことのある方は、これを活用してほしい。また、巻末付録の「改正条文一覧」も参考にして、平成29年改正民法によって改正前民法の内容がどのように

変わったのか、あるいは、変わらず維持されたのかを確認してほしい。下記の分類のうち、Ａ２型(規程の不補充・不新設)がわかりにくいので若干説明すると、これは、平成29年改正の過程で補充・新設が検討されたが、結果として、補充・新設されなかった分類を意味している。

> Ａ型　改正前民法の維持
> 　Ａ１型　規定の維持
> 　Ａ２型　規定の不補充・不新設
> Ｂ型　改正前民法の確認・補充
> 　Ｂ１型　規定の整備
> 　Ｂ２型　規定の修正
> 　Ｂ３型　規定の補充・新設
> Ｃ型　改正前民法の修正
> 　Ｃ１型　規定の修正
> 　Ｃ２型　規定の補充・新設

　今回の改訂までの間に、『伊藤塾試験対策問題集』シリーズを刊行することができた。司法試験の論文式問題集はすべての科目の全７巻、予備試験の論文式問題集はすべての法律科目の全９巻が揃っている。予備試験論文式問題集においては、制度が開始された2011年からの全過去問も登載している。本書で得た知識を、試験において使えるようにするために、これらを利用してもらえれば幸いである。

　最後に、本書の改訂に際しては、多くの方の多大なるご助力を得た。特に、伊藤塾(法学館)の書籍出版において従前から貢献していただいている弁護士近藤俊之氏(54期)と弁護士永野達也氏(新65期)には、草稿の段階から細部にわたって目を通していただいた。また、北川陽子氏をはじめ弘文堂の方々および法学館出版編集課長の阿部真由美氏には出版・編集にあたりさまざまなアドバイスを受けた。この場をお借りして、深く感謝を申し上げる次第である。

2018年５月

伊藤　真

【お知らせ】
　今後、次回改訂までのあいだに生じた法改正や新判例および司法試験実施に伴う試験問題の追加・訂正などの新情報は、弘文堂のホームページ(http://www.koubundou.co.jp)にある補遺を更新していく形でお知らせしていきます。

『債権総論[第3版]』はしがき

　『債権総論[第2版補正2版]』を刊行してから4年以上が経過した。前回の改訂は、民法口語化や不動産登記法等の改正といった、おおがかりな法改正に対応するためのものであった。今回の改訂では、この間の社会情勢や試験動向を踏まえて全体をじっくりと見直し、記述の修正や追加を行うなど、内容を充実させることとした。

　債権総論の分野においては、重要な判例が続出しているというわけではないが、改訂にあたっては、これまで掲載されていなかった判例を新たにいくつか追加し、また、すでに掲載されていた判例について説明を追加するなど、その内容の充実を図った。

　試験制度に目を向けると、新司法試験制度が開始してから5年が経過し、法科大学院受験生や法科大学院生、新旧両司法試験受験生その他各種資格試験受験生など、本書の読者は非常に幅広いものとなっている。これに対応して、従来まで収録されていた旧司法試験の問題に加え、新司法試験の短答式試験や論文式試験の問題を新たに収録することとした。問題数も増え、練習問題として各種試験に対応できるものとなっている。

　今回、手を加えた箇所は以下のとおりである。
　①重要な判例の追加を行った。また、すでに掲載されていた判例について、説明を追加した。判例百選が改訂されたことから、これに対応して判例出典番号の修正を行った。
　②利息制限法の改正に伴い、該当箇所の記述を修正した。
　③「○×問題で実力チェック」のコーナーを充実させた。具体的には、新司法試験の短答式試験問題、2005年以降の旧司法試験の短答式試験問題を重複のないように厳選して収録した。問題数が増えているが、いずれも重要な知識を問うもので、問題を解くだけで当該分野を網羅的に復習できるように整理してある。
　　なお、旧司法試験の問題では、元号(H.21-○○問)と表記し、新司法試験の問題では、西暦('09-○○問)と表記した。
　④巻末の旧司法試験の論文式試験問題に、2005年以降のものを追加した。また、新司法試験の論文式試験問題も、出題趣旨とあわせて直近2年分を巻末に掲載した。新司法試験の受験生にとっては学習の目安として使いやすくなったはずである。
　　なお、右欄における出題年の表記は、旧司法試験の問題は従来どおり、元号(たとえば、平成21年度第1問)とし、新司法試験の問題は、西暦(たとえば、2009年度第1問)とした。
　⑤今までの増刷時に加えた情報を整理し、本文をより読みやすくした。また、必要に応じて学説の追加、変更を行った。
　⑥巻末の論証カードを、内容の正確なものに修正し、より答案に使いやすいものに仕上げた。
　⑦参考文献の該当ページを更新した。特に、近年の法改正、新判例に対応すべく、文献の改訂が顕著になっているので、参考にしていただきたい。

　今回の改訂までの間に、『伊藤真の条文シリーズ1　民法Ⅱ[債権・親族・相続]』、『伊藤真の判例シリーズ2　民法』(いずれも弘文堂)を刊行することができた。これらの書籍

では、条文、判例に関する詳しい説明を行っており、本書では扱いきれなかった情報についても幅広くカバーしている。債権総論の学習において、条文・判例の学習が重要であることはいうまでもない。これらの書籍と本書を活用し、めざす試験に向けた学習効率をあげてもらえれば幸いである。

なお、債権法については、2009年3月末に、改正検討委員会が「債権法改正の基本方針」を取りまとめて発表する等、改正に向けての検討作業が進められている。しかし、いまだ法制審議会等での審議が行われているわけではなく、改正が行われる時期についての具体的な見通しも立っていないことから、これまでと同様、本書を活用して、現行法の理解に努めていただきたい。

最後に、今回の改訂にあたっては、2009年度新司法試験に合格された片倉秀次さんをはじめ、鵜之澤大地さん、塩野大介さん、高橋圭一郎さん、中野雅也さん、日野哲志さん、渡部浩人さんという合格者の方々、そして伊藤塾の誇る優秀なスタッフ、弘文堂のみなさんの協力を得て刊行することができた。ここに改めて感謝する。

2009年9月

伊藤　真

『債権総論[第2版補正2版]』はしがき

『債権総論[第2版補正版]』を出してから、3年以上が経過した。その間、重要な最新判例も多くだされ、さらに2004（平成16）年末に口語化民法といわれる比較的大きな改正法が成立する等、民法を取り巻く状況は日々刻々と変化している。

たとえば、この2004年の改正（以下、「平成16年民法改正」という）では、それまで片仮名文語体の表記であった財産法が現代語化されたり、保証契約の要式行為化といった実質的な改正がなされたほか、これまでに確立されていた判例・通説がいくつか条文に反映されている。本書に関連するところでは、前述の保証契約の要式行為化のほか（446条2項、3項）、478条に、「過失がなかったときに限り」という文言が付け加えられ、債権の準占有者に対する弁済の要件として、無過失を要する旨が条文上明らかにされた、などがある。

そこで、このような民法を含む法改正や判例の展開に対応すべく、第2版補正2版として全体を刷新することとした。

今回、手を加えた箇所は以下のとおりである。

①平成16年民法改正によって、若干の条文番号変更、現代語化、口語化がなされたことに伴い、本文中の記載をこれに合わせた。

たとえば、「取消」は「撤回」（407条2項、521条1項等）に、「自己ノ出捐ヲ以テ」は「自己の財産をもって」（443条1項、2項等）に、「懈怠」は「過失」（504条）に、と変わっている。

また、それまでに確立されていた判例・通説が条文に反映された箇所につき本文中で解説を加えた。

②平成16年に改正された不動産登記法や破産法等の内容や表記を修正した。また、同様に、平成16年に改正された債権譲渡特例法（なお、法令名も「動産及び債権の譲渡

の対抗要件に関する民法の特例に関する法律」(動産債権譲渡特例法)に改題)によって、動産登記制度が創設されたため、その内容を付け加えた。

③司法試験択一試験問題・論文問題を付け加えた。

④司法書士試験ランク表を、2004年までの本試験や改正内容に合わせ見直しを行った。

⑤今までの増刷時に加えた情報を整理し、本文をより読みやすくした。

⑥参考文献として、新たに刊行されたものは該当ページを修正した。

今回の改正では、上記のとおり条文が現代語化、口語化されたことにより使用されなくなった用語が複数ある。ただし、これら使用しなくなった用語は、これまでの判例では当然使用されているし、日本語としてなくなったわけではないため、本書では場合に応じて修正をした。今後、法曹界や学会の動向によっては変更もありうるだろう。

そうだとしても、これまでの民法の条文になじめないでいた方も、今回の現代語化によって親しみやすくなったことと思う。これを機に是非日ごろから条文に親しむ習慣をつけていただきたい。

なお、平成16年改正における修正のうち注意しておきたい箇所には、本文右欄に「平成16年改正」の注を付しておいたので、学習する際に役立ててほしい。

この試験対策講座シリーズも新たに行政法を加えることができ、初版時からすると、私が主催する伊藤塾で行っている法律学習を元にしたさまざまな書籍を出版することができた。そのなかでも「オリジナル問題集」(弘文堂)は、多くの司法試験受験生に利用され、すでに第2版として刊行されている。これは司法試験にかぎらず、択一式・論文式のさまざまな試験対策となるため、本シリーズで知識を固めた後にこれらで学習することによって実戦力が養えるだろう。

今後も、本シリーズや伊藤塾の書籍を効果的に利用し、めざす試験へ向けて学習をしてもらえれば幸いである。

2005年4月

伊藤　真

『債権総論[第2版補正版]』はしがき

本書は、これまでのシリーズと同じく幾度かの増刷に際して、最新判例や司法試験の本試験問題、新しく成立した関係法を入れるなど、紙面の制約のなかで可能なかぎり常に新しい情報を提供してきたつもりである。

しかし、それも第2版から2年以上が経ち、今までの紙面では対応できなくなった。そこで、『民法総則[第2版補正版]』『親族・相続』に続き、本書も補正版として全体を刷新することとした。

今回、手を加えた箇所は、以下のとおりである。

①今年(2001〔平成13〕年)の司法試験択一問題・論文問題を付け加えた。

②今までの増刷時に加えた情報を整理し、本文をより読みやすくした。

③『民法判例百選Ⅰ・Ⅱ』の第5版刊行に伴い、判例出典番号の修正を行った。その他の参考文献も新しく刊行された書籍は、該当頁を修正した。

④巻末に、司法書士試験ランク表を加えた。

　法律を学ぶ者の状況は、今、急速に変化を遂げようとしている。6月に内閣に提出された司法制度改革審議会の答申でもこれからの法学教育の充実が期待されている。そして何よりも、司法書士などの隣接職種の法律家としての役割が今後よりいっそう大きくかつ重要になることが明らかにされた。

　本シリーズは幸い、大学の講義の予習・復習に役立つばかりでなく、司法試験・公務員試験・公認会計士試験・大学の期末試験、そして司法書士試験の試験対策にもきわめて有用と高い評価をいただいており、私としてはとてもうれしく思っている。

　そこで、今回第2版補正版として刷新するにあたり、司法書士試験対策にとってより有用となるように「司法書士試験ランク表」を巻末に加えた。他の科目についても今後加えていく予定である。このランクは、学習の優先順位の参考になるように付けたため、本文の項目内にある論点のランクとは異なる場合があるが、すべて合格に必要な論点であるので、Cランクであってもおおまかには理解しておいていただければと思う。

　今後もこれまでどおり、本書が読者の方のそれぞれの目的達成のために役立つことを願ってやまない。ぜひ有効活用してほしい。

　　2001年10月

伊藤　真

『債権総論［第2版］』はしがき

　本書は、試験対策講座3『債権総論』の第2版である。今回、改訂にあたって改めた点は以下のとおりである。初版同様、各種試験対策として活用していただければとてもうれしく思う。

1 択一形式の問題への対応

　①択一式試験の直前に見直したほうがいいと思われる知識については、新たなコーナーとして、「択一前チェック・ポイント」を設けた。
　②知識の確認のため、各章の末尾に択一過去問を1問1答のかたちで入れた。

2 本文について

　①いくつかの項目について新たにつけ加えたのでより理解しやすくなったと思う。
　②若干わかりにくい表現をさらにわかりやすく改めた。
　③各種試験（特に司法試験）には不要と思われる記述は思い切ってカットし、よりメリハリのついた実践的なものにした。法律の学習は知識を増やすことよりも自分の頭で考えることのほうが重要である。その場合に必要となる知識はすべて網羅してある。
　④平成10年度の司法試験の論文問題を右欄につけ加えたうえで、昭和24年から平成10年までのすべての問題を最後に掲載し、各問題についての本書での説明部分を明記した。具体的なイメージをもちながら学習することはきわめて効果的である。適

宜参照してほしい。

⑤参考文献は最新のものに改めた。

3 判例について

①最新判例を付け加えた。各種試験(特に司法試験)に出題が予想される判例は、ほぼ網羅した。事案も含めて具体的理解が必要なものはやや詳しく紹介してある。

②各種試験(特に司法試験)には細かすぎると思われる判例はカットした。判例もまずメリハリをつけて学習することが効果的だからである。

4 論点について

①各種試験(特に司法試験)には細かすぎると思われる論点は、削除した。最近の試験の動向は、基本的な問題を自分の頭で考えることを要求しているので、本書の論点で必要十分である。

②削除するにいたらない論点も、通説を理解しておけば十分なものは、反対説をあげず、結論だけに改めた。特に初学者が学習する際に混乱しないようにするための配慮である。

③記述がわかりにくいものは、わかりやすく改めた。

5 論証について

①不足していた論点に関する論証を追加した。

②論証中の不必要な記述を削除し、わかりにくい表現は、わかりやすく改めたのでより実践的なものになっている。

③試験直前に論証を使いやすいように、巻末にまとめた。各種試験直前にざっと見渡して論証の筋を確認してほしい。ただ、くれぐれも丸暗記にならないように留意していただきたい。

④キーワードを緑の太字で表示し、わかりやすさに努めた。

⑤論証のランクは、論点理解のための必要度とアウトプットのための必要度とは異なることもあるので、必ずしも論点のランクと一致していない場合もある。

1999年7月

伊藤　真

はじめに

　本書は、これまでのシリーズと同じく各種試験対策用に書かれたものであるが、本書の目的、特長と使い方、法律の勉強方法などについてはじめに述べておこうと思う。

1 本書の目的

(1) 各種試験対策として最適

　本書は、司法試験、公務員試験、公認会計士試験、司法書士試験など民法を重要な試験科目にしている各種資格試験対策として最適である。合格に必要な論点はすべて網羅しており、論証例も豊富に入れた。また、司法試験をはじめとして各種試験対策という点でのメリハリをつけているので無駄がない。民法の学習を短期間で仕上げたいと考えている方には最適である。なお、学問的には重要な部分であってもこの趣旨から割愛している部分もあるが試験対策としては本書で必要十分である。

(2) 大学の期末試験対策として最適

　大学の期末試験対策のための独習用としても利用していただけるはずである。本書でAランク指定をしている基本概念や重要論点を確認しておけば、先生の講義のノート(ときにコピー)を復習する際に、各先生の独自の見解や学問的な最先端の議論の部分がよくわかり効果的な試験対策ができる。

(3) 大学での法律学習の予習用として最適

　一般的には大学での講義はある程度の予習をしてくることを前提にしている。ところがこれまで1人で予習するのに最適な参考書はなかった。学問的にはすぐれていても難解であったり他の部分を学習していることを前提にしていたりで、なかなか先に進めない。これでは予習がつらくなって、つい何もしないで講義に臨むことになる。すると講義を理解できないのでおもしろくなくなって出席しなくなる。これではせっかくすばらしい先生の講義が聴けるのにもったいない。本書で、ざっと予習をして大方の理解をもってから講義に臨むことをお勧めする。授業の復習の際に本書でポイントを確認していただければ更に効果的である。

2 本書の特長

【1】 構成上の特長

　本書では、各テーマごとに基本的な説明から入り、必要に応じて具体例を講義の実況中継風の説明として入れてある。わかりやすく情報を伝えるためにはこうした形式のほうが効果的なことがあるからである。どんなに高度な内容も受け手に伝わらなければ意味がないという徹底した受講生本意主義の講義を今までやってきたので、若干の繰り返しになることもおそれずに具体例を説明している。これでかなりイメージがもちやすくなっているはずである。

　そしてこのように1つひとつ論点をクリアーしながら、最後は答案を書く助けになるように論証でしめくくっている。

【2】 内容上の特長

(1) 重要論点をすべて網羅

司法試験をはじめとして各種試験合格に必要な論点はすべて網羅してある。どのような試験でもそうだが、合格するには重要基本論点をまずしっかりとマスターし、それを使ってそれ以外の発展論点を理解していくという手順をとることが効率的である。

(2) 論証パターンによる論証例つき

どんなに理解できていても書けなくては意味がない。そこで実際にどう書くかのサンプルとして論証例を豊富に入れてある。

(3) フローチャートによる理解

法的思考力の育成にはフローチャートによる学習が効果的である。そこで図表とともにフローチャートを活用し理解を助けている。特に債権総論の場合は、重要な概念の相互関係が重要である。債務不履行と危険負担、担保責任などの相互関係や、これらが債務者の帰責性や特定物・不特定物によってどう変化するかなど、ダイナミックな債権法を理解するにはフローチャートが最適である。

(4) 重要度がわかるランクづけとメリハリ

勉強の仕方や重要度がわかるように随所にランクづけやコメントが入っているので、全体にメリハリがきいていて無駄を省いた効率的な学習ができる。まずはAランク指定の論点だけでもマスターするとずいぶん債権法が身近になるはずである。そして早めに債権各論の勉強に移り、ざっと債権各論も目を通してからまた再びこの債権総論に戻るとよい。債権法においては総論と各論は一体だからである。

【3】 体裁上の特長

(1) チャート、図表を多用、さらに2色刷り

このため、ビジュアルな理解が容易になった。法律の学習はイメージの修得が重要であるため、こうした工夫は学習効率に大きく影響する。

(2) ポイントになる用語、定義は太字

どこが重要な概念かが一目でわかるように工夫した。復習の際にはこうしたキーワードを追っていけばいいので、これにより復習の時間が大幅に短縮されるはずである。

(3) 欄外の活用

右欄に見出しや判例、参考文献、司法試験問題を入れて、これらへのアクセスを容易にした。なお、メモ欄としても有効活用していただきたい。特に司法試験での出題頻度を知ることで、その論点の重要度がイメージできると思う。

③ 本書の使い方

【1】 本文の使い方

本文の部分では、基本概念の具体的なイメージと論点相互の関係を意識してほしい。また、議論の流れも重要である。バラバラの知識としてではなく、一本の筋のとおった流れとして全体を把握するようにつとめていただくと民法が小さく感じられるようになると思う。そのためには目次を重視してほしい。どこでどんな論点が問題になっていたかをしっかりと記憶することは、具体的な問題を解くうえで重要である。特に、債権法では相互に関連した論点や概念が多くでてくるので、その関係を把握することがはじめの段階ではきわめて重要である。ある論点を単独で知っていてもまったく役に立たないところが債権法

の難しいところである。しかし、逆にいえば、概念相互の関係を知り、その論点の位置づけを理解できたら実は簡単なのも債権法の特徴である。なお、図表は読者のみなさんのイメージ作りの助けになるようにというものである。作図しながら事案を把握することは民法的な事案分析能力を養成するためには不可欠の訓練である。その意味では判例百選が素材としては最適である。

　最近の試験の傾向は、細かな最先端の論点よりも基本論点を使って自分の頭で考えられるかが問われるようになっている。当たり前のことではあるが、現場では毎日新しい論点が生みだされている。実務家はこれらに対して自分の頭で考えて結論をださなくてはならない。よって、各種試験ではそれに対応できるか、その素養があるかを試されている。具体的には基礎知識と応用力である。最新論点を知識として追いかけてもきりがない。重要なことは新しい問題に直面したときにそれを自分で解決できる思考回路をつくることである。そのためにはまず重要基本論点を自分のものにしなければならない。はじめから細かな最先端の論点まで手をだすとそれらを知識として吸収しようとするクセがついてしまう。それではいつまでたっても自分の頭で考える力はつかない。まずは基本をマスターし、それからなぜ問題になっているのかなどを自分で考えてみることである。本書はその手助けになるはずである。

【2】論点の使い方

　本書には、各種試験の合格に必要な重要論点はすべて網羅してある。もちろん論点は無限にあるのでそのすべてをここに紹介することはできないし、短期合格、短期集中学習のためには些末な論点を追いかけることはむしろ有害ですらある。重要基本論点をいかにしっかり理解しそれを使いこなせるようになるかが短期学習のポイントである。

　そこで、本書では、学習の優先順位の参考になるよう重要基本論点に以下のようなランクづけを付した。論述試験のない試験では当然のことながら論証の準備は不要であるが、それでもかぎられた学習時間を有効に活用するにはメリハリは不可欠である。学習にあたってはAランクのものについてはしっかりと理解し、できれば早めに自分のなかで常識になるぐらい繰り返し学習してほしい。特になぜその論点が問題になるのか、問題の所在を理解するように努めてほしい。

　また、結論や理由づけも答案に書くことを考えて、できるだけ単純にしている。そのため学問的にはもう少しつっこみたい部分でもあえて目をつぶっているところもある。

　論点はそれ自体ではなんの意味ももたず、他の論点との関係または問題との関係ではじめて意味をもつものであることを忘れないでほしい。論点の論証ができてもそれだけでは答案は書けない。論点の位置づけとその使い方を学ばなければならないのである。それはとりもなおさず、民法全体をきちんと理解しないと答案は書けないという当たり前のことを言っているにすぎない。

▶論点のランクづけ

　Aランク：頻繁に答案でも使う可能性のある論点。論証を作っておくべきもの。
　B⁺ランク：論文試験で頻出とはいえないが出題可能性も高く準備しておくと安心。
　Bランク：しっかりと理解しておけばいいもの。できれば論証があると安心。
　Cランク：ざっと理解しておけばいいもの。論証は原則不要。

【3】論証パターン（論点ブロック）の使い方

　答案を書く際に論点についてあらかじめどのように書くかを論証として準備しておき、

それをカードにまとめておいて必要に応じて使い分けていく手法が論証パターン（論点ブロック・論証カード）学習法である。論証例とか論述例などと呼び名は違っても皆同じものである。私が大学受験時代から使っていたものだが、司法試験にも有効なので合格後紹介したところ広く利用されるようになった。

この手法は、もともとは本試験会場における答案作成時間をセーブするためのものであり、はじめに答案ありきということを忘れてはならない。つまり、本試験ではその場で考えなくてはならない問題が必ず出題される。そのときに事前に準備できる部分はあらかじめ準備しておいたほうがその問題固有の論点を考える時間が作りだせる。そして答案を書くためにはこうして論点を学ぶことは必要であるが、それだけでは答案にはならない。答案構成能力や問題提起、あてはめという部分を書く力がついてはじめて答案になるのである。また、この論証は丸暗記すべきものではない。理解したらキーワードとその流れを記憶していけばいいのである。自分が論証をするときの手掛りになればいいのである。

逆に、暗記が得意な方は注意が必要である。どうしてもできあいの論証を暗記してしまおうとする。もちろんそれでも何もないよりはましであるが、どうしても理解よりも暗記に走ってしまい、自分で使いこなせなくなる傾向がある。自分で論証パターンからキーワードを抜き出してマーキングしていき、それだけを覚えるようにしたほうがいいかもしれない。

【4】チャートの使い方

本書では、さまざまなチャートを掲載している。

法律の学習では、考えることが大切だとよくいわれる。自分で考える力を身に付けるのは容易ではないが、方法はある。その有効な1つの手段が議論の分かれ目をしっかりと意識しながら勉強するということである。

本書でもチャートを活用して概念や論点の思考の流れと議論の分かれ目を確認しながら学習を進めていってほしい。考える力が訓練されるはずである。債権法の分野においてはこのチャートは議論の分かれ目を理解するほかに論点や概念相互の関係を理解する道具として有効である。債務不履行（債権総論）や危険負担（契約総論）、担保責任（契約各論）など登場する分野はそれぞれ違っても、相互に密接に関連する。したがって、同時に理解してしまったほうが理解が深まる。これらはチャートを利用して相互の関係をしっかり把握することが重要である。

また、こうしたチャートで学習していくうちに、自分で考えを整理する道具としてフローチャートを利用できるようになる。自分の考えを整理するときにチャートはとても有効である。

4 本書の位置づけと法律の勉強方法

【1】本書で勉強する前に

本格的に法律を学びたいと考えている方は、本書を手に取る前にまず、読んでおいていただきたい本がある。自分の本で恐縮だが、『伊藤真の憲法入門』（日本評論社）である。なぜなら、法律の学習にも順序があり、まず法律とは何かを学ぶ必要があるからである。そしてたとえ、民法、商法を学ぶ場合でもそれらの法律の根本にある憲法の理解は欠かすことができないからである。

次に、民法の勉強もいきなり本書からではきつい。まずは民法の全体像の把握という意

はじめに　XIII

味で『伊藤真の民法入門』（日本評論社）あたりは読んでおいてほしい。また、民法総則、物権法のひととおりの理解があったほうがいいので、本シリーズの『民法総則』『物権法』も読んでおくことを勧める。こうした手順をとるのが正攻法であるが、ただ、どうしても手っ取り早く債権法をなんとかしたいという方は本書だけでもしのげるはずである。

また逆に、民法の他の分野を学ぶ前提として、とりあえず債権法の概略を知りたいという場合は、債権法序説、債権の効力、債権の消滅のところだけを学習しておけばよい。この部分だけで債権総論の基礎はマスターできるはずである。

【2】 一行問題と事例問題対策

『民法総則』では、法律を学習するうえで必要なことを確認しておいた。

それは、①知識、②考える力、③バランス感覚（センス）である。そしてそれぞれを更に分析すると、知識については理解、記憶、表現が必要になり、考える力とバランス感覚についてはそれぞれ訓練と表現が必要になるということを『民法総則』のはしがきで述べた。『物権法』では、議論という勉強法と法律には正解がないということの意味を述べておいた。

こうして、バランスよく学習することが試験では短期合格のコツであるし、現場で法律を使いこなす基礎になる。そして、こうした学習の成果は答案のかたちにして表現して読み手に伝えなければならない。今回はこの答案を作成する際の注意点を少し述べておこうと思う。民法の問題は、「〜について論ぜよ」というタイプの問題（問題文が一行でおわることが多いので一行問題といったり、説明問題といったりする）と、「〜という場合における甲乙丙三者間の法律関係について論ぜよ」という事例問題（ケーススタディ）とがある。

一行問題においては、やはり民法全体の理解が必要になる。よく一行問題対策などといわれるが、あまり特殊なことを考える必要はない。民法全体をまんべんなくしっかり理解していれば、自然に一行問題に対しても対応できるようになる。へたに一行問題対策などといって知識に走るような勉強をしだすと合格まで長くかかってしまうだろう。意識することが必要なことがあるとしたら、それはあくまでも条文解釈に徹することと具体例をだして具体的に論じていくことである。そしてできるだけ対立利益を明確にして図式化できるものは単純に割り切って考えて、わかりやすい答案をめざすことが必要だと思う。特に比較問題の一行問題では比較の基準と視点が勝負なのだが、それはあまり考えすぎないで単純なほうが読み手には伝わりやすいものである。

そして、一行問題で何を書いていいのかまったくわからなくなったときには、①定義、②趣旨、③要件・効果や現行法上の現れ、④例外、⑤問題点という項目を思い出し、それにあてはまることを書いていけばなんとかなるものだ。参考にしてほしい。

次に事例問題であるが、最近の、たとえば司法試験の民法においては、典型的な論点を組み合わせているので、論点自体は難しくないのだが、問題文からその論点を導き出すのが難しい、またはほんの少しひねりがあって、その問題文にしっかり答えるのが難しいというような問題が多く出題される傾向にある。

こうした事例問題の解き方としては、まず、論点の発見方法を確立しておくことが重要である。これは事前にマニュアルを作っておくことになる。たとえば、目的物の確定をして、次にだれとだれの関係かを明確にし、そのうえで法律関係をきかれていたら、物権関係と債権関係に分けて検討し、債権関係なら契約と契約以外に分けてそれぞれを順に検討するという具合である。そして契約なら更にどのような手順で論点をみつけるかの手順があるため、それを事前にマニュアル化して慣れておく。これは体系を基本にした論点発見

方法であるが、ほかに条文を基準にした方法や要件・効果を基準にした方法などがある。いずれにしてもこうした処理手順を自分で確立しておくことが必要である。また、受験指導校を利用する意味はここにある。こうした手順も含めて指導してくれるところが合格に直結している学校ということになる。よく、こうしたマニュアル化を批判される方もいるが、定型的な事務はマニュアル化するという手法は実務家ならだれでもやっている。欠席裁判の処理手順のマニュアルを知らない裁判官はいないし、覚醒剤事犯の処理マニュアルを知らない検察官もいないであろう。破産事件の処理手順をマニュアル化しないで場当たり的に処理していたのでは弁護士として何もできない。すべてをマニュアル化できるわけがないのは当然である。マニュアルにのる定型的な部分はそれで処理し、本当にその事案固有の考えなければいけない部分に自分の頭を集中させるのである。これがマニュアル化の効用である。こうした処理手順マニュアルも機会があればお伝えしよう。

【3】 民法の答案が書けるようになるまで

　民法は範囲が膨大である。そのどの分野の問題が出題されてもなんとか答案を作ることができるという状態になるまでは、いくつかの学習の過程をたどることになる。

　まず、全体像と民法全体にわたっての基本概念の修得である。民法はその全体が見えないと個々の論点の理解も不十分なものとなってしまうので、どの分野の学習においてもまず全体像の把握は不可欠である。ここでは目次を重視することを勧める。目次学習は全体像を把握しながら、自分の今、学習している位置を確認できるので、民法のように全体を把握しにくい科目の学習には最適である。

　次に、各論点の理解である。なぜそこでその論点が問題になっているのかを含めて論点についての概略を理解し、基本的な理由づけを覚える。これを一通り民法の最後までやってみる。この段階が学習においては一番つらいかもしれないが重要である。このときにできれば、そうした論点の相互関係も意識しながら勉強できるといいのだが、まだ、この段階では無理かもしれない。あまり気にしないで、バラバラな感じがするかもしれないが、ひたすら我慢してＡランクの論点の理解と重要な理由づけの記憶に努める。

　そして、次に民法全体を見渡した問題を具体的に解いていきながら論点の使い方やつなぎ方を理解し覚える。ここではできるだけ多くの問題の答案構成をやってみることである。初めのうちは、まったく論点も思い浮かんでこないかもしれない。それでも、まずは自分で考えてみる。そして解答例などを読んで、なぜその論点がそこで問題になるのかを理解し、覚えていくのである。この答案構成というものが民法の学習においては実は一番重要である。具体的なケースを見て、そのなかから問題点を発見して、どのような順序でその問題点を解決していけばいいのかを考えるのである。この段階ではじめて民法全体を見渡した勉強ができるので、民法の学習が面白くなってくるはずである。自分のなかでバラバラだった論点の知識が有機的につながってくるのが実感できるはずである。

　この段階の素材は論文試験の過去問が一番であろう。また、各種参考書の問題でもよいが、解答例を見て、自分で論点の順番などを納得しないといけない。解答を丸暗記しようとするとまったく応用できない知識ばかりが増えてしまい、苦しくなるだけである。そして、この段階でその解答例が何を言っているのかわからなければ、一歩戻って、本書などを使って論点の理解と基本的な理由づけの記憶の作業を行ってほしい。基礎がないと答案も何もないのである。

　そして、自分の力で答案を書けるようにするためには、次にその答案にでてくる論点の論証を覚える必要がある。さらに答案にでてこないＡランクの論点の論証も覚える。この

はじめに　XV

論証を覚えるという作業はいわゆる丸暗記とは違う。論点の論理の流れとキーワードを覚えていくのである。文章の丸暗記などなかなかできるものではないし、それでは応用がきかない。理解しているけれども答案が書けないという人の大半はこの論証の記憶をしていない。記憶というのはきちんと机の前に座って、集中して記憶する時間をとらないとだめである。電車の中でチラチラ見たり読んだりしただけでは記憶できるものではない。まずは記憶の時間をしっかりとって、それからその確認のために通勤通学の時間を使うべきである。

　最後に、実際に制限時間内に書かれた答案(合格者の再現答案など)を使ってどのような答案が評価されるのかを分析し合格答案のイメージをしっかりと作っていく。試験としての勉強で一番大切な部分である。どんなに理解していてもそれを答案に時間内に表現できなければまったく意味がない。そして学術論文と答案の違いは「問い」があるという点である。答案は問いに答えてこそ答案なのである。自分で知っていることを書き並べても、問いに答えていなければ点数にはならない。したがって、どう答えることが問いに答えたことになるのかをしっかりと意識して学習しなければならないのである。この段階で自分のめざす答案のかたちを創っていってほしい。ここで目標を間違えると大変なことになる。普段の努力がまったく見当はずれの方向へ行ってしまう危険がある。本来、よい指導者のアドバイスが一番必要な学習過程である。

　そして、まとめとして、どんな問題が出題されてもいちおうの答案が書けるように民法全体を通じての視点や観点、未知の問題が出題されたときの危機管理マニュアルを作っていく。これができればもう安心である。また、この処理手順をマニュアル化しておく過程で考える勉強ができる。

　このような過程をたどってどんな問題でも答案を書けるようにしていくのである。

【4】これからの学習

　司法試験などの勉強方法や答案の書き方については、拙著『伊藤真の司法試験合格塾』(中経出版)、『伊藤真の司法試験合格塾・実践編』(中経出版)を参考にしてほしい。特に答案を作るということは論点を学習すればいいのではないことなどこれを読んでいただければ理解していただけると思う。

　そしてさらに論点について深く掘り下げる場合は、論点講義シリーズの本田純一・小野秀誠『債権総論』(弘文堂)を勧める。これらを使いながらなぜそうなのか、別の考え方もできるのではないか、などと自問自答しながら考えていくのである。

　また、判例の学習は不可欠である。判例百選で簡単に事案と事実の概要を確認しておくことは有意義である。学習のはじめは解説まで読まなくてもいいであろう。むしろ、事実の概要から自分で図を描いて事案を把握し、何が問題になっているかを見つける訓練に使うとよい。ある程度、力がついてきたら解説を読んで理解を深めていけば十分である。

　最後にお断わりをしておく。本書は私の主宰する司法試験塾で行っている法律学習の一端を紹介したものではあるが、その一部にすぎない。実際はこのほかに判例の読み方や答案の書き方、出題意図のとらえ方、法律的な討論の仕方などまだまだ学ばなければいけないことがたくさんある。『民法総則』のはしがきでも述べたとおり、私はこれらの情報を出し惜しみするつもりは毛頭ない。今後も可能なかぎり発表していくつもりである。できるだけ多くの法律学徒のみなさんとこれらの情報を共有して、また、みなさんからも教えていただきながら、「法律をつかいこなせるようにするには、六法全体をどのように学んで

いけばいいのか」をこれからも探っていきたいと思っている。

　本書の作成には、今回も北川陽子さんはじめ弘文堂のみなさんには大変にお世話になった。また、伊藤真の司法試験塾の誇る優秀なスタッフの協力がなければ本書が世にでることはなかった。ここに改めて感謝の意を表する。

　　　1997年10月

　　　　　　　　　　　　　　　　　　　　　　　　　　　伊藤　真

★参照文献一覧

　本書を執筆するにあたり多くの文献を参照させていただきました。そのすべてを記すことはできませんが、主なものを下に掲げておきます。なお、本文中にこれらの文献の文章表現を引用させていただいた箇所もありますが、本書はいわゆる学術書ではなく、学習用の教材ですので、その性質上、学習において必要な部分以外は引用した文献名を逐一明記することはしませんでした。

　ここに記して感謝申し上げる次第です。

　　石崎泰雄編・新民法典成立への扉(信山社・2016)

　　石崎泰雄・「新民法典」の成立(信山社・2018)

　　伊藤滋夫編著・新民法(債権関係)の要件事実Ⅰ(青林書院・2017)

　　内田貴・民法Ⅲ　債権総論・担保物権[第3版](東京大学出版会・2005)

　　遠藤浩=川井健=原島重義=広中俊雄=水本浩=山本進一編・民法(4)債権総論[第4版増補
　　　　補訂版](有斐閣・2002)

　　近江幸治・民法講義Ⅳ　債権総論[第3版補訂](成文堂・2009)

　　大村敦志・新基本民法4　債権編(有斐閣・2016)

　　大村敦志=道垣内弘人編・解説　民法(債権法)改正のポイント(有斐閣・2017)

　　奥田昌道・債権総論[増補版](悠々社・1992)

　　於保不二雄・債権総論[新版](有斐閣・1972)

　　加藤雅信・新民法体系Ⅲ　債権総論(有斐閣・2005)

　　川井健・民法概論3　債権総論[第2版補訂版](有斐閣・2009)

　　北川善太郎・民法講要Ⅲ　債権総論[第3版](有斐閣・2004)

　　潮見佳男・新債権総論Ⅰ・Ⅱ(信山社・2017)

　　潮見佳男・民法(全)(有斐閣・2017)

　　潮見佳男・民法(債権関係)改正法の概要(きんざい・2017)

　　潮見佳男=北居功=高須順一=赫高規=中込一洋=松岡久和編著・Before／After民法改正
　　　　(弘文堂・2017)

　　清水響編・一問一答　新不動産登記法(商事法務・2005)

　　鈴木禄弥・債権法講義[4訂版](創文社・2001)

　　筒井健夫=村松秀樹編著・一問一答　民法(債権関係)改正(商事法務・2018)

　　中田裕康・債権総論[第3版](岩波書店・2013)

　　中田裕康=大村敦志=道垣内弘人=沖野眞已・講義　債権法改正(商事法務・2017)

　　中舎寛樹・債権法　債権総論・契約(日本評論社・2018)

　　野澤正充・債権総論[第2版]セカンドステージ債権法Ⅱ(日本評論社・2017)

　　平井宜雄・債権総論[第2版](弘文堂・1994)

　　平野裕之・債権総論(日本評論社・2017)

　　星野英一・民法概論Ⅲ　債権総論[補訂版](良書普及会・1981)

　　民法(債権法)改正検討委員会編・詳解　債権法改正の基本方針Ⅰ・Ⅱ・Ⅲ・Ⅳ(商事
　　　　法務・2009〜2010)

　　山本敬三・民法の基礎から学ぶ民法改正(岩波書店・2017)

　　我妻栄・新訂　債権総論(民法講義Ⅳ)(岩波書店・1964)

我妻栄=有泉亨=清水誠=田山輝明・コンメンタール民法[第5版](日本評論社・2018)

潮見佳男=道垣内弘人編・民法判例百選Ⅰ統則・物権[第8版](有斐閣・2018)

窪田充見=森田宏樹編・民法判例百選Ⅱ債権[第8版](有斐閣・2018)

水野紀子=大村敦志編・民法判例百選Ⅲ親族・相続[第2版](有斐閣・2018)

注釈民法(1)～(26)(有斐閣・1964～1987)

新版注釈民法(1)～(28)(有斐閣・1989～2017)

重要判例解説(有斐閣)

判例時報(判例時報社)

判例タイムズ(判例タイムズ社)

最高裁判所判例解説民事編(法曹会)

法務省事務当局作成の法制審議会民法(債権関係)部会席上配布資料(部会資料)

民法(債権関係)の改正に関する中間試案(中間試案)

民法(債権関係)の改正に関する中間試案の補足説明(中間試案補足説明)

伊藤 真
試験対策講座
ITO MAKOTO
SHIKENTAISAKU
KOUZA

3

債権総論
第4版

もくじ

第1章 債権法序説　002

1. 債権総論の全体像……002

1 債権総論とは————002
2 債権の概念————003
3 債権の発生原因————005
　【1】法律行為
　【2】法律の規定
　【3】信義則（社会的接触関係）
4 給付の要件————006
　【1】給付の適法性
　【2】給付の実現可能性
　【3】給付の確定性
5 債権総論の全体像————008
6 債権の実現に問題が生じた場合の処理————010

2. 債権の目的……012

1 債権の分類————012
　【1】分類の視点
　【2】履行の強制方法による分類
　【3】債務者がどのような場合に責任を負うかによる分類
2 特定物債権————013
　【1】意義
　【2】特定物債権の特徴
3 種類債権（不特定物債権）————016
　【1】意義
　【2】目的物の特定
　【3】制限種類債権（限定種類債権）
4 金銭債権————021
　【1】意義
　【2】金銭債権と通貨
　【3】金銭債権の特徴
5 利息債権————022
　【1】意義
　【2】法定利率
　【3】重利（複利）
　【4】利息制限法
6 選択債権————031
　【1】意義
　【2】選択債権の特定

XX 目次

3. 第三者による債権侵害 ………………………………034

1 総説————034

2 不法行為に基づく損害賠償請求————034

【1】債権侵害の特殊性

【2】債権侵害の類型

3 債権に基づく妨害排除請求————037

【1】物権的請求権との比較

【2】不動産賃借権に基づく妨害排除請求

○×問題で実力チェック 038

第2章

債権の効力

039

1. 総論 …………………………………………………039

1 債権に含まれる力————039

【1】債権の4つの力

【2】一部または全部の力の欠如

2 債権の具体的権能————042

【1】当事者間の効力

【2】債務者の責任財産に対する効力

【3】第三者に対する効力

2. 履行強制 …………………………………………044

1 履行強制の意義————044

2 履行強制の具体的方法————045

【1】直接強制

【2】代替執行

【3】間接強制

【4】問題となるケース

3. 債務不履行に基づく損害賠償 …………………051

1 債務不履行の概念————051

【1】債務不履行の意義

【2】債務不履行の類型

【3】債務不履行と不法行為

2 債務不履行に基づく損害賠償の要件————053

【1】債務の存在

【2】債務が履行されないこと(事実としての不履行)

【3】帰責事由

【4】損害の発生

【5】 債務不履行と損害の因果関係

3　債務不履行に基づく損害賠償の効果────065

【1】 損害賠償の方法

【2】 損害の概念と種類

【3】 損害賠償の範囲

【4】 損害の金銭的評価

【5】 損害賠償に関する特別な規定

4. 受領遅滞 ･････････････････････････････････085

1　意義────085

2　要件・効果────085

【1】 要件

【2】 効果

3　法的性質────086

【1】 法的性質論の意義

【2】 法定責任説

【3】 債務不履行責任説

【4】 平成29年改正法下における実益

〇×問題で実力チェック　090

第 **3** 章

債権債務の移転　093

1. 債権譲渡 ･･････････････････････････････････093

1　債権譲渡序説────093

【1】 意義

【2】 債権譲渡の諸目的

【3】 法的性質

2　債権の譲渡性とその制限────095

【1】 債権の譲渡性とその例外

【2】 譲渡制限の意思表示

【3】 譲渡制限の意思表示がされた債権にかかる債務者の供託

【4】 譲渡制限の意思表示がされた債権の差押え

【5】 預貯金債権の例外

【6】 将来債権の譲渡性

3　債権譲渡の対抗要件────110

【1】 債務者に対する対抗要件

【2】 第三者に対する対抗要件

4　債権譲渡における債務者の抗弁および相殺権────119

【1】 債権譲渡における債務者の抗弁

【2】 債権譲渡における債務者の相殺権

5　動産債権譲渡特例法————126
- 【1】趣旨
- 【2】適用範囲
- 【3】債権譲渡登記制度

6　有価証券に表示される債権および電子記録債権の譲渡等————127
- 【1】有価証券に表示される債権の譲渡等
- 【2】電子記録債権の譲渡

2. 債務引受 ················135

1　債務引受序説————135
- 【1】意義
- 【2】履行の引受け

2　併存的債務引受————136
- 【1】要件
- 【2】効果

3　免責的債務引受————140
- 【1】要件
- 【2】効果

3. 契約上の地位の移転 ················146

1　意義————146
2　要件————146
3　効果————147

〇×問題で実力チェック　148

第 **4** 章

債権の消滅
151

序. 債権の消滅原因総論 ················151

1　総説————151
2　債権消滅原因の全体像————151

1. 弁済 ················152

1　弁済の意義と性質————152
- 【1】弁済の意義
- 【2】弁済の性質

2　弁済の提供————153
- 【1】意義
- 【2】債務の本旨に従った弁済の提供

【3】弁済の提供の方法
【4】弁済の提供の効果
3 弁済の主体（当事者）──弁済者と弁済受領者──────163
【1】弁済者
【2】弁済受領者
4 弁済の効果──────176
【1】債権の消滅
【2】弁済の証明のための弁済者の権利
【3】弁済による代位（代位弁済、弁済者代位）

2. 代物弁済────────199
1 意義──────199
【1】代物弁済契約とは
【2】法的性質
【3】代物弁済の合意と「債務者の負担した給付」（当初の給付）
2 代物弁済の要件──────201
【1】当初の給付（債権）の存在
【2】当初の給付に代わる給付をすることについての合意
3 効果──代物給付の完了と債権の消滅──────202
【1】代物給付の完了
【2】代物として給付された物の不適合

3. 供託────────205
1 意義──────205
【1】供託とは
【2】性質
2 要件──────206
【1】供託原因があること
【2】債務の本旨に従った供託であること
3 供託の方法──────207
【1】供託の当事者
【2】供託の通知
4 効果──────208
【1】債権の消滅
【2】供託物の所有権の移転
【3】供託物の交付請求権
【4】弁済者の取戻請求権

4. 相殺────────210
1 意義──────210
【1】相殺とは
【2】趣旨（存在理由）と機能
【3】相殺の法的性質
2 要件──────212
【1】相殺適状にあること
【2】相殺の禁止がないこと

3　相殺の方法————225
　【1】相殺の意思表示
　【2】条件・期限付相殺の禁止
4　相殺の効力————226
　【1】債権の消滅
　【2】相殺の遡及効
　【3】時効の中断効（完成猶予・更新の効力）の有無
　【4】相殺の充当

5. その他の消滅原因 ……………………………231
1　更改————231
　【1】意義
　【2】要件
　【3】効果
2　免除————237
　【1】意義
　【2】要件
　【3】効果
3　混同————237
　【1】意義・要件
　【2】効果

○×問題で実力チェック　239

第 **5** 章

責任財産の保全　　243

1. 責任財産の保全――総論 ……………………243
1　責任財産の意義————243
2　責任財産保全制度の必要性————243

2. 債権者代位権 ……………………………………245
1　意義————245
　【1】債権者代位権とは
　【2】債権者代位権の具体例
　【3】債権者代位権の転用
2　要件————246
　【1】被保全債権
　【2】保全の必要性（423条1項本文）
　【3】被代位権利
3　債権者代位権の行使方法————252

【1】 債権者の地位
【2】 自己への引渡請求
【3】 第三債務者の抗弁

4 代位行使の範囲————255

5 債権者代位権行使の効果————256
【1】 債務者の取立てその他の処分の権限等
【2】 訴えによる債権者代位権の行使

6 債権者代位権の転用————259
【1】 総論
【2】 登記または登録請求権の代位行使
【3】 転用型の債権者代位権が認められたその他の事例
【4】 転用型の債権者代位権が認められなかった事例

3. 詐害行為取消権 ……………………………263

1 意義————263
【1】 詐害行為取消権とは
【2】 詐害行為取消権の類型と具体例
【3】 詐害行為取消権の法的性質

2 詐害行為取消権の各類型と個別的要件————268
【1】 受益者に対する詐害行為取消権の要件
【2】 相当の対価を得てした財産の処分行為の特則
【3】 特定の債権者に対する担保の供与等の特則
【4】 過大な代物弁済等の特則
【5】 転得者に対する詐害行為取消権の要件

3 詐害行為取消権の行使方法————284
【1】 詐害行為取消請求
【2】 債務者に対する訴訟告知の義務づけ
【3】 詐害行為の取消しの範囲
【4】 直接の引渡し等

4 詐害行為の取消しの効果————292
【1】 詐害行為取消訴訟の判決の効力
【2】 相手方の地位

5 詐害行為取消権の期間制限————298

○×問題で実力チェック　301

第6章

多数当事者の債権および債務　**304**

1. 総説 ……………………………304

1 多数当事者の債権債務関係————304
【1】 意義

【2】 態様

2 分析の視点──問題となる3場面────────305

【1】 対外的効力

【2】 1人について生じた事由の効力

【3】 内部関係（求償関係）

3 多数当事者の債権債務関係の機能────────305

2. 分割債権・分割債務────────────────307

1 意義────────307

【1】 分割債権債務とは

【2】 民法の原則形態

2 要件────────308

【1】 分割債権の成立

【2】 分割債務の成立

3 効力────────310

【1】 対外的効力

【2】 1人に生じた事由の効力

【3】 内部関係（求償関係）

3. 不可分債権・不可分債務───────────312

1 総説────────312

【1】 不可分債権債務とは

【2】 不可分債権債務の性質

2 不可分債権────────312

【1】 要件

【2】 効力

3 不可分債務────────315

【1】 要件

【2】 効力

4. 連帯債権・連帯債務──────────────319

1 連帯債権────────319

【1】 意義

【2】 要件

【3】 効力

2 連帯債務────────324

【1】 意義

【2】 要件

【3】 効力

3 不真正連帯債務────────342

【1】 意義

【2】 具体例

【3】 平成29年改正

5. 保証債務 ·· 344

1 保証債務の意義 ——344
- 【1】 保証債務とは
- 【2】 保証債務の性質

2 保証債務の成立 ——347
- 【1】 保証契約
- 【2】 保証人の資格
- 【3】 主たる債務の存在

3 保証債務の内容 ——349
- 【1】 保証債務の範囲
- 【2】 一部保証（有限保証）
- 【3】 原状回復義務

4 保証債務の効力 ——351
- 【1】 対外的効力（保証人の抗弁権）
- 【2】 主たる債務者・保証人に生じた事由の効力
- 【3】 内部関係（求償関係）
- 【4】 債権者の情報提供義務

5 特殊保証 ——369
- 【1】 連帯保証
- 【2】 共同保証
- 【3】 根保証
- 【4】 身元保証

○×問題で実力チェック 383

論証カード1〜25 ——387
附則（平成29年6月2日法44号）に定められた経過規定［債権総論］ ——404

改正条文一覧 ——405
旧司法試験論文本試験問題 ——411
司法試験予備試験論文式試験問題［民法］ ——422
平成29・30年司法試験論文式試験問題［民法］ ——428

平成29年司法試験論文式試験問題出題趣旨 ——433

司法書士試験ランク表 ——437
事項索引 ——441
判例索引 ——446

論証カード 一覧

1. 種類債権の特定の時期(取立債務の場合)(Aランク) ……… 388
2. 変更権(B⁺ランク) ……… 388
3. 第三者の債権侵害と不法行為(B⁺ランク) ……… 389
4. 原始的不能と後発的不能(B⁺ランク) ……… 389
5. 安全配慮義務(B⁺ランク) ……… 390
6. 情報提供義務(説明義務)違反に基づく損害賠償請求の法的性質(Bランク) ……… 391
7. 履行補助者の故意・過失の理論(B⁺ランク) ……… 392
8. 損害賠償の範囲(相当因果関係説)(B⁺ランク) ……… 392
9. 損害額算定の基準時(Aランク) ……… 393
10. 譲渡制限の意思表示のなされた債権の譲渡(Aランク) ……… 393
11. 将来債権の譲渡と譲渡禁止特約(Bランク) ……… 394
12. 債権が二重譲渡された場合における譲受人相互間の優劣の基準(Aランク) ……… 394
13. 確定日付のある通知の同時到達と債権譲受人の優劣(Aランク) ……… 395
14. 預金担保貸付と478条(B⁻ランク) ……… 396
15. 保証人と物上保証人の二重資格者と弁済による代位(B⁺ランク) ……… 397
16. 代物として給付された物の不適合(B⁻ランク) ……… 397
17. 自働債権・受働債権ともに悪意による不法行為等によって生じた場合の相殺の可否(Bランク) ……… 398
18. 債権者代位権と虚偽表示(B⁺ランク) ……… 398
19. 債権者代位権の転用(Aランク) ……… 399
20. 過大な代物弁済の特則(B⁺ランク) ……… 399
21. 詐害行為取消請求と債権者への移転登記請求(Aランク) ……… 400
22. 不動産の二重譲渡と詐害行為取消権(Aランク) ……… 401
23. 連帯債務の相続(B⁻ランク) ……… 402
24. 契約解除における原状回復義務等と保証の範囲(Aランク) ……… 402
25. 物上保証人の事前求償権(Bランク) ……… 403

伊藤 真 試験対策講座

3

債権総論

第4版

第1章 債権法序説

1. 債権総論の全体像

1 債権総論とは

　本書は、民法のうち債権総論とよばれる分野についての理解を目的としている。そこで、まずは債権総論という分野が、民法全体においてどのように位置づけられるかを確認しておこう。

　民法典は、①総則（第1編）、②物権（第2編）、③債権（第3編）、④親族（第4編）、⑤相続（第5編）の5つの編から成り立っている。このうち、②物権および③債権の2つを総称して**財産法**とよび、④親族および⑤相続の2つを総称して**家族法**とよぶ。①総則は、財産法と家族法の通則として位置づけられているが、基本的には財産法の総則としての色彩が強い。

　民法典の各編も、いくつかの章に分かれる。③債権（第3編）は、(i)総則（第1章）、(ii)契約（第2章）、(iii)事務管理（第3章）、(iv)不当利得（第4章）、(v)不法行為（第5章）の5つの章から成り立っている。このうち、(i)総則に関する分野を**債権総論**とよぶ。(ii)契約、(iii)事務管理、(iv)不当利得および(v)不法行為に関する分野は、**債権各論**とよぶ。

← 本書を学ぶ前に

→ 平野・民法総則2頁

1-1

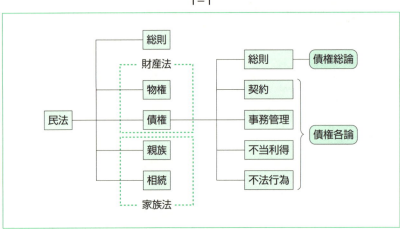

　初学者のみなさんには特別に、債権総論をもっとも効率的に学習する秘訣をお教えしましょう。その秘訣とは、第1に、1度で理解しようとせず、わからないところは読み飛ばしてまずは民法全体を一通り学習することを優先し、その後で、わからなかったところに戻ってくること、第2に、これを何度も繰り返すこと、というものです。
　この秘訣には、民法典の構造に由来するきちんとした理由があります。
　日本の民法典は、パンデクテン方式という、ドイツ民法典の方式を取り入れています。パンデクテン方式とは、個別的な法律関係について規定する前に、各法律関係に共通する

規定を抽出し、個別的な規定に先立って「総則」として規定することで、体系的に民法典を整理する方式です。すなわち、債権の「総則」(第3編第1章)とは、債権法の共通規範を定めたものというわけです。

もっとも、日本の民法典は、わかりやすさを重視したために、徹底したパンデクテン方式を採用していません。

日本の民法典が徹底したパンデクテン方式を採用したのであれば、債権の「総則」のなかに債権の発生に共通する規定がおかれるはずです。しかし、日本の民法典は、債権の主な発生原因を債権各論(契約、事務管理、不当利得、不法行為)で扱うこととし、それぞれの発生原因に基づいて発生した債権に共通する事項についてのみ、債権総論(「債権の目的」(第1節)、「債権の効力」(第2節)、「多数当事者の債権及び債務」(第3節)、「債権の譲渡」(第4節)、「債務の引受け」(第5節)、「債権の消滅」(第6節)、「有価証券」(第7節)の7つの節)で扱うこととしました。

ところが、債権総論の規定には、特定の債権発生原因(主に契約)を想定した規定が存在します。そのため、正しく理解するには、債権各論の理解が不可欠なのです。

本書では債権総論以外の分野の理解が必要な箇所にリファーをつけていますので、必要に応じて該当箇所を読み返してみてください。

→ 中田・債権総論4頁

1−2

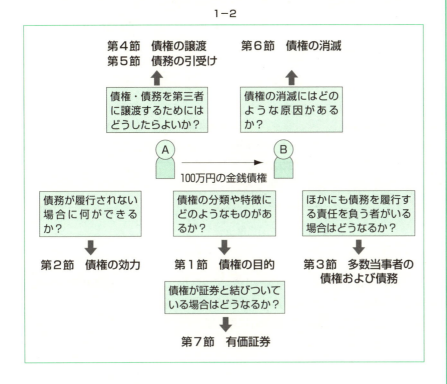

2 債権の概念

債権とは、ある特定の人がほかの特定の人に対して、ある特定の行為をすること(あるいはしないこと)を請求しうる権利をいう。たとえば、AがBに対して、100万円の支払を請求することができたり、不動産の明渡しを請求することができたり、コンサートへの出演を請求することができたり、騒音をださないことを請求することができたりする場合における、その権利である。この場合に、Bがするべき(あるいはしてはならない)内容が、AのBに対する権利の内容である。また、この場合にAがBに請求できる行為を**給付**という。

● 論点Aランク

← 「債権」とは

→ 中田・債権総論14頁参照

このように、債権は人に行為を請求できる権利である。これに対して、**物権**とは、物を直接支配できる権利である。

債権は、物権と比べると、次のように整理することができる。

物権も債権も、ともに財産権であり、他人から侵害されることはないという意味の**不可侵性**を有している。したがって、第三者によって権利が侵害された場合には、損害賠償請求をすることができる。第三者による債権侵害については、本章3節で詳しく述べる。

他方で、物権には**排他性**があるのに対して、債権には排他性がない。すなわち、物権は、1つの物について同一内容の物権が1つしか成立しない（**一物一権主義**）。たとえば、甲土地についてAの所有権とBの所有権が同時に成立することはない（ただし、共有の場合は別である）。これに対して、債権は、同一内容の権利が複数成立しうる。たとえば、甲土地の所有者であるCが、AとBそれぞれとの間で甲土地の賃貸借契約を締結した場合には、AとBは、それぞれCに対して甲土地を使用収益させるよう請求することができる。かりに、CがAに甲土地を使用収益させた場合には、Bとの間では債務不履行の問題となる。債務不履行については、2章3節で詳しく述べる。

← 「物権」とは

← 債権と物権の比較
← 物権と債権の共通点

→ 3節

← 物権と債権の相違点①

→ 2章3節

1-3

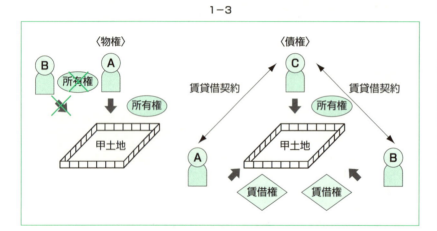

次に、物権には**絶対性**があるのに対して、債権には絶対性がない（**相対性**）。すなわち、物権は、だれに対しても主張することができる。そのため、物権には、原則として公示が求められる。これに対して、債権は、債務者に対してしか主張することができない。そのため、債権には、原則として公示が求められない。

← 物権と債権の相違点②

1-4

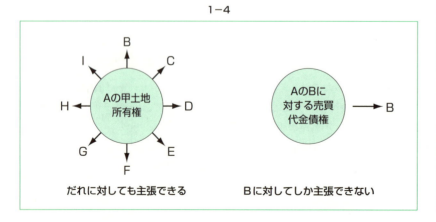

また、物権は、その種類・内容が法律によって定められており、新たな内容の物権を創設することができない（**物権法定主義**、175条）。これに対して、債権は、当事者間の合意によって自由に決定することができる（**契約内容の自由**、521条2項）。ただし、物権にもこれまでの歴史において新たな物権として認められてきた権利（水利権や譲渡担保権など）が存在し、例外をいっさい許さないものとはいえない。また、債権も公序良俗に反する内容のものは認められない。

物権と債権の優劣について、一般的に、物権が債権に優先すると考えられている。たとえば、甲土地の所有者Aが、甲土地をBに賃貸していたところ、その後甲土地をCに譲渡した場合には、原則として、新所有者Cの甲土地所有権がBの甲土地賃借権に優先し、BはCに甲土地賃借権を対抗することができない。これを**「売買は賃貸借を破る」**という。もっとも、現在では、不動産賃借権も対抗要件を備えることによって、新所有者に対抗することができるようになっている（605条、借地借家10条1項、31条1項）。この点については、債権各論で詳しく学習する。

← **物権と債権の相違点③**

← **物権と債権の優劣**

← **「売買は賃貸借を破る」とは**

→ 『債権各論』2章6節

		物　権	債　権
共通点		ともに財産権であり、不可侵性を有する	
相違点	権利の実現	絶対性	相対性
	権利の併存	排他性がある （一物一権主義）	排他性がない （同一の特定人に対する同一内容の債権が併存しうる）
	権利の内容	種類・内容が法律によって定められており、新たな内容の物権を創設できない（物権法定主義）	当事者間の合意によって自由に決定できる （契約内容の自由）
	優劣	物権は債権に優先する	債権は物権に劣後する（例外：対抗要件を備えた不動産賃借権）

3 債権の発生原因

債権の発生原因は、大きく分けて、法律行為、法律の規定、信義則（社会的接触関係）の3つである。以下では、債権の発生原因について詳しく説明する。

→ 中田・債権総論20頁

← **債権の発生**

【1】法律行為

法律行為には、契約、単独行為、合同行為がある。

契約とは、2人以上の意思表示の合致によって成立する法律行為をいう。たとえば、売買や賃貸借がある。

単独行為とは、1つの意思表示によって成立する法律行為をいう。たとえば、解除や遺言がある。

合同行為とは、同一の方向に向けられた複数の意思表示によって成立する法律行為をいう。たとえば、社団法人の設立行為がある。

債権発生原因として重要なものは、契約である。契約によって発生する債権の内容は、契約の解釈によって定まる（521条2項参照）。

← **「契約」とは**

← **「単独行為」とは**

← **「合同行為」とは**

【2】法律の規定

法律の規定による債権の発生原因の主なものとして、事務管理、不当利得、不

法行為がある(これらは法定債権と総称されることがある)。

事務管理とは、義務がないのに他人のためにその事務を処理する行為をいう。たとえば、隣人の留守中に暴風雨で破損した隣人宅の屋根を親切心から修繕する行為である。この場合には、行為者は、隣人に対し、修繕費用を請求することができる(702条1項)。

不当利得とは、法律上の原因がないのに利得が生じた場合に、利得を得た者に対して、その利得によって損失を被った者に利得を返還する義務を負わせることをいう。たとえば、BがAの所有する隣地の一部を自己の所有する土地であると誤信して駐車場として利用した場合があげられる。この場合には、AはBに対して、隣地の一部の賃料相当額の利益を返還するよう請求することができる(703条)。

不法行為とは、他人の権利を侵害して損害を加える行為をいう。たとえば、AがBに対し、故意あるいは過失によって傷害を負わせた場合があげられる。この場合には、Bは、Aに対して、不法行為によって被った損害(治療費や慰謝料など)の賠償を請求することができる(709条)。

その他、物権法分野では占有者の費用償還請求権(196条)、家族法分野では扶養請求権(877条)などがある。

法律の規定によって発生する債権の内容は、その法律の趣旨によって定まる。

【3】 信義則(社会的接触関係)

契約関係にはないものの、一定の社会的接触関係にある者の間で、信義則上の義務が発生することがある。この場合には、信義則上の義務に違反すると、損害賠償請求権が発生することがある。

たとえば、契約の交渉を開始した後に、その交渉を一方的に破棄した者が、契約準備段階における信義則上の注意義務違反を理由とする損害賠償責任を負うことがある(判例)。いわゆる契約締結上の過失の問題である。詳細は、債権各論で説明する。

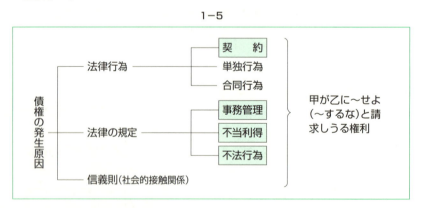

1-5

4 給付の要件

民法第3編(債権)の第1章(総則)第1節は「債権の目的」という表題である。ここでいう「債権の目的」とは、債権の内容を意味する。債権の内容とは、債権者が債務者に対して請求することのできる行為、すなわち給付のことである。なお、

民法には、「目的物」という用語も存在する(401条1項等)。目的物とは、たとえば物を引き渡すという内容の債務における当該引き渡すべき物をいう。　← 「目的物」とは

債権の内容は、当事者間の合意によって自由に決定することができる(契約内容の自由、521条2項)。しかし、どのような内容でも許されるというわけではない。債権が有効に成立するためには、次の要件をみたさなければならない。

【1】給付の適法性

給付は、適法かつ社会的妥当性のあるものでなければならない。たとえば、人身売買や不倫関係を結ぶことを給付の内容とする債権は、違法で社会的妥当性を欠くものとして無効である。

← 給付の適法性
← 給付の社会的妥当性

【2】給付の実現可能性

給付は、実現可能なものでなければならないと考えられてきた。たとえば、不老不死の薬の引渡しや、永久機関(外部からエネルギーを受け取ることなく仕事を行い続ける装置)の作成など、給付の内容が性質上およそ実現不可能な場合には、当該債権は無効である。

← 給付の実現可能性

この点について、改正前民法では、性質上、一般的には実現可能であるものの、契約締結時点で目的物が存在していなかった場合に、当該債権が有効かどうかが争われていた。たとえば、買主Aが売主BからBの所有する離島の別荘を購入したところ、実は売買の前日、火事でその別荘が焼失していた場合があげられる。

従来の通説は、原始的不能(契約成立時に履行がすでに不可能である場合)と後発的不能(契約成立後に履行が不可能となった場合)を区別し、契約締結時点で給付が不可能であった原始的不能の場合には、契約は無効であり、債権も発生しないと解していた。これに対して、従来の有力説は、原始的不能であっても契約は有効であり、債権が発生すると解していた(目的物の滅失について債務者に帰責性があれば、債務不履行となる)。

平成29年改正民法は、有力説の立場を採用し、原始的不能であっても契約は有効に成立し、債務者に帰責性があれば、債権者は債務不履行責任を追及することができることとした(412条の2第2項、415条2項)。

← 平成29年改正

→ 一問一答73頁

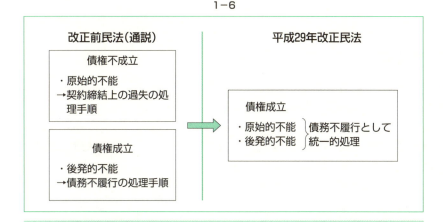

平成29年改正民法は、主に債権法(債権総論、債権各論)の改正を目的としています。特に、債権総論分野では、従来の通説や判例の考え方から転回し、従来の有力説の立場を採

用した部分が多数存在します。そのため、改正前民法で勉強していたならば、戸惑ってしまうこともあるかと思います。

たとえば、給付が実現不可能な場合には、主に①給付の内容が性質上およそ実現不可能な場合と、②性質上、一般的には実現可能であるものの契約締結時点で目的物が存在していなかった場合の２つがあげられていました。

しかし、②について、平成29年改正民法は、契約を有効としたうえで債務不履行の問題として処理することとしています。

①について、債権の目的の適格性がない（債権は無効である）と考えることもできますが、②と同様に契約を有効としたうえで債務不履行の問題として処理する見解もあります。もっとも、この場合には、心裡留保や錯誤等が成立する可能性が高いといわれています。

本書では、右欄において「平成29年改正」と付している箇所があります。改正前民法で勉強していたならば、「平成29年改正」と記載がある部分に注意して、どこがどのように変わったかを意識しながら勉強するようにしてください。

→ 中田・債権総論25頁

【3】給付の確定性

給付の内容は、確定していなければならない。たとえば、「あなたを幸せにします」と約束したとしても、この約束は漠然としており、確定性に欠けるため、債権として成立しない。判例は、ゴルフ場建設工事中に締結されたゴルフクラブ入会契約に関する事案において、「プレー的魅力があり戦略性に富む名門コースとするというだけでは、法律上の債務というには具体性がなく、この点についての債務不履行を認める余地はない」として、債務不履行責任を否定した。

← 給付の確定性

→ 最判平成９年10月14日
判時1621号86頁

1－7

Aは、平成30年12月１日までにタイムマシン（時空移動装置）を作成し、Bに引き渡す。

平成29年４月１日
A 印
B 印

・適法性 ⟶ ○

・確定性 ⟶ ○

・実現可能性 ⟶ 現在 ×
将来的には○？

5 債権総論の全体像

債権は契約や事務管理、不当利得、不法行為という原因によって発生する。このようにして発生した債権に関して、その内容や効力、移転や消滅について規定するのが債権総論である。

図１－８で、債権総論の全体像を表している。債権総論の全体像を理解するため、便宜上、債権各論や担保物権法で学習する項目についても触れている。

債権が発生してから消滅するまでを縦の矢印で表し、債権が発生してから消滅するまでの間に問題となりうる事項を横に並べている。

債権の発生原因には、主として契約、事務管理、不当利得、不法行為の４つがある。そのうち契約は、契約総論と契約各論に分けられる。契約総論は、契約の成立や効力、終了などについて、契約各論は、贈与や売買などの各種契約につい

← 債権総論のポイント

← 債権の発生

← 契約各論のポイント

008　1章　債権法序説

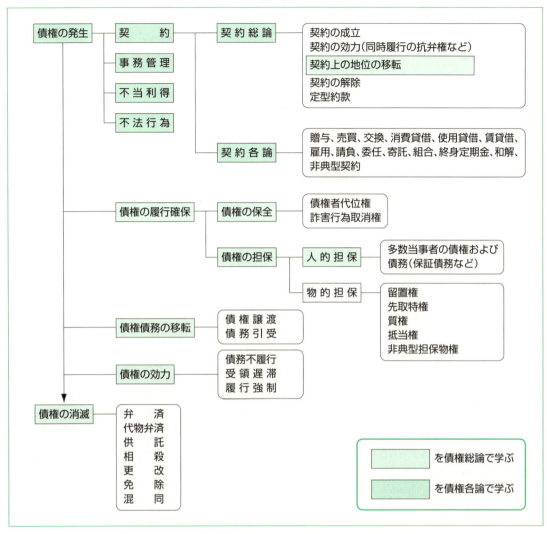

て規定している。契約の分野では、契約自由の原則がはたらいており、基本的には任意規定が多いという特徴がある。また、債権者・債務者の関係では、相手方の信頼を裏切らないように行動することが強く求められるため、信義則が支配する場面が数多く登場するという特徴がある。

発生した債権は、消滅事由があれば消滅する。消滅事由として特に重要なものは、弁済と相殺である。　　　　　　　　　　　　　　　　　　　　　　　←債権の消滅

発生した債権が弁済等によって消滅すればよいが、そうならない場合もある。このような場合には、債権者は、債務者に対して、債務の履行を強制したり、債務不履行として損害賠償を請求したりすることとなる。ここでは履行強制と債務不履行が重要である。

債権もひとつの財産権であるから、不動産や動産の所有権と同様に、譲渡することができる。契約によって債権を移転することを債権譲渡といい、契約によって債務を移転することを債務引受という。また、「契約上の地位の移転」は、契約の当事者たる地位を移転するものであり、本来は契約総論の分野であるが、債権譲渡と関連する事項が多いため、ここで説明する。　　　　　　　　　　　←債権債務の移転

債権は、人に行為を請求できる権利である。そのため、債務者に給付してもらわなければ、債権者は満足を得られない。しかし、たとえば、債権者が100万円の金銭債権を有していたとしても、債務者に資力がなく100万円を支払えない状態であれば意味がなくなってしまう。そこで、債務者の履行をあらかじめ確保する制度が必要となる。

債権の履行確保手段として、まず、強制執行の対象となる債務者の財産を保全しておく制度がある。債権者代位権と詐害行為取消権である。また、債権者が特に金銭債権を担保するために、あらかじめ人的担保や物的担保の設定を受けておくこともできる。人的担保として重要なのが保証であり、物的担保で重要なのが抵当権である。保証と関連して、契約当事者が複数いる場合など多数当事者の債権債務関係もここで説明する。

← 債権の履行確保

6 債権の実現に問題が生じた場合の処理

このような債権総論をこれから検討していくこととなる。契約等によって債権が発生し、弁済等によって債権が消滅するのがもっともシンプルな法律関係である。実際に、世の中の多くの債権は、このようにして発生し、消滅している。たとえば、店で商品を購入する場合には、店と客の間で売買契約が締結されて、店の客に対する代金債権と、客の店に対する目的物引渡請求権とが発生する。そして、レジで代金と商品がそれぞれ弁済されて債権が消滅している。

初学者が最初につまずくのは、債権の実現に問題が生じて弁済がなされない場面の処理と思われるため、債権の実現に問題が生じた場合の処理をチャート（図1−9）にしたので見てもらいたい。なお、平成29年改正によって、債権の実現に問題が生じた場合の処理が大きく変わることとなった。そのため、改正前民法で勉強した場合も、改めてチャートを見て処理方法を確認してほしい。

←チャートの読み方
←平成29年改正

まず、債権の実現に問題が生じた場合に、その債権が履行（追完）可能か否かによって処理手順が大きく分かれる。履行（追完）可能であれば、債権者は、債務者に対して、履行（追完）を求めうる（412条の2第1項参照、562条1項本文、559条）。

←履行が可能な場合

履行（追完）が不可能な場合には、履行不能となる。この場合には、履行不能について債務者に帰責事由があるのか、債務者にも債権者にも帰責事由がないのか、債権者に帰責事由があるのか、によって3つに分かれる。

←履行が不可能な場合

債務者に帰責事由がある場合には、債務者が債務不履行に基づく損害賠償責任を負う（415条1項、2項1号）。また、履行不能であるため、債権者は契約を無催告解除することができる（542条1項1号）。

←債務者に帰責事由がある場合

債務者にも債権者にも帰責事由がない場合には、債権者は債務不履行に基づく損害賠償請求をすることができないが（415条1項ただし書）、債権者は、契約を解除することができる（542条1項1号）。平成29年改正により、解除に債務者の帰責事由は不要となったからである。また、債権者は、契約を解除するまでの間、反対給付の履行を拒絶することができる（536条1項）。これは、履行拒絶権として再構成された危険負担制度である。

←債務者にも債権者にも帰責事由がない場合

債権者に帰責事由がある場合には、債権者は債務不履行に基づく損害賠償請求をすることができない（415条1項ただし書）。また、債権者は契約を解除するこ

←債権者に帰責事由がある場合

とができない(543条)。さらに、債権者は、反対給付の履行を拒絶することができない(536条2項)。

なお、改正前民法のもとでは、履行不能が原始的不能(契約成立時に履行がすでに不可能である場合)か後発的不能(契約成立後に履行が不可能となった場合)かによって処理手順が異なっていた。すなわち、改正前民法のもとでは、原始的不能の場合にはそもそも契約が無効となると解されていた。しかし、平成29年改正によって、原始的不能であっても契約は有効に成立するという理解が採用された(412条の2第2項)。そのため、平成29年改正民法では、原始的不能か後発的不能かによる処理手順の分岐は生じないこととなった。

➡ 2章3節

← 平成29年改正

➡ 一問一答73頁

➡ 講義債権法改正66頁

> ここでいう帰責事由は、履行不能を引き起こしたことについての帰責事由にかぎらないことに注意しましょう。どういうことかというと、たとえば、売買目的物が落雷などの不可抗力によって焼失した(不能の発生自体には帰責事由なし)場合であっても、債務者が契約締結前に目的物の状況を調査し、契約締結を避けるべきであったという状況であれば、債務者に帰責事由ありと評価されるわけです。

1-9

※債権が特定物債権であるか、種類債権であるかによって処理手順は変わらない

1-1 債権総論の全体像　011

第 **1** 章·········**債権法序説**

2. 債権の目的

　民法は、第3編第1章第1節「債権の目的」のなかで、特定物債権、種類債権、金銭債権、利息債権および選択債権について規定している。そこで、本節では、これらの概念について説明する。

　また、その前提として、債権はさまざまな角度から分類することができるという、債権総論の学習を進めるうえで重要な視点について説明する。

1 債権の分類

【1】 分類の視点

　債権のうち、不法行為や不当利得等に基づく債権の内容は、そのほとんどが金銭の支払を目的としている。

　これに対して、契約に基づく債権の内容は、その契約内容に応じてさまざまである。たとえば、売買契約の場合には、売主は買主に対して売買代金の支払を請求でき、買主は売主に対して目的物の引渡し等を請求することができる（555条）。また、賃貸借契約であれば、借主は貸主に対して目的物を使用収益させるよう請求することができ（601条）、雇用契約であれば、使用者は労働者に対して労働に従事するよう請求することができる（623条）。

　このように、債権の内容は多岐にわたり、さまざまな角度から分類することができる。

　たとえば、第3編第1章第1節の「債権の目的」は、**特定物債権**、**種類債権**、**金銭債権**、**利息債権**、**選択債権**といった分類をしている。また、債権者または債務者が多数存在する場面では、**可分債権・可分債務**、**不可分債権・不可分債務**、**連帯債権・連帯債務**といった分類がある。

　このほか、履行の強制方法という視点からの分類と、債務者が責任を負うのはどのような場合かという視点からの分類がある。

← 債権の分類

→ 6章

【2】 履行の強制方法による分類

　債務者が任意に債務を履行しない場合には、債権者は、裁判所に対し、債務の履行を強制してもらうよう申し立てることができる。この場合に、そもそも履行を強制することが可能か否か、可能だとしてその具体的な方法として何があるかは、債権の内容によって異なる。

　この視点からの分類として、作為債務・不作為債務という分類と、与える債務・なす債務という分類がある。

(1) 作為債務・不作為債務

　作為債務とは、積極的に何かをすることを内容とする債務をいう。たとえば、目的物を引き渡す債務があげられる。

← 「作為債務」とは

012　1章　債権法序説

不作為債務とは、消極的に何かをしないことを内容とする債務をいう。たとえば、一定の基準を超える騒音を発生させない債務があげられる。

← 「不作為債務」とは

(2) 与える債務・なす債務

与える債務とは、一定の物を交付することを目的とする債務をいう。たとえば、目的物を引き渡す債務があげられる。

← 「与える債務」とは

なす債務とは、与える債務の目的となる行為以外の行為を目的とする債務をいう。たとえば、建物を取り壊す債務や、演劇に出演する債務があげられる。与える債務が給付の結果を求めるものであるのに対して、なす債務は、給付行為それ自体を求めるものである。

← 「なす債務」とは

1-10

```
                 ┌─ 引渡債務
                 │  （与える債務）
       ┌─ 作為債務 ─┤
       │         └─ 行為債務
       │            （なす債務）
       │
       └─ 不作為債務
```

【3】債務者がどのような場合に責任を負うかによる分類

債務者が責任を負うのはどのような場合かという視点からは、結果債務と手段債務という分類ができる。

結果債務とは、債権者に対して一定の結果をもたらすべき債務をいう。結果債務の場合には、債務の内容は、もっぱら特定の結果の実現に向けられている。たとえば、売買契約における売主の目的物引渡債務や買主の売買代金債務などがあげられる。結果債務の場合には、結果が実現されなければ、不可抗力や債権者の行為など外部の原因によるときを除き、債務者は契約責任を負うこととなる。

← 「結果債務」とは

手段債務とは、債務者が達成すべき任務に適した手段を採り、慎重かつ勤勉に最善を尽くすことを約束する反面、結果が実現するか否かは必ずしも問題とならない債務をいう。たとえば、医師の患者に対する診療債務があげられる。診療債務では、医師は患者に対して入念で注意深く医学上の情報に適合する治療をする義務を負うものの、患者が治癒しなかったからといってただちに契約責任を負うことにはならない。

← 「手段債務」とは

2 特定物債権

→ 中田・債権総論33頁

【1】意義

特定物債権とは、特定物の引渡しを目的とする債権をいう。**特定物**とは、具体的な取引に際して、当事者がその物の個性に着目し、当初からこれと定めて合意した物をいう。たとえば、有名画家の絵画や土地、中古自動車などは、通常、当事者がその物の個性に着目して取引するため、特定物である。

← 「特定物債権」とは
← 「特定物」とは

特定物でない物を**不特定物**という。たとえば、「A社の瓶ビール1ダース」や「魚沼産コシヒカリ10キログラム」を取引の目的とする場合の目的物は、通常、不特定物である。不特定物のことを**種類物**ともいう。

← 「不特定物」とは

← 「種類物」とは

> 本文では、不特定物と種類物の概念を厳密に区別しない見解を前提としています。他方で、不特定物と種類物の概念を区別する見解もあります。この見解によれば、種類物とは種類と数量だけで表された目的物をいい、不特定物とは種類と数量に加えて品質を定めた場合の目的物をいいます。

→ 中田・債権総論34頁

1-2 債権の目的　013

特定物と不特定物は、**当事者がその物の個性に着目するか否かという主観的基準によって区別**される。これに対して、**その物の客観的な性質に着目して、同じ種類・品質・数量の他の物で代えることができる物**を**代替物**といい、そうでない物を**不代替物**という。たとえば、新車の自動車は通常同じ車種の物で代えることができるため代替物である。これに対して、中古自動車は同じ車種でも保存状態や走行距離などによって状態を異にするため、不代替物である。

多くの場合には、特定物は不代替物であり、不特定物は代替物である。もっとも、たとえば、山奥の土地の売買に際し、面積あたりの単価と取引面積のみを定め、地番などを定めなかった場合には、当該土地は不特定物・不代替物といえる。また、書店に平積みされた新刊書籍の売買に際し、上から3冊目を特に選んで購入した場合には、当該書籍は特定物・代替物といえるであろう。

← 特定物と不特定物
の区別

← 「代替物」とは

← 「不代替物」とは

← 代替物と不代替物
の区別

→ 大判昭和2年3月15日
法律評論16巻民773頁

【2】 特定物債権の特徴

(1) 善管注意義務

債権の目的が特定物の引渡しであるときは、債務者は、その引渡しをするまで、**契約その他の債権の発生原因および取引上の社会通念に照らして定まる善良な管理者の注意**をもって、その物を保存しなければならない(400条)。このような義務を**善管注意義務**という。なお、ここでいう善管注意義務は、特定物の保存義務の程度において善良な管理者の注意を尽くすべきことを示しているから、**善管注意保存義務**ともよばれる。

債務者が保存に際して尽くすべき「善良な管理者の注意」とは、具体的な債務者の能力に応じた注意ではなく、**その立場にある標準的な人として払うべき注意**であり、「契約その他の債権の発生原因及び取引上の社会通念に照らして」(400条)定まる。これに対して、他人の物を無償で預かっている者(無報酬の受寄者)などは、注意義務が軽減され、例外的に「自己の財産に対するのと同一の注意」を払えば足りる(659条)。

400条の趣旨は、この規定は特定物の引渡義務がいかなる原因によって生じたものであるかを問わずに適用されるところ、契約によって生じた場合には、当該契約と無関係に客観的に保存義務の内容や程度が定まるわけではなく、**当該契約の趣旨に照らして保存義務の内容や程度が定まる**ことを明確にする点にある。

善管注意義務の内容や程度は、債権の発生原因が契約の場合には、当該契約の内容(契約書の記載内容等)のみならず、契約の性質(有償か無償かを含む)、契約の目的、契約締結にいたる経緯を始めとする契約をめぐるいっさいの事情を考慮し、取引上の社会通念も勘案して定まる。

なお、「契約その他の債権の発生原因」と「取引上の社会通念」とが「及び」で結ばれている趣旨は、注意義務の内容が、当事者の主観的事情のみならず客観的事情も考慮して定まることを示す点にある。したがって、注意義務の内容を「契約その他の債権の発生原因」から導くことができる場合に、これを「取引上の社会通念」によって上書きや修正することを容認するものではない。また、400条は**任意規定**であるから、当事者間の特約によって保存義務の内容を定めることもできる。

● 論点Aランク

← 平成29年改正

← 「善管注意義務」とは

→ 中田・債権総論35頁、
潮見・新債権総論Ⅰ194
頁

→ 部会資料68A・37頁、
79-3・7頁、潮見・改
正法54頁

平成29年改正事項	善管注意義務の内容	B2

改正前民法400条は、「債権の目的が特定物の引渡しであるときは、債務者は、その引渡しをするまで、善良な管理者の注意をもって、その物を保存しなければならない」とのみ規定していた。

そのため、400条は特定物の引渡義務がいかなる原因によって生じたものであるかを問わずに適用されるところ、契約によって生じた場合であっても、その契約とは無関係に客観的に保存義務の内容や程度が定まるという誤解を生じかねなかった。

そこで、平成29年改正民法は、善管注意義務の内容が「契約その他の債権の発生原因及び取引上の社会通念に照らして定まる」ことを明確にした（400条）。

→ 部会資料68Ａ・37頁、79-3・7頁、一問一答66頁、潮見・改正法54頁

1-11　善管注意義務の内容

```
┌─── 改正前民法 ───┐              ┌─── H29改正民法 ───┐
│ 債権の目的が特定物の引渡し│              │ 債権の目的が特定物の引渡しであ│
│ であるときは、債務者は、そ│   ────▶    │ るときは、債務者は、その引渡し│
│ の引渡しをするまで、善良な│              │ をするまで、契約その他の債権の│
│ 管理者の注意をもって、その│              │ 発生原因および取引上の社会通念│
│ 物を保存しなければならない│              │ に照らして定まる善良な管理者の│
│ （400）。        │              │ 注意をもって、その物の保存しな│
│                 │              │ ければならない（400）。    │
└─────────────┘              └─────────────┘

        ┌───────────────────────┐
        │ 契約内容等と無関係に善管注意義務の内容が│
        │ 定まるとの誤解が生じないようにした。   │
        └───────────────────────┘
```

(2)　目的物引渡義務

債権の目的が特定物の引渡しである場合に、**契約その他の債権の発生原因および取引上の社会通念に照らしてその引渡しをすべき時の品質を定めることができないとき**は、弁済をする者は、その**引渡しをすべき時の現状**でその物を引き渡さなければならない（483条）。

← 平成29年改正

平成29年改正によって、「契約その他の債権の発生原因及び取引上の社会通念に照らしてその引渡しをすべき時の品質を定めることができないとき」という文言が付け加えられた。この趣旨は、483条の規定が**任意規定**であることと、合意内容および契約から典型的に導かれるものとして契約の内容に適合した物を引き渡す義務が生じうることを明らかにする点にある。

また、改正前民法483条がいわゆる**特定物ドグマ**（特定物債権においては性質が合意内容とならないという考え方）の根拠規定として捉えられていたところ、平成29年改正によって、特定物ドグマを483条によって基礎づけることはできなくなったといわれている（詳細は、弁済の項を参照のこと）。

← 「特定物ドグマ」とは

→ 4章1項参照

→ 潮見・新債権総論Ⅰ196頁

特定物債権の債務者は、目的物の保存義務と引渡義務を負います。債務者は、引渡しの時点まで善良な管理者の注意をもって目的物を保存し（400条）、債権者に引き渡します。

債務者が目的物の保存義務を尽くしたとしても、引渡義務が尽くされていなければ、その特定物債権について債務者の債務不履行が認められることとなります。たとえば、Aが、Bに対して、自己の所有する中古自動車甲を売却することとし、引渡しの時点まで善良な管理者の注意をもって甲を保存していたとします。ところが、AがBに対して甲を引き渡したところ、ブレーキに欠陥があることが判明しました。

Bが甲を購入した理由が自己使用目的であり、Aもそのことを認識していたとすれば、

1-2　債権の目的　015

ＡＢ間の売買契約においてＡがＢに引き渡すべき目的物は「ブレーキに欠陥のない甲」といえるでしょう。したがって、この場合に、「ブレーキに欠陥のない甲」を引き渡すことのできなかったＡは、引渡義務を尽くしたとはいえず、債務不履行となります。

なお、ＢがＡに対して債務不履行に基づく損害賠償請求をしたときは、Ａは、「その債務の不履行が契約その他の債務の発生原因及び取引上の社会通念に照らして債務者の責めに帰することができない事由によるものである」ことを抗弁として主張することができます(415条1項ただし書)。

(3) 履行不能

特定物債権は、目的物が滅失したときは、ただちに履行不能となる。

➡ 中田・債権総論36頁

たとえば、ＡがＢとの間で特定物である甲建物の売買契約を締結したところ、引渡し前に甲が滅失したとする。この場合に、甲の滅失が売主Ａの責めに帰すべき事由によるときは、Ａは債務不履行による損害賠償責任を負う(415条)。このとき、Ｂは、売買契約を解除することによって、甲の売買代金債務を免れることとなる(542条1項1号)。

他方で、この場合に、甲の滅失が売主Ａの責めに帰すべき事由によらないときは、Ａは、債務不履行による損害賠償責任を負わない(415条1項ただし書)。このとき、Ｂは、売買契約を解除することによって、甲の売買代金債務を免れることとなる(542条1項1号)。また、Ｂは、売買契約を解除するまで売買代金債務を負うものの、その履行を拒絶することができる(危険負担、536条1項)。

➡ 『債権各論』1章3節④

なお、この場合に、甲の滅失が買主Ｂの責めに帰すべき事由によるときは、Ａは、債務不履行による損害賠償責任を負わず(415条1項ただし書)、Ｂは、売買契約を解除することも、売買代金債務の履行を拒絶することもできない(543条、536条2項前段)。

➡ 『債権各論』1章4節

(4) 引渡場所

弁済をすべき場所について別段の意思表示がないときは、特定物の引渡しは債権発生の時にその物が存在した場所で、その他の弁済は債権者の現在の住所で、それぞれしなければならない(484条1項)。

➡ 4章1項参照

③ 種類債権(不特定物債権)

▶2018年第1問

【1】 意義

●論点Ｂ⁺ランク

種類債権(不特定物債権)とは、一定の種類に属する、一定量の物の引渡しを目的とする債権をいう。たとえば、「Ａ社の瓶ビール1ダース」や「魚沼産コシヒカリ10キログラム」を売買目的物とした場合の当該目的物の引渡しを求める債権があげられる。

← 「種類債権」とは

➡ 中田・債権総論37頁

債権の目的物を種類のみで指定した場合に、法律行為の性質または当事者の意思によってその品質を定めることができないときは、債務者は、中等の品質を有する物を給付しなければならない(401条1項)。したがって、たとえば「メロン5キログラム」を売買目的物としたものの、当事者が品質について何ら定めなかったときは、債務者は中等のメロンを5キログラム給付すればよく、最高級品質のメロンを給付する必要はない。

ただし、「法律行為の性質又は当事者の意思によってその品質を定めること」が

016　1章　債権法序説

できるときは、当該品質を有する物を給付しなければならない(401条1項参照)。

【2】 目的物の特定

(1) 意義

●論点Aランク

種類債権の場合には、債務者は目的物の調達義務を負うため、目的物がこの世からすべて失われないかぎり、履行不能とはならない。そのため、債務者が履行のために仕入れて用意していた目的物が、債権者が引き取りに来ない間に不可抗力で滅失した場合であっても、債務者は改めて目的物を仕入れなければならないはずである。しかし、債務者がなすべきことを尽くしたとしてもなお調達義務を免れないとすれば、債務者にとって酷である。

そこで、債権の目的物を種類のみで指定した場合に、債務者が物の給付をするのに必要な行為を完了し、または債権者の同意を得てその給付すべき物を指定したときは、以後その物が債権の目的物となる(401条2項)。その結果、当該目的物が滅失すれば、同種物を調達することが現実的に可能であったとしても履行不能となり、債務者は調達義務を免れる。このように、種類債権において、債権発生後、履行までの間のある段階で目的物が具体的に定まることを、種類債権の**特定(集中)**という。

→ 中田・債権総論38頁
← 「特定」とは

(2) 特定の要件

特定は、次のいずれかの事由により生じる。

(a) 「債務者が物の給付をするのに必要な行為を完了」したとき

●論点Aランク

債務者が物の給付をするのに必要な行為を完了した場合には、特定が生じる(401条2項前段)。「債務者が物の給付をするのに必要な行為を完了」したとは、債務者側が引渡しに必要な行為をすべて行ったことをいう。

← 給付をするのに必要な行為の完了の意義

どうすれば「債務者が物の給付をするのに必要な行為を完了」したといえるかの具体的な時期は、債務の履行のされ方により、持参債務、取立債務、送付債務の3種類に区別して検討されることが多い。なお、いずれの場合であっても、数量不足や品質不適合など、契約の内容に適合しない物については、特定は生じないと解される。この場合には、債権者は、依然として、債務者に対して契約内容に適合する目的物の引渡しを求めることができる(562条、559条)。もっとも、軽微な不適合については特定を認める余地があると解する立場もある。

●論点Bランク
→ 潮見・新債権総論Ⅰ216頁

→ 平野・債権総論24頁

(i) 持参債務の場合

持参債務とは、債務者が目的物を債権者の住所に持参して履行すべき債務をいう。種類債権の場合には、原則として持参債務となる(484条1項後段)。

← 「持参債務」とは

持参債務の場合には、特定が生じるためには、債務者が目的物を債権者の住所に持参して、債権者がいつでも受け取ることのできる状態におくこと、すなわち、債権者の住所における**現実の提供**を要する(判例)。

→ 大判大正8年12月25日民録25輯2400頁

(ii) 取立債務の場合

取立債務とは、債権者が目的物を債務者の住所まで取りに行かなければならない債務をいう。種類債権の場合に、当事者間で債権者が目的物を債務者の住所まで取りに行くことを合意したときは、取立債務となる。

← 「取立債務」とは

取立債務の場合には、特定が生じるためには、債務者が、①目的物を**分離**し、②引渡しの**準備**を整えて、③これを債権者に**通知**することを要すると解される。

●論点Aランク(論証1)
→ 中舎・債権法21頁

1-2 債権の目的　017

本文では、取立債務における特定の要件として、分離、準備、通知が必要と整理しました。

　しかし、近年の学説は、「分離」を、債務者が給付すべき目的物を他の物と分離し、債権者が取りに来れば、いつでも受領できる状態におくことと解し、「準備」を含んだ概念と整理しています。なお、「通知」についても、そのような状態になったことを債権者に通知して、受け取るよう求めることと解し、受領の催告を含んだ概念と整理します。結局、この見解は、特定の要件を分離と通知の2つであると説明することになります。

　取立債務における特定の要件と、弁済の提供における、いわゆる口頭の提供(493条ただし書)における要件は、混同しやすいので、下記の表のようにしっかりと整理しておきましょう。

　取立債務において特定が生じるためには、①分離、②準備、③通知の3点が備わる必要があると解されています。他方で、口頭の提供は、①弁済の準備をしたことを、②通知して、③その受領の催告をすれば足ります(493条ただし書)。

　したがって、口頭の提供があっただけでは、目的物の「分離」が欠けるため、特定が生じないと解されます。なお、学説上は、特定の要件として「分離」を要求しない見解も主張されています。

➡ 中田・債権総論39頁

➡ 4章1節②【3】(3)

➡ 中舎・債権法21頁

➡ 最判昭和30年10月18日（百選Ⅱ1事件）
➡ 潮見・新債権総論Ⅰ221頁

特定と弁済の提供の異同

		要　件	効　果
特定	持参債務	現実の提供	以後その物に特定し調達義務を負わない（代物請求できなくなる）
	取立債務	分離・準備・通知	
弁済の提供	持参債務	現実の提供	以後履行遅滞責任を負わない
	取立債務	準備＋通知・催告（口頭の提供）	

(iii)　送付債務の場合

　送付債務とは、債務者が目的物を債権者の住所でも債務者の住所でもない場所(第三地)に送付すべき債務をいう。第三地が履行場所と定められている場合には、持参債務に準じて、当該履行場所での現実の提供があったときに特定が生じる。

← 「送付債務」とは

(b)　「債権者の同意を得てその給付すべき物を指定」したとき

　債権者が債務者に特定すべき物を指定する権利(指定権)を与え、**債務者が当該指定権に基づき指定した場合**には、特定が生じる(401条2項後段)。

(c)　その他（両当事者の合意等）

　両当事者が合意した場合にも、種類債権において給付すべき物を特定の物に定めることができると解されている。両当事者が第三者に特定すべき物を指定する権利(指定権)を与え、第三者が当該指定権に基づき指定した場合にも、特定が生じると解される。

(3)　特定の効果

　特定が生じることによる主要な効果は、次の3つである。

●論点Aランク
← 特定の効果

(a)　善管注意義務(400条)の発生

　種類債権の債務者は、本来、種類物の調達義務を負っており、ある具体的な物の保存義務を負わない。

　しかし、特定が生じると、債務者は、種類物の調達義務を免れ、当該特定した

目的物について善管注意義務(400条)を負うこととなる。もっとも、債務者が弁済の提供の要件をみたせば、債権者が受領遅滞に陥っていることとなり、注意義務が軽減されて「自己の財産に対するのと同一の注意」をもって保存すれば足りる(413条1項)。

→ 2章4節

(b) 目的物滅失による引渡義務の消滅

種類債権の債務者は、本来、種類物の調達義務を負う。すなわち、債務者の手元にある種類物が滅失したとしても、債務者は、市場から同種の種類物を調達すべき義務を負う。

しかし、特定が生じると、債務者は当該特定した目的物を引き渡すべき義務を負うので、当該目的物が滅失した場合には、債務者は目的物の引渡義務を免れる。すなわち、債務者は、市場から同種の種類物を調達すべき義務を負わない。

この場合には、目的物の滅失について債務者に帰責事由があれば、損害賠償義務を負う(415条)こととなるが、同種の種類物を調達して引き渡す必要はない。また、目的物の滅失について債務者に帰責事由がなければ、損害賠償義務も負わない。

(c) 所有権の移転が可能な状態となること

種類債権の場合には、特定前に目的物の所有権が債権者に移転することはありえない。

しかし、特定が生じると、目的物の所有権が債権者に移転可能な状態となる。この場合に、具体的にいつ目的物の所有権が債権者に移転するのかは、物権変動の時期の問題となり、当事者の合意(契約の解釈)によって定まると解される(判例)。特約のないかぎり、特定物売買であれば売買契約成立時に所有権が移転し、不特定物売買であれば特定時に所有権が移転すると考えられる(判例)。

→ 最判昭和33年6月20日(百選Ⅰ52事件)
→ 最判昭和35年6月24日民集14巻8号1528頁、最判昭和44年11月6日判時579号49頁

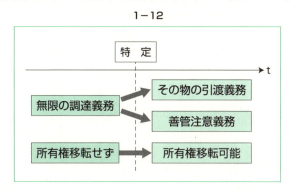

1-12

(4) 変更権

種類債権の特定が生じた場合には、善管注意義務の発生等の効果は生じるものの、種類債権が特定物債権になるわけではなく、種類債権であったという性質は依然として残る。

たとえば、「A社の瓶ビール1ダース」を売買目的物とした場合に、売主がA社の瓶ビール1ダースを他のビールと分離して、引渡しの準備をし、このことを買主に通知したところ、その後、売主の帰責事由によりその「A社の瓶ビール1ダース」が滅失してしまったとする。このとき、売主が分離しておいた「A社の瓶ビール1ダース」に特定が生じているものの、「A社の瓶ビール1ダース」は種類物であるから、売主は、別途、A社の瓶ビール1ダースを調達することが可能であ

る。

　このような場合に、売主に対し、滅失した「A社の瓶ビール1ダース」とは別の、同じ品質・数量である「A社の瓶ビール1ダース」を引き渡すこと、すなわちいったん特定した目的物を変更する権利（変更権）を認めてよいかどうかが問題となる。

　種類債権では、当事者はもともと当該種類に属する個々の物の個性に注目していない。そのため、たとえ特定が生じたとしても、その後に同じ種類に属する他の物への変更を認めたところで、債権の性質上問題がない。そこで、債権者に特に不利益がないのであれば、信義則上、債務者に変更権が認められると解される。

　なお、変更権は、債務者だけでなく債権者にも認められると解される。もっとも、債権者による変更権行使が債務者に不利益となりうることから、債権者に変更権を認めることには慎重を期すべきとの見解もある。

← 「変更権」とは
●論点B⁺ランク
　（論証2）

→ 中田・債権総論43頁、潮見・新債権総論Ⅰ213頁

【3】 制限種類債権（限定種類債権）

(1) 意義

　種類債権のうち、特に目的物の範囲を特定の場所や範囲によって制限したものを制限種類債権（限定種類債権）という。たとえば、「A社のB倉庫に保管されている瓶ビール1ダース」や「無農薬農家Cが生産した魚沼産コシヒカリ10キログラム」を売買目的物とした場合の当該目的物の引渡しを求める債権があげられる。

← 「制限種類債権（限定種類債権）」とは

(2) 種類債権との違い

　制限種類債権は、以下の3つの点で通常の種類債権と異なる。

← 種類債権との違い

(a) 履行不能の成否

　通常の種類債権では、特定しないかぎり、債務者の手元にある種類物が滅失しても履行不能とならない。債務者は、市場から同種の物を調達し、債権者に引き渡す義務を負う。

　制限種類債権の場合には、特定前であっても、債務者の手元にある制限種類物がすべて滅失したときは、履行不能となる。たとえば、「A社のB倉庫に保管されている瓶ビール1ダース」を売買目的物とした場合に、B倉庫内の瓶ビールがすべて滅失したときは、かりに同種の瓶ビールを市場から調達することができたとしても、履行不能となる。

← 履行不能の成否

→ 最判昭和30年10月18日（前出）

(b) 目的物の品質

　通常の種類債権では、給付すべき物の品質を定めることができない場合には、中等の品質を有する物を給付することとなる（401条1項）。

　これに対して、制限種類債権の場合には、特定された場所や範囲内の物を給付すれば足りるため、品質は問題とならない。

← 目的物の品質

→ 最判昭和30年10月18日（前出）

(c) 目的物の保存義務

　通常の種類債権では、特定しないかぎり、債務者は種類物の調達義務を負っており、ある具体的な物の保存義務を負わない。

　これに対して、制限種類債権の場合には、特定前であっても、債務者は特定された場所や範囲内の物の保存義務を負うと解されている。ただし、善管注意義務（400条）を負うのか、自己の財産に対するのと同一の注意義務を負うにとどまるのかについては、見解が分かれている。

← 目的物の保存義務

	種類債権	制限種類債権
履行不能	なし	あり
目的物の品質	中等	問題とならず
特定前の目的物保存義務	なし	あり

4 金銭債権

【1】意義

金銭債権とは、金銭の支払を目的とする債権をいう。たとえば、10万円の売買代金債権や貸金債権、損害賠償債権などがあげられる。

金銭債権の場合には、債務者は、みずからの選択に従い、各種の通貨で弁済をすることができる（402条1項本文）。すなわち、債務者は原則として、どの通貨で弁済してもよい。たとえば、10万円の金銭債権の場合には、1万円札10枚で弁済してもよいし、5000円札20枚で弁済してもよい（なお、貨幣・硬貨については、通貨の単位及び貨幣の発行等に関する法律7条参照）。ただし、特定の種類の通貨の給付を債権の目的としたときは、その通貨によって給付すべきこととなる（402条1項ただし書）。

なお、たとえば、展覧会での展示用として珍しい番号の紙幣を借り受ける場合には、特定の物質としての通貨を目的物とするものであり、特定物債権である（**特定金銭債権**）。また、たとえば、オリンピック等の記念貨幣(1000円硬貨)10枚と1万円札を両替する場合には、特定の種類の物質としての通貨を目的物とするものであり、通常の種類債権である（**絶対的金種債権**）。

← 「金銭債権」とは

→ 中田・債権総論46頁

← 「特定金銭債権」とは

← 「絶対的金種債権」とは

【2】金銭債権と通貨

通貨とは、法律により国内における強制通用力（金銭債権の弁済としてその受領を強制されること）を認められた貨幣をいう。日本では、狭義の貨幣（硬貨）および日本銀行券（紙幣）が、通貨（広義の貨幣）である。貨幣の製造および発行権能（貨幣高権）は、政府に属する（通貨4条1項）。

なお、外国の通貨で債権額を指定したときは、債務者は、履行地での為替相場により、日本の通貨で弁済をすることができる（民403条）。

← 「通貨」とは

【3】金銭債権の特徴

金銭債権は、物ではなく価値を通貨によって移転することを目的とするため、次の特徴を有する。

← 金銭債権の特徴

(1) 履行不能が考えられない

世の中から通貨がなくなることは考えられないため、**金銭債権について履行不能は考えられない**。債務者に資力がなく支払ができない場合であっても、履行不能ではなく履行遅滞となる。また、金銭債権については、種類債権における特定も生じない。

← 履行不能の成否

(2) 金銭債権の特則

金銭債権の履行遅滞による損害賠償の額は、原則として、債務者が遅滞の責任を負った最初の時点における法定利率によって定まる（419条1項本文、404条）。

← 金銭債権の特則

1-2 債権の目的　021

ただし、約定利率が法定利率を超えるときは、約定利率による(419条1項ただし書)。なお、実際の損害額が法定利率または約定利率による額を超える場合であっても、法定利率または約定利率による額を超過する部分について損害賠償を請求することはできない(判例)。

→ 最判昭和48年10月11日
判時723号44頁

金銭債権の債権者は、債務者の履行遅滞について、損害を証明することなく損害賠償請求をすることができる(419条2項)。また、債務者は、金銭債務の履行遅滞が天災による交通遮断等の不可抗力に基づくものであったとしても、損害賠償義務を免れない(419条3項)。

1-13

```
金銭債権の特則

・履行不能 ──────────→ 観念できず
・損害賠償額 ──────────→ 法定利率と約定利率の高いほう
・損害の証明 ──────────→ 不要
・不可抗力による履行遅滞 ──→ 免責されず
```

(3) 名目主義

金銭債権は、貨幣価値の変動により、実質的価値が変化しうる。しかし、実質的価値が変化した場合であっても、金銭債権は、その額面が基準となる(名目主義)。昭和9年発行の債券について、債券発行銀行(債務者)が、償還当時の貨幣で券面額を弁済したところ、債権者から、戦後の償還時に貨幣価値が約300分の1に下落していたとして、実質的価値との差額を請求された事案がある。この事案について、判例は、債務者は別段の特約のないかぎり、償還当時の貨幣で券面額を弁済すれば足りるとした。

← 「名目主義」とは

→ 最判昭和36年6月20日
民集15巻6号1602頁

5 利息債権

【1】意義

利息債権とは、利息を支払うことを目的とする債権をいう。利息債権は、元本債権と対をなす。たとえば、貸主Aは、借主Bとの間で100万円の金銭消費貸借契約を締結した際、弁済期を借入日から1年後とし、約定利率を年5パーセントとしたとする。この場合に、Aは、弁済期において、Bに対し、合計105万円の支払を請求することができるところ、このうち元本100万円部分の債権が元本債権であり、利息部分(5万円)の債権が利息債権である。

← 「利息債権」とは

利息債権について検討する際は、①基本権たる利息債権と、②支分権たる利息債権を分けて考えるのが一般的である。

①の基本権たる利息債権とは、元本の存在を前提として、一定期間の経過により一定の率による利息の支払を受けることを内容とする、基本的・包括的な債権をいう。

← 「基本権たる利息債権」とは

②の支分権たる利息債権とは、基本権たる利息債権の効果として一定期間の経過により現に発生した個々の具体的債権をいう。

← 「支分権たる利息債権」とは

たとえば貸主Aは、借主Bとの間で100万円の金銭消費貸借契約を締結した際、元本の弁済方法を借入日から2年後に一括払とし、約定利率を年5パーセント、利息の弁済方法を借入日から1年ごとに当年分を支払うこととしたとする。この

場合には、AはBに対し、借入日から1年後、1年分の利息（5万円）の支払を請求することができる。このとき、AのBに対する1年分の利息債権が支分権たる利息債権であり、その発生原因となった利息債権が基本権たる利息債権である。

基本権たる利息債権は、元本債権に対する付従性が強い。すなわち、元本債権が消滅すれば消滅し、元本債権が譲渡されれば随伴する。これに対して、支分権たる利息債権は、元本債権に対する付従性が弱い。すなわち、一度発生すれば元本債権から独立して存在する。元本債権が弁済により消滅しても支分権たる利息債権は残存し、元本債権が譲渡されても当然には随伴しない。

1-14

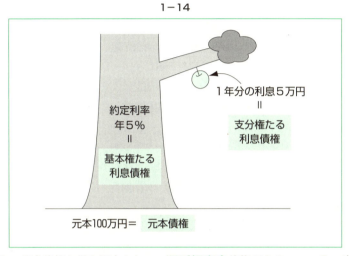

なお、利息債権と似た概念として、遅延損害金債権があるので、その違いを説明しよう。

利息も遅延損害金も、一定期間の経過により一定の率で発生する債権である点で共通する。しかし、両者の性質は異なる。

利息は、元本を利用しうることの対価として、元本の額と経過期間に比例して支払われる金銭その他の代替物をいう。すなわち、利息とは、元本の使用料である。これに対して、遅延損害金は、履行期に弁済しないという債務不履行（履行遅滞）による損害賠償金である。

← 「遅延損害金」とは

> 利息と遅延損害金は、似ているため混同しやすいのですが、性質を異にします。
> たとえば、A銀行がBに対し、2021年5月1日に100万円を貸し付けた場面を考えてみます。この金銭消費貸借契約では、弁済期を同月31日、約定利率を年15パーセント、約定遅延損害金率を年20パーセントとしていました。
> この場合に、Bは、2021年6月15日になって、ようやく弁済原資を確保することができたので、元本とあわせて利息および遅延損害金を支払おうとしています。このとき、Bが支払うべきお金は、次のようになります。
> ①元本：100万円
> ②利息：12,739円（100万円×31日／365日×15％）
> ③遅延損害金：8,219円（100万円×15日／365日×20％）
> 　合計：1,020,958円
> 少し細かい話になってしまいますが、この事案でA銀行がBに対して貸金返還請求訴訟を提起する場合、元本、利息および遅延損害金でそれぞれ訴訟物を異にします。また、請求の趣旨には、「被告は、原告に対し、101万2739円および内100万円に対する2021年6月1日から支払済みまで年20パーセントの割合による金員を支払え」と記載することになるでしょう。元本と利息は金額が確定しているので合計額を記載（101万2739円）し、遅延

損害金は支払済みまで金額が確定しないため、起算日と割合により請求内容を特定（○○○万円内100万円に対する2021年６月１日から支払済みまで年20パーセントの割合による金員）する必要があるからです。

【2】法定利率

法定利率とは、法律で定められた利率をいい、**約定利率**とは、当事者間の契約によって定められた利率をいう。

← 「法定利率」とは
← 「約定利率」とは

利息は、当事者の合意または法律の規定によって発生する。たとえば、金銭消費貸借では、「貸主は、特約がなければ、借主に対して利息を請求することができない」(589条１項)と規定されており、無利息が原則である。ただし、商法が適用される場合には、特約がなくても当然に利息が発生する(商513条１項)。

利息を付する合意はあるものの、利率を定めなかった場合や、法律の規定により法定利息が生じる場合には、法定利率が適用される(404条１項)。これに対して、当事者間で利率も合意していれば、約定利率が適用される。

改正前民法404条は、法定利率を年５パーセントの固定利率としていた。しかし、平成29年改正により、**変動制**を基礎に据えたルールが採用された。すなわち、平成29年改正民法施行時の法定利率を３パーセントとし、その後一定期間ごとに法定利率を計算し直すこととなった。

← 平成29年改正

ただし、**変動制**といっても、いったん発生した利息債権の法定利率まで変動するわけではない。すなわち、別段の意思表示がないときは、利率は「その利息が生じた最初の時点における法定利率による」(404条１項)こととなる。

また、平成29年改正に伴い、商事法定利率(年６パーセント)を規定していた商法514条は削除されることとなった。これにより、民事法定利率と商事法定利率の区分がなくなり、どちらも民法404条によって規律されることとなった。

平成29年改正事項	法定利率における変動制の採用等	C1

➡ 部会資料74Ｂ・１頁、77Ｂ・１頁、81Ｂ・７頁、82-２・１頁、一問一答81頁、潮見・改正法55頁

改正前民法404条は、法定利率について、年５パーセントの固定制を採用していた。年５パーセントという利率が採用された理由は、法定利率が市中における通常の金利水準に合致したものでなければならず、立法当時にはそれが年５パーセントと考えられた点にある。

しかし、現在のわが国の市中の金利はきわめて低い値で推移しており、年５パーセントの法定利率が市中の金利を大幅に上回っている状態が続いていた。このような状態では、法定利率が適用されると、債権者にとっては市中の金利より相当に有利となる反面、債務者にとっては不利となるため、当事者の公平を害していると指摘されていた。

そこで、平成29年改正民法は、市中の金利と法定利率との間に大きな隔たりがあることによる不合理な状態を是正するため、金利計算の簡潔さを保ちつつも、法定利率をその時々における市中の金利の水準に可及的に合致させるため、変動制を採用することとした(404条)。

また、改正前民法404条と商法514条は、民事法定利率と商事法定利率を区分し、民事法定利率を年５パーセント、商事法定利率を年６パーセントとしていた。この理由は、商取引においては元本の利用によって民事上の取引よりも多くの収益をあげられるはずであること等にある。

しかし、現代では、株式市場、債券市場等の市場が整備され、金融商品取引業者等の仲介業者が発達した結果、非商人でも容易に投資が可能な状況が整備されている。また、情報化の進展により、商人が利用する情報を非商人が取得することも比較的容易となっている。そのため、商取引にあたらない取引においても、このような市場や情報を活用することにより、商人と同等の運用利回りを得ることも可能であり、商人と非商人の差異はより小さいものとなっている。

したがって、商取引であるからといって、民法上の法定利率よりも高い運用利回りを得る蓋然性が高いとはいいがたい。

そこで、平成29年改正に伴い、商法514条は削除されることとなった。これにより、民事法定利率と商事法定利率の区分がなくなり、どちらも民法404条によって規律されることとなった。

1-15 法定利率における変動制の採用等

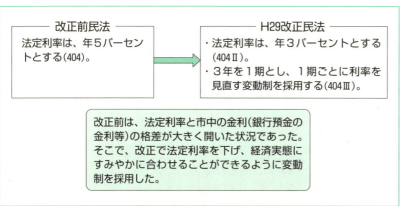

平成29年改正民法404条の内容は、とても難しいうえ、試験との関係で重要度が高いともいえません。しかし、法定利率は民法典のあらゆる場面で登場しますから、条文を読んで内容を理解できるようにしておく必要があります。

そのため、以下では、法定利率の変動制について説明します。初学者の方は、最初は読み飛ばして問題ありませんが、民法を一通り勉強し終わったら、必ずここに戻ってきて目をとおすようにしてください。

(1) 概要

平成29年改正法施行時の法定利率は年3パーセントです(404条2項)。その後は、3年ごとに短期貸付の平均金利の変動を参照して、1パーセント幅で利率が変動することとなります。

(2) 当初利率(404条2項)

平成29年改正法施行時の法定利率は、年3パーセントです(404条2項)。年3パーセントとなった理由は、平成29年改正当時の市中の金利の水準として年3パーセントが妥当と考えられた点にあります。

(3) 見直し頻度(404条3項)

法定利率は、法務省令で定めるところにより、3年を1期とし、1期ごとに404条4項以下の規定により変動します(404条3項)。すなわち、見直しの頻度は3年ごとです。3年となった理由は、法定利率に市中の金利の変動の状況を反映させつつ、制度の安定性や簡明性等を考慮した結果、相当と考えられた点にあります。

(4) 見直しの仕組み(404条4項、5項)

見直しの仕組みについては、図1-16で具体的なイメージを示しながら条文の意味を説明していきます。

この図は、横軸が年数を表し、縦軸が法定利率を表しています。平成29年改正民法の施行日が2020年4月1日であることから、改正法施行時の期(1期)は2020年4月1日から2023年3月31日となります。

法定利率は、3年を1期として見直されます(404条3項)。この図では、3期分(9年分)について、法定利率が1期は3パーセント、2期は4パーセント、3期は3パーセントに変動した場合を想定しています。

各期における法定利率は、「直近変動期」と当期の「基準割合」との差を計算し、その割合に1パーセント未満の端数がある場合はこれを切り捨てて、「直近変動期」の法定利率に加算減算して定まります(404条4項)。

➡ 部会資料74B・7頁

1-16

　直近変動期とは、404条4項の規定により法定利率に変動があった期のうち直近のものをいいます（404条4項括弧書）。法定利率に変動がなければ、改正法施行時の期（1期）をさします（附則15条2項）。
　基準割合とは、404条5項により算定される割合をいいます。
　図1-16の2期を基準として説明します。2期の法定利率は、直近変動期（改正法施行時の期）である1期の基準割合と、2期の基準割合との差を計算して求めます。たとえば、1期の基準割合が1.5パーセントで、2期の基準割合が2.6パーセントだったとすると、その差は＋1.1パーセントです。1パーセント未満の端数は切り捨てますので、＋1パーセントを1期の法定利率に加算した数値が、2期の法定利率です。1期の法定利率は3パーセントですので、2期の法定利率は4パーセントとなります。
　次に、基準割合について説明します。下の図を見てください。

1-17

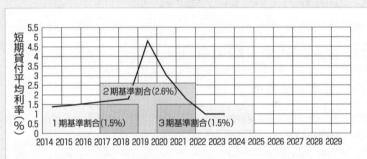

　基準割合とは、法務省令で定めるところにより、各期の初日の属する年の6年前の年の1月から前々年の12月までの各月における短期貸付の平均利率の合計を60（12か月×5年間）で除して計算した割合として法務大臣が告示するものをいいます（404条5項）。「短期貸付の平均利率」とは、当該各月において銀行が新たに行った貸付のうち、貸付期間が1年未満のものにかかる利率の平均をいいます（404条5項第1括弧書）。また、基準割合は、0.1パーセント未満の端数を切り捨てて算出されます（404条5項第2括弧書）。
　1期の基準割合は、1期の初日の属する年（2020年）の6年前の年である平成26年（2014年）1月から、前々年である平成30年（2018年）12月までの各月における短期貸付の平均利率にかかる利率の合計を60か月で除して計算します。ここでは、1期の基準割合が1.5パーセントになったと仮定します。
　2期の基準割合は、2期の初日の属する年（2023年）の6年前の年である平成29年（2017年）1月から、前々年である2021年12月までの各月における短期貸付の平均利率にかかる利率の合計を60か月で除して計算します。ここでは、2期の基準割合が2.6パーセントになったと仮定します。
　3期の基準割合は、3期の初日の属する年（2026年）の6年前の年である2020年1月から、前々年である2024年12月までの各月における短期貸付の平均利率にかかる利率の合

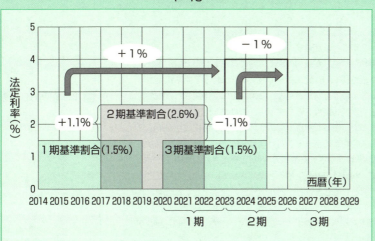

計を60か月で除して計算します。ここでは、3期の基準割合が1.5パーセントになったと仮定します。

　1期の基準割合が1.5パーセントで、2期の基準割合が2.6パーセントですから、その差は＋1.1パーセントです。1パーセント未満の端数は切り捨てますので、＋1パーセントを1期の法定利率に加算した数値が、2期の法定利率です。1期の法定利率は3パーセントですので、2期の法定利率は4パーセントとなります。

　では、3期の法定利率はどうなるでしょうか。

　3期の法定利率は、直近変動期である2期の基準割合と、3期の基準割合との差を計算して求めます。2期の基準割合が2.6パーセントで、3期の基準割合が1.5パーセントですから、その差は－1.1パーセントです。1パーセント未満の端数は切り捨てますので、－1パーセントを2期の法定利率から減算した数値が、3期の法定利率です。2期の法定利率は4パーセントですので、3期の法定利率は3パーセントとなります。

　かりに、1期の基準割合が1.5パーセント、2期の基準割合が2.4パーセント、3期の基準割合が3.3パーセントの場合はどうなるでしょうか（図1－19）。

　1期の基準割合と2期の基準割合の差は0.9パーセントですから、2期の法定利率は3パーセントのまま変動しません。この場合に、3期の法定利率は次のように計算します。

　2期には法定利率の変動がありませんでしたので、2期は直近変動期にあたりません。そのため、1期の基準割合と3期の基準割合の差を計算することとなります。両者の差は1.8パーセント（3.3－1.5）ですから、1パーセント未満の端数を切り捨てて、＋1パーセ

ントを1期の法定利率に加算した数値が、3期の法定利率です。1期の法定利率は3パーセントですので、3期の法定利率は4パーセントとなります。

(5) 適用利率の固定(404条1項)

法定利率自体は、以上のとおり3年ごとに変動することとなります。しかし、いったん発生した債権の法定利率は、その利息が生じた最初の時点における法定利率で固定されます。すなわち、法務省令に従った法定利率の変動があっても、それに伴ってすでに発生した利息債権の法定利率まで変動するわけではありません。この趣旨は、適用される法定利率を固定することで、債権管理上の事務的負担を軽減する点にあります。

したがって、1つの元本債権について生じる利息の利率は、その元本債権にかかる利息が最初に具体的に生じた一時点の法定利率に定まることとなります。

単に「利息が生じた時点」ではなく「利息が生じた最初の時点」と規定された理由は、次の点にあります。すなわち、一般に、利息は日々発生すると理解されています。そのため、単に「利息が生じた時点」の法定利率としてしまうと、日々の利息の発生をさすと理解されてしまい、その結果、法定利率が変動すると1つの元本債権に適用される利率も変動するとの解釈を招くおそれがあります。そこで、このような解釈を防ぐため、「最初の」という文言が付されました。

→ 部会資料81B・7頁

【3】重利(複利)

利息には、単利と重利(複利)とがある。

単利とは、当初の元本に対してのみ利息が付されることをいう。**重利**(複利)とは、利息が順次元本に組み入れられることをいう。

← 「単利」とは
← 「重利」とは

当事者が単利と重利のいずれにするかについて合意していない場合には、単利となる。ただし、この場合でも、利息の支払が1年分以上延滞し、債権者が催告をしても債務者がその利息を支払わないときは、債権者はこれを元本に組み入れて重利とすることができる(405条)。

たとえば、貸主Aは、借主Bとの間で100万円の金銭消費貸借契約を締結した際、弁済期を借入日から2年後とし、約定利率を年5パーセントとしたとする。この場合には、単利であれば、Bが支払うべき金額は110万円(100万円×(1＋0.05×2))となる。これに対して、重利であれば、Bが支払うべき金額は110万2500円(100万円×(1＋0.05)^2)となる。

1-20

【4】利息制限法

(1) 利息制限法の立法趣旨

契約自由の原則(521条2項、522条)のもとでは、当事者が合意すれば約定利率

← 利息制限法の立法趣旨

を何パーセントとすることも自由であるかのようにも思える。しかし、約定利率を完全に当事者の合意に任せてしまうと、債権者が経済的弱者である債務者の弱みにつけこんで、債務者が負担しきれないような高利を定めるという、いわゆる高利貸付が行われてしまうことになりかねない。

そこで、消費者保護の観点から、法外な高利を制限するために利息制限法が制定されている。

(2) 利息制限法の上限利息

← 利息制限法の上限利息

金銭消費貸借契約における約定利息は、以下のとおり、元本額に応じて定められた利率により計算した金額を超えるときは、その超過部分について無効となる（利息1条）。

①元本の額が10万円未満の場合　年20パーセント
②元本の額が10万円以上100万円未満の場合　年18パーセント
③元本の額が100万円以上の場合　年15パーセント

約定遅延損害金率は、上記の上限利率の各1.46倍が上限となり、これを超えるときは、その超過部分について無効となる（利息4条1項）。

(3) 利息の天引き

← 利息の天引き

金銭消費貸借を締結する場合には、あらかじめ利息相当額を控除し、残金のみを交付することがある。これを利息の天引きという。たとえば、貸主Aは、借主Bとの間で100万円の金銭消費貸借契約を締結した際、弁済期を借入日から1年後とし、約定利率を年15パーセントとしたとする。この場合には、約定利息の額は15万円となる。利息の天引きとは、この場合に、Aが約定利息額15万円を控除した残金85万円のみをBに交付し、弁済期には元本100万円の返済を求めることをいう。

利息の天引きをした場合に、天引き額が、債務者の受領額を元本として利息制限法1条に規定する利率により計算した金額を超えるときは、その超過部分は、元本の支払にあてたものとみなされる（利息2条）。

たとえば、貸主Aが借主Bとの間で200万円の金銭消費貸借契約を締結した際、弁済期を借入日から1年後とし、約定利率を年15パーセントとしたとする。この場合には、約定利息の額は30万円となる。しかし、この場合に、Aが約定利息額30万円を控除した残金170万円のみをBに交付したときは、実際の交付額である170万円を元本として制限利息の超過を計算することになる。元本の額が170万

1-21

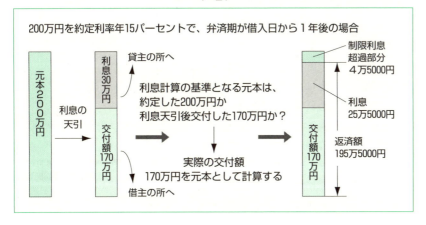

円の場合には、年15パーセントが制限利息となるから、25万5000円が約定利息の額となる。天引き額は30万円であり、制限利息を4万5000円超過していることになるため、この超過部分4万5000円は元本の支払にあてたものとみなされる。したがって、Aは、弁済期には元本200万円から4万5000円を控除した195万5000円の返済しか求めることができない。

(4) 支払った超過利息の取扱い

利息制限法の制限利息を超えて利息が支払われた場合には、その超過部分の支払は不当利得として返還請求することができるほか、元本があれば民法489条1項、491条(法定充当)により元本に充当される。

この点について、平成18年改正前利息制限法には1条2項が存在し、「債務者は、前項の超過部分を任意に支払ったときは、同項の規定にかかわらず、その返還を請求することができない」と規定していた。しかし、この規定では、利息制限法を知らずに任意に超過利息を支払ってしまった者が保護されないことから、判例で債務者を保護する理論構成が組み立てられ、平成18年の利息制限法改正において削除されるにいたった。

まず、判例は、利息制限法の制限利息を超えて利息が支払われた場合には、その超過部分の支払は改正前民法491条(平成29年改正民法489条)により元本に充当されるとした。また、判例は、制限利息を超える利息の支払を任意に継続し、その超過部分を元本に充当すれば計算上元本が完済となる時点のあとで、債務の不存在を知らずに支払った金額は、不当利得として返還請求することができるとした。

さらに、判例は、順次、利息・元本として支払っていったのではなく、制限超過利息を元本とともに一括して支払った場合でも、超過部分について不当利得返還請求をすることができるとした。この判例は、順次支払った者と一括して支払った者を別扱いすることは不均衡であることから、両者について同一の結論を導いたものである。

> 利息制限法と同様に消費者金融に関係する法律として、貸金業法があります。貸金業法は、貸金業の適正な運営等を目的として、貸金業者に対する規制等を定めた法律です。
> 　貸金業法も、平成18年改正前は43条において、一定の要件をみたす場合に債務者が任意に弁済したときは、利息制限法1条1項の規定を超える超過利息に対する弁済も有効な弁済とみなされる旨を規定していました。
> 　しかし、判例は、貸金業法旧43条の要件を厳格に解し、適用範囲を制限しました。その結果、平成18年改正によって、利息制限法1条2項とあわせて、貸金業法43条も削除されました。

(5) 著しい高利の貸付けと公序良俗違反

ヤミ金融業者が、著しく高利の貸付け(年利数百〜数千パーセント)により、元利金等の名目で債務者から金員を取得することは、公序良俗(90条)に違反する。この場合には、ヤミ金融業者は、債務者に対し、貸し付けた金銭の返還を請求することができない(708条本文参照)。また、債務者は、ヤミ金融業者に対して支払っていた元利金相当額を不当利得として返還請求することができる。さらに、判例は、この場合に、債務者がヤミ金融業者から交付されて利得した金員は、債務者のヤミ金融業者に対する不当利得返還請求において損益相殺等の対象とならないとする。その理由は、損益相殺等の対象とすると、不法原因給付について規

← 支払った超過利息の取扱い
●論点Bランク

→ 最大判昭和39年11月18日
　民集18巻9号1868頁

→ 最大判昭和39年11月18日
　(前出)

→ 最大判昭和43年11月13日
　民集22巻12号2526頁

→ 最判昭和44年11月25日
　民集23巻11号2137頁

→ 最判平成18年1月13日
　(百選Ⅱ56事件)

→ 最判平成20年6月10日
　民集62巻6号1488頁

定する民法708条の趣旨に反する点にある。

6 選択債権

【1】意義

選択債権とは、債権の内容が数個の給付のなかからの選択によって定まる債権をいう(406条)。たとえば、AがBに対して、自己の所有する甲建物か乙建物のいずれかを選択して給付する場合に、BのAに対する債権が選択債権である。

選択債権は、対象となる給付に個性がある点で、制限種類物債権と異なる。すなわち、一定の範囲内に存在する物を引き渡すことを内容とする債務の場合に、それぞれの物が当事者にとって個性のないときには制限種類物債権となり、当事者にとって個性のあるときには選択債権となる。たとえば、くじの景品として3つの異なる商品のなかから好きな物を1つ選べるという場合には、選択債権となる。これに対して、あるみかんの木になっているみかんからどれでも好きな実を1つ選べるという場合には、制限種類物債権にすぎないことが多いであろう。この点について判例は、AがBに対して、自己の所有する1000m²の土地のうち100m²を給付する場合には、土地には個性があるため、選択債権となるとした。

選択債権は、当事者の契約によって発生するほか、法律の規定により発生することもある。たとえば、占有者等の有益費についての支出額または増価額の償還請求(196条2項、299条2項、391条、583条2項、595条2項、608条2項、993条1項)、保証人が主たる債務者に対して事前求償をする場合の主たる債務者の担保提供または免責の請求(461条1項)などがあげられる。なお、無権代理人の責任についての履行または損害賠償の請求(117条1項)について、判例は選択債権性を否定するが、学説上は選択債権性を肯定する見解が有力である。

【2】選択債権の特定

選択債権の特定とは、選択債権の内容が数個の給付のうちの1つに絞られ、単純な債権となることをいう。選択債権の特定は、以下の事由によって生じる。

⑴ 当事者の合意

契約自由の原則(521条2項、522条)のもとでは、当事者が合意すれば自由に選択債権を特定させることができる。

⑵ 選択権の行使

選択債権を特定させる権限を選択権という。選択債権は、選択権者が選択権を行使することによって特定する。

だれが選択権を有するかは、当事者があらかじめ合意していれば、その合意によって定まる。合意がない場合には、債務者が選択権を有する(406条)。

⒜ 当事者が選択権を有する場合

選択権は、相手方に対する意思表示によって行使する(407条1項)。この意思表示は、相手方の承諾を得なければ、撤回することができない(407条2項)。

当事者の一方が選択権を有する場合に、債権が弁済期にあり、相手方から相当の期間を定めて催告をしても選択権を有する当事者がその期間内に選択をしないときは、選択権は相手方に移転する(408条)。この趣旨は、選択権者がいつまでも選択権を行使しないと相手方が不安定な状態におかれることから、催告を要件

➡ 中田・債権総論56頁、
川井(債権総論)・40頁、
平野・債権総論36頁

← 「選択債権」とは
●論点B⁻ランク

➡ 最判昭和42年2月23日
民集21巻1号189頁参照

➡ 大判昭和2年4月21日
民集6巻166頁
➡ 中田・債権総論56頁

← 「選択債権の特定」
とは

← 「選択権」とは

← 当事者が選択権を
有する場合

として選択権を移転させる点にある。

選択権は**形成権**であるから、意思表示によってただちに効果が発生する。選択は、債権の発生時にさかのぼってその効力を生ずる（411条本文）。なお、民法411条ただし書は、選択権の行使は「第三者の権利を害することはできない」と規定しているものの、第三者との関係は対抗要件具備の有無や先後によって決まるため、無意味な規定である。

(b) 第三者が選択権を有する場合

契約当事者以外の第三者を選択権者とすることもできる（409条1項参照）。

第三者が選択権を有する場合には、その選択は債権者または債務者に対する意思表示によってする（409条1項）。この場合に、第三者が選択をすることができず、または選択をする意思を有しないときは、選択権は、債務者に移転する（409条2項）。

なお、第三者が選択権を行使した場合には、この意思表示は債権者および債務者の承諾を得なければ、撤回することができないと解される。

(3) 給付不能

債権の目的である給付のなかに不能のものがある場合に、その不能が選択権を有する者の過失によるものであるときは、債権は、残存するものについて存在する（410条）。

たとえば、AがBに対して、自己の所有する甲建物か乙建物のいずれかを選択して給付する場合に、Aが選択権を有しており、かつ、甲建物がAの過失によって滅失し給付不能となったときは、給付すべき物が乙建物に特定される。そのため、Bは、Aに対して乙建物の給付を請求することができる。

「債権の目的である給付の中に不能のものがある場合」とは、**後発的不能のみならず、原始的不能の場合を含む**。ただし、その不能が「選択権を有する者の過失」によるものでなければ、選択債権の特定は生じない。したがって、選択権を有しない者の過失による場合には、選択債権の特定は生じない。ここでいう「選択権を有する者」には、**選択権を有する第三者が含まれる**。この趣旨は、選択権者の選択権を奪わずに、不能の給付を選択する余地を残すことによって、事案の柔軟な解決を図る点にある。

不能の給付を選択する余地を残す実益がある場面として、たとえば、次のような場面が考えられる。ＡＢ間で売買契約が成立し、売買代金を1000万円、売買対象物をAの所有する甲建物か乙建物のいずれかを選択して給付することとした場合に、Bが選択権を有しており、かつ、甲建物がAの過失によって滅失し給付不能となったとする。この場合には、Bは、選択権を行使して、乙建物の給付を受けることもできる。しかし、売買契約締結後の事情の変化により、Bが乙建物の給付を望まず、甲建物の給付を望んでいたときは、Bは不能となった甲建物の給付を選択し、Aに対して履行不能に基づく損害賠償を請求したり、履行不能を理由とする解除権を行使して自己の債務を免れたりするほうが合理的なことがある。

平成29年改正事項	不能による選択債権の特定	C1

改正前民法は、不能による選択債権の特定について、①給付不能の場合は、原則として、残った給付に債権の対象が特定するものとし（改正前民法410条1項）、②例外的に選択権を有し

← **第三者が選択権を有する場合**

➡ 部会資料68Ａ・39頁、83-2・7頁
← 平成29年改正

➡ 部会資料68Ａ・40頁

➡ 部会資料68Ａ・40頁

➡ 部会資料68Ａ・40頁、一問一答67頁、潮見・改正法58頁

ない当事者(第三者が選択権者の場合は含まない)の過失によって給付不能となった場合は、選択債権の特定が生じないと規定していた(改正前民法410条2項)。この趣旨は、不能の給付を選択肢から除外することを原則としつつも、選択権者でない当事者の過失によって不能となった場合には、その不能の給付を選択する余地を認め、事案の柔軟な解決を図る点にある。

　しかし、当事者双方の過失によらないで給付が不能となった場合にも、選択権者の選択権を奪うことなく、不能の給付を選択する余地を認めることによって事案の柔軟な解決を図るほうが合理的といえる。このことは第三者が選択権者である場合にも同様である。

　そこで、平成29年改正民法は、給付の不能が選択権を有する者の過失によるものである場合にかぎり選択債権の特定が生じるものとした(410条)。

不能原因と選択権者

		債権者の過失	債務者の過失	第三者の過失	不可抗力
選択権者	債権者	○	×	×	×
	債務者	×	○	×	×
	第三者	×	×	○	×

＊　○=特定する　×=特定しない

1-22　不能による選択債権の特定

改正前民法	H29改正民法
不能による選択債権の特定について、①給付不能の場合は、原則として、残った給付に特定するものとし(410 I)、②例外的に選択権を有しない当事者(第三者が選択権者の場合は含まない)の過失によって給付不能となった場合は、選択債権の特定が生じないと規定していた(410 II)。	給付不能が、選択権を有する者の過失による場合だけ、残った給付に特定するものとした(410)。

事案の柔軟な解決を図るため、不能によって選択債権が特定される場合を限定した。

第**1**章‥‥‥‥**債権法序説**

3. 第三者による債権侵害

①　総説

　債権は債権者の債務者に対する権利であるから、その効力は当事者間においてのみ生じ、第三者に義務を負わせることはできない（債権の相対性）。そのため、当事者は、合意によって自由に債権の内容を決定することができ、債権の存在や内容を公示する必要もない。 ← 債権の性質
← 債権の相対性

　また、債権は、同一内容の権利が複数成立しうる（債権の非排他性）。たとえば、Aは、自己の有する甲土地をBに貸す旨の賃貸借契約を締結した場合であっても、更にCとの間で甲土地を貸す旨の賃貸借契約を締結することは妨げられない。この場合に、BのAに対する債権は、CのAに対する債権の発生によりただちに損なわれるわけではない。Bは、Aが賃貸人として使用収益させる義務を履行しない場合には、Aに対して債務不履行責任を追及することとなるが、Cに対して債務不履行責任を追及することはできない。 ← 債権の非排他性

　このように、債権には相対性、非排他性という性質が備わっていることから、第三者が債権を侵害した場合に、債権者が当該第三者に対してなんらかの請求をすることができるかどうかが問題となる。これが第三者による債権侵害の問題である。 ← 第三者による債権侵害

　第三者による債権侵害の問題として、主に、第三者が債権を侵害した場合に、①不法行為に基づいて損害賠償請求をすることができるか、②債権に基づいて妨害排除請求をすることができるか、の2点が問題となる。以下、それぞれについて説明する。

②　不法行為に基づく損害賠償請求

【1】債権侵害の特殊性

　債権に相対性、非排他性という性質が備わっているとはいえ、債権も権利であるから不可侵性を有しており、第三者に侵害されれば不法行為に基づく損害賠償請求をすることができるのが原則である。 ← 債権侵害の特殊性

　このように、不可侵性は、物権や人格権だけでなく債権を含めたすべての権利に認められるべきであるという主張を、不可侵性説あるいは不可侵性理論という。判例も、第三者による債権侵害が不法行為となる余地を肯定している。 ➡ 大判大正4年3月10日
（後出重要判例）

> **★重要判例（大判大正4年3月10日〔百選Ⅱ19事件〕）**
> 「債権ハ特定ノ人ニ対シ特定ノ行為ヲ要求スル権利ヲ云フモノナルカ故ニ債権者ハ特定ノ債務者ニ対シテノミ其行為ヲ要求スルコトヲ得ヘク債務者以外ノ第三者ハ毫モ其要求ニ

034　1章　債権法序説

応スルノ義務ナキコトハ言ヲ俟タサル所ナレトモ凡ソ権利ナルモノハ親権夫権ノ如キ親族権タルト物権債権ノ如キ財産権タルトヲ問ハス其権利ノ性質内容固ヨリ一ナラスト雖モ何レモ其権利ヲ侵害セシメサルノ対世的効力ヲ有シ何人タリトモ之ヲ侵害スルコトヲ得サルノ消極ノ義務ヲ負担スルモノニシテ而シテ此対世的権利不可侵ノ効力ハ実ニ権利ノ通有性ニシテ独リ債権ニ於テノミ之カ除外例ヲ為スモノニアラサルナリ」。

「是ヲ以テ若シ第三者カ債務者ヲ教唆シ若クハ債務者ト共同シテ其債務ノ全部又ハ一部ノ履行ヲ不能ナラシメ以テ債権者ノ権利行使ヲ妨ケ之ニ依リテ損害ヲ生セシメタル場合ニ於テハ債権者ハ右第三者ニ係リ不法行為ニ関スル一般ノ原則ニ依リ損害賠償ノ請求ヲナスコトヲ得ルモノトス」。

【争点】 債権を侵害した場合には、不法行為となるか。

【結論】 債権もまた対世的な権利不可侵の効力をもち、第三者が債務者を教唆し、または債務者と共同してその債務の全部または一部を不能ならしめた行為は、不法行為となる。

もっとも、債権は、物権と異なりその内容が公示されない（非公示性）ことから、客観的には債権侵害が生じている場合であっても、第三者が当該債権の存在を知らないことがありうる。また、自由競争原理のもとでは、自由競争の範囲内であるかぎり、第三者の行為が債権侵害の結果をもたらしたとしても、当該行為は正当化される。

●論点Ｂ⁺ランク（論証３）

このように、債権侵害には他の財産権侵害の場合とは異なる特殊性が認められることから、その行為類型に応じて、不法行為責任が生じるための要件が一部修正されると解するのが通説である。

【２】債権侵害の類型

⑴ 債権の帰属を侵害した場合（帰属侵害）

←債権の帰属を侵害した場合（帰属侵害）

たとえば、受領権者以外の者が、受領権者になりすまして債権の弁済を受けた場合（478条）などがあげられる。

このように、債権の帰属自体が侵害された場合には、第三者の行為は、債権自体を失わせることとなる。そのため、この場合には、債権者は、侵害行為をした第三者に対して、不法行為に基づく損害賠償請求をすることができる。

また、この類型では、債権の非公示性や自由競争原理という債権侵害の特殊性が問題とならない。そのため、一般の不法行為の要件をみたせば損害賠償請求をすることができる。

なお、478条（受領権者としての外観を有する者に対する弁済）の例の場合には、債権者は、第三者に対して不当利得返還請求権を行使することもできる。

⑵ 債権の目的（給付）を侵害した場合（行為侵害）

←債権の目的（給付）を侵害した場合（行為侵害）

債権の目的（給付）を侵害した場合は、更に債権が消滅したときと消滅しないときとに分かれる。また、債権が消滅しないときのなかでも、事実行為によるときと取引行為によるときとがある。

⒜ 給付の侵害によって債権が消滅した場合

←給付の侵害によって債権が消滅した場合

たとえば、特定物の引渡しを目的とする債権について目的物を破壊して債権を消滅させる場合や、劇場に出演する債務を負っている債務者を拉致して出演不能にすることで債権を消滅させる場合があげられる。

この場合には、第三者の行為によって債務者の責めに帰すべき事由なく履行不能になることから、債権が消滅し、不法行為が成立することとなる。もっとも、

1-3 第三者による債権侵害 **035**

この場合には、債権の非公示性の問題が生じるため、不法行為が成立するためには、第三者が債権の存在を認識していることが必要となる。

なお、この類型の場合に、たとえば特定物の引渡しを目的とする債権について目的物を破壊して債権を消滅させるときには、債権侵害と構成しなくても、当該目的物にかかる所有権侵害と構成することもできる。

(b) 給付の侵害によって債権が消滅しない場合

(i) 事実行為による場合

この類型は、第三者が事実行為により給付を侵害したため債務不履行が生じたものの、債務者にも当該債務不履行に帰責事由があるため、債権が消滅しない場合である。たとえば、Aが、Bに対して、自己の有する甲土地（山林）を売却した後、第三者Cと共謀して、甲土地上の立木を伐採して売却して利益を得ていた場合などがあげられる。

この場合にも、BのAに対する目的物引渡請求権が公示されているわけではないため、不法行為が成立するためには、第三者Cが債権の存在を認識していることが必要となる。

また、この例の場合には、債権侵害と構成しなくても、甲土地上の立木にかかる所有権侵害と構成することもできる。

(ii) 取引行為による場合

この類型は、第三者が取引により給付を侵害したため債務不履行が生じたものの、債務者にも当該債務不履行に帰責事由があるため、債権が消滅しない場合である。たとえば、Aが、Bに対して、自己の有する甲土地を売却した後、第三者Cにも甲土地を二重譲渡した場合などがあげられる。

第三者による債権侵害分類表

	帰属侵害	行為侵害		
		債権が消滅する場合	債権が消滅しない場合	
			事実行為	取引行為
侵害の態様	債権の帰属を侵害	債権の目的（給付）を侵害		
債務者*の帰責事由	なし→債権消滅	なし→債権消滅	あり→債権存続	あり→債権存続
不法行為成立要件への非公示性・自由競争の影響	なし	非公示性の影響あり		自由競争の影響あり
不法行為成立要件	一般不法行為の要件	①一般不法行為の要件 ②不法行為者が債権の存在を認識していること		①一般不法行為の要件 ②公序良俗に反する態様による不公正な競争で、かつ、故意ある加害行為
具体例	受領権者以外の者が、受領権者になりすまして債権の弁済を受ける（478）	①特定物の引渡しを目的とする債権について目的物を破壊した ②劇場に出演する債務を負っている債務者を拉致して出演不能にした	Aが、Bに対して、自己の有する甲土地（山林）を売却した後、第三者Cと共謀して、甲土地上の立木を伐採して売却して利益を得ていた	Aが、Bに対して、自己の有する甲土地を売却した後、第三者Cにも甲土地を二重譲渡した

＊売買契約においては、目的物の引渡し債務者のことをさす。代金を支払うほうの債務者ではないことに注意。

この場合には、自由競争原理のもとでは、原則として不法行為責任は生じず、例外的に公序良俗に反する態様による不公正な競争で、かつ、故意ある加害行為のみが不法行為として評価されると解される。

(3) 責任財産を減少させた場合

第三者が責任財産を侵害する行為をした場合には、債権そのものが侵害されたわけではないものの、債権の満足が得られなくなる点で実質的に債権が侵害されたものと捉えることができる。

もっとも、この場合には、詐害行為取消権(424条)によって責任財産の回復を図ることとなる。

← 責任財産を減少させた場合

3 債権に基づく妨害排除請求

【1】物権的請求権との比較

物権は、物を直接的かつ排他的に支配する権利である。そのため、物権が侵害され、または侵害が予見される場合には、その侵害状態を回復し、または予防するための権利として物権的請求権が認められる。物権的請求権には、返還請求権、妨害排除請求権および妨害予防請求権がある。

では、債権についても、物権と同様に、債権に基づく妨害排除請求が認められるか。債権も不可侵性を有しているものの、判例は、債権者は債務者に対してしか行為を請求することができないとして、債権一般については妨害排除請求を否定した。

← 物権的請求権との比較

➡ 最判昭和28年12月14日民集7巻12号1401頁、最判昭和29年7月20日民集8巻7号1408頁

【2】不動産賃借権に基づく妨害排除請求

判例は、債権に基づく妨害排除請求を原則として否定するものの、対抗力を備えた不動産賃借権については妨害排除請求を認めた。

平成29年改正民法は、このような判例法理を明文化し、対抗要件を備えた不動産賃貸借において、賃借人の賃借権に基づく返還請求および妨害排除請求を認めている(605条の4)。不動産賃借権に基づく妨害排除請求等については、債権各論で詳しく説明する。

➡ 最判昭和28年12月18日(百選Ⅱ57事件)、最判昭和30年4月5日民集9巻4号431頁

← 平成29年改正

➡ 『債権各論』2章6節⑤

◯×問題で実力チェック

01 物権には不可侵性、排他性、絶対性があるのに対して、債権には、不可侵性、排他性、絶対性がない。

➡ × 債権にも不可侵性はある

02 原始的不能の契約は当然に無効である。

➡ × 412条の2第2項

03 債権の目的が特定物の引渡しであるときは、債務者は、その引渡しをするまで、契約その他の債権の発生原因および取引上の社会通念に照らして定まる善良な管理者の注意をもって、その物を保存しなければならない。（'10-14問-ア改題）

➡ ◯ 400条

04 種類債権について、債務者が物の給付をするのに必要な行為を完了し、または債権者の同意を得てその給付すべき物を指定したときは、以後その物が債権の目的物となる。

➡ ◯ 401条2項

05 履行の場所につき別段の定めのない種類債権の目的物は、債務者が債権者の住所に目的物を発送したのみでは特定しない。（'16-17問-2改題）

➡ ◯ 401条2項、484条1項後段、大判大正8年12月25日

06 債務者の倉庫に保管されている商品を目的物とする制限種類債権であっても、種類債権である以上、当該倉庫に保管されている商品がすべて滅失したとしても履行不能とならず、債務者は、市場から同種の商品を調達して債権者に引き渡す義務を負う。

➡ ×

07 外国の通貨で債権額を指定したときであっても、債務者は、外国の通貨でなく日本の通貨で弁済をすることができる。（'10-14問-イ）

➡ ◯ 403条

08 法定利率は、法務省令で定めるところにより、5年を1期とし、1期ごとに見直される。

➡ × 404条3項

09 利息の支払が1年分以上延滞した場合において、債権者が催告をしても、債務者がその利息を支払わないときは、債権者は、これを元本に組み入れることができる。（'15-36問-イ）

➡ ◯ 法定重利。405条

10 債権の目的が数個の給付の中から選択によって定まるときは、その選択権は、債権者に属する。（'16-17問-5）

➡ × 406条

11 債権者が選択権を有する場合において、債権の目的である給付のなかに債務者の過失によって不能となったものがあるときは、債権者は、不能な給付を選択することができる。

➡ ◯ 410条。選択権を有しない債務者の過失によるため特定しない

038　1章　債権法序説

第**2**章･･･････ 債権の効力

1. 総論

　２章では、債権の効力について説明する。

　まず、この節では、総論として、債権にはどのような力が含まれているかと、債権が存在する場合に当事者が実際にすることができることが何かという債権の具体的権能について説明する。概念の説明が多いが、最低限の知識として把握しておいてほしい。

1 債権に含まれる力

【1】債権の４つの力

　債権には、請求力、給付保持力、訴求力および執行力という４つの力がある。

(1) 請求力

　請求力とは、債権者が債務者に対して任意に履行せよと請求することのできる権能をいう。たとえば、100万円の金銭債権を有する債権者Aが債務者Bに対して100万円の支払を請求することができる権能である。債権に請求力があるため、債権者の請求は、権利の行使と評価され、強迫的手段を用いた場合など、濫用にあたるような場合を除き不法行為とならない。

(2) 給付保持力

　給付保持力とは、債権者が債務者のした給付を適法に保持できる権能をいう。たとえば、100万円の金銭債権を有する債権者Aが債務者Bから100万円の弁済を受けた場合に、Aが当該100万円を保持することができる権能である。債権に給付保持力があるため、債権者は、債務者のした給付を受領して保持することができ、不当利得とならない。

　社会において、ほとんどの債権は、通常の取引の流れのなかで請求され、任意に履行されて消滅する。そのため、請求力と給付保持力が債権の最小限の力といえる。

(3) 訴求力

　訴求力とは、債権者が債務者に対し、訴えによって履行を請求することができる権能をいう。たとえば、100万円の金銭債権を有する債権者Aが債務者Bに対して100万円の支払請求訴訟を提起することができる権能である。債権に訴求力があるため、債権者は、債務者が任意に履行しない場合には、自力救済が禁止される反面、裁判所に訴えを提起し、給付判決を得ることができる。

　訴求力は、債務者に請求できる力であるという意味で、請求力と共通する。そのため、両者をあわせて(広義の)請求力ということもある。また、債権の具体的権能という面から、(狭義の)請求力と訴求力を履行請求権とよぶこともある。

→ 中田・債権総論61頁

●論点Ｂランク

← 「請求力」とは

← 「給付保持力」とは

← 「訴求力」とは

2-1 総論　039

平成29年改正を検討する会議において、履行請求権に関して、「債権者は、債務者に対し、その債務の履行を請求することができるものとする」という条項を設けるか否かが議論されました。

しかし、議論の結果、412条の2第1項において、「債務の履行が……不能であるときは、債権者は、その債務の履行を請求することができない」と定めたことによって、債権者が債務者に対してその債務の履行を請求することができることが、裏側から表現されているといえると考えられました。そのため、先ほどのような条項は設けられませんでした。

➡ 部会資料68Ａ・1頁、79-3・8頁

➡ 部会資料83-2・8頁、中舎・債権法7頁

(4) 執行力

執行力とは、債権者が強制執行手続をとることにより、国家機関の手によって債権の内容を実現することができる権能をいう。執行力には、貫徹力と掴取力の2種類がある。

← 「執行力」とは

貫徹力とは、目的物の引渡しなど債権の内容をそのまま実現するものをいう。貫徹力の場面では、強制される債権の内容は特定の物の引渡しや特定の行為をすることに限定される。

← 「貫徹力」とは

掴取力とは、債権者が債務者の一般財産にかかっていくことができる効力をいう。債務があれば、その債務の実現のために、債務者の財産がその債務の引当てとなる。債務者の財産が債務の引当てとなることを**責任**といい、債務は、原則として責任を伴う。債務の引当てというのは、債務の実現の対象として**責任財産**となることを意味する。たとえば、人が1000万円の借金をしたときに、その支払をするための金銭がなければ、その人の財産が債権の強制執行の対象となる。このように、強制執行の対象となる財産を**一般財産**という。言い換えると、一般財産とは、債務者の総財産から、担保権の対象となっている特別財産と差押禁止財産を除いたものをいい、これが強制執行の対象となるのである。強制執行手続では、裁判所または執行官が債務者の責任財産を差し押さえ、それを換価し、得られた金銭を債権者に交付することになる。

← 「掴取力」とは
← 「責任」とは
← 「責任財産」とは
← 「一般財産」とは

結局、掴取力とは、金銭債権において、債権者が債務者の責任財産に対して強制執行することができる力ということができる。

【2】 一部または全部の力の欠如

請求力、給付保持力、訴求力および執行力の4つの力の一部または全部が欠如する場合、債務は次のように位置づけられる。

(1) 徳義上の債務

請求力、給付保持力、訴求力および執行力の4つの力が全部欠如する場合には、法律上の債権があるとはいえない。たとえば、道徳上の約束として他人に親切にすべきことを約束した場合には、他人に親切にすべき道徳上の義務はあるものの、その他人が約束をした者に対し、親切にするよう求めることはできない。

このように、法律上の約束ではない約束を**徳義上の約束**とよび、徳義上の約束から生じる義務を**徳義上の債務**とよぶことがある。この場合には、相手方は、その義務の履行を請求することができない。

← 「徳義上の約束」とは
← 「徳義上の債務」とは

(2) 自然債務

自然債務とは、給付保持力はあるものの、訴求力のない債務をいう。自然債務には、当事者の合意により訴求できないものと、法律上の原因により訴求できないものがある。

●論点Ｂランク
← 「自然債務」とは

(a) 当事者の合意により訴求できないもの

契約自由の原則（521条2項、522条）のもとでは、訴えを提起しない旨の当事者間の合意も有効と解される。このような合意を、**不訴求の合意（不訴求の特約）**という。不訴求の合意がある場合には、債権者は、裁判外で請求することや任意の履行を受領することはできるものの、訴えを提起して履行を請求することができない。この場合に、訴えを提起したときは、訴訟要件を欠くものとして訴えが却下される。

← 「不訴求の合意」とは

> たとえば、判例で自然債務と考えられたものとして、カフェの女給さん（現在の喫茶店ではなく、クラブのホステスさんといったところです）と親しい間柄になった客Aがその女給さんの歓心を買うために、将来400円（当時としてはかなりの額でした）やると約束しました。この約束を理由として、その女給さんが客Aに対して裁判を提起したという事案で、大審院は、「斯ル事情ノ下ニ於ケル諾約ハ諾約者カ自ラ進テ之ヲ履行スルトキハ債務ノ弁済タルコトヲ失ハサラルモ要約者ニ於テ之カ履行ヲ強要スルコトヲ得サル特殊ノ債務関係ヲ生スル」としました。すなわち、任意に弁済をした場合には、それは債務の履行として有効だけれども、裁判所に出訴して履行を強制すること、そこまでは認められないような特殊の債権債務関係なんだと言ったわけです。このような債務を自然債務とよんでいるのです。

← 「自然債務」の具体例

➡ 大判昭和10年4月25日法律評論24巻民406頁（カフェー丸玉女給事件）

(b) 法律上の原因により訴求できないもの

たとえば、消滅時効が完成し債務者が時効を援用した債権（145条）や、破産手続において免責された債権（破253条1項柱書本文）などがある。これらの債権は、債権者が訴求することはできないが、債務者が任意に履行すればもはや返還を請求できなくなる。

消滅時効が完成し債務者が時効を援用した債権について、債務者が任意に履行した場合には、実質的には援用の撤回があったものとして給付を保持することができる。破産手続において免責された債権は、破産免責制度の効果として訴求できなくなるのであって、任意の履行が禁止されるわけではないと解される。

➡ 最判平成9年2月25日判時1607号51頁、最判平成11年11月9日民集53巻8号1403頁

● 論点Bランク

(3) 責任なき債務

訴求力まではあるものの執行力のない債権も存在する。たとえば、当事者が不執行の合意（強制執行をしない旨の合意）をした場合には、債権者は、訴えをもって請求することができ、勝訴判決を得ることまではできるものの、強制執行をすることはできない。

この場合には、金銭債権であっても摑取力を欠いており、債務者はその一般財産をもって責任を負わないこととなる。そこで、この場合における債務を**責任なき債務**という。

← 「責任なき債務」とは

> 責任なき債務と似た概念として、債務なき責任という概念があります。債務なき責任とは、たとえば、物上保証人のように、自己の特定の財産をもって他人の債務について責任を負う状態にあるものの、みずからは債務を負っていない場合をいいます。

← 「債務なき責任」とは

	請求力	給付保持力	訴求力	執行力
徳義上の債務	×	×	×	×
自然債務	○	○	×	×
責任なき債務	○	○	○	×
通常の債務	○	○	○	○

2-1 総論　041

2 債権の具体的権能

債権の具体的権能について、債権者と債務者はそれぞれ相手方に対して何をすることができるか、債権者は債務者の責任財産について何をすることができるか、債権は第三者に対してどのような効力を有するか、という3つの観点から説明する。

【1】当事者間の効力

(1) 債権者ができること

債務者が債務を履行しない場合には、債権者は、主に次の3つのことをすることができる。

(a) 履行の強制

履行の強制とは、債権の内容それ自体の履行を強制することをいう。たとえば、買主Aは、売主Bが売買目的物である甲を任意に引き渡さない場合には、裁判所に訴えて、甲の引渡しを強制的に実現することができる(414条1項)。債権の執行力(貫徹力)に対応する。

← 「履行の強制」とは

(b) 損害賠償の請求

債務者がその債務の本旨に従った履行をしないときまたは債務の履行が不能であるときは、債権者は、これによって生じた**損害の賠償を請求**することができる(415条1項本文)。ただし、その債務の不履行が契約その他の債務の発生原因および取引上の社会通念に照らして債務者の責めに帰することができない事由によるものであるときは、損害賠償を請求することができない(415条1項ただし書)。

← 損害賠償の請求

(c) 契約の解除

債権者は、契約によって生じた債務の場合に、一定の要件をみたしたときは、**契約を解除**することができる(541条、542条)。

なお、解除は債務の履行を得られなかった債権者を契約の拘束力から解放するための手段であるから、解除の要件として債務者の帰責事由は不要である(541条、542条参照)。この点は、債権各論のなかの契約総論で詳述する。

← 契約の解除

← 平成29年改正

→ 『債権各論』1章4節

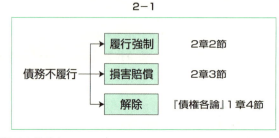

2-1

(2) 債務者ができること

債務者は、債務を履行することで、債権を消滅させることができる(473条)。

なお、債務者が債務を履行しようとしたにもかかわらず、債権者がこれを受領しない場合には、債務者は、債務不履行責任を免れる(492条)ほか、債権者に対して、より積極的な責任(受領遅滞責任)を負わせることができる(413条2項)。

→ 2章4節

【2】債務者の責任財産に対する効力

　一般債権者は、債務者の責任財産を引当てとしている。そのため、一般債権者が複数存在する場合であっても、その債権総額が責任財産の総額よりも少なければ、すべての一般債権者が債権全額の満足を受けることができる。

　これに対して、債権総額が責任財産の総額よりも多い場合には、各債権者は債権全額の満足を受けることができない。この場合には、各債権者は、その債権額に比例した額の弁済を受けることができるにとどまる(**債権者平等の原則**)。

←「債権者平等の原則」とは

　このように、一般債権者は、債務者の責任財産の維持について利害関係を有する。そこで、民法は、一定の場合に債務者の財産処分の自由を制限し、債権者が債務者の責任財産を保全することを認めている。それが**債権者代位権**(423条以下)と**詐害行為取消権**(424条以下)である。

←「債権者代位権」とは

←「詐害行為取消権」とは

　これらの責任財産保全のための制度については、5章で詳しく説明する。

➡ 5章参照

【3】第三者に対する効力

　債権は債権者の債務者に対する権利であるから、その効力は当事者間においてのみ生じ、第三者に義務を負わせることはできない(**債権の相対性**)。

　もっとも、賃借権のように第三者に対する対抗力を備えることのできる債権の場合には、債権に基づいて、第三者に対し妨害排除請求をすることができる(605条の4)。

➡ 『債権各論』2章6節⑤

←平成29年改正

　また、債権も権利であるから、第三者によって侵害された場合には、不法行為に基づいて損害賠償を請求できる可能性がある。

　債権の第三者に対する効力については、1章3節で説明した。

➡ 1章3節

2-1　総論　043

第 **2** 章 ……… 債権の効力

2. | 履行強制

1 履行強制の意義

　履行強制とは、債務者が債務を任意に履行しない場合に、債権者が、国家の力を借りて債権の本来の内容を強制的に実現させることをいう。国家の力を借りるとは、具体的には、強制執行制度によることとなる。

　わが国では、私人が司法手続によらずに自己の権利を実現すること（いわゆる**自力救済**）を認めていない。自力救済を認めると、社会の平和が乱れ、国の司法秩序が崩壊するからである。そこで、わが国は、自力救済を禁止した代償として、国家権力を背景とする**強制執行制度**を備えた。

←「履行強制」とは

→ 中田・債権総論74頁

　　たとえば、AがBに対して100万円を貸したところ、Bが弁済期になっても弁済しない場合について考えてみましょう。

　　この場合に、自力救済が認められているとすると、AはみずからBのもとに赴き、抵抗するBから財布を奪い取って現金を回収していったり、Bの自宅に赴いて家財道具を回収していったり、Bの自宅そのものを奪取したりできてしまいます。しかし、それではあまりにもBにとって不利益ですし、このようなことが横行すれば社会の平和が乱れ、わが国の司法秩序が崩壊してしまいます。

　　そのため、自力救済は禁止されており、もしAが自力救済に及べば窃盗罪（刑235条）等として処罰されることとなります。

　　しかし、Bの任意による弁済を待たなければならないとすれば、Aにとって不利益といえます。そこで、強制執行制度による履行強制の方法を設けることで、両者のバランスを図っているのです。

　　強制執行制度によって権利を実現するためには、原則として、次の2つの段階を経ることとなります。

　　第1段階は、判決手続です。Aは、裁判所にBに対する貸金返還請求訴訟を提起し、勝訴判決を得なければなりません。AとBにそれぞれ自己の主張と立証を尽くす機会を与え、裁判所がAのBに対する貸金返還請求権を認めることで、Aは執行手続に移ることができます。なお、この場合の勝訴判決のことを、民事執行法では「債務名義」とよびます（民執22条）。債務名義とは、確定判決など執行債権の存在を表示する法定の文書をいいます。たとえば、確定判決のほかに執行証書（民執22条5号の要件をみたす公正証書）などがあります。

　　第2段階は、執行手続です。Aは、勝訴判決に基づいて、裁判所に強制執行の申立てをすることになります。このとき、Aは、強制執行の具体的な方法や対象をみずから決めて申し立てます。すなわち、Aは、Bの所有する不動産や動産を競売する方法や、Bのもっている債権を差し押さえる方法などを選択して強制執行を申し立てます。

　　AがBの所有する動産を競売する方法を選択した場合、執行官がBのもとに赴き、Bの所有する動産（ただし、家財道具など一定の動産は差押えが禁止されています〔民執131条〕）を差し押さえて、競売にかけ、売却代金をAに渡すことでAの権利が実現されることとなります。

←「債務名義」とは
→ 平野・債権総論69頁

044　2章　債権の効力

2 履行強制の具体的方法

履行強制の具体的方法として、直接強制、代替執行、間接強制の3つの方法がある(414条1項本文)。

←平成29年改正

> 民法は、履行強制の具体的方法や要件を民事執行法に全面的に委ねています。414条1項本文に「その他の方法」という文言があるのは、将来、民事執行法の改正等によって新たな執行方法が登場した場合に備える趣旨です。

→ 部会資料68A・4頁、潮見・改正法66頁、潮見・新債権総論Ⅰ339頁

【1】 直接強制

(1) 意義

●論点Bランク

直接強制とは、債務の内容をそのまま強制的に実現する方法をいう。たとえば、金銭の支払や動産の引渡しなどの場合に利用される。

←「直接強制」とは

具体的には、債権者が債務者に対して1000万円の金銭債権を有する場合に、債務者の有する不動産を差し押さえ、競売にかけることで不動産を換価し、弁済金を債権者に交付する場合があげられる(民執43条から167条の16まで)。

(2) 適合する債権の種類

(a) 与える債務

←「与える債務」

(ⅰ) 金銭債権

金銭債権は、おおむね直接強制に適合する。強制執行の手続は、強制執行の対象となる財物の種類に応じて、不動産(民執43条以下)、動産(民執122条以下)、債権その他の財産権(民執143条以下)に分けられる。

なお、金銭債権のなかでも、扶養義務等にかかる金銭債権については、一定の要件をみたす場合には、間接強制が認められる(民執167条の15、167条の16)。

(ⅱ) 特定物債権

特定物債権は、直接強制(不動産については民執168条以下、動産については民執169条)または間接強制(民執173条)に適合する。

(ⅲ) 種類債権

その種類が債務名義で明確にされていれば、直接強制に適合すると解されている。

→ 中田・債権総論82頁、平野・債権総論70頁

> 種類債権の直接強制について、そもそも履行強制を認める必要性に疑問を呈する見解があります。
> この見解は、そもそも他から入手可能な種類物については、債権者は、他から同種の物を入手して自己の損害の拡大を防止すべき義務(損害軽減義務)を負うと解します。債権者は、みずから同種物を入手することができる以上、損害軽減義務を尽くすべきであり、入手に要した費用等について損害賠償請求を認めれば足り、債務者に対する直接強制を認める必要はないと考えるのです。
> しかし、この見解に対しては、そもそも債権者に損害軽減義務を負わせること自体が適切でないという批判がなされています。判例も一般論として損害軽減義務を認めているとはいいがたい状況です。
> かりに債権者に損害軽減義務を負わせると、代替取引の必要性や時期等の判断リスクを債権者に全面的に負わせることとなり、債権者に酷といえます。
> また、わが国では、契約当事者は契約の履行請求権に拘束され、原則として契約が解除されるまで契約に拘束されることとなります。したがって、履行強制を認めるのがわが国

→ 内田・契約法の時代170頁以下

→ 百選Ⅱ15頁[田中]

の法制度に適合しており、例外的に慣習、権利濫用または信義則による制限がありうるにとどまると解すべきです。

(b) なす債務

なす債務は、直接強制によることを認めると債務者の人格の尊厳を害することとなるため、直接強制に適合しない。

← 「なす債務」

【2】代替執行

● 論点Bランク

(1) 意義

代替執行とは、債務者以外の者に債務の内容を実現させ、その費用を債務者から取り立てる方法をいう。たとえば、建物収去土地明渡しに際して建物を取り壊す場合に利用される。

← 「代替執行」とは

具体的には、債権者が債務者に対して甲土地上の乙建物を収去したうえで甲土地の明渡しを受ける権利を有する場合に、裁判所が執行官に対して、債務者の代わりに乙建物を取り壊す権限を付与し（これを**授権決定**という）、乙建物の収去と甲土地の明渡しを実現したうえで、取壊しに要した費用を債務者から取り立てる場合があげられる（民執171条）。

← 「授権決定」とは

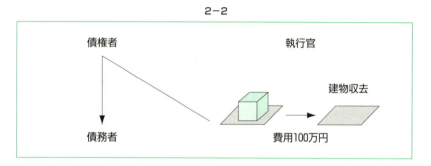

2-2

(2) 適合する債権の種類

(a) 与える債務

与える債務は、おおむね直接強制に適合し、代替執行に適合しない。

(b) なす債務

(i) 代替的作為債務

代替的作為債務は、代替執行または間接強制に適合する。

(ii) 不代替的作為債務

(ア) 一般

不代替的作為債務は、代替執行にも適合せず、間接強制によるほかない。

また、不代替的作為債務のなかには、以下のとおり、間接強制にすら適合しないものがある。この場合には、履行を強制すること自体が不能であるから、債権者は、損害賠償請求等によって対処することとなる。

①債務の履行が法律上または事実上、不可能な場合

たとえば、履行に必要な第三者の協力が得られない場合などがあげられる。債務者の意思だけで履行できない以上、債務者に心理的圧迫を加えても権利の実現に結びつかないからである。

②債務者の自由意思に反して強制することが、社会通念上是認できない場合

たとえば、夫婦の同居義務に基づく配偶者に対する同居請求権は、間接
強制に適合しない（判例）。

③債務者の自由意思を圧迫して強制したのでは、債務の本旨にかなった給付
が実現できない場合

たとえば、作家に対する執筆請求権は、間接強制に適合しない。

(イ)　意思表示をすべき債務

不代替的作為債務のなかでも、債務者が意思表示をすべき債務については、特
別の規定がある。意思表示をすべき債務とは、たとえば、甲不動産の売主Aが買
主Bに対して負う所有権移転登記手続債務があげられる。

> 原則として、所有権移転登記手続をするためには、売主と買主の双方が共同して申請し
> なければなりません（**共同申請の原則**、不登60条）。この場合の売主を**登記義務者**とい
> い、買主を**登記権利者**といいます。
> そのため、当事者の一方（通常は、登記義務者たる売主）が登記手続に協力しない場合に
> は、所有権移転登記を行うことができません。
> そこで、この場合に、登記権利者は、登記義務者に対し、登記手続をすべき債務の履行
> を請求することとなります。

この場合には、債権者が必要としているものは、債務者が意思表示をすること
それ自体ではなく、債務者が意思表示をすることによって生じる法的効果である。
上記の例でいえば、Bとしては、Aが所有権移転登記手続に協力しなくても、滞
りなく甲不動産の所有権移転登記手続ができれば足りる。

そこで、意思表示をすべき債務については、これを命じる判決その他の裁判が
あれば、当該裁判をもって意思表示に代えることができるものとされている。こ
の場合には、債務者は、裁判確定時に当該意思表示をしたものとみなされる（民
執174条）。これを**判決代用**という。上記の例でいえば、裁判確定時に、Aは、
Bに対する所有権移転登記手続をする旨の意思表示をしたものとみなされる。こ
れにより、Bは、Aの協力がなくとも、単独で所有権移転登記手続をすることが
できる（不登63条）。

(iii)　不作為債務

不作為債務は、おおむね間接強制に適合する。

ただし、不作為債務に違反して生じた結果を除去する場合には、代替執行にも
適合する。また、不作為債務に違反する行為を予防する場合には、「将来のため
適当な処分をすべきこと」を求めることができる（民執171条1項2号後段）。後者
の場合には、間接強制によるが、代替執行を利用できることがある。

【3】　間接強制

(1)　意義

間接強制とは、債務者が債務を履行しない場合に1日あたりいくら支払えと
いうように一種の制裁金を課すことで、債務者が履行するように心理的圧迫を加
えて間接的に強制する方法をいう。たとえば、深夜に騒音をだしてはならない債
務の履行を強制する場合において、騒音をだした日は1日あたり数万円を支払う
旨の制裁金を課すというかたちで利用される（民執172条）。

→ 大決昭和5年9月30日
民集9巻926頁

← 「判決代用」とは

→ 中田・債権総論86頁、
潮見・新債権総論I 346
頁

← 「間接強制」とは

(2) 適合する債権の種類

(a) 与える債務

【1】(2)(a)で説明した。

(b) なす債務

【2】(2)(b)で説明した。

> 従来、間接強制には補充性があるとされていました。すなわち、間接強制は心理的な強制を用いて債務者にしたくないことを強いる方法であるから、直接強制や代替執行ができるのであればそれらの方法によるべきであり、それらの方法が利用できない場合にはじめて間接強制が許されるとされていました。
>
> もっとも、このような見解に対しては、実力行使を伴う直接強制のほうが債務者の自発的な履行を促す間接強制よりも債務者の人格の尊厳を害するのであるから、間接強制にのみ補充性を認める根拠に乏しいとの批判がなされていました。
>
> そこで、平成15年と平成16年に民事執行法が改正されて、間接強制の補充性が否定され、執行方法の選択は債権者の判断に委ねられることとなりました。

【4】 問題となるケース

どのような履行強制手段になじむかが実務上問題となるケースとして、子の引渡しと謝罪広告があげられる。

(1) 子(特に幼児)の引渡し

夫婦関係が破綻した場合に、当該夫婦の間に未成年の子がいるときには、子の引渡しをめぐる紛争が生じることがある。たとえば、夫婦が別居した後に離婚が成立した場合において、親権者・監護権者となった者が他方のもとにいる子の引渡しを求める(親権・監護権の行使に対する妨害排除請求権の履行強制)事例があげられる。

この場合に、間接強制によることができることについては争いがない。問題は、直接強制ができるかである。子はひとりの独立した人間であり、物とは性質を異にするため、子自身の人格を尊重する必要があることから問題となる。

従来の通説は、子は物と同視できないことから、直接強制は認められず、間接強制によるべきと解していた。これに対して、近年の有力説は、子に意思能力があるか否かによって区別し、意思能力がある場合には間接強制のみを認め、意思能力がない場合には直接強制を認めてよいと解している(裁判例)。

➡ 東京地立川支決平成21年4月28日家月61巻11号80頁

また、人身保護法に基づく人身保護手続によって子の引渡しを実現できる場合がある(判例)。

➡ 最判平成5年10月19日民集47巻8号5099頁参照

(2) 謝罪広告

他人の名誉を毀損した場合には、加害者に対して謝罪広告が命じられることがある(723条)。たとえば、A新聞社が、十分な調査をすることなく、政治家Bについて贈収賄疑惑がある旨の虚偽の記事を掲載した場合などでは、Bの請求により、Aに対して謝罪広告の掲載が命じられることがある。

謝罪広告については、憲法19条(思想・良心の自由)との関係で合憲性が問題となりうるものの、判例は、単に事態の真相を告白し陳謝の意思を表明するにとどまる程度のものであれば、代替執行による強制執行を認めても良心の自由を侵害するものではないとした。

➡ 最大判昭和31年7月4日民集10巻7号785頁

謝罪広告の履行強制方法には、代替執行と間接強制が適合する。代替執行によ

る場合には、債権者は、授権決定を得て新聞社等に謝罪広告の掲載を申し込み、掲載料を債務者に請求することとなる。

　間接強制による場合には、債権者は、債務者自身が支配する媒体に謝罪広告を掲載するよう求めるのが通常である。

債権・債務の種類			具体例	履行強制方法
与える債務	金銭債権		貸金債権、子の親に対する養育費債権など	直接強制 ただし、扶養義務等にかかる金銭債権については、間接強制も可能（民執167の15、167の16）
	特定物債権		建物の明渡債権、骨董品の引渡債権など	直接強制 間接強制（民執173）
	種類債権		新車の引渡債権など	直接強制（争いあり） 間接強制（民執173）
なす債務	代替的作為債務		建物収去土地明渡債務など	代替執行（民執171） 間接強制（民執172）
	不代替的作為債務	一般	他人の財産を管理した者が任務終了に際して管理の清算行為をなすべき債務（大決大正10・7・25民録27-1354）	間接強制（民執172） ただし、そもそも債務の性質が履行の強制を許さないときは、履行強制不可（民414Ⅰただし書）
		意思表示をすべき債務	所有権移転登記手続をすべき債務など	判決代用（民執174）
	不作為債務		汚水を排出してはならない債務	代替執行（民執171） 間接強制（民執172）
問題となるケース	子（幼児）の引渡し		夫婦が別居した後に離婚が成立した場合において、親権者・監護権者となった者が他方のもとにいる子の引渡しを求める場合（親権・監護権の行使に対する妨害排除請求権）など	直接強制（争いあり） 代替執行（民執171） 間接強制（民執172） 人身保護法に基づく人身保護手続（判例）
	謝罪広告			代替執行（民執171） 間接強制（民執172）

➡ 最判平成5年10月19日（前出）参照

平成29年改正事項　履行強制の方法と民法414条　B2

　改正前民法は、414条1項本文において「債務者が任意に債務の履行をしないときは、債権者は、その強制履行を裁判所に請求することができる」と定め、2項本文において「債務の性質が強制履行を許さない場合」には代替執行を請求することができると定めていた。そのため、414条1項本文および2項本文にいう「強制履行」とは、強制執行の方法のひとつである直接強制を意味するものと理解されていた。

　しかし、414条1項は、もともと債権者が国家の助力を得て強制的にその債権の内容を実現できることを定めた規定（履行の強制を裁判所に請求することができることを宣言する規定）として起草されたものであり、ここでいう「強制履行」とは直接強制以外の履行強制の方法を含むものが想定されていた。

　そこで、平成29年改正民法は、414条1項が履行強制を裁判所に請求できることを定めた規定であるという理解を前提として、この趣旨を明確にするため文言を改めるとともに、履行強制の方法に関する規定を民事執行法に全面的に委ねることとした。

　なお、平成29年改正民法414条1項本文は、「直接強制、代替執行、間接強制その他の方法による履行の強制」として、将来、新たな執行方法が登場した場合の備えを施している。

　また、平成29年改正民法414条1項本文にいう「履行の強制」が、直接強制にかぎらず履行強制全般をさすことから、平成29年改正民法414条1項ただし書にいう「債務の性質がこれを許さないとき」とは、債務の性質が直接強制を許さない場合という意味ではなく、債務の性質が国家の助力を得た強制的な債権の実現（履行の強制）になじまない場合（画家の絵を描く債務な

➡ 部会資料68A・4頁、一問一答69頁、潮見・改正法65頁

ど)を意味することが明確となった。

2-3 履行強制の方法と民法414条

改正前民法

債務者が任意に債務を履行しないときは、強制履行を裁判所に請求できる(414Ⅰ本文)。

→

H29改正民法

債務者が任意に債務を履行しないときは、直接強制、代替執行、間接強制その他の方法による履行の強制を裁判所に請求できる(414Ⅰ本文)。

改正前民法では、「強制履行」としか書かれていなかったため、「強制履行」とは直接強制のみをさすものと理解されていた。しかし、履行強制の方法は直接強制にかぎられないので、改正によりその旨を明らかにした。

　通説は、履行強制を債権の効力である執行力(貫徹力・掴取力)によるものと位置づけます。債務を履行するのは債務者として当然のことであるため、履行されない場合には、債務者に帰責事由がなくても、履行を強制できることとなります。履行の強制が認められないのは、債務の性質が適さない場合か、債務が履行不能となった場合にかぎられます。

　また、履行請求権と追完請求権の関係について、通説は、ともに契約に基づいて成立したものと理解します。追完請求権とは、債務者が不完全な履行をした場合に、債権者が履行不完全の追完を請求できる権利をいいます。たとえば、売買目的物に不具合があった場合の修補請求や、代替品との取替え請求などがあげられます。追完請求権は、不完全な履行がされた場合に本来的履行請求権が具体化したものにすぎないと理解できます。

　これに対して、履行請求権も追完請求権も、ともに契約の効果として認められるものではなく、債務不履行の効果として認められる救済手段であると位置づける見解が、近時有力に主張されています。

　まずは通説の考え方を理解するよう努めてください。上記のような議論は、さまざまな基本書を読むようになったときに思い出してもらえれば問題ありません。

→ 中田・債権総論89頁

← 「追完請求権」とは

→ 潮見・新債権総論Ⅰ329頁

第**2**章·········債権の効力

3. 債務不履行に基づく損害賠償

1 債務不履行の概念

【1】債務不履行の意義

　債務不履行とは、債務の本旨に従った履行がなされないことをいう。もっとも、債務不履行といった場合には、その文脈によっては、単に債務の本旨に従った履行がなされないことをさすとき(事実としての不履行)もあれば、債務者の帰責性によって債務の本旨に従った履行がなされないことをさすときもある。

　債務不履行の一態様である履行不能についても、単に履行が不可能となったことをさすとき(事実としての履行不能)と、債務者の帰責性によって履行が不可能となったことをさすときとがある。

←「債務不履行」とは

【2】債務不履行の類型

⑴ 三分説

　伝統的通説は、債務不履行を、履行遅滞、履行不能、不完全履行の3つに分類した(三分説)。三分説は、履行遅滞と履行不能のいずれにも属さない債務不履行の類型を第3の類型として整理したドイツの学説を継受した見解である。

←三分説による分類

⒜ 履行遅滞

　履行遅滞とは、履行が可能であるのに履行期が来ても履行しないことをいう(415条1項本文前段)。たとえば、AのBに対する貸金債権があるところ、Bが弁済期になっても弁済しない場合には、Bの貸金債務は履行遅滞である。

←「履行遅滞」とは

⒝ 履行不能

　履行不能とは、履行が不可能なために履行しないことをいう(415条1項本文後段)。たとえば、AがBの有する有名画家の絵画を購入した(特定物売買)ところ、絵画の引渡し日前にBの自宅が火事になり、絵画が滅失した場合には、Bの絵画引渡し債務は履行不能である。

←「履行不能」とは

⒞ 不完全履行

　不完全履行とは、債務者が履行したものの、その履行が不完全であったため債務の本旨に従った履行とはいえないことをいう。たとえば、AがBから6客で1組のティーカップを購入したところ、Bの引き渡したティーカップのうち1客にひびが入っていた場合には、Bの引渡し債務は不完全履行といえる。

←「不完全履行」とは

⑵ 一元説

　一元説は、すべての債務不履行が「債務の本旨に従った履行をしないとき」(415条1項本文前段)であると一元的に理解する見解である。

　一元説の背景には、三分説に対する批判が存在する。三分説に対する批判としては、主に、①三分説はドイツの学説を継受したものであるところ、ドイツと日

←一元説による分類

2-3　債務不履行に基づく損害賠償　**051**

本では民法の規定の構造が異なるという指摘と、②三分説は、ドイツの学説の認める第3類型の一部分のみを取り入れたものであり、不完全履行の概念が狭いため、不完全履行にも含まれない類型が残されているという指摘の2点がある。

> 債務不履行の類型論については、さまざまな学説が主張されています。
> もっとも、債務不履行を「履行遅滞」、「履行不能」、「(不完全履行を含む)その他の債務不履行」という3つに分類して検討することは、理解のしやすさという点からも有用といえます。そこで、【3】以下では、債務不履行について、履行遅滞、履行不能、その他の債務不履行の3つに分類したうえで、それぞれについて解説します。

➡ 中田・債権総論98頁

| 平成29年改正事項 | 債務不履行類型論への影響 | B2 |

改正前民法は、「債務者がその債務の本旨に従った履行をしないとき」と「債務者の責めに帰すべき事由によって履行をすることができなくなったとき」に債務不履行になると定めていた(改正前415条)。

この文言は、改正前民法の起草時から、「債務の本旨に従った履行をしないとき」には「履行をすることができなくなったとき」(履行不能)を含むものであるところ、「債務の本旨に従った履行をしない」という表現では履行をすることができるのにしないという意味に読めてしまい、履行不能を含むことが読み取れないおそれがあることから、「履行をすることができなくなったとき」も明記したものである。

そこで、平成29年改正民法は、改正前民法の起草時の議論をふまえ、同様の趣旨から、「債務者がその債務の本旨に従った履行をしないとき又は債務の履行が不能であるとき」に債務不履行になると定めた(415条1項本文)。

したがって、平成29年改正民法は、債務不履行一元説を否定するものではなく、債務不履行類型論に関する従前の解釈に変更をもたらすものではない。

➡ 部会資料83-2・8頁、一問一答74頁、潮見・改正法67頁

2-4 債務不履行類型論への影響

┌─ 改正前民法 ─┐
債務者がその債務の本旨に従った履行をしないとき、債務者の責めに帰すべき事由によって履行をすることができなくなったときに債務不履行となる(415)。

┌─ H29改正民法 ─┐
債務者がその債務の本旨に従った履行をしないとき、または債務の履行が不能であるときに債務不履行となる(415 I 本文)。

> 改正前民法が想定していた債務不履行の条文構造を、改正後も継承しつつ規定を明確化した。

【3】債務不履行と不法行為

患者Aが医師Bとの間で診療契約を締結し、手術を受けたところ、Bの医療過誤によってAに重大な後遺症が残ったとする。この場合には、AのBに対する損害賠償請求の根拠として、①診療契約の債務不履行に基づく損害賠償請求(415条1項本文)と、②不法行為に基づく損害賠償請求(709条)とが考えられる。

このように、債務不履行に基づく損害賠償請求権と不法行為に基づく損害賠償請求権とが考えられる場合に、債権者はどちらを行使すべきかが問題となる。

この点について、判例・通説は、債権者はどちらの請求権を選択して行使してもよいとする(請求権競合説)。

これに対して、不法行為は一般的に損害が発生した場合の規律であり、債務不

●論点B‐ランク

➡ 最判昭和38年11月5日 民集17巻11号1510頁
⬅ 「請求権競合説」とは

履行は債権債務関係にある当事者間の規律であるから、後者は前者の特則として、債務不履行責任が優先するという見解がある（法条競合説）。

請求権競合説に立った場合には、債務不履行と不法行為とでは、損害賠償請求の要件および効果に関して、以下のような違いが生じる。

債務不履行責任と不法行為責任との比較

●論点Aランク

	債務不履行	不法行為
過失の立証責任	債務者	債権者（被害者）
付遅滞の時期	履行の請求を受けた時（412Ⅲ）	不法行為成立時
消滅時効	権利行使できることを知った時から5年、権利行使できる時から10年（人の生命または身体の侵害による場合20年）（166Ⅰ①、②、167）	損害および加害者を知った時から3年（人の生命または身体を害する不法行為は5年）、不法行為の時から20年（724、724の2）
過失相殺	418条 ・責任の否定も可能 ・必要的考慮	722条2項 ・減額にかぎる ・裁量的考慮
相殺禁止	人の生命または身体を侵害した場合：債権者からの相殺は禁止（509②）	悪意による不法行為の場合：加害者からの相殺は禁止（509①） 人の生命または身体を侵害した場合：債権者からの相殺は禁止（509②）
損害賠償の範囲	416条	416条類推（判例）
失火責任法*	適用なし	適用あり

＊なお、失火責任法は不法行為法の特則であるので、債務不履行責任には適用されず、軽過失による失火によって損害を発生させた場合でも、それによって債務不履行が生じれば債務者は損害賠償責任を負う（判例）。

➡ 大連判明治45年3月23日
民録18輯315頁
最判昭和30年3月25日
民集9巻3号385頁
▶ 2007年第2問、予備2015年

2 債務不履行に基づく損害賠償の要件

債務不履行に基づく損害賠償の要件は、以下の5つである。以下、それぞれについて説明する。

【1】 債務の存在
【2】 債務が履行されないこと（事実としての不履行）
【3】 帰責事由
【4】 損害の発生
【5】 債務不履行と損害の因果関係

【1】 債務の存在

債務が存在しなければ、債務不履行はそもそも問題とならない。

債務の発生原因には、契約のほか、事務管理、不当利得、不法行為がある。契約による債務の内容は、契約の解釈によって定まる。事務管理、不当利得および不法行為による債務の内容は、法律の趣旨によって定まる。

【2】 債務が履行されないこと（事実としての不履行）

(1) 総論

以下では、債務不履行について、履行遅滞、履行不能、その他の債務不履行の3つに分類したうえで、それぞれについて解説する。

2-3 債務不履行に基づく損害賠償　053

(2) 履行遅滞

履行遅滞とは、履行が可能であるのに履行期が来ても履行しないことをいう（415条1項本文前段）。

履行遅滞となるためには、以下の3つの要件をみたす必要がある。

(a) 債務が履行期に履行可能であること
(b) 履行期を徒過したこと
(c) 履行しないことが違法であること

以下、順に説明していくことにする。

(a) 債務が履行期に履行可能であること

履行が不可能である場合には、履行遅滞ではなく、履行不能の問題となる。

(b) 履行期を徒過したこと

履行期とは、履行すべき時期をいう。履行期と履行遅滞については、412条が規定している。

(i) 確定期限付き債務（412条1項）

確定期限付き債務の場合、その**期限の到来した時**から履行遅滞となる（412条1項）。

(ii) 不確定期限付き債務（412条2項）

不確定期限付き債務の場合、その**期限の到来した後に履行の請求を受けた時**（412条2項前段）または**その期限の到来したことを知った時**（412条2項後段）のいずれか早い時から履行遅滞となる。

平成29年改正事項	不確定期限付き債務の履行遅滞時期	C2

➡ 部会資料68A・10頁、一問一答68頁、潮見・改正法60頁

改正前民法は、412条2項において「債務の履行について不確定期限があるときは、債務者は、その期限の到来したことを知った時から遅滞の責任を負う」と定めていた。この規定は、債務者は、不確定期限の到来の事実を知った場合には、債権者から履行の請求を受ける前であっても、遅滞の責任を負う規定と理解されていた。そのため、債務者が不確定期限の到来を知らなくても、債権者が不確定期限の到来後に債務者に対して履行の請求をしたときは、債務者はその履行の請求を受けた時から遅滞の責任を負うと解されていた。

もっとも、改正前民法412条2項の文言では、債務者が不確定期限の到来の事実を知った場合について規定するのみであったため、上記の解釈を読み取ることが困難であった。

そこで、平成29年改正民法は、上記の解釈を条文上も明確にするため、412条2項に「その期限の到来した後に履行の請求を受けた時」という文言を追加した。

2-5 不確定期限付き債務の履行遅滞時期

─ 改正前民法 ─	─ H29改正民法 ─
債務の履行について不確定期限があるときは、債務者は、その期限の到来したことを知った時から遅滞の責任を負う（412Ⅱ）。	債務の履行について不確定期限があるときは、債務者は、その期限の到来した後に履行の請求を受けた時またはその期限の到来したことを知った時のいずれか早い時から遅滞の責任を負う（412Ⅱ）。

改正前民法の「期限の到来したことを知った時」に期限到来後債権者が履行の請求をした時も含まれるとの解釈を、改正により条文上明らかにした。

(ⅲ) 期限の定めのない債務(412条3項)

期限の定めのない債務の場合、**債務者が履行の請求を受けた時**から履行遅滞となる(412条3項)。もっとも、これには例外が2つある。

1つは、**期限の定めのない消費貸借契約上の返還債務**である。この場合には、債務者は、履行の請求を受けた時から履行遅滞となるのではなく、履行の請求を受けた時から相当期間経過後にはじめて履行遅滞となる(591条1項)。この趣旨は、消費貸借契約が借りたものを消費したのち同種物を調達して返還する契約であることから、同種物を調達するための猶予期間を設ける点にある。

もう1つは、**不法行為に基づく損害賠償債務**である。不法行為に基づく損害賠償債務は、不法行為の時から遅滞となる(判例)。この趣旨は、被害者救済の点にある。

→ 最判昭和37年9月4日
民集16巻9号1834頁

(c) 履行しないことが違法であること

債務者は、弁済の提供をすれば履行遅滞の責任を免れる(492条)。それゆえ、履行遅滞となるためには、債務者が弁済の提供すらしていないことが必要となる。

また、債務者が弁済の提供をしていない場合であっても、そのことを正当化する事由があれば、履行遅滞とならない。したがって、履行遅滞となるためには、履行しないことが違法であること、が必要となる。

履行しないことが違法でない事由として、同時履行の抗弁権(533条)や留置権(295条)などの存在があげられる。

> 詳しくは要件事実論として学ぶことになりますが、債務不履行に基づく損害賠償請求をされた場合に、同時履行の抗弁権が存在するだけで債務不履行責任を免れると解する見解(存在効果説)と、債務者が同時履行の抗弁権を行使してはじめて債務不履行責任を否定できると解する見解(行使効果説)の対立があります。
>
> 通説である存在効果説によれば、債権者は、同時履行の抗弁権の存在を前提として、みずからの債務の履行の提供をして同時履行の抗弁権を奪ったことの主張立証までしなければなりません。これに対して、行使効果説によれば、損害賠償請求をされている債務者が同時履行の抗弁権の行使を主張立証する必要が生じます。

→ 『債権各論』1章3節③

> 本文では、伝統的通説に従って「履行しないことが違法であること」(違法性)を要件のひとつとして取り上げて、違法でない事由の具体例として同時履行の抗弁権や留置権をあげています。
>
> しかし、違法性という概念は論者によって多様な理解があるとして、違法性概念に否定的な見解が有力に主張されています。このような見解は、「履行しないことが違法であること」という要件の代わりに、「履行しないことを正当化する事由」を要件としてあげています。基本書などを読む際は、このような用語の違いにも気をつけると理解が深まるでしょう。

→ 中田・債権総論106頁、潮見・新債権総論Ⅰ389頁

(3) 履行不能

(a) 意義

▶予備2016年

履行不能とは、履行が不可能なために履行しないことをいう(415条1項本文後段)。履行が不可能といえるかは、「契約その他の債務の発生原因及び取引上の社会通念に照らして不能」といえるかによって定まる(412条の2第1項)。なお、「契約その他の債務の発生原因及び取引上の社会通念」という文言は、契約内容を導く際に当事者の主観的事情とともに客観的事情も考慮されうることを示すための表現にすぎず、「契約その他の債務の発生原因」から契約内容を導くことができ

→ 潮見・改正法54頁、61頁

る場合において、これを「取引上の社会通念」で上書き・修正することを容認する趣旨ではない。

履行不能には、目的物の滅失などの物理的不能のほか、法律的不能も含まれる。

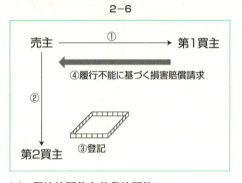

すなわち、法律により目的物の取引が禁止された場合や、売主が目的不動産を二重譲渡して第三者が登記を具備した場合（判例）にも、履行不能となる。また、債務者の受ける利益に比して債務の履行に過大の費用を要する場合にも、履行不能と評価されうる。

→ 大判大正2年5月12日民録19輯327頁、最判昭和35年4月21日民集14巻6号930頁
→ 部会資料81-3・18頁、潮見・改正法61頁

(b) 原始的不能と後発的不能

原始的不能とは、契約成立時に履行がすでに不可能である場合をいう。これに対して、**後発的不能**とは、契約成立後に履行が不可能となった場合をいう。たとえば、AとBが甲建物の売買契約を締結した場合に、契約成立時にすでに甲が焼失していれば原始的不能であり、契約成立後に甲が焼失すれば後発的不能である。

改正前民法下の通説は、原始的不能の場合にはそもそも契約が無効であるから、履行不能となるのは後発的不能の場合にかぎられると解していた。しかし、原始的不能であっても契約は有効に成立し、当事者はそれぞれ契約上の債務を負うとする見解も有力に主張されていた。

412条の2第2項は、「契約に基づく債務の履行がその契約の成立の時に不能であったことは、第415条の規定によりその履行の不能によって生じた損害の賠償を請求することを妨げない」と規定しており、**原始的不能であっても契約が有効に成立することを前提としている**。すなわち、履行不能には、原始的不能と後発的不能の両方が含まれる。

● 論点B⁺ランク（論証4）

← 平成29年改正
→ 部会資料83-2・35頁、潮見・改正法62頁

平成29年改正事項　原始的不能と履行不能　C2

改正前民法のもとでは、原始的不能の場合にはそもそも契約が無効であるから、履行不能となるのは後発的不能の場合にかぎられると解する見解が通説であった。この見解によれば、原始的不能の場合には、契約自体が無効であるため、債権者は債務者に対し、契約締結上の過失責任による信頼利益の賠償を請求しうるにとどまる。

これに対して、改正前民法のもとでも、原始的不能であっても契約は有効に成立し、当事者はそれぞれ契約上の債務を負うと解する見解も有力に主張されていた。この見解によれば、原始的不能と後発的不能とで処理に差異はなく、債務者に帰責性があれば、債権者は債務不履行に基づき履行利益の賠償を請求することができる。

平成29年改正民法は、有力説を採用し、従来の通説を明確に否定する規定を設けた。すなわち、平成29年改正民法412条の2第2項は、契約に基づく債務の履行がその契約の成立の時に不能であったときであっても、契約は、そのためにその効力を妨げられないという考え方を基礎に据えて設けられた。

平成29年改正民法412条の2第2項は、債務不履行の場合のもっとも代表的な法的効果として損害賠償請求について規定するものである。すなわち、同項は、原始的不能の場合の処理を履行利益の賠償に限定する趣旨ではなく、契約解除や代償請求その他の履行不能に妥当する規定の適用を否定するものではない。

→ 部会資料83-2・35頁、一問一答72頁、潮見・改正法62頁

2-7 原始的不能と履行不能

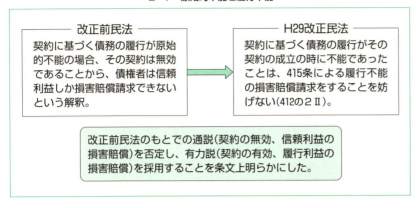

2-8

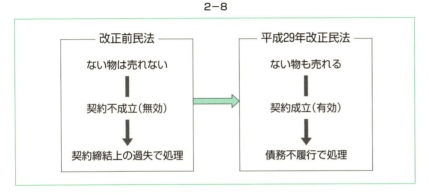

(4) その他の債務不履行

履行遅滞にも履行不能にも属さないその他の債務不履行には、多種多様な形態がある。以下では、従来から**不完全履行**と理解されてきた場面と、その他の場面として**安全配慮義務**および**情報提供義務**について説明する。

(a) 不完全履行

不完全履行とは、債務者が履行したものの、その履行が不完全であったため債務の本旨に従った履行とはいえないことをいう(415条1項本文前段)。履行が不完全な場面としては、以下のような類型があげられる。

①給付の内容に瑕疵がある場合

債務者は、債権者に対して、なすべき行為(給付)をすべき義務を負っている。この義務を**給付義務**という。給付の内容に瑕疵がある場合には、債務不履行となる。

たとえば、AがBから6客で1組のティーカップを購入したところ、Bの引き渡したティーカップのうち1客にひびが入っていた場合である。この場合に、追完が可能であるとき(ティーカップが代替物であるとき)は、一部または全部の履行遅滞となる。追完が不可能であるとき(ティーカップが不代替物であるとき)は、一部または全部の履行不能となる。

この点に関して、従来、不完全履行と瑕疵担保責任の関係が問題とされていた。すなわち、目的物に瑕疵があった場合に、当該目的物が不特定物であったとき、買主は、売主に対して、瑕疵担保責任を追及することができるかが問題とされていた。詳細は債権各論の担保責任の項目で解説するが、結論からいえば、平成29年改正民法のもとでは、目的物が特定物か不

●論点Aランク

▶2011年第1問
→ 川井80頁、中田・債権総論113頁、潮見・民法全245頁

← 不完全履行の類型

← 「給付義務」とは

← 不完全履行と瑕疵担保責任の関係

→ 『債権各論』2章2節③

特定物かにかかわらず、買主は、売主に対して、契約責任としての瑕疵担保責任（目的物の契約不適合の担保責任）を追及することができる。

また、AがBから鶏を100羽購入したところ、Bの引き渡した鶏に病気の鶏が含まれていた場合などがあげられる。この場合に、もともとAが所有していた他の鶏にも病気が移ったときは、給付が不完全であるだけでなく、Aのもとで損害が拡大している点が問題となる（拡大損害）。

> なお、このような事例を拡大損害として処理するのではなく、売買契約上で売主が買主に対して負っている保護義務の違反として処理する見解が有力に主張されています。
> この見解は、給付目的物自体の損害と、買主の生命・身体・財産上の損害とは、その原因となった権利・利益侵害が違うという理解を前提とします。

➡ 潮見・債権各論Ⅰ113頁

②履行の方法が不完全な場合

債務者は、単に債権者に給付を実現すれば足りるというわけではない。債務者は、給付義務を債務の本旨に従って実現できるよう配慮する、給付結果・給付利益の保護へ向けられた注意義務を負う。この義務を **付随義務** という。

⬅「付随義務」とは

たとえば、AがBに自己の有する骨董品の壺の運送を依頼したところ、Bの運送方法が不適切であったため、目的物たる壺が滅失・毀損してしまった場合があげられる。

③給付をするにあたって必要な注意をしなかったために給付が不完全な場合

債務者は、給付をするにあたって、債権者の生命・身体・財産といった債権者の利益を侵害しないように配慮すべき注意義務を負う。この義務を **保護義務** という。

⬅「保護義務」とは

たとえば、AがBに自己の有する骨董品の壺の運送を依頼したところ、目的物たる壺は無事に運送できたものの、運び入れる際にBの不注意で目的地であるA宅の壁に傷をつけてしまった場合があげられる。この場合に、Bが壁に傷をつけたことについて、Aは、不法行為責任を追及できるほか、債務不履行責任を追及することもできると考えられている。

(b)　その他の場面

(i)　**安全配慮義務**

安全配慮義務 とは、相手方の生命、身体、健康を危険から保護するよう配慮すべき義務をいう。

➡ 中田・債権総論117頁
⬅「安全配慮義務」とは

●論点B⁺ランク（論証5）

安全配慮義務は、その発生原因に応じて、①**契約から生じる場合** と、②**契約以外の法律関係から生じる場合** に分類することができる。また、①契約から生じる場合のなかでも、㋐**安全に配慮すること自体が契約の目的であるもの** と、㋑**契約の解釈または信義則により義務が認められるもの** に分けられる。

①㋐には、たとえば、介護契約や保育委託契約などによって安全配慮義務を負う場合があげられる。

①㋑には、たとえば、雇用契約や施設利用契約などによって安全配慮義務を負う場合があげられる。なお、雇用契約については、平成19年に制定された労働契約法5条において「使用者は、労働契約に伴い、労働者がその生命、身体等の安全を確保しつつ労働することができるよう、必要な配慮をするものとする」という規定が設けられ、使用者の安全配慮義務が立法上明らかにされた。

②には、たとえば、公法上の関係(国と国家公務員の関係など)や直接の契約関係にない私人間(元請負人と、下請負人の被用者との関係など)があげられる。

	安全配慮義務の発生原因	具体例
契約から生じる場合	安全配慮自体が契約の目的のもの	介護契約、保育委託契約など
	契約解釈または信義則によるもの	雇用契約、施設利用契約など
契約以外の法律関係 から生じる場合		公法上の関係、直接の契約関係にない私人間

　判例は、国は公務員に対し、公務遂行のための場所・施設・器具等の設置管理またはその遂行する公務の管理にあたって、公務員の生命および健康等を危険から保護するように配慮する義務を負うとして、国の公務員に対する安全配慮義務を認めた。また、その後、判例は、雇用契約における使用者と被用者の関係や、元請負人と下請負人の被用者の関係についても、安全配慮義務を肯定した。もっとも、判例は、安全配慮義務の範囲をある程度限定的に捉えており、国の安全配慮義務とその履行補助者の運転上の注意義務とは別であって、履行補助者が運転上の注意義務に違反したからといって国の安全配慮義務違反があったとはいえないとしている。

➡ 最判昭和50年2月25日
（後出重要判例）

➡ 最判昭和59年4月10日
民集38巻6号557頁
➡ 最判平成3年4月11日
判時1391号3頁
➡ 最判昭和58年5月27日
（後出重要判例）

★重要判例（最判昭和50年2月25日〔百選Ⅱ2事件〕）
　「思うに、国と国家公務員(以下『公務員』という。)との間における主要な義務として、法は、公務員が職務に専念すべき義務(国家公務員法101条1項前段、自衛隊法60条1項等)並びに法令及び上司の命令に従うべき義務(国家公務員法98条1項、自衛隊法56条、57条等)を負い、国がこれに対応して公務員に対し給与支払義務(国家公務員法62条、防衛庁職員給与法4条〔現防衛省職員給与法4条〕以下等)を負うことを定めているが、国の義務は右の給付義務にとどまらず、国は、公務員に対し、国が公務遂行のために設置すべき場所、施設もしくは器具等の設置管理又は公務員が国もしくは上司の指示のもとに遂行する公務の管理にあたって、公務員の生命及び健康等を危険から保護するよう配慮すべき義務(以下『安全配慮義務』という。)を負っているものと解すべきである。もとより、右の安全配慮義務の具体的内容は、公務員の職種、地位及び安全配慮義務が問題となる当該具体的状況等によって異なるべきものであり、自衛隊員の場合にあっては、更に当該勤務が通常の作業時、訓練時、防衛出動時(自衛隊法76条)、治安出動時(同法78条以下)又は災害派遣時(同法83条)のいずれにおけるものであるか等によっても異なりうべきものであるが、国が、不法行為規範のもとにおいて私人に対しその生命、健康等の保護すべき義務を負っているほかは、いかなる場合においても公務員に対し安全配慮義務を負うものではないと解することはできない。けだし、右のような安全配慮義務は、ある法律関係に基づいて特別な社会的接触の関係に入った当事者間において、当該法律関係の付随義務として当事者の一方又は双方が相手方に対して信義則上負う義務として一般的に認められるべきものであって、国と公務員との間においても別異に解すべき論拠はなく、公務員が前記の義務を安んじて誠実に履行するためには、国が、公務員に対し安全配慮義務を負い、これを尽くすことが必要不可欠であり、また、国家公務員法93条ないし95条及びこれに基づく国家公務員災害補償法並びに防衛庁職員給与法〔現防衛省職員給与法〕27条等の災害補償制度も国が公務員に対し安全配慮義務を負うことを当然の前提とし、この義務が尽くされたとしてもなお発生すべき公務災害に対処するために設けられたものと解されるからである。」
【争点】国は、国家公務員に対し、その公務遂行のための場所、施設もしくは器具等の設置管理またはその遂行する公務の管理にあたって、国家公務員の生命および健康等を危険から保護するよう配慮すべき義務を負うか。
【結論】負う。

2-3　債務不履行に基づく損害賠償　059

★重要判例（最判昭和58年5月27日民集37巻4号477頁）

「国は、公務員に対し、国が公務遂行のために設置すべき場所、施設若しくは器具等の設置管理又は公務員が国若しくは上司の指示のもとに遂行する公務の管理に当たって、公務員の生命及び健康等を危険から保護するよう配慮すべき義務を負っている……。右義務は、国が公務遂行に当たって支配管理する人的及び物的環境から生じうべき危険の防止について信義則上負担するものであるから、国は、自衛隊員を自衛隊車両に公務の遂行として乗車させる場合には、右自衛隊員に対する安全配慮義務として、車両の整備を十全ならしめて車両自体から生ずべき危険を防止し、車両の運転者としてその任に適する技能を有する者を選任し、かつ、当該車両を運転する上で特に必要な安全上の注意を与えて車両の運行から生ずる危険を防止すべき義務を負うが、運転者において道路交通法その他の法令に基づいて当然に負うべきものとされる通常の注意義務は、右安全配慮義務の内容に含まれるものではなく、また、右安全配慮義務の履行補助者が右車両にみずから運転者として乗車する場合であっても、右履行補助者に運転者としての右のような運転上の注意義務違反があったからといって、国の安全配慮義務違反があったものとすることはできないものというべきである。」

「本件事故は、A一尉が車両の運転者として、道路交通法上当然に負うべきものとされる通常の注意義務を怠ったことにより発生したものであることが明らかであって、他に国の安全配慮義務の不履行の点は認め難いから、国の安全配慮義務違反はないとした原審の判断は、正当として是認することができ、原判決に所論の違法はない。」

【争点】 自衛隊の会計隊長が、同隊の自動車を運転し、隊員輸送の任務を終了した帰途、路面が雨で濡れ、かつ、アスファルトが付着してきわめて滑走しやすい状況にあることを看過し、急に加速した等運転者として道路交通法上当然に負うべき通常の注意義務を怠ったことにより上記自衛隊の自動車を反対車線に進入させて対向車に衝突させ、その衝撃によって上記自動車に同乗を命ぜられた者を死亡させた場合、国には上記同乗者に対する安全配慮義務違反があるか。

【結論】 ない。

安全配慮義務違反に基づく損害賠償請求と不法行為に基づく損害賠償請求を比較すると、以下の表のとおりである。

	安全配慮義務違反に基づく損害賠償請求	不法行為に基づく損害賠償請求
根拠条文	415条（債務不履行）	709条（不法行為）
履行遅滞に陥る時期	債権者から履行の請求を受けた時	不法行為時
消滅時効の起算点および時効期間（人の生命・身体侵害を前提とする）	権利を行使することができることを知った時から5年間（166 I ①） 権利を行使することができる時（損害発生時）から20年間（167、166 I ②）	損害および加害者を知った時から5年間（724の2、724①） 不法行為の時から20年間（724②）
遺族固有の慰謝料請求権	（なし）	711条

(ⅱ) 情報提供義務——契約締結前の義務

(ア) 意義

　情報提供義務（説明義務）とは、契約の一方当事者が、契約を締結するかどうかの判断にあたって必要な情報を他方当事者に対して提供する義務をいう。たとえば、金融商品販売業者が顧客に対して負う義務（金融商品販売3条1項）や、事業者が消費者に対して負う義務（消費者契約3条1項）などがあげられる。

　情報提供については、契約締結前の義務を問題にするまでもなく、成立している契約上の説明義務（契約の付随義務）の場合、言い換えると情報提供自体が契約の目的である場合（情報サービス契約やコンサルタント契約等）には、当然、契約上の債務となり（**契約上の情報提供義務・説明義務**）、その違反は債務不履行の問題となります。

➡ 中田・債権総論124頁

← 「情報提供義務」とは

なお、平成29年改正では、主たる債務者による、①契約締結時の情報提供義務（465条の10）と、債権者による、②主たる債務の履行状況に関する情報提供義務（458条の２）および③主たる債務者が期限の利益を喪失した場合における情報提供義務（458条の３）が規定されました。この点は、保証のところで触れます。

→ 6章5節④【4】、⑤【3】(6)(c)

●論点Bランク
（論証6）
← 平成29年改正

　契約自由の原則のもとでは、私人は、原則として、契約をするかどうか、および、どのような内容の契約を締結するかを自由に決定することができる（**契約締結の自由**、521条１項、**内容形成の自由**、521条２項）。この自由は、締結しようとする契約について必要な情報をみずから収集し、検討のうえ、判断することを前提としている。契約当事者は対等な関係にあるから、情報の収集や処理が不十分であった当事者は、それが詐欺や錯誤にあたらないかぎり、不利益を甘受すべきこととなる。したがって、契約の相手方は、原則として、他方当事者に対し、みずからの有する情報を提供する義務を負わない。

　しかし、このような原則論は、当事者間に情報量や情報処理能力で大きな格差がある場合にまで貫徹しようとすると、不適当な帰結を招く。そこで、契約締結前であっても、一定の場合には、契約の一方当事者に情報提供義務あるいは説明義務が認められることがある。

(イ)　法的性質

　このような情報提供義務（説明義務）違反に基づく損害賠償請求権の法的性質については、契約締結上の過失における責任の法的性質としても議論されている。

●論点Aランク

　不法行為責任として構成すべきという見解と、信義則上の付随義務違反による契約責任（債務不履行責任）と構成すべきという見解に分かれ、近時の判例には、前者の構成を採用したものがある。詳しくは契約締結上の過失のところで触れる。

→ 最判平成23年4月22日（後出重要判例）
→ 『債権各論』1章2節⑥

　★重要判例（最判平成23年４月22日〔百選Ⅱ４事件〕）
　「契約の一方当事者が、当該契約の締結に先立ち、信義則上の説明義務に違反して、当該契約を締結するか否かに関する判断に影響を及ぼすべき情報を相手方に提供しなかった場合には、上記一方当事者は、相手方が当該契約を締結したことにより被った損害につき、不法行為による賠償責任を負うことがあるのは格別、当該契約上の債務の不履行による賠償責任を負うことはないというべきである。
　なぜなら、上記のように、一方当事者が信義則上の説明義務に違反したために、相手方が本来であれば締結しなかったはずの契約を締結するに至り、損害を被った場合には、後に締結された契約は、上記説明義務の違反によって生じた結果と位置付けられるのであって、上記説明義務をもって上記契約に基づいて生じた義務であるということは、それを契約上の本来的な債務というか付随義務というかにかかわらず、一種の背理であるといわざるを得ないからである。契約締結の準備段階においても、信義則が当事者間の法律関係を規律し、信義則上の義務が発生するからといって、その義務が当然にその後に締結された契約に基づくものであるということにならないことはいうまでもない。」
　【争点】契約締結に先立つ信義則上の説明義務違反に基づく損害賠償責任の法的性質は、不法行為責任か債務不履行責任か。
　【結論】不法行為責任である。

　平成29年改正民法では、中間試案段階まで、契約を締結するかどうかの判断にあたって必要な情報は各当事者がその責任で収集しなければならないことを前提に、当事者は、他方の当事者から情報の提供を受けなかったからといって損害賠償を求めることができないことを原則としたうえで、一定の場合にかぎり、情報提供義務違反に基づき損害賠償請

→ 部会資料75B・1頁、81-3・30頁

2-3　債務不履行に基づく損害賠償　**061**

求ができるという規定が検討されていました。

しかし、情報提供義務に関する規定をおくことに対しては、判断を硬直化させるおそれがあることから、柔軟な判断を可能とするために従来どおり信義則の解釈適用に委ねるべきという批判もあり、明文化は見送られました。

【3】帰責事由

(1) 意義

帰責事由とは、債務不履行についての債務者の責めに帰すべき事由をいう（415条1項ただし書参照）。帰責事由の有無は、「契約その他の債務の発生原因及び取引上の社会通念」に照らして判断される（415条1項ただし書）。

なお、「契約その他の債権の発生原因」と「取引上の社会通念」とが「及び」で結ばれている趣旨は、帰責事由の有無が当事者の主観的事情のみならず客観的事情も考慮して定まることを示す点にある。したがって、帰責事由の有無を「契約その他の債権の発生原因」から導くことができる場合において、これを「取引上の社会通念」によって上書きや修正することを容認するものではない。

また、民法上、415条1項ただし書以外にも「責めに帰すべき事由」「責めに帰することができない事由」という概念が用いられているところ、それらすべてについて「契約その他の債務の発生原因及び取引上の社会通念」に照らして判断する旨の文言となっていない。これは、415条1項ただし書で規定しておけば、他の条文でも同様に解釈されることになるとの法制執務的な判断によるものにすぎず、他の条文で異なる解釈を意図するものではないといわれている。

この点について、従来の通説は、帰責事由を**過失責任主義**と結びつけて理解し、「債務者の故意過失または信義則上これと同視すべき事由」と定義していました。

過失責任主義とは、行為者が責任を負わなければならないのは行為者に故意または過失がある場合にかぎる、とする考え方をいいます。また、ここでいう故意とは、債務不履行を生ずべきことを知りつつあえて何かをし、または何もしないことをいい、過失とは、善良な管理者の注意を欠いたために債務不履行を生ずべきことを認識しないことをいいます。信義則上これと同視すべき事由の典型例は、後述する履行補助者の故意過失です。

帰責事由を過失責任主義と結び付けて理解する従来の通説に対しては、帰責事由という言葉を抽象的に言い換えたにすぎない等の批判がありました。

そこで、平成29年改正民法では、帰責事由＝過失という過失責任主義を否定し、債務の内容等との関係で債務者がなすべきことをしなかったかどうかを問題にすべきという観点から、「契約その他の債務の発生原因及び取引上の社会通念」に照らして帰責事由の有無を判断することを明示しました。

(2) 証明責任

債務者は、自己に帰責事由がないことを証明する責任を負うと解される（免責事由。415条1項ただし書参照）。

(3) 履行補助者

履行補助者とは、債務者が債務の履行のために使用する者をいう。

(a) 改正前民法下での議論

従来の通説は、債務者の帰責事由を「債務者の故意過失または信義則上これと同視すべき事由」と定義したうえで、履行補助者の故意過失を「信義則上これと同視すべき事由」の典型例と理解していた。判例も、債務者は履行補助者の選任監

●論点Aランク

←「帰責事由」とは
←平成29年改正

➡ 潮見・改正法54頁

➡ 部会第91回議事録7頁、潮見・改正法68頁

なお、履行遅滞中の履行不能は、債務者の帰責性が擬制される（413条の2第1項）。
▶2007年第2問、2013年第1問
←「履行補助者」とは

➡ 大判昭和4年3月30日（百選Ⅱ5事件）

督に過失がある場合のみならず、履行補助者が履行について注意を怠った場合にも、債務不履行責任を負うとしていた。そのうえで、従来の通説は、履行補助者の故意過失について次のような類型化をしていた。

①真の意味の履行補助者

　　債務者が自身の手足として使用する者をいう。債務者は、①の類型の履行補助者を自由に使用することができるものの、当該履行補助者の故意過失は自身の故意過失と同視されることとなる。

②履行代行者

　　債務者に代わって履行の全部を引き受けてする者であって、①の類型の履行補助者以外の補助者をいう。

　②の類型の履行代行者には、（ア）履行代行者の使用が法律または特約で禁じられているにもかかわらず債務者が使用した場合、（イ）履行代行者の使用が明文上許されている場合、（ウ）どちらでもない場合の3つの場合がある。（ア）の場合には、履行代行者の使用自体が債務不履行であり、履行代行者に故意過失がなくても、債務者はすべての責任を負うこととなる。（イ）の場合には、履行代行者の故意過失は債務者の故意過失とはならず、債務者は、履行代行者の選任または監督に過失があった場合にかぎり責任を負うこととなる。（ウ）の場合、①の類型の履行補助者と同様に処理される。

(b)　平成29年改正民法下での議論

　平成29年改正民法は、帰責事由＝過失と理解する過失責任主義を否定しており、従来の通説の説明は成り立たなくなった。

　平成29年改正民法のもとでは、債務者が履行補助者を使用した場合には、当該事情を考慮しつつ、債務者に「契約その他の債務の発生原因及び取引上の社会通念に照らして債務者の責めに帰することができない事由」があったと評価できるかを検討することとなる。すなわち、端的に債務者について帰責事由があるか否かが問題となり、履行補助者の存在は考慮要素のひとつに位置づけられる。なお、復代理人を選任した任意代理人が本人に対して選任監督上の責任しか負わない旨を定めていた改正前民法105条が削除されたのも同様に、端的に任意代理人に帰責事由があるか否かを問題とする趣旨である。

➡ 潮見・改正法68頁

● 論点B⁺ランク
（論証7）

　平成29年改正により、復代理人の行為による代理人の責任に関する改正前民法105条や、再寄託者の行為による受寄者の責任に関する改正前民法658条2項は、削除されました。従来の通説は、②(イ)のように、履行代行者の使用が明文上許されている場合には、債務者は代行者選任・監督に過失がある場合にかぎり責任を負うという根拠として、改正前民法105条や改正前民法658条2項をあげていたのですが、その根拠となる規定がなくなってしまったのです。

　そして、平成29年改正によって、帰責事由＝過失と理解する過失責任主義が否定されたため、債務者が履行補助者を使用した場合には、端的に債務者について帰責事由があるか否かが問題となり、履行補助者の存在は考慮要素のひとつに位置づけられることになります。

　この点について、「今後、この問題は、債務者が債務の履行に際して第三者を用いたことが、債務の本旨に照らして債務者の不履行と評価できるか、また、免責事由の存否に影響を及ぼすかという問題として論じられることになる」という指摘や、債務者は履行補助者の選任監督に過失がある場合のみならず、履行補助者が履行について注意を怠った場合にも債務不履行責任を負うとしていた判例は一般的な射程は維持しえないとしつつも、他

➡ 中舎・債権法100頁

➡ 百選Ⅱ13頁［萩野］

2-3　債務不履行に基づく損害賠償　**063**

方で、「債務者が債務の履行のために履行補助者の行為を利用したときは、その範囲内における履行補助者の行為は債務者の行為と同視される」という考え方は必ずしも否定されないという指摘も、同様の理解でしょう。

	改正前民法（通説）	平成29年改正民法
債務者の帰責根拠	過失責任主義	契約の拘束力
帰責事由の意義	債務者の故意過失または信義則上これと同視すべき事由	債務者の責めに帰すべき事由（契約その他の債務の発生原因および取引上の社会通念に照らして判断）
履行補助者の故意過失	「信義則上これと同視すべき事由」と捉えて類型化	債務者の帰責事由を判断する際の考慮要素のひとつ

平成29年改正事項　帰責事由　B2

➡ 一問一答74頁、潮見・改正法67頁

　改正前民法では、履行不能については「債務者の責めに帰すべき事由によって履行をすることができなくなったとき」との帰責事由に関する文言があり、履行遅滞については帰責事由に関する文言がなかった。そのため、解釈により、履行遅滞についても帰責事由が必要であると理解されていた。また、帰責事由の有無に関する立証責任について、債権者にその不存在の立証責任があると解されていた。

　平成29年改正民法では、履行遅滞と履行不能のいずれについても帰責事由が要件となることを明確にするため、415条1項ただし書で帰責事由について規定した。本文ではなくただし書で規定することで、債務者に帰責事由の不存在の立証責任があることを明確にした。

　また、改正前民法下の従来の通説は、帰責事由を過失責任主義と結びつけて理解し、帰責事由＝過失と解していた。しかし、このような従来の通説に対しては、帰責事由の有無は債務発生原因に即して判断されるべきであり、帰責事由を過失と理解するのは適切でないとの批判がなされていた。

　そこで、平成29年改正民法は、「契約その他の債務の発生原因及び取引上の社会通念」という修飾語を明示的に付加することで、帰責事由＝過失という過失責任主義を否定し、帰責事由の判断基準を明確化した。

　また、過失責任主義と結びつけて理解する従来の通説を否定したことから、履行補助者の故意過失に関する従来の見解も維持することが困難となった。平成29年改正民法のもとでは、端的に債務者について帰責事由があるか否かが問題となり、履行補助者の存在は考慮要素のひとつに位置づけられることとなる。

2-9　帰責事由

改正前民法
債務者がその債務の本旨に従った履行をしないときは、債権者は、これによって生じた損害の賠償を請求することができる。債務者の責めに帰すべき事由によって履行をすることができなくなったときも、同様とする（415 I）。

→

H29改正民法
債務者がその債務の本旨に従った履行をしないときまたは債務の履行が不能であるときは、債権者は、これによって生じた損害の賠償を請求することができる。ただし、その債務の不履行が契約その他の債務の発生原因および取引上の社会通念に照らして債務者の責めに帰することができない事由によるものであるときは、このかぎりではない（415 I）。

平成29年改正により、帰責事由の有無が、過失責任主義ではなく、契約その他の債務の発生原因および取引上の社会通念に照らして判断されることとなった。

(4) 責任能力の要否

　従来の通説は、債務者に帰責事由があるというためには、債務者に責任能力が必要と解していた。責任能力とは、自己の行為の責任を弁識する能力をいう。不法行為に関する判例では、11歳から12歳程度の知能を備えていれば責任能力が認められている。従来の通説が責任能力を必要と解していた理由は、責任能力は行為の是非の判断能力であり、債務不履行という違法な結果の発生について責任能力を欠く債務者を非難することは妥当でない点にある。

　しかし、責任能力の制度は、法の命令・禁止を理解できない人間を帰責主体とせずに保護するという政策的考慮に基づく制度であるところ、債務不履行では、意思能力や行為能力制度によってこのような政策的考慮が図られているのであって、更に責任能力を要件とする必要はないといえる。したがって、債務者に帰責事由があるというためには、債務者に責任能力は不要と解される。

　具体的には、意思無能力者や制限行為能力者が問題となるが、これは契約の成否の問題（無効・取消し）として論じればよく、契約が有効に成立したのであれば、履行に伴うリスクは債務者が負うべきことになると説明されている。

【4】損害の発生

　債務不履行に基づく損害賠償請求をするためには、損害の発生が必要である。何をもって損害というかについては、後述する。

【5】債務不履行と損害の因果関係

　因果関係とは、債務不履行がなければ損害が生じなかったであろうという関係をいう。どのような場合に因果関係が認められるかは、後述する。

3　債務不履行に基づく損害賠償の効果

【1】損害賠償の方法

　損害賠償は、別段の意思表示がないときは、金銭をもってその額を定める（417条）。このように、民法は、損害賠償の方法として、債務不履行による損害を金銭に見積もってその金額を支払う方法を原則とした。これを金銭賠償の原則という。

　金銭賠償の原則が採用された理由は、債務不履行がなかったとすればあったであろう状態とほぼ同じ状態を実現する方法（原状回復など）を原則とすると、むしろ事態が混乱し不便である点にある。もっとも、当事者間に別段の意思表示があれば、原状回復などによって損害を賠償することもできる。

　たとえば、買主Aが売主Bから100万円で中古自動車甲を購入したところ、甲の引渡し前にBの責めに帰すべき事由によって甲が滅失したとする。この場合には、AはBに対し、甲と同程度の中古自動車乙を引き渡すよう求めるのではなく、甲を滅失したことによる損害を金銭に見積もった100万円の支払を求めることとなる。

　もっとも、たとえばAが甲の代替品を借りなければならなくなって賃借料として50万円支出した場合や、AがCに対して甲を150万円で転売する予定であった場合、甲の市場価格が80万円から120万円の範囲で変動している場合などではど

●論点Bランク

→ 我妻・講義IV111頁

← 「責任能力」とは

→ 大判大正4年5月12日
民録21輯692頁、
大判大正10年2月3日
民録27輯193頁

→ 中田・債権総論137頁、
潮見・新債権総論I 392
頁、野澤・債権総論58
頁

→ 本節3【2】

→ 本節3【3】

← 「金銭賠償の原則」
とは

2-3　債務不履行に基づく損害賠償　065

の範囲まで損害を賠償すべきかや、金銭的評価の算定が問題となりうる。

そこで、以下では、そもそも損害とは何か、どの範囲まで損害を賠償すべきか、賠償すべき具体的金額の算定などについて解説する。

➡【2】、【3】、【4】

【2】 損害の概念と種類

(1) 損害の概念

たとえば、買主Aが売主Bから100万円で中古自動車甲を購入したところ、甲の引渡し前にBの責めに帰すべき事由によって甲が滅失したとする。この場合には、滅失した甲の評価額たる100万円を損害と捉えることもできるが、甲の滅失という事実自体を損害と捉えることもできる。このように、何をもって損害と捉えるかに関しては、見解が分かれている。

●論点Bランク

通説は、差額説とよばれる見解である。**差額説**とは、損害を「法益について被った損害」、すなわち、債務不履行がなかったならば有したであろう財産と債務不履行がなされた現在の財産との差額と捉える見解をいう。差額説によれば、先ほどの具体例でいうと、100万円という評価額が損害となる。

←「差額説」とは

これに対して、損害事実説とよばれる見解が有力に主張されている。**損害事実説**とは、損害とその賠償を区別し、損害という法的評価の対象となるべき事実が損害であり、これと金銭賠償の原則によって導かれる損害の金銭的評価は区別されるとする見解をいう。損害事実説によれば、先ほどの具体例でいうと、甲の滅失という事実自体が損害となる。

←「損害事実説」とは

差額説は、差額の計算の仕方として、債権者の損害を財産的損害と非財産的損害(慰謝料など)に分けて検討する。財産的損害は、さらに、積極的損害と消極的損害に分類し、個別の損害項目ごとに金額を算出して積算することで損害額を計算する(個別損害項目積上げ方式)。

差額説に対する批判として、「債務不履行がなかったならば有したであろう財産」と「債務不履行がなされた現在の財産」の財産額を確定することが困難である点や、非財産的損害を含めにくい点があげられる。

(2) 損害の種類

損害の内容を具体的に理解するため、以下では、損害を3つの観点から分類して解説する。

(a) 財産的損害と非財産的損害

財産的損害とは、債務不履行によって債権者に生じた財産上の不利益をいう。

非財産的損害とは、財産的損害以外の損害をいい、主に精神的苦痛あるいは不利益(精神的損害)をいう。

←「財産的損害」とは
←「非財産的損害」とは

財産的損害は、積極的損害と消極的損害に分かれる。**積極的損害**とは、債権者が現に受けた損失をいう。**消極的損害**とは、債権者のうべかりし利益の喪失をいう。**逸失利益**ともいう。

←「積極的損害」とは
←「消極的損害」とは

たとえば、Aに雇用されているBが、Aから労働基準法に反する長時間労働を強いられた結果、うつ病にり患したことから、Aに対して、安全配慮義務違反に基づいて損害賠償請求をしたとする。この場合に、Bが医師に支払った治療費は、財産的損害のうち積極的損害にあたる。Bが自宅療養を余儀なくされて勤務できなくなり収入が得られなくなったとすると、得られたはずの収入の喪失は、財産的損害のうち消極的損害にあたる。また、Bが被った精神的損害は、非財産的損

066　2章　債権の効力

害にあたる。

⒝ 填補賠償と遅延賠償

⒤ 意義

　填補賠償とは、債務が履行されたのに等しい地位を回復させるに足りるだけ　　←「填補賠償」とは
の損害賠償をいう（415条2項）。たとえば、自動車の売買契約において目的物が
滅失して履行不能となった場合に、当該自動車の市場価値に相当する金銭を支払
うことがあげられる。

　遅延賠償とは、履行が遅れたことによる損害の賠償をいう。たとえば、自動　　←「遅延賠償」とは
車の売買契約において履行期までに引渡しがなされなかったため、買主が代替品
を借りなければならなくなった場合には、代替品の賃借料は遅延賠償の対象とな
りうる。債権者は、履行の請求とあわせて遅延賠償を請求することができる（414
条2項参照）。

> 　買主Ａが売主Ｂから100万円で中古自動車甲を購入したところ、甲の引渡し前にＢの責
> めに帰すべき事由によって甲が滅失したとします。甲の市場価格は、契約締結時は100万
> 円であったところ、滅失時には120万円になっていたとします。
> 　この事案で、Ａが売買契約を解除しないときは、Ａは、Ｂに対して甲の填補賠償として
> 120万円を請求することができます。他方で、Ｂは、Ａに対して、甲の代金100万円を請
> 求することができます。その結果、両者を相殺することで、ＡはＢに対して差額の20万
> 円を請求することとなります。
> 　また、この事案で、Ａが売買契約を解除したときは、Ａは、Ｂに対して、履行されてい
> ればＡが得られたであろう利益に相当する20万円（甲の填補賠償額から支払を免れた代金
> 相当額を控除した金額）を請求することとなります。
> 　このように、売買契約を解除するか否かによって、ＡＢ間の権利関係の説明内容は異な
> りますが、結論は同じになります。

⒤ 填補賠償の要件

→ 潮見・改正法69頁
←平成29年改正

　債権者は、415条2項各号に該当するときは、債務の履行に代わる損害賠償（填
補賠償）を請求することができる（415条2項）。

　415条2項1号は、履行不能を理由とする場合である。債権者は、履行不能の
ため本来の債務の履行請求をすることはできないが、填補賠償を請求することが
できる。

　415条2項2号は、債務者による明確な履行拒絶を理由とする場合である。債
権者は、本来の債務の履行と填補賠償のいずれを求めてもよい。したがって、こ
の場合には、履行請求権と填補賠償請求権が併存することとなる。

　415条2項3号は、契約が解除されたことまたは債務不履行に基づく解除権が
発生したことを理由とする場合である。「その契約が解除され」（415条2項3号前
段）とは、債務不履行に基づく解除権が行使された場合のほか、合意解除等がな
された場合を含む。もっとも、債務不履行解除の場合には、解除権が行使されて
いなくとも「債務の不履行による契約の解除権が発生したとき」に填補賠償を請求
することができるため、その多くが415条2項3号後段で捕捉されることとなる。

　415条2項3号後段で想定されている場面は、履行遅滞後に債権者が履行の催
告をしたにもかかわらず、相当期間経過後もなお債務者が履行しない場合である。
この場合には、債権者は、履行遅滞に基づく解除権を取得し（541条）、解除権行
使前であっても填補賠償を請求することができる。したがって、この場合も、履

2-3　債務不履行に基づく損害賠償　　067

行請求権と塡補賠償請求権とが併存することとなる。

> 改正前民法のもとでは、履行請求権と塡補賠償請求権の関係について、ある時点で履行請求権が塡補賠償請求権に転化する(両者は併存しない)のか、それとも両者が併存する場合もありうるのか、について見解が分かれていました。
>
> 伝統的な通説は、塡補賠償請求権は履行請求権が転化したものと理解していました。そして、履行請求権と塡補賠償請求権には同一性があると解していました。すなわち、塡補賠償請求権は履行請求権が転化したものと理解することから、①もともとの債権の担保は、塡補賠償請求権に及ぶ(346条、447条1項)、②時効期間の性質は、もともとの債権の性質によって決まる、③もともとの債権が時効消滅すると、塡補賠償請求権も発生しない、④もともとの債権が譲渡されると、すでに発生している塡補賠償請求権も原則として移転する、⑤塡補賠償請求権の時効の起算点は、もともとの債務の履行を請求しうる時である(判例)と解していました。
>
> これに対して、平成29年改正民法は、塡補賠償請求権は履行請求権が転化したものではなく、履行請求権と塡補賠償請求権とが併存する場合がありうる(415条2項2号、3号後段)という見解を前提としています。
>
> もっとも、塡補賠償請求権は履行請求権が転化したものではないと理解したからといって、上記①から⑤の解釈が維持できなくなるわけではありません。すなわち、①の議論は担保の及ぶ範囲の問題として、②③⑤は時効制度の問題として、④は債権譲渡に関する当事者意思の解釈の問題として、個別に検討すべきものであり、個別に検討した結果、上記①から⑤と同じ結論にいたることもありうるわけです。

➡ 中田・債権総論158頁参照

➡ 最判昭和35年11月1日民集14巻13号2781頁、最判平成10年4月24日判時1661号66頁

| 平成29年改正事項 | 塡補賠償 | B3 |

改正前民法は、塡補賠償の請求をすることができる場合に関する規定を設けていなかった。そのため、特に履行不能以外の債務不履行の場合に塡補賠償の請求をすることができるか(履行不能以外の債務不履行により塡補賠償を請求するためには契約を解除することまで必要か)について疑義を生じた。

この点に関し、判例は、一定の要件をみたすときは、解除をしないで塡補賠償を請求できるとした。また、判例は、履行不能の場合についても、解除をしないで塡補賠償の請求をすることができる旨を確認している。

そこで、平成29年改正民法は、従来の判例をふまえつつ、塡補賠償の請求をすることができる場合を条文上明記し、塡補賠償に関する規律を明確にした(415条2項)。

➡ 一問一答76頁、潮見・改正法69頁

➡ 大判大正4年6月12日民録21輯931頁、大判昭和8年6月13日民集12巻1437頁
➡ 最判昭和30年4月19日民集9巻5号556頁

2-10 塡補賠償

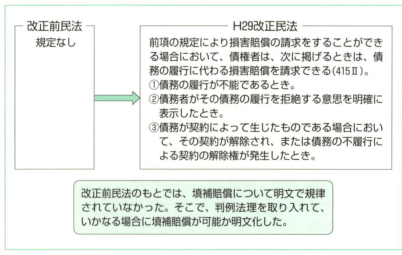

(c) 履行利益と信頼利益

履行利益とは、債務の本旨に従った履行がなされていたら債権者が得られた

● 論点Aランク

← 「履行利益」とは

であろう利益をいう。たとえば、買主Aが売主Bから骨董品甲を購入する旨の売買契約を締結していたが、Bの責めに帰すべき事由により、引渡し前に甲が滅失した場合に、Aが甲をCに転売する契約を締結していたときには、Aは、Bに対し、履行利益の賠償として転売利益の賠償を請求することができる。

信頼利益とは、契約が無効または不成立であるのに、それを有効と信じたことによって債権者が被った損害をいう。たとえば、改正前民法のもとで、買主Aが売主Bから甲建物を購入する旨の売買契約を締結した場合に、売買契約締結時点で甲建物が滅失（原始的不能）しており、当該売買契約が無効であると解したとき、Aが甲建物を購入するために要した調査費用や代金支払のために借入れをした際の支払利息などが、信頼利益にあたる。

← **「信頼利益」**とは

> 履行利益と信頼利益という概念は、損害の種別ではなく、損害の対象である法益についての区別だという説明がされています。すなわち、履行利益は契約が有効に成立している場合の話であり、信頼利益は契約が有効に成立していないものの有効であると信じた場合の話であるというわけです。
> 　信頼利益の概念については、論者によって多様な理解がありうることから、統一的な「信頼利益」を観念する意義に疑問が呈されています。
> 　もっとも、履行利益と区別される「履行利益でないもの」を観念することは、損害賠償の内容や範囲を検討するうえで有益といわれています。ここでは、損害（の対象である法益）を分類する視点として、履行利益・信頼利益という概念があるのだということを理解しておけば足りるでしょう。

➡ 於保・債権総論137頁

➡ 中田・債権総論159頁、潮見・新債権総論Ⅰ436頁

【3】 損害賠償の範囲

(1) 相当因果関係説と保護範囲説

　債務不履行があった場合には、債権者はさまざまな損害を被ることがある。これらの損害には、債務不履行との関係性が濃いものもあれば、薄いものもある。この場合に、債務者は、債権者が被った損害のうちどこまでの範囲を賠償しなければならないのか。

　この点について規定しているのが、416条である。416条1項は「債務の不履行に対する損害賠償の請求は、これによって通常生ずべき損害の賠償をさせることをその目的とする」と規定し、416条2項は「特別の事情によって生じた損害であっても、当事者がその事情を予見すべきであったときは、債権者は、その賠償を請求することができる」と規定している。もっとも、416条をどのように理解するべきかについては、見解が分かれている。

▶2007年第2問、2012年第1問、予備2016年

← 平成29年改正

● 論点B⁺ランク（論証8）

(a) 相当因果関係説

　判例・通説は、416条が1項と2項を通じて相当因果関係説を採用したものであり、1項は相当因果関係の原則を定め、2項はその基礎とすべき特別の事情を定めるものと解する（**相当因果関係説**）。すなわち、債務者は、債権者に生じたすべての損害を賠償する責任を負うものではなく、**社会通念上相当と考えられる範囲内の損害にかぎり**、賠償すべき責任を負うこととなる。

　このような相当因果関係説によれば、債務者は、原則として、「通常生ずべき損害」、すなわち相当因果関係の範囲内の損害にかぎって賠償すべき責任を負う。このような、相当因果関係の原則を定めているのが416条1項である。

　もっとも、何をもって「通常生ずべき損害」というかは、その判断の基礎となる

➡ 大連判大正15年5月22日民集5巻386頁（ただし、不法行為事例）
← 相当因果関係説

べき事実関係によって異なる。そして、416条2項は、このような判断の基礎事情に関して、通常の事情のみならず、当事者が予見すべきであった「特別の事情」があれば当該特別事情を考慮してよいと規定する。すなわち、当事者が予見すべきであった「特別の事情」がある場合は、当該特別事情も判断の基礎として、どこまでが相当因果関係の範囲内の損害といえるかを判断することとなる。

損害賠償の範囲 ── 相当因果関係論

		相当因果関係の範囲内	相当因果関係の範囲外
基礎事情	通常事情に基づく損害	○	×
	予見可能な特別事情に基づく損害	○	×
	予見不可能な特別事情に基づく損害	×	×

相当因果関係説は、416条1項と2項を、次のように理解します。

416条1項は、相当因果関係の原則を定めるものです。すなわち、賠償しなければならない損害はまず、通常生じうる損害、言い換えると相当因果関係の範囲内の損害でなければならないと限定するのです。

416条2項は、判断の基礎事情の範囲を定めるものです。すなわち、因果関係を判断する損害の基礎事情を通常事情か当事者が予見すべきであった特別事情までに限定し、それ以外の特別事情を判断基礎から排除することで損害賠償の範囲を限定するのです。

このように、損害の範囲と基礎事情の2つの点から、損害賠償の範囲を限定しようとするのが相当因果関係説です。なお、気をつけなければならないのが、損害の範囲は常に通常生じうる損害、すなわち相当因果関係の範囲内であって、当事者の予見で拡張されるのは基礎事情のみであるということです。

たとえば、次のようなイメージをもつとわかりやすいでしょう。

あなたは、海で投げ釣りをしています。釣りをしているうちに、次第に潮が引いていったため、陸地が広がりました。そのため、あなたは、満潮時には届かなかった場所まで釣り竿をおろすことができました。

この例でいうと、陸地が基礎事情で、釣竿から釣り針までの距離（釣り糸の長さ）が相当因果関係の範囲、釣り針が届く地点が相当因果関係の範囲内の損害です。

満潮時は、陸地（基礎事情）が少ないため、釣り針が届く地点（相当因果関係の範囲内の損害）にも限界があります。しかし、干潮になって陸地が広がる（特別事情が考慮されて基礎事情が拡大する）と、釣り針が届く地点（相当因果関係の範囲内の損害）も広がります。もっとも、満潮時と干潮時で、釣竿から釣り針までの距離（相当因果関係の範囲）が変わったわけではありません。

2-11

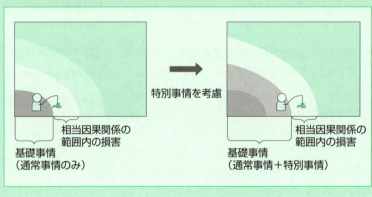

(b) 保護範囲説

もっとも、相当因果関係説に対しては、次のような批判がなされている。

もともと相当因果関係説は、ドイツ民法の学説を継受したものである。ドイツ民法は、債務不履行と因果関係のある損害はすべて賠償されるという**完全賠償の原則**を採用していた。そのため、単に因果関係があるというだけでは損害の範囲が無限に拡大しうることから、因果関係の概念自体を法的観点から限定することで妥当な結論を導こうとした。その結果、到達したのが相当因果関係説である。

これに対して、わが国の民法は、そもそも完全賠償の原則ではなく、予見可能性によって損害賠償の範囲を制限するという**制限賠償の原則**を採用している。そのため、完全賠償の原則を前提とする相当因果関係説を、制限賠償の原則を前提とするわが国の民法にもちこむのは適切でない。また、そもそも相当因果関係という概念が曖昧であり、紛争解決の基準となっていない、という批判である。

このような批判から、相当因果関係説に代わる見解として有力に主張されたのが、**保護範囲説**である。

保護範囲説は、まず、従来、相当因果関係という概念で取り扱われてきた問題を①事実的因果関係、②保護範囲、③損害の金銭的評価、という3つの問題に分析して検討すべきと主張する。

> ①**事実的因果関係**とは、事実としての因果関係があるか否かの問題である。債務不履行と損害との間に、「あれなければこれなし」という条件関係があるか否かによって判断される。
> ②**保護範囲**とは、事実的因果関係のある損害のうち、賠償されるべき損害の範囲がどこまでかの問題である。416条は、この保護範囲を画定する基準であると理解する。
> ③**損害の金銭的評価**とは、画定された範囲内にある損害を金銭に見積もる段階の問題である。

> 平成29年改正民法は、相当因果関係説と保護範囲説のどちらかの見解を前提とするものではなく、この問題を解釈に委ねています。そのため、相当因果関係説と保護範囲説のどちらの見解を採用しても問題ありません。
> もっとも、相当因果関係説を採用する場合であっても、保護範囲説が主張するように、相当因果関係として検討されている問題には3つの問題が含まれているということは念頭においたほうがよいでしょう。

(2) 通常損害と特別損害

通常損害とは、その種の債務不履行があれば、通常発生するものと社会一般の観念に従って考えられる範囲の損害をいう。たとえば、売主が目的物を滅失した場合の目的物の価値相当額があげられる。

特別損害とは、特別の事情によって生じた損害をいう。たとえば、売主が目的物を滅失した場合に、買主が当該目的物についてすでに第三者と締結していた転売契約によって得られなくなった転売利益があげられる。

このような特別損害は、「当事者がその事情を予見すべきであった」特別の事情によって生じた損害である。そこで、だれにとって、いつの時点で予見すべきであったことが必要なのかが問題となるが、2つの見解が対立している。

→ 平井・債権総論92頁
← 相当因果関係説への批判
← 「完全賠償の原則」とは

← 「制限賠償の原則」とは

← 「保護範囲説」とは

→ 潮見・改正法71頁

● 論点B⁺ランク
← 「通常損害」とは

← 「特別損害」とは

● 論点Aランク

判例・通説は、「債務者・不履行時」説である。債務者にとって、履行期または債務不履行の時に予見すべきであった事情が基礎となると解する。この見解は、債務者が債務不履行時において特別事情を予見すべきであったのであれば、当該特別事情に基づく損害も賠償すべきであり、それを避けたければ債務の本旨に従った履行をすべきことを根拠とする。

これに対して、有力説は、「両当事者・契約締結時」説である。債権者と債務者の双方にとって、契約締結時に予見すべきであった事情が基礎となると解する。この見解は、契約責任においては当初の合意によって債権者の保護される利益が定まるのであるから、契約締結時における契約当事者の予見可能性を基準とすべきことを根拠とする。

→ 大判大正７年８月27日（百選Ⅱ７事件）

← 「債務者・不履行時」説

← 「両当事者・契約締結時」説

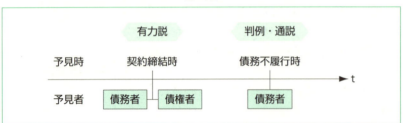

2-12

平成29年改正事項　損害賠償の範囲　B2

改正前民法は、416条２項の特別損害を賠償すべき場面について、「当事者がその事情を予見し、又は予見することができたとき」と規定していた。

この点について、当初は保護範囲説を前提とする改正案が検討されていたものの、コンセンサスの形成が困難であったため、解釈に委ねることとした。

もっとも、改正前民法においても、416条２項は、債務者が現実に予見していたかどうかという事実の有無を問題とするものではなく、債務者が予見すべきであったかどうかという規範的な評価を問題とするものと理解されており、この点が条文上明確でないとの指摘がなされていた。

そこで、平成29年改正民法は、416条１項の規定は維持し、416条２項について「予見し、又は予見することができた」という文言を「予見すべき」という規範的概念に改めた。

これにより、たとえば契約の締結後に債権者が債務者に対してある特別の事情が存在することを告げさえすればその特別の事情によって生じた損害がすべて賠償の範囲に含まれるというのではなく、債務者が予見すべきであったと規範的に評価される特別の事情によって通常生ずべき損害のみが、賠償の範囲に含まれるとの解釈をすることが可能となった。

→ 部会資料68Ａ・13頁、79-３・11頁、82-２・４頁、一問一答77頁、潮見・改正法71頁

2-13　損害賠償の範囲

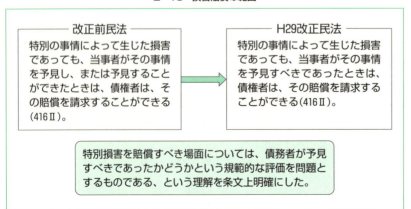

【4】損害の金銭的評価

⑴ 意義

　損害の金銭的評価とは、賠償範囲に含まれる損害項目について、それがいくらの金銭に相当するかを評価することをいう（417条参照）。

　債権者は、原則として、損害発生の事実だけではなく、その損害の額まで立証しなければならない。損害額の証明ができない場合には、損害賠償請求は認められない（判例）。もっとも、以下の３つの例外がある。

　第１に、金銭債務の不履行については、損害賠償額が法定されている（419条１項）ため、損害額の証明は不要である。第２に、慰謝料については、裁判所が自由心証をもって量定すべきものであるから、認定根拠が示される必要はないと解される（判例）。第３に、損害が生じたことは認められるが、損害の性質上、その額の立証がきわめて困難な場合には、裁判所は、口頭弁論の全趣旨および証拠調べの結果に基づいて、相当な損害額を認定することができる（民訴248条）。

➡ 最判昭和28年11月20日
民集７巻11号1229頁
➡ 本節③【5】⑶

➡ 大判明治43年４月５日
民録16輯273頁（ただし、不法行為事例）

⑵ 損害賠償額算定の基準時

　物または権利を引き渡す債務の不履行の場合には、目的物または目的たる権利の時価が損害賠償額の基準となる。

　もっとも、目的物の時価は、時間の経過によって変動しうる。たとえば、建物の場合には、経年劣化によって時価が下がることもあれば、周辺の土地開発によって時価が上がることもある。そこで、損害賠償額を算定する際に、どの時点の時価を基準とすべきかが問題となる。

●論点Ａランク
（論証９）

⒜ 履行不能の場合

　履行不能の場合における損害賠償額算定の基準時について、判例は、次のように考えている。

➡ 中田・債権総論174頁
➡ 大連判大正15年５月22日
民集５巻386頁、
最判昭和37年11月16日
民集16巻11号2280頁、
最判昭和47年４月20日
（百選Ⅱ９事件）

　①原則は、履行不能時の時価が基準となる。

　②目的物の価格が騰貴しつつあるという特別の事情がある場合に、債務者が履行不能時に当該特別の事情を予見すべきであったときは、騰貴した価格が基準となる。

　　ただし、債権者が当該騰貴した価格の時点まで目的物を保持せず、騰貴前に目的物を処分していたであろうと予想される場合には、当該処分時の時価が基準となる。

　③価格がいったん騰貴した後に下落した場合に、債権者が転売等によって当該騰貴した価格（中間最高価格という）による利益を確実に取得できたであろうと債務者が予見すべきであったときは、中間最高価格が基準となる。

　④現在も価格が騰貴している場合には、債権者が転売等の処分をする予定であったか否かにかかわらず、現在の価格、すなわち事実審の口頭弁論終結時の価格が基準となる。

　本文でも述べたとおり、物の価値は時の流れとともに変わることがあります。特に価格の変動が大きい場合には、いつの時点の価格を基準に損害賠償額を算定すべきかが重要な争点となります。

　検討のポイントは、原則（履行不能時の時価）をきちんと押さえたうえで、価格が上昇している場合にその上昇した分の利益を債権者が得る可能性がどの程度あったか（債務者においてどの程度まで予見すべきであったか）、という視点で考えることです。

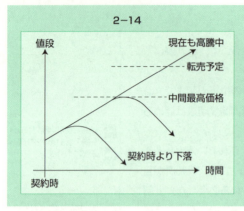

また、物の価格は上がる一方ではなく、下がることもあります。このように、物の価格が上下した場合に、そのピーク時の価格のことを中間最高価格といいます。債権者が中間最高価格を基準とする損害賠償を得るためには、債務者において、債権者が中間最高価格の時点で転売するなどして利益を得られたであろうと予見すべきであったことが求められます。

(b) 履行遅滞の場合

履行遅滞の場合における損害賠償(填補賠償)額算定の基準時について、判例の基準は必ずしも明確ではない。

債権者が解除した場合について、解除時の時価を基準とした判例がある。他方で、履行期の時価を基準とした判例や、解除後に債権者が第三者と代替取引をした時点での時価を基準とした判例もある。また、債権者が解除せず、本来の履行請求とともに予備的に履行に代わる損害賠償請求をした事案について、事実審の口頭弁論終結時を基準とした判例もある。

解除時の時価を基準とした判例は、改正前民法のもとにおいて、解除によって本来の給付義務が損害賠償義務に転化すると解されていたことを根拠とするものと説明されます。
もっとも、平成29年改正民法は、履行請求権が損害賠償請求権に転化することを否定していると解されています(415条2項)。そのため、平成29年改正民法のもとでは、415条2項によって填補賠償請求権が発生した時点として理解することとなり、これに伴って、明確な履行拒絶のあった時点(415条2項2号参照)や債務不履行を理由とする解除権の発生時点(415条2項3号参照)も基準時となりうると考えられます。

【5】 損害賠償に関する特別な規定

(1) 損害賠償額の減額事由

債務不履行による損害賠償請求が認められる場合でも、一定の事由により、賠償額が減額されることがある。このような損害賠償額の減額事由として、**過失相殺**と**損益相殺**の2つがある。なお、いずれも「相殺」という用語が使用されているが、505条以下の相殺とは関係がない。

(a) 過失相殺

(i) 意義

債務の不履行またはこれによる損害の発生もしくは拡大に関して債権者に過失があったときは、裁判所は、これを考慮して、損害賠償の責任およびその額を定める(418条)。これを**過失相殺**という。過失相殺は、公平の原則および信義則の表れである。たとえば、タクシー運転手Aが法定速度を超過して走行したため運転を誤り、交通事故を起こして乗客Bにけがをさせてしまった場合には、AはBに対して運送契約の債務不履行責任を負うこととなる。もっとも、この場合に、Aによる法定速度超過の原因が、Bから執ようにせかされたためだったようなときは、債務不履行自体について債権者たるBの過失があるといえる。

→ 中田・債権総論175頁
● 論点B⁺ランク
→ 最判昭和28年12月18日（百選Ⅱ8事件）
→ 最判昭和36年4月28日民集15巻4号1105頁
→ 大判大正5年10月27日民録22輯1991頁、大判大正7年11月14日民録24輯2169頁
→ 最判昭和30年1月21日民集9巻1号22頁
→ 潮見・新債権総論Ⅰ493頁

←平成29年改正

←「過失相殺」とは

(ii) 不法行為における過失相殺(722条2項)との違い

過失相殺は、不法行為にも同様の規定がある(722条2項)。もっとも、418条と722条2項とでは、次の2点で異なっている。

①債務不履行では、「定める」と規定してあるように、過失相殺は**必要的**である。これに対して、不法行為では、「定めることができる」と規定してあるように、過失相殺は**裁量的(任意的)**である。

②債務不履行では、「損害賠償の責任及びその額を」と規定してあるように、**債務者の損害賠償責任自体が否定されることもありうる**。これに対して、不法行為では、「損害賠償の額を」と規定してあるように、加害者の責任が否定されることはなく、あくまで**損害賠償額が軽減されうるにとどまる**。この趣旨は、不法行為の場合には加害者に過失がある以上、損害賠償責任自体を免れさせるべきでない点にある。

(iii) 過失相殺が問題となる場面

過失相殺が問題となる場面には、次の3つのケースが考えられる。

①「債務の不履行」について債権者に過失があったケース

たとえば、乗客Bが執ようにタクシー運転手Aをせかしたため、Aが運転を誤って交通事故を起こした場合があげられる。

②債務の不履行による「損害の発生」について債権者に過失があったケース

たとえば、債権者が履行期前に転居したにもかかわらず債務者にその旨を通知せず、債務者も調査を怠ったため、履行遅滞を生じた場合があげられる。

→ 最判昭和43年12月24日民集22巻13号3454頁

③債務の不履行による損害の「拡大」について債権者に過失があったケース

たとえば、医師Aの診察ミスによって患者Bの入院期間が延びたものの、Bが入院期間中に安静にしていなかったため更に入院期間が延びた場合があげられる。

| 平成29年改正事項 | 過失相殺 | B2 |

改正前民法は、過失相殺の要件を「債務の不履行に関して債権者に過失があったとき」と定めていた。もっとも、改正前民法のもとでも、裁判例は、債務の不履行に関して債権者に過失があった場合だけでなく、債務の不履行による損害の発生または拡大に関して債権者に過失があった場合にも、過失相殺を認めていた。そこで、平成29年改正民法は、従来の裁判例上争いなく認められていた点を明文化するため、過失相殺の要件を「債務の不履行又はこれによる損害の発生若しくは拡大に関して債権者に過失があったとき」とした(418条)。

→ 部会資料68A・18頁、一問一答69頁、潮見・改正法73頁

→ 東京地判平成21年9月15日先物取引裁判例集57巻188頁、東京地判平成20年4月18日裁判所ウェブサイト、東京地判平成20年3月3日判タ1282号181頁、東京地判平成13年9月28日裁判所ウェブサイト

2-15 過失相殺

─ 改正前民法 ─	─ H29改正民法 ─
債務の不履行に関して債権者に過失があったときは、裁判所は、これを考慮して、損害賠償の責任およびその額を定める(418)。	債務の不履行またはこれによる損害の発生もしくは拡大に関して債権者に過失があったときは、裁判所は、これを考慮して損害賠償の責任およびその額を定める(418)。

損害の発生もしくは拡大に関して債権者に過失があった場合について、判例は過失相殺を認めていた。そこで、平成29年改正の際に、判例法理が明文化された。

2-3 債務不履行に基づく損害賠償　075

(ⅳ) 債権者の「過失」の意義

「債権者に過失があったとき」とは、債権者自身の過失だけでなく、受領補助者その他取引観念上債権者と同視すべき者の過失を含むと解される（判例）。

→ 最判昭和58年4月7日民集37巻3号219頁

418条にいう債権者の「過失」とは、債権者が債務の履行および損害の発生・拡大について、契約のもとで損害リスクを回避するためにみずからに課されている措置を講じなかったこと（契約上の自己危険回避義務の不履行）を意味すると解される。

また、418条にいう債権者の「過失」は、543条（解除）や536条2項（危険負担）にいう「債権者の責めに帰すべき事由」とは意味を異にする。543条や536条2項にいう「債権者の責めに帰すべき事由」は、債務不履行を生じさせた事由のうち、債権者側の事由が唯一または圧倒的であった場合をさすものと解される。

> 平成29年民法改正の際に、「過失」という用語の使用を避ける案として、「それらを防止するために状況に応じて債権者に求めるのが相当と認められる措置を債権者が講じなかったとき」という規定とすることが検討されました。
>
> もっとも、平成29年改正民法では、改正前の規定を維持して、「過失」という用語を残しました。その理由は、過失相殺という概念がすでに定着している点と、不法行為における過失相殺と同様に過失相殺の制度趣旨についてさまざまな見解があることを考慮した点にあります。

→ 中間試案の補足説明123頁

→ 部会資料68A・18頁

★重要判例（最判平成21年1月19日〔百選Ⅱ6事件〕）

「事業用店舗の賃借人が、賃貸人の債務不履行により当該店舗で営業することができなくなった場合には、これにより賃借人に生じた営業利益喪失の損害は、債務不履行により通常生ずべき損害として民法416条1項により賃貸人にその賠償を求めることができると解するのが相当である。」

「しかしながら、……本件においては、〔1〕平成4年9月ころから本件店舗部分に浸水が頻繁に発生し、浸水の原因が判明しない場合も多かったこと、〔2〕本件ビルは、本件事故時において建築から約30年が経過しており、本件事故前において朽廃等による使用不能の状態にまでなっていたわけではないが、老朽化による大規模な改装とその際の設備の更新が必要とされていたこと、〔3〕Y₁は、本件事故の直後である平成9年2月18日付け書面により、被上告人に対し、本件ビルの老朽化等を理由に本件賃貸借契約を解除する旨の意思表示をして本件店舗部分からの退去を要求し、被上告人は、本件店舗部分における営業再開のめどが立たないため、本件事故から約1年7か月が経過した平成10年9月14日、営業利益の喪失等について損害の賠償を求める本件本訴を提起したこと、以上の事実が認められるというのである。これらの事実によれば、Y₁が本件修繕義務を履行したとしても、老朽化して大規模な改修を必要としていた本件ビルにおいて、被上告人が本件賃貸借契約をそのまま長期にわたって継続し得たとは必ずしも考え難い。また、本件事故から約1年7か月を経過して本件本訴が提起された時点では、本件店舗部分における営業の再開は、いつ実現できるか分からない実現可能性の乏しいものとなっていたと解される。他方、被上告人が本件店舗部分で行っていたカラオケ店の営業は、本件店舗部分以外の場所では行うことができないものとは考えられないし、前記事実関係によれば、被上告人は、平成9年5月27日に、本件事故によるカラオケセット等の損傷に対し、合計3711万6646円の保険金の支払を受けているというのであるから、これによって、被上告人は、再びカラオケセット等を整備するのに必要な資金の少なくとも相当部分を取得したものと解される。

そうすると、遅くとも、本件本訴が提起された時点においては、被上告人がカラオケ店の営業を別の場所で再開する等の損害を回避又は減少させる措置を何ら執ることなく、本件店舗部分における営業利益相当の損害が発生するにまかせて、その損害のすべてについての賠償を上告人らに請求することは、条理上認められないというべきであり、民法416条1項にいう通常生ずべき損害の解釈上、本件において、被上告人が上記措置を執ること

ができたと解される時期以降における上記営業利益相当の損害のすべてについてその賠償を上告人らに請求することはできないというべきである。」

【争点】 ビルの店舗部分を賃借してカラオケ店を営業していた賃借人が、同店舗部分に発生した浸水事故にかかる賃貸人の修繕義務の不履行により、同店舗部分で営業することができず、営業利益相当の損害を被った場合において、賃借人が損害を回避または減少させる措置を執ることができたと解される時期以降に被った損害のすべてが416条1項にいう通常生ずべき損害にあたるということはできるか。

【結論】 (1)賃貸人が上記修繕義務を履行したとしても、上記ビルは、上記浸水事故時において建築から約30年が経過し、老朽化して大規模な改修を必要としており、賃借人が賃貸借契約をそのまま長期にわたって継続し得たとは必ずしも考えがたいこと、(2)賃貸人は、上記浸水事故の直後に上記ビルの老朽化を理由に賃貸借契約を解除する旨の意思表示をしており、同事故から約1年7か月が経過して本件訴えが提起された時点では、上記店舗部分における営業の再開は、実現可能性の乏しいものとなっていたこと、(3)賃借人が上記店舗部分で行っていたカラオケ店の営業は、それ以外の場所では行うことができないものとは考えられないし、上記浸水事故によるカラオケセット等の損傷に対しては保険金が支払われていたことなどの判示の事情のもとでは、賃借人が損害を回避または減少させる措置を執ることができたと解される時期以降に被った損害のすべてが416条1項にいう通常生ずべき損害にあたるということはできない。

(v) 過失相殺に関する主張立証責任

過失相殺は、債務者の主張がなくても裁判所が職権ですることができると解される(主張責任の否定)。もっとも、債権者の過失を基礎づける事実は、債務者が証明責任を負う(判例)。

➡ 最判昭和43年12月24日 民集22巻13号3454頁

(b) 損益相殺

損益相殺とは、損害賠償の発生原因が生じたことにより債権者が損害を受けたのと同時に利益も受けた場合、その利益分を損害賠償額から控除することをいう。明文規定はないものの、公平の理念から解釈上認められている(536条2項後段参照)。

← 「損益相殺」とは

たとえば、医師Aの医療過誤によって患者Bが死亡した場合には、Bの相続人はBのAに対する損害賠償請求権を相続する。このとき、Bの逸失利益から、Bが生存したであろう期間の生活費を控除するのが損益相殺である。Bが死亡したことによって、生存していれば支出したはずの生活費の支出を免れることになるため、その分を控除するのが公平だからである。生活費以外では、遺族年金について損益相殺を認めた判例がある。これらに対して、死亡した者の遺族が第三者から受け取った香典や、保険料の対価として受け取る生命保険金については、損益相殺の対象にならないと解される。

➡ 最大判平成5年3月24日 民集47巻4号3039頁
➡ 中田・債権総論181頁

← 過失相殺と損益相殺の先後
● 論点 B⁻ランク

過失相殺と損益相殺が同時に問題となる場合に、どちらを先に行うかが問題となる。たとえば、労働者Aが長時間労働により心身に負荷がかかった結果、致死性不整脈によって死亡したことから、Aの遺族は、使用者Bに対して、安全配慮義務違反を理由として損害賠償請求をした。Aが致死性不整脈に罹患したのは、長時間労働が主たる原因であるものの、使用者Bから喫煙をやめるように指摘されていたのに従わなかったことや、運動するように指摘されていたのに運動もせず肥満を解消しようともしなかったことにも原因があった。なお、Aの遺族は、遺族補償年金を受給していた。

この場合に、Aの過失が5割、逸失利益が1500万円、遺族補償年金が1000万

2-3 債務不履行に基づく損害賠償　**077**

円とすると、過失相殺を先に行ったときは、1500万円×0.5－1000万円＝－250万円となり、Aの請求は認められないこととなる。これに対して、損益相殺を先に行ったときは、（1500万円－1000万円）×0.5＝250万円となり、Aの請求は250万円の範囲で認められることとなる。

この点について、判例は、労災保険給付の事案と自賠法の事案について、それぞれ過失相殺を先に行うべきとした(**控除前相殺説**)。もっとも、判例は、自賠法等の解釈から結論を導いており、一般論として控除前相殺説を採用したわけではない。健康保険法にも労災保険等と同様の損害填補規定があるところ、実務上、健康保険法に基づく損害填補については損益相殺を先に行う運用がなされている(控除後相殺説)。このように、過失相殺と損益相殺の先後は、損益相殺の対象となる給付の性質等を考慮しつつ、事案に応じて判断することが求められる。

→ 最判平成元年4月11日民集43巻4号209頁、最判平成17年6月2日民集59巻5号901頁、津地判平成29年1月30日労判1160号72頁

(2) 中間利息の控除

中間利息とは、損害賠償額算定の基準時から将来利益を得られたであろう時までの利息相当額をいう。損害賠償額を算定する際は、将来の逸失利益や出費を現在価値に換算するために、中間利息を控除する。

← 「中間利息」とは

> たとえば、Aが、Bの運転するタクシーに乗っていたところ、Bの過失によってタクシーが事故にあい、後遺症を伴うけがを負ったとします。Aは、その事故当時、あと20年間は働くことができ、年間700万円の給与を得られると期待できたのですが、後遺症によって労働能力が減退し、給与が年間200万円減少してしまいました。
> このとき、Aの逸失利益の金額は、200万円×20年間＝4000万円になるのでしょうか。
> 4000万円という金額は20年後にようやく到達する金額であって、この金額をただちにBに賠償させると、Aが過大な利益を得ることになってしまいます。たとえば、Aが現時点で4000万円の賠償を受けたとすると、Aは、その4000万円を定期預金にしておけば、20年後には定期預金の利息分の利益を得ることとなります。しかし、Bが賠償すべき金額は、20年経過時点で4000万円となる額ですから、賠償すべき額の現在価値を算定するためには利息分を控除する必要があるわけです。
> このように、損害賠償額を算定するためには、将来の逸失利益や出費の現在価値を算定する必要があり、その際に控除する利息相当額が中間利息です。

2-16

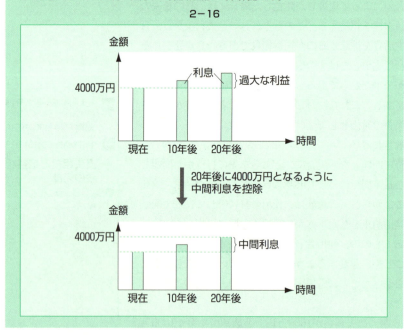

将来において取得すべき利益についての損害賠償の額を定める場合に、その利益を取得すべき時までの利息相当額を控除するときは、**その損害賠償の請求権が生じた時点における法定利率**により、これをする(417条の2第1項)。

　この趣旨は、被害者が取得すべき金額を算定するには実質金利を反映させた変動利率によるべきであるとの立場を基礎に据えたうえで、中間利息の控除においても、利息債権と同様の基準での変動法定利率が妥当する点にある。また、中間利息控除を行う場合の利率の基準時が「その損害賠償の請求権が生じた時点」となった趣旨は、法的安定性と当事者の公平を図る点にある。

　なお、安全配慮義務違反を理由とする損害賠償請求の場合に、中間利息控除を行う際の利率の基準時は請求権発生時すなわち事故発生時のものとなるが、債務者が履行遅滞になるのは履行の請求を受けた時(412条3項)であるから、遅延利息の算定に用いる法定利率は損害賠償請求時のものとなる(419条1項本文)。

　また、後遺症による逸失利益については、症状固定時に損害額の算定が可能となるものの、この場合にも障害の原因となった不法行為時の利率が基準となると解される。なぜなら、かりに症状固定時を基準時とすると、症状固定時がいつであったかをめぐって紛争を生じることになるため、一律に不法行為時を基準とするのが妥当だからである。

　将来において負担すべき費用(将来の介護費用など)の損害賠償額算定の際も、損害賠償請求権発生時の利率が中間利息控除の基準時となる(417条の2第2項)。

> **平成29年改正事項　中間利息の控除**　　C2
>
> 　改正前民法には、中間利息の算定方法に関する規定が存在しなかったが、判例は、法定利率を基準とする中間利息の控除を行っていた。
> 　そこで、平成29年改正民法は、中間利息を控除する場合の基準を法定利率とする旨を明記しつつ、法定利率が変動制となることから利率の基準時について「その損害賠償の請求権が生じた時点」とすることを明らかにした(417条の2)。

2-17　中間利息の控除

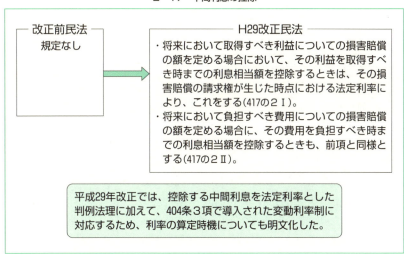

(3) 金銭債務の不履行に関する特則

　金銭の給付を目的とする債務の不履行については、その損害賠償の額は、債務者が遅滞の責任を負った最初の時点における法定利率(約定利率のほうが高けれ

ば約定利率)によって定める(419条１項)。この趣旨は、金銭の用途は多様である
ため、金銭債務の不履行による損害をすべて債務者に賠償させるのは適当でない
ことから、利息分を損害と扱う点にある。また、金銭債務の不履行については、
債権者は、損害の証明をすることを要せず(419条２項)、債務者は**不可抗力をも
って抗弁とすることができない**(419条３項)。

　たとえば、AがBに利息年５パーセントの約定で100万円を貸し付けていたと
ころ、Bが弁済期から１年経過しても弁済しない場合には、Aは、Bに対して５
万円(100万円×５％×１年)の遅延損害金を請求することができるにとどまる。

　かりに債権者が419条１項所定の額を超える実損害を被ったことを証明できた
としても、実損害の賠償を請求することはできない(判例)。もっとも、一定の場
合には、419条１項所定の額を超える実損害の賠償を認めてよいとする見解も主
張されている。

> ➡ 最判昭和48年10月11日
> 判時723号44頁
> ➡ 中田・債権総論185頁

> ➡ 部会資料53・41頁、81
> B・6頁、一問一答89
> 頁、潮見・改正法73頁

平成29年改正事項	金銭債務の不履行に関する特則	C1

　平成29年改正民法により、法定利率について、年５パーセントの固定利率ではなく、変動制
が採用されることとなった。そのため、金銭債務の不履行に関する特則について、いつの時点
の法定利率を利息損害算定の基準とするかが問題となる。
　平成29年改正民法は、利息損害の算定に関する法定利率の基準時について、「債務者が遅滞
の責任を負った最初の時点」とした(419条１項本文)。
　なお、平成29年改正民法は、金銭債務の不履行の場合に利息超過損害の賠償が認められるか
否かについて、解釈に委ねている。

2−18　金銭債務の不履行に関する特則

改正前民法	H29改正民法
金銭の給付を目的とする債務の不履行については、その損害賠償の額は、法定利率によって定める。ただし、約定利率が法定利率を超えるときは、約定利率による(419Ⅰ)。	金銭の給付を目的とする債務の不履行については、その損害賠償の額は、債務者が遅滞の責任を負った最初の時点における法定利率によって定める。ただし、約定利率が法定利率を超えるときは、約定利率による(419Ⅰ)。

　平成29年改正により、法定利率が変動性となったため
(404)、これに対応するため419条１項に利率の算定時
機を追加した。

(4)　損害賠償額の予定

(a)　意義

●論点Bランク

　債権者は、債務不履行に基づく損害賠償を請求するためには、損害の発生やそ
の金額を立証しなければならない。しかし、事案の性質によっては、損害の立証
が困難であったり、立証に長期間を要したりするなど多大な負担を強いられるこ
とがある。そこで、このような負担を回避するため、当事者は、債務不履行があ
った場合の損害賠償の額をあらかじめ合意しておくことができる(420条１項)。
これを**損害賠償額の予定**という。

←「損害賠償額の予
　定」とは

　このように、損害賠償額の予定の趣旨は、主に**債権者の損害の立証の困難を
除去**する点にある。損害賠償額の予定をすることによって、債務者の履行が促

080　2章　債権の効力

されるほか、債務者にとってリスク計算が容易になるという機能もある。

損害賠償額の予定をした場合には、債権者は、損害の発生およびその額の立証をすることなく、あらかじめ合意した損害賠償額を請求することができる。ただし、その他の要件については、立証を要する。

損害賠償額の予定をした場合には、実損害額が予定額未満でも、予定額を請求することができる。もっとも、実損害額が予定額を超えることを立証した場合でも、実損害額の賠償を請求することはできない。すなわち、損害賠償額の予定をすると、実損害額がいくらであっても、予定額のみを請求することとなる。

なお、損害賠償額の予定をした場合であっても、履行の請求または解除権の行使は妨げられない（420条2項）。 **← 平成29年改正**

> 損害賠償額の予定をした場合に、債務者が帰責事由のないことを証明したとき、債務者は予定賠償額の支払義務を免れることができるかが問題となります。
> 　この点については、支払義務を免れないとする見解と、支払義務を免れるとする見解の、いずれの見解もあります。
> 　支払義務を免れないとする見解（従来の通説）は、賠償額の予定をする当事者の意思は、帰責事由の有無も含めていっさいの紛争を避ける趣旨であると解するのが適当であることを根拠とします。
> 　これに対して、支払義務を免れるとする見解（有力説）は、当事者の通常の意思は、帰責事由がない場合には支払義務を免れる趣旨と解するのが妥当であることや、この場合にも支払義務を課すことは債務者に酷であることを根拠とします。
> 　なお、どちらの見解も、当事者が特約で自説の本来の帰結と異なる合意をすることを許容しています。
> 　どちらの見解に立ってもかまいませんが、不可抗力や債権者の帰責事由による場合にまで予定賠償額を支払うという結論が当事者の通常の意思といえるかは疑問があることからすると、支払義務を免れるとする見解を基本として事案に応じた解釈をするのがよいでしょう。

(b) 予定賠償額が過大である場合

損害賠償額の予定は、契約自由の原則のもと、原則として、裁判所が介入して予定額を増減することはできない。

もっとも、当事者間の力関係が均等ではなく、一方当事者にとって過度に有利な損害賠償額の予定がなされることもある。そこで、予定額が不当に高額または低額の場合には、**公序良俗**（90条）に反し、無効とされることがある（裁判例）。

特別法のなかには、明文で不当な損害賠償額の予定を制限しているものもある。たとえば、利息制限法4条1項は、金銭消費貸借契約における損害賠償額の予定について、「その賠償額の元本に対する割合が第1条に規定する率の1.46倍を超えるときは、その超過部分について、無効とする」と規定する。また、消費者契約法9条は、損害賠償額の予定条項について、同条各号に定める場合に該当するときは、当該条項を無効としている。

ほかにも、判例・通説は、損害賠償額の予定をした当事者間で債務不履行が生じた場合に、債権者にも過失があるときは、**過失相殺**による予定額の減少を肯定する。

| 平成29年改正事項 | 損害賠償額の予定 | B2 |

改正前民法420条1項後段は、損害賠償額の予定について「この場合において、裁判所は、そ

→ 東京地判平成25年3月19日
ジュリ1472号103頁、
東京地判平成9年11月12日
判タ981号124頁、
東京地判平成2年10月26日
判時1394号94頁、
大阪地判昭和42年6月12日
判時484号21頁、
東京地判昭和53年9月20日
判時911号14頁

→ 最判平成6年4月21日
裁時1121号1頁

→ 部会資料68A・20頁、79-3・12頁、一問一答69頁、潮見・改正法74頁

の額を増減することができない」と規定し、予定賠償額の増減を明文で禁止していた。この趣旨は、債権者の損害の立証の困難を除去するため、裁判所による増減を排除する点にある。

　しかし、不当な賠償額の予定がなされている場合についても、いっさいの増減が認められないとすると、当事者にとって過度に不利益となりうる。また、損害賠償額の予定は、あくまで契約自由の原則のもとで認められるものであり、公序良俗違反等を理由とする増減まで否定されるものではない。

　このような考えから、改正前民法のもとでも、過大な賠償額の予定がされており、公序良俗に反するといえる場合には、予定条項を無効とする実務が定着している（裁判例）。

　もっとも、改正前民法420条1項後段は、いかなる場合にもいっさいの増減を認めない規定との誤解を生じかねない。

　そこで、平成29年改正民法は、「この場合において、裁判所は、その額を増減することができない」という文言を削除し、不当な賠償額の予定がなされている場合に賠償額の予定額が増減されることとした。

　もっとも、当該文言の削除は、裁判所が自由裁量によって予定額を増減することを許容する趣旨ではない。

➡ 東京地判平成25年3月19日
（前出）、
東京地判平成9年11月12日
（前出）、
東京地判平成2年10月26日
（前出）

2−19　損害賠償額の予定

改正前民法	H29改正民法
当事者は、債務の不履行について損害賠償の額を予定することができる。この場合において、裁判所は、その額を増減することができない（420Ⅰ）。	当事者は、債務の不履行について損害賠償の額を予定することができる（420Ⅰ）。

改正前民法420条1項後段を削除することで、不当な賠償額の予定がなされている場合に賠償額の予定額が増減されることとした。

(c)　違約金

　違約金とは、債務不履行の場合に債務者が債権者に支払うべきことを約束した金銭をいう。違約金には、①損害賠償額の予定である場合と、②違約罰である場合とがある。**違約罰**とは、債務不履行に対する制裁をいい、損害賠償とは別に発生するものである。

←「違約金」とは

←「違約罰」とは

　当事者が違約金を定めた場合に、損害賠償額の予定か違約罰かが明らかでないときは、損害賠償額の予定であると推定される（420条3項）。

(5)　損害賠償による代位

　損害賠償による代位とは、損害賠償をした債務者が債権者の地位に代わって入ることをいう（422条）。**賠償者代位**ともいう。

●論点Bランク

←「損害賠償による代位」とは

　たとえば、AがBに自分の書籍甲を貸したところ、Bの管理がずさんであったため、第三者Cに甲が盗まれたとする。この場合に、BがAに対して甲の返還義務不履行を理由に填補賠償をしたときは、Bは、当然に甲の所有権を取得し、甲の所有者たるAの地位に代わって入ることとなる。このとき、AB間に甲の所有権を移転する旨の意思表示は不要であり、対抗要件の具備も必要ない。

　損害賠償による代位が認められる趣旨は、**債権者の二重の利得を防止し、賠償した債務者の利益を保護する**点にある。すなわち、先ほどの例でいえば、かりにAが填補賠償を受けつつ甲の所有権も保持できるとすると、後にCから甲を取り戻すことができたときに、Aは二重に利得することとなり、Bに酷な結論

082　2章　債権の効力

となる。このような事態を避けるために、損害賠償による代位が認められている。

> 先ほどの例で、Bが填補賠償をして賠償者代位をした後に、甲を盗んだCが見つかったときは、BはCに対して、甲の所有者として、所有権に基づく返還請求をすることができることとなります。
> なお、このとき、Aは、填補賠償として受領した価額をBに返還することで、甲を返還するようにBに請求することができると解されています。なぜなら、損害賠償による代位の制度は、あくまで債権者の二重の利得を防止して債務者の利益を保護するためのものであって、本来の所有者たる債権者から所有権を奪うことを目的とする制度ではないからです。

(6) 代償請求権

●論点Bランク

債務者が、その債務の履行が不能となったのと同一の原因により債務の目的物の代償である権利または利益を取得したときは、債権者は、その受けた損害の額の限度において、債務者に対し、その権利の移転またはその利益の償還を請求することができる(422条の2)。この権利を**代償請求権**という。代償請求権が認められる趣旨は、当事者間の公平を図る点にある(判例)。

←「代償請求権」とは
→ 最判昭和41年12月23日(百選Ⅱ10事件)

たとえば、AがBに対して、自己の有する甲建物を売却したという例で考えてみよう。甲建物は時価3100万円であり、Aは、甲建物について火災保険(保険金額3100万円)を掛けていたとする。もっとも、Aは、早期にまとまった現金が必要であったことから、時価より低額の3000万円で甲建物をBに売却したとする。AB間の売買契約では、甲所有権は売買代金完済時にAからBに移転する旨の合意があった。しかし、甲建物の引渡し前に、何者かの放火によって甲建物が焼失し、Aは火災保険金3100万円を受領した。なお、甲建物が焼失したことについて、Aに帰責事由はなかった。

この場合には、Bは、代償請求権に基づき、Aに対して、Aの受領した火災保険金3100万円の支払を請求することができる(422条の2)。もっとも、Bは、Aに対して甲建物の売買代金3000万円の支払義務を負っていることから、代償請求権と対当額で相殺することとなる。

2-20

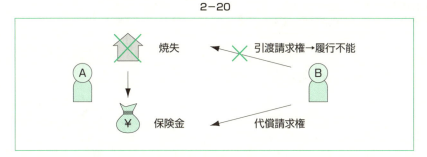

また、この場合には、Bは、売買契約を解除することができる(542条1項1号)。もっとも、Bは、売買契約を解除した場合には、売買代金3000万円の支払義務を免れるものの、もはや売買契約が解消されている以上、代償請求権を行使することはできない。したがって、この場合には、Bは、Aに対して、火災保険金3100万円の支払を請求することができない。

なお、代償請求権は、債権者の受けた損害の額の限度において認められるにとどまる。すなわち、先ほどの例で、甲建物の焼失時点で甲建物の時価が3000万

円に減少していたとすると、Bが代償請求権に基づいてAに対して請求できる金額は甲建物の時価の3000万円にかぎられることとなる。

　代償請求権の発生要件に関して、債務者に帰責事由がないことが要求されるかについては見解が分かれている。すなわち、先ほどの例に即していうと、甲建物の焼失についてAに帰責事由がある場合には、Bは、Aに対して債務不履行に基づく損害賠償請求をすることができるだけなのか、代償請求権も行使することができるのかが問題となる。

　債務者に帰責事由がないことを要求しない見解によれば、債務者に帰責事由がある場合には、債権者は、債務不履行に基づく損害賠償請求権と代償請求権を選択的に行使することができる。もっとも、かりに代償請求権を行使した場合には、これによって利益を得た限度で損害賠償請求権が縮減することとなるため、二重に利得することとはならない。

平成29年改正事項　代償請求権　B3

　改正前民法は、代償請求権について明文規定をおいていなかったが、判例は、公平の観点から、解釈によって代償請求権を認めていた。

　そこで、平成29年改正民法は、判例法理を明文化して、代償請求権に関する規定を設けた（422条の2）。

　なお、平成29年改正民法422条の2は、代償請求権の要件について、債務者に帰責事由がないことを明記していない。この趣旨は、債務者に帰責事由がないことを不要とする見解（審議段階で採用されかけた見解）を採用したものではなく、今後の解釈に委ねる点にある。

→ 部会資料68A・13頁、一問一答70頁、潮見・改正法75頁
→ 最判昭和41年12月23日（前出）

→ 部会資料68A・13頁
→ 第90回部会議事録59頁（金関係官発言）

2-21　代償請求権

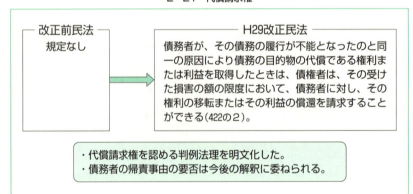

第**2**章·········債権の効力

4. | 受領遅滞

1 意義

受領遅滞とは、債務の履行につき受領その他の債権者の協力を必要とする場合に、債務者が弁済の提供をしたにもかかわらず、債権者が必要な協力をしないために、履行遅延の状態にあることをいう。

たとえば、Aが、Bに対して、自己の有する甲自動車を売却し、引渡し期日に甲自動車をBのもとに持参したとする。ところが、Bは、駐車場の手配が未了であったため、甲自動車の受領を拒絶した。この状態が受領遅滞である。

この場合に、Aが、やむをえずに甲自動車を持ち帰ったとき、本来ならば発生しなかったはずの保管料が発生したり、甲自動車を持ち帰る途中で交通事故にあって甲自動車が滅失・毀損したりすることがある。このような事態が生じたときに、その危険をだれが負担するべきかが問題となる。

← 「受領遅滞」とは

2 要件・効果

【1】要件

受領遅滞の要件は、①債務者が債務の本旨に従った履行の提供をしたこと、および、②債権者が債務の履行を受けることを拒み、または受けることができないこと、の2点である。

▶ 2018年第1問

2-22　受領遅滞の要件

| 債務者による履行の提供 |
| 債権者の受領拒絶・受領不能 |

（債権者の帰責性の要否）

【2】効果

受領遅滞の効果は、以下の3点である。

(1) 保存義務の軽減

債務の目的が特定物の引渡しであるときは、債務者は、履行の提供をした時からその引渡しをするまで、**自己の財産に対するのと同一の注意**をもって、その物を保存すれば足りる(413条1項)。すなわち、債務者は、もともと善管注意義務を負っていたところ(400条)、受領遅滞後は、保存義務が軽減され、自己の財産に対するのと同一の注意義務を負うにとどまる。

(2) 増加費用の負担

受領遅滞によって履行の費用が増加したときは、その**増加額は、債権者の負担**となる(413条2項)。たとえば、債権者の受領遅滞によって、債務者が目的物を倉庫に持ち帰り、債権者が受領するまでの間、保管料がかかったときは、その保管料は債権者の負担となる。

2-4　受領遅滞　085

(3) 受領遅滞中の履行不能（危険の移転）

受領遅滞後に当事者双方の責めに帰することができない事由によって履行不能となったときは、その**履行不能は、債権者の責めに帰すべき事由によるものとみなされる**（413条の2第2項）。その結果、債権者は、履行不能を理由として契約を解除することができないし（543条）、反対給付の履行を拒絶することもできなくなる（536条2項）。たとえば、売主Aは、買主Bのもとに目的物を持参して弁済の提供をしたにもかかわらず、Bが目的物を受領しなかったため目的物を自宅に持ち帰ったが、その翌日、Aの帰責事由なく目的物が滅失したとする。この場合には、Aは、Bに対して売買代金を請求することができる。他方で、Bは、履行不能を理由として売買契約を解除することができず（543条）、売買代金の支払を拒絶することもできない（536条2項）。

なお、売買における目的物の滅失・損傷に関する567条2項は、事実上、413条の2第2項の確認規定にすぎない。

→『債権各論』2章2節③

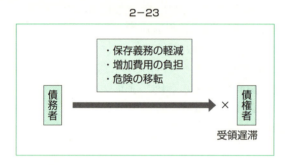

2-23

3 法的性質

→ 中田・債権総論193頁、大村4・49頁、平野・債権総論418頁
● 論点Bランク

【1】法的性質論の意義

改正前民法は、受領遅滞の効果について「その債権者は、履行の提供があった時から遅滞の責任を負う」（改正前民法413条）とのみ規定していた。そのため、ここでいう「遅滞の責任を負う」とはどのような意味なのか、受領遅滞の法的性質と効果が問題となった。

受領遅滞の法的性質については、債権者に受領義務を認めない見解（**法定責任説**）と、受領義務を認める見解（**債務不履行責任説**）との2つの見解が存在する。法定責任説と債務不履行責任説は、受領遅滞の効果について、弁済の提供との関係をどのように理解するかという点で対立している。

← 受領遅滞の法的性質

【2】法定責任説

法定責任説は、以下のような見解である。

債権者は、目的物の引渡し請求権を有するものの、目的物の受領義務を負わない。すなわち、**債権者に受領義務はなく、受領しないことは義務違反とならない**。しかし、債権者の受領拒絶に何らペナルティがないとすると、債務者は、債権者が受領してくれるまで、依然として重い責任を負い続けなければならないこととなる。そのため、誠実な債務者を救済し、当事者間の利害を公平に調整する必要がある。そこで、民法は、受領遅滞について特に債権者に責任を負わせることにした。それが受領遅滞責任である。

←「法定責任説」とは

このように、受領遅滞責任は法定責任であることから、その要件は413条に定めてあることに尽きるのであり、受領遅滞について債権者の帰責事由は必要ない。また、受領遅滞の効果は、弁済の提供の効果（492条）と重複し、413条はそれを債権者の責任という面から規定したものにすぎない。したがって、債務者は、債権者の受領遅滞を理由として契約を解除したり、損害賠償を請求したりすることはできない。

もっとも、当事者間の特約があれば、契約上の義務として、債権者は目的物の受領義務を負う。また、明示的な特約がない場合であっても、信義則によって、個別具体的な事案に応じて債権者に目的物の受領義務が認められることがありうる（判例）。

➡ 最判昭和46年12月16日（後出重要判例）

> ★重要判例（最判昭和46年12月16日〔百選Ⅱ55事件〕）
> 「原判決は、つぎのとおり事実を確定している。すなわち、被上告会社は、昭和32年4月16日上告人との間に、期間を同年12月末日とし、被上告会社が本件硫黄鉱区から採掘する硫黄鉱石売買契約……を対象として、原判示硫黄鉱石売買契約……を締結したが、その後、右契約期間は更新されて昭和33年12月末日までとなった。ところで、被上告会社は、右契約に基づいて採掘をはじめ、まず昭和32年中に鉱石約170トン（乾鉱量）を上告人に引き渡した。ついで同33年6月鉱石113.91トン（乾鉱量）を出荷し、その旨を上告人に通知したが、上告人から市況の悪化を理由に出荷中止を要請され、ここにおいて被上告会社は、上告人を翻意させるべく折衝したが成功せず、同年9月11日頃には採掘を中止するのやむなきに至り、採掘分（乾鉱量にして1612.69トン）は集積して出荷を準備したにとどまった。そして、右113.91トンの鉱石は、ともかく上告人において引き取ったのであるが、その後は引取を拒絶したまま、同年10月29日被上告会社に対し、前渡金の返還を要求する通知書……を発するに至り、右鉱石売買契約の関係は、前記契約期間の満了日である昭和33年12月末日の経過をもって終了するに至った、というのである。
> ところで、右事実関係によれば、前記鉱石売買契約においては、被上告会社が右契約期間を通じて採掘する鉱石の全量が売買されるべきものと定められており、被上告会社は上告人に対し右鉱石を継続的に供給すべきものなのであるから、信義則に照らして考察するときは、被上告会社は、右約旨に基づいて、その採掘した鉱石全部を順次上告人に出荷すべく、上告人はこれを引き取り、かつ、その代金を支払うべき法律関係が存在していたものと解するのが相当である。したがって、上告人には、被上告会社が採掘し、提供した鉱石を引き取るべき義務があったものというべきであり、上告人の前示引取の拒絶は、債務不履行の効果を生ずるものといわなければならない。」
> 【争点】硫黄鉱区の採掘権を有する甲が鉱石を採掘して乙に売り渡す硫黄鉱石売買契約において、乙には、甲がこの契約の存続期間内に採掘した鉱石を引き取る義務があるか。
> 【結論】甲が乙に対し上記契約の存続期間を通じて採掘する鉱石の全量を売り渡す約定があったなどの判示の事情がある場合には、信義則上、乙には、甲が上記期間内に採掘した鉱石を引き取る義務がある。

【3】債務不履行責任説

債務不履行責任説は、以下のような見解である。

債権者と債務者は、信義則上、給付の実現に向けて互いに協力すべき関係にある。そのため、債権者は、一般的に目的物の受領義務を負っており、受領遅滞は当該受領義務の債務不履行となる。

したがって、受領遅滞の要件として、一般の債務不履行と同様に、受領遅滞について債権者の帰責事由が必要である。また、受領遅滞の効果として、一般の債務不履行と同様に、解除や損害賠償請求が可能である。

← 「債務不履行責任説」とは

なお、債務不履行責任説のなかでも、債権者の帰責事由が必要となる範囲について見解が分かれており、保存義務の軽減と受領遅滞中の履行不能（危険の移転）については帰責事由が必要であるのに対し、増加費用の負担については帰責事由が不要であるとする見解がある。また、保存義務の軽減、増加費用の負担および受領遅滞中の履行不能（危険の移転）の効果を、受領遅滞の効果と整理する見解と、弁済の提供の効果と整理する見解がある。

➡ 中田・債権総論196頁参照

【4】平成29年改正法下における実益

　平成29年改正民法は、受領遅滞の効果について、「債務者の目的物保存義務の軽減」（413条1項）、「債権者に対する増加費用の償還請求権」（413条2項）、「受領遅滞中に生じた履行不能の危険の債権者負担」（413条の2第2項）の3つを明記した。そのため、このかぎりで、受領遅滞の法的性質を議論する実益は失われた。

　しかし、平成29年改正民法のもとでも、債権者に受領義務が認められるかについては解釈に委ねられている。そのため、受領義務の有無については、法的性質を議論する実益が残っている。もっとも、一般的に受領義務を否定する法定責任説であっても、契約解釈や信義則によって、個別の事案において受領義務を認めることがある。したがって、重要なのは個別の事案における当事者意思の解釈であり、抽象的な法的性質論を論じる実益は乏しいといえる。

➡ 潮見・改正法63頁

　本文で説明したとおり、平成29年改正民法のもとでも、債権者に受領義務が認められるかは解釈に委ねられています。受領拒絶があった場合に、債権者の受領義務違反（債務不履行）として損害賠償請求や解除が認められるかは、解釈に委ねられているわけです。
　この点については、個別の事案における当事者意思解釈（契約解釈）を通じて、事案に応じて受領義務が認められるか否かを検討することが適切でしょう。
　ただし、受領義務を認めるか否かは、契約解釈の問題ではなく、信義則上の義務として認められるかの問題であるとの評価もあります。また、解除が債務からの解放を主目的とする制度であることが明確になったことからすれば、契約解釈を基本としつつ信義則をあわせて考慮して、受領義務（引取義務）が存在することを認め、その不履行に対しては、債務者の債務不履行による解除と同様に、帰責事由を問わず解除を認めるべきであるとする見解もあります（損害賠償請求には帰責事由が必要です）。

➡ 大村・新基本債権編49頁、改正のポイント134頁[加毛]

➡ 百選Ⅱ113頁[平野]

➡ 中舎・債権法157頁

●論点Aランク

	法定責任説	債務不履行責任説	平成29年改正民法
受領義務	× （ただし、信義則等で受領義務が認められる場合は○）	○	△（解釈に委ねる）
弁済の提供との関係	同一効果を債権者側と債務者側からそれぞれ規定したにすぎない	弁済の提供と受領遅滞は効果が異なる	受領遅滞の効果を明文化
保存義務の軽減	○	○	○（413Ⅰ）
増加費用の負担	○	○	○（413Ⅱ）
受領遅滞中の履行不能 （危険の移転）	○	○	○（413の2Ⅱ）
損害賠償・解除	× （ただし、信義則等で受領義務が認められる場合は○）	○	△（解釈に委ねる）

088　2章　債権の効力

平成29年改正事項	受領遅滞	B2・B3

→ 部会資料68Ａ・35頁、83-2・11頁、一問一答73頁、潮見・改正法63頁

　改正前民法は、受領遅滞の効果について「遅滞の責任を負う」とのみ規定していたため（413条）、受領遅滞の具体的な効果が条文上明らかでなかった。

　しかし、改正前民法のもとでも、受領遅滞の場合に「債務者の目的物保存義務の軽減」、「債権者に対する増加費用の償還請求権」、「受領遅滞中に生じた履行不能の危険の債権者負担」という効果が生じることについては、実務上も学説上も異論なく認められていた（ただし、受領遅滞の効果と位置づけるのか弁済の提供の効果と位置づけるのかという点や、債権者の帰責事由が要件となるかという点については見解が分かれていた）。

　そこで、平成29年改正民法は、「債務者の目的物保存義務の軽減」（413条１項）、「債権者に対する増加費用の償還請求権」（413条２項）、「受領遅滞中に生じた履行不能の危険の債権者負担」（413条の２第２項）という３つの効果を、受領遅滞の効果として明文化した。

　なお、平成29年改正民法413条は、債権者が受領義務を負うか否かに関しては、特定の見解を採用するものではない。受領義務の有無について、平成29年改正民法は、契約その他の債権発生原因または信義則に基づき個別に受領義務を認める余地を残している。個々の状況下において受領義務が認められる場合には、受領義務違反の効果は、債務不履行の一般原則に従って処理される。すなわち、損害賠償については415条が適用され、解除については541条等が適用されることとなる。

　また、平成29年改正民法のもとでは、解除の要件として帰責事由は不要となったため、受領義務違反に基づく解除の場合も債権者の帰責事由は不要である。

2-24　受領遅滞

┌─ 改正前民法 ─┐
債権者が債務の履行を受けることを拒み、または受けることができないときは、その債権者は、履行の提供があった時から遅滞の責任を負う（413）。

→

┌─ H29改正民法 ─┐
「債務者の目的物保存義務の軽減」（413Ⅰ）、「債権者に対する増加費用の償還請求権」（413Ⅱ）、「受領遅滞中に生じた履行不能の危険の債権者負担」（413の２Ⅱ）という３つの効果を、受領遅滞の効果として明文化。

　条文上明らかでなかった受領遅滞の具体的な効果について、実務上も学説上も異論なく認められていた上記の３つの効果を明文化した。

○×問題で実力チェック

1. 総論

01 債務者が債務を弁済しない場合に、債権者がその債務の履行を請求する訴えを提起しないという当事者間の合意や、債権者がその債務にかかる強制執行をしないという当事者間の合意は、いずれも無効である。（'10-15問-アイ改題）

➡ × 契約自由の原則のもと、不訴求の合意や不執行の合意も有効である

2. 履行強制

02 合意により午後9時以降はピアノを弾かないという債務を隣人に対して負担している者が、午後9時以降にピアノを弾くことを繰り返しているとき、この隣人は、当該ピアノの使用禁止及びその競売を裁判所に申し立てることができる。（'12-18問-2）

➡ × 民事執行法171条1項2号

03 不作為を目的とする債務については、債務者の費用で、債務者がした行為の結果を除去することを裁判所に請求することができる。（'16-18問-ウ）

➡ ○ 民事執行法171条1項2号

04 売買契約の目的である建設機械の引渡しを受けた買主が代金を支払わないとき、売主は、買主に対し、遅延の期間に応じ、債務の履行を確保するために相当と認める一定の額の金銭を自己に支払うべき旨を裁判所に請求することができる。（'12-18問-1）

➡ × 民事執行法172条

05 賃貸人が賃借人に対して賃貸建物を引き渡さないとき、賃借人は、賃貸人に対し、遅延の期間に応じ、債務の履行を確保するために相当と認める一定の額の金銭を自己に支払うべき旨を裁判所に請求することができる。（'12-18問-4）

➡ ○ 民事執行法172条1項

06 判例によれば、不作為を目的とする債務の強制執行として間接強制をするには、債権者において、債務者がその不作為義務に違反するおそれがあることを立証すれば足り、債務者が現にその不作為義務に違反していることを立証する必要はない。（'16-18問-ア）

➡ ○ 最決平成17年12月9日

07 判例によれば、事態の真相を告白して陳謝の意を表明する内容の謝罪広告を新聞紙に掲載すべきことを命ずる判決の執行は、間接強制によらなければならず、代替執行をすることはできない。（'16-18問-イ）

➡ × 最大判昭和31年7月4日

08 工作物の撤去を命ずる判決が確定した場合、その判決の執行は、代替執行によることができるが、間接強制によることはできない。（'16-18問-エ）

➡ × 民事執行法173条1項前段

09 登記義務者に対し所有権移転登記手続を命ずる判決が確定した場合、その判決の執行は間接強制によらなければならない。（'16-18問-オ）

➡ × 最判昭和41年3月18日

3. 債務不履行に基づく損害賠償

10 不確定期限付き債務の債務者が、期限の到来したことを知った後、債権者から履行の請求を受けた場合、履行の請求を受けた時から遅滞の責任を負う。

➡ × 「いずれか早い時から」（412条2項）遅滞の責任を負うので、期限の到来したことを知った時から遅滞の責任を負う

11 期限の定めのない金銭消費貸借契約の借主は、貸主が相当の期間を定めずに催告をしても、相当の期間を経過した時から履行遅滞の責任を負う。（'10-17問-1、'17-16問-オ）

➡ ○ 591条1項、大判昭和5年1月29日

12 善意の不当利得者の返還債務は、債務者が履行の請求を受けた日が経過した時から遅滞に陥る。（'10-17問-2）

➡ ○ 大判昭和2年12月26日

13 不法行為と相当因果関係に立つ損害である弁護士費用の損害賠償請求権は、弁護士費用を支出した日が経過した時から遅滞に陥る。('10-17問-3)

→ × 最判昭和58年9月6日

14 安全配慮義務の違反を理由とする債務不履行に基づく損害賠償債務は、その義務の違反により損害が発生した時から遅滞に陥る。('15-19問-ア)

→ × 最判昭和55年12月18日、履行の請求を受けた時にはじめて遅滞に陥る

15 売買代金の履行遅滞に基づく損害賠償請求において、同時履行の抗弁権が存在する場合には履行遅滞に陥らないとの見解に立つ場合、損害賠償を求める原告は、請求原因事実として自己の債務の履行又は履行の提供を主張立証しなければならない。('17-16問-イ)

→ ○ 問題文の見解に立つ場合、損害賠償を求める原告は、同時履行の抗弁権の発生障害事実を主張立証する必要がある

16 売買目的物が法律によって取引禁止となった場合であっても、目的物が滅失していないかぎり引渡しは可能であるから、履行不能とはならない。

→ × 412条の2第1項

17 使用者が労働者に対して負担する安全配慮義務に違反したことを理由として損害賠償を請求する訴訟においては、損害賠償を請求する者が、使用者の義務内容を特定し、かつ、義務違反に該当する事実を主張立証する責任を負う。('10-16問-ア)

→ ○ 最判昭和56年2月16日

18 安全配慮義務は、使用者が労働者の生命及び健康等の安全を確保する包括的な義務であるから、使用者の履行補助者が道路交通法に基づいて負うべき注意義務に違反した場合には、その注意義務違反を理由として、使用者の安全配慮義務違反が認められる。('10-16問-ウ)

→ × 最判昭和58年5月27日

19 労働者の勤務場所に第三者が侵入して労働者に危害を加えた場合には、その第三者による故意の加害行為が介在していることから、使用者は、安全配慮義務違反による損害賠償責任を負うことはない。('10-16問-エ)

→ × 最判昭和59年4月10日

20 安全配慮義務は、特別な社会的接触の関係に入った当事者間において信義則上認められるものであるから、元請企業が下請企業を用いる場合には、元請企業は、下請企業に雇用される労働者に対しても、安全配慮義務を負うことがある。('10-16問-オ)

→ ○ 最判昭和55年12月18日、最判平成3年4月11日

21 債務者は、債権者から債務不履行に基づく損害賠償請求をされた場合には、自己に帰責事由のないことについて証明責任を負う。

→ ○ 415条1項ただし書参照

22 当事者が損害賠償の方法について金銭以外の物による旨の合意をしても、その効力は認められない('13-22問-1、'15-15問-オ)

→ × 417条

23 不動産の売買契約において、その財産権移転義務が売主の責めに帰すべき事由により履行不能となった場合には、買主は、契約を解除することなく填補賠償を請求することができる。('10-17問-5)

→ ○ 415条2項1号

24 不動産の売買における売主の債務不履行において、特別の事情によって生じる損害については、債務者は、その債務の成立時に当該特別の事情を予見すべきであった場合にかぎり、賠償責任を負う。('11-17問-5改題)

→ × 大判大正7年8月27日

25 債務不履行における過失相殺(418条)は、不法行為における過失相殺(722条2項)と異なり、債務者の損害賠償責任自体が否定されることもありうるが、過失相殺をするか否かは裁判所の裁量に委ねられる。

→ × 418条の過失相殺は必要的

26 生命保険契約を締結していた被保険者が、医師の過失による医療事故によって死亡し、被保険者の相続人が当該生命保険契約により死亡保険金の給付を受けた場合において、その相続人が医師に対して債務不履行を理由に損害賠償を請求したときは、賠

→ × 最判昭和39年9月25日

○×問題で実力チェック　**091**

償されるべき損害額から当該保険金額が控除される。('11-17問-3）

27 安全配慮義務違反を理由とする損害賠償請求の場合、中間利息控除を行う際の利率の基準時は事故発生時のものとなるが、遅延利息の算定に用いる法定利率の基準時は損害賠償請求時のものとなる。

→ ○ 417条の2、419条1項本文

28 金銭債務の不履行による損害賠償については、債務者は、その不履行が不可抗力による場合を除き、その責任を免れない。('11-17問-1、'13-22問-2)

→ × 419条3項、1項

29 当事者が債務不履行について損害賠償の額を予定している場合、裁判所は、その損害賠償の予定額を増減することはできず、過失相殺により賠償額を減額することもできない。('13-22問-3、'15-15問-エ)

→ × 420条1項、最判平成6年4月21日

30 当事者が債務不履行について損害賠償の額を予定した場合であっても、解除権を行使することは妨げられない。('13-22問-4)

→ ○ 420条2項

31 消費貸借の約定利率が法定利率を超える場合、借主が返済を遅滞したときにおける損害賠償の額は、約定利率により計算される額であり、貸主は、約定利率により計算される額を超える損害が生じていることを立証しても、その賠償を借主に請求することはできない。('15-15問-ア)

→ ○ 419条1項、最判昭和48年10月11日

32 家屋の賃借人が賃貸借契約の終了後もその家屋を賃貸人に返還しない場合、賃貸人は、その賃貸借契約で定められた賃料に相当する額の損害賠償を賃借人に請求することができるが、賃貸人がその賃貸借契約の終了後に別の者との間でその家屋の賃貸借契約を締結し、その賃貸借契約で定められた賃料が従前の賃料を上回るときであっても、その新たな賃料に基づく損害賠償を賃借人に請求することはできない。
('15-15問-イ)

→ × 大連判昭和7年5月18日、大判大正10年5月3日

33 営業用店舗の賃貸人が修繕義務の履行を怠ったために賃借人がその店舗で営業をすることができなかった場合、賃借人は、これにより生じた営業利益の喪失による損害の賠償を、債務不履行により通常生ずべき損害として請求することができるが、賃借人が営業をその店舗とは別の場所で再開するなどの損害を回避又は減少させる措置を何ら執らなかったときは、そのような措置を執ることができた時期以降に生じた損害の全ての賠償を請求することはできない。('15-15問-ウ)

→ ○ 最判平成21年1月19日

34 債務者が、その債務の履行が不能となったのと同一の原因により債務の目的物の代償である権利または利益を取得したときは、債権者は、その受けた損害の額の限度において、債務者に対し、その権利の移転またはその利益の償還を請求することができる。

→ ○ 422条の2

4．受領遅滞

35 債権者の受領遅滞によって、債務者が目的物を倉庫に持ち帰り、債権者が受領するまでの間、保管料がかかったときは、当該保管料は債権者の負担となる。

→ ○ 413条2項

36 売主Aが買主Bのもとに目的物を持参して弁済の提供をしたにもかかわらず、Bが目的物を受領しなかったため、目的物を自宅に持ち帰ったところ、その翌日、Aの帰責性なく目的物が滅失した場合、その履行の不能はBの責めに帰すべき事由によるものとみなされる。

→ ○ 413条の2第2項

第3章 債権債務の移転

1. 債権譲渡

1 債権譲渡序説

【1】意義

●論点Ａランク
←「債権譲渡」とは

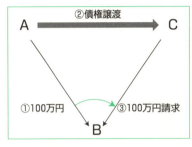

債権譲渡とは、債権の同一性を維持しながら債権を他人に移転することをいう。たとえば、Aが、Bに対して100万円の金銭債権を有している場合に、当該債権をCに譲渡することがあげられる。この場合には、Cが新たな債権者となり、Bに対して100万円の支払を求めることができることとなる。

【2】債権譲渡の諸目的

債権譲渡は、次のような目的で利用されることが多い。

➡ 中田・債権総論551頁、中舎・債権法386頁

(1) 債権回収

たとえば、AがBに対して100万円の金銭債権(甲債権)を有しているところ、Bは、Cに対する100万円の金銭債権(乙債権)以外に十分な財産を有していなかった。そこで、Aは、甲債権の回収を図る目的で、Bが有する乙債権について代物弁済契約を締結し、乙債権を譲り受けることがある。

←債権回収目的

(2) 換価

たとえば、AがBに対して100万円の金銭債権(甲債権)を有しているところ、当該債権の弁済期が到来するのは1年後だとする。ところが、Aは、取引先への支払等の必要から、甲債権の弁済期の到来を待たず、ただちに現金を用意しなければならなくなった。そこで、Aは、甲債権を弁済期前に現金化するため、Cに対して甲債権を譲渡することがある。

このとき、Aは、甲債権の譲渡代金というかたちで早期に現金を入手することができる。他方で、Cは、甲債権の弁済期後にBから100万円の弁済を受ければ、Aに支払った甲債権の譲渡代金との差額分の利益を受けることができる(譲渡代金が80万円だとすれば、差額20万円分が利益となる)。

←換価目的

(3) 取立て

たとえば、AがBに対して100万円の金銭債権(甲債権)を有しているところ、Bが債務の弁済を怠っているとする。このとき、Aは、Cに甲債権の取立てを依頼し、Cに甲債権を譲渡することがある。

AがCに甲債権の取立てに関する代理権を付与し、CがA代理人として甲債権を取り立てるという方法もある。しかし、A代理人としてではなく、C自身が債

←取立て目的

権者となったほうが取り立てやすいということがあり、そのような場合に債権譲渡が利用されることとなる。

(4) 担保

← 担保目的

たとえば、Aが、Cから100万円の融資を受けるため、Bに対して有する100万円の金銭債権（甲債権）を担保提供する際に、Cに対して甲債権を譲渡するかたちをとることがある。

(5) 債権流動化（資金調達）

← 債権流動化目的

たとえば、A社は複数の金銭債権を有しているところ、それらの債権をまとめてB社（A社から譲り受けた債権の回収のみを目的として設立された会社）に譲渡する。B社は、A社から譲り受けた債権の弁済金を配当にまわすことを約束して投資家を募ることで、広く市場から資金を調達することができる。このようにして資金を調達することを債権の流動化という。

> 債権流動化についてはイメージをもちにくいと思われますので、もう少し解説しましょう。
> たとえば、A社は、1本100万円の債権（弁済期は1年後）を100人の債務者に対して有しているとします。A社は、1年後の弁済期の到来を待ってから、100本の債権を回収すれば、1億円を得ることができます。
> しかし、A社は、事業拡大のための資金として早期に8000万円の現金を得たいと考えました。このとき、A社は、事業資金獲得のために、100本の債権を第三者に単に譲渡することもできますが、債権流動化という方法をとることもできます。
> まず、A社は、B社に対して100本の債権を8000万円で譲渡します。B社は、100本の債権の弁済金を配当にまわすことを約束して、投資家からお金を集めます。このとき、たとえば1口8万円とし、銀行に預けるよりも高い利率を設定すれば、「銀行に預けておくよりは投資にまわそうかな」と考える投資家を集めることができるわけです。このようにして1000人の投資家が集まれば、B社は8000万円を集めることができます。そして、B社は、集めた8000万円をA社に対する譲受代金の弁済にあてるわけです。

3-2

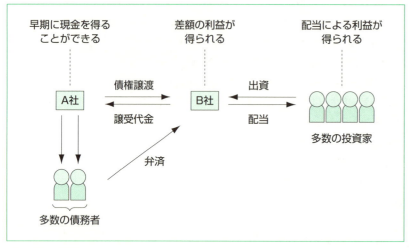

【3】法的性質

債権譲渡は、譲渡人と譲受人との合意によって効力が生じる諾成、不要式の契約である。債権譲渡契約は、譲渡の対象となった債権の処分行為であり、準

物権契約(準物権行為)と解されている。言い換えると、債権債務関係が発生して債務の履行という問題が残る債権行為と異なり、債権譲渡契約の成立によって直接、債権の移転という効果が生じることとなる。

3-3

債権売買契約
‖ 有因
債権譲渡行為

通常、債権譲渡をする場合には、債権譲渡の原因となる売買や贈与等の債権行為が存在する。債権行為たる売買や贈与等の契約と、準物権行為たる債権譲渡契約は、それぞれ独自の契約として存在する。この両者の契約の関係は**有因**と解されている。すなわち、債権譲渡の原因となる売買契約が取り消されたり、解除されたりした場合には、当然に債権譲渡契約も消滅し、譲渡の対象となった債権は譲渡人に復帰する。

← 債権行為と債権譲渡契約の関係

債権譲渡は、**債権の同一性を保ちつつ**その債権を移転するものである。

← 債権譲渡の効果

すなわち、当該債権に付随する利息債権や違約金債権、保証債務や担保権も譲受人に移転する。ただし、利息債権の場合には、債権譲渡によって当然に移転するのは基本権たる利息債権にかぎられ、すでに発生して独立した権利となっている支分権たる利息債権は、当然に移転するわけではない。また、譲渡された債権について詐害行為取消権(424条以下)の要件をみたしていれば、譲渡前の詐害行為について、譲受人が詐害行為取消権を行使することができる。

もっとも、解除権や取消権は、契約当事者たる地位と結びついている権利であるため、債権譲渡では移転しない(判例)。契約上の地位を移転した場合(539条の2)にかぎり、解除権や取消権が移転する。契約上の地位の移転については、後述する。

→ 大判大正14年12月15日民集4巻710頁
→ 3節

債務者が債権者(譲渡人)に対して有していた同時履行の抗弁権(533条)などの抗弁事由も、譲受人に対して主張することができる。

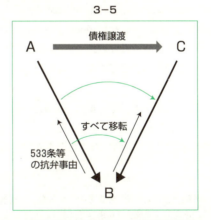

3-4、3-5

このように、債権の同一性が保たれる点で、旧債務を消滅させて新債務を発生させる**更改**と異なる。すなわち、債権者を交替する更改契約(515条)は、旧債務が消滅し、これと同一性を有しない新債務が発生することとなるため、担保権や抗弁権などは原則として承継されない。

→ 4章5節

2 債権の譲渡性とその制限

【1】債権の譲渡性とその例外

債権は、原則として自由に譲渡することができる(466条1項本文)。しかし、

● 論点Aランク
← 債権譲渡の原則

以下の2つの場合には、債権譲渡が制限される。

(1) 性質による制限

債権は、その**性質が譲渡を許さないとき**は、譲渡することができない(466条1項ただし書)。たとえば、雇用契約上の使用者の権利(625条1項)や委任契約上の債権(判例)のように、債権者によって権利の行為態様が変わる債権や当事者の特別な信頼関係に依拠する契約によって発生する債権などは、性質上その譲渡が制限されている。

また、主債務者に対する債権と保証人に対する債権は主従一体の関係にあるため、2つを切り離して主債務者に対する債権だけを譲渡することはできず、保証人に対する債権だけを譲渡することもできない。

(2) 法律による制限

法律によって譲渡が制限されている債権も存在する。たとえば、扶養請求権(881条)や年金受給権(国年金24条)、生活保護を受ける権利(生保59条)などがあげられる。これらの債権は、特定の債権者に対して履行されることが必要な行使上の一身専属権であるため、法律によって譲渡が制限されている。

なお、法律によって差押えが禁止されている債権について、譲渡も禁止されていると解すべきかについては見解が分かれる。この点について、通説は、差押禁止債権は債務者(差押えが禁止される債権の債権者)の意思に基づかない処分を禁止するものであって、債務者自身が譲渡することまで当然に禁止するものではないと解している。

【2】譲渡制限の意思表示

(1) 譲渡制限の意思表示とは

当事者が債権の譲渡を禁止し、または制限する旨の意思表示をしたときであっても、債権の譲渡は、その効力を妨げられない(466条2項)。このような意思表示を**譲渡制限の意思表示**(466条2項括弧書)という。譲渡制限の意思表示は、債権者と債務者の間の合意でなされることが多く、この場合には**譲渡制限特約**とよばれることがある。

譲渡制限の意思表示(譲渡制限特約)は、債権譲渡が債権者の意思のみによって債務者の意思と無関係に行うことができることから、主として、債権者を固定して、債権が過酷な取立てをする譲受人に譲渡されることを防ぐという債務者保護を目的としてなされる。

> 譲渡制限の意思表示は、債権者と債務者の間の合意でなされる場合のほか、単独行為によって生じる債権について譲渡制限をする場合を包摂しています。すなわち、単独行為によって発生する債権については、債務者の単独行為によって譲渡制限をすることができるため、譲渡制限「特約」ではなく譲渡制限の「意思表示」といいます。たとえば、遺言によって発生する債権について、遺言によってその譲渡を禁止する場面が考えられます。
> もっとも、単独行為によって生じる債権について譲渡制限をする場合を包摂することについては、具体的にどの程度実益があるのか疑問を呈する見解があります。

(2) 譲渡制限の意思表示の効果

譲渡制限の意思表示がされた場合であっても、債権譲渡の効力は妨げられない(466条2項)。たとえば、Aが、Bに対して100万円の金銭債権(甲債権)を有しており、甲債権をCに譲渡した場合に、甲債権について譲渡制限の意思表示がさ

れていたとしても、甲債権はAからCに移転する。

(3) 第三者が悪意または善意重過失の場合の例外

譲渡制限の意思表示がされたことを**知っていた**、または**重大な過失**によって知らなかった譲受人その他の第三者に対しては、債務者は、その債務の履行を拒むことができ、かつ、譲渡人に対する弁済その他の債務を消滅させる事由をもってその第三者に対抗することができる(466条3項)。先ほどの例でいうと、Cが譲渡制限の意思表示の存在について悪意または善意重過失である場合には、Bは、Cに対して、甲債権の履行を拒むことができるうえ、Aに対する弁済(債権譲渡後にした弁済でもよい)や相殺等の事由をもって対抗することができる。ここでいう「**譲受人その他の第三者**」とは、譲受人のほか、たとえば当該債権について債権質の設定を受けた債権質権者などである。

では、この場合に、Cが甲債権を転得者Dに譲渡したときはどうなるか。

CとDのいずれか一方または双方が悪意または善意重過失であったとしても、債権譲渡自体の効力は妨げられない(466条2項)。そのため、甲債権はDに移転する。そして、「**譲受人その他の第三者**」(466条3項)には転得者も含まれると解される。したがって、BがDに対して甲債権の履行を拒絶等することができるかどうかは、Dが悪意または善意重過失か否かによって決まる。

> 譲渡制限の意思表示の存在について譲受人が悪意または善意重過失であったとしても、債権譲渡の効力自体が制限されるわけではないということに気をつけてください。先ほどの例でいうと、Cが譲渡制限の意思表示の存在について悪意または善意重過失であったとしても、甲債権はCに移転しており、Aは甲債権の債権者ではなくなっています。甲債権はCに移転してしまっているのですが、Bは、466条3項によって、Cに対する履行拒絶等ができるのです。
>
> このように、466条3項の趣旨は、譲渡制限の意思表示は債権譲渡の効力を妨げない(466条2項)という原則を維持しつつ、債権者を固定するという債務者の利益を保護する点にあります。
>
> なお、譲受人その他の第三者が悪意または善意重過失であることの立証責任は、債務者が負担します。立証責任については、民事訴訟法を学習した後に改めて理解するようにしてください。

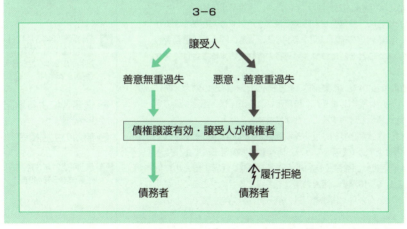

3-6

もっとも、債務者が債務を履行しない場合に、譲渡制限の意思表示の存在について悪意または善意重過失の譲受人その他の第三者が**相当の期間を定めて譲渡人への履行の催告**をし、**その期間内に履行がない**ときは、債務者は当該第三者に対して履行を拒むことができなくなる(466条4項)。この趣旨は、デッドロ

▶予備2013年

→ 部会資料74A・3頁、81-3・1頁、潮見・改正法149頁

→ 平野・債権総論314頁

→ 部会資料74A・3頁、潮見・改正法149頁

→ 部会資料74A・4頁、潮見・改正法149頁

ック状態の解消にある。

すなわち、譲受人その他の第三者が譲渡制限の意思表示の存在について悪意または善意重過失の場合には、債務者に対して債務の履行を請求しても履行を拒絶されてしまう（466条3項）。また、譲渡人はすでに債権を譲渡しており「債権者」ではないため、債務者に対して債務の履行を請求することができない。このように、譲渡人も譲受人その他の第三者も債務者に対して履行を請求することのできないデッドロック状態が生じる可能性があるため、これを解消するために466条4項が設けられている。

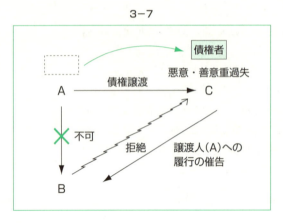

→ 部会資料74 A・5頁、潮見・改正法149頁

(4) 債務者の承諾

譲渡制限の意思表示は、一般に、債権者を固定するという債務者の利益のためになされる。そのため、譲渡制限の意思表示の存在について悪意または善意重過失の譲受人その他の第三者が現れた場合であっても、**債務者がみずから債権譲渡を承諾することは妨げられない**。この場合の債務者による承諾は、譲渡制限の意思表示の抗弁を放棄する旨の意思表示としての意味を有する。

← 債務者が承諾した場合

> 改正前民法のもとでは、譲渡禁止特約は物権的な効力を有し、譲渡禁止特約に違反する譲渡の効力を第三者に対抗することができないというだけではなく、譲渡当事者間でも譲渡が無効となると解されていました（物権的効力説）。そのため、譲渡禁止特約について悪意の第三者に債権が譲渡された場合に、債務者が当該債権譲渡を承諾することができるかが問題となりました。判例は、無権代理の追認に関する116条の法意に照らし、債務者の承諾によって債権譲渡を有効にすることを認めつつ、第三者の権利を害することはできないとしました。
>
> しかし、平成29年改正民法のもとでは、譲渡制限の意思表示は債権譲渡の効力を妨げないため、従来の判例のような説明は妥当しません。債務者による承諾は、譲渡制限の意思表示の抗弁を放棄する旨の意思表示と理解することとなります。
>
> 次に、改正前民法のもとでは、譲渡禁止特約に反する債権譲渡の効力は無効と解されていたため、無効を主張できる者はだれか（債務者のみか、債務者以外の第三者も主張できるか）が問題となりえました。判例は、譲渡禁止特約が債務者の利益を保護するために付されるものであることを理由として、債務者に譲渡の無効を主張する意思があることが明らかであるなどの特段の事情がないかぎり、債務者以外の第三者は無効を主張できないとしました。
>
> 他方で、平成29年改正民法のもとでは、譲渡制限の意思表示に反する債権譲渡も有効であって、単に債務者に抗弁権が付与されているにすぎません。そのため、平成29年改正民法のもとでも、債務者以外の第三者が譲渡制限の意思表示の抗弁を主張することは原則としてできないと考えられます。

→ 最判昭和52年3月17日民集31巻2号308頁、最判平成9年6月5日（百選Ⅱ25事件）

← 債務者による承諾の効果

← 無効の主張権者

→ 最判平成21年3月27日民集63巻3号449頁

以上の規定を前提とすると、AのBに対する甲債権について譲渡制限の意思表示がされている場合に次の事情が生じたときは、それぞれの法律関係は次のように整理されると解されます。

(a) 事例1
　Aが譲渡制限の意思表示について悪意のCに対して甲債権を譲渡し、Cが第三者対抗要件および権利行使要件を具備した後、Aが譲渡制限の意思表示について悪意のDに対して甲債権を譲渡し、Dが第三者対抗要件および権利行使要件を具備した場合
　①Bは、Aに対して履行することができます(466条3項)。
　②Bは、Cに対して、譲渡を承諾したうえで、履行することができます(466条3項の抗弁の放棄)。
　③Bは、Dに対して、譲渡を承諾したとしても、履行することができません(467条の対抗関係の問題。債権譲渡の対抗関係については後述します)。
　④AがBに対して訴訟で履行を請求しても、請求は認容されません(466条2項によりAは債権者でなくなったため)。

→ 部会資料74A・6頁

→ 本節 3

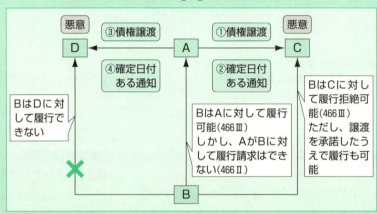

3-8

(b) 事例2
　Aが譲渡制限の意思表示について悪意のCに対して甲債権を譲渡し、Cが第三者対抗要件および権利行使要件を具備した後、Aが譲渡制限の意思表示について善意無重過失のDに対して甲債権を譲渡し、Dが第三者対抗要件および権利行使要件を具備した場合
　①Bは、Aに対して履行することができます(466条3項)。
　②Bは、Cに対して、譲渡を承諾したうえで、履行することができます(466条3項の抗弁の放棄)。
　③Bは、Dに対して、履行することができません(467条の対抗関係の問題)。
　④AがBに対して訴訟で履行を請求しても、請求は認容されません(466条2項によりAは債権者でなくなったため)。

| 平成29年改正事項 | 債権の譲渡性 | C1・C2 |

→ 部会資料74A・2頁、一問一答161頁

　改正前民法466条2項は、当事者間の合意により譲渡禁止特約を付すことができ、これを悪意の第三者に対抗することができると規定していた。この趣旨は、債権が過酷な取立てをする第三者に譲渡されることを防止し、弱い立場におかれている債務者を保護する点にあった。
　改正前民法のもとでは、譲渡禁止特約は物権的な効力を有し、譲渡禁止特約に違反する譲渡の効力を第三者に対抗することができないというだけではなく、譲渡当事者間でも譲渡が無効となると解されており(物権的効力説)、判例も物権的効力説を前提としているとされていた。
　しかし、譲渡禁止特約に対しては、債権譲渡による資金調達の支障となっているとの問題が指摘されていた。
　そこで、平成29年改正民法は、譲渡制限の意思表示(譲渡制限特約)は債権譲渡の効力を制限

しない旨を規定した(466条2項)うえで、悪意または善意重過失の第三者に対しては履行の拒絶等を認めることで債務者の利益を保護することとした(466条3項)。

なお、平成29年改正民法では、譲渡制限の意思表示について悪意または善意重過失の第三者が現れた場合であっても債務者が債権譲渡を承諾することができる旨を明文化することも検討されていた。しかし、規定が複雑になるおそれがあったことと、明文化しなくても債務者が承諾できることは解釈によって容易に導くことができると考えられたことから、明文化は見送られた。

➡ 部会資料74Ａ・5頁、潮見・改正法149頁

3-9　債権の譲渡性

┌─── 改正前民法 ───┐
譲渡禁止特約(466Ⅱ)を付した債権を譲渡しても、悪意または善意重過失の第三者だけでなく当事者間でも無効と解されていた(物権的効力説)。

　→

┌─── H29改正民法 ───┐
・譲渡制限特約を付した債権を譲渡した場合でも、その譲渡は有効である(466Ⅱ)。
・譲渡制限特約について悪意または善意重過失がある第三者に対しては、その債務の履行を拒むことができる(466Ⅲ)。

譲渡制限特約が資金調達の支障となっていたため、譲渡制限特約に反する債権譲渡であっても有効と扱うことで、このような支障を取り払った。

【3】 譲渡制限の意思表示がされた債権にかかる債務者の供託

(1) 債務者の供託権

　債務者は、譲渡制限の意思表示がされた金銭の給付を目的とする債権が譲渡されたときは、当該債権の全額に相当する金銭を債務の履行地の供託所に供託することができる(466条の2第1項)。ここでいう「債務の履行地」には、それが債権者の現在の住所によって定まる場合にあっては、譲渡人の現在の住所を含む(466条の2第1項括弧書)。この趣旨は、譲渡制限の意思表示がされた債権が譲渡された場合に、弁済すべき相手方の判断に迷う債務者を保護する点にある。

　たとえば、A(東京都在住)がB(東京都在住)に対して100万円の金銭債権(甲債権)を有しているところ、甲債権に譲渡制限の意思表示がなされていたとする。この場合に、Aは、C(大阪府在住)に対して甲債権を譲渡した。甲債権は金銭債権であるため、Bは、別段の意思表示がないかぎり、債権者の現在の住所に100万円を持参して弁済しなければならない(484条1項)。

　このとき、Cが譲渡制限の意思表示について悪意または善意重過失であったとしても、甲債権の債権者はCである(466条2項)。そのため、Bは、大阪府にあるCの住所に100万円を持参して弁済しなければならないようにも思える。しかし、Cが譲渡制限の意思表示について悪意または善意重過失であれば、Bは、Cに対する履行を拒絶して、東京都にあるAの住所に100万円を持参して弁済することができる(466条3項)。

　ところが、一般に、Cが譲渡制限の意思表示について悪意または善意重過失であるか否かについて、Bが判断することは困難である。そこで、Bは、債権者であるCの現在の住所を管轄する大阪府内の供託所または譲渡人であるAの現在の住所を管轄する東京都内の供託所に100万円を供託することで、甲債務を免れる

← 平成29年改正

➡ 部会資料78Ｂ・9頁、83-2・24頁、84-3・5頁、潮見・改正法150頁

← 債務者の供託権の制度趣旨

ことができる（466条の2第1項）。

　この場合には、Bは、Cが**譲渡制限の意思表示について善意であるか悪意であるかにかかわらず**、供託することができる。また、甲債権の債権者がCであることは明らかであるから、この場合の供託は債権者不確知（494条2項）とは異なる、特別の供託原因に基づくものである。そのため、Cが譲渡制限の意思表示について善意であるか悪意であるかについて、Bが**過失により知らなかった場合であっても**、Bは供託することができると解される。

　466条の2第1項に基づく供託をした債務者は、遅滞なく、譲渡人および譲受人に供託の通知をしなければならない（466条の2第2項）。この趣旨は、495条3項と同様に、供託物還付請求権（466条の2第3項）の発生を通知するとともに、譲受人に対して適法な権利行使の資格を付与する点にあると解される。

　466条の2第1項に基づいて供託された金銭は、譲受人にかぎり、還付を請求することができる（466条の2第3項）。この趣旨は、供託物還付請求権が、債権者である譲受人にのみ帰属し、譲渡人に帰属しないことを明らかにする点にある。したがって、譲渡人の債権者が供託物還付請求権を差し押さえることはできない。

➡ 潮見・改正法151頁

➡ 部会資料78B・10頁、潮見・改正法151頁

➡ 部会資料78B・9頁、83-2・24頁、84-3・5頁、一問一答166頁、潮見・改正法150頁

平成29年改正事項	債務者の供託権	C2

　改正前民法のもとでは、譲渡禁止特約付債権が譲渡された場合に、譲受人が悪意または善意重過失であるかどうかを債務者が判断することができないときは、債務者は、債権者不確知を原因として、譲渡された債権につき供託することで債務を免れることができるとされていた（494条後段）。

　しかし、平成29年改正民法では、譲渡制限の意思表示がされた債権が譲渡された場合には、譲受人が譲渡制限の意思表示について善意であるか悪意であるかにかかわらず、当該債権は譲受人に帰属することとなる（466条2項）。そのため、債務者は、債権者不確知を原因とする供託をすることはできない。

　もっとも、譲受人の主観によって債務者が譲渡人に弁済できるか否かに差異が生じる（466条3項参照）ため、債務者が弁済の相手方に迷うという状況は依然として存在することとなる。

　そこで、平成29年改正民法は、債権者不確知とは異なる新たな独立の供託原因を設けることで、債務者が供託によって債務を免れることができる状況を維持することとした（466条の2）。

3-10　債務者の供託権

改正前民法	H29改正民法
譲渡禁止特約付債権が譲渡されて、債権者が譲渡人か譲受人かわからない場合、債務者は、債権者不確知を原因とした供託（494後段）により、免責を得ることができた。	債務者は、譲渡制限の意思表示がされた金銭の給付を目的とする債権が譲渡されたときは、その債権の全額に相当する金銭を債務の履行地（債務の履行地が債権者現在の住所により定まる場合にあっては、譲渡人の現在の住所を含む）の供託所に供託することができる（466の2Ⅰ）。

　平成29年改正民法のもとでは、466条2項により、譲渡した債権に譲渡制限特約が付されていた場合でも常に債権者は譲受人となるため、債権者不確知とはならない。しかし、債務者が譲渡人と譲受人のどちらに弁済すべきか迷う場面は生じうる（466Ⅲ）ため、譲渡制限特約付債権のための新たな供託原因を新設した。

3-1　債権譲渡　**101**

(2) 債権者の供託請求権

　譲渡制限の意思表示がされた金銭の給付を目的とする債権が譲渡された場合に、**譲渡人について破産手続開始の決定があったとき**は、譲受人(当該債権の**全額を譲り受けた者**であって、当該債権の譲渡を債務者その他の**第三者に対抗することができる者**にかぎる)は、譲渡制限の意思表示がされたことを知り、または重大な過失によって知らなかったときであっても、債務者に当該債権の全額に相当する金銭を債務の履行地の供託所に供託させることができる(466条の3前段)。この趣旨は、譲受人が、破産手続外で、自己の譲り受けた債権全額の回収を受けることを可能とする点にある。すなわち、この場合に、債務者が譲渡人の破産管財人に対して債務を弁済してしまうと、必ずしも譲受人が譲渡人の破産管財人から当該弁済金全額を受領することができるとはかぎらないため、譲受人を保護する規定である。

　たとえば、A(東京都在住)がB(東京都在住)に対して100万円の金銭債権(甲債権)を有しているところ、甲債権に譲渡制限の意思表示がなされていたとする。この場合に、Aは、C(大阪府在住)に対して甲債権を譲渡した。Cが甲債権について第三者対抗要件を備えた後、Aについて破産手続開始決定があった。このとき、Cは、譲渡制限の意思表示について善意であるか悪意であるかにかかわらず、Bに対し、100万円を供託するように請求することができる。なお、この場合には、Bは、債権者であるCの現在の住所を管轄する大阪府内の供託所と譲渡人であるAの現在の住所を管轄する東京都内の供託所のいずれに供託してもよい(466条の2第1項括弧書)。

　Cが譲渡制限の意思表示について悪意または善意重過失の場合には、Bは、Aの破産管財人に履行することで債務を免れる(466条3項)。このとき、Cは、Aの破産管財人に対して、財団債権として100万円の引渡請求権を取得する(破148条1項5号)。もっとも、かりにAの破産財団が財団債権の総額を弁済するのに足りない場合には、Cは、100万円全額を受領できないことがありうる(破152条1項本文)。

　このようなリスクがあると、Aが甲債権を譲渡して資金調達をしようとしても、譲受人が現れないなどの支障が生じることとなる。そこで、資金調達の円滑化のため、譲受人が、破産手続外で、自己の譲り受けた債権全額の回収を受けることを可能としている。

　466条の3における譲受人は、「**債権の全額を譲り受けた者**」であり、かつ、「その債権の譲渡を債務者その他の**第三者に対抗することができるもの**」にかぎられる(466条の3前段括弧書)。

　「債権の全額を譲り受けた者」にかぎられる趣旨は、たとえば、1つの債権について複数の者に質権が設定されたような場合に、質権者の1人が供託の請求をし、債務者が債務全額を供託したときに、他の質権者も供託された金銭について質権を有するか等の、権利関係の複雑化を避ける点にある。

　「その債権の譲渡を債務者その他の第三者に対抗することができるもの」にかぎられる趣旨は、債務者において第三者対抗要件を具備した譲受人の有無を判断しなければならないという負担が生じることを避け、譲受人がみずから第三者対抗要件を備えたことを立証しなければならないこととして、債務者の負担を軽減する点にある。

⇒ 部会資料78 B・10頁、潮見・改正法152頁
← 債務者の供託請求権の制度趣旨

⇒ 部会資料81-3・2頁、潮見・改正法152頁
← 「債権の全額を譲り受けた者」にかぎられる趣旨

⇒ 部会資料78 B・11頁
← 「その債権の譲渡を債務者その他の第三者に対抗することができるもの」にかぎられる趣旨

譲受人の債務者に対する供託請求は、譲受人が「譲渡制限の意思表示がされたことを知り、又は重大な過失によって知らなかったときであっても」することができる(466条の3前段)。「譲渡制限の意思表示がされたことを知り、又は重大な過失によって知らなかったときであっても」とは、譲受人が譲渡制限の意思表示がされたことについて、善意無重過失の場合を排除するものではない。この理由は、善意無重過失の譲受人が供託請求をすることは実際上想定されないうえ、かりに供託請求がされたとしても、債務者は譲受人に履行すれば免責されるため、特に不都合がない点にある。もっとも、譲受人による供託請求が実際上機能するのは、譲受人が譲渡制限の意思表示がされたことについて悪意または善意重過失の場合であることから、このような場合に供託請求ができることを明らかにするために「譲渡制限の意思表示がされたことを知り、又は重大な過失によって知らなかったときであっても」という文言となっている。

→ 部会資料84-3・5頁

譲受人の供託請求に応じて供託した債務者は、遅滞なく、譲渡人および譲受人に供託の通知をしなければならない(466条の3後段・466条の2第2項)。また、譲受人の供託請求に応じて供託された金銭は、譲受人にかぎり、還付を請求することができる(466条の3後段・466条の2第3項)。

債務者が譲受人の供託請求に応じない場合には、譲受人は、債務者に対し、民事執行法157条4項(取立訴訟において第三債務者に供託が義務づけられている場合)と同じ方法で訴訟を提起することができると解される。

→ 部会資料81-3・2頁、潮見・改正法152頁

なお、466条の3は、譲渡人について破産手続開始の決定があった場合の規定であり、譲渡人について民事再生手続や会社更生手続が開始された場面を扱うものではない。これらの場面における譲受人の地位は、共益債権としての保護を待つこととなると解される。

→ 一問一答168頁、潮見・改正法153頁

【4】譲渡制限の意思表示がされた債権の差押え

▶予備2013年

466条3項の規定(第三者が悪意または善意重過失の場合の例外)は、譲渡制限の意思表示がされた債権に対する強制執行をした差押債権者に対しては、適用されない(466条の4第1項)。この趣旨は、譲渡制限の意思表示によって差押禁止財産をつくりだすことを否定する点にある。

→ 部会資料74 A・5頁、潮見・改正法153頁

←466条の4第1項の制度趣旨

3-11

単に「差押債権者」ではなく、「**譲渡制限の意思表示がされた債権に対する強制執行をした差押債権者**」としている趣旨は、**担保権の実行に際して差押えをした者を除外**する点にある。担保権の実行に際して差押えをした者が譲渡制限の意思表示について悪意または善意重過失である場合に、譲渡制限の意思表示を対抗することができるか否かは、解釈に委ねられている。約定担保権の実行と

→ 部会資料83-2・24頁、潮見・改正法153頁

→ 部会第97回議事録24頁以下(松岡委員、松尾関係官発言)、潮見・改正法153頁

して差押えをした者に対しては対抗することができると考えられ、他方で、法定担保権とりわけ先取特権の実行として差押えをした者に対しては対抗することができないと考えられる。

これに対して、譲受人その他の第三者が、譲渡制限の意思表示がされたことを知り、または重大な過失によって知らなかった場合に、当該第三者の債権者が譲渡の対象となった債権に対する強制執行をしたときは、債務者は、当該債務の履行を拒むことができ、かつ、譲渡人に対する弁済その他の債務を消滅させる事由をもって差押債権者に対抗することができる(466条の4第2項)。

たとえば、AがBに対して甲債権を有しており、甲債権に譲渡制限の意思表示がされているとする。Aが譲渡制限の意思表示について悪意のCに甲債権を譲渡したところ、Cの債権者Dが甲債権を差し押さえたとする。このとき、Bは、Dに対して、甲債権の履行を拒むことができ、かつ、Aに対する弁済その他の事由をもってDに対抗することができる。

この規定の趣旨は、差押債権者には執行債務者である譲受人が有する権利以上の権利が認められるべきではない点にある。すなわち、先ほどの例でいうと、Bは、そもそもCに対して譲渡制限の意思表示を対抗することができるはずであった。そのため、DがCの有する甲債権を差し押さえた場合であっても、Bは、Dに対して、Cと同様に譲渡制限の意思表示を対抗することができることとなる。

→ 部会資料74A・5頁、潮見・改正法153頁

| 平成29年改正事項 | 譲渡制限の意思表示がされた債権の差押え | C2 |

改正前民法のもとで、判例は、私人間の合意により差押禁止財産を作出することを認めるべきでないことから、譲渡禁止特約付債権についても転付命令によって債権が移転するとした。

そこで、平成29年改正民法は、466条3項の規定(第三者が悪意または善意重過失の場合の例外)は、譲渡制限の意思表示がされた債権に対する強制執行をした差押債権者に対しては適用されないとし、判例法理を明文化した(466条の4第1項)。

なお、この判例は、強制執行により差押えがされた場合に関するものであり、担保権の実行によって差押えがされた場合には妥当しないと理解されている。担保権の実行に際して差押えをした場合については、解釈に委ねられている。

→ 部会資料74A・5頁、83-2・24頁、一問一答170頁、潮見・改正法153頁
→ 最判昭和45年4月10日民集24巻4号240頁

3-12 譲渡制限の意思表示がされた債権の差押え

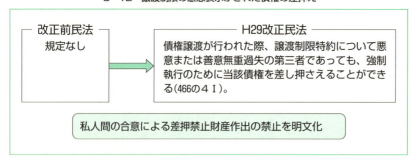

私人間の合意による差押禁止財産作出の禁止を明文化

【5】預貯金債権の例外

預金口座または貯金口座にかかる預金または貯金にかかる債権(これを「預貯金債権」という)について当事者がした譲渡制限の意思表示は、466条2項の規定にかかわらず、その譲渡制限の意思表示がされたことを知り、または重大な過失により知らなかった譲受人その他の第三者に対抗することができる(466条の5第1項)。この趣旨は、預貯金債権について譲渡制限の意思表示がされた場合には、

← 平成29年改正
← 「預貯金債権」とは

→ 潮見・改正法154頁
← 466条の5第1項の制度趣旨

他の債権の場合と異なり、悪意または善意重過失の第三者との関係では債権譲渡自体の効力が制限される（物権的無効）点にある。すなわち、譲渡制限付預貯金債権が悪意または善意重過失の譲受人に譲渡された場合には、当該預貯金債権の債権者は譲渡人のままであり、譲受人ではないこととなる。

> 改正前民法のもとでは、譲渡禁止特約は物権的な効力を有するとして、譲渡禁止特約に違反する譲渡は譲渡当事者間でも無効となると解されており（物権的効力説）、判例も物権的効力説を前提としているとされていました。
> 平成29年改正民法によって、譲渡制限の意思表示に反する債権譲渡も譲渡の効力を妨げられないこととなりました（466条2項）。しかし、預貯金債権については、従来の判例と同様に物権的効力説が妥当することとなります。
> したがって、平成29年改正前民法のもとで展開されてきた、譲渡禁止特約の物権的効力説を前提とする法理は、平成29年改正民法のもとでも、預貯金債権にかぎって維持されることとなります。

> 預貯金債権の例外が設けられた趣旨は、預貯金債権についても他の債権と同様に466条2項が適用されると、金融機関がだれを債権者として払い戻すべきか等をそのつど判断しなければならなくなり、金融システムの円滑に支障を生ずるおそれがある点にあります。
> このような趣旨にかんがみると、「預金口座又は貯金口座に係る預金又は貯金に係る債権」という文言そのものに該当しない債権であっても、これと同様に扱うべき他の種類の金融機関に対する債権については、預貯金債権の例外規定が類推適用される余地があると考えられます。

➡ 一問一答172頁

なお、改正前民法のもとで、判例は、預貯金債権について一般に譲渡制限の意思表示がされていることは広く知られているところである旨を示した。この判例を前提とすれば、譲渡制限付預貯金債権の場合に、譲渡制限の意思表示がされていることについて善意無重過失と主張立証することは、事実上困難と考えられる。

➡ 最判昭和48年7月19日民集27巻7号823頁

466条の5第1項の規定は、譲渡制限の意思表示がされた預貯金債権に対する強制執行をした差押債権者に対しては、適用されない（466条の5第2項）。この趣旨は、譲渡制限の意思表示によって差押禁止財産をつくりだすことを否定する点にある。

➡ 潮見・改正法154頁

| 平成29年改正事項 | 預貯金債権の例外 | C2 |

➡ 部会資料74B・16頁、81-3・3頁、83-2・25頁、一問一答172頁、潮見・改正法155頁

　改正前民法は、預貯金債権とそれ以外の債権を明文上区別していなかった。もっとも、実務上、預貯金債権は譲渡制限の意思表示がされていることが一般的である。また、改正前民法のもとでは、譲渡禁止特約は物権的効力を有していると解されていた。そのため、金融機関は、譲渡制限付預貯金債権が譲渡された場合であっても、預貯金口座の名義人が債権者であることを前提に払戻しに応ずればよいため、預貯金債権の管理を円滑に行うことができた。
　ところが、平成29年改正により、譲渡制限の意思表示は債権譲渡の効力を制限しないものとされた（466条2項）。この規律が預貯金債権にも適用されるとすると、金融機関は、だれを債権者として払戻しに応じなければならないのかをそのつど判断しなければならなくなる。このような負担は、金融機関にとって多大なものとなるだけでなく、金融機関の払戻し業務を遅滞させることになり、預貯金者にも支障を生じさせることとなる。
　そこで、平成29年改正民法は、預貯金債権については、悪意・善意重過失の譲受人との関係で譲渡制限付債権の譲渡を無効とした（466条の5第1項）。これによって、預貯金債権の債務者である金融機関は、預貯金口座の名義人だけを債権者として扱えばよいという従来の運用を維持することができ、預貯金債権の円滑な管理を継続することができる。

3-1　債権譲渡　105

3-13　預貯金債権の例外

改正前民法	H29改正民法
規定なし	預金口座または貯金口座にかかる預金または貯金にかかる債権(以下「預貯金債権」という。)について当事者がした譲渡制限の意思表示、466条2項の規定にかかわらず、その譲渡制限の意思表示がされたことを知り、または重大な過失によって知らなかった譲受人その他の第三者に対抗することができる(466の5Ⅰ)。

預貯金口座の名義人だけを債権者として扱えばよいという従来の金融機関の運用を維持するために、預貯金債権については、悪意・重過失の譲受人の関係で譲渡制限付債権の譲渡を無効とした。

　預貯金債権でない債権の場合には、譲渡制限の意思表示は債権譲渡の効力を制限しません(466条2項)。譲受人が譲渡制限の意思表示について悪意であったとしても、債権自体は譲受人に移転します。
　これに対して、預貯金債権の場合には、譲渡制限の意思表示は債権譲渡の効力を制限します(466条の5第1項)。譲受人が譲渡制限の意思表示について悪意または善意重過失であれば、預貯金債権は譲受人に移転しません。
　このように、預貯金債権の場合とそれ以外の債権の場合では、譲渡制限の意思表示の効果が大きく異なります。
　たとえば、AがBに対して甲債権を有しているところ、甲債権について譲渡制限の意思表示がされているとします。Aは、譲渡制限付きであることを知っているCに対して、甲債権を譲渡しました。その後、Cの債権者であるDが、甲債権を差し押さえました。
　この場合に、甲債権が預貯金債権でない債権のとき、甲債権はCに移転しているものの、Bは、Dに対して譲渡制限の意思表示を対抗することができます(466条の4第2項)。これに対して、甲債権が預貯金債権のとき、甲債権はそもそもCに移転しません(466条の5第1項)。そのため、Dの差押えは空振りに終わります。
　いずれの場合もDがBに対して甲債権の履行を求めることができないという結論は同じですが、その理由を異にしますのできちんと理解しておいてください。

➡ 潮見・改正法154頁

【6】将来債権の譲渡性

　債権の譲渡は、その意思表示の時に債権が現に発生していることを要しない(466条の6第1項)。この趣旨は、将来債権も譲渡することが可能であることを示す点にある。

　もっとも、平成29年改正前の判例は、「契約締結時における譲渡人の資産状況、右当時における譲渡人の営業等の推移に関する見込み、契約内容、契約が締結された経緯等を総合的に考慮し、将来の一定期間内に発生すべき債権を目的とする債権譲渡契約について、右期間の長さ等の契約内容が譲渡人の営業活動等に対して社会通念に照らし相当とされる範囲を著しく逸脱する制限を加え、又は他の債権者に不当な不利益を与えるものであると見られるなどの特段の事情の認められる場合には、右契約は公序良俗に反するなどとして、その効力の全部又は一部が否定されることがあるものというべきである」としていた。466条の6第1項も、将来債権譲渡が例外的に公序良俗違反により無効となる可能性を否定するもので

▶2006年第2問、予備2013年
←平成29年改正
➡ 部会資料74A・8頁、潮見・改正法156頁
●論証11
←466条の6第1項の制度趣旨
➡ 最判平成11年1月29日(百選Ⅱ26事件)

➡ 潮見・改正法156頁

106　3章　債権債務の移転

はない。

　債権が譲渡された場合に、その意思表示の時に債権が現に発生していないときは、譲受人は、発生した債権を当然に取得する(466条の6第2項)。この規定は、将来債権譲渡においては、債権が発生した時に譲受人が当該債権を当然に取得するという効果を明らかにしたものである。当該債権が譲渡人のもとで発生してから譲受人に当然に移転するのか、それとも、最初から譲受人のもとで当該債権が発生するのか等といった理論的な問題については、解釈に委ねられている。

　466条の6第2項に規定する場合(債権が譲渡された場合に、その意思表示の時に債権が現に発生していないとき)に、譲渡人が467条の規定による通知をし、または債務者が467条の規定による承諾をした時(これを「対抗要件具備時」という)までに譲渡制限の意思表示がされたときは、譲受人その他の第三者がそのことを知っていたものとみなして、466条3項(預貯金債権の場合は466条の5第1項)の規定が適用される(466条の6第3項)。この趣旨は、将来債権が譲渡された場合に、債務者対抗要件を具備した譲受人の利益と譲渡制限の意思表示により債権者を固定する債務者の利益との調整を図る点にある。

　たとえば、売主Aと買主Bは継続的な売買契約を締結しており、毎月末日に締結される個々の売買契約によって、AのBに対する売買代金債権が毎月発生していくとする。Aは、Cに対し、現時点でまだ発生していない来月分の売買代金債権(甲債権)を譲渡した。その後、AとBは、甲債権について譲渡制限の意思表示(譲渡制限特約)をした。

　この場合に、①AのBに対する甲債権譲渡通知またはBのAまたはCに対する甲債権譲渡承諾がされた後に、AB間で譲渡制限特約がされたときは、Cは対抗要件具備時において善意であることが通常であるから、BはCに対して譲渡制限特約を対抗することができない。ただし、AC間において甲債権が譲渡制限特約付きで成立するものであることが前提とされていた場合には、BはCに対して譲渡制限特約を対抗することができると解される。

　これに対して、②AB間で譲渡制限特約がされた後に、AのBに対する甲債権譲渡通知またはBのAまたはCに対する甲債権譲渡承諾がされたときは、Cは譲渡制限特約を知っていたものとみなされる。すなわち、Bは、Cの主観的要件にかかわらず、Cに対して譲渡制限特約を対抗することができる(466条の6第3項)。

→ 部会資料74A・8頁、81B・9頁、82-2・7頁、潮見・改正法156頁

→ 部会資料84-3・6頁、部会第96回議事録26頁(松尾関係官発言)
→ 潮見・改正法157頁
→ 部会第83回議事録57頁(鎌田部会長発言)、潮見・改正法157頁

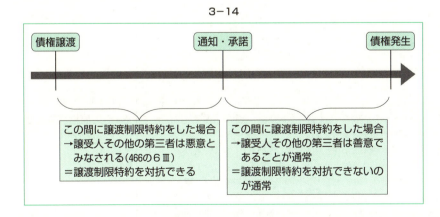

3-14

このように、466条の6第3項は、将来債権が譲渡されていたことを知らない債務者が譲渡制限の意思表示によって債権者を固定するという利益を確保する必要性に配慮した規定です。したがって、466条の6第3項でいう「対抗要件具備時」とは、467条1項の定める、いわゆる「債務者対抗要件」の具備時をさします。

後述するように、債権譲渡における「対抗要件」には、「債務者対抗要件」と「第三者対抗要件」の2つがあります。467条1項の定める通知または承諾は、「債務者対抗要件」を定めたものです。そして、467条1項の通知または承諾を「確定日付のある証書」によってした場合に、「第三者対抗要件」が備わることとなります（467条2項）。

一般的に「対抗要件」というと、「第三者対抗要件」をさすことが多いです（177条参照）。そのため、債権譲渡における「債務者対抗要件」のことを、「権利行使要件」とよぶことがあります。

民法上は、467条1項の通知または承諾を「確定日付のある証書」によってした場合に、「第三者対抗要件」が備わることとなります（467条2項）。そのため、「第三者対抗要件」が備われば、「債務者対抗要件」も備わることとなります。

しかし、後述する動産債権譲渡特例法では、「債務者対抗要件」が備わる前に「第三者対抗要件」が備わる場面が生じます（動産債権譲渡特例4条1項）。この場合には、「債務者対抗要件」が備わっていない以上、466条の6第3項でいう「対抗要件具備時」にあたりません。すなわち、動産債権譲渡特例法上の「第三者対抗要件」は備わっているものの、「債務者対抗要件」が備わっていない間に譲渡制限の意思表示がされてしまった場合には、譲受人は、譲渡制限の意思表示を知っていたものとみなされて、譲渡制限の意思表示を対抗されることとなります（466条の6第3項）。

→ 部会第97回議事録21頁（潮見幹事発言）、潮見・改正法157頁

→ 本節③

→ 本節⑤
→ 部会第97回議事録25頁（松尾関係官発言）

| 平成29年改正事項 | 将来債権の譲渡性 | B3・C2 |

改正前民法は、将来債権の譲渡に関する規定をおいていなかった。もっとも、実務上、将来債権も譲渡することができ、債権譲渡の対抗要件の方法により対抗要件を具備することができるとされていた。

近年、将来債権を譲渡することによって企業が資金調達をする場合のように、将来債権譲渡が広く利用されるようになった。そのため、これまでの判例法理をふまえて、将来債権の譲渡に関するルールを条文上明確にすることが望ましいと指摘されていた。

そこで、平成29年改正民法は、将来債権の譲渡性に関する規定を設けた（466条の6）。

→ 部会資料74 A・8頁、81 B・9頁、82-2・7頁、84-3・6頁、一問一答174頁、潮見・改正法156頁

3-15 将来債権の譲渡性

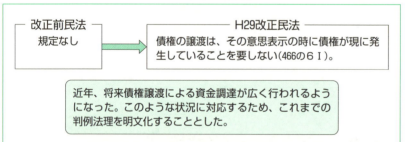

← 将来債権譲渡と契約上の地位の移転
● 論点Cランク
→ 部会資料81 B・9頁以下、潮見・改正法156頁

平成29年改正で検討されていたものの、結局規定が設けられなかった問題として、将来債権譲渡と契約上の地位の移転の競合問題があります。

たとえば、Aが、Bに対して、自己の所有する甲土地を賃貸しているとします。Aは、Cに対して、将来発生する甲土地賃料債権を譲渡しました。他方で、Aは、Dに対して、甲土地を譲渡して甲土地賃貸人たる地位を移転しました。この場合に、将来発生する甲土地賃料債権は、Cに帰属するのでしょうか。それとも、Dに帰属するのでしょうか。これと同じような問題は、将来の売掛金債権の譲渡と事業譲渡に伴う売主たる地位の移転が競

合した場合にも生じます。

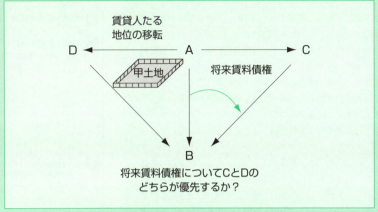
3-16

　この問題は、①将来債権譲渡と契約上の地位の移転の先後を、何をもって決するか（対抗要件の問題）と、②将来債権譲渡の後に契約上の地位が移転された場合に、債権の譲受人が地位の譲受人に将来債権譲渡を対抗することができるか（将来債権譲渡の対抗の限界）という2段階に分けられるでしょう。

　①の点は、将来債権譲渡と契約上の地位の移転の対抗要件の先後によって決することになると思われます。ただし、将来債権譲渡は対抗要件制度が整備されているのに対し、契約上の地位の移転は対抗要件制度が整備されていません。そのため、個々の契約の内容や性質に応じて、何をもって当該契約において当事者たる地位の移転の対抗要件が備わったといえるかを検討する必要があるでしょう。分析の視点として、たとえば、契約上の地位の移転を(ⅰ)特定の財産の譲渡に伴い移転するもの（賃貸人たる地位など）と、(ⅱ)地位譲渡の合意によって移転するもの（売主たる地位など）に分類し、(ⅰ)は当該財産の移転に関する対抗要件の具備を基準とし、(ⅱ)は債権譲渡に準じて確定日付のある通知・承諾等の具備を基準とすることが考えられるでしょう。

→ 部会資料9-2・75頁

　②の点は、大きく分けると次の3つの考え方があります。

→ 部会資料9-2・33頁

　第1の見解は、将来債権の譲受人（先ほどの例だとC）は、将来債権譲渡の効力を地位の譲受人（D）に対抗することができ、将来債権譲渡の対象となった債権はすべて債権の譲受人（C）に帰属するという考え方です。この見解は、譲渡人（A）が将来債権譲渡の時点で将来分まで処分権を有していたことを根拠としています。

　第2の見解は、将来債権の譲受人（C）は、譲渡人の処分権が及ぶ範囲（賃料債権の例でいえば、もともと譲渡人が締結していた賃貸借契約に基づいて発生する賃料債権）で将来債権譲渡の効力を地位の譲受人（D）に対抗することができ、そのかぎりで将来債権譲渡の対象となった債権が帰属するという考え方です。この見解は、譲渡人（A）の処分権が及ばない範囲（賃料債権の例でいえば、地位の譲受人が元の賃貸借契約を解消して新たに締結した賃貸借契約に基づいて発生する賃料債権）に関しては、地位の譲受人（D）に将来債権譲渡を対抗することができないことを根拠としています。この見解によれば、譲渡人の処分権が及ばない範囲については、将来債権の譲受人（C）は将来債権譲渡の効力を地位の譲受人（D）に対抗することができず、将来債権は地位の譲受人（D）に帰属することとなります。

　第3の見解は、将来債権の譲受人（C）は、将来債権譲渡の効力を地位の譲受人（D）に対抗することができず、契約上の地位移転後に発生する将来債権はすべて地位の譲受人（D）に帰属するという考え方です。この見解は、譲渡人（A）には地位の譲受人のもとで発生する将来債権の処分権がないことを根拠としています。

　この問題はとても難しい発展的な問題ですし、判例や学説上も結論がでているわけではありません。そのため、初学者のうちに理解する必要はありませんし、ここで紹介した見解を暗記するような勉強の仕方はよくありません。さまざまな考え方があることを学び、頭の体操をするようなイメージでいてください。

将来債権の譲渡と似て非なる概念として、債権の譲渡予約というものがあります。

債権の譲渡予約とは、すでに発生または将来発生する債権を将来譲渡することを内容とする予約です。

債権の譲渡予約は、契約自由の原則により有効と解されています。多数の債権を包括的に譲渡する予約（集合債権譲渡の予約）であっても、予約完結時において譲渡の対象となるべき債権を譲渡人が有する他の債権から識別することができる程度に特定していれば有効と解されています。

債権の譲渡予約の対象となる債権は、将来債権だけではなくすでに発生している債権でもよいのです。もっとも、債権の譲渡予約がなされた時点では、債権譲渡の効果は発生しておらず、予約完結権が行使された時点で債権譲渡の効果が発生することとなります。したがって、予約完結権が行使されてはじめて対抗要件を備えることができるようになります。

判例は、債権譲渡の予約について確定日付のある証書による通知または承諾があったとしても、債務者はこれによって予約完結権の行使により当該債権の帰属が将来変更される可能性を知ることができるにとどまり、実際にいつの時点で債権の帰属が変更されるかを知ることができるわけではないため、予約の完結による債権譲渡の効力を第三者に対抗することはできないとしました。譲受人は、予約完結権を行使した後、改めて予約の完結による債権譲渡について、確定日付のある証書による通知または承諾を得て、はじめて第三者に対抗することができるようになるわけです。

これに対して、将来債権の譲渡の場合には、譲渡の対象となった債権自体が発生していないとしても、債権譲渡の効力自体は発生しています（466条の6第2項）。したがって、将来債権譲渡について確定日付のある証書による通知または承諾があれば、第三者に対抗することができるわけです（判例）。

← 「債権の譲渡予約」とは
→ 潮見・新債権総論Ⅱ383頁
→ 最判平成12年4月21日民集54巻4号1562頁

→ 最判平成13年11月27日民集55巻6号1090頁

→ 最判平成13年11月22日民集55巻6号1056頁

③ 債権譲渡の対抗要件

　物権を譲渡した場合には、当該譲渡を第三者に対抗するためには登記等の対抗要件を具備する必要がある。債権を譲渡した場合にも、当該譲渡を第三者に対抗するためには対抗要件を具備する必要がある。

　もっとも、債権譲渡の場合には、譲渡の対象が債権であることから、**第三者に対する対抗要件**だけではなく、当該債権の**債務者に対する対抗要件**も問題となる。

　以下では、債務者対抗要件について説明したのち、第三者対抗要件について説明する。

【1】債務者に対する対抗要件
(1) 債務者対抗要件（権利行使要件）

▶2006年第2問

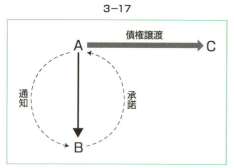

3–17

　債権の譲渡（現に発生していない債権の譲渡を含む）は、譲渡人が債務者に**通知**し、または債務者が**承諾**をしなければ、債務者その他の第三者に対抗することができない（467条1項）。将来債権譲渡の対抗要件も、通知または債務者の承諾である（467条1項括弧書）。

← 平成29年改正

「債務者その他の第三者」とは、債務者を含む第三者全体を意味する。もっとも、「債務者以外の第三者」に債権譲渡を対抗するためには確定日付のある証書によって通知・承諾する必要があるため(467条2項)、467条1項は、主として債務者に対する対抗要件を定めたものといえる。債務者対抗要件のことを、特に**権利行使要件**とよぶことがある。

債務者対抗要件として通知または承諾が求められる趣旨は、譲渡人と譲受人の合意のみで成立した債権譲渡の効力を当然に債務者にまで及ぼすと、事情を知らない債務者が誤って支払ったり、二重弁済を強いられたりする危険性があることから、通知または承諾によって債権譲渡についての債務者の認識を確保する点にある。

(2) 通知

通知は、債権譲渡があったという事実を知らせる行為であり、**観念の通知**である。観念の通知にも意思表示の規定が類推適用されるため、債権譲渡の通知の効力は債務者に到達した時に生じる(97条1項類推適用)。

通知は、「**譲渡人が債務者に**」しなければならない(467条1項)。譲受人が債務者に通知しても、債務者対抗要件としての「通知」にはならない。なぜなら、譲受人からの通知でもよいとすると、実際には債権を譲り受けていない詐称譲受人が債務者に通知するおそれがあり、債務者が過誤弁済や二重弁済のリスクを負担させられることとなるからである。同様の理由から、譲受人が、債権者代位権に基づき、譲渡人に代位して債務者に債権譲渡通知をすることも認められないと解される(判例)。

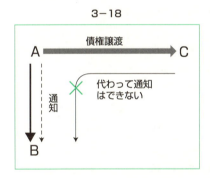

3-18

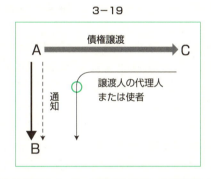

3-19

もっとも、譲受人が譲渡人の代理人または使者として、債務者に対して債権譲渡の通知をすることはできる(判例)。

また、譲受人は、譲渡人に対して、債務者に対する債権譲渡通知をするように請求することができる。譲受人の譲渡人に対する通知請求権は、債権者代位権の対象となる。すなわち、AがBに対する甲債権をCに譲渡し、Cが甲債権をDに譲渡した場合に、AのBに対する譲渡通知がなされていないときは、Dは、債権者代位権により、CのAに対する通知請求権を代位行使して、Aに対し、Bに対する甲債権譲渡通知をするように求めることができる。

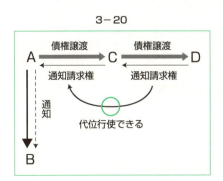

3-20

通知の時期は、債権譲渡と同時でな

く、事後でもよい。ただし、通知の効力は通知の到達時に生じ、債権譲渡時にさかのぼらない。これに対して、債権譲渡がされていない段階での事前の通知は、債務者が債権譲渡の実行の有無や時期を知ることができず、不利益を被らせることとなるため、認められないと解される。

(3) 承諾

承諾は、債権譲渡があったという事実を知ったことを表明する行為であり、観念の通知である。

← 「承諾」とは

承諾は、譲渡人と譲受人のいずれに対してしてもよい。なぜなら、承諾は債務者自身がする行為であるから、通知のような債務者保護を考える必要がないからである。

承諾の時期は、債権譲渡と同時でなく、事後でもよい。また、通知と異なり、債権譲渡がされていない段階での事前の承諾は、譲渡対象債権と譲受人が特定されているかぎり、有効と解されている(判例)。なぜなら、債務者対抗要件として通知または承諾が求められる趣旨は債務者を保護する点にあるところ、債務者自身が利益を放棄することは妨げられないからである。

→ 中田・債権総論535頁
● 論点Bランク
→ 最判昭和28年5月29日
　民集7巻5号608頁

これに対して、譲受人の特定を欠く事前承諾が認められるか否かは、肯定説と否定説が対立している。債務者対抗要件が債務者を保護するためのものであることにかんがみれば、債務者自身が利益を放棄することは妨げられないとする肯定説でよいであろう。

→ 中田・債権総論535頁
→ 平野・債権総論319頁

(4) 債権譲渡以外への適用の有無

467条1項は「債権の譲渡」について定めたものであるところ、取消しや解除によって債権の帰属が変わる場合についても、467条1項に準じて通知・承諾が債務者対抗要件となりうる。

たとえば、AがBに対する甲債権をCに譲渡し、債務者対抗要件を具備した後、AのCに対する債権譲渡契約が取り消され、または解除されたとする。この場合に、AがBに対して甲債権の復帰を対抗するためには、取消しまたは解除について、CのBに対する通知またはBの承諾が必要と解される(判例)。

→ 大判明治45年1月25日
　民録18輯25頁、
　大判昭和3年12月19日
　民集7巻1119頁

これに対して、AがBに対する甲債権をCに譲渡したものの、債務者対抗要件を具備する前に、AのCに対する債権譲渡契約が取り消され、または解除されたとする。この場合に、AがBに対して甲債権の復帰を対抗する際には、取消しまたは解除に関する通知・承諾は不要と解される(判例)。

→ 大判大正14年10月15日
　民集4巻500頁

【2】 第三者に対する対抗要件

▶ 2006年第2問

(1) 確定日付のある証書

債権譲渡の通知または承諾は、確定日付のある証書によってしなければ、債務者以外の第三者に対抗することができない(467条2項)。確定日付とは、当事者が後から変更することが不可能な、公に確定した日付をいう。

→ 注民(11)380頁
← 「確定日付」とは

確定日付のある証書としてよく用いられるのは、内容証明郵便である(民施5条1項6号、郵便58条1号)。また、通知書または承諾書に公証役場で日付印の押捺を受けたもの(民施5条1項2号)も利用されることが多い。

なお、一般に、確定日付のある証書による通知(または承諾)のことを、単に確定日付のある通知(または承諾)とよぶことがある。

次のような事例を考えてみましょう。

Aは、2020年7月1日、Bに対して100万円を貸しました。これによって、Aは、Bに対する100万円の金銭債権（甲債権）を取得したことになります。

その後、Aは、2020年8月1日、Cに対して甲債権を譲渡しました。Aは、甲債権譲渡通知書を同月2日に作成し、同月3日に郵便局に行って内容証明郵便で発送しました。甲債権譲渡通知書は、同月4日にBに到達しました。

この場合、
・甲債権発生日……………2020年7月1日
・甲債権譲渡日……………2020年8月1日
・甲債権譲渡通知書作成日…2020年8月2日
・確定日付…………………2020年8月3日
・甲債権譲渡通知書到達日…2020年8月4日
となります。

3-21

債権譲渡通知書

　私、AはBに対する2020年7月1日付貸金債権金100万円を2020年8月1日、Cに譲渡いたしましたのでここに通知いたします。

　　2020年8月2日

　B　殿　　　　　　　　　　　　　　　　A　㊞

　　　　　　　　2020年8月3日渋谷郵便局受付
　　　　　　　　　　　　　　　　　　　　　　　㊞

債権譲渡の日付…………2020年8月1日
通知書作成の日付………2020年8月2日
確定日付…………………2020年8月3日

このように、確定日付は譲渡通知の作成日とも到達日ともずれることがありうるということを理解しておいてください。確定日付は、あくまで当該確定日付において当該証書が存在したことを証明するにすぎないといえるでしょう。

そのため、一般的に、内容証明郵便を送付する際は、配達証明付郵便で発送します。配達証明付郵便で発送すると、郵便局が当該郵便物を配達先に配達した日付を証明する郵便物等配達証明書を発行してくれます。債権譲渡通知書の到達日は、郵便物等配達証明書によって証明するのが通常です。

第三者対抗要件として確定日付のある証書によることが求められる趣旨は、債権譲渡に際して、債務者その他の利害関係人が通謀して通知または承諾の日付をさかのぼらせて第三者の権利を害することをできるだけ防止する点にある。

→ 最判昭和49年3月7日（後出重要判例）

先ほどの事例で、Aが甲債権をDにも譲渡した場合に、もしも確定日付のない通知または承諾によって第三者対抗要件が具備できるとすると、どのような不都合が生じるでしょうか。

Aは、実際には2020年8月5日にDに対して甲債権を譲渡し、同月6日にBに対してDへの債権譲渡を通知したとします。このとき、A、BおよびDが「Dへの甲債権譲渡日および甲債権譲渡通知到達日を2020年7月31日ということにしよう」と通謀し、これによってDが優先できてしまうと、Cが不当に害されてしまいます。

3-1　債権譲渡　113

そこで、第三者対抗要件を具備するためには確定日付のある通知または承諾が求められるのです。この事例でDが第三者対抗要件を具備するためには、確定日付のある通知または承諾が必要となります。しかし、A、BおよびDが日付の遡及を画策した時点で2020年8月6日になってしまっていますから、それ以上に日付をさかのぼらせることはできません。これにより、Cが不当に害されることを防止することができます。

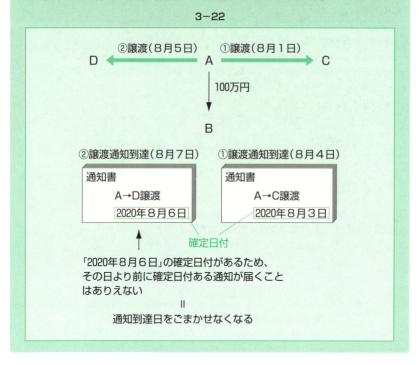

3-22

(2) 「第三者」の意義

　確定日付のある通知または承諾がなければ債権譲渡を対抗することができない「第三者」とは、**通知または承諾の不存在を主張する正当な利益を有する者**をいう。たとえば、債権の二重譲受人や譲渡債権上の質権者、譲渡債権を差し押さえた譲渡人の債権者などがあげられる。これに対して、債務者の一般債権者や譲渡債権の保証人などは、「第三者」にあたらない。

← 「第三者」とは

(3) 「対抗することができない」の意義

　「対抗することができない」とは、同一債権について両立しえない法律上の地位を取得した者相互間において、劣後する者が優先する者に対して自己の法律上の地位を主張することができないことをいう。たとえば、債権が二重譲渡された場合に、第1譲受人が第2譲受人に優先するときは、第2譲受人は第1譲受人に対して自己が債権者である旨を主張することができない。

　この優劣関係は、債務者にも影響を及ぼす。すなわち、**債務者は、優先する第三者だけを債権者と認めて弁済しなければならず、劣後する第三者に対して弁済しても、原則として当該債務を消滅させる効果を有しない**。ただし、平成29年改正前の判例は、劣後する第三者に対する弁済について、478条の適用の余地を認めている。詳しくは、後述する。

← 「対抗することができない」とは

→ 最判昭和61年4月11日（百選Ⅱ33事件）
→ 4章1節③【2】(4)(b)(ⅲ)

　AがBに対して甲債権を有しており、甲債権を担保するために乙不動産に抵当権が設定されていたとします。Aは、甲債権をCに譲渡し、Bに対して確定日付のある証書によっ

て通知をしたものの、乙不動産の抵当権について抵当権者が変わった旨の登記をしていませんでした。そうであるところ、Aは、甲債権をDにも譲渡し、乙不動産の抵当権について抵当権者がDに変わった旨の付記登記をしたとします。

この場合に、甲債権の帰属についてはCがDに対抗できるわけですが、抵当権の帰属についてもCはDに対抗できるのでしょうか。

この場合には、抵当権は甲債権との関係では従たる法律関係です。そのため、抵当権の帰属は、主たる法律関係である甲債権の対抗問題の結果に従うと解されます。この事例では、Cは、乙不動産の抵当権についても、Dに対抗できることとなります。

→ 平野・債権総論328頁

(4) 対抗関係の具体例

以下では、債権者Aが、債務者Bに対して甲債権を有していたところ、甲債権をCとDに譲渡した場面を前提として、債権譲渡において第三者との対抗関係が問題となる具体例をみてみよう。

(a) 第2譲受人のみ確定日付がある場合

← 第2譲受人のみ確定日付がある場合

AがCに甲債権を譲渡し、Bに対して確定日付のない通知をした。その後、Aが、Dに甲債権を譲渡し、Bに対して確定日付のある証書によって通知をした。この場合には、CとDの対抗関係はどうなるか。

3-23

Cは、先に甲債権を譲り受けているものの、第三者対抗要件を具備していない。これに対して、Dは、後から甲債権を譲り受けているものの、Cより先に第三者対抗要件を具備している。したがって、この場合には、第2譲受人であるDが優先することとなる。すなわち、Bは甲債権についてDに弁済しなければならないのであり、Cに弁済しても有効な弁済とならない(ただし、478条適用の余地がある)。また、Bは、Cから甲債権の弁済を求められても拒絶することができる。かりにBがCに甲債権の弁済をした場合には、DはBに対して甲債権の弁済を求めることができ、Bは二重弁済を強いられることとなる(Bは、Cに対して、支払った金銭を不当利得として返還請求することとなる)。

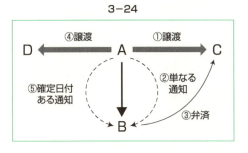

3-24

ただし、Bが、AのDに対する債権譲渡の通知を受ける前に、Cに対して甲債権の弁済をした場合には、当該弁済は有効である。この場合には、AのDに対する債権譲渡の通知を受けるまでの間は対抗関係が生じていないため、確定日付のある証書の有無は問題とならないからである。

→ 潮見・新債権総論Ⅱ464頁

(b) ともに確定日付がない場合

← ともに確定日付がない場合
● 論点Bランク

AがCに甲債権を譲渡し、Bに対して確定日付のない通知をした。その後、Aが、Dに甲債権を譲渡し、Bに対して確定日付のない通知をした。この場合に、

CとDの対抗関係はどうなるか。

この場合には、次の２つの見解が対立する。

第１の見解は、ＣもＤも互いに優先せず、ＢはＣとＤのいずれに対しても請求を拒絶することができ、ＢがＣかＤのいずれかに弁済したときは免責されると解する。これに対して、第２の見解は、ＣもＤもＢとの関係では権利行使要件を具備していることから、ＢはＣまたはＤからの請求を拒絶することができず、ＢがＣかＤのいずれかに弁済したときは免責されると解する。

本来、弁済義務を負うＢが請求を拒絶できるとするのは不合理であると考えれば、第２の見解が妥当といえる。この見解によれば、後述する(d)同時送達の場合と同様に処理することとなる。

→ 中田・債権総論550頁

(c) ともに確定日付がある場合

ＡがＣに甲債権を譲渡し、Ｂに対して確定日付のある証書によって通知をした。その後、Ａが、Ｄに甲債権を譲渡し、Ｂに対して確定日付のある証書によって通知をした。この場合には、ＣとＤの対抗関係はどうなるか。

← ともに確定日付がある場合
● 論点Ａランク

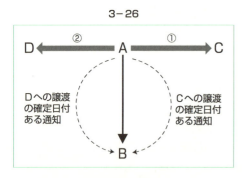

この場合には、確定日付のある証書の有無で優劣をつけることができない。そこで、確定日付のある証書の有無以外で優劣を決する必要がある。

判例は、民法の規定する債権譲渡の対抗要件制度は、債権譲渡の有無について当該債権の債務者の認識を通じ、債務者によってそれが第三者に表示されうることを根幹としていることを根拠として、譲受人相互の間の優劣は、通知または承諾に付された確定日付の先後によって定めるべきではなく、確定日付のある通知が債務者に到達した日時または確定日付のある債務者の承諾の日時の先後によって決すべきである旨を判示した（到達時説）。

→ 最判昭和49年３月７日（後出重要判例）

判例は、確定日付の先後ではなく、確定日付のある通知の到達または承諾の日時の先後によって優劣を決すべきとしました。この見解を到達時説といいます。これに対して、確定日付の先後によって優劣を決すべきとする見解もあります。この見解を確定日付説といいます。

判例が到達時説を採用した理由は、債権譲渡の対抗要件制度を「当該債権の債務者の債権譲渡の有無についての認識を通じ、右債務者によってそれが第三者に表示されうるものであることを根幹として成立している」と理解している点にあります。すなわち、債権を譲り受けようとする第三者は、債務者に対して債権の存否ないしその帰属を問い合わせることで正しい権利関係を確かめることができると考えているのです。このように、民法の規定する債権譲渡の対抗要件制度は、債務者にインフォメーション・センターとしての役

→ 最判昭和49年３月７日（後出重要判例）

→ 部会資料9-2・10頁

割を果たさせることにより、債権譲渡の事実を公示することを想定しているのです。

債権譲渡の対抗要件制度をこのように理解すると、対抗関係の優劣は債務者が債権譲渡の有無について認識することができた時点、すなわち、確定日付のある通知が債務者に到達した日時または確定日付のある債務者の承諾の日時の先後によって決すべきこととなります。このとき、「通知」が「到達時」を基準とするのに対して、「承諾」は「承諾時」を基準とすることに注意してください。

到達時説を前提とすると、譲渡人、債務者および第2譲受人が通謀して譲渡通知の到達時をさかのぼらせることで、第1譲受人が害される可能性が残ります。

たとえば、Aが2020年8月2日にCに対して甲債権を譲渡し、同日中にBに対してCへの債権譲渡通知(内容証明郵便)を発送した後、その翌日に、今度はDに対しても甲債権を譲渡し、債権譲渡通知(内容証明郵便)を発送したとします。そして、Cへの債権譲渡通知は2020年8月4日にBに到達したのに対し、Dへの債権譲渡通知は2020年8月5日にBに到達しました。このとき、A、BおよびDが「Dへの甲債権譲渡通知到達日を2020年8月3日ということにしよう」と通謀すると、Dに対する債権譲渡通知のほうが先にBに到達したこととなり、DがCに優先することができてしまいます(もっとも、通常は配達証明書によって到達日の先後を証明することができるため、このような事態が生じることは多くないといえるでしょう)。

	Dへの譲渡	Cへの譲渡
譲渡の日付	8月3日	8月2日
確定日付	8月3日	8月2日
通知到達日付	8月5日→8月3日(偽)	8月4日

到達日付：Cの勝ち
(偽)到達日付：Dの勝ち

到達時説にはこのような問題点があることから、学説上、債権譲渡通知の到達時を確定日付で証明させるべきであるとする見解が有力に主張されていました。また、債務者にインフォメーション・センターとしての役割を果たさせることについては、債務者に第三者からの照会に回答する義務があるわけではなく、債務者が真実の回答をしなければ機能しないという指摘や、債権譲渡に関与していない債務者に譲渡通知の到達や承諾の時点の先後を正確に把握することを求めるのは不合理であるという指摘がされていました。

そこで、平成29年改正の際、債権譲渡の対抗要件制度について、第三者対抗要件を債権譲渡登記に一元化する等の提案がなされました。しかし、確定日付のある通知または承諾によれば簡易かつ安価に対抗要件を具備することができる等、従来の対抗要件制度にも利点があるとの主張もなされました。

最終的に、平成29年改正では意見の統一を図ることができなかったため、債権譲渡の対抗要件制度について実質的な改正はされませんでした。

➡ 中田・債権総論547頁参照
➡ 中間試案の補足説明・242頁

➡ 部会資料63・14頁

債権が二重に譲渡され、2人の譲受人がともに確定日付のある証書による通知または承諾を得ているとき、譲受人相互間の優劣は何を基準として決定すべきか。明文規定がないことから問題となる。

●論点Aランク
(論証12)

➡ 近江・講義Ⅳ278頁

A説 確定日付説

▶結論：確定日付の先後によって決まる。
▶理由：日付につき後から作為を施しえない点で対抗要件として優れている。
▶批判：2つの譲渡通知が確定日付とは逆の順で到達した場合、到達順序が覆されて法的安定性が害される。

B説 到達時説(判例・通説)

➡ 最判昭和49年3月7日(後出重要判例)

▶結論：通知が債務者に到達した日時、または債務者の承諾の日時の先後によって決

3-1 債権譲渡　117

まる。
▶理由：債権譲渡の対抗要件としての通知・承諾は、＜債務者の認識→第三者への表示＞を基本構造とするものであるから、債務者が何ら認識しえない確定日付を基準とすることは妥当ではない。確定日付を要求したのは、譲渡人が債務者と共謀して譲渡通知到達の日付をさかのぼらせる等の不正を可及的に防止しようとするところにある。

★重要判例（最判昭和49年3月7日〔百選Ⅱ29事件〕）
「思うに、民法467条1項が、債権譲渡につき、債務者の承諾と並んで債務者に対する譲渡の通知をもって、債務者のみならず債務者以外の第三者に対する関係においても対抗要件としたのは、債権を譲り受けようとする第三者は、先ず債務者に対し債権の存否ないしはその帰属を確かめ、債務者は、当該債権が既に譲渡されていたとしても、譲渡の通知を受けないか又はその承諾をしていないかぎり、第三者に対し債権の帰属に変動のないことを表示するのが通常であり、第三者はかかる債務者の表示を信頼してその債権を譲り受けることがあるという事情の存することによるものである。このように、民法の規定する債権譲渡についての対抗要件制度は、当該債権の債務者の債権譲渡の有無についての認識を通じ、右債務者によってそれが第三者に表示されうるものであることを根幹として成立しているものというべきである。そして、同条2項が、右通知又は承諾が第三者に対する対抗要件たり得るためには、確定日附ある証書をもってすることを必要としている趣旨は、債務者が第三者に対し債権譲渡のないことを表示したため、第三者がこれに信頼してその債権を譲り受けたのちに譲渡人たる旧債権者が、債権を他に二重に譲渡し債務者と通謀して譲渡の通知又はその承諾のあった日時を遡らしめる等作為して、右第三者の権利を害するに至ることを可及的に防止することにあるものと解すべきであるから、前示のような同条1項所定の債権譲渡についての対抗要件制度の構造になんらの変更を加えるものではないのである。
右のような民法467条の対抗要件制度の構造に鑑みれば、債権が二重に譲渡された場合、譲受人相互の間の優劣は、通知又は承諾に付された確定日附の先後によって定めるべきではなく、確定日附のある通知が債務者に到達した日時又は確定日附のある債務者の承諾の日時の先後によって決すべきであり、また、確定日附は通知又は承諾そのものにつき必要であると解すべきである。そして、右の理は、債権の譲受人と同一債権に対し仮差押命令の執行をした者との間の優劣を決する場合においてもなんら異なるものではない。」
【争点】指名債権が二重に譲渡された場合、譲受人相互の間の優劣は何を基準として決すべきか。
【結論】確定日付のある通知が債務者に到達した日時、または確定日付のある債務者の承諾の日時の先後によって決すべきである。

(d) 同時到達・先後不明の場合

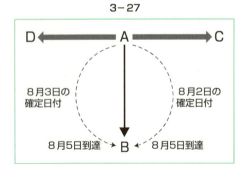

3-27

●論点Ａランク
（論証13）

　AがCに甲債権を譲渡し、Bに対して確定日付のある証書によって通知をした。その後、Aが、Dに甲債権を譲渡し、Bに対して確定日付のある証書によって通知をした。この場合に、Cに対する譲渡通知とDに対する譲渡通知が同時にBのもとに到達したとき（またはいずれが先に到達したか不明のとき）、CとDの対抗関係はどうなるか。
　この場合には、①各譲受人と債務者との関係、②譲受人相互間の関係、③譲受人の1人に全額弁済された場合の分配請求の可否、という3つの場面に分けて検討する必要がある。

118　3章　債権債務の移転

①各譲受人と債務者との関係について、判例は、各譲受人は債務者に対してそれぞれの譲受債権の全額の弁済を請求することができ、譲受人の1人から弁済の請求を受けた債務者は、他の譲受人に弁済した等の債務消滅事由がないかぎり、単に同順位の譲受人がほかに存在することを理由として弁済の責任を免れることはできないとした。

　②譲受人相互間の関係については、いずれも第三者対抗要件を備えていることから、互いに相手方に対して自己が優先すると主張することができないと解される。すなわち、譲受人相互間は対等な関係に立つと解される。この点について、判例は、債権譲渡通知と債権差押命令の到達の先後が不明であったため、債権譲受人と差押債権者との優劣が問題となった事案において、債権譲受人と差押債権者は互いに自己が優先すると主張することができないとした。この事案では、債務者が債権者不確知を理由として供託していたため、債権譲受人と差押債権者は、各債権額に応じて供託金額を案分した額の供託金還付請求権をそれぞれ分割取得するとされた。

　③債務者が供託することなく譲受人の1人に全額弁済した場合に、他の譲受人は、弁済を受けた譲受人に対して分配ないし清算を請求することができるか問題となる。この場合には、その根拠は一様ではないが、公平の見地から債権額により案分した額の分配請求をすることができると解するのが多数説である。他方で、破産にいたらない場面では平等原則よりも競争原理が働くとして、分配請求を否定する見解も有力に主張されている。

←各譲受人と債務者との関係
→最判昭和55年1月11日民集34巻1号42頁

←譲受人相互間の関係

→最判平成5年3月30日（百選Ⅱ30事件）

←譲受人の1人に供託することなく全額弁済した場合

→中田・債権総論548頁

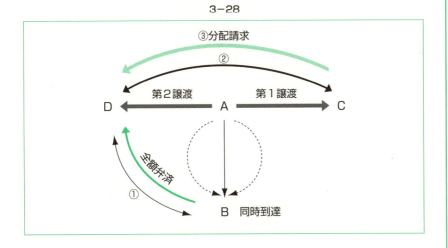

3-28

4 債権譲渡における債務者の抗弁および相殺権

【1】債権譲渡における債務者の抗弁

(1) 総論

　債務者は、対抗要件具備時までに譲渡人に対して生じた事由をもって譲受人に対抗することができる（468条1項）。なぜなら、債権譲渡は債権の同一性に影響を及ぼすものではないからである。したがって、債務者は、債権譲渡の対抗要件具備時までに譲渡人に対して主張することができた事由を、譲受人に対しても主張することができる。

　「対抗要件具備時」とは、譲渡人が467条の規定による通知をし、または債務者

▶2016年第1問

←平成29年改正

←「対抗要件具備時」とは

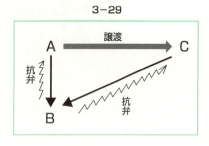

が467条の規定による承諾をした時をいう（466条の6第3項）。

(2) 「譲渡人に対して生じた事由」の具体例

「譲渡人に対して生じた事由」とは、たとえば、同時履行の抗弁権、弁済による債務の一部もしくは全部の消滅、債務発生の原因である契約の無効、取消しまたは解除などがあげられる。無効、取消しおよび解除については、次のような問題がある。

(a) 無効

譲渡された債権の発生原因である契約が無効であり、債権が発生しない場合には、債務者は無効による債権の不発生を譲受人に対抗することができる。ただし、第三者保護規定が設けられている場合には、無効を対抗できるかどうかが問題となる。たとえば、AとBが通謀して、AがBに対して甲土地を1000万円で売却した旨の虚偽の売買契約を仮装したとする。この場合に、AがBに対して売買代金1000万円の支払を請求したときは、Bは、通謀虚偽表示による無効（94条1項）を主張して、代金の支払を免れることができる。

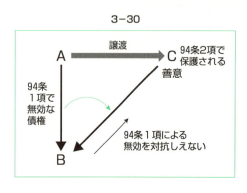

これに対して、Aが甲土地売買代金債権を善意のCに譲渡し、CがBに対して売買代金1000万円の支払を請求したときに、BがCに対して通謀虚偽表示による無効を主張することができるか問題となる。

判例は、このような場合には、94条2項を優先的に適用し、BはCに対して通謀虚偽表示による無効を主張することができないとする。債務者自身に帰責性があるため、468条1項による保護よりも94条2項の第三者を保護すべきといえるからである。

(b) 取消し

譲渡された債権の発生原因である契約が債権譲渡通知時にすでに取り消されていれば、債務者は取消しによる債権の不存在を譲受人に対抗することができる。また、譲渡された債権の発生原因である契約が債権譲渡通知時に取り消されていなくとも、債権譲渡通知時点で取消事由が存在し、取消可能性があれば、債務者は譲渡通知到達後であっても契約を取り消すことができ、債権の不存在を譲受人に対抗することができる。

取消しの場合にも、第三者保護規定との関係が問題となる。取消事由が詐欺（96条1項）の場合に、譲受人が善意無過失の第三者（96条3項）に該当するとき

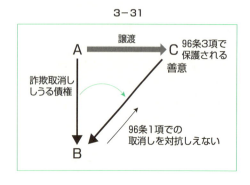

← 「譲渡人に対して生じた事由」とは
● 論点Bランク

→ 潮見・新債権総論Ⅱ434頁、平野・債権総論324頁

→ 大判大正3年11月20日民録20輯963頁

→ 潮見・新債権総論Ⅱ434頁、平野・債権総論325頁

は、債務者は譲受人に対して詐欺取消しを主張することができないと解される。なぜなら、だまされたという点で債務者自身に少なからず帰責性があるため、96条3項の善意無過失の第三者の保護を優先すべきといえるからである。

(c) **解除**

譲渡された債権の発生原因である契約が債権譲渡通知時にすでに解除されていれば、債務者は解除による債権の消滅を譲受人に対抗することができる。また、譲渡された債権の発生原因である契約について、債権譲渡通知時に解除原因(債務不履行等)が発生していなくとも、債権譲渡通知時点で解除原因発生の基礎が存在する場合に、譲渡通知後に解除原因が発生し、債務者が譲渡人に対して解除権を行使したときは、解除による債権の消滅を譲受人に対抗することができると解される。

▶平成20年第1問

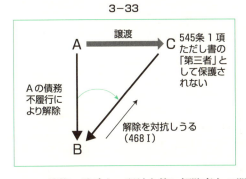

たとえば、請負代金債権が譲渡された場合には、請負代金債権はその仕事完成引渡しと同時履行の関係に立ち、かつ、仕事完成義務の不履行を理由とする請負契約の解除によって消滅する。そのため、請負代金債権が第三者に譲渡され、対抗要件を備えた後に請負人の仕事完成義務の不履行が生じて請負契約が解除されたときであっても、債権譲渡時にすでに解除原因発生の基礎があったといえるため、債務者は解除による債権の消滅を譲受人に対抗することができる(判例)。

→ 最判昭和42年10月27日(百選Ⅱ27事件)

解除の場合には、第三者保護規定との関係をどのように理解すべきか。この点について、判例は、解除によって消滅する契約上の債権そのものの譲受人は「第三者」(545条1項ただし書)に該当しないとする。この理由は、契約上の債権そのものは解除によって遡及的に消滅するところ、債権の譲受人の利益を特に解除者との関係で保護すべきとまではいえない点にあると考えられる。

→ 大判明治42年5月14日民録15輯490頁、大判大正7年9月25日民録24輯1811頁
→ 新版注民(13)725頁

(3) **譲渡制限付債権が譲渡された場合に譲受人に対抗できる抗弁の基準時**

譲渡制限付債権が譲渡された場合に、譲受人その他の第三者が悪意または善意重過失であるとき、当該譲受人その他の第三者は、債務者に対して、相当の期間を定めて譲渡人への履行を催告することができる。債務者が当該相当期間内に履行しない場合には、譲受人その他の第三者に対して譲渡制限の意思表示を対抗することができなくなる(466条4項)。このとき、債務者が譲受人その他の第三者に対抗できる抗弁の基準時は、**催告後相当期間が経過した時**である(468条2項前段)。この趣旨は、債務者が譲渡制限の意思表示を対抗することができていた時点までに生じた事由については、譲受人その他の第三者に対抗することは妨げ

←平成29年改正

→ 部会資料84-3・6頁

られないこととするのが相当といえる点にある。

　譲渡制限付債権が譲渡された場合に、譲渡人について破産手続開始決定があったときは、当該債権全額の譲受人（第三者対抗要件を具備した者にかぎる）は、債務者に対して供託請求をすることができる（466条の3前段）。このとき、債務者が譲受人に対抗できる抗弁の基準時は、**債務者が譲受人から供託の請求を受けた時**である（468条2項後段）。

平成29年改正事項	債権の譲渡における債務者の抗弁	C1

（1）抗弁の基準時

　改正前民法468条2項は、債務者が「通知を受けるまでに譲渡人に対して生じた事由をもって譲受人に対抗することができる」と規定していた。

　しかし、改正前民法のもとでも、債務者が異議をとどめた承諾をした場合には承諾時までに譲渡人に対して生じた事由をもって譲受人に対抗することができると解されていた。

　そこで、平成29年改正民法は、債務者が譲受人に対抗することのできる、譲渡人に対して生じた事由の基準時を「対抗要件具備時」すなわち、譲渡通知を受け、または譲渡の承諾をした時とした（468条1項）。

（2）異議をとどめない承諾

　改正前民法468条1項前段は、債務者が異議をとどめないで債権譲渡を承諾したときは、譲渡人に対抗することができた事由を譲受人に対抗することができなくなる旨を規定していた。この規定の趣旨は、さまざまな理解があり、異議をとどめない承諾をした債務者がみずからの行為に反する主張をすることを認めるべきでないという禁反言の原則の表れであるという考え方が有力に主張されていた。この点について、判例は、譲受人の利益を保護し、一般債権取引の安全を保障する趣旨と理解したうえで、悪意または善意有過失の譲受人については抗弁の切断による保護を要しないとした。

　しかし、単に債権が譲渡されたことを認識した旨を債務者が通知しただけで、抗弁の喪失という債務者にとって予期しない効果が生じることについては、債務者の保護の観点から妥当でなく、その正当化根拠の説明も困難であるとして、強く批判されていた。

　そこで、平成29年改正民法は、異議をとどめない承諾に関する規定を削除した。なお、明文規定はないものの、債務者がみずからの意思表示によって抗弁を放棄することは自由と解されている。

➡ 部会資料74A・10頁、一問一答177頁、潮見・改正法160頁

➡ 部会資料74A・10頁

➡ 最判昭和42年10月27日（前出）、最判平成27年6月1日民集69巻4号672頁
➡ 部会資料74A・11頁、潮見・改正法160頁

3-34　債権の譲渡における債務者の抗弁

── 改正前民法 ──	── H29改正民法 ──
異議をとどめないで債権譲渡を承諾した場合、債務者は譲渡人に対する抗弁をもって譲受人に対抗することができない（468 I 前段）。	異議をとどめない承諾による抗弁の切断に関する規定を削除

単に債権譲渡の事実を認識した旨を通知しただけで、債務者に抗弁の切断という重い責任を負わせるのは酷であるため、規定を削除した。

【2】債権譲渡における債務者の相殺権

← 平成29年改正

　債権譲渡がなされた場合において、譲渡人に対して有する債権が次のいずれかに該当するものであるときは、債務者は、当該債権を自働債権とする相殺をもって譲受人に対抗することができる。

　①対抗要件具備時より前に債務者が取得した債権（469条1項）

②対抗要件具備時より前の原因に基づいて債務者が取得した債権（469条2項1号）

③（469条2項1号を除き）譲受人の取得した債権の発生原因である契約に基づいて生じた債権（469条2項2号）

(1) **対抗要件具備時より前に自働債権が発生している場合**

債務者は、対抗要件具備時より前に取得した譲渡人に対する債権による相殺をもって譲受人に対抗することができる（469条1項）。

たとえば、Aが、Bに対する100万円の金銭債権（甲債権）を有していたところ、甲債権をCに譲渡し、Bに対して債権譲渡通知を発送した。ところが、Bは、譲渡通知到達前に、Aに対する100万円の金銭債権（乙債権）を有していた。この場合には、Bは、乙債権を自働債権とし、甲債権を受働債権とする相殺をもって、Cに対抗することができる。

この場合には、自働債権と受働債権の弁済期の先後は問題とならない。先ほどの事例でいうと、甲債権と乙債権の弁済期の先後を問わず、Bは相殺をもってCに対抗することができる。差押えと相殺の場面（511条1項）と同様に、いわゆる無制限説を採用することを明らかにするものである。

→ 4章4節[2]【2】(2)(C)

(2) **対抗要件具備時の後に自働債権が発生した場合**

対抗要件具備時の後に自働債権が発生した場合であっても、当該債権が次の(a)または(b)にあたるときは、当該債権による相殺をもって譲受人に対抗することができる（469条2項本文）。ただし、(c)のときは、当該債権による相殺をもって譲受人に対抗することができない（469条2項ただし書）。

(a) **対抗要件具備時より前の原因に基づいて生じた債権**

対抗要件具備時の後に自働債権が発生した場合であっても、当該債権が対抗要件具備時より前の原因に基づいて生じた債権であるときは、債務者は、当該債権による相殺をもって譲受人に対抗することができる（469条2項1号）。この趣旨は、権利行使要件の具備時点で債権の発生原因が存在するのであれば、当該債権を反対債権とする相殺への期待を保護すべき点にある。「（対抗要件具備時より）前の原因に基づいて生じた債権」とは、たとえば、対抗要件具備時前に委託を受けた保証人が対抗要件具備時の後に保証債務を履行したことにより生じた事後求償権などが考えられる。

→ 部会資料74A・14頁、潮見・改正法161頁

→ 最判平成24年5月28日民集66巻7号3123頁。部会資料69A・28頁参照

3-35

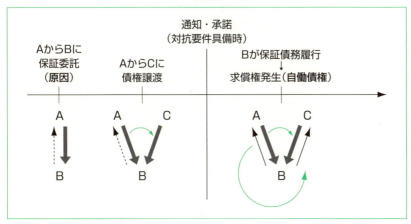

(b) (469条2項1号を除き)譲受人の取得した債権の発生原因である契約に基づいて生じた債権

対抗要件具備時の後に自働債権が発生した場合であっても、当該債権が譲受人の取得した債権の発生原因である契約に基づいて生じた債権であるときは、債務者は、当該債権による相殺をもって譲受人に対抗することができる(469条2項2号)。

この規定は、「前号に掲げるもののほか」、すなわち対抗要件具備時より後の原因に基づいて生じた債権であって、かつ、当該原因が「譲受人の取得した債権の発生原因である契約」であるものを自働債権とする相殺について定めるものである。そのため、受働債権を発生させる原因である契約も対抗要件具備時の後に締結されたことが前提となっており、469条2項2号が適用されるのは将来債権が譲渡された場合にかぎられることとなる。

たとえば、売主Aと買主Bは継続的な売買契約を締結しており、毎月末日に締結される個々の売買契約によって、AのBに対する売買代金債権が毎月発生していくとする。Aは、Cに対し、現時点でまだ発生していない来月分の売買代金債権(甲債権)を譲渡し、Bに対して当該債権譲渡を通知した。翌月になり、AB間で売買契約が締結されたところ、Aは、Bに対し、自己の責めに帰すべき事由により契約内容に適合していない商品を引き渡した。このとき、Bは、Cに対して、Aに対する損害賠償請求権(415条1項)を自働債権とし、甲債権を受働債権とする相殺をもって対抗することができる。このほか、将来の請負報酬債権が譲渡された場合に、対抗要件具備時の後に当該請負契約が締結されたところ、当該契約における目的物の不適合を理由とする損害賠償請求権が発生したときに、債務者は、譲受人に対し、損害賠償請求権を自働債権とし、請負報酬債権を受働債権とする相殺をもって対抗することができる。

→ 部会資料74 A・15頁、潮見・改正法162頁

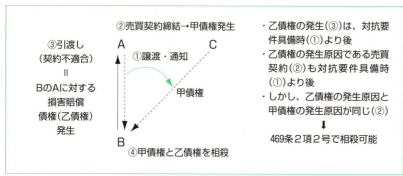

3-36

→ 部会資料74 A・14頁、潮見・改正法162頁

469条2項2号の趣旨は、対抗要件具備時の後に生じた原因に基づいて発生した債権についても相殺の期待を保護することによって、将来債権が譲渡された後も譲渡人と債務者との間における取引を継続することができるのであれば、債務者のみならず、譲受人の利益にもなる点にある。

この規定があるため、債権譲渡と相殺の優劣が問題となる局面は、差押えと相殺(法定相殺)の優劣が問題となる局面以上に、相殺への期待が保護される場面が拡張されている。将来債権が譲渡された場合は、譲渡後も譲渡人と債務者との間における取引が継続することが想定されるので、相殺と差押えの局面よりも相殺の期待を保護する必要性が高いといえるからである。

この規定は、自働債権の発生原因である契約が、受働債権の発生原因である契約と同一のものであることを要求している。同一の契約に該当するか否かは、契約書が同一であるか否かが重要な考慮要素となるものの、当該契約の内容や取引の一体性を考慮しつつ、個別具体的に解釈されることとなる。すなわち、まったく関係のない2つの契約について1通の契約書で締結したとしても、契約書の同一性をもって同一の契約に基づくものと評価するのは適当でない。他方で、1通の契約書で締結されることが取引慣行上一般的である取引について、2通の契約書が作成され、自働債権と受働債権が別々の契約書に基づいて発生する場合であっても、取引の一体性にかんがみて同一の契約に基づくものと評価することはありうる。

(c) 債務者が対抗要件具備時より後に他人の債権を取得したとき

469条2項各号に該当する場合であっても、当該債権が他人の債権であり、債務者が対抗要件具備時より後に当該債権を取得したときは、当該債権による相殺をもって譲受人に対抗することができない(469条2項ただし書)。この趣旨は、469条2項各号に該当する債権であっても、これを対抗要件具備時より後に他人から取得したにすぎないときは、保護すべき相殺の期待が認められない点にある。

(3) 譲渡制限付債権が譲渡された場合に相殺を対抗できる自働債権の基準時

譲渡制限付債権が譲渡された場合に、譲受人その他の第三者が悪意または善意重過失であるとき、当該譲受人その他の第三者は、債務者に対して、相当の期間を定めて譲渡人への履行を催告することができる。債務者が当該相当期間内に履行しない場合、譲受人その他の第三者に対して譲渡制限の意思表示を対抗することができなくなる(466条4項)。このとき、債務者が譲受人その他の第三者に相殺を対抗できる自働債権の基準時は、催告後相当期間が経過した時である(469条3項前段)。この趣旨は、債務者が譲渡制限の意思表示を対抗することができていた時点までに生じた自働債権に基づく相殺については、譲受人その他の第三者に対抗することは妨げられないこととするのが相当といえる点にある。

譲渡制限付債権が譲渡された場合に、譲渡人について破産手続開始決定があったとき、当該債権全額の譲受人(第三者対抗要件を具備した者にかぎる)は、債務者に対して供託請求をすることができる(466条の3前段)。このとき、債務者が譲受人に相殺を対抗できる自働債権の基準時は、債務者が譲受人から供託の請求を受けた時である(469条3項後段)。

→ 部会資料74A・15頁

→ 部会資料74A・15頁

→ 部会資料84-3・7頁

→ 部会資料84-3・7頁

平成29年改正事項	債権の譲渡における債務者の相殺権	B3・C2

改正前民法は、債権の譲渡における債務者の相殺権について、個別の規定を設けていなかった。そのため、抗弁一般について規定した改正前民法468条2項の「通知を受けるまでに譲渡人に対して生じた事由」の解釈として、どのような場合に相殺権を対抗することができるかが問題となっていた。

判例は、債権譲渡の権利行使要件が具備される時までに債務者が自働債権を取得していれば、自働債権と受働債権の弁済期の先後を問わず、相殺適状となった場合には相殺を対抗することができるとした。もっとも、この判例の事案は特殊であったため、債権譲渡と相殺一般についての判例の立場は必ずしも明確ではなかった。また、学説上は、債権譲渡の取引の安全を保護する必要性が高いことや、債務者は債権譲渡禁止特約を付すことによって相殺の期待をみずから確保することができること等を理由として、債務者が相殺の抗弁を主張することができるのは、譲渡通知が到達した時点ですでに相殺適状にあった場合にかぎられるとする見解や、自働

→ 部会資料74A・13頁、一問一答179頁、潮見・改正法161頁

→ 最判昭和50年12月8日(百選Ⅱ28事件)

→ 中田・債権総論415頁

3-1 債権譲渡 **125**

債権の弁済期が受働債権の弁済期よりも先に到来する場合にかぎられるとする見解が有力に主張されていた。そのため、債権譲渡がされた場合に債務者がどのような場合に相殺の抗弁を主張できるかは、不明確な状況にあった。

この点について、平成29年改正民法は、債権譲渡と相殺の問題と関連して議論の対象とされてきた差押えと相殺の問題について、いわゆる無制限説を採用することとした。

そこで、平成29年改正民法は、差押えと相殺の問題と同様に、債権譲渡と相殺の問題についても、いわゆる無制限説を採用した(469条1項)。また、これに関連し、債権譲渡と相殺に関する規定を新設した(469条2項、3項)。

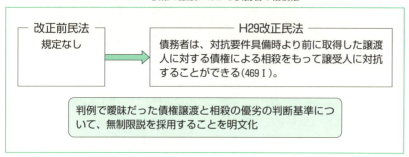

3-37 債権の譲渡における債務者の相殺権

5 動産債権譲渡特例法

▶2006年第2問

【1】趣旨

動産及び債権の譲渡の対抗要件に関する民法の特例等に関する法律(以下、動産債権譲渡特例法という)は、法人による動産および債権の譲渡の円滑化を図るため、法人がする動産および債権の譲渡にかぎって民法178条、467条、468条に定める対抗要件に代わる登記による対抗要件制度を創設するものである(動産債権譲渡特例1条参照)。

動産債権譲渡特例法の趣旨は、債権の流動化・証券化や動産の活用によって、企業が資金調達を円滑に行うことができるようにする点にある。

以下では、特に債権譲渡について説明する。

← 動産債権譲渡特例法の制度趣旨
→ 一問一答動産・債権譲渡特例法23頁

【2】適用範囲

動産債権譲渡特例法の適用範囲は、「法人がする動産及び債権の譲渡」に限定される(1条)。適用範囲を法人に限定した趣旨は、動産債権譲渡特例法が債権譲渡について登記という新たな対抗要件を認めた理由が、債権の流動化・証券化によって企業が資金調達を円滑に行うことを可能にする点にあったことから、法人がする債権の譲渡を登記の対象とすれば目的を達することができる点にある。

→ 一問一答動産・債権譲渡特例法23頁

動産債権譲渡特例法の適用対象となる債権は、「金銭の支払を目的とするものであって、民法第3編第1章第4節〔466条から469条まで〕の規定により譲渡されるもの」にかぎられる(4条1項括弧書)。金銭債権に限定した趣旨は、非金銭債権と比べて債権の内容が非個性的であるため債権譲渡登記制度になじむ点と、企業が債権を譲渡して資金調達を図る場合に対象となる債権が一般的に金銭債権である点にある。債務者が特定していない将来債権も適用対象となる。

→ 一問一答動産・債権譲渡特例法48頁

動産債権譲渡特例法は、単一の債権の譲渡に利用することもできるし、多数の

→ 一問一答動産・債権譲渡特例法15頁、88頁

金銭債権を一括譲渡する場合に利用することもできる。民法上は個々の債権ごとに対抗要件を具備する必要があるため、債権譲渡登記を利用することによって対抗要件具備に要する手間と費用を削減することができる。ここでいう債権譲渡には、債権譲渡担保も含まれる。

【3】債権譲渡登記制度

法人が適用対象となる債権を譲渡した場合に、当該債権の譲渡につき債権譲渡登記ファイルに譲渡の登記がされたときは、当該債権の債務者以外の第三者については、民法467条の規定による確定日付のある証書による通知があったものとみなされる（4条1項）。すなわち、債権譲渡登記ファイルに譲渡の登記がされた時に、第三者対抗要件としての確定日付のある通知が債務者に到達したものとみなされる。

たとえば、Aが、Bに対する100万円の金銭債権（甲債権）を有していたところ、甲債権をCとDに二重に譲渡したとする。この場合に、それぞれの譲渡について債権譲渡登記がされたときは、債権譲渡登記の時間的先後によって優劣が決する。また、Cに対する譲渡については債権譲渡登記がなされ、Dに対する譲渡については確定日付のある通知がなされたときは、債権譲渡登記と通知の到達時の時間的先後によって優劣が決する。

➡ 一問一答動産・債権譲渡特例法49頁

ただし、債権譲渡登記は、「当該債権の債務者以外の第三者について」のみ、第三者対抗要件の具備を認めるものである（4条1項）。すなわち、動産債権譲渡特例法は債務者対抗要件と第三者対抗要件を分離しており、債権譲渡登記ファイルに譲渡登記がされただけでは、債務者対抗要件を具備したこととはならない。債務者対抗要件を具備するためには、債権譲渡登記がなされたことについて、譲渡人または譲受人が債務者に対して登記事項証明書を交付して通知し、または債務者が承諾する必要がある（4条2項）。民法467条1項と異なり譲受人にも通知が認められている理由は、登記事項証明書の交付を必要とすることで虚偽の通知がなされる事態が防止されている点にある。

➡ 一問一答動産・債権譲渡特例法54頁

なお、債権譲渡登記はなされたものの動産債権譲渡特例法4条2項の通知または承諾がなされていない段階では、譲受人は債務者対抗要件を具備していないため、債務者は譲渡人を債権者として取り扱えば足りる。すなわち、債務者は、譲渡人に弁済すれば債務を免れる。

6 有価証券に表示される債権および電子記録債権の譲渡等

【1】有価証券に表示される債権の譲渡等

⑴ 序説

⒜ 意義

有価証券とは、財産的価値を有する私権を表章する証券であって、権利の移転、および行使のいずれにも証券を要するものをいう。ここにいう「私権を表章する証券」とは、私権（権利）と証券（紙切れ）とが結合していることを意味する。

← 「有価証券」とは

> 有価証券の定義については、さまざまな議論がなされており、上で紹介した定義は最近の有力説の立場で、移転と行使のいずれにも証券を要するものという点に特徴があります。

3-1 債権譲渡 127

> 有価証券の定義などについて、詳しい内容は手形小切手法で学んでもらうとして、民法ではさらっと理解しておけば足ります。

有価証券に表示される債権のように、債権が証券と結びついているものを**証券的債権（指図債権）**という。これに対して、債権の発生・行使・移転に証券を必要としない債権のことを**指名債権**という。指名債権は、債権者がだれであるかが債権者の名前によって特定された債権である。たとえば、貸金債権や売買代金債権など、一般的な債権はほとんどが指名債権である。もっとも、平成29年改正民法が証券的債権に関する規定を廃止して有価証券に関する規定に改めたことにより、指名債権という概念を維持する必要はないとされている。

このような有価証券に表示される債権においては、その流通の安全性と権利行使の確実性についてより強い配慮が求められるから、その譲渡の法的処理は、債権者が特定しているこれまでの債権（指名債権）とはおのずから異なってくる。

そこで、民法は、有価証券全般に適用される通則的規定を設けた（520条の2から520条の20まで）。

← 「証券的債権（指図債権）」とは

← 「指名債権」とは

⇒ 部会資料74Ａ・13頁、潮見・改正法159頁

> 改正前民法は、「指名債権」という用語を使用していました（364条、467条、468条）。
> しかし、平成29年改正において、いわゆる証券的債権に関する規定が廃止され、有価証券に関する規定に改められた結果、指名債権という概念を維持する必要性が乏しいと指摘されていました。
> そこで、平成29年改正民法は、「指名債権」という用語を使用しないこととしました。また、平成29年改正に伴い、民法以外の法律についても指名債権という用語を使用しないこととされました（電子記録債権77条2項、動産債権譲渡特例4条1項等）。

(b) 平成29年改正

改正前民法は、指図債権（改正前民法469条、470条、472条）、記名式所持人払債権（改正前民法471条）および無記名債権（改正前民法473条、86条3項）の規定をおいていた。これらは、証券的債権といわれ、債権と証券とが結合されたものであって、債権の行使および譲渡のいずれにも証券を要するものとされていた。

これに対して、平成29年改正法では、以上のような証券的債権の有価証券性をふまえて、指図債権を**指図証券**（520条の2から520条の12まで）、記名式所持人払債権を**記名式所持人払証券**（520条の13から520条の18まで）、無記名債権を**無記名証券**（520条の20）という用語にそれぞれ改めるとともに、その他の記名証券の規定（520条の19）が新設された。

以下、順に見ていくことにする。

← 平成29年改正

(2) 指図証券

(a) 意義

指図証券とは、証券において権利者として指定された者またはその者が指示する者に対して給付をする旨の記載がある証券をいう。たとえば、倉荷証券、貨物引換証、船荷証券などである。

← 「指図証券」とは

⇒ 潮見・改正法206頁

(b) 規律

指図証券の譲渡に関する民法の規律は、以下のとおりである。

(i) 譲渡の効力要件

指図証券の譲渡は、その証券に譲渡の**裏書**をして譲受人に交付しなければ、

その効力を生じない(520条の2)。指図証券の有価証券性をふまえ、証券の譲渡の裏書と譲受人への交付が効力要件であることを定めたものである。

(ii) 譲渡の裏書の方式

指図証券の譲渡の裏書の方式については、手形法における裏書の方式に関する規定が準用される(520条の3)。

> **裏書**とは、手形法に定められた方式による手形債権の譲渡行為をいい、それには記名式裏書と白地式裏書とがありますが(手形13条)、この点は手形小切手法で学習することになります。本書ではあまり気にせずに、読み進めてください。

← 「裏書」とは

(iii) 裏書の連続による権利の推定

指図証券の所持人が裏書の連続によりその権利を証明するときは、その所持人は、証券上の権利を適法に有するものと推定される(520条の4)。

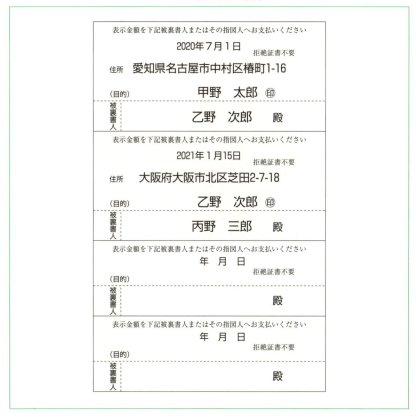

3-38 約束手形の裏面

520条の4は、手形法16条1項、小切手法19条、改正前商法519条1項と同内容の規定であるが、前2者の条文は、「適法ノ所持人ト看做(みな)ス」と規定している(改正前商法519条1項は前2者を準用)。しかし、判例は、手形法16条1項の「看做ス」とは、推定すると読み替えるべきであるとしている。なぜなら、文字どおり「看做ス」の意味に解すると、手形を盗取した者が自己への裏書を偽造して裏書の連続を作出したときでも、その者を権利者として扱うことになり、不都合だからである。そこで、民法520条の4は、「推定する」という文言を用いた。なお、平成29年改正に伴い、改正前商法519条1項は削除された。

➡ 最判昭和36年11月24日民集15巻10号2519頁

3-1 債権譲渡　129

(ⅳ) 善意取得

　なんらかの事由により指図証券の占有を失った者がある場合に、その所持人が裏書の連続によりその権利を証明するときは、その所持人は、その証券を返還する義務を負わない(善意取得、民520条の５本文)。ただし、その所持人が悪意または重大な過失によりその証券を取得したときは、このかぎりではない(520条の５ただし書)。動産の善意取得(即時取得)(善意・無過失、192条)以上の厚い保護を認めているのである。

　本条は、手形法16条２項、小切手法21条、改正前商法519条２項と同内容の規定であるが、平成29年改正に伴い、改正前商法519条２項は削除された。

(ⅴ) 善意の譲受人に対する人的抗弁の制限(切断)

　指図証券の債務者は、その証券に記載した事項およびその証券の性質から当然に生ずる結果を除き、その証券の譲渡前に債権者に対抗することができた事由をもって善意の譲受人に対抗することができない(民520条の６)。指図証券の譲渡における債務者の抗弁の制限(人的抗弁の切断)を定めるものである。

　なお、手形法17条、小切手法22条にも同趣旨の規定があるが、本条は、これらの規定と異なり、改正前民法472条と同様に、「証券の性質から当然に生ずる結果」についても、善意の譲受人に対して対抗することができると規定していることに注意してほしい。

(ⅵ) 質入れ

　(ⅰ)から(ⅴ)までで述べた民法520条の２から520条の６までの規定は、指図証券を目的とする質権の設定に準用される(520条の７)。この規定によって、指図証券の質入れは、証券への質権設定の裏書と証券の交付が効力要件となるほか、質入裏書の方式、権利者の推定、善意取得、抗弁の制限について、指図証券の譲渡等に関する規定が準用されることになる。

　なお、平成29年改正に伴って、改正前民法363条(債権質の設定)、改正前民法365条(指図債権を目的とする質権の対抗要件)の各規定は削除された。

(ⅶ) 弁済の場所

　指図証券の弁済は、債務者の現在の住所においてしなければならない(民法520条の８)。

　本条は、弁済の場所(484条１項)の特則を定めるものである。

　なお、本条は、改正前商法516条２項と同内容の規定であるが、平成29年改正に伴って改正前商法516条２項は削除された。

(ⅷ) 証券の提示と履行遅滞

　指図債権の債務者は、その債務の履行について期限の定めがあるときであっても、その期限が到来した後に所持人がその証券を提示してその履行の請求をした時から遅滞の責任を負う(民520条の９)。

　本条は、確定期限の履行遅滞(412条１項)の特則を定めるものである。

　なお、本条は、改正前商法517条と同内容の規定であるが、平成29年改正に伴って商法517条は削除された。

(ⅸ) 債務者の調査の権利等

　指図証券の債務者は、その所持人ならびにその署名および押印の真偽を調査する権利を有するが、その義務を負わない(民520条の10本文)。ただし、債務者に悪意または重大な過失があるときは、その弁済は、無効とする(520条の10ただし

書）。

(x) 証券の喪失と公示催告手続

指図証券は、非訟事件手続法100条に規定する公示催告手続によって無効とすることができる（民520条の11）。

本条は、改正前民法施行法57条と同内容の規定であるが、平成29年改正に伴って、改正前民法施行法57条は削除された。

(xi) 指図証券喪失の場合の権利行使方法

金銭その他の物または有価証券の給付を目的とする指図証券の所持人がその指図証券を喪失した場合に、非訟事件手続法114条に規定する公示催告の申立てをしたときは、その債務者に、その債務の目的物を供託させ、または相当の担保を供してその指図証券の趣旨に従い履行をさせることができる（民520条の12）。

本条は、改正前商法518条と同内容の規定であるが、平成29年改正に伴って、改正前商法518条は削除された。

(3) 記名式所持人払証券

(a) 意義

記名式所持人払証券とは、債権者を指名する記載がされている証券であって、その所持人に弁済をすべき旨が付記されているものをいう（民520条の13括弧書）。たとえば、記名式の社債券、記名式所持人払小切手（小切手5条2項）などである。

←「記名式所持人払証券」とは

3-39

(b) 規律

記名式所持人払証券の譲渡に関する民法の規律は、以下のとおりである。

(i) 譲渡の効力要件

記名式所持人払証券の譲渡は、その証券を交付しなければ、その効力を生じない（民520条の13）。記名式所持人払証券の有価証券性をふまえ、証券の交付が効力要件であることを定めたものである。

(ii) 権利の推定

記名式所持人払証券の所持人は、証券上の権利を適法に有するものと推定する（520条の14）。

本条は、小切手法19条、改正前商法519条1項と同内容の規定であるが、平成29年改正に伴って、改正前商法519条1項は削除された。

(iii) 善意取得

なんらかの事由により記名式所持人払証券の占有を失った者がある場合に、その所持人が民法520条の14の規定によりその権利を証明するときは、その所持人

は、その証券を返還する義務を負わない（520条の15本文）。ただし、その所持人が悪意または重大な過失によりその証券を取得したときは、このかぎりではない（520条の15ただし書）。

本条は、小切手法21条、改正前商法519条2項と同内容の規定であるが、平成29年改正に伴い、改正前商法519条2項は削除された。

(iv) 善意の譲受人に対する人的抗弁の切断（制限）

記名式所持人払証券の債務者は、その証券に記載した事項およびその証券の性質から当然に生ずる結果を除き、その証券の譲渡前の債務者に対抗することができた事由をもって善意の譲受人に対抗することができない（民520条の16）。

本条は、520条の6（指図証券の譲渡における善意の譲受人に対する人的抗弁の制限）と同内容の規定である。

(v) 質入れ

(i)から(iv)までで述べた520条の13から520条の16までの規定は、記名式所持人払証券を目的とする質権の設定に準用される（520条の17）。

この規定によって、記名式所持人払証券の質入れは、証書の交付が効力要件となるほか、権利者の推定、善意取得、抗弁の制限について、記名式所持人払証券の譲渡等に関する規定が準用されることになる。

(vi) 指図証券の規定の準用

指図証券に関する520条の8から520条の12までの規定は、記名式所持人払証券について準用される（520条の18）。

この規定により、記名式所持人払証券の弁済場所、債務者の履行遅滞の時期、債務者の調査の権利等、証券の喪失と公示催告手続、および証券喪失の場合の権利行使方法について、指図証券の規定が準用されることになる。

(4) その他の記名証券

(a) 債権者を指名する記載がされている証券であって指図証券および記名式所持人払証券以外のものは、債権の譲渡またはこれを目的とする質権の設定に関する方式に従い、かつ、その効力をもってのみ、譲渡し、または質権の目的とすることができる（520条の19第1項）。指図証券・記名式所持人払証券以外の記名証券としては、裏書禁止手形（手15条2項）、裏書禁止船荷証券などがあげられる。

これらの記名証券は、指図証券および記名式所持人払証券のような高度の流通性が予定されていないため、有価証券法理が妥当しない。そのため、指図証券・記名式所持人払証券以外の記名証券には、指図証券および記名式所持人払証券に認められる所持人の権利の推定（520条の4、520条の14）、善意取得（520条の5、520条の15）、抗弁の制限（520条の6、520条の16）は認められない。

(b) 520条の11（指図証券の喪失と公示催告手続）および520条の12（指図証券喪失の場合の権利行使方法）の規定は、指図証券・記名式所持人払証券以外の記名証券について準用される（520条の19第2項）。

(5) 無記名証券

(a) 意義

無記名証券とは、証券のうえに特定の権利者名が書かれておらず、債務者としては証券の所持人に対して履行をしなければならない債権を表示する証券をいう。たとえば、入場券、乗車券、商品券、劇場観覧券などのほか、無記名式の社

← 「無記名証券」とは

債券、国立大学法人等債券、無記名式の社会医療法人債券などがあげられる。

(b) 規律

無記名証券の規律について、520条の20は、第2款(記名式所持人払証券)の規定は、無記名証券について準用すると規定している。

この規定により、無記名証券には、有価証券法理に従って、記名式所持人払証券の規定が準用され、無記名証券の譲渡は証券の交付が効力要件となる(520条の13)ほか、証券の所持人の権利の推定(520条の14)、善意取得(520条の15)、抗弁の切断(520条の16)等が認められる。

なお、平成29年改正に伴い、改正前民法86条3項(無記名債権を動産とみなす旨の規定)および改正前民法473条(無記名債権の譲渡における債務者の抗弁の切断)の各規定は削除された。

【2】電子記録債権の譲渡

(1) 意義

電子記録債権とは、「電子記録債権法」において認められた債権であって、「その発生又は譲渡についてこの法律の規定による電子記録(電子債権記録機関が記録原簿に記録事項を記録することによって行うもの〔電子債権3条〕)を要件とする金銭債権」をいう(電子債権2条1項)。

←「電子記録債権」とは

電子記録債権法は、わが国の社会におけるIT化の進展のなかで登場したものであり、金銭債権、特に中小企業が有する売掛金債権を可視化することによりファイナンスへの活用を拡大することを目的として、平成19年に成立した。

指名債権においては、債権の存在や発生原因を確認するためのコストがかかるうえに、二重譲渡のリスクがあるし、手形債権においては、手形の管理コストや紛失によるリスク、印紙税を負担しなければならないというデメリットがある。電子記録債権は、以上のような指名債権や手形債権がもつ資金調達の阻害要因の包括的除去を図ることによって、事業者がより円滑に資金調達を受けられるためのものとして期待されている。

> 電子記録債権は、実務(特に銀行実務)では、"でんさい"とよばれています。そして、(社)全国銀行協会が設立した電子債権記録機関である(株)全銀電子債権ネットワークのことを"でんさいネット"とよんでいます。"でんさいネット"は、記録原簿を備え、利用者の請求に基づき電子記録や債権内容の開示を行うことなどを主業務とする電子記録債権の登記所のような存在です。

(2) 特徴

電子記録債権の特徴としては、

①その発生原因となった法律関係(原因関係)に基づく債権とは別個の金銭債権であること、

②当事者の意思表示のみならず、「電子債権記録機関」が作成する「記録原簿」に記録(「電子記録」)をしなければ発生および譲渡の効力が生じない債権であること、

③従来の指名債権および手形債権とは異なる類型の債権であること

があげられる。

具体的には、電子記録債権は、電子債権記録機関への記録(発生記録)によって

3-1 債権譲渡 **133**

成立する債権である（電子債権15条）。したがって、電子記録債権は、原因関係から切り離され、原因関係の無効・取消しあるいは解除による影響を受けない。また、原因関係上の法律関係およびそれに基づく原因債権と、電子記録債権にかかる法律関係および電子記録債権は、併存する。

さらに、電子記録債権の譲渡についても、電子債権記録機関への記録（譲渡記録）が効力要件となっている（電子債権17条。なお、善意取得〔電子債権19条〕、人的抗弁の制限〔電子債権20条〕）。

　　　以上のようなことから、電子記録債権では、原因債権が実際には存在しなかったというリスクや、二重譲渡のリスクを防止することができるという仕組みになっているのです。
　　　二重譲渡のリスクについて説明すると、たとえば、Aが、BおよびCに対して債権を二重譲渡しようとして、A→Bと、A→Cの譲渡記録請求をしようとしても、先に到達したA→Bの電子記録がなされることによって、Aはもはや電子記録債権者ではなくなってしまいます。ですので、その場合には、A→Cの譲渡記録請求はできなくなり、二重譲渡のリスクを防止することができます。

他方、電子記録債権の支払等（弁済、相殺、時効など）による消滅については、電子債権記録機関への記録を要件としない。すなわち、民法の一般原則に従って、電子記録名義人に対する支払等がなされた時点で、電子記録債権は消滅する（電子債権21条）。要するに、支払等の記録は、電子記録債権の消滅の要件ではなく、支払等の記録がなされるまでは、債権消滅事由の存在は当事者間の人的抗弁にすぎないものと位置づけられているのである。

第3章　債権債務の移転

2. 債務引受

1 債務引受序説

【1】意義

債務引受とは、債務の同一性を維持しながら債務を他人に移転することをいう。たとえば、Bが、Aに対して100万円の金銭債務を負っている場合に、当該債務をCが引き受けることがあげられる。この場合には、Cが新たな債務者となり、Aに対して100万円を支払う義務を負うこととなる。債務を引き受ける者（C）のことを、**引受人**という（470条1項、472条1項）。

債務引受は、元の債務者にも債務が残るか否かによって、2種類に分けられる。元の債務者にも債務が残り、引受人とともに債務を負うものを**併存的債務引受（重畳的債務引受）**という（470条1項）。これに対して、元の債務者の債務が消滅し、引受人のみが債務者となるものを**免責的債務引受**という（472条1項）。

▶平成21年第2問、予備2013年
●論点Aランク
←「債務引受」とは

←「引受人」とは

←「併存的債務引受（重畳的債務引受）」とは
←「免責的債務引受」とは

→ 一問一答183頁、中間試案の補足説明266頁

平成29年改正事項	債務引受の明文化	B3・C2

　改正前民法には、債務引受に関する規定が存在しなかった。しかし、債務引受が可能であることは、判例および学説上異論がなかった。また、債務引受は実務上も重要な機能を果たしているとの指摘もあった。
　そこで、平成29年改正民法は、債務引受を明文化し、要件や効果を整理した（470条から472条の4まで）。

3-40　債務引受の明文化

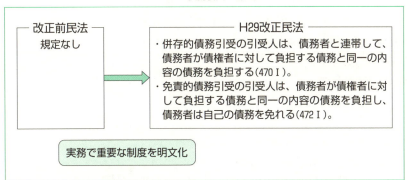

　以上のように、債務引受には、併存的債務引受と免責的債務引受とがあり、平成29年改正により明文化された。ただ、これらと異なり、明文化されていない履行の引受けというものがある。そこで、まずは履行の引受けの意味を説明し、その後で、債務引受（併存的債務引受、免責的債務引受）を詳述することにする。

【2】履行の引受け

　履行の引受けとは、債務者と引受人との間で、引受人が債務者の債務を履行する旨を約する契約をいう。たとえば、Bが、Aに対して100万円の金銭債務（甲債務）を負っている場合において、引受人CがBに対して甲債務の履行を引き受けることがあげられる。この場合には、Cは、Bとの関係ではAに対して甲債務を履行する義務を負うものの、Aとの関係では直接甲債務の履行責任を負うわけではない。すなわち、Aは、Bに対してのみ甲債務の履行を請求することができるにとどまる。これが債務引受との差である。

← 「履行の引受け」とは

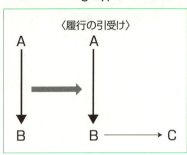

3-41 〈履行の引受け〉

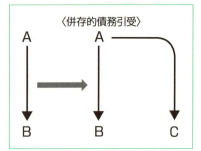

3-42 〈併存的債務引受〉

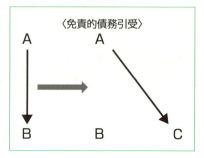

3-43 〈免責的債務引受〉

2 併存的債務引受

【1】要件

(1) 三面契約の場合

　明文規定はないものの、併存的債務引受は、債権者、債務者および引受人となる者の三面契約によって締結することができる。すなわち、債権者、債務者および引受人となる者の三者間において、引受人が債務者と連帯して、債務者が債権者に対して負担する債務と同一の内容の債務を負担する旨の合意をすることができ、これにより併存的債務引受が成立する。

(2) 債権者・引受人となる者間の契約の場合

　併存的債務引受は、債権者と引受人となる者との契約によってすることができる（470条2項）。

　たとえば、BがAに対して100万円の金銭債務（甲債務）を負っている場合に、AとCの間の契約によって、甲債務についてCが併存的債務引受をすることができる。この場合には、かりにCによる併存的債務引受がBの意思に反する場合であっても、併存的債務引受は有効である。債務者の意思に反しても有効である点は、保証契約と同様である。

(3) 債務者・引受人となる者間の契約の場合

　併存的債務引受は、債務者と引受人となる者との契約によってもすることができる（470条3項前段）。

　この場合の併存的債務引受の性質は、第三者（ここでは債権者）のためにする

→ 部会資料67 A・32頁、潮見・改正法165頁

→ 部会資料67 A・33頁、潮見・改正法166頁

→ 6章5節2【1】(1)

契約(537条)である。そのため、この場合の併存的債務引受は、**債権者が引受人となる者に対して承諾をした時**に効力を生じる(470条3項後段)ほか、第三者のためにする契約に関する規定に従う(470条4項)。

> **平成29年改正事項　併存的債務引受の要件**　B3
>
> 改正前民法のもとでも、三面契約によって併存的債務引受が成立する点に異論はなかった。
> また、改正前民法のもとでも、債権者・引受人となる者間の契約によって併存的債務引受が成立する点に異論はなかった。ただし、この場合に、債務者の意思に反しないことが必要か否かという点が問題となった。判例は、債務者の意思に反する保証が認められるところ、併存的債務引受は債権の履行を確保するという点で、保証と同様の機能を有することを理由とし、債務者の意思に反する併存的債務引受も認められるとした。
> そこで、平成29年改正民法は、債権者・引受人となる者間の契約によって併存的債務引受をする場合に、債務者の意思に反しないことを要件としなかった(470条2項)。
> また、改正前民法のもとでも、債務者・引受人となる者間の契約によって併存的債務引受をする場合、当該契約は第三者のためにする契約であり、債権者の引受人に対する権利が発生するためには債権者の受益の意思表示が必要であると理解されていた。
> そこで、平成29年改正民法は、債務者・引受人となる者間の契約によって併存的債務引受をする場合には、債権者の引受人に対する権利の発生には債権者の承諾が必要であり、その他第三者のためにする契約に関する規定に従うこととした(470条3項、4項)。

→ 部会資料67A・33頁、一問一答184頁、潮見・改正法165頁

→ 大判大正15年3月25日民集5巻219頁

3-44　併存的債務引受の要件

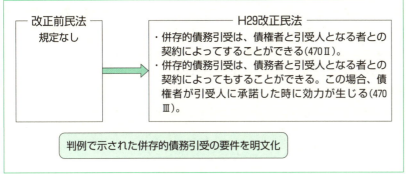

【2】効果

(1) 連帯債務関係

併存的債務引受の引受人は、債務者と連帯して、債務者が債権者に対して負担する債務と同一の内容の債務を負担する(470条1項)。すなわち、併存的債務引受によって引受人が負担する債務と債務者がもともと負担していた債務は、**連帯債務**の関係となる。

債務者または引受人が弁済その他の債務消滅行為をした場合には、特別の合意がないかぎり、連帯債務の規定に従って求償されると解される。債務者と引受人の負担割合は、当事者間の合意の解釈によって個別に判断されることとなるが、実質的には保証といえる場合には、実質的な保証人といえる者の負担割合はゼロと解すべきであろう。

→ 潮見・新債権総論Ⅱ503頁

> **平成29年改正事項　債務者と引受人の関係**　B3
>
> 改正前民法のもとで、判例は、併存的債務引受によって引受人が負担する債務と債務者がもともと負担していた債務の関係は、特段の事情のないかぎり連帯債務になるとした。

→ 部会資料67A・32頁、一問一答184頁、潮見・改正法165頁

→ 最判昭和41年12月20日（百選Ⅱ31事件）

しかし、この判例に対しては、連帯債務とすると絶対的効力事由が広く認められることとなり、債務者に不測の損害を及ぼすおそれがある等の批判が存在したが、平成29年改正民法は連帯債務における絶対的効力事由を限定したため、このような批判はあたらなくなった。

平成29年改正民法は、連帯債務における絶対的効力事由を限定したことに伴い、併存的債務引受における債務者と引受人の関係を連帯債務関係とした（470条1項）。

なお、連帯債務における絶対的効力事由の限定を前提としている点で、平成29年改正前の判例とは結論を異にする点に留意を要する。

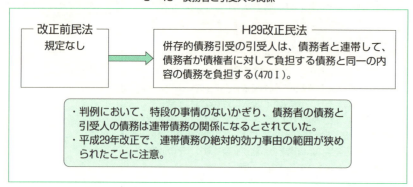

3-45 債務者と引受人の関係

(2) 引受人の抗弁等

(a) 債権者・引受人となる者間の契約の場合

引受人は、併存的債務引受により負担した自己の債務について、その効力が生じた時に債務者が主張することができた抗弁をもって債権者に対抗することができる（471条1項）。この趣旨は、引受人は併存的債務引受によって債務者が負担していた債務と同一内容の債務を負担することとなるため、債務を負担した時に債務者が有していた抗弁をもって債権者に対抗することができることを明らかにする点にある。

債務者が債権者に対して取消権または解除権を有するときは、引受人は、これらの権利の行使によって債務者がその債務を免れるべき限度において、債権者に対して債務の履行を拒むことができる（471条2項）。この趣旨は、引受人は債務者の有する取消権または解除権を行使することができないところ、債務者が取消権等を行使すれば引受人の債務も消滅するにもかかわらず、債務者が取消権等を行使するまでは債務の履行を拒絶できないとするのは不当であるから、引受人に**履行拒絶権**を認める点にある。

引受人が履行を拒絶できる範囲は、取消権等の行使によって債務者がその債務の履行を免れるべき限度にかぎられる。たとえば、継続的契約に基づいて毎月発生する債務を引き受けた場合に、その一部について不履行があったとしてその部分のみが解除できるときは、引受人が履行を拒むことができる範囲は、契約全体ではなく、解除によって債務者が債務を免れるべき限度にかぎられる。

債務者が債権者に対して相殺権を有する場合、引受人は、連帯債務者として、債務者の負担部分の限度で債権者に対して債務の履行を拒むことができる（470条1項、439条2項）。

(b) 債務者・引受人となる者間の契約の場合

債務者・引受人となる者間の契約の場合には、引受人は、(a)に加えて、第三者のためにする契約に基づく抗弁を主張することができる（470条4項）。すなわち、

← 債権者・引受人となる者間の契約の場合
→ 部会資料67A・33頁、潮見・改正法166頁

→ 部会資料67A・34頁、潮見・改正法167頁

→ 部会資料80-3・22頁

→ 部会資料83-2・26頁

← 債務者・引受人となる者間の契約の場合
→ 『債権各論』1章3節5

引受人は、引受契約に基づく債務者に対する抗弁を、債権者に対して主張することができる(539条)。たとえば、引受人が、引受契約について、債務者に対して錯誤や詐欺などを理由に取消権を主張できる場合には、債権者に対しても抗弁を主張することができる。

> これに対して、債権者・引受人となる者間の契約の場合、引受人は、債務者と引受人との間の原因関係から生じる事由をもって債権者に対抗することはできないと解されます。
> たとえば、引受人が併存的債務引受に応じた理由が債務者に対して売買代金債務を負っていたからであったところ、引受後、当該売買契約が解除されて売買代金債務が消滅したとします。この場合、引受人は、当該売買契約の解除をもって債権者に対抗することができません。
> ただし、債務者と引受人との間の原因関係が併存的債務引受の条件または合意内容となっていたときは、引受人は、当該原因関係から生じる事由をもって債権者に対抗することができると考えられます。
> だれとだれが契約した場合に、だれとだれの間のどのような事由が問題となるかが混乱しやすいので気をつけましょう。

→ 潮見・改正法167頁

平成29年改正事項　引受人の抗弁等　B3

改正前民法のもとでも、併存的債務引受の引受人は、債務者が負担していた債務と同一内容の債務を負担することとなるため、債務を負担した時に債務者が有していた抗弁をもって債権者に対抗することができると解されていた。また、債務者が債権者に対して取消権または解除権を有するときは、引受人は、その債務の履行を拒絶することができると解されていた。

そこで、平成29年改正民法は、引受人の抗弁等を明文化し、引受人が主張することができる抗弁等の範囲を明確にした(471条)。

→ 部会資料67A・33頁、一問一答184頁、潮見・改正法166頁

3-46　引受人の抗弁等

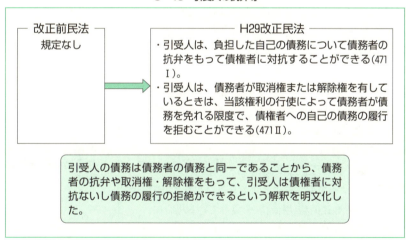

> 併存的債務引受は、債権の履行を確保するという点において、保証と同様の機能を有しています。そうであるところ、平成29年改正民法は、保証について、保証人保護のための規律を拡充しました。そのため、平成29年改正の際、保証人保護のための規律の適用を回避するために、機能が類似する併存的債務引受が利用されることによって、保証人保護の拡充という趣旨が達成できなくなるおそれがあるのではないか、という点が問題となりました。
> そこで、平成29年改正の検討段階では、引受人が債務者の負う債務を保証することを主たる目的とする場合(または、債務者が引受人の負う債務を保証することを主たる目的

→ 部会資料67A・34頁

とする場合)には、保証債務の規律を準用する旨の規定を設けることが検討されました。

　結局、具体的な規律の内容について意見の一致を得られなかったこと、および、そのような規定を設けなくても真に保証人保護の規律を及ぼすべき場合には、柔軟な契約の解釈等を通じて適切な結論を得ることが可能であると考えられたことから、このような規定は設けられませんでした。

　もっとも、明文規定はないものの、引受人が債務者の負う債務を保証することを主たる目的とする場合(または、債務者が引受人の負う債務を保証することを主たる目的とする場合)には、柔軟な契約の解釈等により、保証債務の規律によって処理することが適切と考えられます。

➡ 潮見・改正法165頁

3 免責的債務引受

【1】要件

(1) 三面契約の場合

　明文規定はないものの、免責的債務引受は、債権者、債務者および引受人となる者の**三面契約によって締結する**ことができる。すなわち、債権者、債務者および引受人となる者の三者間において、引受人が、債務者が債権者に対して負担する債務と同一の内容の債務を負担し、債務者は自己の債務を免れる旨の合意をすることができ、これにより免責的債務引受が成立する。

➡ 部会資料67 A・36頁、潮見・改正法168頁
← 三面契約の場合

(2) 債権者・引受人となる者間の契約の場合

　免責的債務引受は、**債権者と引受人となる者との契約**によってすることができる(472条2項前段)。この場合に、免責的債務引受は、**債権者が債務者に対してその契約をした旨を通知した時**に、その効力を生ずる(472条2項後段)。

　たとえば、BがAに対して100万円の金銭債務(甲債務)を負っている場合に、AとCの間の契約によって、甲債務についてCが免責的債務引受をすることができる。この場合の免責的債務引受の効力は、AがBに契約した旨を通知した時に生じる。

　かりに免責的債務引受が債務者の意思に反する場合であっても、免責的債務引受は有効である。債務者の意思に反しないことを要件とすることは、単なる債務免除が債務者の意思に反しても可能とされていることと整合しないからである。

← 債権者・引受人となる者間の契約の場合

➡ 部会資料67 A・37頁

(3) 債務者・引受人となる者間の契約の場合

　免責的債務引受は、**債務者と引受人となる者が契約をし、債権者が引受人となる者に対して承諾をすること**によってもすることができる(472条3項)。

　たとえば、BがAに対して100万円の金銭債務(甲債務)を負っている場合に、BとCの間で甲債務についてCが免責的債務引受をすることを約し、AがCに対して承諾したときは、免責的債務引受が成立する。

　この場合に、免責的債務引受の効力が発生するのは、**債権者の承諾があった時**である。債権者の承諾の効力を、債務者と引受人との合意時にさかのぼらせることはできない。したがって、先ほどの例で、BとCが合意した後、Aが承諾するまでの間に、Aの債権者であるDがAのBに対する債権を差し押さえていたときは、Aの承諾はDの差押えの効力に影響しない。言い換えるとDは、引受人Cではなく債務者Bに対して甲債務の履行を請求することとなる。

← 債務者・引受人となる者間の契約の場合

140　3章　債権債務の移転

平成29年改正事項	免責的債務引受の要件・効果	B3・C2

→ 部会資料67Ａ・36頁、一問一答184頁、潮見・改正法168頁

(1) 債権者・引受人となる者間の契約による免責的債務引受の要件

　改正前民法のもとでも、三面契約によって免責的債務引受が成立する点に異論はなかった。また、改正前民法のもとでも、債権者・引受人となる者間の契約によって免責的債務引受が成立する点に異論はなかった。ただし、この場合に、債務者の意思に反しないことが必要か否かという点が問題となった。判例は、第三者弁済(474条2項)や債務者の交替による更改(改正前514条)と同様に、債務者の意思に反する免責的債務引受は認められないとしていた。

→ 大判大正10年5月9日民録27輯899頁

　しかし、債務者の意思に反する免責的債務引受ができないとする判例に対しては、債権者と引受人が債務者の意思を知りえない場合に、免責的債務引受を有効に成立させることができるか否かが不明となり、取引の障害となるという批判が存在した。また、単なる債務免除が債務者の意思に反しても可能とされていることと整合しない点も批判されていた。

　他方で、判例によれば、債務者の意思に反しなければ免責的債務引受が有効に成立し、債務者はみずからの関与しないところで契約関係から離脱することとなる。この点について、単なる債務免除であっても債務者に対する意思表示が必要であることと整合しないとの批判が存在した。

　そこで、平成29年改正民法は、判例法理を変更し、債権者・引受人となる者間の契約による免責的債務引受について、債務者の意思に反しないことを要件としなかった(472条2項前段)。他方で、免責的債務引受の効力要件として債権者の債務者に対する通知を求めることで、債務者が知らないうちに契約関係から離脱することとなることを防止した(472条2項後段)。

(2) 債務者・引受人となる者間の契約による免責的債務引受の効果

　改正前民法のもとでも、債務者・引受人となる者間の契約によって免責的債務引受をする場合、債権者の承諾があれば有効に成立すると理解されていた。もっとも、免責的債務引受の効力発生時期については、債務者・引受人となる者の合意時点にさかのぼると解する見解が有力であった。

　しかし、この見解によると、合意の成立から債権者の承諾までの間に、免責的債務引受によって消滅する債権者の債務者に対する債権を差し押さえた第三者の差押えの効力が不明確となるなど、法律関係が不明確となるという問題が生じる。

← 免責債務引受の効力発生時期

　そこで、平成29年改正民法は、債務者・引受人となる者間の契約によって免責的債務引受をする場合には、債権者の承諾が契約の成立要件であり、債権者の承諾時に免責的債務引受の効力が発生することとした(472条3項)。

3-47　免責的債務引受の要件・効果

```
┌─ 改正前民法 ─┐        ┌──────── H29改正民法 ────────
│   規定なし    │        ・免責的債務引受は、債権者と引受人となる者との
│              │ ──→      契約によってすることができる。この場合におい
│              │          て、免責的債務引受は、債権者が債務者に対して
│              │          その契約をした旨を通知した時に、その効力を生
│              │          ずる(472Ⅱ)。
└─────────┘        ・免責的債務引受は、債務者と引受人となる者が契
                          約をし、債権者が引受人となる者に対して承諾を
                          することによってもすることができる(472Ⅲ)。
```

・債務者の意思に反する債権者・引受人間での免責的債務引受を認めていなかった判例を変更。
・債務者・引受人間の免責的債務引受について、債権者の承諾を成立要件とし、債権者の承諾時に効力が発生することとした。

3-2　債務引受　141

【2】 効果

(1) 引受人の債務発生と債務者の免責

免責的債務引受の引受人は債務者が債権者に対して負担する債務と同一の内容の債務を負担し、債務者は自己の債務を免れる(472条1項)。

(2) 引受人の抗弁等

引受人は、免責的債務引受により負担した自己の債務について、その効力が生じた時に債務者が主張することができた抗弁をもって債権者に対抗することができる(472条の2第1項)。この趣旨は、引受人は免責的債務引受によって債務者が負担していた債務と同一内容の債務を負担することとなるため、債務を負担した時に債務者が有していた抗弁をもって債権者に対抗することができることを明らかにする点にある。

➡ 部会資料67A・39頁

なお、併存的債務引受と同様に、免責的債務引受が債務者・引受人となる者間の契約によって成立した場合には、引受人は、引受人と債務者との間の引受契約から生じる事由をもって債権者に対抗することができる。他方で、免責的債務引受が債権者・引受人となる者間の契約によって成立した場合には、引受人は、引受人と債務者との間の原因関係から生じる事由をもって債権者に対抗することができない(ただし、その原因関係が免責的債務引受の条件または合意内容となっていた場合はこのかぎりでない)。

債務者が債権者に対して取消権または解除権を有するときは、引受人は、免責的債務引受がなければこれらの権利の行使によって債務者がその債務を免れることができた限度において、債権者に対して債務の履行を拒むことができる(472条の2第2項)。この趣旨は、引受人は債務者の有していた取消権または解除権を行使することができないところ、債務者が取消権等を行使していれば引受人の債務も消滅するにもかかわらず債務の履行を拒絶できないとするのは不当であるから、引受人に履行拒絶権を認める点にある。引受人が履行を拒絶できる範囲は、取消権等の行使によって債務者がその債務の履行を免れるべき限度にかぎられる。

➡ 部会資料67A・40頁

併存的債務引受と異なり、債務者が債権者に対して相殺権を有していたとしても、引受人は、相殺権を理由として、債権者に対して債務の履行を拒むことができない。この理由は、免責的債務引受の場合、これによって債務者が完全に免責される以上、債務者の有する相殺権は引受人の債務の帰すうに影響しない点にある。

➡ 部会資料67A・40頁

(3) 引受人の求償権

免責的債務引受の引受人は、債務者に対して求償権を取得しない(472条の3)。この趣旨は、免責的債務引受とは引受人が他人の債務を自己の債務としたうえで債務を履行するものであるから、それ自体には求償関係を発生させる基礎を欠いている点にある。そのため、472条の3は、本来ならば求償できるものについて創設的に求償を否定する規定ではなく、そもそも事務管理または不当利得に基づく求償をすることができないことを確認する規定である。

➡ 部会資料67A・39頁、潮見・改正法170頁

もっとも、472条の3は、債務者と引受人の間で、債務者が引受人に対して引受の対価として債務相当額を支払う旨の合意をすることを禁止するものではない。また、債務者の委託により引受人が債務を引き受けた場合には、債務相当額の支払いに関する合意がなくとも、引受人の、債務者に対する委任事務処理費用の事前または事後償還請求権として、債務相当額の支払請求権を観念することができ

ると解される（649条、650条）。

⑷　担保の移転

⒜　担保権設定者等の承諾

債権者は、免責的債務引受により債務者が免れる債務の担保として設定された担保権を引受人が負担する債務に移すことができる（472条の４第１項本文）。ただし、引受人以外の者が当該担保権を設定した場合には、その承諾を得なければならない（472条の４第１項ただし書）。この趣旨は、当該担保権設定者に不測の損害を被らせない点にある。

すなわち、免責的債務引受は債務の同一性を維持しながら債務を第三者に移転するものであるから、当該債務について付された担保権も維持すべきという要請がある一方で、免責的債務引受により債務者が交替することによって担保権設定の前提が変わることとなるため、当然に担保権が維持されることとすると担保権設定者に不測の損害を被らせるおそれがある。そこで、担保権を移転するためには担保権設定者（引受人を除く）の承諾を要することとした。

ここでいう承諾は、担保権移転に対する承諾の意思表示を意味する。担保権設定者の承諾により、担保権は**優先順位を維持したまま引受人の債務を担保する**こととなる。かりに当該担保権に後順位担保権者が存在したとしても、後順位担保権者の承諾を得ることなく、優先順位を維持したまま担保権を移転させることができる。これは、債務者の交替による更改について担保権の移転を認める518条が、同順位での担保権の移転を認めていることとのバランスを考慮したものである。

免責的債務引受により債務者が免れる債務について保証人がいる場合も同様である（472条の４第３項）。この場合には、保証の移転に対する保証人の承諾は、書面または電磁的記録でしなければならない（472条の４第４項、５項）。この趣旨は、446条２項、３項が保証契約の成立に書面要件を課していることとの整合性を図る点にある。

←「承諾」とは
➡ 潮見・改正法171頁

➡ 部会資料67Ａ・41頁

➡ 部会資料67Ａ・42頁、潮見・改正法173頁

⒝　担保権移転の意思表示の時期

担保権の移転は、**あらかじめ**または**免責的債務引受と同時**に、引受人に対してする意思表示によってしなければならない（472条の４第２項）。この趣旨は、免責的債務引受によって債務者の債務が消滅するため、遅くとも免責的債務引受の時までに担保権の移転を行わせることにより、消滅に関する付従性との抵触を回避する点にある。

➡ 部会資料67Ａ・41頁、80-3・22頁、83-2・26頁、潮見・改正法172頁

⒞　具体例

たとえば、ＢがＡに対して100万円の金銭債務（甲債務）を負っている場合に、甲債務についてＣが免責的債務引受をしたとする。

⒤　甲債務について自己の有する乙不動産に抵当権を設定した物上保証人Ｄがいる場合や、甲債務のために抵当権が設定されていた丙不動産を譲り受けた第三取得者Ｅがいる場合は、担保権の移転にはＤやＥの承諾を要する（472条の４第１項ただし書）。なお、「引受人以外の者がこれ〔担保権〕を設定した場合」（472条の４第１項ただし書）とは、担保目的物が当初担保を設定していた者から別の第三者（第三取得者）に譲渡されていた場合には、当初の担保権設定者ではなく、第三取得者の承諾が必要であることを表している。

➡ 部会資料67Ａ・42頁、潮見・改正法171頁

←「引受人以外の者がこれ〔担保権〕を設定した場合」とは

⒤⒤　甲債務について引受人Ｃが自己の有する丁不動産に抵当権を設定していた場

3-2　債務引受　　143

合や、甲債務のために抵当権が設定されていた戊不動産を譲り受けた者がCである場合は、担保権の移転にはCの承諾を要しない(472条の4第1項ただし書参照)。

(iii) 甲債務について債務者Bが自己の有する己不動産に抵当権を設定していた場合や、甲債務のために抵当権が設定されていた庚不動産を譲り受けた者がBである場合は、担保権の移転にはBの承諾を要する(472条の4第1項ただし書)。債務者は「引受人以外の者」(472条の4第1項ただし書)にあたるからである。この趣旨は、免責的債務引受の合意とは別に担保権移転の承諾の意思表示を要求することで、債務者が意図せずに担保権が移転する事態を防止する点にある。

→ 部会資料67A・42頁

(iv) 甲債務について保証人Fがいた場合、保証の移転にはFの承諾を要する(472条の4第3項・1項)。また、当該承諾は、書面または電磁的記録によらなければならない(472条の4第4項、5項)。

平成29年改正事項　免責的債務引受による担保権の移転　B3

改正前民法のもとで、判例は、免責的債務引受がされた債務について保証人や債務者以外の第三者が設定した担保権が存在した事案について、当然に引受人の債務を担保するものとはならず、保証人等の同意がないかぎり消滅するとした。

もっとも、債務者が設定した担保権が当然に移転するか否かについては、見解が対立しており不明確な状態にあった。また、担保権の移転について担保権設定者の同意があったとしても、当該担保権に後順位担保権者が存在した場合に担保権の順位を維持したまま移転することができるかという点についても、不明確な状態にあった。

そこで、平成29年改正民法は、免責的債務引受による担保権の移転について明文化し、債務者が設定した担保権の帰すうや後順位担保権者が存在した場合の処理も念頭におきつつ規定を整理した(472条の4)。

→ 部会資料67A・36頁、一問一答185頁、潮見・改正法171頁
→ 大判大正11年3月1日民集1巻80頁、最判昭和46年3月18日判時623号71頁

3-48　免責的債務引受による担保権の移転

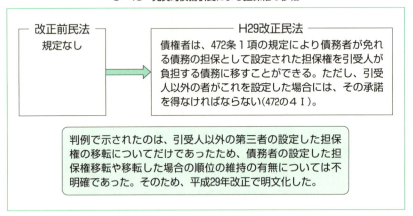

以上のように、併存的債務引受と免責的債務引受とを説明してきたが、両者には共通点と相違点があるので、次頁の表で確認しておいてほしい。

		併存的債務引受	免責的債務引受
契約の有効要件	債権者・引受人間	—	債権者の債務者への通知
	債務者・引受人間	債権者の承諾	左に同じ
債権者・引受人間の契約と債務者の意思		債務者の意思に反しても有効	左に同じ
債務者・引受人間契約の性質		①第三者のためにする契約 ②連帯債務	—
引受人の抗弁事由	債権者・引受人間の契約	債務者の有する抗弁事由	左に同じ
	債務者・引受人間の契約	①債務者の有する抗弁事由 ②引受契約に基づく債務者に対する抗弁	①左に同じ
債務者が取消権・解除権を有する場合		①引受人は取消権・解除権行使不可 ②履行拒絶可能	①左に同じ ②左に同じ
債務者が相殺権を有する場合		履行拒絶可能	履行拒絶不可
求償権の存否		あり	なし。ただし、委託を受けて引き受けた場合、委任事務処理費用(649、650)として請求可能
担保権・保証の移転		—	①引受人が担保権設定者・保証人の場合、引受人の承諾不要 ②引受人以外の者が担保権設定者・保証人の場合、これらの者の承諾必要

第3章 債権債務の移転

3. 契約上の地位の移転

1 意義

契約上の地位の移転とは、債権債務の発生原因である契約の当事者としての包括的な地位を移転することをいう(539条の2)。たとえば、賃貸人たる地位の移転、使用者たる地位の移転、フランチャイズ契約におけるフランチャイジー(加盟者)たる地位の移転や特許権におけるライセンサー(実施許諾者)たる地位の移転などがあげられる。なお、相続や合併などの一般承継による地位の移転は含まない。

契約上の地位の移転は、契約全般に関する規定であるから、民法第3編第2章「契約」の第1節「総則」に規定が設けられている。もっとも、契約上の地位の移転は、当該地位から発生する債権債務の移転を伴うため、債権譲渡・債務引受の延長として学習したほうが理解しやすいと思われる。

そこで、民法典上の位置づけとは異なるものの、便宜上、本節で説明する。

● 論点 B ランク

→ 中田・債権総論582頁
← 「契約上の地位の移転」とは

| 平成29年改正事項 | 契約上の地位の移転の明文化 | B 3 |

改正前民法には、契約上の地位の移転に関する規定が存在しなかった。
しかし、契約上の地位の移転が可能であることは、判例および学説上異論がなかった。
そこで、平成29年改正民法は、契約上の地位の移転を明文化し、要件や効果を整理した(539条の2)。

→ 一問一答231頁、部会資料74 A・16頁、中間試案の補足説明272頁

3-49 契約上の地位の移転の明文化

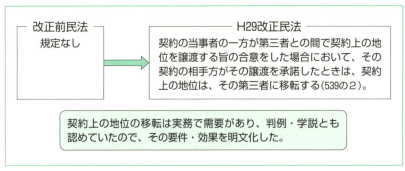

2 要件

契約の当事者の一方が第三者との間で契約上の地位を譲渡する旨の合意をした場合に、その契約の相手方がその譲渡を承諾したときは、契約上の地位は、その第三者に移転する(539条の2)。

たとえば、売主Aが、買主Bとの間で継続的売買契約を締結している場合において、売主たる地位をCに譲渡したいと考えたとする。この場合に、AがCとの間で当該継続的売買契約の売主たる地位を譲渡する旨の合意をし、これをBが承諾したときは、売主たる地位がAからCに移転する。

このように、契約上の地位の移転は、契約当事者の一方（譲渡人）、引受人（譲受人）、契約の相手方の三面契約によらなくても成立する。もっとも、契約上の地位の移転には債務引受の要素が含まれるため、契約上の地位の移転が効力を生じるためには、契約の相手方の承諾が必要となる。

→ 潮見・改正法174頁

なお、契約上の地位の移転の典型例のひとつである賃貸人たる地位の移転については、別途、605条の2、605条の3に規定されている。賃貸人たる地位の移転の場合は、契約上の地位が譲受人に承継されないことによって保護される利益が賃借人にないため、例外的に契約の相手方である賃借人の承諾を要しないとされている（605条の3）。539条の2は、賃貸人たる地位の移転以外に契約の相手方の承諾が不要となる場面を排斥するものではなく、解釈に委ねる趣旨である。

→ 最判昭和46年4月23日（百選Ⅱ41事件）

→ 部会資料74A・16頁

3 効果

→ 部会資料74A・16頁、中間試案の補足説明274頁

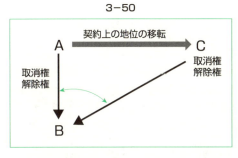

3-50

契約上の地位の移転により、契約上の地位は第三者に移転する（539条の2）。すなわち、当該契約から発生する債権債務が包括的に第三者に移転するほか、契約当事者たる地位に基づいて発生する解除権等の形成権も第三者に移転する。

また、契約上の地位の移転により、譲渡人は契約関係から離脱する。契約上の地位の移転に伴って、譲渡人は、原則として従前の契約関係から免責される。

→ 潮見・改正法174頁

> 民法は、契約上の地位が二重に譲渡された場合の対抗問題や、契約上の地位の移転と当該契約に基づいて発生した個々の債権の譲渡との対抗問題については何ら規定していません。これらの問題は、解釈に委ねられています。
> 債権譲渡の項でも解説したとおり、将来債権譲渡と契約上の地位の移転の競合問題はとても難しい発展的な問題ですので、基本事項の理解を確かなものにしてから取り組んでみてください。

→ 1節①【6】

○×問題で実力チェック

1．債権譲渡

01 金銭債権が譲渡された場合、すでに発生している利息債権も当然に移転する。

→ × 基本権たる利息債権は当然に移転するが、支分権たる利息債権は当然には移転しない

02 債権譲渡の譲受人は、当該譲受債権について解除権を行使することができる。

→ × 解除権は移転しない

03 年金受給権も金銭債権であるから、譲渡することができる。

→ × 国民年金法24条

04 生命又は身体が侵害されたことによって生じた不法行為に基づく損害賠償請求権は、その性質上、第三者に譲渡することはできない。（'16-17問-4）

→ × 466条1項、賠償請求権は金銭の支払を目的とするものであるから、慰謝料請求権についても、譲渡性が認められる

05 譲渡制限の意思表示がなされている債権を譲渡しても無効である。

→ × 466条2項

06 AのBに対する甲債権について譲渡制限の意思表示がなされている場合において、Aが譲渡制限について知っているCに甲債権を譲渡したときは、Bは、Cから債務の履行を請求されたとしても、その履行を拒絶することができる。

→ ○ 466条3項

07 譲渡制限特約付債権が譲渡され、譲受人が債務者に対し譲渡債権の履行を請求する場合、譲受人は、自己が譲渡制限特約を知らなかったことを主張立証しなければならない。（'10-19問-イ）

→ × 466条3項

08 譲渡制限の意思表示がなされている債権を譲り受けた悪意の譲受人は、債務者が債務を履行しない場合において、相当の期間を定めて自己への履行の催告をし、その期間内に履行がないときは、債務者から履行拒絶を受けなくなる。

→ × 466条4項。譲渡人への履行を催告する必要がある

09 A（東京都在住）がB（東京都在住）に対して100万円の金銭債権（甲債権）を有しており、甲債権に譲渡制限の意思表示がなされている場合において、AがC（大阪府在住）に対して甲債権を譲渡したときは、Bは、100万円を、Cの現在の住所を管轄する大阪府内の供託所とAの現在の住所を管轄する東京都内の供託所のどちらに供託してもよい。

→ ○ 466条の2第1項

10 AがBに対して100万円の金銭債権（甲債権）を有しており、甲債権に譲渡制限の意思表示がなされている場合において、AがCに対して甲債権の一部（50万円分）のみを譲渡した後、Aについて破産手続開始決定があったときは、Cは、Bに対して供託するよう請求することができない。

→ ○ 466条の3前段

11 譲渡制限の意思表示がなされている債権を差し押さえた債権者が譲渡制限の意思表示について悪意であった場合、債務者は、差押債権者に対して債務の履行を拒絶することができる。（'12-21問-5改題）

→ × 466条の4第1項

12 原則として譲渡制限の意思表示は債権譲渡の効力を妨げないが、預貯金債権の場合において悪意重過失の譲受人に譲渡されたときは、債権譲渡は無効となる。

→ ○ 466条の5第1項

13 譲渡人Aは、譲受人Bに対して、債務者Cに対して将来発生する賃料債権を譲渡したところ、Cに債権譲渡通知が到達する前に、当該賃料債権について譲渡制限の意思表示がされた。この場合、Cは、Bに対して債務の履行を拒絶することができる。

→ ○ 466条の6第3項

148　3章　債権債務の移転

14　債権の譲受人は、譲渡人に代位して債務者に対して債権譲渡の通知をすることにより、その債権譲渡を債務者に対抗することはできない。
（'11-20問-4、'12-21問-2、'17-19問-イ）

➡ ○　467条1項、大判昭和5年10月10日

15　AのBに対する債権がCに譲渡された場合、CがBに対して債権譲渡通知をしても債権譲渡をBに対抗することはできないが、BがCに債権譲渡を承諾したときは債権譲渡をCに対抗することができる。

➡ ○　通知は譲渡人がしなければならないが、承諾は譲渡人と譲受人のどちらにしてもよい

16　指名債権が二重に譲渡され、各譲渡についての確定日付のある証書による通知が同時に債務者に到達したときは、各譲受人は、債務者に対し、それぞれ譲受債権全額の弁済を請求することができる。（'11-20問-2）

➡ ○　最判昭和55年1月11日

17　債権が二重に譲渡され、第一の債権譲渡について譲渡人が債務者に対して確定日付のある証書によらずに通知をした後に、第二の債権譲渡について譲渡人が債務者に対して確定日付のある証書による通知をした場合、第一の譲受人は債権の取得を債務者にも対抗することができない。（'17-19問-エ）

➡ ○　467条1項、2項。大連判大正8年3月28日

18　Aは、Bに対する1000万円の金銭債権（甲債権）を有しており、甲債権を担保するため、B所有の乙土地に抵当権の設定を受けている。Aは、甲債権をCに譲渡し、同日中にBに対して譲渡通知を完了し、抵当権移転登記を行った。ところが、Aは、その後、甲債権をDにも譲渡し、確定日付のある証書による通知がBに到達した。この場合、Dのみが甲債権を有し、かつ、甲債権は乙土地の抵当権によって担保されている。

➡ ○　DはCに甲債権の取得を対抗することができる（467条2項）。抵当権の随伴性により、抵当権もDに帰属する

19　債権者AがCに対する第一譲渡については確定日付のある証書によらずに通知をしてこれが債務者Bに到達し、Dに対する第二譲渡については通知をしていない場合に、BがCに対して弁済をすれば、甲債権はこれによって消滅する。（'13-19問-ア改題）

➡ ○　467条1項、2項

20　Cに対する第一譲渡およびDに対する第二譲渡のいずれについても、債権者Aが確定日付のある証書によらずに通知をしてこれらが債務者Bに到達した場合には、これらの通知の到達後に、BがCに対して弁済をしても甲債権は消滅しない。
（'13-19問-イ改題）

➡ ×　467条2項

21　債権者AがCに対する第一譲渡については確定日付のある証書によって通知をしてこれが債務者Bに到達し、Dに対する第二譲渡については確定日付のある証書によらずに通知をしてこれがBに到達した場合には、これらの通知の到達後に、BがDに対して弁済をすれば、甲債権はこれによって消滅する。（'13-19問-ウ改題）

➡ ×　大連判大正8年3月28日。第1譲受人が467条2項による対抗力を具備した結果、第2譲受人が債権の取得を主張することができなくなり、第1譲受人が唯一の債権者となる

22　Cに対する第一譲渡およびDに対する第二譲渡のいずれについても、債権者Aが確定日付のある証書によって通知をし、これらの通知が同時に債務者Bに到達した場合には、Bは、Dからの請求に応じなくても債務不履行責任を負うことはない。
（'13-19問-エ改題、'17-19問-オ）

➡ ×　最判昭和55年1月11日

23　Cに対する第一譲渡およびDに対する第二譲渡のいずれについても、債権者Aが確定日付のある証書によって通知をし、これらの通知が同時に債務者Bに到達した後に、BがCに対して弁済をすれば、甲債権はこれによって消滅する。（'13-19問-オ改題）

➡ ○　最判昭和55年1月11日

24　同一の債権に対する債権譲渡と債権差押えとの間の優劣は、債権譲渡についての第三者対抗要件が具備された時と債権差押命令が当該債権の債務者に送達された時の先後で決する。（'12-21問-3）

➡ ○　最判昭和58年10月4日

○×問題で実力チェック　149

25　債権が二重に譲渡されたが、債務者がいずれの譲受人にも弁済していない場合において、譲受人の1人が債務者に対し譲受債権の履行を請求するとき、この譲受人は、競合する債権譲渡よりも前に自己への譲渡につき債権譲渡の第三者に対する対抗要件を具備したことを主張立証しなければならない。（'10-19問-エ）

→ × 債務者が抗弁として対抗要件がないことを主張立証することとなる

26　債権の譲受人が債務者に対して譲受債権の履行を請求してきたときに、債務者がこれを拒むためには、債権譲渡の通知がなくその承諾もないことを主張立証する必要はない。（'10-19問-オ）

→ ○ 譲受人において通知または承諾があったことを証明しなければならない

27　債権者Aは債務者Bに対する金銭債権（甲債権）をCに譲渡し、その通知がBに到達した。Bは、甲債権発生前に存在していたAに対する金銭債権（乙債権）を有していたところ、乙債権が甲債権譲渡通知到達後に第三者から譲り受けたものであるときは、甲債権と乙債権を相殺することができない。

→ ○ 469条2項ただし書

28　A法人がBに対する金銭債権をCに譲渡し、その債権の譲渡につき債権譲渡登記ファイルに譲渡の登記がされた場合であっても、Aからの債権譲渡通知がBに到達しておらず、かつ、Bがその債権譲渡を承諾していないときは、Cは、Bに対して自己が債権者であることを主張することができない。（'12-21問-4）

→ ○ 動産及び債権の譲渡の対抗要件に関する民法の特例等に関する法律4条1項前段、同条2項

2．債務引受

29　債権者Aが、債務者Bの意思に反して、引受人Cとの間で併存的債務引受の契約をした場合、その効力は生じない。（'10-20問-3、'17-20問-ア）

→ × 470条2項

30　債務者と引受人との間の合意により併存的債務引受がされた場合には、債権者が承諾した時に、債権者の引受人に対する債権が発生する。（'10-20問-4改題）

→ ○ 470条3項

31　併存的債務引受がされた場合には、引受人は、引受けに係る債務の消滅時効期間が債務引受までに満了したとしても、その債務の履行を拒絶することができない。
（'10-20問-5改題、'17-20問-イ）

→ × 470条1項、439条2項

32　免責的債務引受は、債権者、債務者及び引受人の三者の合意によらなければ、効力を生じない。（'10-20問-1）

→ × 472条2項、3項参照。大判大正14年12月15日

33　債権者Aは、債務者Bの意思に反する場合、引受人Cとの二者間の契約により、免責的債務引受の効力を生じさせることができない。（'17-20問-ウ改題）

→ × 472条2項

34　中古自動車の売買契約における売主Aに対する買主Bの代金債務について、Cを引受人とする免責的債務引受の効力が生じた場合において、その自動車が契約の内容に適合しておらず、債務の全部の履行が不能であるときは、Cはその売買契約にかかる債務の履行を拒絶することができる。（'17-20問-オ改題）

→ ○ 472条の2第2項、542条1項1号

35　債権者Aに対する債務者Bの債務について、Cを引受人とする免責的債務引受の効力が生じた場合には、Bの債務を担保するために第三者Dが設定していた抵当権は、Cの債務を担保することについてDの承諾がない限り、消滅する。（'17-20問-エ）

→ ○ 472条の4第1項ただし書

3．契約上の地位の移転

36　Aを売主、Bを買主とする100万円の絵画の売買契約が締結された場合において、当該絵画が贋作であり売買契約の内容に適合しておらず債務の全部の履行が不能であるときは、Aから代金債権を譲り受けたにすぎない者が売買契約を解除することはできないが、Aから売主たる地位を取得した者は売買契約を解除することができる。

→ ○ 539条の2

150　3章　債権債務の移転

第**4**章········**債権の消滅**

序. 債権の消滅原因総論

> 中田・債権総論296頁、
> 平野・債権総論348頁

1 総説

この章では、さまざまな債権の消滅原因を検討することにする。

債権は、契約、事務管理、不当利得および不法行為などさまざまな原因によって発生する。債権は、物権のように存続を目的とするものではなく、履行を受けて消滅することを目的とする権利である。そのため、発生した債権は、最終的には消滅していくこととなる。もっとも、債権の消滅原因ごとに検討すべき事項に違いが生じる。そこで、それぞれの債権消滅原因について検討していく必要がある。理論的にも実務的にも、特に弁済と相殺が重要である。

2 債権消滅原因の全体像

民法は、第3編第1章第6節「債権の消滅」において、弁済、相殺、更改、免除、混同という5つの消滅原因を規定している。「弁済」(第1款)の項目のなかには、弁済のほか、代物弁済(482条)と供託(494条から498条まで)についても規定されている。したがって、細かく分類すると、債権消滅原因には、**弁済、代物弁済、供託、相殺、更改、免除**および**混同**という7つの消滅原因が存在することとなる。

そのほか、債権の消滅原因として消滅時効(166条から169条まで)をあげることもできる。また、解除条件の成就、取消し、解除などによっても債権は消滅する。

平成29年改正前民法のもとでは、債務者の帰責事由によらない履行不能も債権の消滅原因のひとつと理解されていた。しかし、平成29年改正民法は、履行不能の場合には「債権者は、その債務の履行を請求することができない」(412条の2第1項)と規定し、債権は消滅せず債務者に**履行不能の抗弁**を認めるにとどめている。債権者は、契約が存在するかぎり反対給付義務を免れない(ただし、危険負担による履行拒絶は認められるため、536条1項)、反対給付義務を免れるためには契約を解除しなければならない(542条1項1号)。

← 平成29年改正

債権消滅原因の分類

目的の消滅による消滅原因	目的の到達	弁済
		代物弁済
		供託
	目的の到達の不能	―
目的の消滅以外の消滅原因		相殺
		更改
		免除
		混同

> 潮見・新債権総論Ⅰ280
> 頁、平野・債権総論348
> 頁
> 野澤・債権総論260頁

4-序 債権の消滅原因総論 **151**

第4章　債権の消滅

1. 弁済

1 弁済の意義と性質

【1】弁済の意義

　弁済とは、債務者がその内容である給付を実現して債権者の利益を充足させる行為をいう。たとえば、借金を返したり、売買の目的物を引き渡したりする行為などがあげられる。

　473条は、「債務者が債権者に対して債務の弁済をしたときは、その債権は、消滅する」と規定し、弁済が債権の消滅原因であることを定めている。

←「弁済」とは

←平成29年改正

> | 平成29年改正事項 | 弁済の意義 | B3 |
>
> 　弁済によって債権が消滅するということは、民法上のもっとも基本的なルールのひとつである。ところが、改正前民法は、そのことを明示する規定をおいておらず、弁済に関する規定が「債権の消滅」という節（第3編第1章第5節）におかれていることから、弁済が債権の消滅原因であることを読み取ることができるのみであった。
> 　しかし、その結果、弁済の款の冒頭に「第三者の弁済」(474条)という異例の事態を扱った規定がおかれることになって、弁済以外の債権の消滅原因に関する規定との平仄が合っていない状態にあった。
> 　そこで、平成29年改正民法は、473条において、弁済が債権の消滅原因であることを表すための規律を設けた。

➡ 部会資料70A・21頁、一問一答186頁

4-1　弁済の意義

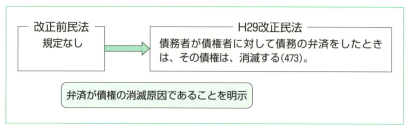

> 　**履行**は、弁済と同じ意味です。履行は、債権の動的側面からみた場合、つまり債権の実現過程（給付行為）に視点をおいた用語であるのに対し、弁済は、債権の消滅という効果（給付結果）に視点をおいた用語です。
> 　また、金銭債務の弁済を、特に**支払**という場合もあります。

➡ 中田・債権総論300頁、平野・債権総論350頁

【2】弁済の性質

　弁済は、一般に、**弁済意思を必要とせず、単に客観的に債務の内容に適した給付行為があればよい**と解されている（準法律行為説）。このように解すると、

➡ 中田・債権総論302頁、平野・債権総論350頁
● 論点Bランク

弁済は効果意思によって効力が生ずるのではなく、法律の規定によって効力を生ずる行為と考えることになる。

> 弁済は債権の内容を実現する行為ですが、これが意味するのは、債務の本旨に従った給付がなされることです。したがって、給付行為は弁済に欠くことができないものですが、給付行為それ自体が弁済であるわけではありません。そのため、この給付行為と弁済との関係をめぐって、弁済には弁済者に債務を消滅させようとする意思（弁済意思）が必要か否かが問題となるのです。換言すれば、弁済は事実行為か法律行為なのかという問題です。
> 　法律行為説は、弁済意思が必要とする見解（弁済は効果意思によって効力が生ずるという考え。なかには、弁済者の弁済意思だけでなく債権者の弁済受領意思も必要だとする見解もあります）ですが、これでは不作為債務の場合にも弁済意思の表示が必要ということになって、不都合であると批判されています。
> 　そこで、今日の通説は、本文で触れたように準法律行為説を採用しています。準法律行為説によれば、弁済の内容となる給付は、事実行為である場合も、法律行為である場合もあることになります。また、近時は、弁済の内容は事実行為であることも法律行為もあるとして、性質決定不要説も主張されています。

←弁済意思の要否

➡ 中舎・債権法332頁

2 弁済の提供

【1】意義

弁済の提供とは、債務者側において給付を実現するために必要な準備をして、債権者の協力を求めることをいう。

←「弁済の提供」とは

弁済は、債権者と債務者との間で一挙に行われるのではなく、ある程度の段階を経て行われる。すなわち、債務者がまず**弁済の準備**をし、その後債権者に対して**弁済の提供**をし、債権者がこれを**受領**するというプロセスを経て弁済が完成する。もとより、騒音をださない債務（不作為債務）のように、必ずしも債権者の協力を必要としない弁済もありうるが、ほとんどの場合には受領というかたちでの債権者の協力が必要となるのである。

このように、弁済の準備と受領の中間段階にあって債務者が最終的にすべき行為が弁済の提供であって、債務者としては弁済の提供までしておけばなすべきことをしたことになり、あとは債権者の受領を待つのみということになる。

そこで、民法は、「債務者は、弁済の提供の時から、債務を履行しないことによって生ずべき責任を免れる」と規定した（492条）。

このような弁済の提供は、①「債務の本旨」に従った、②現実または口頭の提供でなければならない（493条）。以下、順に見ていこう。

←「弁済の提供」の要件

【2】債務の本旨に従った弁済の提供

前述したように、弁済の内容となる給付は、事実行為にも法律行為にもなりうるが（準法律行為説）、いずれにしてもこの行為が債権者の利益となり、これによって債権の目的を達するものでなければならず、このような給付を実現させることが「債務の本旨」（415条、493条参照）に従った弁済の提供ということになる。そして、この「債務の本旨」に従うものかどうかは、結局、弁済の時期・時間、場所、内容などについてそれぞれ具体的に決定されることであるが、民法は、これについていくつかの補充規定をもって規準を示している。

4-1 弁済　**153**

(1) 弁済の時期・時間

(a) 弁済の時期

弁済のための給付・提供をする時期、いわゆる履行期は、当事者の特約または法律の規定によって定まる（573条、591条、597条、617条、662条など）。

履行期が定まっている場合には、弁済は履行期までに行うのが原則であるが、履行期が特に債権者・債務者双方のために定められているときは、債務者はその履行期においてのみ弁済できるにすぎず、債権者のためにのみ履行期が定められている場合には、履行期前の請求でも弁済しなければならない。

これに対して、履行期が定まっていない場合には、債権者の請求・催告がある時に、また、消費貸借については請求・催告後相当期間が経過する時までに（591条1項）、弁済すればよい。

(b) 弁済の時間

法令または慣習により取引時間の定めがあるときは、その取引時間内にかぎり、弁済をし、または弁済の請求をすることができる（484条2項）。平成29年改正により、旧商法520条による取引時間の規律を一般化したものである（これに伴い、旧商法520条は削除された）。

ただし、取引時間外にされた弁済の提供であっても、債権者が任意に弁済を受領し、かつ、それが弁済期日内であれば、債務者は履行遅滞を理由とする損害賠償責任を負うことはないし、履行遅滞を理由とする解除も問題とならないと解されている（判例）。

← 平成29年改正
→ 一問一答187頁

→ 潮見・改正法183頁

→ 最判昭和35年5月6日
民集14巻7号1136頁
● 論点B⁺ランク
← 取立債務と持参債務の区別

(2) 弁済の場所

弁済のための給付は、契約で定められた場所（履行地）でするのが通常であるが、その場所が定められていない場合には、次の規準による。

(a) 特定物の引渡しを目的とする場合

この場合には、「債権発生の時にその物が存在した場所」においてしなければならない（484条1項前段）。ただし、この場合であっても、履行不能による損害賠償債務の履行地は次の(b)の規準に従う。

(b) 特定物の引渡し以外の場合（その他の弁済の場合）

この場合には、「債権者の現在の住所」においてしなければならない（484条1項後段）。いわゆる**持参債務**になるわけである（**持参債務の原則**。例外として、574条、664条、商516条など）。

(3) 弁済の内容

(a) 特定物の現状による引渡し

債権の目的が特定物の引渡しである場合において、契約その他の債権の発生原因および取引上の社会通念に照らしてその引渡しをすべき時の品質を定めることができないときは、弁済をする者は、その引渡しをすべき時の現状でその物を引き渡さなければならない（**現状引渡義務**、483条）。

平成29年改正によって、「**契約その他の債権の発生原因及び取引上の社会通念に照らしてその引渡しをすべき時の品質を定めることができないとき**」という修飾語がつけられたが、これにより、この規定が任意規定であり、合意内容および契約から典型的に導かれるものとして契約の内容に適合した物を引き渡す義務が生じうることが明らかになったとされている。ここで想定されているのは、法定債権としての特定物引渡債権である。

← 平成29年改正

→ 潮見・改正法181頁

また、上記修飾語がつけられた結果、本規定により特定物債権において品質が契約の内容とならないとのドグマ(特定物ドグマ)を483条によって基礎づけることはできなくなったといわれている。

> 債務が契約によって発生している場合に、契約等で定まる品質を備えていないときは、品質に関する契約不適合の責任を負うので(562条から564条まで)、483条の規定にはほとんど意味がないといわれています(次頁の潮見先生の説明も参照のこと)。

➡ 中舎・債権法330頁

平成29年改正事項　特定物の現状による引渡し　　　B2

➡ 部会資料70 A・31頁、一問一答187頁

改正前民法483条は、「債権の目的が特定物の引渡しであるときは、弁済をする者は、その引渡しをすべき時の現状でその物を引き渡さなければならない」と規定していた。この点について、従来の通説は、改正前民法483条によって、債務者は履行期の現状で特定物を引き渡せばその履行義務を尽くしたことになるとしたうえで、善管注意義務違反がある場合にはこれによって損害賠償責任を負うことになると解していた。この見解は、特定物の引渡債務については、修補や代替物の給付が想定されない以上、その特定物を引き渡すほかないという観念を前提とするものであり、当該特定物に原始的な瑕疵が存在する場合についても、その物を引き渡せば完全な履行になるという考え方(特定物ドグマ)と通底する考え方であった。

しかし、現在、いわゆる特定物ドグマに対しては強い批判が向けられており、特定物であっても、瑕疵のある物を引き渡せば、債務不履行になりうるとの考え方が一般的になっていた。そして、この考え方を前提とすると、引き渡すべき物の性状は、取引通念などを考慮した契約の解釈により定められることになる。そのため、契約に基づく特定物引渡債務に関しては、改正前民法483条は任意規定としてもその存在意義を失っており、それにもかかわらず同条が存在することによって、誤解を生ずる原因にもなっているなどの指摘があった。以上のことから、改正前民法483条を削除すべきとの案が出されていた。

⬅ 特定物ドグマへの批判

しかし、改正前民法483条は債権総則におかれている規定であり、たとえば売買以外の契約に基づき特定物の引渡しをしなければならない場合や、不当利得返還請求権に基づき特定物の引渡しをしなければならない場合には、同条の適用の余地があるとの指摘がなされた。たとえば、不当利得返還請求権に基づく特定物の引渡しをする債務の内容については、同条によって、引渡しをすべき時点の現状で引き渡さなければならないことになるという解釈がありうる。この解釈を前提とすると、履行遅滞後の保管に関して善管注意義務を尽くしていたにもかかわらず生じた損耗等について債務者が責任を負うのは、同条が根拠となるが、同条を削除することでこの点についての解釈が不明確になりうるという問題があると考えられた。

➡ 部会資料83-2・29頁

そこで、平成29年改正民法は、特定物の引渡しをすべき時の品質を定める判断基準を、「契約その他の債権の発生原因及び取引上の社会通念に照らして」と改めた(483条)。

4-2　特定物の現状による引渡し

改正前民法	H29改正民法
債権の目的が特定物の引渡しであるときは、弁済をする者は、その引渡しをすべき時の現状でその物を引き渡さなければならない(483)。	債権の目的が特定物の引渡しである場合において、契約その他の債権の発生原因および取引上の社会通念に照らしてその引渡しをすべき時の品質を定めることができないときは、弁済をする者は、その引渡しをすべき時の現状でその物を引き渡さなければならない(483)。

> 売買契約に基づき引き渡すべき特定物の品質については、当事者間の合意によって定まることから、いわゆる特定物ドグマを否定することを明らかにした。そのうえで、売買以外の契約や、不当利得返還請求権に基づき特定物の引渡しをしなければならない場合への本条の適用の余地を残した。

4-1　弁済　155

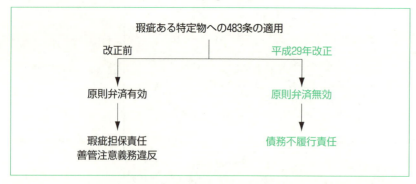
4-3

　潮見先生は、前記の部会資料での説明とややニュアンスを異にしますが、次のように説明しています。
　すなわち、売買の場合には、種類・品質・数量が契約の内容に適合していることが典型的な債務内容となることを前提として規律が設けられていることから(562条参照)、契約内容に不適合なもの(瑕疵ある物)が提供されても、483条が適用される余地はないとします。また、請負についても同様であるとします(559条・562条参照)。
　また、法定債権である不当利得返還請求権についてですが、給付利得の場合には、返還すべき特定物の一部消失・損傷の場合の処理は価額償還に関する法理に従うことになるし、侵害利得の場合には、所有権に基づく返還請求権の履行不能の問題として処理されることになるから(類型論の立場)、483条が適用される場面は、ごくわずかであるとしています。

➡ 潮見・改正法182頁

(b)　他人の物の引渡し

●論点B ランク

　弁済者が弁済として他人の物を引き渡したときには弁済の効力が生じないはずであるが、民法は、債権者の利益のために返還を制限した。すなわち、弁済をした者が弁済として他人の物を引き渡したときは、その弁済をした者は、更に有効な弁済をしなければ、その物を取り戻すことができない(475条)。
　また、民法は、475条の場合に、債権者が弁済として受領した物を善意で消費し、または譲り渡したときは、その弁済は有効とするとしている(476条前段)。この趣旨は、善意の債権者を保護する点にある。この場合に、債権者が第三者から賠償の請求を受けたときは、弁済をした者に対して求償することを妨げない(476条後段)。

| 平成29年改正事項 | 制限行為能力者による弁済(改正前民法476条)の削除 | B2 |

➡ 部会資料70A・25頁、一問一答186頁

← 制限行為能力による弁済(改正前民法476条)の削除

　改正前民法476条は、「譲渡につき行為能力の制限を受けた所有者が弁済として物の引渡しをした場合において、その弁済を取り消したときは、その所有者は、更に有効な弁済をしなければ、その物を取り戻すことができない」と規定し、制限行為能力者による弁済を定めていた。
　しかし、弁済を法律行為とみない今日の理解(準法律行為説)のもとでは、弁済そのものの取消しではなく、給付の内容である法律行為の取消しにのみ適用されるものであると考えられており、具体的な適用場面は、制限行為能力者が代物弁済した場合にかぎられるといわれていた。そのため、改正前民法476条はその存在意義が疑問視されていた。そして、平成29年の改正により、代物弁済契約は諾成契約と改められたため(482条)、代物の給付は代物弁済契約の履行であって、法律行為ではないため取消しの対象とはならず、他方、代物弁済契約を取り消したとしても、弁済を取り消したこととはならないため、改正前民法476条の適用場面が消滅することになると指摘されていた。
　そこで、平成29年改正民法は、改正前民法476条を削除することとした。

156　4章　債権の消滅

なお、この規定の削除に伴い、改正前民法477条(弁済として引き渡した物の消費または譲渡がされた場合の弁済の効力等)は、「前2条」が「前条」に改められたうえで、条番号が繰り上がり、476条となった。

4-4 制限行為能力者による弁済(改正前民法476条)の削除

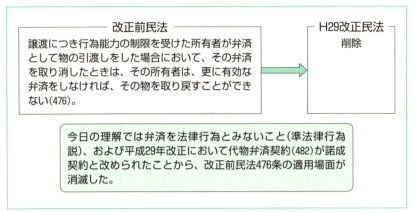

	代物弁済取消しの対象	改正前476条適用の可否
改正前	代物弁済契約＋弁済	可
平成29年改正	代物弁済契約	不可

(c) **預金または貯金の口座に対する払込みによる弁済**

債権者の預金または貯金の口座に対する振込みによってする弁済は、債権者がその預金または貯金にかかる債権の債務者に対してその払込みにかかる金額の払戻しを請求する権利を取得した時に、その効力を生ずる(477条)。

上記規定は、預貯金口座への払込みによってする弁済が許容されている場面に、弁済の効力が生ずる時期について定めるものである。

← 平成29年改正

→ 一問一答186頁、潮見・改正法177頁

→ 部会資料83-2・29頁

> どのような場合において、預貯金口座への払込みによって弁済することができるかという点については解釈に委ねられています。477条は、上記のような弁済が許容されている場面にかぎって、弁済の効力が生ずる時期を規定したものです。

「債権者がその預金又は貯金に係る債権の債務者に対してその払込みに係る金

→ 部会資料70B・6頁、潮見・改正法178頁

4-5

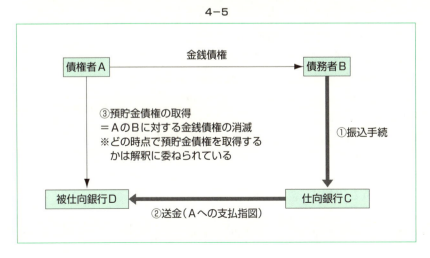

額の払戻しを請求する権利を取得した時」がいつか（入金記帳時か、被仕向銀行が支払指図を承諾した時点か、被仕向銀行の口座に記帳された時点かなど）、については、当該預貯金契約の解釈に委ねられている。また、どの預貯金口座への払込みによって弁済することができるかについても、解釈に委ねられている。

→ 中舎・債権法331頁

(4) 弁済の費用

弁済の費用について別段の意思表示がないときは、その費用は、債務者の負担とする（485条本文）。この趣旨は、弁済は債務者の行為なので、債務者の負担とすることが当事者の意思に沿う点にある。

ただし、債権者が住所の移転その他の行為によって弁済の費用を増加させたときは、その増加額は、債権者の負担とする（485条ただし書）。この規定は、公平の考慮に基づくものである。

【3】 弁済の提供の方法

●論点Aランク

(1) 2つの方法——現実の提供と口頭の提供

弁済の提供の方法について、民法は、原則としては現実の提供をするように定め、例外的に口頭の提供で足りる場合もあるとしている。すなわち、493条は、「弁済の提供は、債務の本旨に従って現実にしなければならない。ただし、債権者があらかじめその受領を拒み、又は債務の履行について債権者の行為を要するときは、弁済の準備をしたことを通知してその受領の催告をすれば足りる」と規定している。順に検討していく。

(2) 現実の提供

(a) 意義

現実の提供とは、「債務の本旨に従って」「現実に」された提供をいう（493条本文）。

← 「現実の提供」とは

「債務の本旨に従って」といえるかどうかは、債権の目的、法律の規定、慣習、信義則によって判断される。

> 「債務の本旨」という言葉は、415条と493条本文とにでてきますが、両者は同じ意味です。493条本文を見ると、現実の提供のときにのみ「債務の本旨に従」うことが要件とされているようにも読めますが、「債務の本旨に従」うことは、現実の提供、口頭の提供のいずれにも要求される一般的要件です。ただ、実際には、現実の提供の場合に必要とされることが多いとの指摘もあります。

「現実に」とは、「債務者としてその事情の下でなしうる限りのことをし、ただ、債権者の協力がないために履行を完了できないという程度にまですべてのことをなし尽く」したということであり、債権者のなすべき唯一の協力が受領である場合は、「債権者が直ちに給付を受領できるよう」にしなければならない（判例）。

→ 大判大正10年7月8日
民録27輯1449頁

(b) 提供の内容における事例

具体的な問題は、金銭債務かそれ以外かで異なってくるので、分けて検討していこう。

(i) 金銭債務の場合

弁済は、通常は金銭によってなされる（402条）。金銭債務は、一般に現実の提供をなすのに適する債務であって、通常、債務者が金銭を持参し提示することによってなされる。ただし、金銭を持参すれば、提示しなくても現実の提供となる

158　4章　債権の消滅

場合がある。判例は、地代の支払につき借地人が地代を持っていったが地主が受領を拒絶したので地主に提示しなかった場合や、約定の場所に代金を持参したが債権者が来なかった場合にも、現実の提供があったとしている。

また、金銭を持参する者は債務者である必要はなく、判例は、転買人が現金を持って同行している場合や、代理人が現金を携行している場合も現実の提供となるとしている。

さらに、一部弁済の提供は債権者の承諾がないかぎり「債務の本旨に従っ」たものとはいえないが、提供金額の僅少な不足があるにすぎない場合には信義則上有効な弁済とされる（判例）。

金銭以外の支払方法についてであるが、判例は、郵便為替、振替貯金払出証書の提供を現実の提供と認めている。金銭の支払と同様に支払が確実だからである。小切手の提供について、判例は、特別の意思表示、取引上の慣習がなければ現実の提供にならないとしているが、銀行の自己宛小切手の提供は、特段の事情がないかぎり、現実の提供になるとしている。

> 小切手は、必ず支払われるとはかぎりません。ですので、一般的には小切手の提供では現実の提供とはならないのです。ただし、銀行の**自己宛小切手**（**預金小切手**とか**預手**とよばれます）、すなわち銀行が振り出し、その銀行の支店を支払場所とする小切手は、ほとんど確実に支払われます。ですから、特段の事情がないかぎり、現実の提供になるとされるのです。

(ⅱ) 金銭債務以外の場合

金銭以外の物を目的とする債務の弁済については、おおよそ金銭債務の場合の規準に沿って理解されている。判例は、商品の弁済の提供について、これに代わるものとして、受取人が記載商品を自由に処分できる形式の貨物引換証でもよいとし、また、不動産の売主の債務は、期日に登記の準備をして登記所に出頭すれば、特別の事情がないかぎり、引渡しをしないでも現実の提供があったといえるとする。

(3) 口頭の提供

(a) 口頭の提供で足りる場合

口頭の提供とは、債務者が弁済の準備をしたことを債権者に通知して受領を催告することをいう（493条ただし書）。**言語上の提供**ともいう。

口頭の提供は、493条ただし書が規定するとおり、**債権者があらかじめ受領を拒んだとき**と、**債務の履行について債権者の行為を要するとき**にかぎって認められる。

(ⅰ) 債権者があらかじめ受領を拒んだとき

この場合に、口頭の提供で足りる理由は、現実の提供を要求することは債務者に無駄を強いるので合理性がなく、不公平だからである。このような債権者の受領拒絶は、たとえば、賃貸人が増額の賃料でなければ受領しないなどの場合である。

また、この場合にも、債務者は弁済の準備をすることは必要であるが、その準備は、債権者が翻意して受領しようとすれば債務者のほうでこれに応じて給付を完了することができる程度のもので足りると解されている。

→ 最判昭和23年12月14日
民集2巻13号438頁
→ 最判昭和32年6月27日
民集11巻6号1154頁

→ 大判昭和5年4月7日
民集9巻327頁
→ 大判大正10年3月23日
民録27輯641頁

→ 大判大正9年12月18日
民録26輯1947頁
→ 大判大正8年7月15日
民録25輯1331頁
→ 大判大正9年2月28日
民録26輯158頁
→ 大判大正8年8月28日
民録25輯1529頁
→ 最判昭和37年9月21日
民集16巻9号2041頁

→ 大判大正13年7月18日
民集3巻399頁

→ 大判大正7年8月14日
民録24輯1650頁

← 「口頭の提供」とは

← 「口頭の提供」の要件

(ii) 債務の履行について債権者の行為を要するとき

　この場合に、口頭の提供で足りる理由は、債権者が先行行為をしないかぎり、債務者が現実の提供をすることは不可能だからである。

　たとえば、取立債務の場合には、債権者の取立行為がこの先行行為にあたる。この場合に要求される弁済の準備は、債権者の協力(先行行為)があればただちにこれに応じて弁済を完了しうる程度のものと解されている。

　もっとも、債権者が取立てに来ないかぎり、債務者は履行遅滞にならないから、弁済の提供による債務不履行からの解放(492条)を求める必要はないことについては注意を要する。すなわち、債権者が取立てに来ないかぎり、債務者は、口頭の提供(弁済の準備および後述する通知・催告)をしなくても、履行遅滞責任を負わない。

　493条ただし書が債務者の債務不履行責任からの解放のために意味をもつのは、債務者がすでに履行遅滞にあって、履行遅滞責任を免れようとする場合である。この場合には、口頭の提供をしなければ履行遅滞責任を免れない(492条参照)。また、債務者がより積極的に対応しようとする場合には、口頭の提供をする必要がある。たとえば、双方の債務が同時履行の関係にある場合において、取立債務を負う債務者が相手方の同時履行の抗弁権を消滅させて契約を解除するときは、口頭の提供をする必要がある。また、債権者を受領拒絶の状態にして供託する場合にも、口頭の提供をする必要がある。

(iii) 準備・通知・催告

　前述した債権者の受領拒絶・先行行為の必要のいずれの場合であっても、債務者は、弁済の**準備**をしたことを債権者に**通知**してその受領を**催告**することが必要である。通知と催告は同時であってもよい。

　判例には、引渡し場所を「深川渡し」として口頭の提供をしたことについて、受取方も取引慣習上それが深川所在の「丸三倉庫」であることを知っていたはずであり、かりに知らなくても信義則上問合せをすべきであることを要し、これを怠ったときは遅滞の責めを免れないとしたものがある。

> 大判大正14年12月3日民集4巻685頁

(b) 口頭の提供も不要とされる場合

← 口頭の提供も不要とされる場合

　前述したように、債権者の受領拒絶の場合であっても、口頭の提供は必要であるが(493条ただし書)、およそいかなる場合でも受領しないというように、債権者の受領拒絶の意思が強い場合にも口頭の提供を要するかどうかについては争いがある。この点について、債権者の拒絶の態度が強くても翻意の可能性が絶対にないとはいえないとして口頭の提供を必要とする見解もあるが、判例・通説は、**債権者に弁済を受領しない意思が明確に認められる場合**には、債務者は、口頭の提供をしなくても債務不履行の責めを免れるとしている。

> 最判昭和23年12月14日民集2巻13号438頁、最大判昭和32年6月5日民集11巻6号915頁

4-6

債務者のなすべきことが軽減される	現実の提供	←--- 原則
	口頭の提供(準備+通知・催告)	←--- ・債務者があらかじめ受領を拒んだとき ・債務の履行のため債権者の行為を要するとき
	口頭の提供すら不要(準備のみ)	←--- 受領拒絶の意思が明確であるとき

さらに、判例は、賃貸借契約の終了などを理由に一度受領しなかった貸主は、受領拒絶の態度を改めたことを表示する等の措置を積極的に講じないかぎり、借主の債務不履行の責めを問いえないとしている。もっとも、判例は、弁済の準備ができるだけの経済状態にないために口頭の提供もできない債務者は、債権者が弁済を受領しない意思が明確な場合であっても、弁済の提供をしないかぎり、債務不履行の責めを免れないとしている。

➡ 最判昭和45年8月20日
民集24巻9号1243頁

➡ 最判昭和44年5月1日
民集23巻6号935頁

> 以上のような一連の判例の事案は、すべて不動産賃貸借契約の解除が問題となったものです。ですので、これらの判例を一般化すべきでないという指摘がなされています。

【4】弁済の提供の効果

(1) ①履行遅滞による責任の不発生

債務者は、弁済の提供の時から、債務を履行しないことによって生ずべき責任を免れる(492条)。具体的には、履行遅滞に基づく損害賠償責任(415条)や契約解除(541条)の問題は生じない。債務者は、遅延賠償、遅延利息・違約金の支払を免れる。他方、債権者は、履行遅滞を理由とする解除・担保権の実行をすることができない。

← 平成29年改正
← 債務不履行責任と
弁済の提供

> このように「責任を免れる」(492条)という言葉には、損害賠償責任が発生しないというだけでなく、解除権が発生しないということも含意されていると解されています。ただし、このような捉え方は、結論はよいとしても、平成29年改正後の民法における解除制度の目的には沿わないとの指摘がなされています。すなわち、改正前民法では解除が債務者に対する責任追及手段と捉えられていたことから「責任を免れる」という表現になじみますが、平成29年改正民法では解除は債権者を契約の拘束力から解放するための制度と理解されているため、「責任を免れる」という表現と整合しません。
> また、平成29年改正民法は、弁済提供の効果としては、①履行遅滞による債務不履行の不発生と、次に触れる②債権者の同時履行の抗弁権の消滅に整理したうえで、①のみを規定することにしています。②は533条においてすでに規定されている内容だからです。
> なお、③約定利息の不発生は、改正前民法のときから、解釈上認められていた弁済の提供の効果です。

➡ 潮見・改正法186頁、潮見・新債権総論Ⅱ30頁

➡ 部会資料70A・37頁

(2) ②債権者の同時履行の抗弁権の消滅

弁済の提供により、債権者は同時履行の抗弁権(533条)を行使することができなくなる。債務者は、債権者に対する履行請求や解除権の行使にあたり、債権者から同時履行の抗弁の対抗を受けることはない。ただし、現実の履行段階で、債権者は先履行義務を負うわけではなく、なお同時履行の抗弁権を行使することができる。

← 同時履行の抗弁権
と弁済の提供

> 債務者が弁済の提供をすると、もはや債権者は、品物を引き渡してくれるまで代金は払いませんといった同時履行の抗弁権の主張はできなくなります。同時履行の抗弁権というのは、あくまでも相手方が弁済の提供をしてくれるまでの間、こちら側の履行を拒むことができる権利ですから、債務者が弁済の提供をして「はい、どうぞ」と言ってきた以上、債権者としては「提供してくれるまでは払いません」とは、もはや言えないわけです。
> もっとも、この同時履行の抗弁権というのは、一度弁済の提供をしたからといって、完全に消滅してしまうわけではありません。たとえば、ある時点において買主が代金を支払ってくれない場合、売主がしばらくしてもう一度請求をしたとすると、そのときには、再

← 履行の請求と弁済
の提供

4-1 弁済　161

び売主が請求に際して弁済の提供をしないかぎり、買主には同時履行の抗弁権が認められます。買主にしてみても、一度弁済の提供をされたからといって永久に同時履行の抗弁権を失ってしまうのでは、不安に違いありません。次回は、売主が履行しない可能性もあるのですから、再び請求されたときにはやはり同時履行の抗弁権を主張したいと考えるでしょう。すなわち、履行を請求する場合には、売主としては**弁済の提供を継続**しておかなければならず、弁済の提供を継続しないかぎり、買主の同時履行の抗弁権は失われないと解されています(判例)。

→ 大判明治44年12月11日民録17輯772頁、最判昭和34年5月14日民集13巻5号609頁(ただし、傍論)

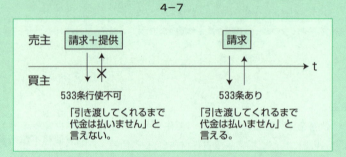

4-7

これに対して、買主に対して契約の解除を主張する場合には、一度弁済の提供をすれば、その後の契約解除のときに再び弁済の提供をして解除をするという必要はありません。言い換えれば、契約解除の前提としての**弁済の提供は一度だけ行えばよい**と解されています(判例)。これは、同時履行の抗弁権のところでも触れますが、そもそも同時履行の抗弁権というのは、履行上の牽連関係というものを維持しようという趣旨のものです。これに対して、契約を消滅させてしまおうと考えている契約解除の場面においては、もはや履行上の牽連関係を維持する必要がなく、同時履行の抗弁権というものを考える必要性がありません。したがって、一度弁済の提供をすれば、もはや再び弁済の提供をするまでもなく、買主の同時履行の抗弁権は奪われてしまうということになるのです。

← 契約の解除と弁済の提供

→ 大判昭和3年5月31日民集7巻393頁

→ 『債権各論』1章2節②【6】(4)参照

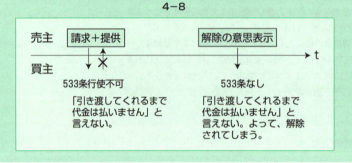

4-8

(3) 約定利息の不発生

弁済の提供の時より、債務者は利息の支払を免れる(判例)。弁済の提供があるにもかかわらず、その利息の支払を認めることは、提供後に遅延利息を支払わせるようなものであるし、また、提供後にも利息の発生を認めると、債権者が故意に約定期間を延長することを認めることになるからである。

← 約定利息と弁済の提供

→ 大判大正5年4月26日民録22輯805頁

改正前民法では、①**注意義務の軽減**、②**増加費用の債権者負担**、③**危険の移転**も弁済の提供の効果としてあげられていましたが、平成29年改正民法のもとでは、①②③は**受領遅滞の効果**(413条1項、2項、413条の2第2項)として規定されています。
なお、平成29年改正民法のもとでは、同時履行の抗弁権の喪失や、弁済供託権(494条1項1号)についても、受領遅滞の効果と解してよいとする見解もあります。

→ 2章4節

→ 中舎・債権法336頁

4-9

┌─ 弁済提供の効果 ─────────────────────────────
│ ①債務不履行責任からの解放（492）
│ ・遅延賠償、遅延利息、違約金の支払を免れる
│ ・債権者は、債務不履行を理由とする解除・担保権の実行はできない
│ ②相手方の同時履行の抗弁権（533）を奪う
│ ③約定利息の不発生
└──

3 弁済の主体（当事者）──弁済者と弁済受領者

弁済の効果が発生するための要件の問題としては、大きく、「だれがだれに対して弁済すべきか」という弁済の主体（弁済者・弁済受領者）の問題と、「いつ、どこで、何を、どのように弁済すべきか」という弁済の仕方（時期・時間・場所・内容・費用）の問題とに分類することができるが、後者については 2【2】ですでに触れたので、ここでは弁済の主体（弁済者・弁済受領者）を見ていこう。

➡ 中田・債権総論317頁参照

【1】弁済者

弁済は、債務者が行うのが本来のかたちであるが、そのほか、弁済権限を与えられた者や、一定の第三者も弁済をすることができる。

⑴ 債務者

債務者は、当然、弁済者である。債務者が履行補助者を用いて弁済することも、債務者の弁済とみなされる。

⑵ 弁済権限を与えられた者

債務者の意思または法律の規定により、弁済権限を与えられた者、すなわち債務者の代理人、財産管理人（25条、918条、926条、936条、943条、952条など）、破産管財人（破78条）なども弁済をすることができる。

⑶ 第三者──第三者弁済

⒜ 第三者弁済の要件

⒤ 第三者弁済の可能性

債務の弁済は、第三者もすることができる（民474条1項）。第三者弁済を原則として有効とするものである。

> この第三者弁済の意味は、①債務者以外で、②特別の弁済権限を与えられていない者が、③第三者として弁済することです。ですから、次のような場合には第三者弁済にはあたりません。すなわち、連帯債務者（436条）や保証人（446条）は、自己の債務を弁済するので①にあたりません。また、債務者の代理人等は、前述したように弁済権限を与えられた者ですから、②にあたりません。そして、③自己の債務として弁済した者については不当利得（707条）の問題となります。

➡ 中田・債権総論323頁
← 「第三者弁済」とは

⒤ 第三者弁済の制約・禁止

以下のような3つの場合には、例外的に第三者弁済をすることは許されない。

ⅰ 性質上の制限（474条4項前段）

債務の性質によって第三者弁済が許されないことがある（474条4項前段）。

たとえば、絵を描く債務を負っている債務者に代わって第三者が絵を描いても、債務の弁済とはならない。

← 平成29年改正
← 「第三者弁済」が許されない場合

4-1 弁済　163

ii　意思表示による禁止・制限(474条4項後段)

　当事者が第三者の弁済を禁止したり、制限する旨の意思表示をしたりしたときは、第三者弁済は許されない(474条4項後段)。

　たとえば、債権者Aと債務者Bとの間で、Bのみが弁済をすることができ、第三者の弁済を許さないという特約を結んだとすれば、第三者であるCは、弁済をすることができなくなる。

iii　利害関係を有しない第三者についての特別の制限(474条2項本文、474条3項本文)

　以上のような制限が認められない事例でも、「弁済をするについて正当な利益を有する者でない第三者」については、**債務者**または**債権者**の意思に反する場合には弁済ができない(474条2項本文、474条3項本文)

　第1に、弁済をするについて正当な利益を有する者でない第三者は、**債務者**の意思に反して弁済することができない(474条2項本文)。このような制限が設けられた趣旨は、他人の弁済によって恩義を受けることを潔しとしない債務者の意思を尊重するとともに、弁済をした第三者による過酷な求償権の行使から債務者を保護する点にある。

> 　つまり、474条2項本文は、債務者が「あくまでも自分で払う。第三者には弁済してほしくない」と思っているときに、「弁済をするについて正当な利益を有する者でない第三者」が、余計なおせっかいで第三者弁済をすることは認められないということです。また、怖いヤミ金が第三者弁済をしてくれたからといって、そのヤミ金から今度は求償権に基づく取立てを受けたのでは、たまったものではありません。ですから、債務者にしてみれば、あの人には支払ってもらいたくないという場合があるということで、「弁済をするについて正当な利益を有する者でない第三者」による弁済は、債務者の意思に反しては行えないとしたわけです。

　平成29年改正により、474条2項本文は、改正前民法474条2項にいう「利害関係」を「正当な利益」に変更して、弁済者代位における法定代位の要件(500条括弧書)にそろえるとともに、「弁済をするについて正当な利益を有する者でない第三者」の弁済は、債務者の意思に反する場合には、無効になると規定する。

← 平成29年改正

平成29年改正事項　「利害関係」から「正当な利益」への変更　　**B2**

➡ 部会資料70A・23頁、一問一答189頁

　改正前民法474条2項は、債務者の意思に反して第三者が弁済をするためには、その者が「利害関係」を有する必要がある旨を規定していた。他方で、改正前民法500条は、弁済をした第三者が「正当な利益を有する者」である場合には、その第三者は、求償権を取得するとともに、当然に債権者に代位すること(法定代位)ができるとされていた。この「利害関係」を有する第三者と「正当な利益を有する者」の関係について、保証人や連帯債務者のようにみずから債務を負う者は、第三者弁済をする「利害関係」を有する第三者に該当せず、「正当な利益を有する者」のみに該当するという差異がある旨の指摘があった。

　しかし、「利害関係」を有する第三者と「正当な利益を有する者」という文言の使い分けから、このような差異を読み取ることは困難である。また、法定代位制度の目的が第三者による弁済を促進することにあるとされているように、両者が密接に関連する制度であることから、両者の要件を共通にすることによって、両者の関係を条文上も明らかにすることが望ましい。

　そこで、平成29年改正民法は、当然に第三者による弁済をできる者の要件を「正当な利益を有する者」として、法定代位が認められる要件の文言と一致させることにした(474条2項本文)。

164　4章　債権の消滅

4−10　「利害関係」から「正当な利益」への変更

改正前民法	H29改正民法
・債務の弁済は、第三者もすることができる。ただし、その債務の性質がこれを許さないとき、または当事者が反対の意思を表示したときは、このかぎりでない。 ・利害関係を有しない第三者は、債務者の意思に反して弁済をすることができない（474）。	・債務の弁済は、第三者もすることができる。 ・弁済をするについて正当な利益を有する者でない第三者は、債務者の意思に反して弁済をすることができない。ただし、債務者の意思に反することを債権者が知らなかったときは、このかぎりでない（474Ⅰ、Ⅱ）。

第三者として弁済をすることができる者の要件を「正当な利益を有する者」として、法定代位が認められる要件と統一

　ここにいう「正当な利益」を有する者の意義について、判例（ただし、改正前民法下の「利害関係」の解釈として）は、**弁済をするについて法律上の利害関係を有する第三者**をいうとして、債務者である会社の第二会社的立場にすぎない第三者は利害の関係を有するとはいえないとし、また、債務者の親族は利害関係を有しないとしている。

> 　判例の立場では、たとえば、夫の借金を妻が弁済するとか、子の借金を父が弁済するという場合の妻や父は、事実上家族としての利害関係があるとしても、法律上の利害関係があるとはいえないので、債務者（夫や子）の意思に反する弁済は許されないのです。この場合には、他人に支払ってもらうことを潔しとしない、債務者の意思を尊重するわけです。

　これに対して、物上保証人、抵当不動産の第三取得者、後順位抵当権者は、法律上の利害関係を有する者として、「正当な利益」を有する者にあたるので、債務者の意思に反しても第三者弁済をすることができる。たとえば、債務者が弁済をしなければ、物上保証人は抵当権のような担保物権を実行されて所有権を失うおそれがあるから、債務者の意思に反しても第三者弁済をすることができるわけである。また、判例は、借地上の建物の賃借人は、その敷地の地代の弁済について法律上の利害関係を有するとしている。

> **★重要判例（最判昭和63年7月1日〔百選Ⅱ32事件〕）**
> 　「借地上の建物の賃借人はその敷地の地代の弁済について法律上の利害関係を有すると解するのが相当である。けだし、建物賃借人と土地賃貸人との間には直接の契約関係はないが、土地賃借権が消滅するときは、建物賃借人は土地賃貸人に対して、賃借建物から退去して土地を明け渡すべき義務を負う法律関係にあり、建物賃借人は、敷地の地代を弁済し、敷地の賃借権が消滅することを防止することに法律上の利益を有するものと解されるからである。」
> **【争点】**借地上の建物の賃借人は、その敷地の地代の弁済について法律上の利害関係を有するか。
> **【結論】**有する。

> 　繰り返しになりますが、物上保証人は、「正当な利益を有する者」として、債務者の意思に反しても第三者弁済をすることができるのに対して、連帯債務者（436条）や保証人（446

←「正当な利益」とは
→ 最判昭和39年4月21日民集18巻4号566頁
●論点Bランク
→ 大判昭和14年10月13日民集18巻1165頁

→ 最判昭和63年7月1日（後出重要判例）

条)は、実質的には他人の債務の弁済にあたるとしても、形式的には、自己の債務を弁済することになるので、第三者弁済とはならないということに注意してください。

もっとも、弁済をするについて正当な利益を有する者でない第三者の弁済が、債務者の意思に反する場合であっても、債権者が債務者の意思に反することを知らなかったときは、その第三者弁済は有効である（474条２項ただし書）。この趣旨は、債務者の内心を知りえない債権者を保護する点にある。

← 平成29年改正

⇒ 部会資料70Ａ・23頁、77Ｂ・8頁

| 平成29年改正事項 | 第三者弁済における債権者保護 | B２ |

改正前民法474条２項は、利害関係を有しない第三者は、債務者の意思に反して弁済することができないと規定していた。この趣旨は、他人の弁済によって恩義を受けることを潔しとしない債務者の意思を尊重するとともに、弁済をした第三者による過酷な求償権の行使から債務者を保護する点にある。

しかし、利害関係を有しない第三者による債務者の意思に反しない弁済の提供について、債権者は受領を拒絶することができないと一般に考えられているため、債権者は、債務者の意思に反するかどうかの確認を待たずに第三者から受領してしまうことがありうる。この場合に、債務者の意思に反することが事後的に判明したときに、債権者に対して給付物の返還という不利益を甘受させてまで、債務者を保護する必要があるか疑問である。

そこで、平成29年改正民法は、弁済をするについて正当な利益を有する者でない第三者は、債務者の意思に反して弁済をすることができないとしつつ、債務者の意思に反することを債権者が知らなかったときは、当該弁済を有効と規定した（474条２項）。

4－11　第三者弁済における債権者保護

【改正前民法】
・債務の弁済は、第三者もすることができる。ただし、その債務の性質がこれを許さないとき、または当事者が反対の意思を表示したときは、このかぎりでない。
・利害関係を有しない第三者は、債務者の意思に反して弁済をすることができない（474）。

【H29改正民法】
・債務の弁済は、第三者もすることができる。
・弁済をするについて正当な利益を有する者でない第三者は、債務者の意思に反して弁済をすることができない。ただし、債務者の意思に反することを債権者が知らなかったときは、このかぎりでない（474Ⅰ、Ⅱ）。

債務者の意思に反する弁済であることを知らずに第三者の弁済を受領した債権者を保護

4－12　474条2項ただし書適用場面

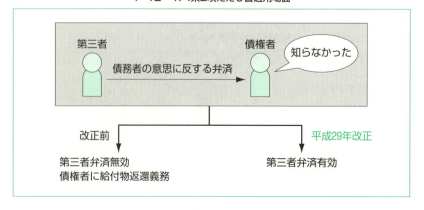

166　4章　債権の消滅

> 前述したように、改正前民法下での判例は、「利害関係」の意義について、法律上の利害関係を要求しています。しかし、学説は、判例の立場は明確性を欠くとして、利害関係をより広く解釈すべきであると批判していました。平成29年改正で、「利害関係」から「正当な利益」へ変更され、474条2項ただし書が設けられて第三者が弁済できる場合が緩和された背景には、このような事情があるとして、改正の前後で具体的な違いはないものの、今後の解釈においても、「正当な利益」はできるだけ広く解し、かつ、正当な利益がないことの主張・立証責任は債務者にあると解すべきであるという指摘がなされています。

→ 中舎・債権法343頁

← 平成29年改正

　第2に、弁済をするについて正当な利益を有する者でない第三者は、**債権者**の意思に反して弁済することができない(474条3項本文)。この趣旨は、債権者を保護する点にある。

　ただし、その第三者が債務者の委託を受けて弁済をする場合に、そのことを債権者が知っていたときは、その弁済は有効である(474条3項ただし書)。

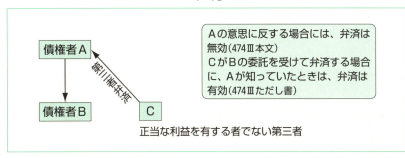

4-13

(b)　**第三者弁済の効果**

　第三者が正当に弁済するときは、弁済としての効力を生ずる(弁済の効果については、4で説明する)。また、第三者の正当な弁済の提供は弁済の提供の効果をもち、債権者は受領を拒絶することができず(拒絶すると受領遅滞となる)、債権者が受領すれば債権は消滅する。

→ 本節4

　ただし、弁済した第三者は、当該債権を行使することがあるし、債務者に対して求償権をもつことがある。この場合には、求償権を確保するために、弁済者が債権者の権利を行使することがある。これを**弁済による代位**(**代位弁済**、**弁済者代位**)というが、これについては、後述する。

→ 本節4【3】

【2】弁済受領者

次に、弁済受領者について見ていくことにする。

(1)　**債権者**

(a)　**原則**

　債権者は、当然弁済を受領することができる。債権者に対して弁済をすれば、通常、債権は消滅する。

(b)　**例外——弁済受領権限の喪失等**

　債権者が受領権限を喪失したり、制限されたりしている場合には、債権者に対する弁済は、例外的に認められない。

← 債権者が弁済受領権者にあたらない場合

(i)　**債権が差押えを受けたとき**

　差押えを受けた債権の第三債務者が自己の債権者に弁済をしたときは、差押債権者は、その受けた損害の限度においてさらに弁済すべき旨を第三債務者に請求

← 平成29年改正

することができる(481条1項)。「差押え」には、仮差押えを含むと解されている。

→ 潮見・新債権総論Ⅱ 197頁

> AのBに対する債権αを、Aの債権者Cが差し押さえたとします。この場合、481条1項、2項に即していうと、Cが差押債権者、Aが債権者、Bが第三債務者となりますが、債権αとの関係では、Aが債権者、Bが債務者となります。ややこしいところですので、次の図で確認してください。

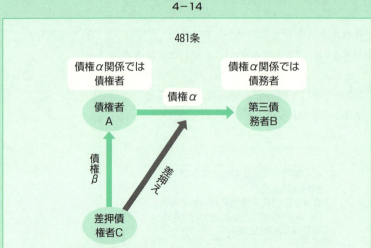

> 差押えを受けた債権αの債務者Bが債権者Aに弁済したとき、差押債権者Cは、「その受けた損害の限度において更に弁済すべき旨」を第三債務者Bに請求することができ、差押え(弁済禁止)を無視して弁済をしたBは結果として二重払いを強いられる。

> この場合、裁判所は、Aに対し債権αの取立てを禁止し、Bに対しAへの弁済を禁止します(民執145条1項)。そして、差押えを受けた債権αの債務者Bが、自己の債権者Aに対し弁済をしたときは、差押債権者Cは、「その受けた損害の限度において更に弁済すべき旨」を第三債務者Bに請求することができるのです(民481条1項)。つまり、第三債務者Bは、債権者Aと差押債権者Cに二重払いを強いられます。第三債務者Bは差押えを受けている以上、債権者Aに対する弁済が禁止されているのであり、それを無視して弁済した以上、二重払いを強いられてもやむをえないのです。

また、481条1項の規定は、第三債務者からその債権者に対する求償権の行使を妨げない(481条2項)。

> 先の例でいうと、二重払いをさせられた第三債務者Bは、債権者Aにした弁済について返還請求をすることができるということです。

(ⅱ) **債権者の倒産**

債権者について破産手続が開始した場合には、その債権は破産財団に属し、その管理処分権は破産管財人に専属する(破34条1項、78条1項)。他の倒産手続においても同様である(民再38条、64条1項、66条、会更72条1項など)。

(ⅲ) **債権者の質入れ**

債権者がその債権に質権を設定した場合には、債権者は、債権の取立てをすることができず、受領権限を失う(民執145条1項類推適用)。

(iv)　行為能力の制限

　債権者が制限行為能力者である場合には、弁済の受領権限がなかったり、制約されたりすることがある(民13条1項1号、17条1項など)。

(2)　受領権者

　受領権者とは、法令の規定または当事者の意思表示によって弁済を受領する権限を付与された第三者をいう(478条括弧書)。

　具体的には、法令の規定による場合として、財産管理人(25条、918条、926条、936条、943条、952条など)、債権質権者(362条1項)、債権者代位権者(423条)、差押債権者(民執155条)、破産管財人(破78条)などを、当事者の意思表示による場合として、債権者の代理人、取立てを委任された者などをあげることができる。

(3)　受領権者以外の者に対する弁済

　債権者または受領権者以外の者に対して給付をしても、原則として弁済の効果は生じない。

　もっとも、後述する民法478条の場合を除き、受領権者以外の者に対してした弁済は、債権者がこれによって利益を受けた限度においてのみ、その効力を生ずる(479条)。たとえば、債権者の無権代理人が弁済を受けたものを債権者に引き渡したときには、その限度で弁済の効力がある。この趣旨は、債権者はこの弁済によって利益を受けた限度においては債権がそれによって目的に到達するので弁済の効力があるとする点にある。判例は、弁済受領者にその権限がないことにつき弁済者が悪意であったときでも、479条の適用があるとする。

(4)　受領権者としての外観を有する者に対する弁済

(a)　意義

　弁済を受領した者が債権者らしい外観を有しており、弁済者がその者を債権者であると信じたのも無理からぬという場合には、受領権者以外の者に対する弁済であっても、弁済者の信頼を保護する必要がある。このことは、その弁済者を救済するためだけではなく、より一般的に取引の安全の保護に資することになる。

　そこで、民法は、「受領権者(債権者及び法令の規定又は当事者の意思表示によって弁済を受領する権限を付与された第三者をいう……。)以外の者であって取引上の社会通念に照らして受領権者としての外観を有するものに対してした弁済は、その弁済をした者が善意であり、かつ、過失がなかったときに限り、その効力を有する」(478条)と規定する。これを、**受領権者としての外観を有する者に対する弁済**という。外観に対する信頼を保護する制度として、表見代理(109条、110条、112条)などとともに、重要な意味をもつものである。具体例については、後述する。

平成29年改正事項	「債権の準占有者」の文言の変更	B1

　改正前民法478条は、「債権の準占有者に対してした弁済は、その弁済をした者が善意であり、かつ、過失がなかったときに限り、その効力を有する」と規定していた。

　しかし、この「債権の準占有者」という文言については、そもそも用語としてわかりにくいという問題が指摘されていたほか、みずから債権者であると称する者が含まれうることが明らかである一方、債権者の代理人と称する者が含まれるかどうかが文言から必ずしも明らかでないといわれていた。判例は、債権者の代理人と称する者を準占有者に該当するとし、その後の学説の多くも、取引の安全に資するとして、これを支持していた。

　そこで、平成29年改正民法は、上記判例等をふまえ、債権の準占有者という文言の実質的な

← 「受領権者」とは
← 平成29年改正

→ 大判昭和18年11月13日
　民集22巻1127頁

← 平成29年改正

← 「受領権者としての外観を有する者に対する弁済」とは

→ 部会資料70A・26頁、
　一問一答186頁

→ 最判昭和37年8月21日
　民集16巻9号1809頁

← 「債権の準占有者」の文言の変更

4-1　弁済　169

意味を明確化するために、「受領権者……以外の者であって取引上の社会通念に照らして受領権者としての外観を有するもの」として改めた（478条）。

4−15　「債権の準占有者」の文言の変更

- 改正前民法 -
債権の準占有者に対してした弁済は、その弁済をした者が善意であり、かつ、過失がなかったときにかぎり、その効力を有する（478）。

→

- H29改正民法 -
受領権者（債権者および法令の規定または当事者の意思表示によって弁済を受領する権限を付与された第三者をいう。以下同じ。）以外の者であって取引上の社会通念に照らして受領権者としての外観を有するものに対してした弁済は、その弁済をした者が善意であり、かつ、過失がなかったときにかぎり、その効力を有する（478）。

既存の判例・通説の立場を明確化し、表見受領者に対する弁済を保護することを明らかにした。

| 平成29年改正事項 | 受取証書の持参人に対する弁済（改正前民法480条）の削除 | B1 |

→ 部会資料70Ａ・28頁、一問一答187頁

　改正前民法480条は、受取証書の持参人であれば債権者から受領権限を与えられているのが通常であるとして、受取証書の持参人に対して弁済した者を特に保護する趣旨から、478条とは異なり、受取証書の持参人に対する弁済の効力を否定する側に、弁済者の主観的要件の主張・立証責任を課していた。立法時には、「債権の準占有者」の概念に含まれる者の範囲を現在よりも狭く解することを前提としていたため、このような規定を設ける必要があったとされる。なお、受取証書とは、弁済の受領を証明する書面をいう。

　しかし、このような改正前民法480条の趣旨に対して、現在では、次のような指摘がある。「債権の準占有者」概念が、判例等によって立法時に想定していた範囲よりも拡張しており、「受取証書の持参人」についての特別の規定を設ける必要がなくなった。受領権者の証明方法として重要なものは、受取証書の持参以外にもあり、受取証書の持参についてのみ特別な規定を設ける必要性は低いと考えられる。改正前民法480条が適用されるには真正の受取証書の持参人であることを弁済者が立証する必要がある（判例）と考えられるところ、真正の受取証書の持参人に対する弁済であることが立証されたのであれば、弁済者の善意無過失を事実上推定してよいと考えられることから478条が適用される場合と本質的な相違はない。これらを理由として、改正前民法480条の存在意義が疑問視されてきた。

→ 大判明治41年1月23日新聞479号8頁、なお、大判昭和2年6月22日民集6巻408頁参照

　そこで、平成29年改正民法は、改正前民法480条の規定を削除した。

　これにより、受取証書の持参人に対する弁済の有効性も、478条の適用に委ねられる。

4−16　受取証書の持参人に対する弁済（改正前民法480条）の削除

- 改正前民法 -
受取証書の持参人は、弁済を受領する権限があるものとみなす。ただし、弁済をした者がその権限がないことを知っていたとき、または過失によって知らなかったときは、このかぎりでない（480）。

→

- H29改正民法 -
削除

「債権の準占有者」（改正前478）の概念が判例等によって拡張されており、「受取証書の持参人」についての特別の規定を設ける必要はないため規定を削除した。

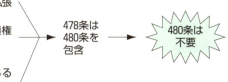

(b) 要件
(i) **受領権者以外の者であって取引上の社会通念に照らして受領権者としての外観を有するものであること**

改正前民法478条においては、判例・通説は、以下の者が「債権の準占有者」に該当すると考えており、平成29年改正民法のもとにおいても、この考えは変更されるものではないと解されている。

①表見相続人
②無効な債権譲渡の譲受人
③債権が二重譲渡された場合に劣後する譲受人
④偽造の債権証書・受取証書の所持人
⑤詐称代理人（この点については、後述する）
⑥預金通帳と届出印の持参人

(ii) **任意の弁済であること**

学説は一般に、任意の弁済についてのみ478条の適用があるとしている。しかし、判例には、転付命令（民執159条）によって弁済とみなされる場合にも民法478条の適用を認めるものがある。

(iii) **弁済者が善意・無過失であること**

478条は外観保護の規定であるから、弁済者の善意・無過失が要件となる。平成16年改正前の478条は弁済者の善意のみを要件としていたが、判例・学説ともに善意・無過失を要すると解釈しており、平成16年民法改正により、無過失の要件が明文化された。

具体的に過失の有無が争われた事例として、判例は、指名債権が二重に譲渡された場合に対抗要件を後れて具備した譲受人に対してされた弁済につき過失がなかったというためには、「優先譲受人の債権譲受行為又は対抗要件に瑕疵があるためその効力を生じないと誤信してもやむを得ない事情があるなど劣後譲受人を真の債権者であると信ずるにつき相当な理由があることが必要であると解すべきである」とした。

なお、弁済者の過失に関連する問題として、債権者の帰責事由を必要とするかが問題となる。この点について、学説のなかには、預金の債権者の通帳と印鑑を盗んだ者が銀行から預金の払戻しを受けた場合に、預金の債権者に帰責事由がないときは、弁済の効力を肯定することができないとする見解がある。しかし、ここにいう債権者の帰責事由は、弁済そのものについての帰責事由ではなく、その前段階の通帳等の盗難についての帰責事由であるところ、それによって弁済の効力が左右されるのは、弁済者の保護を図る478条の趣旨に反する。したがって、

債権者の帰責事由は不要と解すべきであろう。

(c) 代理人と称する者(詐称代理人)への弁済

債権者の代理人と称する者(詐称代理人)への弁済について478条の適用あるいは類推適用があるかについては争いがある。たとえば、泥棒が他人の預金通帳と印鑑を盗んで銀行の窓口に現れ、預金者の代理人と称して弁済を受けるような場合に問題となる。

> 条文の文言にひっかけて問題提起をすると、改正前民法では、"債権者の代理人と称する者は債権の「準占有者」に含まれるか"でしたが、平成29年改正民法のもとでは、"債権の代理人と称する者は「受領権者……以外の者であって取引上の社会通念に照らして受領権者としての外観を有するもの」に含まれるか"となるでしょう。

この点について、一般的に代理人と称する者の行為については、民法は表見代理の諸規定(109条、110条、112条)を定めているので、債権者の代理人と称する者が銀行などの窓口で弁済を受けるときは、表見代理によって処理すべきであるとする見解がある(表見代理適用説)。しかし、この見解によるときは、110条は何らかの代理権(基本代理権)を有する者の行為について適用され、基本代理権のない者の行為については110条の適用の余地がないと解されているので、本人とは無関係の泥棒が預金債権を行使するときには表見代理によって弁済は有効となりえないとの批判がある。そこで、債権者の代理人と称して債権を行使する者についても、478条が適用(あるいは類推適用)されると考えるべきであろう(478条適用〔類推適用〕説)。判例も、債権者の代理人と称して債権を行使する者についても478条が適用されるとしている。

> 478条によって処理すべきとの立場による場合には、弁済の義務が課せられている債務者を保護するという観点から、犠牲となる債権者の事情を特に配慮することなく、もっぱら弁済者側の保護要件の充足(善意・無過失)のみが問題となります。これに対して、表見代理によって処理すべきとの立場による場合には、基本代理権の授与(110条の場合)があることなど、債権を失う本人(債権者)に関わる一定の事由も要件となってしまいます。後者の立場によると、結果として、弁済者の保護される範囲がより狭くなってしまうのです。

(d) 弁済以外の場合への適用

(i) 定期預金の期限前払戻し

478条は、定期預金の期限前払戻しに適用されるであろうか。期限前の払戻しは合意解約の性質をもつので、弁済そのものに該当するかどうかが問題となる。

この点について、判例は、定期預金契約の締結に際し、定期預金の期限前払戻しについて当事者間で期限前払戻しの場合における弁済の具体的内容が合意により確定していた事案について、期限前払戻しは478条にいう弁済に該当するとしている。

> 定期預金の期限前払戻しというのは、利息が普通預金と同じようになってしまうというだけで、それ以外の実質は満期後の払戻しと変わりません。ですから、定期預金の期限前払戻しにおいても478条を適用してよいと考えられます。

(ii) 定期預金の預金担保貸付における相殺

A銀行がBに対し1000万円の融資をするときに、AはBに対し定期預金をさ

← 詐称代理人への弁済による適用

● 論点Bランク

→ 最判昭和37年8月21日(前出)

← 弁済以外の478条の適用

● 論点Bランク

→ 最判昭和41年10月4日 民集20巻8号1565頁

● 論点Bランク

せ、それを担保に融資をする。そして、A銀行は貸付債権と預金債権との相殺によって貸金債権を回収する、といういわゆる両建預金が実務で行われている。問題は、預金の出えん者（提供者）がBではなく、表には現れていないCであったときに、相殺が許されるか否かである。

この点について、判例は、この相殺は実質的に期限前解約による払戻しと同視することができるから、貸付契約の締結にあたり、第三者を預金者と認定するについて、金融機関として相当の注意義務を尽くしたときは、478条の規定を類推適用し、その相殺をもって真実の預金者に対抗することができるとしている。

→ 最判昭和48年3月27日民集27巻2号376頁、最判昭和59年2月23日（百選Ⅱ34事件）

← 定期預金担保貸付の具体例

これは、どのような場面の話かというと、銀行である債権者Aに対して、預金者Bが定期預金をしていたとします。銀行がこの定期預金を担保に、Bに対して貸付をするわけです。銀行とすれば、いざ貸付金が回収できないときには定期預金と相殺すればよいと考えて貸付をしていたわけです。ところが、実際の預金のお金を支出した者、すなわち、出えんをしている実質的な預金者はBではなくCだったとします。この場合、最初の定期預金の債権者はだれかというと、判例・通説は、実質的な出えん者であるCであると考えています。したがって、銀行とすればCの定期預金、それを担保にBにお金を貸し付けてしまったことになるのです。よって、もしBが貸付金を返済しない場合であっても、本来銀行

4-18

Aが、Bに対する貸付債権を自働債権として、Cの有する債権を受働債権とした相殺をすることは、互いの債権の対立がなく、相殺適状の要件をみたさない以上（505条1項本文参照）、できないはずです。しかし、相殺というのは受働債権に関していえば、いわば任意に弁済をしたのと同じ効果が生じることになります。そこで、定期預金への担保設定・相殺予約・貸付・相殺という一連の行為を全体としてみれば、実質的に定期預金の期限前払戻しと同視できると構成するわけです。そう考えることによって

銀行Aは、本来ならば出えん者であるCに定期預金の払戻しをしなければいけないところを、間違ってBに払戻しをしてしまった場合と捉えることができるので、そこへ478条を類推適用してしまおうというわけです。なぜ類推適用かというと、あくまでも預金担保貸付は弁済そのものではなく、実質的にみて弁済と同視して考えようというものだからです。

この場合、善意無過失の判断基準時は、この一連の流れのうちどの時点と考えるべきかが問題となります。実際に相殺をするのは、Bに対する貸付金が回収できなくなった時なのですが、そもそも預金担保貸付においては、Bに対して貸付をしてしまえば将来の相殺というのは予定どおり行われるにすぎないものです。したがって、478条類推適用にいうところの善意無過失は、Aが貸付をして大丈夫なのかどうかともっとも利害関係を感じている時点、すなわちBに貸付をする時点で判断することになります。具体的には、AがBに貸付をする時点において、Bが実質的な出えん者、預金者ではないということについて善意無過失で貸付をしてしまったようなときには、その後Bが貸付金の返済をしなかった場合、銀行Aとしては、Cに対する定期預金をもって相殺することができると考えていくわけです。

なお、この場合、銀行Aとすれば、Bに貸付をする際、貸付を強制されているわけではありませんので、Bが預金者かどうかということを十分に調査することは可能でしょう。したがって、善意無過失の認定は通常の受領権者としての外観を有する者に対する弁済の場合よりもやや厳しく判断されることになります。

4-1 弁済　173

預金者はだれか。

●論点B⁻ランク
（論証14）

→ 最判昭和48年3月27日（前出）

| A説 | 客観説（判例） |

- ▶結論：実質の出えん者を預金者とする。
- ▶理由：預金契約が締結されたにすぎない段階においては、銀行はだれが預金者であるかについて格別利害関係をもたないから、預金行為者よりも出えん者を保護すべきである。

| B説 | 主観説 |

- ▶結論：預金者は預金行為者である。

なお、判例には、損害保険代理店が保険契約者から収受した保険料のみを入金する目的で開設した普通預金口座の預金債権は、保険会社ではなく、損害保険代理店に帰属するとしたものがある。

→ 最判平成15年2月21日（百選Ⅱ73事件）

 預金担保貸付における相殺を保護する法律構成。

●論点B⁻ランク
（論証14）

→ 最判昭和59年2月23日（前出）

| A説 | 478条類推適用説（判例） |

- ▶結論：定期預金への担保設定・相殺予約・貸付・相殺という一連の行為を全体として捉え、478条を類推適用する。
- ▶理由：①これら一連の行為は定期預金の期限前解約による払戻しと実質的に同視することができる。
  ②銀行の有する相殺の担保的機能に対する期待をできるだけ保護すべきである。
- ▶批判：①相殺の効力を否定しても、銀行は同一の債務について二重払いの危険があるわけではないから、478条の想定する場面とは異なる。
  ②貸付や担保設定は払戻し（弁済）とは異なる。

→ 内田・民法Ⅲ49頁

| B説 | 94条2項類推適用説 |

- ▶批判：94条2項類推適用説は一般に第三者（ここでは銀行）に無過失を要求していないので、きめ細やかな利益衡量ができない。

| C説 | 表見代理説 |

- ▶批判：①貸付の効果も預金者（出えん者）に帰属し、場合によっては残債務を弁済する義務を負うことになってしまう。
  ②478条類推適用では本人（預金者＝出えん者）の帰責性は不要なのに対し、表見代理の成立には本人の帰責性が必要であるから、迅速に大量の業務を処理しなければならない銀行の保護に欠けることになる。
- ▶注意：この論点は、まず、預金者の認定の前論点（Q₁）につき客観説に立った場合に、「2人が互いに……債務を負担する」（505条1項本文）という相殺の要件を欠くことになるから問題になる。そして、478条の類推適用を肯定した場合には、さらに善意無過失の判定時期（Q₃）の問題が生じることになる。このように、Q₁、Q₂、Q₃の3つの論点はワンセットにして考えなければならない。

Q₃ 預金担保貸付に478条を類推適用する場合、金融機関の善意無過失はいつの時点を基準にして判定されるか。すなわち、貸付時に善意無過失であれば足りるのか、相殺時にも必要なのか。

●論点Ｂ⁻ランク
（論証14）

▶結論：貸付の時点で善意無過失であればよい（判例）。
▶理由：①預金を担保に貸付をした時点で、中途解約による払戻しと同視しうる。
②実際問題として、預金担保貸付と相殺が問題となるような事案においては、事情を知った後に相殺するといった場合がほとんどであり、このような事情のもとで、もし善意無過失の基準時を相殺時としたなら金融機関はほとんど敗訴せざるをえない。

→最判昭和59年2月23日（前出）

また、判例は、保険会社がいわゆる契約者貸付制度（保険会社が保険契約者に対して解約返戻金を担保として貸し付ける制度）に基づいて、保険契約者の代理人と称する者の申込みによる貸付を実行し、その後、保険契約の満期の際に、満期保険金から貸付金を控除した事案において、このような貸付は保険金（または解約返戻金）の前払と同視することができることを前提として、保険契約者の代理人と称する者を保険契約者の代理人と認定するにつき相当の注意義務を尽くしたときは、保険会社は、478条の類推適用により、保険契約者に対し、上記貸付の効力を主張することができるとしている。

→最判平成9年4月24日（後出重要判例）

> ★**重要判例**（最判平成9年4月24日民集51巻4号1991頁）
> 「本件生命保険契約の約款には、保険契約者は被上告人から解約返戻金の9割の範囲内の金額の貸付けを受けることができ、保険金又は解約返戻金の支払の際に右貸付金の元利金が差し引かれる旨の定めがあり、本件貸付けは、このようないわゆる契約者貸付制度に基づいて行われたものである。右のような貸付けは、約款上の義務の履行として行われる上、貸付金額が解約返戻金の範囲内に限定され、保険金等の支払の際に元利金が差引計算されることにかんがみれば、その経済的実質において、保険金又は解約返戻金の前払と同視することができる。そうすると、保険会社が、右のような制度に基づいて保険契約者の代理人と称する者の申込みによる貸付けを実行した場合において、右の者を保険契約者の代理人と認定するにつき相当の注意義務を尽くしたときは、保険会社は、民法478条の類推適用により、保険契約者に対し、右貸付けの効力を主張することができるものと解するのが相当である。」
> 【争点】保険契約の約款に基づいて保険会社が行う契約者貸付に民法478条を類推適用することができるか。
> 【結論】できる。

(e) カードによる預貯金の払戻しと預貯金者の保護

銀行の現金自動入出機（ATM等）による預金の払戻しの場合について、判例は、478条の適用があるとしているが、銀行の払戻しが有効とされる場合はかなり限定的であると解されている。すなわち、「銀行が無過失であるというためには、払戻しの際に機械が正しく作動したことだけでなく、銀行において、預金者による暗証番号等の管理に遺漏がないようにさせるため当該機械払の方法により預金の払戻しが受けられる旨を預金者に明示すること等を含め、機械払システムの設置管理の全体について、可能な限度で無権限者による払戻しを排除しうるよう注意義務を尽くしていたことを要する」としている。

←ATM等による預金の払戻し等
→最判平成15年4月8日（百選Ⅱ35事件）

ただ、今日においては、このように偽造・盗難キャッシュカードによって預金が払い戻された場合には、預金者保護法（「偽造カード等及び盗難カード等を用いて行われる不正な機械式預貯金払戻し等からの預貯金者の保護等に関する法律」）

によって、原則として、銀行側がその補償をする責任を負うことになっている。

> 平成18年2月10日から、偽造カード等及び盗難カード等を用いて行われる不正な機械式預貯金払戻し等からの預貯金者の保護等に関する法律（預金者保護法）が施行されています。この法律は、銀行キャッシュカードの偽造または盗難の被害が多かったことから、預金者を保護する趣旨で制定されました。
> この法律では、ATMで偽造カードを用いた場合には、478条は適用されず、弁済の効力は原則として生じないこととされました（預金者保護3条）。例外的に、金融機関が善意無過失であって預貯金者に重過失があった場合などに、弁済として有効となる余地があります（預金者保護4条）。
> また、盗難カードの場合には、478条が適用される余地はありますが、一定の要件のもとで、預貯金者の損害が補填されます（預金者保護5条）。補填額は、預貯金者の帰責性と、銀行の過失の程度によって異なります。前出の平成15年判決は、銀行の過失についての判例として価値があるといえるでしょう。

(f) 効果　　　　　　　　　　　　　　　　　　　　　　　　　　　　　　　←478条の効果

　478条が適用される場合には、債権は消滅する。債権者は、債務者に対し履行を請求することはできず、受領権者としての外観を有する者に対し不当利得返還請求権または不法行為に基づく損害賠償請求権を行使するしかない。受領権者としての外観を有する者の無資力のリスクは、債権者が負担することになる。

4−19

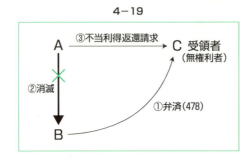

4　弁済の効果

【1】債権の消滅

(1)　基本的効果

　弁済により債権は消滅する（473条）。したがって、債権者は、債務者に対し履行を請求することができなくなる。また、債権が消滅すると、その債権についての保証債務も消滅するし（保証債務の付従性）、債権を担保するために設定されていた抵当権などの物的担保も消滅する（担保物権の付従性）。

　なお、根保証や根抵当などは、被担保債権が消滅しても、当然には消滅しない点に注意してほしい。この点は物権法で学習した。　　　　　　　　　　　→『物権法』7章8節②

(2)　弁済の充当　　　　　　　　　　　　　　　　　　　　　　　　　　　●論点Cランク

(a)　意義

　弁済の充当とは、弁済として提供した給付がその債務者の債務全部を消滅　　　←「弁済の充当」とは
させるに足りないときに、その給付をどの債務の弁済にあてるべきかという問題である。

> たとえば、AがBに対して、100万円、50万円、10万円の3口の債権をもっているとし、Bが50万円を弁済したとします。この場合、この50万円は、どの債務の弁済にあてられるのでしょうか。これが弁済の充当の問題です。

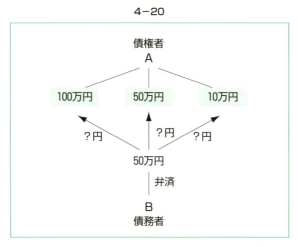

4-20

　充当の方法は、第1次的には合意による弁済の充当(**合意充当**)、第2次的には、当事者の一方の指定による充当(**指定充当**)に従い、当事者の一方が指定しない場合には、第3次的に、法律の規定による(**法定充当**)。ただし、489条1項の法定充当は、488条1項から3項までの指定充当に優先する。

　結局、490条の合意充当、489条1項の法定充当、488条1項から3項までの指定充当、488条4項の法定充当が、順次規律することになる。

▶ 中田・債権総論349頁

(b) **合意充当**

　490条は、「前2条の規定にかかわらず、弁済をする者と弁済を受領する者との間に弁済の充当の順序に関する合意があるときは、その順序に従い、その弁済を充当する」と規定する。弁済の充当における**合意充当優先の原則**を定めたものである。

▶ 潮見・改正法186頁

　これは、充当に関する規律が**任意規定**であるという意味であるが、実務では合意による充当がされることが多いという指摘をふまえると、弁済の充当に関する重層的で複雑な規律をわかりやすく整理する観点から、第1順位として当事者間の合意に従うことを条文上明確にすることが望ましいとの考慮に基づき規定されたものである。

▶ 部会資料70A・36頁

(c) **指定充当**

　当事者間に充当の合意がない場合には、当事者の一方の指定による(指定充当)。弁済者の指定、弁済受領者の指定の順序である。

(i) **弁済者の指定**

　債務者が同一の債権者に対して同種の給付を目的とする数個の債務を負担する場合に、弁済として提供した給付がすべての債務を消滅させるのに足りないとき(489条1項に規定する場合を除く)は、弁済をする者は、給付の時に、その弁済を充当すべき債務を指定することができる(488条1項)。これにより、弁済者は、利息の高い債務とか、担保の付いた債務を早く消滅させることができる。ただし、後述するように、費用、利息、元本の関係については法律上の制限がある(489条1項)。

(ii) 弁済受領者の指定

　弁済をする者が488条1項の規定による指定をしないときは、弁済を受領する者は、受領の時に、その弁済を充当すべき債務を指定することができる(488条2項本文)。弁済者の指定がないと、例外的に弁済受領者が指定することができるのである。

　ただし、弁済をする者がその充当に対してただちに異議を述べたときは、このかぎりではない(488条2項ただし書)。この場合には、指定は効力を失って、後述する法定充当に従うことになると解される(通説)。

(iii) 指定の方法

　弁済の充当の指定は、相手方に対する意思表示によってする(488条3項)。

(iv) 指定の制限

ⅰ　費用・利息・元本についての充当

　債務者が1個または数個の債務について元本のほか利息および費用を支払うべき場合(債務者が数個の債務を負担する場合にあっては、同一の債権者に対して同種の給付を目的とする数個の債務を負担するときにかぎる)に、弁済をする者がその債務の全部を消滅させるに足りない給付をしたときは、これを順次に**費用**、**利息**および**元本**に充当しなければならない(489条1項)。

　この順序は、当事者の合意による充当(合意充当)の場合は別として、公平的観点から認められたものであるから、当事者の指定(指定充当)で変更することはできないと解されている。

→ 我妻・債権総論291頁、奥田・債権総論522頁

ⅱ　488条の準用

　488条の規定は、489条1項の場合において、費用、利息または元本のいずれかのすべてを消滅させるのに足りない給付をしたときについて準用する(489条2項)。すなわち、費用相互間、利息相互間、元本相互間の充当については、488条の規定によること、言い換えると、法定充当(488条4項)だけでなく、指定充当(488条1項から3項まで)を認める趣旨である。これは、指定充当を認めることによって、当事者の意思を反映させることが望ましいという考慮に基づくものである。

→ 部会資料70Ａ・36頁、一問一答190頁

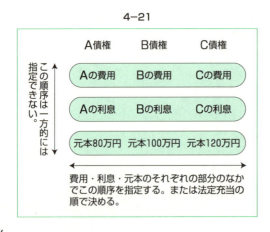

4-21

(d) 法定充当

　当事者が弁済充当の指定をしない場合の処理として、法定充当が認められる。すなわち、弁済者および弁済受領者がいずれも指定をしないときは、次の(i)～(iv)の定めるところに従い、その弁済を充当する(488条4項柱書)。

(i) 債務のなかに弁済期にあるものと弁済期にないものとがあるときは、弁済期にあるものに先に充当する(488条4項1号)。
(ii) すべての債務が弁済期にあるとき、または弁済期にないときは、債務者のために弁済の利益が多いものに先に充当する(488条4項2号)。
(iii) 債務者のために弁済の利益が相等しいときは、弁済期が先に到来したものまたは先に到来すべきものに先に充当する(488条4項3号)。
(iv) 488条4項2号、3号に掲げる事項が相等しい債務の弁済は、各債務の額に応じて充当する(488条4項4号)。

(e) 1個の債務における数個の給付の弁済充当

1個の債務の弁済として数個の給付をすべき場合において、弁済をする者がその債務の全部を消滅させるのに足りない給付をしたときは、488条から490条までの規定を準用する(491条)。たとえば、1個の売買代金債務を分割して給付するような場合である。

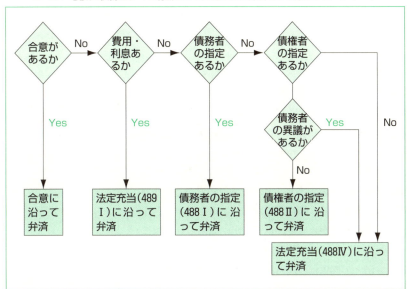

4-22 複数の債務をすべて消滅させるに足りない弁済をする際のフローチャート

【2】弁済の証明のための弁済者の権利

(1) 受取証書の交付請求

弁済をする者は、弁済と引換えに、弁済を受領する者に対して受取証書の交付を請求することができる(486条)。この趣旨は、債務者が二重弁済をさせられるおそれを防止する点にある。

平成29年改正により、受取証書の交付請求が弁済の提供と引換給付の関係(同時履行の関係)にあることを明らかにする方向で規定の書き方を改めている。

ここにいう受取証書とは、弁済の受領を証明する書面をいい、書面の形式を問わない(e.g.領収書)。受取証書作成の費用は、債権者が負担する。

●論点Cランク

←平成29年改正

→潮見・改正法183頁

←「受取証書」とは

→部会資料70A・33頁、一問一答187頁

平成29年改正事項	受取証書の交付請求	B1
改正前民法486条は、「弁済をした者は、弁済を受領した者に対して受取証書の交付を請求することができる」と規定し、弁済が先履行であるかのように定めていた。		

しかし、受取証書は弁済の証拠として重要であるから、弁済者が債務の履行との同時履行を求めることが正当化されるとして、判例・学説では、受取証書の交付は債務の履行と同時履行の関係にあると理解されていた。

そこで、平成29年改正民法は、受取証書の交付と弁済とが同時履行の関係にあるという一般的な理解を明文化した（486条）。

➡ 大判昭和16年3月1日
民集20巻163頁

← 受取証書の交付と弁済の関係

4-23 受取証書の交付請求

改正前民法	H29改正民法
弁済をした者は、弁済を受領した者に対して受取証書の交付を請求することができる（486）。	弁済をする者は、弁済と引換えに、弁済を受領する者に対して受取証書の交付を請求することができる（486）。

受取証書が弁済の証拠として重要な役割を果たしていることにかんがみ、受取証書の交付と弁済とが同時履行の関係にあるという一般的な理解を明文化

(2) 債権証書の返還請求

債権に関する証書（債権証書）がある場合に、弁済をした者が全部の弁済をしたときは、その証書の返還を請求することができる（487条）。

ここにいう債権証書とは、債権者が債権の成立・内容を証明させるために債務者に作成させて交付を受けた書面をいう。たとえば、借用書などがあげられる。債権者が債権証書を所持するときは、債権を有するものと推定される。そこで、弁済者は、弁済をしたのに債権証書が返還されないときは、二重の弁済をさせられるおそれがあるので、債権証書の返還を請求することができるのである。なお、前述した受取証書の交付請求の場合と異なり、債権証書が常にあるとはかぎらないので、「債権に関する証書がある場合」にかぎって、返還請求が認められる点に注意してほしい。

← 「債権証書」とは

このような債権証書の返還と弁済との関係は、同時履行の関係にはないと解されている。条文上、債権証書の返還は「弁済をした」場合に認められるものであるし、また、弁済の証明は前述した受取証書の交付によって行われるから同時履行の関係を認める必要はないし、さらに、同時履行の関係を認めると、かえって債権者が債権証書を紛失した場合には弁済されないという不都合が生ずるからである。

【3】弁済による代位（代位弁済、弁済者代位）

(1) 意義

(a) 弁済による代位とは

弁済による代位とは、債務者以外の者が債務を弁済したとき、弁済者が債務者に対する求償権を確保するため、従来債権者が債務者に対して有していた権利が弁済者に移転することをいう。代位弁済、弁済者代位ともいう。

債務者以外の者が債務を弁済したときには、その弁済者は、債務者に対して求償権をもつ。しかし、このような求償権は、単なる債権にとどまるかぎり、それほど強い効力を有するとはいえない。すなわち、債務者が求償に応じないことも

● 論点B⁺ランク

← 「弁済による代位」とは

← 「求償権」とは

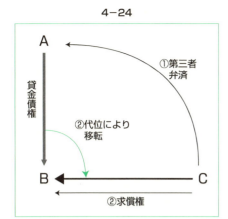

4-24

あるし、債務者の財産が乏しいときは強制執行をしても求償権を実現することができない。そのため、求償権を強化してなるべく求償権が実現できるように法的救済を講じる必要がある。

そこで、民法は、弁済者の保護のため、従来債権者が有していたものの、弁済によって消滅したはずの権利を弁済者が行使することができるという弁済による代位制度を認めて（499条以下）、求償権を強化することにした。

← 「弁済による代位」の制度趣旨

たとえば、AがBに対して100万円の債権をもち、Cがその債務を弁済すると、弁済者Cは、Bに対して求償権をもちます。具体的にいうと、第三者Cが、①債務者Bから依頼なく弁済したときは、事務管理上の費用償還請求権（702条）、②債務者Bから依頼があって弁済したときは、委任契約上の費用償還請求権（650条1項）、③弁済者Cが保証人であるとすると、保証債務上の求償権（459条以下）を、それぞれBに対して有することになります。

4-25 弁済による代位

そして、上記の①から③までのいずれの場合でも、たとえば、AがBの不動産に対して抵当権を有していたとすると、弁済者Cは、Bの不動産に対して、この抵当権を行使することができます。また、Bに保証人Dがいたとすると、弁済者Cは、Dに対して保証債務の履行を求めることができるのです。

4-26 弁済による代位2 抵当権

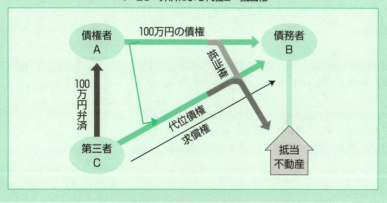

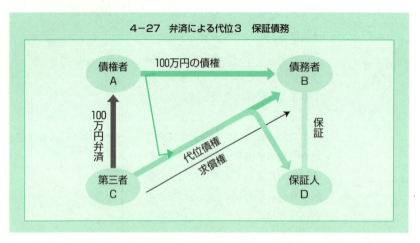

　判例は、「弁済による代位の制度は、代位弁済者が債務者に対して取得する求償権を確保するために、法の規定により弁済によって消滅すべきはずの債権者の債務者に対する債権（以下「原債権」という。）及びその担保権を代位弁済者に移転させ、代位弁済者がその求償権の範囲内で原債権及びその担保権を行使することを認める制度」であるとする。

　ところで、弁済による代位の制度目的が求償権の保護にあるとしても、弁済により債権が消滅し、それに伴って担保権等も消滅するのが論理的帰結のはずであるが、弁済者がなぜそれを代位行使することができるのかという法律構成が問題となる。判例・通説は、弁済により債権は債権者・債務者間で消滅するが、弁済者のためになお存続し、この弁済者が旧債権者に代わって債権者となる（法律上の債権移転）としている（**法律上の債権移転説・債権移転説**）。

(b)　弁済による代位の形態

　弁済による代位には、任意代位と法定代位の２つの形態がある。

　まず、**任意代位**は、「弁済をするについて正当な利益を有する者でない第三者」（474条２項）が弁済した場合に、債権者に代位する制度をいう。任意代位の場合には、債権譲渡の権利行使要件・第三者対抗要件（467条）をみたさなければ、代位の事実をもって債務者・第三者に対抗することができない（500条）。

　これに対して、**法定代位**は、「弁済をするについて正当な利益を有する者」（500条括弧書）が弁済した場合に、債権者に代位する制度をいう。たとえば、保証人は、「弁済をするについて正当な利益を有する者」に該当し、弁済により法定代位が認められる。法定代位の場合には、任意代位と異なり、債権譲渡の権利行使要件・第三者対抗要件（467条）をみたすことなく、当然に債務者・第三者に対抗することができる（500条括弧書）。

> 　平成29年改正民法のもとでは、任意代位の場合であっても、法定代位の場合と同様に弁済によって債権者に代位します（499条）。すなわち、弁済による代位の成立要件のレベルでは、任意代位と法定代位に差は生じません。
> 　任意代位と法定代位とで差が生じるのは、対抗要件のレベルです。任意代位では対抗要件を備えなければ債務者・第三者に対抗できない（500条・467条）のに対して、法定代位では対抗要件を備えることなく当然に債務者・第三者に対抗できます（500条括弧書）。

→ 最判昭和59年５月29日（百選Ⅱ36事件）

● 論点B⁺ランク
→ 最判昭和59年５月29日（前出）

← 「任意代位」とは

← 「法定代位」とは

← 平成29年改正

| 平成29年改正事項 | 任意代位における「債権者の承諾」という要件の削除 | C1 |

➡ 部会資料70A・42頁、
一問一答194頁

任意代位の制度（改正前民法499条）は、「利害関係を有しない第三者」（改正前民法474条2項）が弁済をした場合において、債権者の承諾を要件として、債権者に代位することを認める制度であった。債権者は自己の権利を処分することができ、代位によって権利が移転することによる不都合も想定されないうえ、代位を認めることが第三者による弁済の促進につながるという考慮に基づき、債権者の承諾を要件として、認めていたものである。

しかし、任意代位による債権者から弁済者への権利の移転は、法律によって効果が生ずるものであって、債権者の承諾によって生ずるわけではないから、債権者の承諾を要件とする根拠とはならないと指摘されていた。また、利害関係のない第三者（弁済をするについて正当な利益を有する者でない第三者）が債務者の意思に反することなく弁済する場合に、債権者はその弁済を受領したうえで、代位のみを拒否することができることになるが、このような対応は不当であり、債権者は、正当な理由がないと代位についての承諾を拒否することができないと一般に解されていた。

そこで、平成29年改正民法は、499条、500条において、任意代位・法定代位の制度を維持したうえで、任意代位について「債権者の承諾」という要件を削除することとした。

その結果、任意代位と法定代位の違いは、500条が定める点、すなわち任意代位の場合には、債権譲渡の権利行使要件・第三者対抗要件（467）をみたさなければ、代位の事実をもって債務者・第三者に対抗することができないという一点に尽きることになる。

➡ 潮見・改正法189頁

4−28　任意代位における「債権者の承諾」という要件の削除

―― 改正前民法 ――
・債務者のために弁済をした者は、その弁済と同時に債権者の承諾を得て、債権者に代位することができる（499Ⅰ）。
・467条の規定は、前項の場合について準用する（499Ⅱ）。
・弁済をするについて正当な利益を有する者は、弁済によって当然に債権者に代位する（500）。

―― H29改正民法 ――
・債務者のために弁済をした者は、債権者に代位する（499）。
・削除（499Ⅱ）
・467条の規定は、前条の場合（弁済をするについて正当な利益を有する者が債権者に代位する場合を除く。）について準用する（500）。

任意代位・法定代位の制度を維持したうえで、任意代位について「債権者の承諾」という要件を削除。結果として、任意代位と法定代位の違いは、任意代位の場合には対抗要件（467）をみたさなければ、代位の事実を債務者・第三者に対抗することができないという1点となった。

(2)　弁済による代位の成立要件・対抗要件

弁済による代位が生じたるためには、以下の2つの要件が必要である。また、弁済による代位を債務者・第三者に対抗するために対抗要件を備える必要があるかどうかについて、任意代位と法定代位とで違いがある。

(a)　成立要件1――弁済等による債権の満足

弁済等により、債権者に債権の満足を与えることが必要である。法文上では「弁済」とされているが（499条、500条）、代物弁済（482条）、供託（494条）、相殺（505条）、混同（520条）など、弁済と同視できる債権消滅事由もこれに該当する（通説）。したがって、債権の満足と考えればよい。

(b)　成立要件2――求償権があること

弁済による代位は、求償権を確保するための制度であるから、代位の前提として求償権の存在が必要である。したがって、弁済者が債務者への贈与として弁済

した場合のように、求償権の放棄・喪失があると、代位は認められない。

(c) 対抗要件の要否

(i) 任意代位——債権譲渡の権利行使要件・第三者対抗要件の具備(500条)

任意代位の場合に、弁済による代位を債務者・第三者に対抗するためには、467条の要件、すなわち債権譲渡の権利行使要件・第三者対抗要件を具備する必要がある(500条)。この趣旨は、弁済をするについて正当な利益を有しない者が弁済者として出現することにより債務者や第三者が不測の損害を被る場合があることを考慮し、債務者・第三債務者に対して代位の事実を公示させることにした点にある。

> たとえば、AがBに対して100万円の債権をもち、Cがその債務を弁済すると、弁済者Cは、Bに対して求償権をもつとともに、Aに代位することで、Aの有していた権利がCに移転します。その関係は、AからCへの債権譲渡に近いものであり(法律上の債権移転説)、権利関係を明確化するために、467条を準用するのです。すなわち、債権者Aがこれを債務者Bに通知し、または債務者Bがこれを承諾することを必要とし(467条1項)、その通知または承諾は、確定日付のある証書によってしなければ、債務者以外の第三者に対抗することができません(467条2項)。

(ii) 法定代位——「弁済をするについて正当な利益を有する者」であること(500条括弧書)

法定代位の場合には、弁済による代位を債務者・第三者に対抗するために対抗要件を備える必要はない。弁済者は、当然に債権者に代位したことを対抗することができる。

法定代位となるためには「弁済をするについて正当な利益を有する者」(500条括弧書)の弁済であることを要する。「正当な利益を有する者」の典型は、保証人、他人の債務のために抵当権や質権の目的物を提供した者(物上保証人)、抵当不動産の第三取得者、連帯債務者、不可分債務者などである。

このような、弁済しなければ債権者から執行を受ける者のほか、弁済をしなければ債務者に対する自己の権利が価値を失う者、すなわち後順位抵当権者、不動産の譲渡担保権者、一般債権者、抵当不動産の賃借人も、「正当な利益を有する者」に該当する。

←「正当な利益を有する者」の典型
大判昭和11年6月2日民集15巻1074頁、大判昭和11年7月14日民集15巻1409頁、最判昭和61年7月15日判時1209号23頁、大判昭和13年2月15日民集17巻179頁、最判昭和55年11月11日判時986号39頁

(3) 弁済による代位の効果

(a) 代位者・債務者間の効果

(i) 代位の対象となる権利(代位権)の内容

弁済によって債権者に代位した者は、債権の効力および担保としてその債権者が有していたいっさいの権利を行使することができる(501条1項)。「債権の効力」として債権者が有していたいっさいの権利とは、履行請求権、損害賠償請求権、債権があることを前提とする債権者代位権、詐害行為取消権、従たる権利などをいう。また、「担保として」債権者が有していたいっさいの権利には、物的担保、人的担保の双方を含む。

さらに、代位権の行使は、債権者に代位した者が自己の権利に基づいて債務者に対して求償をすることができる範囲(保証人の1人が他の保証人に対して債権者に代位する場合には、自己の権利に基づいて当該他の保証人に対して求償をすることができる範囲内)にかぎり、することができる(501条2項)。代位権の行使は、求償権の範囲内に限定されるということである。具体的には、求償権が原債権を上回れば原債権に減縮され、反対に、求償権が原債権より下回れば求償権の

全額の弁済を受けることができるということである。501条2項括弧書は、共同保証人間での代位割合に関する規定であるが、この点は後述する。

→ 本節④【3】(3)(c)(vi)

なお、根抵当権の場合には特則があり、元本確定前に弁済しても、被担保債権と根抵当権が特定的に結びつかないので、根抵当権を取得しない（398条の7第1項前段）。ただ、元本確定後であれば、代位して行使できる。

(ii) 求償権と原債権との関係

● 論点B⁺ランク

弁済者は、求償権を確保するために、原債権およびその担保権を行使することができる。この代位権は、実体法上、求償権とは別個独立に認められるものである(**別債権性**)。したがって、弁済者は、債務者に対し代位権を行使しないで求償権だけを行使することもできる（両者は請求権の競合関係にある）。

しかし、代位権の行使は、求償権の存在を前提として認められるものであるし（成立上の従属）、求償権の範囲内で認められ（501条2項）、担保権の実行によって原債権（およびその担保権）も求償権もともに消滅する。したがって、両者は、求償権を確保するために原債権が移転するという**主従的競合の関係**にあると解される（通説）。

この点について、判例は、「代位弁済者が代位取得した原債権と求償権とは、元本額、弁済期、利息・遅延損害金の有無・割合を異にすることにより総債権額が各別に変動し、債権としての性質に差違があることにより別個に消滅時効にかかるなど、別異の債権ではあるが、代位弁済者に移転した原債権及びその担保権は、求償権を確保することを目的として存在する附従的な性質を有し、求償権が消滅したときはこれによって当然に消滅し、その行使は求償権の存する限度によって制約されるなど、求償権の存在、その債権額と離れ、これと独立してその行使が認められるものではない」としている。

→ 最判昭和61年2月20日民集40巻1号43頁

また、判例は、代位担保権の被担保債権は原債権であり、代位弁済者が優先弁済を受けるのは、求償権ではなく原債権であるとする（（原）債権移転説）。

→ 最判昭和59年5月29日（前出）

→ 中田・債権総論357頁、平野・債権総論379頁、潮見・新債権総論Ⅱ104頁

> 本文で述べたとおり、弁済による代位制度の法的構成について、判例・通説は債権移転説を採用しています。すなわち、弁済による代位の制度は、代位弁済者が債務者に対して取得する求償権を確保するために、法の規定により弁済によって消滅するはずの原債権およびその担保権を代位弁済者に移転させ、代位弁済者がその求償権の範囲内で原債権およびその担保権を行使することを認める制度と理解します。
>
> 債権移転説によれば、弁済による代位の場合には原債権が消滅せず、代位弁済者のもとに担保権とともに移転することとなります。代位担保権の被担保債権は、求償権ではなく原債権のままです。
>
> 債権移転説が提唱された背景には、接木説という見解に対する批判がありました。接木説とは、求償権確保のために必要なのは原債権についていた担保にすぎないのであるから、求償権確保のためには原債権についていた担保権のみの取得を認めれば足りると解する見解です。接木説によれば、代位弁済者は、原債権についていた担保権を取得する際に、求償権を被担保債権とすることができることとなります。
>
> しかし、接木説によると、後順位抵当権者がいる場合に原債権より求償権の利息のほうが高いときなどには、後順位抵当権者が弁済代位によって不利益を受けることとなってしまい、妥当ではありません。そこで、後順位抵当権者を害さないための理論構成として、債権移転説が提唱されたのです。

(iii) 代位弁済者に支払った内入金の充当

● 論点Bランク

債務者が代位者の求償に応じて弁済をした場合に、その弁済は求償権と原債権

4-1 弁済 **185**

のいずれに充当されるのかが問題となる。

> たとえば、AがBに対して100万円の債権をもち、CがBの債務100万円を代位弁済したが、Bに対する求償権は150万円となり、その後、Bは、Cに対し50万円を内入弁済したとします。この場合に、50万円は、原債権に充当されるのか、それとも求償権に充当されるのかが、ここでの問題です。

　この点について、求償権のみに充当されるという見解（求償権充当説）や、原債権のみに充当されるという見解（原債権充当説）もあるが、判例は、内入金は求償権と原債権の両方に充当されるとする（両債権充当説）。すなわち、保証人が債権者に代位弁済した後、債務者からその保証人に対し内入弁済があったときは、その内入弁済は、**求償権と原債権のそれぞれに対し内入弁済があったものとして、それぞれにつき弁済の充当に関する民法の規定に従って充当される**としている。

← 内入金の充当
→ 最判昭和60年1月22日判時1148号111頁

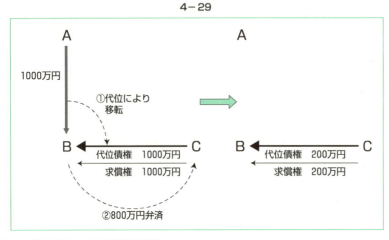

4-29

(b) 一部代位における権利の移転

(i) 一部代位の要件・効果

　債権の一部について代位弁済があったときは、代位者は、債権者の同意を得て、その弁済をした価額に応じて、債権者とともにその権利を行使することができる（502条1項）。平成29年改正民法は、一部弁済による代位の要件について、代位者が単独で抵当権を実行することができるとした判例を改め、**代位者による単独での抵当権の実行を認めないこととしたうえで、これを抵当権以外の権利行使にも一般化して明文化**した。この趣旨は、この場合の代位者が単独で権利を行使することができるとすると、本来の担保権者である債権者が換価時期を選択する利益が奪われるなど、求償権の保護という代位制度の目的を逸脱して債権者に不当な不利益を与えることになるので、これを排除する点にある。

　また、一部弁済による代位が認められる場合であっても、債権者は単独でその権利を行使することができるとして（502条2項）、債権者は単独で抵当権を実行できることを確認した。平成29年改正民法は、債権者による権利の行使が、債権の一部を弁済したにすぎない代位者によって制約されるべきではないという一般的な理解を明文化したものである。

　さらに、一部弁済による代位が認められる場合に、債権者が行使する権利は、その債権の担保となっている財産の売却代金その他の当該権利の行使によって得

← 平成29年改正
← 一部代位者の権利行使
→ 大決昭和6年4月7日民集10巻535頁
→ 中間試案の補足説明299頁

← 平成29年改正
→ 中間試案の補足説明299頁

られる金銭について、代位者が行使する権利に優先すると規定し（502条3項）、配当についても債権者が優先することを明記している。

平成29年改正民法は、一部弁済による代位の効果について、抵当権が実行された場合における配当の事例で債権者が優先すると判断した判例（原債権者優先主義）を、抵当権以外の権利行使にも一般化して明文化した。

平成29改正
→ 中間試案の補足説明299頁、潮見・改正法194頁
→ 最判昭和60年5月23日民集39巻4号940頁、最判昭和62年4月23日金法1169号29頁
→ 中間試案の補足説明300頁、部会資料70A・44頁、一問一答197頁

→ 大決昭和6年4月7日（前出）

→ 最判昭和60年5月23日（前出）、最判昭和62年4月23日（前出）

| 平成29年改正事項　一部弁済による代位の要件・効果 | C1 |

改正前民法502条1項は、「債権の一部について代位弁済があったときは、代位者は、その弁済をした価額に応じて、債権者とともにその権利を行使する」と規定していたが、権利行使の要件・効果のそれぞれの規律内容を条文から読み取ることができないと指摘されていた。

一部弁済による代位があったときの権利行使の要件について、代位者が単独で抵当権を実行することができるとした判例があった。しかし、この判例の結論に対して、学説からは、代位者が単独で抵当権を実行できるとすると、本来の権利者である債権者が換価時期を選択する利益を奪われることになり、求償権の保護という代位制度の目的を逸脱して債権者に不利益を与えることになる等の強い批判があった。他方で、一部弁済による代位があったときに、本来の権利者である債権者が単独で抵当権等の権利を行使することができるという点については、判例上、代位者が単独で権利行使できるとされていることとの均衡上、債権者も権利行使できるという見解が主張されているものの、必ずしも確立した見解が存在するわけではなかった。

また、一部弁済による代位があった場合における抵当権の実行による配当について、判例は、弁済による代位は求償権を確保するための制度であり、そのために債権者が不利益を被ることを予定するものではなく、抵当権が実行された場合における配当について債権者の利益を害する理由がないとして、債権者が優先すると判断したが、条文の文言からは、この判例法理の結論を導くことは困難であると指摘されていた。

そこで、平成29年改正民法は、判例法理の見直しを含めて、一部弁済による代位の要件・効果を明確化し、一部弁済による代位の場合に、代位弁済者は債権者の同意がある場合にかぎって債権者とともに原債権を行使することができるにすぎないが、債権者は単独で原債権を行使することができると定めるとともに、その債権の担保の目的となっている財産の売却代金その他の当該権利の行使によって得られる金銭については、債権者が代位弁済者に優先することを定めた（502条1項から3項まで）。

4-30　一部弁済による代位の要件・効果

改正前民法	H29改正民法
債権の一部について代位弁済があったときは、代位者は、その弁済をした価額に応じて、債権者とともにその権利を行使する（502Ⅰ）。	・債権の一部について代位弁済があったときは、代位者は、債権者の同意を得て、その弁済をした価額に応じて、債権者とともにその権利を行使することができる（502Ⅰ）。 ・前項の場合であっても、債権者は、単独でその権利を行使することができる（502Ⅱ）。 ・前2項の場合に債権者が行使する権利は、その債権の担保の目的となっている財産の売却代金その他の当該権利の行使によって得られる金銭について、代位者が行使する権利に優先する（502Ⅲ）。

一部弁済による代位の要件・効果を明確化し、代位弁済者は債権者の同意がなければ債権者とともに原債権を行使することができないが、債権者は単独で原債権を行使することができると定めた。また、原債権の担保権の行使によって得られる金銭については、債権者が代位弁済者に優先することを定めた。

4-1　弁済　187

不動産を目的とする1つの抵当権によって2つの債権が担保されている場合に、その1つの債権のみについて保証人がいるとき、その保証人が当該債権にかかる残債務全額について代位弁済した事例についてはどのように考えるべきであろうか。502条1項は「債権の一部について代位弁済があったときは」と規定するのみであり、文言としてはこの事例にも等しく適用され、原債権者優先主義が妥当するとも考えられるため問題となる。

●論点B⁻ランク

　この点について、判例（ただし、平成29年改正前のもの）は、この場合には、「当該抵当権は債権者と保証人の準共有となり、当該抵当不動産の換価による売却代金が被担保債権のすべてを消滅させるに足りないときには、債権者と保証人は、両者間に上記売却代金からの弁済の受領についての特段の合意がない限り、上記売却代金につき、債権者が有する残債権額と保証人が代位によって取得した債権額に応じて案分して弁済を受けるものと解すべきである」として、準共有という性質から平等分配を認めた。その理由は、「この場合は、民法502条1項所定の債権の一部につき代位弁済がされた場合……とは異なり、債権者は、上記保証人が代位によって取得した債権について、抵当権の設定を受け、かつ、保証人を徴した目的を達して完全な満足を得ており、保証人が当該債権について債権者に代位して上記売却代金から弁済を受けることによって不利益を被るものとはいえず、また、保証人が自己の保証していない債権についてまで債権者の優先的な満足を受忍しなければならない理由はないからである」ことをあげる。

→ 最判平成17年1月27日
民集59巻1号200頁

　これに対しては、保証人が残債務について保証債務を負わないとしても、債権者が値上がりを待つ期待を害しえないので、原債権者優先主義が妥当するとして、判例に反対する見解がある。

→ 平野・債権総論392頁

(ii)　解除権

　一部代位の場合において、債務の不履行による契約の解除は、債権者のみがすることができる（502条4項前段）。この場合には、代位者に対し、その弁済をした価額およびその利息を償還しなければならない（502条4項後段）。

(c)　代位者相互の効果

　501条3項は、法定代位権者の競合に関する改正前民法501条後段の枠組みを基本的に維持するものであるが、平成29年改正民法は、若干の修正と補充をして

← 代位者相互の関係
← 平成29年改正

法定代位権者の相互の関係と適用条文

→ 潮見・改正法193頁

	改正前	平成29年改正
保証人が代位弁済したとき →第三取得者に代位できる	501①	特段の規定なし（501Ⅰから当然に導かれる）
物上保証人が代位弁済したとき →第三取得者に代位できる	規定なし	特段の規定なし（501Ⅰから当然に導かれる）
第三取得者が代位弁済したとき →保証人に代位できない	501②	501Ⅲ①
第三取得者が代位弁済したとき →物上保証人に代位できない	規定なし	501Ⅲ①
第三取得者相互間の代位割合	501③	501Ⅲ②
物上保証人相互間の代位割合	501④	501Ⅲ③
保証人・物上保証人間の代位割合	501⑤	501Ⅲ④
保証人相互間の代位割合	規定なし	501Ⅱ括弧書

いる。順に見ていこう。

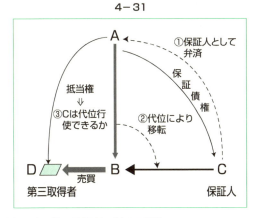

4-31

(i) 保証人・物上保証人の第三取得者に対する代位

　保証人は、第三取得者(債務者から担保の目的となっている財産を譲り受けた者〔501条3項1号括弧書〕)に対して債権者に代位する。この結論は501条1項から当然に導かれるため、特段の規定を設けることはしていない。

| 平成29年改正事項 | あらかじめ付記登記の規定の削除 | C 1 |

　改正前民法501条後段1号は、「保証人は、あらかじめ先取特権、不動産質権又は抵当権の登記にその代位を付記しなければ、その先取特権、不動産質権又は抵当権の目的である不動産の第三取得者に対して債権者に代位することができない」と規定し、保証人は代位しうることをあらかじめ登記しておく必要があるとしていた。この趣旨は、債権が消滅したという不動産の第三取得者の信頼を保護する点にあるとされていた。
　しかし、そもそも付記登記がないことを理由として債権が消滅したという第三取得者の信頼が生ずるか疑問であるとの批判のほか、抵当権付きの債権が譲渡された場合に、付記登記が抵当権取得の第三者対抗要件とされていないこととの均衡を失しているとの批判があった。
　そこで、平成29年改正民法は、保証人が債務者からの第三者取得者に代位する場面で、あらかじめの付記登記の要件を不要とした。
　この結果、付記登記は、第三取得者等の第三者に対して債権者に代位することを対抗するための要件ではなく、担保権を実行する際における承継を証する公文書(民執181条3項)として位置づけられるものとなった。

4-32　あらかじめ付記登記の規定の削除

改正前民法	H29改正民法
保証人は、あらかじめ先取特権、不動産質権または抵当権の登記にその代位を付記しなければ、その先取特権、不動産質権または抵当権の目的である不動産の第三取得者に対して債権者に代位することができない(501後段①)。	前2条の規定により債権者に代位した者は、債権の効力および担保としてその債権者が有していたいっさいの権利を行使することができる(501Ⅰ)。

　付記登記がない場合であっても、弁済による代位によって担保権が移転したことを第三者に対抗できるとともに、代位をする者が、他に承継を証する公文書を提出することができれば、付記登記がなくても担保権を実行できるとした。

　また、物上保証人も、第三取得者に対して債権者に代位する。この結論につい

← 保証人と第三取得者相互の関係①
保証人の第三取得者に対しての代位の可否

→ 部会資料80-3・27頁、一問一答196頁、潮見・改正法191頁

→ 中間試案の補足説明297頁

ても、501条1項から当然に導かれるため、特段の規定を設けていない。

(ii) 第三取得者の保証人・物上保証人に対する代位の否定(501条3項1号)

第三取得者(債務者から担保の目的となっている財産を譲り受けた者)は、保証人および物上保証人に対して債権者に代位しない(501条3項1号)。第三取得者は、500条括弧書にいう「弁済をするについて正当な利益を有する者」に該当し、代位弁済者の資格を有するとはいえ、抵当権等があることを前提として不動産を取得した者であり、この者は負担を覚悟していたはずであるから、保証人や物上保証人に対して履行請求をすることができないのである。

← 保証人・第三取得者相互間の関係② 第三取得者の保証人への代位の可否

平成29年改正事項	「第三取得者」の意義	C 1

改正前民法501条のもとでは、「第三取得者」と表記されている場合に、それが債務者からの第三取得者のみをさすのか、物上保証人からの第三取得者も含むかについて、学説の対立が生じていた(前者が通説であった)。

平成29年改正民法は、「物上保証人から担保の目的となっている財産を譲り受けた者は、物上保証人とみな」すことで(501条3項5号後段)、この対立に決着をつけ、「第三取得者」とは、「債務者から担保の目的となっている財産を譲り受けた者」と規定した(501条3項1号括弧書)。

→ 中間試案の補足説明296頁、一問一答196頁、潮見・改正法192頁

← 「第三取得者」とは

4-33 「第三取得者」の意義

┌─ 改正前民法 ─┐
第三取得者は、保証人に対して債権者に代位しない(501②)。

─ H29改正民法 ─
・物上保証人から担保の目的となっている財産を譲り受けた者は、物上保証人とみなして1号、3号および前号の規定を適用する(501Ⅲ⑤後段)。
・第三取得者(債務者から担保の目的となっている財産を譲り受けた者をいう)は、保証人および物上保証人に対して債権者に代位しない(501Ⅲ①)。

「第三取得者」が債務者からの第三取得者のみをさすのか、物上保証人からの第三取得者も含むかについて、学説の対立があったが、前者の立場であることを明らかにした。

(iii) 第三取得者相互間(501条3項2号)

第三取得者のひとりは、**各財産の価格に応じて、**他の第三取得者に対して債権者に代位する(501条3項2号)。平成29年改正により、「各不動産の価格」(改正前民法501条後段3号)を「各財産の価格」に改めている。501条3項2号の適用範囲は、担保権付きの不動産を取得した第三取得者にかぎられないと考えられていたため、そのルールの明確化を図ったものである。

← 第三取得者相互の関係
平成29年改正
→ 中間試案の補足説明296頁

たとえば、債権者Aが債務者Bに対して8000万円の貸金債権をもっていたとします。これを担保するために甲建物(6000万円)と乙建物(4000万円)に抵当権が設定されていました。それぞれの建物について第三取得者XとYがいたとします。そして、Xが第三者弁済によってAが有していたBに対する8000万円の貸金債権と乙建物に対する抵当権を取得したとします。この場合、Xが乙建物に対して抵当権を行使できる金額は、各財産の価格に応じて、すなわち6000万円と4000万円という建物の値段の割合に応じてということになりますから、乙建物は被担保債権8000万円のうち10分の4を負担することになり、Xは乙建物に対して3200万円の抵当権を行使していくことができるということになるわけです。逆に、Yが第三者弁済をした場合には、甲建物に対しては、すなわちXに対して、被担保債権8000万円のうちの10分の6、すなわち4800万円の代位行使をしていくことが

190　4章　債権の消滅

できるということになるわけです。

　下図は、Xが第三者弁済をし、甲建物の抵当権が消滅するとともに、代位によりAの有していた債権および乙建物に対する抵当権が移転してくる関係を示したものです。逆に、Yが主債務全額を第三者弁済した場合には、Yが所有する乙建物の抵当権は消滅するとともに、Aの有していた債権と甲建物に対する抵当権を代位により取得することになります。

4-34

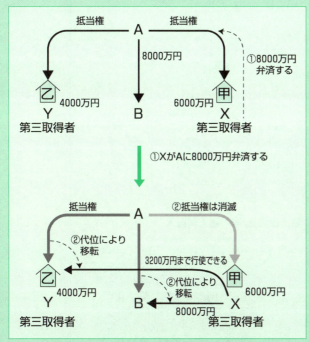

次の図には、前記の各々の場合にいくら代位できるのかを計算式とともに示します。

4-35

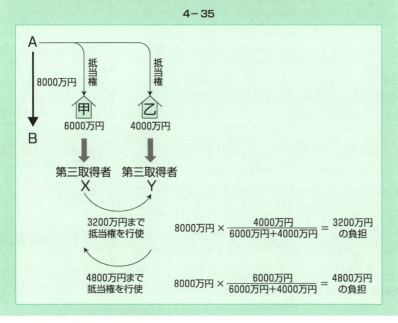

(ⅳ) 物上保証人相互間(501条3項3号)

　物上保証人相互間の代位割合については、第三取得者相互間の代位割合に関する501条3項2号が準用される(501条3項3号)。すなわち、物上保証人のひと

← 物上保証人相互の関係

りは、**各財産の価格に応じて**、他の物上保証人に対して債権者に代位することになる。

(v) 保証人と物上保証人(501条3項4号)

保証人と物上保証人との間においては、**その数に応じて**、債権者に代位する(501条3項4号本文)。ただし、物上保証人が数人あるときは、保証人の負担部分を除いた残額について、**各財産の価格に応じて**、債権者に代位する(501条3項4号ただし書)。

← 保証人・物上保証人相互の関係

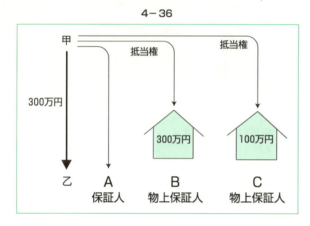

たとえば、300万円の債務について、保証人Aと物上保証人B・Cがいて、B・Cが担保に供した不動産がそれぞれ300万円と100万円だったとします。この場合、まず全体の頭数が3人ですので、保証人であるAは3分の1である100万円を負担します。そして、残りの200万円を2人の物上保証人で負担することになるので、B・Cはあわせて200万円を負担することになります。そのうえで、物上保証人間では各財産の価格に応じて、Bが4分の3である150万円、Cが4分の1である50万円を負担することになるのです。

保証人が物上保証人を兼ねる場合に、二重資格者を1人と数えるべきか、2人と数えるべきかについて、法文上明らかではなく、学説が分かれている。

この点については、二重資格者を1人と数えるべきであるとする見解(単一資格説)、2人と数えるべきとする見解(二重資格説)、二重資格者が一方の資格を選択することができるとする見解(資格選択説)に分かれるが、判例は、単一資格説を採用している。すなわち、「複数の保証人及び物上保証人の中に二重の資格をもつ者が含まれる場合における代位の割合は、民法501条但書4号、5号〔現501条3項3号、4号〕の基本的な趣旨・目的である公平の理念に基づいて、二重の資格をもつ者も1人と扱い、全員の頭数に応じて平等の割合であると解するのが相当である」という。

それでは、二重資格者を1人と数えるとして、さらに保証人として1人と計算するのか、各財産の価格に応じて代位するという物上保証人として計算するのか

← 二重資格を有する者がいる場合
● 論点B+ランク
（論証15）

→ 最判昭和61年11月27日民集40巻7号1205頁

● 論点Bランク

192　4章　債権の消滅

が問題となる。この点について、通説は、代位者の頭数を基準とするが（したがって、保証人として計算する）、物上保証人としての地位（責任）を否定するわけではなく、頭数で分割された額まで保証債権および抵当権の一方または双方を代位行使できるとする（保証人兼物上保証人1人説）。

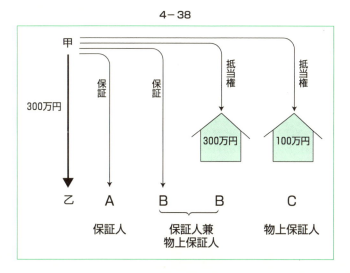

たとえば、先の例で300万円の債務について、保証人A、物上保証人B・CがあるときにBが保証人でもあったとします。すると、このように保証人兼物上保証人がいるときはまず、その者を保証人と同じように扱い、各人の負担を頭割りによって計算すると、全員100万円ずつ負担することになるのです。そして、Bは土地について物上保証人でもあるのですから100万円の限度で土地の抵当権の負担も負うことになります。

また、かりに、もう1人の物上保証人Dがいて、50万円の建物に抵当権を設定していたらどうなるでしょうか。この場合、A、Bはそれぞれ300万円を4人で頭割りした75万円ずつを負担し、残る150万円を物上保証人CとDが不動産の価格の割合で負担することとなり、Cが100万円、Dが50万円となります。そして、二重資格者たるBは75万円の限度で抵当権の負担も負うということになります。

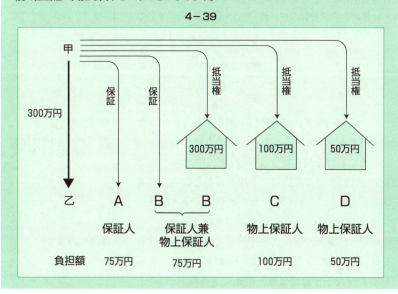

保証人と物上保証人の二重資格を有する者がいる場合、代位の割合をどのように定めればよいか。

●論点B⁺ランク（論証15）

A説　単一資格説（判例・通説）

▶結論：1人として扱うべきである。
▶理由：501条の基本的な趣旨・目的である公平の理念に立ち返ると、1人として扱うべきである。

→ 最判昭和61年11月27日（前出）

→ 近江・講義Ⅳ339頁

B説　二重資格説

▶結論：保証人および物上保証人の2人として扱うべきである。
▶理由：単なる保証人からすれば、一部の保証人が更に抵当権を設定しているということはより重い出えんを忍ぶべきだと期待するのが自然であるから、その期待を保護することが公平にかなう。

 単一資格説に立った場合、その1人をさらに保証人とみるか、それとも物上保証人とみるか。

●論点B⁺ランク（論証15）

A説　保証人1人説

▶結論：物上保証人としての地位を否定する。よって、各保証人の頭数で割った金額の保証債権を代位行使することになる。
▶批判：物上保証人となったことの意義を完全に否定することは妥当でない。

B説　保証人兼物上保証人1人説（通説）

▶結論：代位者は二重資格者に対して保証債権および抵当権の一方または双方を代位行使できる。すなわち、代位者の頭数を基準とするが、物上保証人としての地位を否定するわけではないので、頭数で分割された額まで保証債権および抵当権の一方または双方を代位行使できる。
▶理由：保証人は一般財産をもって無限定に責任を負担しようとするのに対し、物上保証人は限定的に責任を負担しようとするものである。そこで、保証人が物上保証もすることは、保証した債務額だけは確実に（＝物的に）責任を負担しようとする趣旨と解するのが現実的にも妥当である。

→ 近江・講義Ⅳ340頁

C説　物上保証人1人説

▶結論：物上保証人として1人と考える。よって、保証人としての責任部分は無視して考えることになる。

　それでは、物上保証人が死亡し、共同相続人により担保不動産が共有となった場合に、501条3項4号の「その数」はいかに数えるべきか。この点について、判例は、当初の1人ではなく、弁済時における共有持分権者の人数で数えるべきであるとする。担保提供後の頭数の変化は多様な原因により生じうるところ、弁済によってはじめて発生する法律関係である代位については、弁済時を基準時として法律関係の簡明を期するのが相当であるから、判例の立場でよい。

●論点Bランク

→ 最判平成9年12月18日判時1629号50頁

　次に、保証人と物上保証人の間で、保証人が全額代位できるとする特約は有効か。特に物上保証人の設定した抵当権に後順位抵当権者がいる場合に問題となる。たしかに、保証人と物上保証人間の単なる特約により、後順位抵当権者が501条3項によって本来確保できた利益を得られないことは、後順位抵当権者の利益を害するようにも思える。しかし、保証人と物上保証人間で特約がされているとい

●論点Bランク

194　4章　債権の消滅

っても、保証人の代位できる範囲は、保証人が有している求償権の範囲内に限定され、その範囲内では後順位抵当権者は、本来、債権者への優先弁済を承認せざるをえない立場にあったのであるから、特に後順位抵当権者の利益を害するものとはいえない。したがって、このような特約も有効と考えてよい。

判例も、根抵当権の事例において、もともと後順位抵当権者は、債権者が根抵当権の被担保債権の全部につき極度額の範囲内で優先弁済を主張した場合には、それを承認せざるをえない立場にあるから、保証人は、その求償権の範囲内で特約の割合に応じて抵当権を行使することができるとしている。

➡ 最判昭和59年5月29日
（後出重要判例）

★重要判例（最判昭和59年5月29日〔百選Ⅱ36事件〕）
「債務者から委託を受けた保証人が債務者に対して取得する求償権の内容については、民法459条2項によって準用される同法442条2項は、これを代位弁済額のほかこれに対する弁済の日以後の法定利息等とする旨を定めているが、右の規定は、任意規定であって、保証人と債務者との間で右の法定利息に代えて法定利率と異なる約定利率による代位弁済の日の翌日以後の遅延損害金を支払う旨の特約をすることを禁ずるものではない。また、弁済による代位の制度は保証人と債務者との右のような特約の効力を制限する性質を当然に有すると解する根拠もない。けだし、単に右のような特約の効力を制限する明文がないというのみならず、当該担保権が根抵当権の場合においては、根抵当権はその極度額の範囲内で原債権を担保することに変わりはなく、保証人と債務者が約定利率による遅延損害金を支払う旨の特約によって求償権の総額を増大させても、保証人が代位によって行使できる根抵当権の範囲は右の極度額及び原債権の残存額によって限定されるのであり、また、原債権の遅延損害金の利率が変更されるわけでもなく、いずれにしても、右の特約は、担保不動産の物的負担を増大させることにはならず、物上保証人に対しても、後順位の抵当権者その他の利害関係人に対しても、なんら不当な影響を及ぼすものではないからである。」
501条後段5号〔現501条3項4号〕は、「特約その他の特別な事情がない一般的な場合について規定しているにすぎず、同号はいわゆる補充規定であると解するのが相当である。したがって、物上保証人との間で同号の定める割合と異なる特約をした保証人は、後順位抵当権者等の利害関係人に対しても右特約の効力を主張することができ、その求償権の範囲内で右特約の割合に応じ抵当権等の担保権を行使することができるものというべきである。このように解すると、物上保証人（根抵当権設定者）及び保証人間に本件のように保証人が全部代位できる旨の特約がある場合には、保証人が代位弁済したときに、保証人が同号所定の割合と異なり債権者の有していた根抵当権の全部を行使することになり、後順位抵当権者その他の利害関係人は右のような特約がない場合に比較して不利益な立場におかれることになるが、同号は、共同抵当に関する同法392条のように、担保不動産についての後順位抵当権者その他の第三者のためにその権利を積極的に認めたうえで、代位の割合を規定していると解することはできず、また代位弁済をした保証人が行使する根抵当権は、その存在及び極度額が登記されているのであり、特約がある場合であっても、保証人が行使しうる根抵当権は右の極度額の範囲を超えることはありえないのであって、もともと、後順位の抵当権者その他の利害関係人は、債権者が右の根抵当権の被担保債権の全部につき極度額の範囲内で優先弁済を主張した場合には、それを承認せざるをえない立場にあり、右の特約によって受ける不利益はみずから処分権限を有しない他人間の法律関係によって事実上反射的にもたらされるものにすぎず、右の特約そのものについて公示の方法がとられていなくても、その効果を甘受せざるをえない立場にあるものというべきである。」
【争点】①代位弁済をした保証人は、物上保証人および当該物権の後順位担保権者等の利害関係に対する関係において、債権者の有していた債権および担保権につき、この特約に基づく遅延損害金を含む求償権の総額を上限として、これを行使することができるか。
　　　　②代位弁済をした保証人は、物上保証人の後順位担保権者等の利害関係人に対する関係において、この特約の割合に応じて債権者が物上保証人に対して有して

いた抵当権等の担保権を代位行使することができるか。
【結論】①できる。
②できる。

(vi) 保証人相互間(501条2項括弧書)

501条2項括弧書は、共同保証人間での代位求償が問題となる場合においては、弁済者代位を認めたうえで、その限度を、債務者に対する求償権ではなく、共同保証人間の求償権(465条)とする。平成29年改正により、改正前民法下であった学説の対立に決着をつけたものである。

→ 潮見・改正法191頁
← 保証人相互の関係
← 平成29年改正

| 平成29年改正事項 | 保証人相互間の代位割合 | C1 |

改正前民法は、共同保証人相互間の関係については、465条で求償権の範囲を定めていたが、代位の割合について改正前民法501条後段各号には規定が欠けていた。起草者は、共同保証人間の求償権を決する負担部分の割合に応じて代位の割合が決せられると理解していたが、これは当然のことであるという理由に基づき、規定を設けなかった。しかし、この点については起草者の理解に反して、代位の可否や代位の範囲について解釈が分かれていた。

そこで、平成29年改正民法は、共同保証人間での代位求償が問題になる場合においては、共同保証人間でも債権者に代位することができるが、他の共同保証人への代位の範囲は465条によって取得する求償権の範囲内に制限されるという見解を採用した(501条2項括弧書)。

なお、改正前民法501条後段各号(501条3項各号)に列挙されているのは、基本的に債務者に対する求償権を確保するために代位が認められている場合であるが、共同保証人間での代位は、債務者に対する求償権確保とともに、共同保証人間の求償権確保をも目的とするものであるという点で性質を異にするなどの理由より、代位割合を定める501条3項各号とは別に規定を設けた。

→ 部会資料70B・13頁、一問一答195頁

4-40 保証人相互間の代位割合

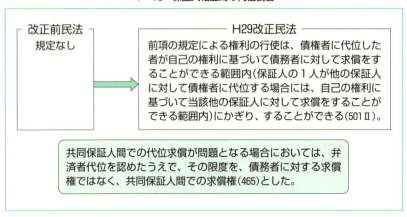

4-41 債権者に代位しての求償請求

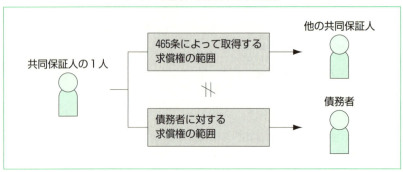

(d) 債権者の義務

(i) 債権に関する証書・担保物の交付義務など

　代位弁済によって全部の弁済を受けた債権者は、債権に関する証書および自己の占有する担保物を代位者に交付しなければならない（503条1項）。この趣旨は、代位弁済の場合において、代位者が権利を行使しやすくする点にある。

　また、債権の一部について代位弁済があった場合には、債権者は、債権に関する証書にその代位を記入し、かつ、自己の占有する担保物の保存を代位者に監督させなければならならい（503条2項）。

(ii) 法定代位権者のための担保保存義務

　弁済をするについて正当な利益を有する者（代位権者）がある場合に、債権者が故意または過失によってその担保を喪失し、または減少させたときは、その代位権者は、代位をするにあたって担保の喪失または減少によって償還を受けることができなくなる限度で、その責任を免れる（504条1項前段）。法定代位の場合には、弁済者は、代位により債権者の権利を行使しうるという期待を有しているところ、債権者が質物の占有を失うなどのように担保物を喪失したり、それを減少させたりしたようなときには、弁済者の代位の期待が害されるので、その限度で免責されるということである。

　また、その代位権者が物上保証人である場合には、その代位権者から担保の目的となっている財産を譲り受けた第三者およびその特定承継人についても、同様とする（504条1項後段）。平成29年改正民法は、改正前民法504条により責任を減免された法定代位権者が有していた担保物権を譲り受けた者も、同条による責任減免の効果を主張することができるとする判例法理を、抵当不動産が問題となる場面を超えて一般化したうえで、明文化した。

> ← 平成29年改正
>
> → 潮見・改正法195頁
>
> → 最判平成3年9月3日
> 　（後出重要判例）

　もっとも、以上のような504条1項の規定は、債権者が担保を喪失し、または減少させたことについて取引上の社会通念に照らして合理的な理由があると認めるときは、適用しない（504条2項）。これは、担保保存義務違反を理由とする責任の減免に関するルールが妥当しない場合を規定したものである。具体的には、担保目的物を売却したうえで、売却代金で債務の一部を弁済する代わりに担保を解除する場合など、担保の喪失または減少が代位をすることができる者の正当な代位の期待に反しない場合が想定されている。

> → 部会資料70A・47頁

　ところで、金融実務においては、一般に、債権者・債務者間で担保保存義務の免除特約が行われている。たとえば、債権者たる金融機関は担保保存義務を免除され、物上保証人は504条1項の免責を主張しないという特約を締結することがある。この点について、判例は、これを原則的に有効とし、ただ、信義則あるいは権利濫用からの制約を受けるものとする。

> ← 債権者の担保保存義務と免除特約の効果
>
> → 最判昭和48年3月1日
> 　金法679号34頁、
> 　最判平成2年4月12日
> 　金法1255号6頁
>
> → 最判平成3年9月3日
> 　（後出重要判例）
>
> → 最判平成7年6月23日
> 　（後出重要判例）

　では、担保目的物につき第三取得者が登場した場合はどうであろうか。この点について、判例は、債権者による担保喪失時の所有者が504条によって免責を受けた後に、特約をみずからは何ら締結していない第三取得者が登場した場合に、その第三取得者にも504条による免責の主張を認めた。これに対して、平成7年の判例は、504条による免責は特約によって排除されており、しかも、債権者による特約の効力の主張も信義則、権利濫用によって妨げられることがなかったために、担保喪失時の所有者が免責の効果を受けられなかった事案に関するものであり、それを譲り受けた第三取得者もまた、504条による免責の効果を主張する

4-1　弁済　**197**

ことはできないとした。結局、第三取得者は免責の有無に関して物上保証人の地位を承継するのである。

★重要判例（最判平成３年９月３日民集45巻７号1121頁）

　債務者所有のＡ不動産と債務者から所有権の移転を受けた第三取得者のＢ不動産とが「共同抵当の関係にある場合において、債権者がＡ不動産に設定された抵当権を放棄するなど故意又は懈怠によりその担保を喪失又は減少したときは、右第三取得者はもとよりＢ不動産のその後の譲受人も債権者に対して民法504条に規定する免責の効果を主張することができるものと解するのが相当である。すなわち、民法504条は、債権者が担保保存義務に違反した場合に法定代位権者の責任が減少することを規定するものであるところ、抵当不動産の第三取得者は、債権者に対し、同人が抵当権をもって把握した右不動産の交換価値の限度において責任を負担するものにすぎないから、債権者が故意又は懈怠により担保を喪失又は減少したときは、同条の規定により、右担保の喪失又は減少によって償還を受けることができなくなった金額の限度において抵当不動産によって負担すべき右責任の全部又は一部は当然に消滅するものである。そして、その後更に右不動産が第三者に譲渡された場合においても、右責任消滅の効果は影響を受けるものではない。」

【争点】 担保喪失後または減少後の第三取得者は、504条による免責の効果を主張することができるか。

【結論】 できる。

★重要判例（最判平成７年６月23日〔百選Ⅱ37事件〕）

　「債務の保証人、物上保証人等、弁済をするについて正当な利益を有する者（以下『保証人等』という。）が、債権者との間で、あらかじめ民法504条に規定する債権者の担保保存義務を免除し、同条による免責の利益を放棄する旨を定める特約は、原則として有効であるが……、債権者がこの特約の効力を主張することが信義則に反し、又は権利の濫用に当たるものとして許されない場合のあり得ることはいうまでもない。しかしながら、当該保証等の契約及び特約が締結された時の事情、その後の債権者と債務者との取引の経緯、債権者が担保を喪失し、又は減少させる行為をした時の状況等を総合して、債権者の右行為が、金融取引上の通念から見て合理性を有し、保証人等が特約の文言にかかわらず正当に有し、又は有し得べき代位の期待を奪うものとはいえないときは、他に特段の事情がない限り、債権者が右特約の効力を主張することは、信義則に反するものではなく、また、権利の濫用に当たるものでもないというべきである。」

　「債権者が担保を喪失し、又は減少させた後に、物上保証人として代位の正当な利益を有していた者から担保物件を譲り受けた者も、民法504条による免責の効果を主張することができるのが原則である……。しかし、債権者と物上保証人との間に本件特約のような担保保存義務免除の特約があるため、債権者が担保を喪失し、又は減少させた時に、右特約の効力により民法504条による免責の効果が生じなかった場合は、担保物件の第三取得者への譲渡によって改めて免責の効果が生ずることはないから、第三取得者は、免責の効果が生じていない状態の担保の負担がある物件を取得したことになり、債権者に対し、民法504条による免責の効果を主張することはできないと解するのが相当である。」

【争点】 物上保証人に対する担保保存義務免除特約は有効か。また、その特約が有効であるとして、担保目的物の第三取得者もまた、504条による免責の効果を主張できなくなるのか。

【結論】 信義則・権利濫用にあたらないかぎり、有効である。また、特約の効力により免責の効果が生じなかった場合には、第三取得者もまた504条による免責の効果を主張することはできない。

第4章 債権の消滅

2. 代物弁済

　民法典は代物弁済を弁済の一態様として規定しているが（第3編第1章第6節第1款第1目中に規定）、代物弁済は本来の弁済とは異なるから、本章1節とは別に本節において独立の債権消滅事由として扱うことにする。

1 意義

【1】代物弁済契約とは

　代物弁済契約とは、弁済できる者（弁済者）が、債権者との間で、債務者の負担した給付に代えて他の給付をすることにより債務を消滅させる旨の契約をいう。旧債務を消滅させて新債務を負担させる**更改**（513条以下）とは異なる。

　民法は、代物弁済契約をした場合に、その弁済者が当該他の給付をしたときは、その給付は、弁済と同一の効力を有すると規定する（482条）。

← 「代物弁済契約」とは

　たとえば、弁済者が、100万円の債務（「債務者の負担した給付」）に代えて自動車1台を給付（「他の給付」）して100万円の債務を消滅させる旨の契約が代物弁済契約です。そして、この場合、その弁済者が自動車1台を現実に給付したときには、その給付は100万円の債務の弁済と同一の効力を有することになるのです。

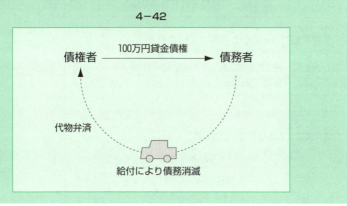

4-42

【2】法的性質

　平成29年改正のもと、482条は、代物弁済が**諾成契約**であって、弁済者と債権者の間の合意のみによって成立することを明らかにしている。この合意によって「他の給付」をする義務（代物給付義務）が発生する。そして、代物弁済の合意に基づいて弁済者による代物の**給付が完了**したときにはじめて、**債権の消滅**という効果（「弁済と同一の効力」）が発生する（482条）。

　なお、判例は、「代物弁済による所有権移転の効果が、原則として当事者間の代物弁済契約の意思表示によって生ずることを妨げるものではない」としている。

← 平成29年改正

→ 最判昭和57年6月4日判時1048号97頁

| 平成29年改正事項 | 代物弁済契約の法的性質 | B2 |

→ 部会資料70 A・29頁、80-3・24頁、83-2・28頁、一問一答187頁

　改正前民法482条は「債務者が、債権者の承諾を得て、その負担した給付に代えて他の給付をしたときは、その給付は、弁済と同一の効力を有する」と規定していたが、このような代物弁済は、伝統的に要物契約であるという見解が有力に主張されていた。これは、代物弁済による債権の消滅の効力が代物の給付が現実にされることによって生ずることに着目したものであった。

　しかし、実際には、代物弁済の予約や停止条件付代物弁済のように諾成的な代物弁済の合意が、特に担保取引において利用されることが多いと指摘されていた。判例は、代物弁済が要物契約か諾成契約かについて、明示的には判断していないが、代物弁済として不動産を給付した事案において、代物弁済の目的である不動産の所有権移転の効果は原則として当事者間で代物弁済契約が成立した時に、その意思表示の効果として生ずることを妨げないとしていた。もっとも、この判例の結論は、代物弁済を諾成契約とする立場からは容易に説明できるが、要物契約とする立場からは、所有権移転原因たる代物弁済契約がまだ成立していない時点での物権変動を認めることになるため、説明が難しいとされていた。そして、現在では、諾成的な代物弁済の合意が有効であることを明確に認める見解が一般的であると指摘されていた。

→ 最判昭和57年6月4日（前出）、最判昭和60年12月20日判時1207号53頁

　そこで、平成29年改正民法は、代物弁済契約が諾成契約であることを明らかにするとともに、その給付によって弁済と同一の効力を有するとして、当初の給付にかかる債権が消滅することを確認する規定を設けた（482条）。

4-43　代物弁済契約の法的性質

― 改正前民法 ―
債務者が、債権者の承諾を得て、その負担した給付に代えて他の給付をしたときは、その給付は、弁済と同一の効力を有する（482）。

→ ― H29改正民法 ―
弁済をすることができる者が、債権者との間で、債務者の負担した給付に代えて他の給付をすることにより債務を消滅させる旨の契約をした場合において、その弁済者が当該他の給付をしたときは、その給付は、弁済と同一の効力を有する（482）。

代物弁済は伝統的に要物契約であるという見解が主張されていたが、平成29年改正では、代物弁済契約が諾成契約であることを明らかにするとともに、その給付によって当初の給付にかかる債権が消滅することを確認する規定を設けた。

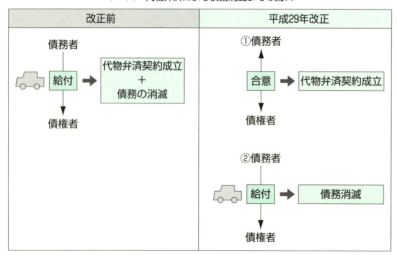

4-44　代物弁済による債務消滅までの流れ

平成29年改正のもとでは、代物弁済契約は諾成契約となりましたので、「債務者の負担した給付」(当初の給付)=債権の存在と、代物弁済の合意があれば足り、「他の給付」(代物給付)は代物弁済契約の(成立)要件とはなりません。しかし、債権の消滅という効果を発生させるためには、代物弁済の合意だけでなく、代物弁済の合意に基づいて代物の給付が完了しなければなりません。

　したがって、代物弁済による債権の消滅を主張する者は、債権の存在と代物弁済の合意のみならず、この合意の履行としての代物給付(約束された給付がなされたこと)も主張・立証しなければならないのです。

　このように、代物弁済契約の(成立)要件と、債権の消滅という効果を導くための代物弁済の主張・立証責任とは、その内容を異にしますので、注意してください(代物弁済の要件は、②で説明します)。

　ただし、代物弁済がなされてはじめて債権の消滅という効果(効力)が発生することから、「その意味で要物契約である」という説明がされることもあります。

➡ 平野・債権総論456頁

【3】 代物弁済の合意と「債務者の負担した給付」(当初の給付)

　代物弁済契約は諾成契約であるから、代物弁済の合意がされても、代物給付義務(代物交付義務)が発生するだけであって、これによってただちに債権が消滅するわけでない。したがって、代物弁済契約が締結された後であっても、債権者が「債務者の負担した給付」(当初の給付)を請求することは妨げられない(判例)。このことは、明文の規定をまつまでもないといわれている。

　次に、①債権者が債務者に対して当初の給付を請求したときに、債務者が「他の給付」(代物の給付)をすることができるか、また、②債権者が債務者に対して代物の給付を請求したときに、債務者が当初の給付をすることができるかについては、個々の代物弁済契約の解釈により決せられるとされる。

　この点について、有力な見解は、第一義的には個々の代物弁済の合意の解釈により決せられるとし、その解釈から導くことができない場合には、①②について次のように考えるべきであるとする。

　①代物弁済の合意がされただけでは債権は消滅していないのであるから、債権者は債務者に対して当初の給付を請求することができるものの、債務者は代物の給付をすることによって債務を免れることができる。そして、代物の給付がなされれば、これによって当初の給付をする義務も消滅する。

　②債権者が債務者に対して代物の給付を請求したときは、債務者は、当初の給付をすることによって債務を免れることができる。債権者はその受領を拒絶することはできないし、当初の給付がされることによって代物の給付をする義務も消滅する。

➡ 最判昭和43年12月24日
　判時546号60頁

➡ 潮見・改正法181頁

➡ 潮見・新債権総論Ⅱ85頁

② 代物弁済の要件

　代物弁済の(成立)要件は、①当初の給付(債権)の存在と、②当初の給付に代わる給付をすることについての合意である。

← 代物弁済の要件

【1】 当初の給付(債権)の存在

　代物弁済は既存の債権の消滅を目的とするものであるから、当初の給付(債権)が存在することが必要である。かりに、債権が存在しないのに債務者が給

4-2　代物弁済　201

付をしたときは、非債弁済となり、民法705条によって処理される。

> 債権が存在しないのに債務者が給付をした場合には、不当利得の問題になります。この点については、民法703条、704条の適用の可能性を示す見解と、これに否定的な見解とがあります。
>
> この見解の対立は、不当利得制度の本質に関する衡平説と類型論の対立に由来するものと考えられます。詳細は債権各論の不当利得の部分で説明しますが、ポイントだけ説明すると、衡平説は不当利得の場面全体について703条、704条の適用を認めるのに対して、類型論は不当利得のうち給付利得とよばれる場面については703条、704条の適用を認めません（ただし、給付利得の場面であっても、特殊な給付利得については、705条以下の規定が適用されると解します）。
>
> 平成29年改正民法は類型論を採用していると評価されていますので、類型論の考え方を理解できるようにしましょう。

→ 中田・債権総論386頁
→ 潮見・新債権総論Ⅱ86頁

→ 潮見・債権各論Ⅰ321頁

【2】当初の給付に代わる給付をすることについての合意

代物弁済は当初の給付に代えて他の物を給付することを目的とした契約であるから、弁済者と債権者との間で当初の給付に代わる給付についての合意が存在しなければならない。

当初の給付に代わる給付とは、たとえば、金銭債務に代えて、動産の所有権の移転のほか、不動産の所有権の移転、債権の譲渡、預金証書の交付、手形・小切手の交付などがこれに該当する。当初の給付に代わる給付は、その種類は問わず、また、当初の給付と同価値である必要もない（ただし、暴利行為にあたる場合に無効〔90条〕となる場合がある）。

③ 効果──代物給付の完了と債権の消滅

【1】代物給付の完了

代物弁済契約の履行として給付が現実にされ、かつ、完了すれば、債権消滅の効果が与えられる、すなわち「弁済と同一の効力を有する」（482条）ことになる。

> 通常、（成立）要件をみたせばただちに効果が導かれることになります。しかし、諾成契約と位置づけられた代物弁済の場合には、その成立要件は、①当初の給付（債権）の存在と、②当初の給付に代わる給付をすることについての合意となりますが、そこからただちに債権消滅の効果が導かれるわけではありません。再三述べるように、債権消滅という効果が発生するためには、①②のほかに、③代物弁済の合意に基づいて代物の給付が完了しなければなりません。代物弁済の成立要件をみたしても、③の代物給付の完了がなければ、「弁済と同一の効力を有する」（482条）ことにはならないのです。履行が完了することにより、債権が消滅するという点において、契約としての特殊性があるのです。
>
> なお、「債務者の負担した給付に代えて他の給付をすることにより債務を消滅させる旨の契約」を（準物権契約としての）代物弁済契約、この契約に基づいて給付をすることを代物弁済というように、代物弁済契約と代物弁済の概念を分けたうえで、代物弁済が有効になる（債権消滅の効果が発生する）ためには、①②③の要件をみたすことが必要であるという位置づけをすれば（この考えでは、代物弁済契約は諾成契約ですが、代物弁済は要物契約となります）、通常どおり、要件をみたせばただちに効果（債権消滅）が導かれるという構造になります。

→ 平野・債権総論454頁以下

債権が消滅すれば、それに伴って担保権も消滅する。弁済に関する規定（473条

以下）は、原則として代物弁済に適用あるいは類推適用されよう。たとえば、弁済者は債権者に対し受取証書の交付（486条）や債権証書の返還（487条）を請求することができる。

　現実に代物の給付があるというためには、代物が不動産である場合には、所有権移転登記の完了が必要であるが（判例）、そのほかに占有の移転としての引渡しは不要とされている。ただし、判例は、債権者が不動産の所有権移転登記手続に必要ないっさいの書類を債務者から受領しただけで代物弁済による債権消滅の効力を生じさせる旨の特約をすることは妨げられないとした。

　他方で、代物が動産の場合には、その引渡しが必要であり、代物が債権の場合には、第三者対抗要件の具備が必要である。

→ 最判昭和39年11月26日
民集18巻9号1984頁、
最判昭和40年4月30日
民集19巻3号768頁
→ 最判昭和43年11月19日
民集22巻12号2712頁

> なお、判例が、所有権の移転に関しては、意思主義の原則（176条）どおり、当事者間の代物弁済契約の意思表示の時に移転するとしている点に注意しておいてください。

→ 最判昭和57年6月4日
（前出）

【2】代物として給付された物の不適合

　給付された代物に不適合があった場合の取扱いについては、代物弁済の構造をどのように考えるかによって結論を異にする。

　改正前民法下での通説は、債権者は、売買目的物の瑕疵を理由とする規定の準用（559条参照）により、債権者は解除または損害賠償の請求をすることができるだけであって、それ以上に契約に適合した物の給付の請求（完全履行請求・追完請求）をすることはできないし、また、当初の給付を請求することもできないとしていた。その理由は、代物弁済によって債権は消滅するのであるから、債権関係の存在を前提とする請求はできないという点にある。

● 論点B⁻ランク
（論証16）

> この見解は、代物弁済を要物契約と捉える見解（要物契約説）や、対抗要件具備を停止条件として、契約時に効力を生じるという説（停止条件説）を採用したうえで、瑕疵担保責任（改正前民法570条）の法的性質を法定責任と捉える立場（当該特定物に原始的な瑕疵がある場合についても、その物を引き渡せば完全な履行となるという考え方〔特定物ドグマ〕）を前提とします。

　これに対して、平成29年改正民法下においては、代物弁済契約は諾成契約であるところ、代物弁済契約も有償契約の一種であるから、給付された代物に不適合があった場合には、債権者は、債務者に対し、損害賠償請求・解除権行使（564条、415条、541条、542条）のみならず、追完請求権（562条）、代金減額請求権（563条）が認められる（559条）との見解が有力である。

← 追完請求権、代金減額請求権の可否

→ 潮見・新債権総論Ⅱ88頁、中舎・債権法331頁

> 　代物弁済契約を諾成契約と捉えると、代物弁済契約によって代物給付義務（代物交付義務）が発生しますから、給付された代物に不適合があった場合には、その債務不履行が考えられることになります。そして、代物弁済契約も債権の消滅と代物の給付との有償交換という意味においては有償契約であり、代物弁済契約を他の有償契約と区別する必要はないということになります。代物弁済は、再三述べたとおり、履行が完成することによって、既存の債権が消滅するという点においてのみ、契約としての特殊性が認められるのであって、他の有償契約と別異に考える必要はありません。したがって、代物の不適合を理由とする責任の問題は、他の有償契約と同様に考えればよいのです。
> 　それゆえ、代物弁済契約の内容に適合しない代物が給付されたときは、債権者は、債務

→ 潮見・新債権総論Ⅱ88頁

者に対し、追完を請求したり、代金減額を請求したりすることができることになります。
なお、代金減額請求権とは、厳密にいえば、代金減額ならぬ代物弁済で消滅する金額の減額請求ということになります。

　この見解によれば、代物弁済契約に適合した代物が給付されることによって契約の履行が完成し、代物弁済が完了したとされるまでは、債権は消滅していないのであるから、給付された代物に不適合があった場合には、債権者は依然として、債務者に対し、当初の給付(債権)を請求することができることになる(このときには、給付された代物の返還とは引換給付の関係となる)。なお、代物弁済の目的物が弁済者以外の者の所有物であったために真の所有者から追奪された場合にも、債権は消滅しないから、債権者は依然として、債務者に対して、当初の給付(債権)を請求することができる。

→ 潮見・新債権総論Ⅱ89頁

第4章 債権の消滅

3. 供託

1 意義

【1】供託とは

　供託（弁済供託）とは、弁済者が債権者のために弁済の目的物を供託所に保管させることによって債権を消滅させる制度をいう。

　債務者が約定に従って弁済の提供をしたのに、債権者がこれを受領しない場合には、債務者は、債務を履行しないことによって生ずべき責任を免れる（492条）。しかし、弁済の提供により債務そのものが消滅するわけでないし、また、その債務に抵当権等の担保権が付いている場合にはその拘束を免れるわけでもない。さらに、金銭以外の物の給付が目的となっている場合には、弁済の提供後は保管義務が軽減されるとしても（413条1項参照）、保管自体は継続しなければならない。

　そこで、民法は、債務者を債務から解放させるために供託制度を設けて、債務そのものを消滅させることにした（494条以下）。

←「供託」とは

【2】性質

　供託は、弁済者が供託所に弁済の目的物を保管させることによって債権を消滅させるという**寄託契約（657条）の一種**である（判例）。もっとも、供託は、寄託者（供託者）のための保管ではなく、第三者である債権者のための保管を目的として行われる。そのため、供託は、供託者と供託所を契約当事者とする**第三者のためにする寄託契約**の性質を有する。

　ただし、第三者のためにする契約（537条から539条まで）では、第三者は当然に権利を取得するのではなく、第三者が債務者に対して契約の利益を享受する意思（受益の意思）を表示した時に権利が発生するとされている（537条3項）のに対し、供託は、法律上認められた特別の制度であって、債権者の受益の意思表示は不要である点に注意してほしい。

→ 最大判昭和45年7月15日
民集24巻7号771頁

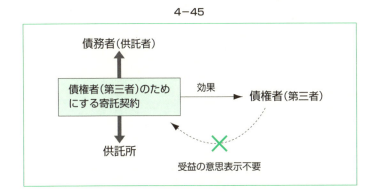

4-45

なお、494条以下に定める供託は、**弁済供託**であって、本節では弁済供託を対象とする。供託には、そのほかに、担保のための供託(担保保証供託、366条3項、461条2項)、譲渡制限の意思表示がされた債権が譲渡された場合の供託(466条の2第1項)、保管のための供託(保管供託、商527条)、強制執行のためにする供託(執行供託、民執156条)、選挙の際の特別供託(公選92条)などがある。そして、供託手続一般については、供託法および供託規則に詳細な規定がある。

2 要件

← 「供託」の要件

【1】供託原因があること

民法は、**債権者の受領拒絶**(494条1項1号)、**債権者の受領不能**(494条1項2号)および**債権者の確知不能**(494条2項)のいずれかの要件をみたす場合に供託ができるとしている。

(1) 債権者の受領拒絶

「弁済の提供をした場合において、債権者がその受領を拒んだとき」に、供託をすることが認められる(494条1項1号)。平成29年改正民法は、債権者の受領拒絶を理由とする供託に関して、供託の要件として弁済の提供があったことを要求する判例法理を明文化した。

← 平成29年改正

→ 大判大正10年4月30日 民録27輯832頁

→ 部会資料70A・39頁、一問一答188頁

平成29年改正事項	債権者の受領拒絶と弁済の提供	B1・B2

改正前民法494条は、弁済供託の供託原因として、債権者の受領拒絶、債権者の受領不能および債権者の確知不能をあげていたが、このうち、債権者の受領拒絶を原因とする供託の要件として、債務者がそれに先立って弁済の提供をしたことが必要かどうかについては、条文上明示されていなかった。

この点について、判例は、債権者の受領拒絶を原因として供託をするためには、供託に先立って、弁済の提供をすることが必要であると判示していた。学説上も、弁済供託が、債権者による受領という過程を経ないで債権を消滅させるという効果をもち、また、供託物の還付請求の手続を要する等の点で本来の弁済よりも債権者に不利益がありうることから、弁済の提供をして債権者を受領遅滞にすることを要するという見解が有力であった。

そこで、平成29年改正民法は、債権者の受領拒絶を原因とする供託の要件として、弁済の提供があったことが必要であることを明文上明らかにした(494条1項1号)。

← 債権の受領拒絶を原因とする供託における弁済の提供の要否

→ 大判大正10年4月30日(前出)

4-46 債権者の受領拒絶と弁済の提供

---改正前民法---
債権者が弁済の受領を拒み、またはこれを受領することができないときは、弁済をすることができる者は、債権者のために弁済の目的物を供託してその債務を免れることができる(494前段)。

→

---H29改正民法---
弁済者は、次に掲げる場合には、債権者のために弁済の目的物を供託することができる。
弁済の提供をした場合において、債権者がその受領を拒んだとき(494Ⅰ①)。

判例・学説において、受領拒絶の供託の要件として弁済の提供が必要であるといわれていたため、条文上明らかにした。

ただし、判例および供託実務は、口頭の提供をしても債権者が受け取らないことが明らかな場合には、弁済の提供をすることなく供託することができるとして

→ 大判大正11年10月25日 民集1巻616頁

いる。
(2) 債権者の受領不能
「債権者が弁済を受領することができないとき」に、供託が認められる(494条1項2号)。たとえば、債権者不在の場合である。なお、受領不能が債権者の責めに帰すべき事由によることを要しないと解されている。
(3) 債権者の確知不能
「弁済者が債権者を確知することができないとき」に、供託が認められる(494条2項本文)。たとえば、債権者が死亡した後、相続人となる者を確知できない場合や、債権譲渡がなされたとして債権者と称する者が複数現れ、だれが真正な債権者なのか確知できない場合である。

ただし、弁済者に過失があるときは、供託は認められない(494条2項ただし書)。平成29年改正民法は、債権者などの供託の有効性を争う者が、弁済者に過失があることについての主張・立証責任を負うことを明確化するために、規定を改めた(本文、ただし書の規定にした)。

← 平成29年改正
→ 一問一答192頁

【2】 債務の本旨に従った供託であること
供託は債務の本旨に従ったものであることを要する。そのため、目的物の全部を供託しなければならず、一部供託では供託の効力は生じない。一部供託の場合には、債務の本旨に従った履行(全額の履行)を債務者に促すことができる。

ただし、その不足が僅少であるときは、供託額の範囲で供託は有効となる(判例)。

→ 最判昭和35年12月15日民集14巻14号3060頁

3 供託の方法
【1】 供託の当事者
(1) 供託所
供託は、債務の履行地の供託所にしなければならない(495条1項)。供託所について法令に特別の定めがない場合には、裁判所は、弁済者の請求により、供託所の指定および供託物の保管者の選任をしなければならない(495条2項)。
(2) 供託者
供託をすることができる者は、弁済者である。債務者にかぎらず、弁済をすることができる第三者も、供託をすることができる。
(3) 被供託者
被供託者は、債権者である。
(4) 供託の目的物
供託の目的物は、金銭であることが多いが、有価証券、動産、不動産であってもよい。弁済の目的物そのものが供託の目的物であるのが原則であるが、本来の弁済の目的物が金銭以外の物であるときに、それに代えて金銭の供託が認められることがある。

すなわち、弁済者は、次に掲げる場合には、裁判所の許可を得て、弁済の目的物を競売に付し、その代金を供託することができる(497条)。いわゆる**自助売却金**の一例である。

　①その物が供託に適しないとき(1号)

たとえば、爆発物などの場合である。

　②その物について滅失、損傷その他の事由による価格の低落のおそれがあるとき（2号）

　平成29年改正民法は、滅失・損傷のおそれがあるときに加えて、「その他の事由による価格の低落のおそれ」を新たに掲げた。商法524条2項に規定する「損傷その他の事由による価格の低落のおそれ」を参考にしたものである。

　「滅失、損傷……のおそれがある」弁済の目的物の例としては、たとえば、腐りやすい食品や変質のおそれがある薬品等、物理的な価値の低下のおそれがある物があげられる。

　「その他の事由による価格の低落のおそれがある物」には、物理的な価格の低落にかぎらず、物理的な価値の低下がなくても、市場での価格の変動が激しく、放置しておけば価値が暴落しうるようなものも含むとされる。

　③その物の保存について過分の費用を要するとき（3号）

　　たとえば、生きた動物などの場合である。

　④前3号に掲げる場合のほか、その物を供託することが困難な事情があるとき（4号）

　平成29年改正民法は、「その物を供託することが困難な事情があるとき」との受け皿規定を設けることで、改正前民法下では解釈によって柔軟に対応してきた事例への条文上での対応を図った。これにより、債務の履行地に当該物品を保管することができる供託法所定の供託所が存在しない場合にも、自助売却ができることになる。

> 細かいところですが、もう少し詳しく説明します。
> 　改正前民法のもとでは、債務の履行地に供託法所定の供託所が存在せず、かつ、495条2項の規定による供託所の指定または供託物保管者の選任を得る見込みがないため、事実上、物品供託を利用することができない場合には、弁済の目的物が「供託に適しないとき」に該当すると柔軟に解釈して、自助売却による代金の供託が可能であるとしていました。
> 　しかし、平成29年改正民法のもとでは、このような場合には、495条2項の規定による供託所の指定または供託物保管者の選任を得る見込みの有無にかかわらず、「その物を供することが困難な事情があるとき」に該当するとして、自助売却を認めることができるのです。

【2】供託の通知

　供託した者は、遅滞なく、債権者に供託の通知をしなければならない（495条3項）。ただし、供託官は、供託通知書を被供託者（債権者）に発送すべきものとされ（供託則16条、18条、20条）、債権者は、この供託通知書のみで供託物の還付請求をすることができるので（供託則24条）、この通知義務の規定は実際上意味を失っている。

4 効果

【1】債権の消滅

　弁済者が供託をした時に、その債権は、消滅する（494条1項柱書後段）。したがって、債権者・債務者間において債権関係は存在しなくなる。

なお、【4】で述べるように、債務者は供託物の取戻しができる場合があるから、供託による債権消滅の効力は、供託物の取戻しを解除条件として供託時に生じるものと解されている(解除条件説)。

【2】供託物の所有権の移転

金銭や代替物の所有権は、消費寄託(666条)として、供託により供託所に帰属し、債権者は、供託所から受け取った時に、その所有権を取得する。しかし、特定物の場合について、通説は、債権者が供託によってただちに所有権を取得する(供託所は所有権を取得するのではなく、単に保管するにすぎない)と解している。

【3】供託物の交付請求権

供託があると、債権者には、供託所に対して供託物の交付請求権(払渡請求権・引渡請求権・還付請求権)が発生する。債権者は、供託が第三者のためにする契約であるとしても、前述したように、特に受益の意思表示(537条3項)なくして、この交付請求権を取得する。

債務者が債権者の給付に対して弁済をすべき場合には、債権者は、その給付をしなければ、この交付請求権を行使して、供託物を受け取ることができない(498条2項、供託10条)。たとえば、売買の目的物が供託されたような場合に、代金の支払のような反対給付をなすべき義務が債権者にあるときである。

【4】弁済者の取戻請求権

供託は弁済者の利益のために認められた制度であるから、債権者または債務者に不利益とならないかぎり、供託者は、いったんなした供託を撤回し供託物を取り戻すことができる。もっとも、「債権者が供託を受諾せず」、または「供託を有効と宣告した判決が確定しない間」にかぎられる(496条1項前段)。また、「供託によって質権又は抵当権が消滅した場合」も、それらを復活させると第三者に不測の損害を及ぼすおそれがあるので、供託物を取り戻すことはできない(496条2項)。

取戻しによって供託は遡及的に効力を失って(解除条件説)、債権は復活し、それに伴う保証債務なども復活する。他方、この取戻権を放棄すれば、供託の効果は確定的となる。

このような取戻請求権の消滅時効の期間は民法上の寄託契約として10年とされている(判例)。その時効期間の(客観的)起算点について、166条1項2号では「権利を行使することができる時」としているが、判例(ただし、改正前民法下のもの)は、「権利を行使することができる時」というのは、「供託の基礎となった債務について紛争の解決などによってその不存在が確定するなど、供託者が免責の効果を受ける必要が消滅した時」とした。

➡ 最大判昭和45年7月15日
(前出)

➡ 最判平成13年11月27日
民集55巻6号1334頁

4-3 供託　209

第4章 ……… 債権の消滅

4. 相殺

1 意義

【1】相殺とは

相殺とは、債権者と債務者とが相互に同種の債権・債務を有する場合に、その債権と債務を対当額において消滅させる一方的意思表示をいう(505条1項)。

たとえば、AがBに対して80万円の貸金債権を有しており、BもAに対して40万円の売掛代金債権があるような場合に、AまたはBは、一方的な意思表示によって40万円の対当額において双方の債権・債務を消滅させることができる。このような制度を相殺(法定相殺)という。この場合にBが相殺権を行使すると、Bの40万円の売掛代金債権は消滅し、Aに対するBの債務は40万円に減額されることになる。

そして、この場合に、相殺するB側の債権を自働債権(反対債権)といい、相殺されるA側の債権を受働債権という。

▶2014年第1問
←「相殺」とは

> なお、自働債権と受働債権という用語は、相殺する側からみたものですから、だれが相殺するかによって、どの債権が自働債権となり、受働債権となるかということが変わってくるので、注意してください。また、ここでの反対債権という用語は、相対的なものであって、相殺に供しまたは供される債権を一方からみて相手を反対債権ともいう点にも注意してください。

→ 中田・債権総論390頁

【2】趣旨(存在理由)と機能

相殺の趣旨(存在理由)としては、手続の簡易化と当事者間の公平とがあげられ、また、相殺には担保的機能があるとされる。

(1) 手続の簡易化(簡易弁済機能)

同種の債権・債務を有するA・B間で、AよりBに、BよりAに各別に弁済することは時間と費用の浪費である。相殺を認めると、現実の弁済をやめて意思表示だけで相互に弁済をしたのと同一の効果をあげることができる。金銭の授受および時間の節約がされるのである(手続の簡易化)。

(2) 当事者間の公平(公平維持機能)

かりに、相殺が認められなければ、一方は遅滞なく弁済をしたのに、他方は履

●論点A⁺ランク
←「相殺」の趣旨

行しない場合に公平を欠く。特にAが破産した場合を念頭におくと、Bは自己の
債務80万円は全額請求されるのに対し、Bの債権40万円は破産債権として一部
の配当しか得られないことになって、著しく公平を欠くことになるのである（当
事者間の公平）。これを**相殺の公平保持機能**とよぶこともある。

(3) 相殺の担保的機能

A・B相互間においては、40万円の範囲内で留置権や質権があるのと同一の担
保作用を事実上営んでいる。すなわち、相互に対当額の債権・債務を有するとき
は、債務関係は決済したように信頼し合うからである。特に、銀行などの金融機
関が自行の定期預金者にその預金を見返り（担保）として融資する事例はきわめて
多い。この場合には、質権設定の手続（364条参照）によらずに、事実上債権質を
設定したのと同様の効果を相殺によってあげることができるうえに、決済も簡易
であるため、重要な担保的機能を果たしているのである。判例も、「相殺の制度
は、……相殺権を行使する債権者の立場からすれば、債務者の資力が不十分な場
合においても、自己の債権については確実かつ十分な弁済を受けたと同様な利益
を受けることができる点において、**受働債権につきあたかも担保権を有する
にも似た地位が与えられるという機能を営むもの**」と述べている。これを**相
殺の担保的機能**という。

→ 最大判昭和45年6月24
日
（百選Ⅱ39事件）

> たとえば、銀行などの場合は、貸付をする際に、定期預金を担保に入れさせることがあ
> ります。これは、銀行側からみれば、貸付金債権を自働債権とし、定期預金の払戻債務を
> 受働債権と考えているわけです。もし、貸付金債権の支払が滞った場合には、定期預金の
> 払戻債務を受働債権として相殺することによって、貸付金債権を回収したのと同じ意味を
> もたせようとしているわけです。
> 　こうした相殺の問題を考える際に、常に念頭においておくべきことがあります。
> それは、相殺をするというのは、**①自働債権については、一方的な意思表示で履行
> を強制するのと同じことであり**、**②受働債権については、任意的に弁済して消滅さ
> せたことと同じである**ということです。
> 　BがAに対して相殺をしたことによって、Aに対して有していた債権を確実に回収する
> ことができたことになりますし、また、自分が負担していた債務については、任意に支払
> をしたということと同じ意味になるわけです。自働債権について債権を回収し、受働債権
> について任意的に弁済して消滅させるということを同時に行うのが相殺だというわけです。
> 　なお、近時注目されているものとして、**ネッティング**(Netting)というものがありま
> す。これは、当事者間で基本契約を締結しておいて、一定事由が生じたときに当然に多数
> の債権債務を差引計算して残債権のみを残すという決済方法です。民法には規定はありま
> せんが、全国の銀行間決済などで利用されています。

← 相殺の意義

【3】相殺の法的性質

相殺の法的性質については諸説あるが、現在では、一般に、債務者の一方的意
思表示によって債務を消滅させる独立の制度であると解されている。このように、
民法上の**法定相殺**は**単独行為**である。ただし、これと同一の効果は当事者の契
約によっても達成することができる。これを**相殺契約**という。

相殺契約による場合には、民法上の法定相殺と異なり、後述する種々の制約が
なくなる。たとえば、相殺契約によるときは、双方の債権は同種である必要はな
いし、消滅する債権・債務の価値に違いがあってもよいし、さらに、相殺が禁止
されている場合（509条等参照）でもそれが許されることもある。

4-4　相殺　211

2 要件

相殺をするには、双方の債権が相殺をするための諸条件を具備している状態にあることが必要となる。この状態を**相殺適状**という。そして、相殺をするためには、相殺適状であることのほか、相殺が禁止されていないことが必要である。あらかじめ整理して示すと、以下の表のようになる。

●論点Aランク

←「相殺適状」とは

【1】 相殺適状にあること
(1) 債権が対立していること(505条1項本文)
(2) 双方(2つ)の債権が同種の目的を有すること(505条1項本文)
(3) 双方の債権が弁済期にあること(505条1項本文)
(4) 双方の債権が有効に存在すること
(5) 「債務の性質」が相殺を許さないものではないこと(505条1項ただし書)
【2】 相殺の禁止がないこと
(1) 当事者が相殺禁止・相殺制限の意思表示をしていないこと(505条2項)
(2) 法律による相殺の禁止がないこと
(a) 不法行為等により生じた債権を受働債権とする相殺の禁止(509条)
(b) 差押禁止債権を受働債権とする相殺の禁止(510条)
(c) 差押えを受けた債権を受働債権とする相殺の禁止(511条)
(d) その他の相殺の禁止

以下、順に検討していこう。

【1】 相殺適状にあること

前述したように、相殺をするには、双方の債権が相殺をするための諸条件を具備している状態(相殺適状)にあることが必要である。

505条1項は、「2人が互いに同種の目的を有する債務を負担する場合において、双方の債務が弁済期にあるときは、各債務者は、その対当額について相殺によってその債務を免れることができる。ただし、債務の性質がこれを許さないときは、この限りでない」と規定している。この相殺の要件を分説すると、以下のとおりである。

(1) 債権が対立していること(505条1項本文)

(a) 原則

2人の間で互いに債権が対立していること、すなわち2人の間で自働債権と受働債権との対立があることが必要である(505条1項本文)。

(b) 例外

これには次のような例外がある。

←例外

改正前民法のもとでは、上記原則の例外として、「第三者が他人の債権を自働債権として相殺を主張しうる場合」もあげられていました。具体的には、①連帯債務者の1人が債権者に対して債権を有する場合において、その連帯債務者が相殺を援用しない間は、その連帯債務者の負担部分についてのみ他の連帯債務者は相殺を援用することができるとする改正前民法436条2項と、②保証人は、主たる債務者の債権による相殺をもって債権者に対抗することができるとする改正前民法457条2項です。

しかし、平成29年改正民法により、両規定は、「債権者に対して債務の履行を拒むこと

←平成29年改正

ができる」(439条2項、457条3項)と改められ、債務消滅構成から履行拒絶権構成に変更されました(詳しくは、後述します)。したがって、これらについては、「債権が対立していること」の例外とは位置づけられないことになります。

→ 6章4節②【3】(2)(c)(iii)、5節④【1】(2)(b)

(i) 相殺を第三者に対し対抗することができる場合

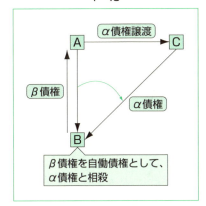

4-49

債務者は、対抗要件具備時までに譲渡人に対して生じた事由をもって譲受人に対抗することができる(468条1項)。たとえば、AのBに対するα債権がCに譲渡され、債権譲渡の通知がBにされたにとどまるときは、Bは、Aに対して有するβ債権を自働債権とする相殺をCに対抗することができる。

→ 3章1節④【1】(1)

連帯債務や保証における求償の場合にも、例外が認められる。

まず、連帯債務について、「他の連帯債務者があることを知りながら、連帯債務者の1人が共同の免責を得ることを他の連帯債務者に通知しないで弁済をし、その他自己の財産をもって共同の免責を得た場合において、他の連帯債務者は、債権者に対抗することができる事由を有していたときは、その負担部分について、その事由をもってその免責を得た連帯債務者に対抗することができる。この場合において、相殺をもってその免責を得た連帯債務者に対抗したときは、その連帯債務者は、債権者に対し、相殺によって消滅すべきであった債務の履行を請求することができる」(443条1項)。すなわち、相殺の効力が認められ、連帯債務者は債権者に対して取戻請求権を行使すべきことになる(詳しくは、後述する)。

次に、保証についても、同じく「保証人が主たる債務者の委託を受けて保証をした場合において、主たる債務者にあらかじめ通知しないで債務の消滅行為をしたときは、主たる債務者は、債権者に対抗することができた事由をもってその保証人に対抗することができる。この場合において、相殺をもってその保証人に

→ 6章4節②【3】(3)(e)

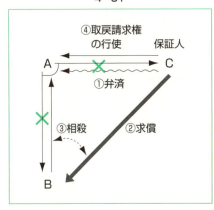

4-4 相殺　213

対抗したときは、その保証人は、債権者に対し、相殺によって消滅すべきであった債務の履行を請求することができる」(463条1項)。この点も、詳しくは後述する。

(ii) **債務者以外の第三者が債権者に対し自己の債権をもってする相殺の可否**

物上保証人や抵当不動産の第三取得者が相殺をすることができるかどうかが問題となる。たとえば、AのBに対する債権について抵当権を設定した物上保証人Cがいて、たまたまCがAに対して債権を有する場合に、Cは、その債権を自働債権としてAのBに対する債権を受働債権とする相殺をできるであろうか。また、AのBに対する債権についてBがみずから所有する不動産に抵当権を設定したが、この不動産をBから譲り受けた第三者(第三取得者)がいる場合に、CがAに対して債権を有するときは、Cは、これを自働債権としてAのBに対する債権を受働債権とする相殺をすることができるであろうか。第三者弁済的相殺の可否という問題である。

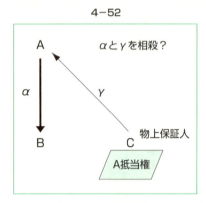

4-52

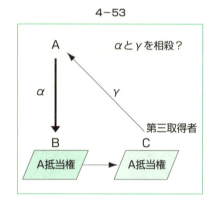

4-53

この点について、判例は、同一人間の債権の対立という505条1項本文の要件をみたしておらず、また、改正前民法457条2項や443条1項前段のように特にこれを認める規定がないため、第三取得者による相殺を否定する。しかし、学説の多くは、物上保証人や第三取得者は弁済をするについて正当な利益を有する者(474条2項本文参照)であり、実質的にみて保証人に近い立場にあるから、相殺を許してよいと解している。

(2) **双方(2つ)の債権が同種の目的を有すること**(505条1項本文)

相殺は一方的にできるのであるから、当然、双方の債権の目的(給付内容)が同種のものでなければならない。したがって、実際上は、代替物の引渡を目的とする種類債務(不特定債務)や、金銭債務同士の相殺にかぎられることになる。

なお、相殺は、双方の債務の履行地が異なるときであっても、することができるが(507条前段)、この場合には、相殺をする当事者は、相手方に対し、これによって生じた損害を賠償しなければならない(507条後段)。

(3) **双方の債権が弁済期にあること**(505条1項本文)

双方の債権が弁済期にあることが必要である(505条1項本文)。前にあげた例でいえば、Aの貸金債権とBの売掛代金債権の弁済期がともに到来してはじめて相殺をすることができる。

現実には弁済期がまだ到来していない場合に、相殺の必要が生ずることがある。しかし、相殺をするには、自働債権は弁済期が到来していることが必要である。これは、相殺は自働債権については一方的に履行を強制するという意味をもつため、弁済期が到来していない以上、履行を強制することはできないからである。

他方で、受働債権については、期限未到来であっても、期限の利益を放棄（136条2項）することで相殺をすることができる（判例）。受働債権については、相殺はそれを任意に弁済することを意味するが、弁済は債務者のほうから期限の利益を放棄して期限前にこれを行うことも通常可能だからである。

→ 大判昭和8年5月30日
民集12巻1381頁

4−54

```
              自働債権   10月1日弁済期
Aは10月1日に  A ─────────────────→ B
相殺できる       ←─────────────────
              受働債権   11月1日弁済期
```

その後、判例は、「既に弁済期にある自働債権と弁済期の定めのある受働債権とが相殺適状にあるというためには、受働債権につき、期限の利益を放棄することができるというだけではなく、期限の利益の放棄又は喪失等により、その弁済期が現実に到来していることを要する」として、期限の利益放棄時に相殺適状となることを認めている。

→ 最判平成25年2月28日
（後出重要判例）

以上からすれば、条文（505条1項本文）上は、双方の債権が弁済期にあることが要件とされているが、実際には自働債権の弁済期が到来すれば足りると解されている。

★重要判例（最判平成25年2月28日〔百選Ⅱ38事件〕）

「民法505条1項は、相殺適状につき、『双方の債務が弁済期にあるとき』と規定しているのであるから、その文理に照らせば、自働債権のみならず受働債権についても、弁済期が現実に到来していることが相殺の要件とされていると解される。また、受働債権の債務者がいつでも期限の利益を放棄することができることを理由に両債権が相殺適状にあると解することは、上記債務者が既に享受した期限の利益を自ら遡及的に消滅させることとなって、相当でない。したがって、既に弁済期にある自働債権と弁済期の定めのある受働債権とが相殺適状にあるというためには、受働債権につき、期限の利益を放棄することができるというだけではなく、期限の利益の放棄又は喪失等により、その弁済期が現実に到来していることを要するというべきである。」

「そして、当事者の相殺に対する期待を保護するという民法508条の趣旨に照らせば、同条が適用されるためには、消滅時効が援用された自働債権はその消滅時効期間が経過する以前に受働債権と相殺適状にあったことを要すると解される。前記事実関係によれば、消滅時効が援用された本件過払金返還請求権については、上記の相殺適状時において既にその消滅時効期間が経過していたから、本件過払金返還請求権と本件貸付金残債権との相殺に同条は適用されず、被上告人がした相殺はその効力を有しない。」

【争点】①すでに弁済期にある自働債権と弁済期の定めのある受働債権とが相殺適状にあるというための要件は何か。
　　　　②時効によって消滅した債権を自働債権とする相殺をするためには、消滅時効が援用された自働債権は、その消滅時効期間が経過する以前に受働債権と相殺適状にあったことを要するか。

【結論】①受働債権につき、期限の利益を放棄することができるというだけではなく、期限の利益の放棄または喪失等により、その弁済期が現実に到来していることを要する。
　　　　②要する。

⑷　**双方の債権が有効に存在すること**

いずれかの債権が不成立の場合や無効である場合や、また、弁済、契約解除によって消滅している場合には、相殺は許されない（この点は、相殺の遡及効でも触れる）。

→ 本節④【2】

もっとも、例外的に、時効によって消滅した債権がその消滅以前に相殺に適するようになっていた場合には、その債権者は、これを自働債権として相殺をすることができる（508条）。この趣旨は、いずれは相殺による決済が可能であると考えて権利行使しないままに期間経過しがちであることから、債権関係が決済されたという当事者の信頼を保護し、公平を図る点にある。

4-55

　このように、消滅時効にかかった債権を自働債権として相殺できる趣旨が、当事者の信頼と公平にあることから、消滅時効にかかった債権を譲り受けてこれを自働債権とする相殺は許されない（判例）。

　なお、受働債権について消滅時効が完成しているときは、債務者は時効の利益を放棄して（146条）、相殺をすることができるのは当然である。

→ 大判昭和15年9月28日
民集19巻1744頁、
最判昭和36年4月14日
民集15巻4号765頁

● 論点B▪ランク

　それでは、除斥期間を経過した債権を自働債権とする相殺は認められるであろうか。除斥期間は、時効と異なり、更新が認められず、また、援用も必要としない確定的な権利行使期間であることから問題となっている。この点については、除斥期間の趣旨が紛争をすみやかに解決しようとする点にあることを重視して、相殺は許されないとする見解（508条不適用説）もあるが、判例は、請負人の担保責任について、508条適用説を採用している。相殺適状にある債権についての当事者の信頼の保護という観点からは、判例の立場でよいであろう。

→ 最判昭和51年3月4日
民集30巻2号48頁

⑸　「債務の性質」が相殺を許さないものではないこと（505条1項ただし書）

　債務の性質が相殺を許すものであることが必要である（505条1項ただし書）。互いに債務を負っているときでも、その債務が不作為債務や、労務の提供を目的とする、いわゆるなす債務のように、現実の履行が債務の実現の要件とされる債務については、相殺は許されない。

　たとえば、お互いに夜中12時以降はピアノを弾かないという契約をアパートの隣の部屋の住人と結んだとしましょう。この場合に、相殺だといって、2人が真夜中にピアノをガンガン弾いたのでは意味がありません。ピアノを弾かないという債務は性質上相殺を許す債務ではないのです。また、僕は民法を君に教えてあげるから、君は僕に憲法を教えてくれという債務も、相殺してしまうと2人で何もしないことになってしまいますから、これも性質上相殺を許さない債務といえます。

← 相殺に適さない債務の具体例

　また、自働債権に抗弁権が付着していないことも必要である。たとえば、相殺の意思表示をしたところ、その自働債権に対し相手方が同時履行の抗弁権を有しているときに相殺を許すと、相手方は同時履行の抗弁権を行使する機会を失うことになるので、相殺は許されない。相殺の相手方が保証人であって催告・検索の抗弁権を有するときも、相殺は許されない（判例）。なお、受働債権に抗弁権が付着しているときには、その抗弁権を放棄して相殺することができる。

→ 最判昭和32年2月22日
民集11巻2号350頁

← 自働債権に抗弁権が付着している場合の具体例

　たとえばAがBに対して代金債権をもっており、AはBに対して貸金債務を負担してい

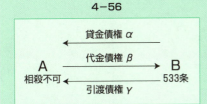

たとします。この場合に、AのBに対する代金債権にはBの同時履行の抗弁権が付着していたとします。すなわち、Bは、引渡しをしてくれるまでは代金は払いませんと言えていたわけです。この段階で、Aが代金債権を自働債権とし、貸金債権を受働債権として相殺をしてしまうことは、一方的に代金債権の履行を強制して回収してしまうのと同じことになりますから、Bの同時履行の抗弁権を奪ってしまうことになります。よって、これは認められないのです。これに対して、Bから相殺をすることは認められます。なぜなら、Bから相殺をするということは、代金債権についての同時履行の抗弁権をいわば放棄することを意味するわけで、Bがそれでかまわないというならこれは認めてもよいということになるわけです。

なお、請負工事契約の場合において、瑕疵修補に代わる損害賠償債権と請負代金債権とは同時履行の関係に立つが（533条括弧書、改正前民法634条2項後段・533条）、判例は、両債権は相互に現実の履行をさせなければならない特別の利益があるものとは認められず、両債権の間に相殺を認めても相手方に抗弁喪失による不利益を与えることにはならないとして、相殺をすることができるとしている。

→ 最判昭和51年3月4日（前出）

【2】相殺の禁止がないこと

(1) 当事者が相殺禁止・相殺制限の意思表示をしていないこと（505条2項）

当事者が相殺を禁止し、または制限する旨の意思表示をした場合には、その意思表示は、第三者がこれを知り、または重大な過失によって知らなかったときにかぎり、その第三者に対抗することができる（505条2項）。

← 平成29年改正

改正前民法505条2項ただし書は、相殺禁止の意思表示（相殺制限特約）をもって善意の第三者に対抗することができないと規定していたが、平成29年改正民法は、債権譲渡制限特約の規定（466条3項）と平仄を合わせ、悪意・重過失の第三者に対抗することができるとの規定に改めた（505条2項。債権者または債務者が、第三者が悪意または重過失であることを主張立証しなければならないことを明確化した）。

→ 潮見・改正法196頁

→ 3章1節[2]【2】(3)
→ 部会資料69A・26頁

(2) 法律による相殺の禁止がないこと

(a) 不法行為等により生じた債権を受働債権とする相殺の禁止（509条）

509条は、「次に掲げる債務の債務者は、相殺をもって債権者に対抗することができない。ただし、その債権者がその債務に係る債権を他人から譲り受けたときは、この限りでない。

① 悪意による不法行為に基づく損害賠償の債務
② 人の生命又は身体の侵害による損害賠償の債務（前号に掲げるものを除く）」
と規定する。

改正前民法509条は、「債務が不法行為によって生じたときは、その債務者は、相殺をもって債権者に対抗することができない」と規定し、不法行為に基づく損害賠償請求権を受働債権とする相殺を全面的に禁止していたが、平成29年改正民法は、同条の相殺禁止の趣旨（現実の支払を受けさせることによる被害者保護、不法行為誘発の防止）を考慮に入れ、この趣旨に沿う場面でのみ相殺を禁止することに改めたものである。

→ 潮見・改正法197頁
← 平成29年改正

4-57

```
                              貸金債権
            A  ←————————————————→  B
        相殺不可       損害賠償債権
              (i)悪意による不法行為
              (ii)人の生命または身体の侵害
```

(i) 悪意による不法行為に基づく損害賠償の債務(509条1号)

509条1号は、悪意による不法行為に基づく損害賠償債権を受働債権とする相殺を禁止するものである。この趣旨は、不法行為誘発の防止という点にある。

→ 潮見・改正法197頁

> たとえば、不法行為をされた被害者は損害賠償債権を取得しています。その場合に、その被害者は相手に対して、お金を払ってもらうよりも、むしゃくしゃするので相手を一発殴って終わらせたいと思っているとします。そのとき、被害者が相手のところへ出かけていって一発殴って怪我をさせてしまうと、今度は自分が加害者となり損害賠償債務を負担することになってしまいます。このような場合に、先程自分が取得した損害賠償債権と今自分が殴って負担した損害賠償債務を相殺するということを認めてしまったのでは、不法行為の誘発になってしまって好ましくないというわけです。

ここにいう「悪意」の語は、破産法253条1項2号の非免責債権で用いられる「破産者が悪意で加えた不法行為に基づく損害賠償請求権」という表現を借用し、破産法での通説である害意説(故意では足りず、積極的な意欲すなわち害意までも必要とする見解)を、この場面でも採用する意図にでたものとされている。

→ 潮見・改正法197頁、部会資料69B・3頁、条解破産法1680頁
→ 『倒産法』8章1節⑤【2】(2)

> 以上のように、ここにいう「悪意」の意味を害意と解釈すると、単なる故意(これと同視できる重過失の場合も含みうる)に基づく不法行為の場合には、509条1号の適用はないことになります。

なお、悪意による債務不履行に基づく損害賠償債権を受働債権とする相殺が禁止されるか否かについては、509条1号の趣旨(不法行為誘発の防止)を考慮に入れ、個々の債務不履行の態様・内容ごとに個別に判断することになろう。

→ 潮見・改正法197頁

(ii) 人の生命または身体の侵害による損害賠償の債務(1号に掲げるものを除く)(509条2号)

509条2号は、人の生命・身体の侵害に基づく損害賠償請求権を受働債権とする相殺を禁止するものである。この趣旨は、被害者に現実の給付を得させようとする点にある。509条2号の文言上は、債務不履行(保護義務・安全配慮義務違反)を理由とする損害賠償請求権も包含するものとなっている点に注意してほしい。人の生命・身体の侵害に基づく債務不履行による損害賠償請求による場合であっても、被害者に現実の給付を得させるという趣旨が妥当するからである。

← 人の生命または侵害による損害賠償請求を受動再検討する相殺禁止の趣旨

→ 部会資料80-3・29頁

	不法行為		債務不履行	
	害意	悪意・過失	害意	悪意・過失
人の生命または身体の侵害以外の損害賠償債務	1号	×	?	×
人の生命または身体の侵害による損害賠償債務	1号	2号	2号	2号

たまたま同一の事故により、当事者双方が人の生命または身体の侵害による損害賠償請求権をもち合う場合（交叉的不法行為の場合）にも、509条の規定により相殺は許されないかについては、解釈に委ねられている。
　この点について、判例は、「〔改正前〕民法509条の趣旨は、不法行為の被害者に現実の弁済によって損害の填補を受けさせること等にあるから、およそ不法行為による損害賠償債務を負担している者は、被害者に対する不法行為による損害賠償債権を有している場合であっても、被害者に対しその債権をもって対当額につき相殺により右債務を免れることは許されないものと解する」「本件のように双方の被用者の過失に基因する同一交通事故によって生じた物的損害に基づく損害賠償債権相互間においても、〔改正前〕民法509条の規定により相殺が許されない」としている。この判例は、509条が定める相殺禁止のルールは交叉的不法行為の事例にも例外なく妥当するという考えに基づくものである。

●論点Bランク
➡ 潮見・改正法197頁

← 交叉的不法行為の場合
➡ 最判昭和49年6月28日民集28巻5号666頁

  たまたま同一の事故により当事者双方が人の生命または身体の侵害による損害賠償請求権をもち合う場合（交叉的不法行為の場合）にも、509条の規定により相殺は許されないか。

●論点B⁺ランク（論証17）

A説　判例・通説
- ▶結論：相殺は許されない。
- ▶理由：不法行為を誘発する。

➡ 最判昭和49年6月28日（前出）、最判昭和54年9月7日判時954号29頁

B説　裁判例・最近の有力説
- ▶結論：自動車の衝突事故による損害賠償債権相互間の相殺については、物的損害賠償債権相互間だけでなく、人的損害賠償債権と物的損害賠償債権との間についてもこれを認める。
- ▶理由：①自動車の衝突という1個の原因から双方に損害賠償債権が生ずる場合は、509条の不法行為の誘発の防止という趣旨はあてはまらない。
　　　　②このような場合の相殺は紛争の一回的解決に役立つ。

➡ 東京地判昭和44年9月22日判時602号76頁など

C説
- ▶結論：物的損害相互間の賠償債権の相殺は許される。
- ▶理由：自動車損害賠償保障法3条の人損については、被害者保護の要請が強いこと、車の損害と治療費とを相殺することの不条理などから、物損と人損、あるいは人損相互間の賠償債権の相殺には、509条は原則として適用されると解すべきである。

(ⅲ)　例外
　以上のように、509条1号、2号に掲げる債務の債務者は相殺をもって債権者に対抗することができないが、その債権者がその債務にかかる債権を他人から譲り受けたときは、このかぎりではない（509条ただし書）。この場合には、現実の支払を受けさせることによる被害者保護などの相殺禁止の趣旨があてはまらないことから、相殺禁止の対象から除外する必要があると考えられるからである。

➡ 部会資料83-2・33頁

　ただし、相続や合併のように、包括承継によって債権が移転した場合には、「他人から譲り受けた」場合には該当しないとされている。

➡ 一問一答203頁

(b)　**差押禁止債権を受働債権とする相殺の禁止**(510条)
　債権が差押えを禁じたものであるときは、その債務者は、相殺をもって債権者

に対抗することができない(510条)。法律によって差押えが禁止される債権を受働債権とする相殺を禁止するものである。

たとえば、扶助料(生活保護58条)、年金(厚年41条)、労働災害補償受給権(労基83条2項)、健康保険給付(健保61条、国健保67条)などの債権がこれにあたる。これらは、現実に生活費や治療費などにあてることが予定されているので、その債権を受働債権とする相殺が禁じられるのである。

4-58

A 相殺不可 ←貸金債権→ B
A ←差押禁止債権（例、扶養請求権） B

(c) 差押えを受けた債権を受働債権とする相殺の禁止(511条)

(i) 差押えと相殺

差押えを受けた債権の第三債務者は、差押え後に取得した債権による相殺をもって差押債権者に対抗することができないが、差押え前に取得した債権による相殺をもって対抗することができる(511条1項)。

平成29年改正民法は、511条1項の後半部分を追加することで、差押えと相殺の優劣について、いわゆる**無制限説**(差押え前に取得した債権を自働債権とするのであれば、差押え時に相殺適状にある必要はなく、また、自働債権と受働債権の弁済期の先後を問わず、相殺を対抗することができるという見解)を採用したものである。

← 平成29年改正

← 無制限説の採用

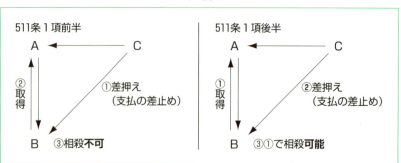

4-59

| 511条1項前半 | 511条1項後半 |

平成29年改正事項　差押えと相殺　B2

改正前民法511条は、「支払の差止めを受けた第三債務者は、その後に取得した債権による相殺をもって差押債権者に対抗することができない」と規定していたところ、受働債権が差し押さえられた場合に、第三債務者が差押債権者に相殺を対抗するためには、差押え時に自働債権と受働債権の弁済期がいずれも到来していなければならないか、また、到来している必要がないとしても自働債権と受働債権の弁済期の先後が問題となるかという点は、必ずしも条文上明らかではなかった。

この点について、判例(昭和39年判決)は、差押え時に相殺適状にある必要はないものの、自働債権の弁済期が受働債権の弁済期より先に到来する場合にかぎり、相殺を対抗することができるという見解(制限説)を採ったが、その後の判例(昭和45年判決)は、差押え前に取得した債権を自働債権とするのであれば、差押え時に相殺適状にある必要はなく、自働債権と受働債権の弁済期の先後を問わず、相殺を対抗することができるという見解(無制限説)を採ることを明らかにした。そして、最高裁は、昭和45年判決の後も無制限説を採ることを明らかにしており、実務上はこれを前提とした運用が定着していた。

他方で、学説では、制限説を支持する見解がなお有力に主張されていた。これは、無制限説によると、自働債権の弁済期が受働債権の弁済期より後に到来する場合に、受働債権を履行し

→ 部会資料69A・27頁、一問一答204頁

→ 最大判昭和39年12月23日
民集18巻10号2217頁

→ 最大判昭和45年6月24日
(百選Ⅱ39事件)

→ 最判昭和51年11月25日
民集30巻10号939頁等

ないで、受働債権の弁済期が到来するのを待ったうえで相殺することが許容されることになるが、このように、みずからの債務不履行を前提として相殺しようとする不誠実な第三債務者の相殺の期待は、保護に値しないということを理由とするものである。また、無制限説に対しては、債権者平等の原則に反し、相殺の担保的機能を過大に評価するものであるとの批判もあった。

しかしながら、相殺と差押えとの関係は、取引実務において特に重要な問題であるので、実務で定着したルールである無制限説を安定的なものとするために、明文化を求める意見が強かった。これは、昭和45年判決以来、無制限説を前提として実務上の運用がされてきたという実態をふまえると、無制限説を前提とした相殺の担保的機能は、社会において広く認知されており、公示が不完全であるとはいえ、これによって差押債権者の期待が害されるとはいい難く、この実務を改めなければならない必要性は必ずしも高くないという理由に基づくものである。

そこで、平成29年改正民法は、511条1項において、差押え前に取得した債権による相殺に関して、改正前民法511条の規定に後半の文章（「差押え前に取得した債権による相殺をもって対抗することができる」）を追加することで、差押えと相殺の優劣につき、無制限説を採用することを明確にした。

← 無制限説採用の明文化

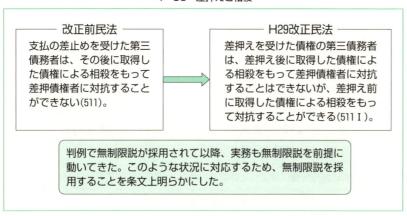

4-60 差押えと相殺

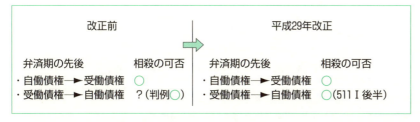

4-61

なお、債権の譲渡における相殺権（債権譲渡と相殺。469条）については、債権譲渡のところで説明した。

→ 3章1節4【2】(1)

(ii) 差押え前の原因に基づき差押え後に発生した債権との相殺

511条1項の規定にかかわらず、差押え後に取得した債権が差押え前の原因に基づいて生じたものであるときは、その第三債務者は、その債権による相殺をもって差押債権者に対抗することができる（511条2項本文）。

すなわち、平成29年改正民法は、511条2項本文において、差押え後に取得した債権による相殺に関して、包括執行手続と位置づけられる破産法と個別執行手続である民事執行法の共通性に着目し、破産法における相殺権の保護の視点を差押えと相殺の優劣に関しても採用することによって、「差押え前の原因に基づいて生じた」債権を自働債権とする相殺をもって差押債権者に対抗することができ

← 平成29年改正

→ 潮見・改正法198頁

4-4 相殺　221

るものとした。

　たとえば、差押え前に委託を受けた保証人は、差押え後に保証債務を履行したことにより生じた事後求償権を自働債権として相殺することができる。これは、相殺への期待の保護を改正前民法以上に拡張するものである。

4-62

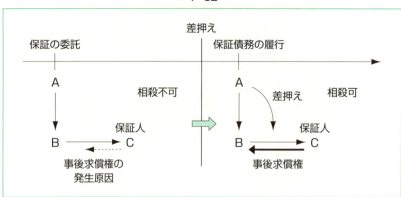

　「前の原因」の意義については、債権の発生原因の全部が差押え前に備わっていなければならないとする全部具備説と、債権の発生原因の全部が備わっている必要はなく、主たる原因が備わっていれば足りるとする一部具備説が考えられる（破2条5項にいう「破産手続開始前の原因」の意義についての解釈を参照）。

　ただし、第三債務者が差押え後に他人の債権を取得したときは、相殺の担保的機能に対する期待が保護に値しないため、当該債権を自働債権とする相殺を認めないものとしている（511条2項ただし書。なお、破72条1項1号参照）。

●論点Bランク

➡ 潮見・改正法199頁
➡ 『倒産法』4章2節①【2】(5)
➡ 部会資料69A・30頁

➡ 部会資料69A・28頁、一問一答205頁

| 平成29年改正事項 | 差押え前の原因に基づき差押え後に発生した債権との相殺 | C2 |

　改正前民法511条は、「支払の差止めを受けた第三債務者は、その後に取得した債権による相殺をもって差押債権者に対抗することができない」と規定していたが、差押え時に具体的に発生していないものの発生原因が存在する債権を自働債権とする相殺が禁止されるか否かが、条文上は明らかではなかった。このような相殺の可否は、差押え前に委託を受けた保証人が差押え後に保証債務を履行したことにより生じた事後求償権を自働債権とする相殺や、差押え前に締結されていた銀行取引約定書に基づき差押え後に生じた手形買戻請求権を自働債権とする相殺などについて問題となった。そして、裁判例のなかには、前者について、改正前民法511条により相殺が禁止されると判断したものがあった。

　他方、破産法は、破産債権者が、破産手続開始の時において破産者に対して債務を負担するときには、破産手続によらずに相殺をすることができるとしており（破67条1項）、自働債権は、破産債権（破産手続開始の前の原因に基づいて生じた財産上の請求権（財団債権を除く））（破2条5項）に該当するものであれば、破産手続開始の決定時に具体的に発生している必要はないとされている。判例は、傍論ではあるが、委託を受けた保証人が破産手続開始の決定後に保証債務を履行したことにより生じた事後求償権を自働債権として相殺することができるとして、上記の帰結を確認している。

　以上のように、差押え時と破産手続開始の決定時とで規律を異にすることについては、破産手続が包括執行手続であると位置づけられていることや、破産手続は債権者平等の要請が強く働くべき局面であると考えられていることから、差押え時よりも破産手続開始の決定時に相殺を対抗することができる範囲が拡張されていることは不当であるという見解が有力に主張されており、この見解を採る立場から、相殺を差押債権者に対抗することができる範囲を拡張する方向で、改正前民法511条を改正すべきであるという意見が主張されていた。

　そこで、平成29年改正民法は、差押え後に取得した債権が差押え前の原因に基づいて生じたものであるときは、その第三債務者は、その債権による相殺をもって差押債権者に対抗するこ

➡ 東京地判昭和58年9月26日
　判時1105号63頁

➡ 最判平成24年5月28日
　民集66巻7号3123頁

とができると規定した(511条2項本文)。

4-63 差押え前の原因に基づき差押え後に発生した債権との相殺

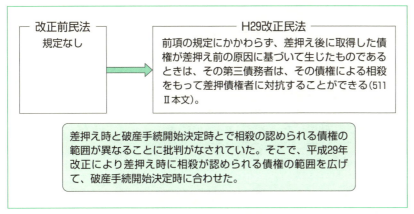

4-64 相殺を対抗することができる範囲

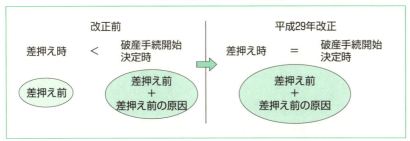

(iii) 相殺予約

相殺予約とは、通常、期限の利益喪失約款を前提として、一定の事由が生じたときはただちに相殺の効力を生じるとする当事者間の特約をいう。

←「相殺予約」とは

民法上の法定相殺の場合には、第三債務者は、受働債権(被差押債権)が弁済期にあっても、自働債権が弁済期にないかぎりは、相殺をもって対抗することができないのが原則である(ただし、自働債権の弁済期が受働債権のそれよりも遅れて到来する場合であっても、受働債権が弁済されない間に、自働債権の弁済期が到来したときは、相殺が認められる〔無制限説、判例〕)。

4-65 無制限説の立場

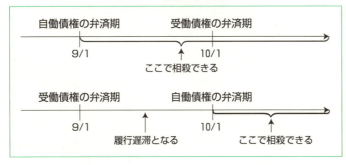

このように、法定相殺の場合には、現実に相殺することができる時期は、**自働債権の弁済期が到来した時**ということになる。そうすると、自働債権の弁済期が遅れて到来する場合には、差押債権者による取立権(民執155条1項本文)には勝てないことになる。

しかし、当事者間において、期限の利益喪失約款を付した相殺予約という特約があれば、ただちに相殺適状になり、相殺が可能となるから、自働債権の弁済期を問題とする必要はない。これが相殺予約制度の意義である。

← 預金担保貸付と相殺予約

> 通常は、銀行などが、定期預金債権を受働債権とし、貸付金債権を自働債権として相殺を予定しているような場合（いわゆる預金担保貸付の場合）に、受働債権たる定期預金債権が差し押さえられたときには、自動的に自働債権の弁済期が到来し、さらに相殺したものとみなすという特約（相殺予約）をしておくことが多いのです。これは、受働債権が差し押さえられたとしても、実際に法定相殺できるのは自働債権の弁済期になるため、その前に差押債権者から受働債権を取り立てられてしまったのでは意味がありませんので、受働債権の差押えと同時に自働債権の弁済期が到来して相殺ができるようにしてあるわけです。
> そして、さらに相殺の意思表示をしなくても、当然に相殺したものとみなすという契約をあらかじめしていれば、銀行側としても相殺の意思表示を忘れてしまうということもないわけです。このような期限の利益喪失約款を付した相殺予約という特約をしておくことによって、銀行側としては、定期預金を担保にした貸付をする場合に、相殺の担保的機能を十分に利用することができるわけです。

4-66

①+②＝相殺予約

| 受働債権の弁済期 | 差押え | 差押え前の自働債権の弁済期 |

②自働債権の弁済期到来と同時に相殺したものとみなす
＝
銀行の相殺の意思表示不要

①預金者が差押え時に期限の利益を喪失

相殺

差押え時の自働債権の弁済期

それでは、当事者間の特約にすぎない相殺予約について、第三者効を認めてよいか。平成29年改正民法のもとにおいても、差押えと相殺予約の優劣については、解釈に委ねられている。

→ 潮見・改正法199頁

この点については、契約自由の原則により、法定相殺の場合と同様に、第三者効を認める見解（無制限説）が有力である。

 当事者間の特約にすぎない相殺予約の効力。

← 相殺の予約の効力についての学説
●論点Bランク

A説　制限説

→ 最大判昭和39年12月23日
民集18巻10号2217頁

A-1説　弁済期先後基準説（判例）

▶結論：相殺予約は、自働債権の弁済期が受働債権のそれよりも先に到来する場合にかぎり、差押債権者に対抗することができる。
▶理由：自働債権の弁済期が受働債権のそれよりも後に到来する場合にまで相殺予約の効力を認めることは、私人間の特約のみによって差押えの効力を排除するものであって、契約自由の原則をもってしても許されるものではない。

224　4章　債権の消滅

▶批判：相殺予約によるメリット（相殺範囲の拡張）をもたらすわけではないから、相殺予約の効力を実質的に否定するものである。

A-2説　期待利益説（林・奥田）

▶結論：両債権の弁済期の先後関係だけでなく、当該取引の実質関係から判断して、差押債権者の利益との比較のうえで、債務者の相殺に対する合理的な期待利益のあるときにかぎって、相殺予約そのものの効力として対外効を認めることができる。

▶批判：相殺予約の存在を、法定相殺の期待利益判断の一材料としているが、それでは、相殺予約自体の期待利益は何によって判断するのか不明である。そして、ここでは、期待利益という観点から相殺予約が説明されておらず、期待利益は合理性の問題に置き換えられているのであって、期待利益概念は、少なくとも予約の判断基準として機能していない。

A-3説　担保権的構成説（米倉・石田・四宮・伊藤・近江）

▶結論：直截に、担保権（非典型担保）として構成し、相殺予約に公知性が認められる場合――たとえば、銀行取引など一般的に相殺予約の存在が推知される場合――にかぎって第三者効を認める。

▶理由：相殺予約は、代物弁済予約に類似している。

B説　無制限説（好美）

▶結論：相殺予約につき、差押えがあった場合にはただちに相殺の効力を生ずるとする効力をそのまま承認する。

▶理由：契約自由の原則。

▶批判：①無制限に差押えの効力を奪い、執行免脱約款をつくるのに等しい。
②債権者平等の原則に反する。
③公示のない担保物権をつくるものである。

▶備考：判例は、「直ちに相殺適状を生ぜしめる旨の合意と解することができるのであって、かかる合意が契約自由の原則上有効であることは論をまたない」としていることから、無制限説に位置づけられる理論であると評価されている。

➡ 最大判昭和45年6月24日（百選Ⅱ39事件）

(d)　その他の相殺の禁止

自働債権が支払の差止めを受けたときは、相殺は許されない。差し押さえられた債権の弁済が禁じられている（481条、民執145条1項）趣旨からみて、相殺は許されないのである。

また、会社法は、出資の履行等につき会社に対する債権をもって相殺することができないと定めている（会社208条3項、281条3項）。株式については、会社の財産的基盤を確保するために（資本充実の原則）現実に払い込まれることが必要なので、相殺が禁止されているのである。

3 相殺の方法

【1】相殺の意思表示

相殺は、当事者の一方から相手方に対する意思表示によってする（506条1項前段）。相殺の意思表示がないと債権は消滅しない（判例）。その意思表示は、明示でも黙示でもよく、取引観念から判断されるべきである。

相殺の意思表示の相手方は、自働債権の債務者である。受働債権が譲渡された場合には、その譲受人に対してすることになる。

➡ 大判大正7年11月21日　民録24輯2222頁

4-4　相殺　225

【2】条件・期限付相殺の禁止

　相殺の意思表示には、条件または期限を付することができない（506条1項後段）。前述したように、相殺は単独行為であるところ、単独行為の多くは相手方を不安定な状態におかないようにするために条件を付することができないとされており、相殺についても同じである。また、相殺に期限を付すことは、後述する相殺の遡及効（506条2項）からみて無意味なので、認められない。

→ 本節①【3】

4 相殺の効力

【1】債権の消滅

　相殺によって、双方の債権は対当額において消滅する（505条1項本文）。債権が全部消滅したときは、債務者は、487条の類推適用により債権証書返還請求権を有する（判例）。

→ 大判大正4年2月24日
民録21輯180頁

【2】相殺の遡及効

⑴　債権の遡及的消滅

　相殺の意思表示は、双方の債務が互いに相殺に適するようになった時にさかのぼってその効力を生ずる（506条2項）。これは、双方の債権が相殺適状にあるときは、すでに双方の債権関係は決済されたと解するのが当事者の意思に沿うからである。

　このように、相殺の遡及効により、相殺適状後に発生した利息は生じなかったとみられ、すでに支払った利息については不当利得返還請求（703条、704条）が認められる。また、相殺適状後に生じた履行遅滞の効果も消滅するので、遅延損害金や違約金などの債権は消滅する。

⑵　遡及効の制限──一方の債権が消滅しているとき

⒜　相殺適状後に弁済・更改・相殺があった場合

　相殺適状後、一方の債権が弁済によって適法に消滅しているときは、相殺の要件（双方の債権が有効に存在すること）を欠くので、相殺は許されない。この点については前述した。更改があったときも同様である。

→ 本節②【1】⑷

　相殺適状後、すでに他の債権との相殺によって債権が消滅している場合にも、以下のように、判例は、同じように考えている。すなわち、まず、判例は、債権譲渡における譲受人が譲受債権をもって債務者の有する反対債権と相殺した場合について、債権譲渡の前に相殺適状にある債権を債務者が有していたとしても、債務者は相殺を譲受人に対抗することができないとする（意思表示説）。

→ 大判大正4年4月1日
民録21輯418頁

> 　たとえば、A・B間で相殺適状にあるAの債権を、Bの債権者Cが譲り受けたとします。この場合において、Cが、これを自働債権とし、BのCに対する債権を受働債権とする相殺をした後は、Bは、Aとの間の相殺をCに対抗することができなくなります。
>
> **4-67**
>
> > 　本来Bは$\alpha\beta$と$\gamma\delta$で相殺をして、βとδ両方を消滅させられた。しかし、債権譲渡により$\beta\gamma$の相殺も可能となり、$\beta\gamma$の相殺が$\alpha\beta$の相殺よりも先に行われた。Bは$\alpha\beta$の相殺をCに対抗できないため、αとδが残ることになる。

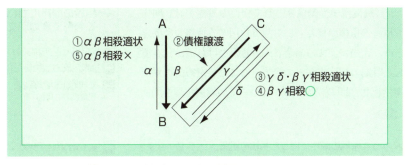

次に、転付債権者からの逆相殺の優劣が問題となる。

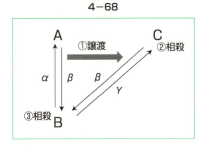

たとえば、左の図でβ債権を譲り受けたCが自分が元から負担していたBに対するγ債務とで相殺をしたとする。この相殺を逆相殺とよぶ。その後で、Bは自分も債権譲渡前からα債権をAに対して有していたから、それを自働債権としてβ債権を受働債権として相殺すると主張した。この相殺を順相殺とよぶ。た

← 逆相殺のケース

●論点Bランク

→ 最判昭和54年7月10日民集33巻5号533頁

しかに、順相殺のほうが先に相殺適状になっているが、Bの相殺時点ではすでにCからの相殺によってβ債権は消滅しているはずなので、このような相殺の主張が認められるのかが問題になる。この点について、判例は、先に相殺の意思表示をしたほうを優先するという結論を採用している。なお、Cへの債権の移転は債権譲渡のみならず転付命令による移転の場合も同様に考えることができる。

(b) **相殺適状後に解除があった場合**

賃貸借契約が賃借人の賃料不払いによって解除された後、賃借人の相殺の意思表示によりその賃料債務が遡及的に消滅したときに、解除の効果は失われるかどうかが問題となる。

この点について、判例は、解除の効果には影響がなく、賃貸借関係は復活しないとし、このことは、解除の当時、賃借人が反対債権を有する事実を知らないで相殺の時期を失した場合でも異ならないとしている。

← 賃貸借契約の適法な解除と相殺

→ 最判昭和32年3月8日民集11巻3号513頁

【3】時効の中断効(完成猶予・更新の効力)の有無

判例は、相殺の意思表示は対当額を超える債権についての請求(改正前民法147条1号)とならないとする。これに対して、相殺の意思表示が裁判外または裁判上でされる場合に応じて、催告(150条)または裁判上の請求(147条1項1号)に該当するべきとする見解もある(催告の規定を類推適用するにとどめる見解もある)。

→ 大判大正10年2月2日民録27輯168頁

→ 平野・債権総論452頁

【4】相殺の充当

(1) 1個または数個の債権・債務の間における充当

債権者が債務者に対して有する1個または数個の債権と、債権者が債務者に対して負担する1個または数個の債務について、債権者が相殺の意思表示をした場合において、当事者が別段の合意をしなかったときは、債権者の有する債権とその負担する債務は、相殺に適するようになった時期の順序に従って、その対当額について相殺によって消滅する(512条1項)。

このように、512条1項は、自働債権・受働債権として複数の債権が対立関係にある場合に、相殺をする債権者の債権が債務者に対して負担する債務の全部を消滅させるのに足りないときは、充当に関する当事者の合意がなければ、元本債権相互間で、相殺適状が生じた時期の順序に従って充当することを定めた。平成29年改正により、複数の元本債権相互間の相殺の順序についての判例法理を明文化したものである。

平成29年改正事項	相殺適状になった時期の順序に従った相殺の明記	B2・C1

改正前民法512条は、相殺をした場合における充当について、弁済の充当の規定（改正前民法488条から491条まで）を準用するということだけを規定していた。

しかし、相殺に遡及効を認めること（506条2項）を前提とすると、自働債権または受働債権として複数の債権があり、当事者間に相殺の順序についての合意がない場合には、どの自働債権とどの受働債権とが相殺されるのかが確定しないと、充当の対象となる利息・遅延損害金の金額が定まらず、ただちに改正前民法491条を準用することができない。そこで、複数の元本債権相互間の相殺の順序をどのように決めるかが問題となるところ、この点について判例は、改正前民法512条および489条の規定の趣旨にのっとり、元本債権相互間では相殺適状となった時期の順に従って相殺し、その時期を同じくする元本債権相互間および元本債権とこれについての利息・費用債権との間では、改正前民法489条および491条を準用して相殺充当を行うとしていた。これは、相殺制度の趣旨が、相対立する債権が差引計算されるという当事者の期待を保護し、当事者間の公平を図る点にあることからすると、相殺適状が生じた順序に従って相殺をすることが、当事者の期待に合致し、公平の理念にもかなうことを根拠とするものである。

もっとも、この判例法理を条文から読み取ることは困難であるので、これを条文上明確化する必要がある。そして、相殺の充当が問題となる局面としては、①債権者が、債務者に対して数個の債権を有し、債務者に対して一個の債務を負担する場合、②債権者が、債務者に対して一個の債権を有し、債務者に対して数個の債務を負担する場合、③債権者が、債務者に対して数個の債権を有し、債務者に対して数個の債務を負担する場合がありうる。これらのいずれの場合についても、当事者間に充当についての合意があれば、その合意に従って充当されることに争いはない。

そこで、平成29年改正民法は、上記①から③までの場合には、当事者間に合意がないかぎり、相殺適状が生じた時期の順序で相殺の対象となることを明らかにし、昭和56年判決を明文化した（512条1項）。

4-69　相殺適状になった時期の順序に従った相殺の明記

── 改正前民法 ──	── H29改正民法 ──
488条（弁済の充当の指定）から491条（元本、利息および費用を支払うべき場合の充当）までの規定は、相殺について準用する（512）。	債権者が債務者に対して有する1個または数個の債権と、債権者が債務者に対して負担する1個または数個の債務について、債権者が相殺の意思表示をした場合において、当事者が別段の合意をしなかったときは、債権者の有する債権とその負担する債務は、相殺に適するようになった時期の順序に従って、その対当額について相殺によって消滅する（512 I ）。

相殺適状となった順に相対立する複数の債権・債務が相殺によって充当されていくことが当事者の期待・相殺の趣旨たる公平の理念に合致するという判例の考え方を条文上明らかにした。

← 相殺の順序について判例法理の明文化
← 平成29年改正
→ 潮見・改正法200頁
→ 最判昭和56年7月2日民集35巻5号881頁

→ 部会資料69A・31頁

→ 最判昭和56年7月2日（前出）

228　4章　債権の消滅

4-70

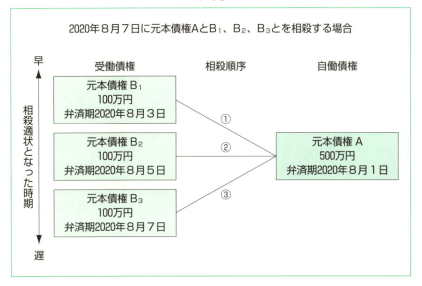

　512条1項の場合において、相殺をする債権者の有する債権がその負担する債務の全部を消滅させるのに足りないときであって、当事者が別段の合意をしなかったときは、次に掲げるところによる(512条2項)。

　①債権者が数個の債務を負担するとき(②に規定する場合を除く)は、488条4項2号から4号までの規定を準用する(1号)。

　②債権者が負担する1個または数個の債務について元本のほか利息および費用を支払うべきときは、489条の規定を準用する(この場合において、489条2項中「前条」とあるのは、「前条4項2号から4号まで」と読み替える)(2号)。

　512条1項により充当の対象となる元本債権が決定されるが、512条2項は、それでもなお、相殺に適するようになった時期を同じくする債務が複数あるときは、その時期を同じくする元本債権相互間および元本債権とこれについての利息・費用債権との間での処理が問題となるので、この場合において、充当合意がなければ、**指定充当を認めず**(判例法理の不採用)、1号、2号の定める方法による法定充当によるべきことを定めたものである。

→ 潮見・改正法200頁
← 平成29年改正

→ 最判昭和56年7月2日(前出)

→ 1節④【1】(2)

　512条2項1号で準用している488条4項2号から4号までの規定の内容は以下のとおりです。弁済の充当のところとあわせて確認しておいてください。
　①すべての債務が弁済期にあるとき、または弁済期にないときは、債務者のために弁済の利益が多いものに先に充当する(488条4項2号)。
　②債務者のために弁済の利益が相等しいときは、弁済期が先に到来したものまたは先に到来すべきものに先に充当する(488条4項3号)。
　③488条4項2号、3号に掲げる事項が相等しい債務の弁済は、各債務の額に応じて充当する(488条4項4号)。
　また、512条2項2号で準用している489条の規定の内容は以下のとおりです(489条2項については、読み替え規定を反映しています)。
　①債務者が1個または数個の債務について元本のほか利息および費用を支払うべき場合(債務者が数個の債務を負担する場合にあっては、同一の債権者に対して同種の給付を目的とする数個の債務を負担するときにかぎる)において、弁済をする者がその債務の全部を消滅させるに足りない給付をしたときは、これを順次に費用、利

息および元本に充当しなければならない(489条1項)。
②488条4項2号から4号までの規定は、489条1項の場合において、費用、利息または元本のいずれかのすべてを消滅させるのに足りない給付をしたときについて準用する(489条2項)。

　なお、512条1項の場合に、相殺をする債権者の負担する債務がその債権の全部を消滅させるのに足りないときは、512条2項の規定が準用される(512条3項)。512条3項の規定は、債権者が相殺をした場合に、相殺をする債権者の負担する債務(受働債権にかかる債務)が、債権者が有する債権(自働債権)の全部を消滅させるのに足りないときの処理についての規定である。言い換えると、512条3項は、相殺の充当のルールそのものが問題となるわけではないが、この場合にも、相殺に関する法定充当の規律(512条2項)を準用することを明らかにしたものである。

→ 部会資料69 A・34頁、潮見・改正法200頁

⑵　数個の給付をすべき場合の充当

　債権者が債務者に対して有する債権に、1個の債権の弁済として数個の給付をすべきものがある場合における相殺については、512条の規定が準用される(512条の2前段)。債権者が債務者に対して負担する債務に、1個の債務の弁済として数個の給付をすべきものがある場合における相殺についても、同様である(512条の2後段)。

　512条の2の規定は、債権者が債務者に対して有する債権に、1個の債権の弁済として数個の給付をすべきものがある場合における相殺について、512条の場合と同様の法理に基づいて相殺充当がされることを定めるものである。「数個の給付をすべき場合」の充当(491条)に相当する規律に関するものである。

→ 潮見・改正法201頁

→ 部会資料84-3・12頁

第 **4** 章………債権の消滅

5. その他の消滅原因

1 更改

【1】意義

⑴ 更改とは

更改とは、当事者が債務の要素を変更することにより、旧債務を消滅させ、新債務を成立させる契約をいう。

改正前民法513条1項は、「当事者が債務の要素を変更する契約をしたときは、その債務は、更改によって消滅する」と規定していたが、平成29年改正民法は、「債務の要素を変更する」ことを、①従前の給付の内容についての重要な変更、②債務者の交替、③債権者の交替と具体的に規定した(513条1号から3号まで)。

⑵ 法的性質

更改の法的性質について述べると、第1に、本来的給付とは別の対価を給付する点で代物弁済と類似するが、代物弁済契約では、代物弁済契約の成立のみでは本来の債務は消滅せず、代物の給付によって完全に債務が消滅するのに対し、更改では、更改契約の成立のみによって本来(従前)の債務が消滅し、内容が変更された他の新たな債務が発生する。

第2に、旧債務の消滅と新債務の成立は相互に因果関係を有し(有因)、一方の効力が生じないときは、更改契約自体が無効となる。したがって、旧債務が不存在のときは新債務は成立せず、新債務が成立しないときは旧債務は消滅しない。

第3に、513条は、「当事者が従前の債務に代えて、新たな債務であって次に掲げるものを発生させる契約」であることを明記している。これは、平成16年改正前民法513条2項後段の「債務ノ履行ニ代ヘテ」という表現を参考にしつつ、更改の意思(当事者が新債務の成立によって旧債務を消滅させようとする意思)が必要であるという判例法理の実質的な意味を明確にする趣旨である。

平成29年改正事項	更改の意思	B2

改正前民法513条1項は、「当事者が債務の要素を変更する契約をしたときは、その債務は、更改によって消滅する」と規定していたが、①給付の内容、②債務者、③債権者の変更する契約をした場合に当然に更改契約が成立するわけではなく、判例は、当事者が更改の意思を有している必要があるとしており、学説上も支持されていた。これは、更改が成立すると、同一性のない債務が成立し、抗弁が失われるなどの重大な効果が発生することからである。そして、更改の意思がないかぎり、①を変更する合意であれば代物弁済、②を変更する合意であれば免責的債務引受、③を変更する合意であれば債権譲渡と解釈すべきであるとするものである。

しかし、改正前民法513条1項の条文上は、更改の意思が必要であることが読み取れないので、この点を明確化する必要があった。

→ 部会資料69A・35頁
← 「更改」とは

← 平成29年改正

→ 潮見・新債権総論Ⅱ83頁、平野・債権総論457頁

→ 部会資料69A・36頁

→ 大判大正10年5月9日民録27輯899頁

→ 部会資料69A・35頁

→ 大判大正10年5月9日(前出)

← 「更改の意思」の明文化

4-5 その他の消滅原因 231

そこで、平成29年改正民法は、更改契約が「当事者が従前の債務に代えて、新たな債務であって次に掲げるものを発生させる契約」であることを明記し、更改成立には更改の意思が必要であることを定めた(513条)。

4-71　更改の意思

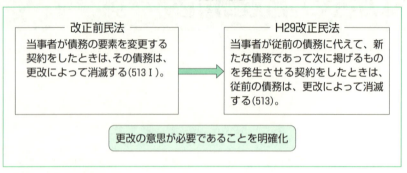

| 平成29年改正事項 | 改正前民法513条2項の削除 | C1 |

改正前民法513条2項は、「条件付債務を無条件債務としたとき、無条件債務に条件を付したとき、又は債務の条件を変更したとき」に、債務の要素が変更されたものとみなすと規定していた。起草者は、これらの場合は、債権額の変更や給付の目的物の変更よりも更に大きな変更であるといえるということを理由としてあげていた。

しかし、契約実務が発達し、契約条項が複雑化・多様化した今日においては、条件にも多様なものがあるため、現在では、上記の理由は妥当しないと考えられている。そもそも、更改によらなくても条件の変更をすることは可能であり、この場合に更改を成立させる実務的な必要性は乏しく、実際に同項が適用されて更改が認定された事例は公表裁判例には見出されない。このことから、その規律内容の合理性には疑問があった。

そこで、平成29年改正民法は、改正前民法513条2項の規定を削除し、条件に関する変更をする合意によっては、更改契約の成立を認めないこととした。

これにより、条件の変更に関する契約ができなくなるわけではなく、条件の変更に関する契約によって、当然には担保権および抗弁が消滅するという効力が生じないこととなる。

→ 部会資料69A・35頁、一問一答209頁

4-72　改正前民法513条2項の削除

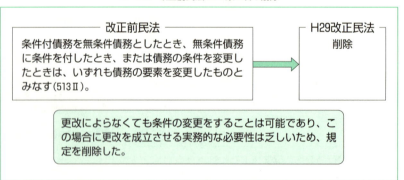

【2】要件

(1) 消滅すべき従前の債務の存在

更改契約をしたが、実は従前の債務が不存在であったという場合には、新債務と旧債務との間には因果関係があるので、新債務は成立しないことになり、更改契約は効力を有しない。

(2) 新たな債務が成立すること

何らかの瑕疵により新債務が成立しない場合や、新債務の成立が取り消されるときは、更改は効力が生じない。そして、旧債務と新債務との間には因果関係があるので、新債務が不成立の場合には、旧債務も消滅しなかったものとなる。

平成29年改正事項	改正前民法517条の削除	C1

改正前民法517条は、①新債務が不法な原因のために成立しない場合、②当事者が知らないそれ以外の事由によって新債務が成立しない場合、③新債務が取り消された場合には、旧債務が消滅しないと規定していた。そして、学説は、当事者、とりわけ、債権者が新債務の不成立事由を知っている場合には、改正前民法517条の②の反対解釈により、旧債務は消滅するとしていた。その理由として、この場合には、債権者には旧債務を免除する意思があると解することができるということがあげられていた。

しかし、上記の改正前民法517条の枠組みは、新債務に無効・取消原因があることを債権者が知っていれば一律に免除の意思表示をしたものとみなすに等しいものであるところ、この枠組みには、合理性は見出せない。

そこで、平成29年改正民法は、改正前民法517条の規定を削除した。

これにより、更改後の新債務に無効・取消原因があった場合における旧債務の帰すうについては、個別の事案ごとに、債権者に免除の意思表示があったといえるかどうかに関する判断に委ねられることとなる。

➡ 一問一答209頁、潮見・改正法204頁

➡ 中間試案の補足説明315頁

4−73　改正前民法517条の削除

改正前民法	H29改正民法
新債務が、「不法な原因」または「当事者の知らない事由」によって不成立または取消しとなった場合、旧債務は消滅しない(517)。	削除

更改後の新債務に無効・取消原因があった場合の旧債務の帰すうについては、個別の事案ごとに、債権者に免除の意思表示があったといえるかどうかに関する判断に委ねることとした。

(3) 債務の要素の変更があること

更改の要件として、「当事者が債務の要素を変更する」こと(改正前民法513条1項)、すなわち、①従前の給付の内容について重要な変更をするもの、②従前の債務者が第三者と交替するもの、③従前の債権者が第三者と交替するもの、のいずれかであることが必要である(513条1号から3号まで)。

このように、更改の成立には、債務の同一性の変更が客観的にあり、かつ、当事者にその意思(更改の意思)があることを必要とする(明文上、更改の意思が必要とされたことについては前述した)。したがって、当事者の債務の同一性を維持しようとする意思がある場合(抗弁権や担保権の消滅を欲しないとき)には、更改ではなく、代物弁済、免責的債務引受、債権譲渡の各契約がなされたものと解すべきである。

なお、平成29年改正の過程において、従来は、給付の内容を変更し、更改の意思があれば、更改が成立することとなっていましたが、判例によれば、給付の内容を変更した場合であっても、別個のものと評価されない場合には、更改の成立が否定されると考えられており、この考えを表す必要があると考えられました。そこで、最終的には、「重要な変

➡ 部会資料83-2・34頁
➡ 大判明治34年4月26日民録7輯4巻87頁、大判大正5年2月24日民録22輯329頁

4-5　その他の消滅原因　**233**

更をするもの」(513条1項)という要件を加えることになりました。

⑷　更改契約の当事者

⒜　従前の給付の内容について重要な変更をする場合

　債権者と債務者との契約によって行う。

⒝　債務者の交替による更改の場合

　債務者の交替による更改は、債権者と更改後に債務者となる者との契約によってすることができる(514条1項前段)。この場合に、更改は、債権者が更改前の債務者に対してその契約をした旨を通知した時に、その効力を生ずる(514条1項後段)。　← 平成29年改正

　このように、514条1項は、債務者の交替による更改について、債権者と新債務者の合意に加え、債権者から旧債務者へ更改契約をした旨の通知がされてはじめて効力を生じると規定した。債権者と引受人との間でする免責的債務引受(472条2項)と要件面での平仄を合わせたものである。　→ 潮見・改正法203頁

平成29年改正事項	債務者の交替による更改の要件	C1

→ 部会資料69A・37頁、一問一答208頁

　改正前民法514条は、債務者の交替による更改は、債権者と新債務者との間の合意があり、旧債務者の意思に反しない場合に成立すると規定していた。旧債務者の意思に反しないことが要件とされたのは、第三者の弁済(改正前民法474条2項)と同じ趣旨であり、利益を押しつけられることを望まない債務者の意思の尊重(武士気質)であるといわれていた。

　しかし、このように債務者の内心の意思によって更改の効力が左右されるという規律については、債権者と新債務者が債務者の意思を知りえない場合に、債務者の変更による更改が有効に成立するか否かが明らかとはならず、債務者から事後的に無効を主張されるリスクがある。免責的債務引受が債権者と債務者との間の合意によって成立する場合についても、判例は、債務者の意思に反してはならないとしてきたが、これを改めるべきとする実務的な必要性があるため、平成29年改正民法は、免責的債務引受について債務者の意思に反しないことを要件としないこととしている。　→ 大判大正10年5月9日(前出)

　そして、機能が類似する債務者の交替による更改と同じ要件で免責的債務引受をすることができる旨判示した前掲判例の趣旨をふまえると、債務者の交替による更改についても、免責的債務引受の要件(472条2項)と平仄を合わせるべきであった。

　そこで、平成29年改正民法は、債務者の意思に反しないことを要件としないこと、債権者の債務者に対する通知によって効力が生ずることと規定した(514条1項後段)。

4-74　債務者の交替による更改の要件

改正前民法	H29改正民法
ただし、更改前の債務者の意思に反するときは、このかぎりでない(514ただし書)。	この場合において、更改は、債権者が更改前の債務者に対してその契約をした旨を通知した時に、その効力を生ずる(514Ⅰ後段)。

債務者の意思に反しないことを更改の要件としないこと、債権者の債務者に対する通知によって更改の効力が生ずることを明示した。

4-75 債務者の交代による更改・免責的債務引受

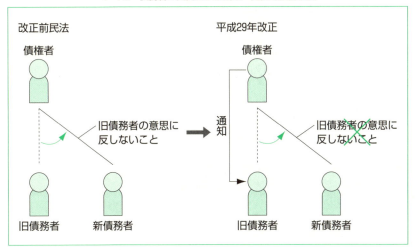

(c) 債権者の交替による更改の場合

債権者の交替による更改は、更改前の債権者、更改後に債権者となる者および債務者の契約によってすることができる(515条1項)。平成29年改正民法により、債権者の交替による更改が、新旧両債権者と債務者との三面契約によって行われることを示したものである。

そして、債権者の交替による更改は、確定日付のある証書によってしなければ、第三者に対抗することができない(515条2項)。債権者の交替による更改が債権譲渡の機能を営むことから、確定日付のある証書によってしなければ第三者に対抗することができないと規定したものである。

なお、平成29年改正民法により、異議をとどめない承諾に関する債権譲渡の規定(改正前民法468条1項)が削除されたのに伴い、これを準用している改正前民法516条の規定も削除された。

← 平成29年改正

→ 潮見・改正法203頁

【3】効果

(1) 旧債務の消滅

旧債務は、更改によって消滅する(513条)。したがって、旧債務の担保のために存在した担保権、保証債務、違約金債権等の従たる権利も消滅する。

もっとも、債権者(債権者の交替による更改にあっては、更改前の債権者)は、更改前の債務の目的の限度において、その債務の担保として設定された質権または抵当権を更改後の債務に移転することができる(518条1項本文)。これは、たとえば抵当権の順位保全などに効果があろう。ただし、第三者がこれを設定した場合には、その承諾を得なければならない(518条1項ただし書)。ここにいう「第三者」とは、更改契約の当事者以外の者のことをいう。

このような518条1項の質権または抵当権の移転は、あらかじめまたは同時に更改の相手方(債権者の交替による更改にあっては、債務者)に対してする意思表示によってしなければならない(518条2項)。

← 平成29年改正

←「第三者」とは

> 518条について、平成29年改正民法により、わずかに改正されています。
> まず、質権または抵当権の移転について、質権等の設定者ではない債務者または旧債務

→ 部会資料69A・38頁

4-5 その他の消滅原因 235

者が拒絶することができるという事態が生ずることを避けるため、改正前民法518条が更改の当事者の合意が必要であるとされていた点を改め、債権者の単独の意思表示によって移転することができるとしています(518条1項本文)。そして、担保権の付従性との抵触を避ける観点から、この単独の意思表示は「あらかじめ又は同時に」、すなわち更改契約をする以前にしなければならないとしています(518条2項)。免責的債務引受の場合(472条の4)と同様の処理をするものです。

ところで、518条は、免責的債務引受の場合(472条の4)と異なり、「質権又は抵当権」以外の約定担保(譲渡担保など)、法定担保や保証についての移転を意図的に認めていないので、注意してください(472条の4は、担保権および保証としています)。これは、以下のような理由からです。

免責的債務引受は、債務者が負担している債務と同一性のある債務を引受人が負担するものであり、担保権も承継されるのが原則であると考えるべきですから、先取特権や留置権等の法定担保も移転の対象と考えられているのです。

これに対して、更改の場合には、同一性のない債務が発生するのであり、担保権は消滅するのが原則であると考えるべきですから、従前の担保権の順位を維持する必要があって、特に移転を認める必要性がある質権または抵当権についてのみ、移転の対象とされたのです。

保証債権を認めるかどうかの違いも、同じ理由に基づくものです。

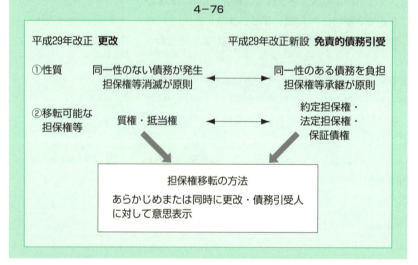

4-76

(2) **新債務の成立**

更改によって、新債務が当然成立する。その結果、旧債務に付着していた抗弁は、新債務者に移らない(判例)。

→ 大判大正10年6月2日民録27輯1048頁

(3) **債務者の交替による更改の効果**

債務者の交替による更改後の債務者は、更改前の債務者に対して求償権を取得しない(514条2項)。債権者と引受人との間でする免責的債務引受(472条の3)と効果面での平仄を合わせたものである。

→ 3章2節③

(4) **更改契約の解除**

新債務の不履行を理由に更改契約を解除して旧債務を復活させることができるであろうか。

この点について、判例は、更改契約もひとつの契約であるから、新債務が履行されないときは、契約解除の一般原則によって解除することができるとし、新旧両債務が当事者間だけに存在したときは、更改契約の解除によって旧債務が復活し、旧債務が新債務の当事者以外の者との間にも存在したときは、旧債務は復活

→ 大判昭和3年3月10日法律評論17巻民631頁、大判大正5年5月8日民録22輯918頁

しないとする。これに対して、通説は、更改契約は新債務を成立させることによって旧債務を消滅させる処分行為であるから、新債務が成立すれば、その効果は完結し、更改契約の履行の問題を生ずる余地はなく、新債務の不履行は更改契約の不履行ではないから、これを理由として更改契約を解除することは許されないとしている。

2 免除

【1】意義

免除とは、債権を無償で消滅させる債権者の一方的意思表示をいう。債権者が債務者に対して債務を免除する意思を表示したときは、その債権は消滅する（519条）。たとえば、Bに5万円を貸しているAが、Bに対して5万円のうち3万円は免除するから支払わなくてもよいというような場合である。**無償**という点で、債権者がなんらかの対価的利益を受ける代物弁済、相殺、更改などと異なる。免除は要するに、**債権の放棄**であり、権利放棄の一場合に属する。

←「免除」とは

【2】要件

債権者の債務者に対する免除の意思表示であることを要する。したがって、第三者に債権放棄の意思を表示しても債権は消滅しない（判例）。また、書面その他の特別の方式は必要ではなく、明示・黙示（借用証書の返還など）を問わない（判例）。

→ 大判大正2年7月10日
民録19輯654頁
→ 大判明治39年2月13日
民録12輯213頁

免除は単独行為であるが、債務者に特に不利益とならないかぎり、これに条件をつけてもよい。たとえば、債務を毎月一定額で1年間支払えば残額は免除するという場合である。

【3】効果

免除によって債権は消滅する（519条）。債権の消滅に伴って担保物権・保証債務などの従たる権利・義務も消滅する。一部免除の場合には、その限度で債権が消滅する。

もっとも、免除によって第三者の権利を害することは許されないから（判例）、債権が第三者の権利の目的となっている場合（たとえば、その債権に質権が設定されている場合）には、免除することができない。

→ 大判大正11年11月24日
民集1巻738頁

債務者が債務の免除を受けたときは、弁済の場合と同様に、債権証書の返還を請求することができる（487条）。

3 混同

【1】意義・要件

混同とは、同一債権について債権者としての地位と債務者としての地位が同一人に帰属することをいう（520条本文）。たとえば、親Aから100万円を借りている子Bが、Aの死亡によりその債権を相続した場合には、自己に対して債権を有することは無意味であるから、上記100万円の債権は消滅する。

←「混同」とは

ただし、その債権が第三者の権利の目的であるときは、混同によっても消滅し

4-5　その他の消滅原因　237

ない(520条ただし書)。たとえば、その債権が第三者Cのために質入れされていたというような場合において、混同による消滅を認めると、第三者Cが害されるので、例外として債権の消滅が否定される。

【2】効果

混同によってその債権は消滅するのが原則である(520条本文)。たとえば、賃借権者が賃借物の所有権を取得した場合には、賃借権は混同によって消滅する(判例)。

➡ 大判昭和5年6月12日民集9巻532頁

ただし、対抗の問題があるので、たとえば不動産の賃貸人Aより賃借人Bが所有権を取得しても、所有権移転登記を得ないうちにAより不動産を二重に取得した第三者Cがいると、混同によって消滅したBの賃借権は、Cとの関係では消滅しなかったものとみられる(判例)。

➡ 最判昭和40年12月21日民集19巻9号2221頁、最判昭和47年4月20日判時668号47頁

また、債権が第三者の権利の目的であるときは、その債権は消滅しない(520条ただし書)。たとえば、家屋の転借人が家屋の所有権を取得しても、転借権(転貸借関係)は当然には消滅しない(判例)。転借人Cは、所有権の取得により、賃貸人Aが負っていた賃借人Bに対する使用収益させる債務も承継しているから、Bの賃借権は消滅せず、したがってCの転借権も消滅しないのである。

➡ 最判昭和35年6月23日民集14巻8号1507頁

4-77

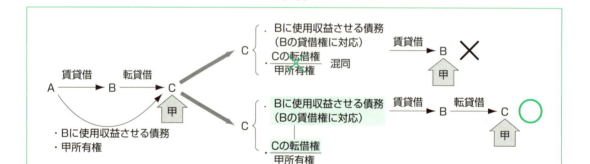

なお、混同による債権の消滅のほか、物権法にも、混同による物権の消滅が定められている点(179条)については、物権法で学習した。

➡ 『物権法』2章1節①【5】

○×問題で実力チェック

1. 弁済

01 弁済をすべき場所について別段の意思表示がない場合には、特定物の引渡しは、債権発生の時にその物が存在した場所においてしなければならないが、その他の弁済は債権者の現在の住所においてしなければならない。（'15-19問-イ）

➡ ○ 484条1項

02 動産の引渡債務を負うAが、債権者Bに対し、他人の所有する動産を弁済として引き渡し、その動産が他人の物であることを知らずにBがその動産を消費した場合、その弁済は有効となる。（'11-21問-2、'17-21問-オ）

➡ ○ 476条前段

03 弁済の費用について別段の意思表示がない場合には、債権者と債務者の双方が等しい割合でその費用を負担するが、債権者が住所の移転その他の行為によって弁済の費用を増加させたときは、その増加額は債権者が負担する。（'15-19問-ウ）

➡ × 485条本文。別段の意思表示がない場合には、債務者が負担する

04 金銭債務の債務者が現金を債権者の住所に持参して受領を催告したにもかかわらず、債権者がその受領を拒絶した場合には、債権者の面前に現金を提示しなくても、現実の提供となる。（'10-21問-2）

➡ ○ 最判昭和23年12月14日

05 金銭債務の債務者が弁済のため債権者に提供した額が債務の額にわずかに不足する場合であっても、債務の全額を提供していない以上、弁済の提供の効力が生ずることはない。（'10-21問-1）

➡ × 大判大正9年12月18日、最判昭和35年12月15日

06 債務者が金銭債務の弁済のために債務者個人が振り出した小切手を提供しても、債務の本旨に従った弁済の提供とならない。（'10-21問-5）

➡ ○ 最判昭和35年11月22日

07 買主があらかじめワインの受領を拒んでいる場合において、売主が弁済の準備をしたことを買主に通知してその受領を催告したときは、売主は、約定の期日に買主の住所にワインを持参しなくても、ワインの引渡債務の不履行を理由とする損害賠償責任を負わない。（'14-16問-オ）

➡ ○ 493条ただし書

08 弁済の準備ができない経済状態にあるため口頭の提供をすることができない債務者は、債権者が弁済を受領しない意思が明確な場合であっても、弁済の提供をしないことによる債務不履行の責任を免れない。（'10-21問-3）

➡ ○ 最判昭和44年5月1日

09 AがBに対して取立債務を負っている場合において、その履行期にBが取立てをしなかったとしても、Aが口頭の提供をしていないときは、Aは債務不履行責任を免れない。（'14-21問-エ）

➡ × 493条ただし書

10 金銭債務の債務者が債務の弁済期に現実の提供をしたが、債権者がその受領を拒絶した場合には、債務者は、提供後の遅延損害金の支払義務を負わない。（'10-21問-4）

➡ ○ 492条

11 判例によれば、土地の賃借人がその土地上の建物を賃貸している場合において、建物の賃借人は、その土地の賃料について、土地の賃借人の意思に反しても弁済をすることができる。（'13-23-ア、'15-19問-エ、'17-21問-イ）

➡ ○ 最判昭和39年4月21日、最判昭和63年7月1日

12 AのBに対する債権についてBが弁済を受領する権限がないCに対して弁済をした場合において、Aがこれによって利益を受けたときは、Cに弁済を受領する権限がないことをBが知っていたとしても、Aが利益を受けた限度で、その弁済は効力を有する。（'17-21問-エ）

➡ ○ 479条、大判昭和18年11月13日

○×問題で実力チェック　**239**

13 受領権者としての外観を有する者に対する弁済は、弁済者が善意であり、かつ、重過失がなかった場合には、有効となる。（'11-21問-3改題）

→ × 478条

14 A名義のB銀行に対する預金に係る通帳と印鑑を窃取したCが、Aの代理人と称して、B銀行から預金の払戻しを受けた場合、Cは、自己のためにする意思でしたものではなく、受領権者としての外観を有する者には当たらないので、B銀行の過失の有無にかかわらず、弁済の効力は生じない。（'14-21問-ア改題）

→ × 478条、最判昭和37年8月21日

15 AがB銀行に対する定期預金債権を有していたところ、Cが、Aと称して、B銀行に対し、その定期預金債権を担保とした貸付けの申込みをし、B銀行は、CをAと誤信したため貸付けに応じた。その後、貸付金債権の履行期に弁済がなかったため、B銀行がその貸付金債権を自働債権としてその定期預金債権と相殺をした場合において、貸付けの際に、金融機関として負担すべき相当の注意義務を尽くしていたときは、B銀行は、その相殺をもってAに対抗することができる。（'14-21問-イ）

→ ○ 最判昭和59年2月23日

16 債務者の弁済が、受領権者としての外観を有する者に対する弁済として有効となる場合においては、真の債権者は、弁済を受けた者に対し、不当利得返還請求をすることができない。（'14-21問-ウ改題）

→ × 大判大正7年12月7日

17 Aは、Bに対する債権をC及びDに二重に譲渡し、それぞれの譲渡につきBに対して確定日付のある証書で通知をしたが、その到達はCへの譲渡についてのものが先であった場合において、BがDに対してした弁済が効力を生ずるためには、Dを真の債権者であると信ずるにつき相当な理由があることを要する。（'14-21問-オ）

→ ○ 最判昭和49年3月7日、最判昭和61年4月11日

18 金銭消費貸借の借主が、元本、利息及び費用の総額に足りない金銭を貸主に弁済する場合には、それをまず元本に充当することを指定することができ、貸主が直ちに異議を述べない限り、その充当の指定は効力を有する。（'12-22問-4、'15-19問-オ）

→ × 489条1項、大判大正6年3月31日

19 弁済者が履行期に弁済の目的物を提供して受取証書の交付を請求したにもかかわらず、弁済受領者がこれに応じないときは、弁済者は、目的物の引渡しをしなくても、遅滞の責めを負わない。（'11-21問-1）

→ ○ 大判昭和16年3月1日

20 債務者の意思に反することなく有効に弁済した第三者は、弁済によって当然に債権者に代位し、対抗要件を備える必要がない。（'16-20問-ア改題）

→ × 500条、利害関係のない第三者は500条にいう「正当な利益を有する者」にあたらない

21 判例によれば、保証人が債権者に代位弁済した後、債務者から当該保証人に対し一部弁済があったときは、その弁済は、保証人が代位弁済によって取得した求償権だけでなく、債権者に代位して取得した原債権に対しても弁済があったものとして、それぞれに充当される。（'16-20問-オ）

→ ○ 最判昭和60年1月22日

22 抵当権で担保されている債権の一部について代位弁済があった場合、代位者は債権者とともに抵当権を行使しなければならないが、債権者は単独で抵当権を実行することができる。

→ ○ 502条1項、2項

23 AのBに対する1200万円の債権について、保証人C、物上保証人D（担保物の価額900万円）、物上保証人E（担保物の価額300万円）が存在する場合、C、D及びEの間における弁済による代位の割合は、2対3対1となる。（'16-20問-エ）

→ ○ 501条3項4号

24 保証人が債権者に弁済をする前に債務者所有の抵当不動産が第三者に譲渡された場合には、保証人は、その後に弁済をしても、その第三者に対して債権者に代位することはできない。（'11-22問-ア）

→ × 501条1項、最判昭和41年11月18日

25 同一の債務につき、保証人がいるとともに、物上保証人所有の甲土地に抵当権が設定されている場合、保証人が保証債務を履行し、債務を消滅させたときは、保証人は、当該債務者に対する求償権の全額について、甲土地に設定された抵当権を行使することができる。（'13-21問-エ）

→ × 499条、501条1項、2項、3項4号

26 900万円の主たる債務について2人の連帯保証人がおり、そのうちの1人が物上保証人を兼ねている場合、連帯保証債務のみを負担している者が全額弁済をすると、この者が法定代位する債権額は600万円である。（'11-22問-イ）

→ × 最判昭和61年11月27日。代位できる債権額は450万円である

27 1000万円の主たる債務に対する連帯保証人と物上保証人が1人ずついたところ、連帯保証人が債権者に弁済をする前に、物上保証の目的不動産が3人の共同相続人により相続され共有となった場合、その後連帯保証人が全額弁済をすると、この者が法定代位する債権額の合計は750万円である。（'11-22問-ウ）

→ ○ 最判平成9年12月18日

28 代位弁済によって、全部の弁済を受けた債権者は、債権に関する証書を代位者に交付すれば足り、自己の占有する担保物を代位者に交付する必要はない。（'16-20問-ウ）

→ × 503条1項

29 同一の債務につき、保証人がいるとともに、債務者所有の甲土地に抵当権が設定されている場合、債権者が甲土地に設定された抵当権を放棄した後に保証人が保証債務を履行し、債務を消滅させたときは、保証人は、甲土地に設定された抵当権が放棄されていないものとして、その抵当権を行使することができる。（'13-21問-オ）

→ × 504条1項前段。担保の喪失または減少によって償還を受けることができなくなった限度において、その責任を免れることができるのみである

2．代物弁済

30 判例によれば、金銭消費貸借契約を締結して1000万円を借り受けた債務者が、貸主との間で、金銭を支払う代わりに債務者所有の1000万円相当の土地を譲り渡す合意をしたときは、この合意の性質を代物弁済又は更改のいずれと解しても、合意成立の時点で旧債務は消滅する。（'12-22問-2）

→ × 482条、最判昭和40年4月30日。不動産所有権の譲渡をもって代物弁済する場合の債務消滅の効力は、所有権移転登記手続の完了をもって発生する

3．供託

31 債務者が債権者を確知することができない場合には、確知することができないことについての過失の有無を問わず、供託をすることができる。（'14-20問-2）

→ × 494条2項

32 建物賃貸借契約の終了について争いがあり、賃貸人が賃料の受領を拒んでいるときは、賃借人は、賃借人の住所地の供託所又は賃貸人の住所地の供託所に賃料を供託することができる。（'12-22問-1）

→ × 494条1項1号、495条1項、484条1項後段。義務履行地である賃貸人の住所地の供託所に供託しなければならない

33 債務の弁済について正当な利益を有する第三者が弁済の提供をしたのに、債権者がその受領を拒む場合には、当該第三者は、債務者の意思に反するときであっても、供託をすることができる。（'14-20問-1改題）

→ ○ 494条1項1号、474条2項本文参照

34 債務者が供託をした場合であっても、債権者が供託物を受け取らない限り、債務は消滅しない。（'14-20問-3）

→ × 494条1項柱書後段

35 弁済の目的物が供託されたことによって抵当権が消滅した場合には、その供託をした者は、債権者が供託を受諾する前であっても、供託物を取り戻すことができない。（'13-23問-イ）

→ ○ 496条1項前段、2項

36 供託をした債務者が債権者に対して同時履行の抗弁を主張することができる場合、債権者が供託物を受け取るためには、債務者に対して反対給付をしなければならない。（'14-20問-5）

→ ○ 498条2項

○×問題で実力チェック　241

37 債務者が供託をした場合、債権者が同意しない限り、債務者は供託物を取り戻すことができない。（'14-20問-4）

➡ × 496条1項

4．相殺

38 消滅時効期間の経過した債権が、その期間経過以前に債務者の有する反対債権と相殺適状にあった場合には、消滅時効期間の経過した債権を有する債権者は、債務者による消滅時効の援用の前後を問わず、相殺をすることができる。（'11-23問-ア）

➡ ○ 508条

39 判例によれば、債権者が保証人に対して有する保証契約上の債権を自働債権とする相殺は、保証人が検索の抗弁権を有するときであっても、双方の債務が弁済期にあれば、することができる。（'13-23問-エ）

➡ × 最判昭和32年2月22日

40 請負人の注文者に対する請負代金債権と、注文者の請負人に対する目的物の瑕疵修補に代わる損害賠償請求権は、同時履行の関係にあるため、注文者及び請負人は、原則として共に相殺することができないが、双方の債権額が等しい場合には例外として相殺をすることができる。（'11-23問-エ）

➡ × 最判昭和53年9月21日

41 債権が悪意による不法行為によって生じたときは、その債権者は、その債権を自働債権として相殺することができる。（'11-23問-ウ、'15-20問-エ改題）

➡ ○ 最判昭和42年11月30日

42 AのBに対する甲債権が差し押さえられた後、BがAに対する乙債権（差押え後の原因に基づいて生じたもの）を取得した場合、Bは、乙債権を自働債権として甲債権と相殺することができる。（'15-20問-ア改題）

➡ × 511条1項、2項本文

43 債務者が受働債権の譲受人に対し相殺をもって対抗することができる場合には、その相殺の意思表示は、受働債権の譲渡人にすれば足りる。（'11-23問-イ）

➡ × 最判昭和32年7月19日

44 相殺の意思表示には、条件を付することができる。（'13-23問-ウ）

➡ × 506条1項後段

45 継続的契約の当事者が、その契約が終了したときに債権債務が残っていた場合は相殺することをあらかじめ合意していたとしても、その合意は無効である。（'15-20問-ウ）

➡ × 停止条件付相殺の契約も、不当に第三者の権利を害するおそれがなく、取引上の債権債務の明確性に反しなければ、一般に有効であると考えられている（福岡高判昭和39年2月25日参照）

46 賃貸人が賃料の不払を理由として賃貸借契約を解除した後、賃借人が解除後に存在を知った賃貸人に対する債権と賃料債務を相殺により消滅させたとしても、賃貸借契約の解除の効力には影響がない。（'15-20問-イ）

➡ ○ 最判昭和32年3月8日

5．その他の消滅原因

47 債権者は、債務者の承諾がなければ、その債務を免除することができない。（'12-22問-5、'13-23問-オ）

➡ × 519条。免除は、単独行為であるから、債務者の承諾がなくても、することができる

48 AのBに対する債権を担保するため、B所有の土地に抵当権が設定された後、CのBに対する債権を担保するためにその土地に後順位抵当権が設定された場合において、AがBを単独で相続したときは、Aの抵当権は消滅する。（'12-22問-3）

➡ ○ 520条

第 **5** 章 ………責任財産の保全

1. 責任財産の保全——総論

　本章では、債務者の責任財産を保全するための制度である債権者代位権と詐害行為取消権について解説する。本節では、そもそも責任財産とはなにか、なぜ責任財産を保全する必要があるのか、という点について解説していくことにする。

1 責任財産の意義

　債権を有する者は、債務者に対して、一定の行為を請求することができる。債務者が任意に当該債務の内容に従った行為をしない場合には、債権者は、民事執行法に従い、強制執行という手続をとって自己の債権の満足を図ることとなる。

　特に金銭債権の場合には、債権者は、債務者の有する財産に対して強制執行をしていくこととなる。具体的には、債権者は、債務者の有する財産を差し押さえて、競売にかけ、その売却代金から弁済を受けることとなる。

　しかし、債務者が金銭債権を弁済するに足りる財産を有しない場合には、債権者は、自己の債権を十分に回収することができない。たとえば、甲が乙に100万円の金銭債権を有している場合には、乙が100万円以上の価値のある財産を有していれば、甲は当該財産に対して強制執行することで債権を回収することができる。ところが、乙が何ら財産を有していなければ、甲は債権を回収することができない。

　したがって、特に金銭債権の場合には、債権者の有する金銭債権の効力は、債務者がその金銭債権を弁済するに足りるだけの財産(強制執行の対象となりうる財産)を有しているか否かに左右されることになる。このように、強制執行の対象となりうる債務者の財産(債務者の総財産から、担保権の対象となっている特別財産と差押禁止財産を除いたもの)を**責任財産**という。

← 「責任財産」とは

2 責任財産保全制度の必要性

　近代市民法において、人は、その有する財産について、その意思により自由に取り扱い、処分することができる(**財産処分の自由**)。したがって、自己の有する権利を行使することも、行使せず放置することも自由であり、自己の有する財産を他人に売却することも、贈与することも自由である。その結果、その人の財産が減少するとしても、原則として、他人がその人の財産処分に干渉することはできない。

　しかし、債権者の有する金銭債権の効力は、債務者の責任財産に左右される。債権者の立場からすると、債務者に財産処分の自由を認めた結果、責任財産が失われ、自己の債権の満足が図られなくなるという結果は不当であろう。

　そこで、民法は、一定の場合に債務者の財産処分の自由を制限し、責任財産を

● 論点Aランク

保全することで強制執行を準備するための制度を設けた。それが**債権者代位権**（423条以下）と**詐害行為取消権**（424条以下）である。債権者代位権と詐害行為取消権の趣旨は、債務者の責任財産に不足が生じるおそれのある場合に、債権者が債務者の財産管理に干渉してその**責任財産を保全**することによって、**強制執行の準備**をする点にある。

債権者代位権と詐害行為取消権の各条文について適切な解釈をするためには、上記の制度趣旨を正しく理解し、制度趣旨から考える姿勢が不可欠であろう。債権者代位権と詐害行為取消権の詳しい説明は、次節以下で行う。

← 「**債権者代位権**」とは

← 「**詐害行為取消権**」とは

→ 部会資料73 A・27頁、39頁

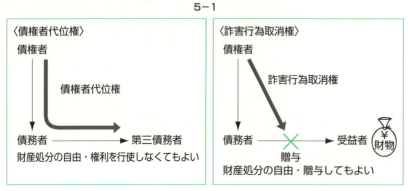

5-1

第5章 責任財産の保全

2. 債権者代位権

1 意義

【1】債権者代位権とは

▶2016年第1問、平成17年第1問、平成19年第1問

　債権者代位権とは、債権者が、自己の債権を保全するため必要があるときに、債務者に属する権利（これを「**被代位権利**」という）を行使することができる権利をいう（423条1項本文）。債権者代位権は、債務者の責任財産に不足を生じるおそれがある場合に、債権者が債務者の財産管理に干渉してその**責任財産を保全**することによって、**強制執行の準備**をするための制度である。

←「債権者代位権」とは
←「被代位権利」とは
←「債権者代位権」の制度趣旨

【2】債権者代位権の具体例

←「債権者代位権」の具体例

　AがBに対して1000万円の金銭債権を有しているところ、Bは十分な財産を有しておらず、Cから購入した1000万円相当の甲土地だけが唯一の責任財産であった場合を例にあげる。Bは、甲土地を購入したばかりで、甲土地の所有者名義はCのままであったとする。

　このとき、本来であればBには財産処分の自由が認められるため、BはCに対する移転登記手続請求権を行使することも、行使しないことも自由である。しかし、BがCに対する移転登記手続請求権を行使しない場合には、甲土地の所有者名義がBとなっていないため、Aは甲土地に対して強制執行をすることができない。

　そこで、Aは、債権者代位権に基づき、Bに代わって、BのCに対する移転登記手続請求権を行使することができる。これにより、Aは、Bの責任財産を保全し、甲土地について強制執行の準備をすることができる。

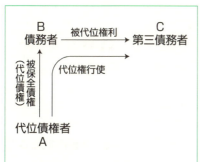
5-2

　一般に、債権者代位権を行使する債権者のことを**代位債権者**といい、債権者代位権の相手方となる者、すなわち被代位権利の相手方のことを**第三債務者**という。

←「代位債権者」とは
←「第三債務者」とは

【3】債権者代位権の転用

　前述のとおり、債権者代位権は、債務者の責任財産を保全することによって、強制執行の準備をするための制度である。

　しかし、実務上、債務者の責任財産の保全とは無関係に、非金銭債権の内容を実現するための手段として債権者代位権を用いることが認められている。これを

債権者代位権の転用という。

　以下では、本来型の債権者代位権を前提として説明することとし、転用型の債権者代位権については後で詳しく説明する。

2 要件

　債権者代位権の要件をあらかじめまとめると、次のとおりである。

【1】 被保全債権に関するもの
⑴　被保全債権の存在(423条1項本文)
⑵　被保全債権の弁済期が到来していること(423条2項本文)
⑶　被保全債権が強制執行により実現することができること(423条3項)
【2】 保全の必要性(423条1項本文)
【3】 被代位権利に関するもの
⑴　被代位権利の存在(423条1項本文)
⑵　債務者の一身に専属する権利でないこと(423条1項ただし書)
⑶　差押えを禁じられた権利でないこと(423条1項ただし書)
⑷　債務者がみずから被代位権利を行使していないこと

　以下、各要件を検討していこう。

【1】 被保全債権

⑴　被保全債権の存在(423条1項本文)

　債権者代位権を行使するためには、「債権者」でなければならない(423条1項本文)。債権者代位権を行使する場面では、債権者の債務者に対する債権のことを**被保全債権**とよぶ。

　債権者代位権は債務者の責任財産を保全することによって強制執行の準備をするための制度であるから、本来型の債権者代位権の場合には、被保全債権は**金銭債権**でなければならない。これに対して、転用型の債権者代位権の場合には、被保全債権は金銭債権でなくてもよい。

⑵　被保全債権の弁済期が到来していること(423条2項本文)

　債権者は、被保全債権の期限が到来しない間は、被代位権利を行使することができない(423条2項本文)。この趣旨は、被保全債権の弁済期が到来せず債務不履行にいたっていない段階で債務者の財産管理への干渉を認めることには慎重を期すべきである点にある。

　ただし、債権者は、被保全債権の期限が到来しない間であっても、**保存行為**をするためであれば、被代位権利を行使することができる(423条2項ただし書)。保存行為とは、債務者の権利の現状を維持する行為をいう。たとえば、消滅時効にかかりそうな債権を被代位権利として時効の完成猶予・更新のための行為をすることがあげられる。保存行為が例外とされている趣旨は、急を要することが多いことと、代位を認めても債務者に不利益がない点にある。

　なお、転用型の債権者代位権の場合にも被保全債権の弁済期が到来していることが求められるか否かは、解釈に委ねられている。

←「債権者代位権の転用」とは

→ 本節⑥

●論点Aランク

←「被保全債権」とは

→ 部会資料73A・27頁

←「保存行為」とは

→ NBL1047号6頁

246　5章　責任財産の保全

| 平成29年改正事項 | 「裁判上の代位」の削除 | C1 |

改正前民法は、被保全債権の期限が到来しない間に債権者代位権を行使することができる例外的な事由として、「裁判上の代位」による場合を認めていた(改正前民法423条2項本文)。裁判上の代位とは、非訟事件手続法に基づき裁判所から許可を受けて債権者代位権を行使する場合をいう(単に訴訟上債権者代位権を行使することではない)。

しかし、裁判上の代位の許可の制度は、利用例がきわめて少なく、存置しておく必要性が乏しかった。

そこで、平成29年改正民法は、被保全債権の期限が到来しない間に債権者代位権を行使することができる例外的な事由から「裁判上の代位」を削除した。なお、これに伴って、裁判上の代位の許可の手続について定める非訟事件手続法85条から91条までの規定も削除された。

→ 部会資料73A・27頁、一問一答91頁、潮見・改正法77頁

5-3 「裁判上の代位」の削除

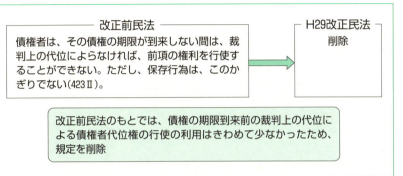

(3) 被保全債権が強制執行により実現することができること(423条3項)

← 平成29年改正

債権者は、被保全債権が強制執行により実現することのできないものであるときは、被代位権利を行使することができない(423条3項)。債権者代位権が強制執行の準備をするための制度であることから、強制執行により実現することができない債権について債権者代位権を認めるのは不適切だからである。

被保全債権が「強制執行により実現することのできないものであるとき」とは、たとえば、不執行合意のある債権や自然債務にかかる債権があげられる。

→ 部会資料73A・28頁、潮見・改正法78頁

| 平成29年改正事項 | 強制執行により実現することのできない債権 | B3 |

改正前民法は、強制執行により実現することのできない債権を被保全債権とする債権者代位権の行使の可否について、明文規定をおいていなかったが、認められないと解されていた。

そこで、平成29年改正民法は、強制執行により実現することのできない債権を被保全債権とする債権者代位権の行使が認められないことを、条文上明らかにした(423条3項)。

→ 部会資料73A・27頁、一問一答91頁、潮見・改正法78頁

5-4 強制執行により実現することのできない債権

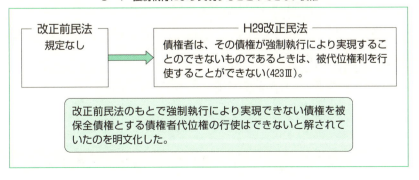

【2】保全の必要性（423条1項本文）

債権者は、自己の債権を保全するため「必要があるとき」は、被代位権利を行使することができる（423条1項本文）。すなわち、**保全の必要性**が求められる。

保全の必要性とは、単に主観的な保全の目的だけではなく、客観的な保全の必要があることをいう。保全の必要性は、本来型の債権者代位権の場合には、債務者が無資力であること（**無資力要件**）を意味する。これに対して、転用型の債権者代位権の場合には、保全の必要性は求められるものの、債務者が無資力であることは求められていない。

債務者が無資力であることとは、**債務超過**すなわち「債務者が、その債務につき、その財産をもって完済することができない状態」をいうと解される（破16条1項参照）。

> 「無資力」と「債務超過」の異同について、両者は異なる概念だと理解する見解もあります。この見解は、債務超過を「債務額の総計が資産額の総計を超過しているという計数上の概念」と捉えるのに対し、無資力を「債務者の信用をも考慮した概念」であって、単なる計数上の概念ではないと捉えます。すなわち、債務者の信用を考慮するか否かで両者を区別するのです。
>
> 他方で、債務超過の有無を判断する際は債務者の信用も考慮されるとして、債務超過も無資力も債務者の信用を考慮する概念であり、概念として相違はないという見解もあります。本文の解説は、こちらの見解を前提としています。
>
> どちらの見解でも、無資力か否かを判断する場合には債務者の信用が考慮されるということを理解しておいてください。なお、判例も、無資力か否かを判断する際は債務者の信用を考慮すべきとしています。

平成29年改正事項	保全の必要性	B3

改正前民法では、「債権者は、自己の債権を保全するため、債務者に属する権利を行使することができる」（改正前民法423条1項本文）という文言から、保全の必要性が求められると解釈されていた。

平成29年改正では、判例法理の明文化という観点から、債務者の無資力を要件として明記することが提案され、議論された。

しかし、最終的に平成29年改正民法は、無資力要件を明文化することを避け、その代わりに、客観的な保全の必要性が求められることを明確にするため、423条1項本文に「必要があるとき」という文言を追加することとした（423条1項本文）。

5-5　保全の必要性

改正前民法	H29改正民法
債権者は、自己の債権を保全するため、債務者に属する権利を行使することができる（423Ⅰ）。	債権者は、自己の債権を保全するため必要があるときは、債務者に属する権利を行使することができる（423Ⅰ）。

判例法理の明文化として、債務者の無資力要件の追加が試みられたが、見送られた。代わりに、客観的な保全の必要性が必要であることを示すため、「必要があるとき」が追加された。

← 平成29年改正

→ 部会第82回議事録39頁（深山幹事発言）
←「保全の必要性」とは

→ 部会資料35・7頁

→ 部会資料35・7頁

→ 最判昭和35年4月26日民集14巻6号1046頁

→ 一問一答91頁、NBL1047号4頁

→ 最判昭和40年10月12日民集19巻7号1777頁

【3】被代位権利

(1) 被代位権利の存在（423条1項本文）

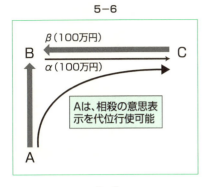

5-6

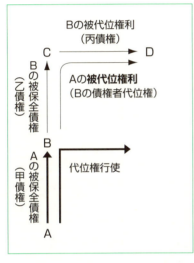

5-7

財産権であれば原則としてあらゆる権利が被代位権利となる。債権にかぎられず、物的請求権や登記請求権でもよい。取消権、解除権、相殺権などの形成権も被代位権利になると解されている。

また、債権者代位権を被代位権利とすることも認められている。たとえば、Aが無資力のBに対して金銭債権（甲債権）を有しているところ、Bもまた無資力のCに対して金銭債権（乙債権）を有しており、CがDに対して金銭債権（丙債権）を有していたとする。このとき、Aは、甲債権を被保全債権として、Bの有する「乙債権を被保全債権、丙債権を被代位権利とする債権者代位権」を被代位権利とする債権者代位権を行使することができる。

さらに、判例は、時効援用権を被代位権利とすることを認める。

改正前民法のもとでの判例は、一般債権者や後順位抵当権者は時効援用権者に含まれないと判示していた。一般債権者や後順位抵当権者は、自身が時効援用権者となるわけではないものの、債務者の援用権を代位行使することで同様の結果を得ることができるわけである。

(2) 債務者の一身に専属する権利でないこと（423条1項ただし書）

債務者の一身に専属する権利は、被代位権利とならない（423条1項ただし書）。債務者の一身に専属する権利を一身専属権という。一身専属権は、行使上の一身専属権と帰属上の一身専属権に分けられる。

(a) 行使上の一身専属権

行使上の一身専属権とは、権利を行使するか否かを債務者本人の自由意思に委ねるべき権利をいう。たとえば、夫婦間の同居請求権、婚姻または縁組の取消権、離婚または離縁の請求権、認知請求権や認知の取消権などである。

特に、親族間の扶養請求権（877条）や夫婦間の契約取消権（754条）などは、財産的利益を目的とするため被代位権利となるかが問題となるものの、その行使は本人の自由意思に委ねられるべきであるため、被代位権利とならないと解される。

遺留分侵害額請求権は、原則として被代位権利とならない。しかし、遺留分権利者が遺留分侵害額請求権を第三者に譲渡するなど、権利行使の確定的意思を有することを外部に表明したと認められる特段の事情がある場合は、被代位権利となりうる（判例）。

名誉毀損による慰謝料請求権は、原則として被代位権利とならない。しかし、

単に権利行使の意思を表示しただけでなく、慰謝料額の合意や確定判決等の債務名義が成立したなど、具体的な金額の慰謝料請求権が当事者間で客観的に確定したときは、被代位権利となる。また、慰謝料請求権者が死亡して相続人が慰謝料請求権を相続したときも、権利行使を自由意思に委ねる必要性が失われるため、被代位権利となる（判例）。

→ 最判昭和58年10月6日
（後出重要判例）

★重要判例（最判平成13年11月22日〔百選Ⅲ93事件〕）
　「遺留分減殺請求権は、遺留分権利者が、これを第三者に譲渡するなど、権利行使の確定的意思を有することを外部に表明したと認められる特段の事情がある場合を除き、債権者代位の目的とすることができないと解するのが相当である。その理由は次のとおりである。
　遺留分制度は、被相続人の財産処分の自由と身分関係を背景とした相続人の諸利益との調整を図るものである。民法は、被相続人の財産処分の自由を尊重して、遺留分を侵害する遺言について、いったんその意思どおりの効果を生じさせるものとした上、これを覆して侵害された遺留分を回復するかどうかを、専ら遺留分権利者の自律的決定にゆだねたものということができる（1031条、1043条参照）。そうすると、遺留分減殺請求権は、前記特段の事情がある場合を除き、行使上の一身専属性を有すると解するのが相当であり、民法423条1項ただし書にいう『債務者の一身に専属する権利』に当たるというべきであって、遺留分権利者以外の者が、遺留分権利者の減殺請求権行使の意思決定に介入することは許されないと解するのが相当である。民法1031条が、遺留分権利者の承継人にも遺留分減殺請求権を認めていることは、この権利がいわゆる帰属上の一身専属性を有しないことを示すものにすぎず、上記のように解する妨げとはならない。」
【争点】遺留分侵害額請求権を債権者代位の目的とすることができるか。
【結論】遺留分権利者が遺留分侵害額請求権を第三者に譲渡するなど、権利行使の確定的意思を有することを外部に表明したと認められる特段の事情がある場合を除き、できない。

★重要判例（最判昭和58年10月6日民集37巻8号1041頁）
　「思うに、名誉を侵害されたことを理由とする被害者の加害者に対する慰藉料請求権は、金銭の支払を目的とする債権である点においては一般の金銭債権と異なるところはないが、本来、右の財産的価値それ自体の取得を目的とするものではなく、名誉という被害者の人格的価値を毀損せられたことによる損害の回復の方法として、被害者が受けた精神的苦痛を金銭に見積ってこれを加害者に支払わせることを目的とするものであるから、これを行使するかどうかは専ら被害者自身の意思によって決せられるべきものと解すべきである。そして、右慰藉料請求権のこのような性質に加えて、その具体的金額自体も成立と同時に客観的に明らかとなるわけではなく、被害者の精神的苦痛の程度、主観的意識ないし感情、加害者の態度その他の不確定的要素をもつ諸般の状況を総合して決せられるべき性質のものであることに鑑みると、被害者が右請求権を行使する意思を表示しただけでいまだその具体的な金額が当事者間において客観的に確定しない間は、被害者がなおその請求意思を貫くかどうかをその自律的判断に委ねるのが相当であるから、右権利はなお一身専属性を有するものというべきであって、被害者の債権者は、これを差押えの対象としたり、債権者代位の目的とすることはできないものというべきである。しかし、他方、加害者が被害者に対し一定額の慰藉料を支払うことを内容とする合意又はかかる支払を命ずる債務名義が成立したなど、具体的な金額の慰藉料請求権が当事者間において客観的に確定したときは、右請求権についてはもはや単に加害者の現実の履行を残すだけであって、その受領についてまで被害者の自律的判断に委ねるべき特段の理由はないし、また、被害者がそれ以前の段階において死亡したときも、右慰藉料請求権の承継取得者についてまで右のような行使上の一身専属性を認めるべき理由がないことが明らかであるから、このような場合、右慰藉料請求権は、原判決にいう被害者の主観的意思から独立した客観的存在としての金銭債権となり、被害者の債権者においてこれを差し押えることができるし、また、債権者

代位の目的とすることができるものというべきである。」
【争点】慰謝料請求権を債権者代位の目的とすることができるか。
【結論】原則として債権者代位の目的とすることはできないが、具体的な金額の慰謝料請求権が当事者間において客観的に確定したときや、被害者が死亡して慰謝料請求権を承継取得した者が現れたときは、債権者代位の目的とすることができる。

(b) 帰属上の一身専属権

帰属上の一身専属権とは、相続性および譲渡性を欠く権利をいう。たとえば、委任、使用貸借、雇用等の契約から生じる権利などがあげられる。

帰属上の一身専属権は、相続性および譲渡性が欠けるだけなので、被代位権利となりうる。すなわち、「債務者の一身に専属する権利」(423条1項ただし書)とは、行使上の一身専属権をさすのである。

← 「帰属上の一身専属権」とは

(3) 差押えを禁じられた権利でないこと(423条1項ただし書)

差押えを禁じられた権利も、被代位権利とはならない(423条1項ただし書)。この趣旨は、差押えを禁じられた権利は債務者の責任財産とならないため、被代位権利とすべきでない点にある。

差押えを禁じられた権利には、たとえば給与や退職金等の債権の一部があげられる(民執152条参照)。なお、動産引渡請求権自体は差押えを禁止されていないものの、当該請求の目的物が差押えを禁止された動産である場合(民執131条参照)には、責任財産を保全して強制執行を準備するという債権者代位権の趣旨が妥当しないため、当該動産引渡請求権は被代位権利とならないと解される。

← 平成29年改正
→ 部会資料73A・27頁、潮見・改正法77頁

← 「差押えを禁じられた権利」とは
→ NBL1047号5頁

| 平成29年改正事項 | 差押えを禁じられた権利 | B3 |

改正前民法では、解釈上、差押えを禁じられた権利は被代位権利にならないとされていた。

しかし、差押えを禁じられた権利が被代位権利とならないことについて、明文規定をおいていなかった。

そこで、平成29年改正民法は、差押えを禁じられた権利が被代位権利とならないことを明文化した(423条1項ただし書)。

→ 部会資料73A・27頁、一問一答91頁、潮見・改正法77頁

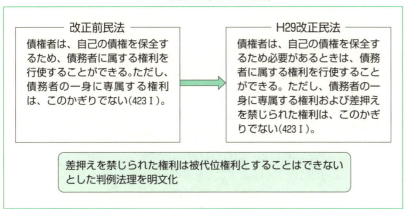

5-8 差押えを禁じられた権利

(4) 債務者がみずから被代位権利を行使していないこと

債権者代位権は、債務者の責任財産を保全することによって強制執行の準備をするため、例外的に債務者の財産処分の自由を制限する制度である。そのため、債務者がみずから被代位権利を行使している場合には、債務者の財産処分の自由

を制限する必要性に欠けるため、当該被代位権利について債権者代位権を行使することはできない。

　債務者がみずから被代位権利を行使している以上、たとえ権利行使方法が適切でない場合や、第三債務者との間で馴れ合い訴訟が追行されている場合であっても、債権者代位権を行使することはできないと解される。このような場合には、たとえば、債権者が債務者と第三債務者との間の訴訟に参加して適切に訴訟が追行されるようにしたり、馴れ合い訴訟の結果不当な裁判上の和解がなされたときは、当該裁判上の和解を詐害行為として取り消したりすることが考えられる。

> 　後で説明するとおり、改正前民法では、債権者が債権者代位権を行使し、行使したことを債務者に通知または債務者が了知した場合には、債務者は、当該被代位権利の処分権を失うと解されていました（判例）。
> 　しかし、平成29年改正民法は、従来の判例法理を変更し、債権者代位権の行使があっても債務者は被代位権利の処分権を失わないこととしました（423条の5）。したがって、平成29年改正民法のもとでは、債権者が債権者代位権を行使した後に債務者が被代位権利を行使する、という場面が生じることとなります。
> 　このような場合に、債権者が債権者代位権を引き続き行使することができるか否かについては、明文規定がおかれていません。
> 　平成29年改正は、このような場合に、債権者の債権者代位権行使を制限することまで意図するものではないと考えられます。もっとも、そのように考えた場合には、どのようなときに債務者が被代位権利を行使したことが債権者代位権の行使を妨げることとなるのかが今後の検討課題となると思われます。

→ 本節 5【1】

→ 大判昭和14年5月16日民集18巻557頁

→ 自由と正義66巻5号19頁[高須順一]

3 債権者代位権の行使方法

●論点 B⁺ランク

【1】債権者の地位

　債権者は、**裁判上にかぎらず、裁判外においても**債権者代位権を行使することができる。裁判外でも行使できる点が、詐害行為取消権と異なる。

→ 3節3【1】(1)

　また、債権者は、**自己の名において**被代位権利を行使するのであって、債務者の代理人として行使するわけではない（判例）点に注意してほしい。

→ 大判昭和9年5月22日民集13巻799頁

【2】自己への引渡請求

　債権者代位権は債務者の責任財産を保全することによって強制執行の準備をするための制度であるから、原則として、債権者は、第三債務者に対し、被代位権利の目的物を債務者に引き渡すことを求めることとなるはずである。

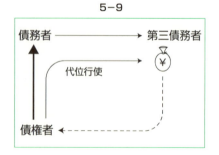
5-9

　しかし、実務上、債権者は、第三債務者に対して、被代位権利の目的物を直接自己に引き渡すことを求めることがある。この場合に、被代位権利の目的物を直接債権者に引き渡すことを求めることができるかについては、被代位権利の内容に応じて検討する必要がある。

(1) 金銭の支払または動産の引渡し

　債権者は、被代位権利を行使する場合に、被代位権利が金銭の支払または動産の引渡しを目的とするものであるときは、相手方に対し、その支払または引渡しを自己に対してすることを求めることができる（423条の3前段）。債務者が金銭や動産の受領を拒絶した場合には、債権者代位権の目的を達成することができないからである。

　この場合に、相手方が債権者に対してその支払または引渡しをしたときは、これによって被代位権利が消滅する（423条の3後段）。

← 平成29年改正

| 平成29年改正事項 | 直接の引渡し等 | B3 |

改正前民法では、債権者が被代位権利の目的物を自己に直接引き渡すよう求めることができるか否かについて、明文規定をおいていなかった。
　もっとも、判例は、金銭債権の行使に関する事案において、債権者が自己に直接引き渡すよう求めることを認めていた。また、このような判例法理は、債権者の請求に応じて第三債務者が目的物を債権者に引き渡した場合には、それによって被代位権利が消滅することを当然の前提としていると考えられていた。
　そこで、平成29年改正民法は、金銭の支払と動産の引渡しについて、債権者が目的物を自己に直接引き渡すよう求めることができること、および、この場合は当該引渡しによって被代位権利が消滅することを明文化した（423条の3）

→ 部会資料73A・30頁、一問一答93頁、潮見・改正法79頁

→ 大判昭和10年3月12日民集14巻482頁

← 直接の引渡しの明文化

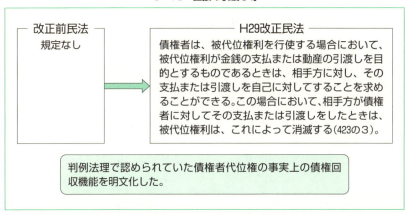

5-10　直接の引渡し等

　被代位権利が金銭の場合には、債権者は、第三債務者に対し、自己に直接金銭を支払うよう請求することができます（423条の3前段）。また、これによって、第三債務者は、被代位権利にかかる債務を免れることとなります（423条の3後段）。
　この場合には、債権者は、債務者に対して、自己が受領した金銭を返還する義務を負うこととなります。そして、債権者は、当該返還義務と被保全債権とを相殺することで、優先的に被保全債権を回収することができます。これを、債権者代位権の事実上の債権回収機能といいます（事実上の優先弁済）。
　このように、債権者代位権に債権回収機能を認めることに対しては、債務者の責任財産を保全するという債権者代位権の趣旨に反するという批判があります。すなわち、債務者の責任財産の保全という趣旨にかんがみれば、債権者代位権を行使して責任財産の維持に貢献した債権者であっても他の債権者と平等に扱われるべきであり、当該債権者のみが他の債権者に優先して自己の債権の満足を図ることを認めるべきではないという批判です。
　そこで、平成29年改正の際、債権者代位権を行使した債権者が直接の支払を受けた金銭の返還義務と被保全債権とを相殺することができない旨の規定を設けることが提案されました。

→ 潮見・新債権総論Ⅰ691頁、中舎・債権法430頁

→ 中間試案の補足説明152頁

しかし、債権者代位権の債権回収機能を否定する規定を設ける提案に対しては、実務上の弊害が大きいうえ、単に手続的な負担を増加させるだけとなる可能性があるとの批判がなされました。また、返還義務と被保全債権との相殺禁止に関する規定を設けないとしても、個別の事案において相殺権の行使が濫用にあたると評価できる場合には、相殺権を制限する余地があります。
　このような経緯から、平成29年改正では、返還義務と被保全債権との相殺禁止に関する規定は設けられませんでした。もっとも、このような問題提起があったこと自体は、債権者代位権の制度趣旨に密接に関連していますので、十分理解しておく必要があります。

➡ 部会資料73A・31頁、潮見・改正法79頁

(2) **不動産の移転登記手続請求**
　被代位権利が不動産の移転登記手続請求権の場合には、債権者は、第三債務者に対し、債務者名義への移転登記を求めることはできるが、**債権者名義への移転登記を求めることはできない**と解される。なぜなら、金銭または動産と異なり、移転登記の場合は債務者が移転登記を拒絶することができず、債務者名義への移転登記をすることで債権者代位権の目的を達成することができるからである。

●論点Aランク

　以上に対して、不動産の明渡請求権を被代位権利とする場合は、金銭または動産と同様に債務者が受領を拒絶することが考えられるため、債権者は、第三債務者に対し、当該不動産を直接自己へ明け渡すよう請求することができると考えられます（423条の3の反対解釈により否定する見解もあります）。なお、判例は、建物の賃借人が賃貸人たる建物所有者に代位して建物の不法占拠者に対し建物明渡請求をした事案で、直接自己に対して明け渡すよう請求することができると判示しています。
　不動産以外に登記・登録制度が整備されている物（自動車等）について、債権者が直接自己名義への移転登記・登録を求めることができるか否かは、条文上明らかではありません。このような場合については、当該登記・登録制度の仕組みや登記・登録の対象物の性質等を考慮しつつ、個別具体的に検討する必要があるでしょう。

➡ 中舎・債権法430頁

➡ 平野・債権総論165頁
➡ 最判昭和29年9月24日民集8巻9号1658頁

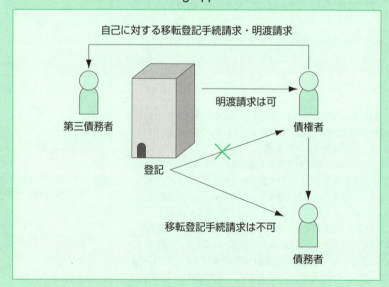

5-11

【3】**第三債務者の抗弁**
　債権者が被代位権利を行使したときは、第三債務者は、債務者に対して主張す

⬅ 平成29年改正

ることができる抗弁をもって、債権者に対抗することができる(423条の４)。債務者自身が権利を行使すれば対抗できた抗弁が、たまたま債権者代位権が行使された場合には対抗できなくなるという結論は不合理だからである。もっとも、債権者が通謀虚偽表示における善意の第三者(94条２項)に該当する場合など、抗弁の対抗が制約される場合もある。

●論点Ｂ⁺ランク
(論証18)

5-12

①虚偽表示に基づく譲渡
(94条１項)

B ←———————— A 登記

登記請求権

②譲渡 | 登記請求権

代位行使

C
94条２項の第三者

AからBに虚偽表示に基づいて不動産が譲渡されたが、登記名義がいまだAにあり、この状態で不動産が更にBからCに転売されて、Cが94条２項の第三者として保護される場合を考えてみます。この場合には、BがAに対してもっている登記請求権を第三者Cが代位行使することができると解するべきでしょう。たしかに、Cが、BのAに対する権利を行使したとき、AはBに対して虚偽表示による無効という抗弁を主張できるのですから、Cに対してもそれを主張できるということになりそうです。しかし、もし、この抗弁を認めてしまうと、Cを善意の第三者として94条２項で保護した意味がなくなってしまいます。そこで、94条２項の趣旨から、Aは、善意の第三者Cに対しては、Ａ・Ｂ間の虚偽表示無効という抗弁を対抗できないと解するのです。

これに対して、第三債務者が債権者に対して有する抗弁を主張することができるか否かについては、解釈に委ねられている。たとえば、第三債務者が債権者に対して有する債権を自働債権として、被代位権利との相殺を主張することができるかどうかが問題となる。通説は、あくまで債権者が行使する権利は債務者の有する権利であることを理由として、債権者に対して有する抗弁を主張することはできないと解する。

同様に、債権者は、第三債務者が債務者に対して有する抗弁を主張した場合には、債権者固有の事由を再抗弁として主張することはできない(判例)。

➡ NBL1047号９頁

➡ 中田・債権総論217頁

➡ 最判昭和54年３月16日
民集33巻２号270頁

4 代位行使の範囲

債権者は、被代位権利を行使する場合において、被代位権利の目的が可分であるときは、自己の債権の額の限度においてのみ、被代位権利を行使することができる(423条の２)。

たとえば、Aが無資力のBに対して1000万円の金銭債権(甲債権)を有しているところ、BがCに対して債権(乙債権)を有していたとする。この場合に、乙債権が2000万円の金銭債権であるときは、Aは、甲債権の額である1000万円の限度においてのみ、乙債権を行使することができる。これに対して、乙債権が時価2000万円の不動産の移転登記手続請求権であるときは、Aは、乙債権の全体を行使することができる。不動産の移転登記手続請求権は不可分であるため、被保全債権の額による限定をすることができないからである。

← 平成29年改正

➡ 部会資料73Ａ・29頁

5-2 債権者代位権 255

| 平成29年改正事項 | 代位行使の範囲 | B3 |

改正前民法は、債権者が被代位権利をどの範囲で行使することができるかについて、特段の規定をおいていなかった。

もっとも、判例は、金銭債権の代位行使に関する事案で、被保全債権の額の範囲でのみ被代位権利を行使することができる旨判示していた。

そこで、平成29年改正民法は、判例法理を明文化するという観点から、被代位権利の目的が可分であるときは代位行使の範囲が被保全債権の額の限度に制限されることを明示した（423条の2）。

→ 部会資料73A・29頁、一問一答93頁、潮見・改正法78頁

→ 最判昭和44年6月24日（百選Ⅱ11事件）

← 代位行使の範囲確定

5-13 代位行使の範囲

平成29年改正民法は、被代位権利の目的が可分であるときは代位行使の範囲が被保全債権の額の限度に制限されるという規定をおきました（423条の2）。

もっとも、中間試案の段階では、代位行使の範囲について、判例法理を変更し、債権者が被保全債権の額の範囲を超えて被代位権利の全部を行使することができるとする規定をおくことが提案されていました。

中間試案が代位行使の範囲を限定しない提案をしていた理由は、債権者代位権の制度趣旨をどのように捉えるかという点と密接に関係しています。すなわち、判例が代位行使の範囲を被保全債権の額に限定した理由は、債権者代位権の債権回収機能を前提として、債権者代位権を「債権者がみずからの債権を保全するための制度」と位置づけている点にあります。しかし、債権者代位権の債権回収機能を否定して、債務者の責任財産を保全するという制度趣旨を貫けば、代位行使の範囲を被保全債権の額に限定する必要はないといえます。中間試案は、債権者代位権の債権回収機能を否定する立場から、代位行使の範囲を被保全債権の額に限定しないという提案をしたものです。

しかし、平成29年改正では、最終的に債権者代位権の債権回収機能を事実上容認したため、代位行使の範囲についても、判例法理を維持して被保全債権の額を限度とすることになりました。

→ 中間試案の補足説明151頁

→ 最判昭和44年6月24日（前出）

5 債権者代位権行使の効果

【1】債務者の取立てその他の処分の権限等

債権者が被代位権利を行使した場合であっても、債務者は、被代位権利について、**みずから取立てその他の処分をすることを妨げられない**（423条の5前段）。この趣旨は、債権者代位権の行使によって当然に債務者が被代位権利に関する取立てその他の処分の権限を失うとすると債務者の地位が著しく不安定になるため、これを否定する点にある。

したがって、債務者は、債権者が被代位権利を行使した場合であっても、みずから被代位権利を行使して、第三債務者に対して債務の履行を求めることができ

← 平成29年改正

→ 部会資料73A・32頁、79-3・19頁、潮見・改正法80頁

る。この場合には、第三債務者も、被代位権利について、債務者に対して履行をすることを妨げられない（423条の5後段）。そのため、債権者は、債務者の取立てその他の処分や第三債務者の債務者に対する弁済を制限するためには、裁判所に仮差押えや差押えを申し立てなければならない。

また、債務者の被代位権利に対する処分権限が制限されないため、債権者代位権が行使された場合でも、他の債権者は、被代位権利を差し押さえたり、みずからも債権者代位権を行使したりすることができる。もっとも、債権者代位権が訴訟上行使されている場合に、他の債権者が、別途債権者代位訴訟を提起することは、二重起訴の禁止に抵触することとなる（民訴142条）。

→ 中舎・債権法429頁

→ 潮見・改正法81頁、中舎・債権法429頁

→ 『民事訴訟法』5章3節③

→ 部会資料73A・32頁、79-3・19頁、一問一答93頁、潮見・改正法81頁

→ 大判昭和14年5月16日（前出）

| 平成29年改正事項 | 債務者の取立てその他の処分の権限等 | C2 |

改正前民法は、債権者が被代位権利を行使した場合に債務者がその被代位権利の取立てその他の処分の権限を失うかについて、特段の規定をおいていなかった。

この点について、判例は、債権者が代位行使に着手し、債務者がその通知を受けるか、またはその権利行使を了知したときは、債務者は被代位権利の取立てその他の処分の権限を失うと判示していた。しかし、この判例に対しては、裁判上の手続とは無関係に債権者が代位行使に着手したことを債務者に通知し、または債務者がそのことを了知したというだけで、債務者がみずからの権利の取立てその他の処分の権限を失うとすると、債務者の地位が著しく不安定なものとなるという批判があった。また、債権者が債務者の取立てその他の処分の権限を制限することを望むのであれば、裁判所に仮差押えや差押えを申し立てれば足りる。

そこで、平成29年改正民法は、判例法理を変更し、債権者が被代位権利を行使した場合であっても、債務者は、被代位権利について取立てその他の処分の権限を失わないこととした（民423条の5前段）。また、このこととあわせて、債権者代位権の行使が第三債務者の債務者に対する履行を妨げないことも明記した（423条の5後段）。

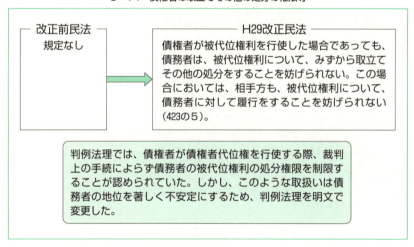

5-14 債権者の取立てその他の処分の権限等

【2】訴えによる債権者代位権の行使

債権者は、被代位権利の行使にかかる訴えを提起したときは、遅滞なく、債務者に対し、訴訟告知をしなければならない（423条の6）。

← 平成29年改正
← 訴訟告知の義務付け

| 平成29年改正事項 | 債務者に対する訴訟告知の義務づけ | C2 |

改正前民法は、債権者が訴えによって債権者代位権を行使した場合に、債務者に対する訴訟告知を義務づける規定をおいていなかった。

→ 部会資料73A・35頁、一問一答94頁、潮見・改正法81頁

5-2 債権者代位権　257

しかし、債務者に対する訴訟告知がなされないと、債務者はみずからの知らないところで債権者代位訴訟が進行し、当該訴訟に関与する機会を与えられないまま敗訴判決が確定することもありうる。
　そこで、平成29年改正民法は、債権者が訴えによって債権者代位権を行使した場合には、遅滞なく、債務者に対して訴訟告知をしなければならないこととした（423条の6）。

5-15　債務者に対する訴訟告知の義務づけ

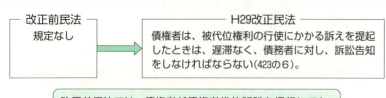

改正前民法では、債権者が債権者代位訴訟を提起しても、債務者に訴訟提起を知らせる義務はなかったため、債務者が訴訟に関与できないまま判決が確定する可能性があった。そこで、債務者の手続保障を図るため、明文で訴訟告知が義務づけられた。

　この部分は民事訴訟法の知識を前提としていますので、まだ民事訴訟法を勉強していない方は、民事訴訟法を勉強してから改めて次の解説を読むようにしてください。
　債権者代位権は、裁判外で行使することもできますし、裁判上行使することもできます。債権者が訴えを提起する方法で債権者代位権を行使した場合、代位債権者の地位は、株主代表訴訟における株主と同様に法定訴訟担当と解されており、その判決の効力は被担当者である債務者にも及びます（民訴115条1項2号）。
　しかし、改正前民法には、債権者代位訴訟を提起した債権者に対し、債務者への訴訟告知を義務づける規定がありませんでした。そのため、債務者は、みずからの知らないところで債権者代位訴訟が進行し、当該訴訟に関与する機会を与えられないまま敗訴判決が確定することもありえました。
　そこで、債務者が債権者代位訴訟に関与する機会を保障するため、債権者が訴えによって債権者代位権を行使した場合には、遅滞なく、債務者に対して訴訟告知をすることを義務づけたのです（民423条の6）。この規定は、株主代表訴訟を提起した株主に対して会社への訴訟告知を義務づける会社法849条4項と同趣旨のものです。
　債務者は、債権者代位訴訟で被代位権利についてみずからの地位を主張する場合には、当該訴訟に共同訴訟参加（民訴52条）または補助参加（42条）をすることができます。これに対し、債務者が、そもそも被保全債権の存在を争うかたちで債権者代位訴訟に関与する場合には、当該訴訟に独立当事者参加（47条）をして、被保全債権の不存在確認請求と被代位権利の給付請求をすることができます。

▶ 部会資料73A・35頁、潮見・改正法81頁

5-16

```
              債務者        第三債務者
                ↑  ③ ①に共同  ↗
                │   訴訟参加等
         ②訴訟告知        ↘
                │         ①債権者代位訴訟
              代位債権者
```

　債権者代位権が行使された場合には、被代位権利については、代位債権者の請求の結果

として時効の完成猶予・更新が生じます（民147条1項1号、2項）。

では、代位債権者の債務者に対する被保全債権についてはどうでしょうか。

平成29年改正前民法のもとでの通説は、行使されているのは債務者の権利（被代位権利）であって、債権者の権利（被保全債権）ではないとして、被保全債権については時効が中断しないと解していました。この通説の考え方は、平成29年改正民法にも妥当すると解されており、時効の完成猶予・更新は生じないと考えられます。債権者は、被保全債権について、別途、時効の完成猶予・更新事由をみたす必要があるわけです。

ただし、代位訴訟を提起したときは債務者に訴訟告知がなされるので（423条の6）、被保全債権についても時効の完成が猶予されるとする見解もあります。

➡ 潮見・新債権総論Ⅰ694頁

➡ 中舎・債権法432頁

▶平成16年第2問

6 債権者代位権の転用

【1】総論

債権者代位権の転用とは、債権者代位権を債務者の責任財産の保全を目的としないで用いる場面をいう。

←「債権者代位権の転用」とは

転用型の債権者代位権の要件は、以下の点で本来型の債権者代位権と異なる。

(1) 被保全債権

本来型の債権者代位権では、被保全債権は金銭債権でなければならない。これに対し、転用型の債権者代位権では、被保全債権は金銭債権でなくてもよい。

(2) 保全の必要性

本来型の債権者代位権では、保全の必要性とは債務者が無資力であること（無資力要件）を意味する。これに対して、転用型の債権者代位権では、保全の必要性は求められるものの、債務者が無資力であることは求められていない。

【2】登記または登録請求権の代位行使

←平成29年改正

登記または登録をしなければ権利の得喪および変更を第三者に対抗することができない財産を譲り受けた者は、その譲渡人が第三者に対して有する登記手続または登録手続をすべきことを請求する権利を行使しないときは、その権利を行使することができる（民423条の7前段）。

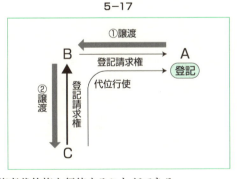

たとえば、AがBに甲土地を売却し、さらにBがCに甲土地を売却したところ、いまだに甲土地の登記簿にはAが所有者として登記されていたとする。このとき、Cは、Bに対する移転登記手続請求権を被保全債権とし、BのAに対する移転登記手続請求権を被代位権利として債権者代位権を行使することができる。

なお、「登記又は登録をしなければ権利の得喪及び変更を第三者に対抗することができない財産を譲り受けた」という文言には、特許権の譲渡（特許98条1項1号）の場合のように、登記または登録をしなければ効力を生じない財産を債権者が譲り受けた場合も含まれると解される。

| 平成29年改正事項 | 転用型の債権者代位権 | B3 |

改正前民法は、転用型の債権者代位権について規定をおいていなかったが、判例は、いくつかの事案において、転用型の債権者代位権を認めていた。

そこで、平成29年改正民法は、転用型の債権者代位権の一類型として、判例上認められていた登記または登録請求権の代位行使について明文規定をおくこととした(423条の7)。

なお、平成29年改正民法では、転用型の債権者代位権について一般的な要件を定めないこととした。そのため、登記または登録請求権の代位行使以外の転用型の債権者代位権が認められるか否かは、423条および423条の7の解釈や類推適用に委ねられている。

→ 部会資料73A・36頁、一問一答96頁、潮見・改正法82頁

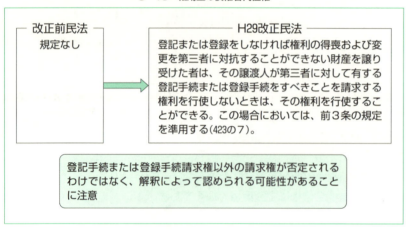

5-18 転用型の債権者代位権

改正前民法
規定なし

→ H29改正民法
登記または登録をしなければ権利の得喪および変更を第三者に対抗することができない財産を譲り受けた者は、その譲渡人が第三者に対して有する登記手続または登録手続をすべきことを請求する権利を行使しないときは、その権利を行使することができる。この場合においては、前3条の規定を準用する(423の7)。

登記手続または登録手続請求権以外の請求権が否定されるわけではなく、解釈によって認められる可能性があることに注意

【3】転用型の債権者代位権が認められたその他の事例

登記または登録請求権の代位行使以外の転用型の債権者代位権が認められるか否かは、423条および423条の7の解釈や類推適用に委ねられている。判例上、転用型の債権者代位権が認められたその他の事例として、以下の4つのケースがある。

← 判例で転用が肯定された4事例
● 論点Aランク
（論証19）

(1) 債権譲渡の通知請求権の代位行使

たとえば、AがDに対して甲債権を有していたところ、AがBに甲債権を譲渡し、BがCに甲債権を譲渡したとする。ところが、AはいまだにDに対して甲債権の譲渡通知をしていない。

このとき、Cは、Bに対する債権譲渡の通知請求権を被保全債権とし、BのAに対する債権譲渡の通知請求権を被代位権利として債権者代位権を行使し、Aに対してDへの債権譲渡の通知をするよう求めることができる。

もっとも、債権譲渡通知自体は必ず譲渡人から債務者に対してしなければならず、譲受人が譲渡人に代位して債務者に対する債権譲渡通知をすることはできない(467条1項)。したがって、Cは、あくまでAに対して「（AからBに対する）債権譲渡の通知をDにせよ」と求めることができるにとどまり、Aに代わって直

→ 大判大正8年6月26日民録25輯1178頁

→ 3章1節③【1】(2)

5-19

①債権譲渡
B ← A
通知請求権
代位行使○
Aに代位して通知×
②債権譲渡
通知請求権
C　　　　D
債権

接Dに対して債権譲渡通知をすることはできない。

(2) 賃借人による土地所有者の物権的返還請求権の代位行使

→ 大判昭和4年12月16日
民集8巻944頁

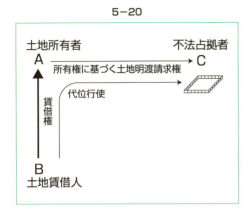

たとえば、Aが、自己の所有する甲土地をBに賃貸したとする。ところが、ある日、何ら占有権原を有しないCが甲土地を不法に占拠するようになってしまった。

このとき、Bは、甲土地の賃借権を被保全債権として、AのCに対する所有権に基づく土地明渡請求権を被代位権利として債権者代位権を行使することができる。

(3) 抵当権者による抵当権設定者の有する物権的返還請求権の代位行使

たとえば、Aが、Bに対して有する金銭債権の担保のため、Bの所有する甲土地に抵当権を有しているとする。ところが、ある日、何ら占有権原を有しないCが甲土地を不法に占拠するようになってしまった。

このとき、Aは、甲土地に付した抵当権を被保全債権として、BのCに対する所有権に基づく土地明渡請求権を被代位権利として債権者代位権を行使することができる。

→ 最大判平成11年11月24日
民集53巻8号1899頁

(4) 売主の相続人による買主の移転登記手続請求権の代位行使

たとえば、Aが、自己の所有する甲土地をBに売却したところ、移転登記手続をしないまま死亡したとする。CとDは、Aの共同相続人であり、Aの有していたBに対する甲土地売買代金債権と移転登記手続をすべき義務を共同して相続した。

Bは同時履行の抗弁権(533条)を有しているため、CとDが移転登記手続をしないかぎり、甲土地売買代金の支払を拒絶することができる。Cは、甲土地の移転登記手続を行って甲土地売買代金の支払を請求したいと考えた。しかし、Dが甲土地の移転登記手続に協力しないうえ、Bもみずから積極的にDに対して移転登記手続請求をしようとしなかった。

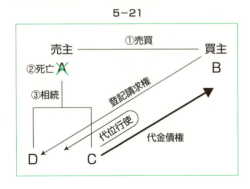

このとき、Cは、Bに対する甲土地売買代金債権を被保全債権とし、BのDに対する移転登記手続請求権を被代位権利として債権者代位権を行使することができる。判例は、このような事案において、被保全債権が売買代金債権という金銭債権であるにもかかわらず、債務者であるBの無資力を要求しなかった。

→ 最判昭和50年3月6日
(百選Ⅱ12事件)

本文で説明したように、被保全債権が金銭債権であっても、一定の場合には無資力要件が要求されないことがあります。では、どのような場合であれば、被保全債権が金銭債権であっても無資力要件が不要になるのでしょうか。
　この問題について、交通事故の被害者の相続人が、加害者に対する損害賠償請求権を被保全債権として、加害者が保険会社に対して有する保険金請求権を代位行使する場合に、加害者の無資力が必要か否かが争われた判例があります。
　判例は、「交通事故による損害賠償債権も金銭債権にほかならないから、債権者がその債権を保全するため民法423条1項本文により債務者の有する自動車対人賠償責任保険の保険金請求権を行使するには、債務者の資力が債務を弁済するについて十分でないときであることを要すると解すべきである」と判示して、加害者の無資力を要求しました。
　もっとも、強制保険である自賠責保険では、被害者の保険者に対する直接請求権が認められている(自賠16条)ほか、現在では任意自動車保険であっても自動車保険約款において被害者の保険者に対する直接請求権が認められています。そのため、現在では、判例と類似の事例において債権者代位権の行使する必要はほとんどないといわれています。

→ 最判昭和49年11月29日（百選Ⅱ13事件）

→ 百選Ⅱ29頁[小峯]

【4】転用型の債権者代位権が認められなかった事例

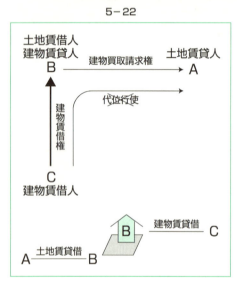

5-22

　判例が代位権の転用を否定した場面として、建物貸借人による建物賃貸人（土地貸借人）の建物買取請求権（借地借家13条）の代位行使の事例がある。これは、借地上の建物を借りている建物賃借人Cが、自己の建物賃借権を保全するために、建物賃貸人であり土地賃借人であるところのBが、土地賃貸人Aに対して有している建物買取請求権を代位行使することができるかという問題であるが、判例は否定した。
　この場合に、かりに建物買取請求権の代位行使が認められると、建物賃借人が住んでいる建物の所有者たる地位、すなわち建物賃貸人たる地位がAに移転するため、賃借人Cはそこを明渡し、退去せずにすむことになるから、これを認めてもよさそうである。しかし、判例は、CにBの建物買取請求権の代位行使を認めても、この権利行使によりBが受ける利益は建物代金債権であるところ、それによってCの賃借権が保全されることにはならないとして、転用を否定した。

← 転用が否定された例

→ 最判昭和38年4月23日民集17巻3号536頁、最判昭和55年10月28日判時986号36頁

第**5**章………**責任財産の保全**

3. 詐害行為取消権

1 意義

【1】詐害行為取消権とは

　詐害行為取消権とは、債務者が債権者を害することを知ってした行為の取消しを、債権者が裁判所に請求することができる権利をいう（424条1項本文参照）。**債権者取消権**ともいう。

← 「詐害行為取消権」とは

5-23

　詐害行為取消権は、債務者の責任財産に不足を生じるおそれがある場合に、債権者が債務者の財産管理に干渉してその**責任財産を保全**することによって、**強制執行の準備**をするための制度である。

← 詐害行為取消権の制度趣旨

【2】詐害行為取消権の類型と具体例

　詐害行為取消権を行使する場面には、基本となる一般準則のほか、その特則となる類型が3つ存在する。以下ではまず、それぞれの類型について具体例とあわせて概観する。

(1) 受益者に対する詐害行為取消権（一般準則）（424条）

　受益者に対する詐害行為取消権は、詐害行為取消権の一般準則である。

　たとえば、AがBに対して1000万円の金銭債権を有しているところ、Bは十分な財産を有しておらず、1000万円相当の甲土地だけが唯一の責任財産であったとする。Bは、Aのほかにも多数の債権者に対して債務を負っており、特に懇意にしている取引先のCに対する200万円の債務の支払が間近に迫っていた。

　Bは、Cに対する債務の支払が滞れば今後の取引継続が困難になると考え、早急に弁済原資を用意するため、Dに対して甲土地の購入を打診した。Dは、Bの

5-3　詐害行為取消権　　263

窮状を知り、甲土地を低廉な価格で取得するチャンスと考え、Bに対して200万円であれば購入すると述べた。Bは、甲土地を200万円で売却すれば自己の責任財産が減少し、債権者全体が害されることを知りつつも、Dに対して甲土地を200万円で売却し、甲土地の所有権移転登記手続をしてしまった。

　このとき、Aは、詐害行為取消権に基づき、Dに対して、BのDに対する甲土地の売却行為を取り消し、甲土地の所有権移転登記の抹消登記手続を求めることができる（図5−24）。これにより、Aは、Bの責任財産から逸出した甲土地を取り戻し、Bの責任財産を保全して、甲土地について強制執行の準備をすることができる。

　一般に、詐害行為取消権を行使する債権者のことを**取消債権者**といい、詐害行為の相手方を**受益者**という（424条1項ただし書括弧書）。また、受益者から詐害行為の目的物を取得した者（その者から更に詐害行為の目的物を取得した者を含む）のことを**転得者**という。

←「取消債権者」とは
←「受益者」とは

←「転得者」とは

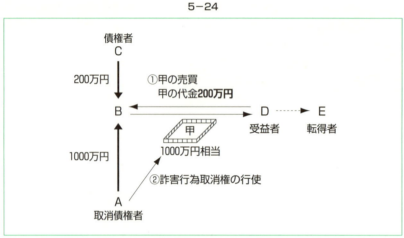

5−24

(2)　相当の対価を得てした財産の処分行為の特則（424条の2）

　相当の対価を得てした財産の処分行為の場合には、一定の要件をみたしたときにかぎり、詐害行為取消権が認められる。

　たとえば、**図5−24**の例でいうと、BがDに対して甲土地を1000万円で売却した場合には、この類型となる（図5−25）。相当の対価を得ているにもかかわ

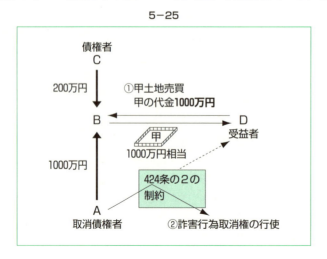

5−25

らず、なお詐害行為といえる場合にかぎり、詐害行為取消権が認められる仕組みとなっている。

(3) 特定の債権者に対する担保の供与等の特則（424条の３）

特定の債権者に対して担保を供与したり、債務を弁済したりした場合には、一定の要件をみたしたときにかぎり、詐害行為取消権が認められる。

図5-24の例でいうと、BがCのために甲土地に抵当権を設定したり、Cに対する債務のみを弁済したりしたような場合があげられる（図5-26）。このような場合でも、一定の要件をみたしたときは、詐害行為取消権が認められる仕組みとなっている。

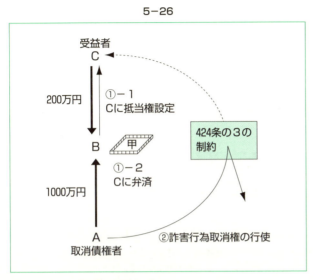

5-26

(4) 過大な代物弁済等の特則（424条の４）

特定の債権者に対して過大な代物弁済等をした場合には、過大な部分について、一般準則に従って詐害行為取消権が認められる。

図5-24の例でいうと、BがCに対する債務について甲土地をもって代物弁済したような場合があげられる（図5-27）。代物弁済は債務の消滅に関する行為であるから、本来は特定の債権者に対する担保の供与等の特則（424条の３）の要件をみたす場合にかぎり詐害行為取消権が認められるはずであるところ、過大

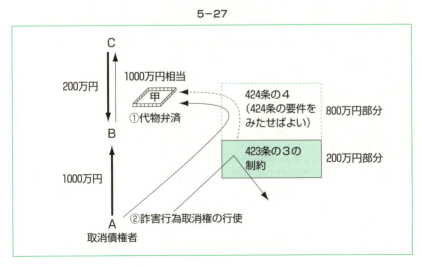

5-27

な部分については他の債権者を害することとなるため、一般準則の要件をみたせば詐害行為取消権が認められる仕組みとなっている。要するに、一般準則の例外の例外を定めるものといえる。

| 平成29年改正事項 | 詐害行為取消権の類型 | B3・C2 |

改正前民法では、詐害行為取消権について規定した条文が424条から426条の3か条しかなかった。そのため、詐害行為取消権の解釈適用は、判例法理の集積により担われていた。

そこで、平成29年改正民法は、詐害行為取消に関する判例法理を明文化するとともに、判例法理のうち批判の強かった部分については判例法理を変更し、理論的な整理を行った。また、倒産法上の否認権制度との整合的理解の必要性から、破産法上で否認権行使が認められる類型をもとにして、詐害行為取消権が認められる場面を類型化した。

→ 一問一答102頁、NBL 1047号13頁

← 詐害行為取消権の類型の明文化

5-28 詐害行為取消権の類型

```
┌─── 改正前民法 ───┐          ┌─── H29改正民法 ───┐
│ 詐害行為取消権についての規定 │   →    │ ・判例法理の明文化・変更 │
│ は424条から426条の3か条の │          │ ・詐害行為取消権の認められる場 │
│ み。解釈適用は判例法理の集積 │          │  面を類型化 │
│ により担われた。 │          │ │
└──────────────┘          └──────────────┘
```

```
┌──────────────────────────────────┐
│ 判例法理の集積により担われていた詐害行為取消権について │
│ 判例法理を明文化・変更し、さらに、倒産法上の否認権との │
│ 整合的理解の必要性から、認められる場面を類型化した。 │
└──────────────────────────────────┘
```

初学者のみなさんは、まず詐害行為取消権の一般準則である受益者に対する詐害行為取消権の類型を、具体例とともに理解することに努めてください。詐害行為取消権ではいくつかの類型がでてきますが、いずれも一般準則をふまえたうえで、各類型の特殊な事情にあわせて要件と効果に違いがあるにすぎません。最初からすべての類型を暗記しようとすると混乱してしまいますから、もっともシンプルな一般準則を理解したうえで、他の類型はどこに違いがあるかを意識しながら勉強を進めてください。

詐害行為取消権の類型は、倒産法上の否認権制度の類型をもとにして整理されています。そのため、倒産法の否認権について勉強してから改めて詐害行為取消権の解説を読んでみると、よりいっそう理解が深まるでしょう。

否認権とは、詐害行為や偏頗行為によって逸出した財産を破産財団に回復する目的で破産管財人が行使する権利をいいます。否認権は、平成16年の破産法等の改正により、詐害行為否認と偏頗行為否認とに明確に区別され、類型ごとに要件や効果が整備されています。この改正の背景には、否認権の要件が不明確であると、危機的状況に瀕した債務者との取引をする相手方が否認の可能性を意識して萎縮してしまう結果、債務者の資金調達が阻害され、再建可能性のある債務者が破綻に追い込まれてしまうおそれがあるという点が考慮されています。

もっとも、取引の相手方は、当該取引の時点では、当該行為が否認権の対象となるのか、詐害行為取消権の対象となるのかわかりません。そのため、否認権の要件を明確にしただけでは、取引の相手方が萎縮してしまうことに変わりないのです。

また、否認権の要件が明確かつ限定的なものになったのに対し、詐害行為取消権の解釈適用は、判例法理の集積により担われていました。その結果、債権者平等が強調されるべき局面で機能する否認権よりも、平時における詐害行為取消権のほうが取消しの対象行為の範囲が広い場面があるという現象(いわゆる逆転現象)が生じました。

そこで、平成29年改正民法は、否認権の要件との整合性を図るため、倒産法上の否認権制度の類型をもとにして詐害行為取消権の類型を整理しました。これにより、逆転現象も解消されています。

→ 『倒産法』6章4節
→ 伊藤眞『破産法・民事再生法(第3版)』565頁
→ 部会資料7-2・53頁、73A・41頁
← 「否認権」とは

← 「逆転現象」とは

【3】詐害行為取消権の法的性質

債権者は、受益者に対する詐害行為取消請求において、**債務者がした行為の取消し**とともに、その行為によって受益者に移転した**財産の返還を請求**することができる（424条の6第1項前段）。すなわち、詐害行為取消権の法的性質は、債務者の行為の取消しを内容とする**形成訴訟**と、受益者・転得者に対して逸出財産の返還を請求する**給付訴訟**とがあわさったものである（**折衷説**）。

| 平成29年改正事項 | 詐害行為取消権の法的性質 | B3 |

改正前民法では、詐害行為取消権の法的性質について、主に形成権説、請求権説、折衷説、責任説の争いがあった。
この点について、判例は、詐害行為取消権は詐害行為の取消しを請求する形成訴訟としての性格と、逸出財産の返還を請求する給付訴訟としての性格とを併有する旨判示し、折衷説を採用していた。
そこで、平成29年改正民法は、詐害行為取消訴訟では詐害行為の取消しの請求とともに逸出財産の返還の請求をできることを条文上明らかにし、判例法理を明文化した（424条の6第1項前段、2項前段）。

→ 部会資料73A・51頁、一問一答107頁

→ 大連判明治44年3月24日
（百選Ⅱ14事件）

5-29 詐害行為取消権の法的性質

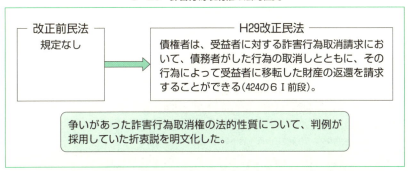

形成権説、請求権説、折衷説、責任説の争いについて、もう少し詳しく説明します。
　形成権説は、詐害行為取消権の本質を、債務者と受益者との間の行為を取り消すという形成権と捉える見解です。この見解に対しては、詐害行為取消権を行使しただけでは逸出財産を取り戻すことができない点が迂遠であるとの批判があります。
　請求権説は、詐害行為取消権の本質を、受益者・転得者に対する逸出財産の返還請求権と捉える見解です。この見解に対しては、逸出財産が存在しないような詐害行為（たとえば、債務者が第三債務者に対して債務免除する場合）について説明がつかないという批判があります。
　折衷説は、詐害行為取消権を、債務者の詐害行為を取り消し、かつ、これを根拠として逸出した財産の取戻しを請求する制度と捉える見解です。形成権説と請求権説の折衷的な見解であることから、折衷説とよばれます。折衷説は、取消の効果は取消債権者と受益者・転得者との間で相対的に生じ、債務者には及ばないと理解するものです。これを相対的取消といいます。この点については、債務者に取消しの効果が及ばないにもかかわらず、逸出財産が不動産の場合に、その登記名義が債務者に戻り、債務者の責任財産として強制執行の対象となることの説明がつかないという批判があります。そこで、折衷説が抱える理論的な問題点を克服する観点から提唱された見解が、責任説です。
　責任説は、詐害行為取消権は債務者の責任財産を保全するためのものであることから、逸出財産を受益者・転得者から現実に取り戻すことなく、受益者・転得者の元においたまま債務者の責任財産として取り扱うことができるとする見解です。責任説は、受益者・転得者の手元にある逸出財産について強制執行することができるとする責任判決を債務名義として、取消債権者が受益者・転得者の手元にある逸出財産について強制執行することを認めます。この見解に対しては、責任判決というわが国の手続法には存在しない概念を

→ 部会資料7-2・43頁
← 詐害行為取消権の性質

用いなくてはならない点が問題であるという批判があります。

　平成29年改正民法は、判例法理を明文化して折衷説を採用しました。もっとも、詐害行為取消権の効果については、債務者にも判決の効果を及ばせることとし、相対的取消しを否定しました（425条）。

詐害行為取消権の法的性質（改正前民法下での議論）

	形成権説	請求権説	折衷説	責任説
内容	詐害行為の取消し	逸出財産の返還請求	詐害行為の取消し＋逸出財産の返還請求	形成権の一種（逸出財産への強制執行の準備手続）
被告	債務者と受益者	受益者または転得者	受益者または転得者	受益者または転得者
効果	絶対的無効	相対的無効	相対的無効	責任的無効
理由	424条の「取消し」は121条の取消しである以上、その性質は形成権である（文理に適合的）	詐害行為取消しの目的は、債務者の一般財産から逸出した財産を取り戻すことにある	詐害行為取消権の趣旨（責任財産の保全）に合致し、手続としても簡便	責任財産を保全するために目的物を物理的に取り戻してくる必要はない
批判	・すべての法律行為を無効とするのは不当 ・取戻しを実効化するにはさらに手続が必要	424条の文言を無視するものである	債務者のもとに戻った財産につき、なぜ強制執行できるのか説明がつかない＊	責任的無効は責任訴訟が認められていない以上、解釈としては無理がある

★相対的無効：債権者と訴訟の相手方（受益者または転得者）との間では詐害行為（債務者の法律行為）は取り消され無効となるが、その他の者同士の間では依然有効である。ただし、平成29年改正民法では、相対的無効（取消し）は否定された（425条）。

★責任的無効：逸出した財産は取消しの相手方のもとで債務者の責任財産を構成、つまり取消権の相手方は一種の物上保証人的地位におかれる。

＊これは、詐害行為取消権の効果を相対的無効とする立場（請求権説）への批判にもなりうる。

2 詐害行為取消権の各類型と個別的要件

【1】受益者に対する詐害行為取消権の要件

●論点Aランク

受益者に対する詐害行為取消権の要件をまとめると、次のとおりである。

(1) 債権者側の要件

(a) 被保全債権の存在（424条1項）

(b) 被保全債権が詐害行為の前の原因に基づいて生じたものであること（424条3項）

(c) 被保全債権が強制執行により実現することができること（424条4項）

(2) 債務者側の要件（424条1項本文）

(a) 詐害行為（客観的要件）

(b) 詐害意思（主観的要件）

(3) 受益者側の要件（受益者の悪意）（424条1項ただし書）

以下、各要件を検討していこう。

(1) 債権者側の要件

(a) 被保全債権の存在（424条1項）

詐害行為取消権を行使するためには、「債権者」でなければならない（424条1

←「被保全債権」とは

項）。詐害行為取消権を行使する場面では、債権者の債務者に対する債権のことを**被保全債権**とよぶ。

詐害行為取消権は債務者の責任財産を保全することによって強制執行の準備をするための制度であるから、被保全債権は**金銭債権**でなければならない。ただし、非金銭債権であっても、履行不能によって損害賠償債権（金銭債権）になれば、被保全債権となりうる。

被保全債権の弁済期が到来していることは、要件とならない（判例）。

もっとも、金銭債権に債務者の提供した物的担保が付いている場合には、当該担保価値が被担保債権額に及ばない部分についてのみ、被保全債権とすることができる（判例）。たとえば、債権者Aが債務者Bに対して1000万円の金銭債権を有する場合であっても、Bの有する甲土地（時価800万円）に当該債権を被担保債権とする抵当権が設定されているときは、甲土地によって担保されない200万円部分にかぎり、被保全債権とすることができる。

これに対して、第三者が物的担保を提供している場合（物上保証人）や人的担保が付いている場合（保証人）には、被担保債権全額を被保全債権とすることができると解される（判例）。これらの場合には、物上保証人や保証人の債務者に対する求償を通じて、債務者の責任財産が引当てとなっているからである。

(b) 被保全債権が詐害行為の前の原因に基づいて生じたものであること（424条3項）

債権者は、被保全債権が詐害行為の前の原因に基づいて生じたものである場合にかぎり、詐害行為取消権を行使することができる（424条3項）。この趣旨は、被保全債権が詐害行為の前の原因に基づいて生じた場合には、債権者には詐害行為時の債務者の責任財産からの債権回収について合理的な期待が認められる点にある。これに対して、詐害行為の後の原因に基づいて生じた債権は、詐害行為によって減少した後の財産を責任財産としているにすぎないため、当該行為によって害される関係にない。

「前の原因に基づいて生じたもの」とは、詐害行為の時点で現実に発生している債権のほか、厳密には詐害行為の時点で発生していない債権であっても被保全債権となりうることをいう。たとえば、詐害行為前に成立していた被保全債権にかかる遅延損害金のうち詐害行為の後に生じたものは、被保全債権に含まれる（判例）。また、判例は、調停によって将来にわたり支払うこととされた婚姻費用分担に関する債権について、詐害行為時に支払期日が到来していないものであっても被保全債権となりうるとした。さらに、詐害行為の前に締結した保証契約に基づく事後求償権が詐害行為後に生じた場合は、保証人は、当該事後求償権を被保全債権として、主債務者の行った詐害行為を取り消すことができると考えられる。

平成29年改正事項	被保全債権の発生時期	B3

改正前民法では、被保全債権の発生時期について特段の規定をおいていなかった。そのため、被保全債権が詐害行為の後に発生したものであっても詐害行為取消権を行使することができるか否かについて疑義が生じていた。

この点について、判例には、被保全債権は詐害行為の前に発生したものであることを要する旨判示したものがある。しかし、厳密には被保全債権が詐害行為の前に発生していないとも考えられる事案について、詐害行為取消権の行使を認めるものもあった。

そこで、平成29年改正民法は、被保全債権の発生時期に関する判例法理を正確に明文化するため、「（詐害行為の）前に生じたもの」ではなく「（詐害行為の）前の原因に基づいて生じたもの」

→ 大判大正9年12月27日
民録26輯2096頁

→ 大判昭和7年6月3日
民集11巻1163頁

→ 大判昭和20年8月30日
民集24巻60頁
→ 中田・債権総論241頁、
注民⑩807頁
← 平成29年改正

→ 潮見・改正法85頁

← 「前の原因に基づいて生じたもの」とは

→ 最判平成8年2月8日
判時1563号112頁
→ 最判昭和46年9月21日
民集25巻6号823頁
→ 潮見・改正法85頁

→ 部会資料73A・38頁、
一問一答100頁、潮見・
改正法85頁

→ 大判大正6年10月30日
民録23輯1624頁、
最判昭和33年2月21日
民集12巻2号341頁

5-3　詐害行為取消権　269

と表現することとした(424条3項)。

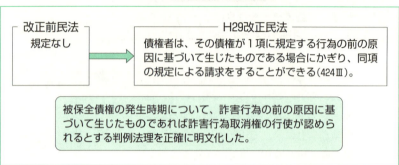

5-30 被保全債権の発生時期

(c) 被保全債権が強制執行により実現することができること(424条4項)

債権者は、被保全債権が強制執行により実現することのできないものであるときは、詐害行為取消権を行使することができない(424条4項)。この趣旨は、詐害行為取消権が債務者の責任財産を保全することによって強制執行の準備をするための制度であることから、強制執行により実現することができない債権を被保全債権とする詐害行為取消権の行使を認めるべきでないという点にある。

被保全債権が「強制執行により実現することのできないものであるとき」とは、たとえば、不執行合意のある債権や自然債務にかかる債権があげられる。

← 平成29年改正

→ 部会資料73A・39頁、潮見・改正法86頁

| 平成29年改正事項 | 強制執行により実現することのできない債権 | B3 |

改正前民法は、強制執行により実現することのできない債権を被保全債権とする詐害行為取消権の行使の可否について、明文規定をおいていなかったが、認められないと解されていた。
　そこで、平成29年改正民法は、強制執行により実現することのできない債権を被保全債権とする詐害行為取消権の行使が認められないことを、条文上明らかにした(424条4項)。

→ 部会資料73A・39頁、一問一答100頁、潮見・改正法86頁

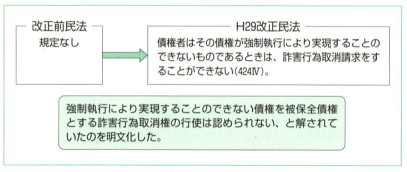

5-31 強制執行により実現することのできない債権

　以上の要件をみたす被保全債権が譲渡された場合や、準消費貸借の目的とされた場合には、債権の同一性が維持されるため、引き続き当該債権を被保全債権として詐害行為取消権を行使することができます。
　たとえば、債権者Aが、債務者Bに対して424条の要件をみたす被保全債権甲を有していたところ、Bが詐害行為をした後に甲債権をA'に譲渡したとします。このとき、A'は、甲債権を被保全債権として、Bによる詐害行為を取り消すことができます。
　また、債権者Aが、債務者Bに対して424条の要件をみたす被保全債権甲を有していたところ、Bが詐害行為をした後に、Bとの間で甲債権につき準消費貸借契約を締結したとします。このとき、Aは、準消費貸借によって成立した債権を被保全債権として、Bによ

る詐害行為を取り消すことができます（判例）。

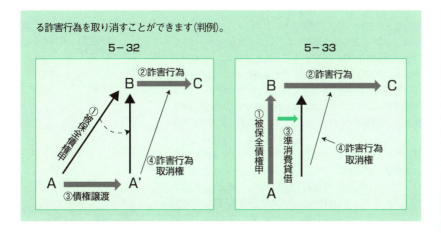

(2) 債務者側の要件（424条1項本文）

取消しの対象は、「債務者が債権者を害することを知ってした行為」である（424条1項本文）。以下では、「債権者を害する……行為」という**客観的要件**と、「債務者が……知ってした」という**主観的要件**とに分けて説明する。

もっとも、客観的要件と主観的要件は別個独立の要件ではなく、相関的ないし総合的に判断される（相関関係説）。すなわち、当該詐害行為の詐害性が強ければ債務者の悪意は単なる認識で足りるのに対し、当該詐害行為の詐害性が弱ければ債務者の悪意は害意まで必要となる。

(a) 詐害行為（客観的要件）

(i) 「行為」の存在

取消しの対象となる「行為」には、法律行為のほか、準法律行為を含む。たとえば、贈与などの契約や債務免除などの単独行為のほか、時効更新事由としての債務の承認（152条1項）、法定追認の効果を生じる行為（125条）などがあげられる。なお、単なる事実行為は取消しの対象となる「行為」に含まれないと解される。

| 平成29年改正事項 | 取消しの対象となる「行為」 | B2 |

改正前民法424条1項本文は、取消しの対象を「法律行為」と規定していた。

しかし、改正前民法においても、取消しの対象を厳密な意味での「法律行為」に限定しておらず、時効更新事由としての債務の承認（改正前民法147条3号、改正後152条1項）や法定追認の効果を生じる行為（125条）などの準法律行為も含まれると解されていた。

そこで、平成29年改正民法は、法律行為以外の行為も取消しの対象となることを明らかにするため、「法律行為」という文言を「行為」に改めた（424条1項本文）。

5-34 取消し対象となる「行為」

―― 改正前民法 ――
債権者は、債務者が債権者を害することを知ってした法律行為の取消しを裁判所に請求することができる（424 I 本文）。

→ ―― H29改正民法 ――
債権者は、債務者が債権者を害することを知ってした行為の取消しを裁判所に請求することができる（424 I 本文）。

準法律行為も取消しの対象に含まれ、厳密な意味での法律行為にかぎられないと解していたため、「法律行為」という文言を「行為」に改めた。

→ 最判昭和50年7月17日民集29巻6号1119頁

→ 部会資料35・65頁、平野・債権総論181頁、中舎・債権法444頁

← 取消しの対象となる「行為」の範囲

→ 部会資料73A・38頁、一問一答100頁、潮見・改正法85頁

5-3 詐害行為取消権 271

対抗要件具備行為が取消しの対象となるか、という問題があります。

たとえば、AがBに対して1000万円の金銭債権を取得したところ、無資力のBが、Cに対して、自己の有していた甲土地の所有権移転登記手続を行ったとします。この場合に、AのBに対する債権の発生原因が生じた後にBのCに対する甲土地譲渡がなされたときは、Aは、BのCに対する甲土地譲渡行為自体を詐害行為として取り消せば足ります。

しかし、BのCに対する甲土地譲渡がなされた後にAのBに対する債権の発生原因が生じ、その後BのCに対する甲土地所有権移転登記がなされたときは、BのCに対する甲土地譲渡行為自体は詐害行為となりません（424条3項）。そこで、このようなときに、BのCに対する甲土地所有権移転登記手続という対抗要件具備行為を対象として、詐害行為取消権を行使することができるかが問題となります。

← 対抗要件具備行為が取消しの対象となるか

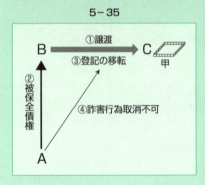

5-35

平成29年改正民法は、取消しの対象を「法律行為」という文言から「行為」に変更しました。しかし、この変更は、対抗要件具備行為を当然に取消しの対象に含める趣旨ではありません。対抗要件具備行為が取消しの対象となるかは、解釈に委ねられています。

この問題について、判例は、対抗要件具備行為のみを対象とする詐害行為取消権の行使を認めることは相当でないとしています。

→ 潮見・改正法85頁

→ 最判昭和55年1月24日民集34巻1号110頁、最判平成10年6月12日（後出重要判例）

★重要判例（最判平成10年6月12日〔百選Ⅱ17事件〕）
「債務者が自己の第三者に対する債権を譲渡した場合において、債務者がこれについてした確定日付のある債権譲渡の通知は、詐害行為取消権行使の対象とならないと解するのが相当である。けだし、詐害行為取消権の対象となるのは、債務者の財産の減少を目的とする行為そのものであるところ、債権の譲渡行為とこれについての譲渡通知とはもとより別個の行為であって、後者は単にその時から初めて債権の移転を債務者その他の第三者に対抗し得る効果を生じさせるにすぎず、譲渡通知の時に右債権移転行為がされたこととなったり、債権移転の効果が生じたりするわけではなく、債権譲渡行為自体が詐害行為を構成しない場合には、これについてされた譲渡通知のみを切り離して詐害行為として取り扱い、これに対する詐害行為取消権の行使を認めることは相当とはいい難いからである」。
【争点】債権譲渡の通知は詐害行為取消権の対象となるか。
【結論】ならない。

(ii) 財産権を目的とすること

債務者の行為が財産権を目的としない行為の場合には、詐害行為取消権を行使することができない（424条2項）。詐害行為取消権が債務者の責任財産を保全することによって強制執行の準備をするための制度であることから、財産権を目的とする行為の取消しを認めれば足りるからである。

家族法上の行為が「財産権を目的としない行為」（424条2項）に該当するかどうかは、当該行為の内容に応じて検討する必要がある。たとえば、婚姻や離婚、養子縁組や離縁などの家族関係の成立や解消を目的とする行為は、「財産権を目的としない行為」に該当する。これに対して、家族法上の行為のなかでも財産の変動を目的とするものについては、以下のとおり争いがある。

①相続法上の行為

相続法上の行為では、主に**相続放棄**（938条以下）と**遺産分割**（906条以下）が問題となる。

→ 中田・債権総論243頁

● 論点 B⁺ランク

相続放棄について、判例は、既得財産を積極的に減少させる行為というよりは、むしろ消極的に財産の増加を妨げるにすぎない行為である点と、相続の承認・放棄のような身分行為について他人の意思によって強制すべきでない点を理由に、詐害行為取消しの対象にはならないとした。

これに対して、遺産分割について、判例は、相続の開始によって共同相続人の共有となった相続財産について、その全部または一部を、各相続人の単独所有とし、または新たな共有関係に移行させることによって、相続財産の帰属を確定させるものであることから、「財産権を目的」とする行為であるとした。

②親族法上の行為

親族法上の行為では、主に**離婚に伴う財産分与**(768条)が問題となる。

判例は、分与者が債務超過であるという一事によって財産分与がすべて否定されるものではなく、民法768条3項の趣旨に反して不相当に過大であり、財産分与に仮託してされた財産処分であると認めるに足りるような特段の事情のないかぎり、詐害行為取消しの対象とならないとした。なお、このような特段の事情が認められる場合には、不相当に過大な部分について、その限度において詐害行為として取り消されることとなる。また、離婚に伴う慰謝料支払合意についても同様である(判例)。

> ★**重要判例**(最判平成12年3月9日民集54巻3号1013頁)
> 「離婚に伴う財産分与は、民法768条3項の規定の趣旨に反して不相当に過大であり、財産分与に仮託してされた財産処分であると認めるに足りるような特段の事情のない限り、詐害行為とはならない(最高裁昭和57年(オ)第798号同58年12月19日第2小法廷判決・民集37巻10号1532頁)。このことは、財産分与として金銭の定期給付をする旨の合意をする場合であっても、同様と解される。
> そして、離婚に伴う財産分与として金銭の給付をする旨の合意がされた場合において、右特段の事情があるときは、不相当に過大な部分について、その限度において詐害行為として取り消されるべきものと解するのが相当である。」
> また、「離婚に伴う慰謝料を支払う旨の合意は、配偶者の一方が、その有責行為及びこれによって離婚のやむなきに至ったことを理由として発生した損害賠償債務の存在を確認し、賠償額を確定してその支払を約する行為であって、新たに創設的に債務を負担するものとはいえないから、詐害行為とはならない。しかしながら、当該配偶者が負担すべき損害賠償債務の額を超えた金額の慰謝料を支払う旨の合意がされたときは、その合意のうち右損害賠償債務の額を超えた部分については、慰謝料支払の名を借りた金銭の贈与契約ないし対価を欠いた新たな債務負担行為というべきであるから、詐害行為取消権行使の対象となり得るものと解するのが相当である。」
> 【争点】①離婚に伴う財産分与が詐害行為となる場合に取り消される範囲はどこまでか。
> 　　　　②離婚に伴う慰謝料を支払う旨の合意は詐害行為取消権行使の対象となりうるか。
> 【結論】①不相当に過大な部分について、その限度において詐害行為として取り消される。
> 　　　　②原則として詐害行為にならないが、当該配偶者が負担すべき損害賠償債務の額を超えた金額の慰謝料を支払う旨の合意がされたときは、その合意のうちその損害賠償債務の額を超えた部分については、詐害行為取消権行使の対象となりうる。

(ⅲ)「債権者を害する」こと

「債権者を害する」とは、詐害行為により債務者の責任財産が減少して債務の弁済に不足をきたすおそれがあることをいうと解されている。

この点、詐害行為取消権を行使するためには、債務者の責任財産を保全することによって強制執行の準備をするという目的および債務者の財産管理に干渉する

→ 最判昭和49年9月20日
　民集28巻6号1202頁

●論点B⁺ランク
→ 最判平成11年6月11日
　民集53巻5号898頁

●論点B⁺ランク

→ 最判昭和58年12月19日
　民集37巻10号1532頁

→ 最判平成12年3月9日
　(後出重要判例)

▶2011年第1問
→ 部会資料35・60頁
←「債権者を害する」
　とは
→ 中田・債権総論247頁

5-3　詐害行為取消権　273

という効果の重大性から、債務者の無資力が要件となる。「債権者を害する」という要件との関係では、債務者が当該行為によって無資力になる場合と、債務者が無資力の状態で当該行為をする場合のいずれも該当する。

債務者が無資力であることとは、債権者代位権における無資力要件と同様に、債務超過すなわち「債務者が、その債務につき、その財産をもって完済することができない状態」をいうと解される（破16条1項参照）。なお、債務者の有する財産について担保権を有する債権者がいる場合には、当該財産のうち当該担保権によって価値を把握されている部分は債務者の責任財産を構成しないため、無資力要件の判断の基礎とならない。たとえば、債権者Aが債務者Bに対して金銭債権甲を有しているところ、Bの有する甲土地（時価1000万円）に甲債権を被担保債権とする抵当権が設定されているとする。この場合に、甲債権が500万円であるときは、Bが無資力か否かを判断するに際し、甲債権全額と甲土地のうち500万円部分は判断の基礎とならない。また、この場合に、甲債権が1500万円であるときは、Bが無資力か否かを判断する際に、甲債権のうち1000万円部分と甲土地全体が判断の基礎とならない。

> → 部会資料35・7頁
> ← 「債務者が無資力であること」とは

「債権者を害する」というためには、債務者が、当該行為によって無資力になったか、または無資力の状態で当該行為をしたことが必要である。また、これに加えて、**事実審口頭弁論終結時においても債務者が無資力であることが必要**となる（判例）。債務者の責任財産保全という詐害行為取消権の制度趣旨に照らして、債務者が行為後に無資力状態から回復した場合にまで取消しを認める必要はないからである。

> → 大判大正15年11月13日 民集5巻798頁

(b) 詐害意思（主観的要件）

詐害行為取消権を行使するためには、「債務者が債権者を害することを知って」行為をしたこと、すなわち**詐害意思**が必要となる。

詐害意思の内容について、かつては、当該行為が債権者を害することの認識で足りるとする見解（認識説・通説）と、より積極的な意思が必要だとする見解（意思説）の対立があった。

判例は、詐害行為の成否を客観的要件と主観的要件を総合的または相関的に考慮して判断しているため、債権者を害することの認識で足りる事案もあれば、債務者と受益者の通謀を必要とする事案も存在する。

> → 潮見・新債権総論I 773頁、平野・債権総論195頁
> → 最判昭和35年4月26日 民集14巻6号1046頁
> → 最判昭和48年11月30日 民集27巻10号1491頁

(3) 受益者側の要件（受益者の悪意）（424条1項ただし書）

受益者が詐害行為の時において債権者を害することを知らなかったときは、詐害行為取消権を行使することができない（424条1項ただし書）。「知らなかった」とは、債務者の行為が債権者を害すること（債務者の無資力および詐害行為性）についての単なる認識の欠如、すなわち善意をいう。善意であったことの証明責任は、受益者が負う。

> → 中田・債権総論257頁、平野・債権総論205頁

【2】 相当の対価を得てした財産の処分行為の特則

> ← 平成29年改正

(1) 総論

債務者が、無資力状態にあるにもかかわらず自己の有する財産を低廉な価格で売却した場合には、一般準則（424条）に従って詐害行為取消権が認められるかを判断することとなる。

これに対して、債務者が自己の有する財産を**相当な価格で売却**した場合には、

債務者の責任財産には影響がないはずであるから、原則として詐害行為性が否定される。しかし、たとえば不動産を現金化した場合のように、財産の種類が変更されると、債務者が費消したり隠匿したりしやすくなり、責任財産が減少する可能性が高まることとなる。

そこで、債務者が、その有する財産を処分する行為をした場合に、受益者から相当の対価を取得しているときは、債権者は、**次に掲げる要件のいずれにも該当する場合にかぎり**、当該行為について詐害行為取消権を行使することができる(424条の2)。

①当該行為が、不動産の金銭への換価その他の当該処分による財産の種類の変更により、債務者において隠匿、無償の供与その他の債権者を害することとなる処分(**隠匿等の処分**)をするおそれを現に生じさせるものであること(1号)

  ここでいう隠匿等の処分のおそれは、現に隠匿等の処分がなされたことは必要なく、その「おそれ」で足りるものの、抽象的な危険では足りず、「現に」すなわち具体的な危険として認められるものでなければならない。

②債務者が、当該行為の当時、対価として取得した金銭その他の財産について、隠匿等の処分をする意思を有していたこと(2号)

  隠匿等の処分をする意思とは、当該行為が責任財産を減少させる効果をもつことの認識に加え、処分の対価を隠匿するなどして債権者の権利実現を妨げる意図のあることを意味すると解される。

③受益者が、当該行為の当時、債務者が隠匿等の処分をする意思を有していたことを知っていたこと(3号)

  ③の要件は、受益者悪意の要件と重複している。424条の2の場面では、債権者側にこの要件の立証責任があること、および、一般準則では求められない債務者の詐害意思の認識まで求められていることに注意を要する。

(2) **一般準則からの修正点**

以上の要件は、一般準則のうち、債務者側の要件の一部と、受益者側の要件を修正するものである。その他の要件(債権者側の要件や、債務者側の要件のうち債務者の無資力)については、一般準則と同様である。

(3) **同時交換的行為**

民法424条の2は、債務者が自己の有する財産を相当な価格で売却した場合のほか、いわゆる同時交換的行為にも適用される。

同時交換的行為とは、債務者が新たな借入れをするのと同時にまたはそれに先立ってその所有する財産をもって当該借入れの相手方に担保を供与する行為をいう。たとえば、無資力状態にあるBが、事業資金にあてる目的でAから1000万円を借り入れることとし、その担保のため自己の有する甲土地に抵当権を設定する場合があげられる。

同時交換的行為は、経済的にみれば担保目的物たる財物を処分して資金調達したのと同様の実態を有するといえる。そのため、民法424条の2は同時交換的行為にも適用される。

平成29年改正事項	相当の対価を得てした財産の処分行為の特則	B3

改正前民法のもとで、判例は、相当の対価を得てした財産の処分行為(相当価格処分行為)に

← 「隠匿等の処分」とは

➡ 潮見・改正法87頁

← 「隠匿等の処分をする意思」とは
➡ 潮見・改正法87頁

➡ 潮見・改正法87頁、平野・債権総論205頁

➡ 中間試案の補足説明167頁、部会資料51・8頁、潮見・改正法87頁

← 「同時交換的行為」とは

➡ 中間試案の補足説明166頁、部会資料73A・40頁、一問一答102頁、潮見・改正法86頁

ついて、不動産等を費消または隠匿しやすい金銭に換える相当価格処分行為には原則として詐害性が認められ、例外的に当該処分行為の目的・動機が正当なものである場合には、詐害行為にあたらないとの立場を採っているとされていた。

これに対して、破産法は、相当価格処分行為について、破産管財人の側で①当該行為がその財産の種類の変更により破産者において隠匿等の処分をするおそれを現に生じさせるものであったこと、②破産者が当該処分行為の当時その対価について隠匿等の処分をする意思を有していたこと、③受益者が当該処分行為の当時破産者が隠匿等の処分をする意思を有していたことを知っていたことを、いずれも主張立証した場合にかぎり、否認の対象となる旨の規定をおいている（破161条1項）。この規定は、相当価格処分行為についての否認の対象が不明確かつ広範であると、経済的危機に直面した債務者と取引をする相手方が否認権の行使の可能性を意識して萎縮してしまう結果、債務者が自己の財産を換価して経済的再生を図ることが阻害され、再建可能性のある債務者が破綻に追い込まれるおそれがあることを考慮したものとされている。

しかし、破産法上の否認の対象を明確化・厳格化したとしても、詐害行為取消権の対象が不明確かつ広範であれば、結局、取引の相手方が萎縮するという上記の問題点は解消されないこととなる。

そこで、平成29年改正民法は、相当価格処分行為について、破産法161条1項と同様の規律を定めることとした（424条の2）。

⇒ 大判明治39年2月5日民録12輯136頁、大判明治44年10月3日民録17輯538頁、最判昭和41年5月27日民集20巻5号1004頁、最判昭和42年11月9日民集21巻9号2323頁

5-36 相当の対価を得てした財産の処分行為の特則

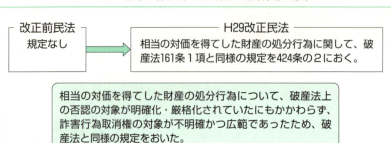

破産法161条2項は、受益者が債務者の親族、同居者、取締役、親会社その他の債務者の内部者であったときは、受益者について、行為時に債務者が隠匿等の処分をする意思を有していたことを知っていたものと推定する旨定めています。この趣旨は、債務者の内部者であれば萎縮的効果に配慮する必要がない点と、債務者との密接な関係から、経験則上、隠匿等の処分の意思があることを知っていることが一般的といえる点にあります。

民法424条の2には破産法161条2項のような推定規定はありませんが、破産法161条2項の類推適用や事実上の推定等によって、同様の処理がなされるものと考えられます。

⇒ 部会資料73A・42頁

⇒ 大コンメンタール破産法641頁

【3】特定の債権者に対する担保の供与等の特則

(1) 総論

債務者が特定の債権者に対して弁済をした場合には、弁済に供した財産は失われるものの、それに応じて負債も消滅することから、全体としてみれば債務者の財産には変動がないはずである。また、債務者が特定の債権者に対して担保を供与した場合にも、その時点では担保に供した財産が失われるわけではなく、担保権が実行されたときはそれに応じて負債も消滅することから、やはり全体としてみれば債務者の財産には変動がないはずである。

しかし、特定の債権者に対してのみ弁済や担保の供与がなされると、他の債権者が有する債権総額に対する債務者の責任財産の比率が低下することとなる。たとえば、債権者A、BおよびCがそれぞれ債務者Dに対して100万円の金銭債権

← 平成29年改正

を有していたとする。この場合に、Dの責任財産の総額が60万円であったとすると、A、BおよびCは案分比例で20万円ずつの弁済を受けることができるはずである。しかし、かりにDがAにだけ30万円の弁済をすると、残りの30万円を案分比例で弁済したとき、Aは合計40万円の弁済を受けることができるのに対して、BおよびCは10万円ずつしか弁済を受けることができなくなってしまう。

そこで、債権者平等が強く要請される一定の事由の発生を前提として、債務者がした既存の債務についての担保の供与または債務の消滅に関する行為について、詐害行為取消権を行使することが認められる（424条の3）。なお、このような特定の債権者を利する行為のことを、倒産法では一般に偏頗行為とよぶ。

← 「偏頗行為」とは

(2)　一般準則からの修正点

以下の要件は、一般準則のうち、債務者側の要件の一部と、受益者側の要件を修正するものである。その他の要件（債権者側の要件や、債務者側の要件のうち債務者の無資力）については、一般準則と同様である。

(a)　原則形態（424条の3第1項）

(i)　当該行為（偏頗行為）が、債務者が支払不能の時に行われたものであること

支払不能とは、債務者が支払能力を欠くために、その債務のうち弁済期にあるものにつき、一般的かつ継続的に弁済することができない状態をいう（424条の3第1項1号括弧書）。

← 「支払不能」とは

「支払能力を欠く」とは、財産、信用または労務による収入のいずれをとっても、債務を支払う能力がないことを意味する。ここでいう信用とは、要するに借入れができることをいう。

→ 大コンメンタール破産法652頁
← 「支払能力を欠く」とは

「一般的」とは、弁済することができない債務が債務者の債務の全部または大部分を占めていることを意味する。「継続的」とは、一時的に支払が不可能であっても、ただちに回復する場合には支払不能とはならないことを意味する。すなわち、いわゆる一時的な手元不如意によって弁済できない場合には、「一般的かつ継続的に弁済することができない」に該当しない。

→ 大コンメンタール破産法653頁
← 「一般的」とは

支払不能要件は、無資力要件に加えて求められる。したがって、支払不能要件をみたしても無資力要件をみたさなければ424条の3に基づく詐害行為取消権を行使することができず、その逆も同様である。

→ 部会第82回議事録55頁（金関係官発言）

なお、当該行為の後に債務者が支払不能の状態から回復したときは、債務者が無資力状態から回復したときと同様に、もはや当該行為について詐害行為取消権を行使することはできなくなると解される。

→ 部会資料73A・44頁、潮見・改正法89頁

「支払不能」という概念がでてきたので、「無資力」概念との違いについて説明しましょう。なお、「無資力」と「債務超過」の異同については、債権者代位権の項で説明したとおりです。

支払不能も無資力も、お金がない状態という意味では同じです。しかし、何をもってお金がないと評価するのか、その基準を異にします。

無資力とは、債務者の信用を考慮しても債務額の総計が資産額の総計を超過している状態をいいます。債務者の負っている債務の弁済期や債務者の有する資産の換価可能性を考慮せず、その時点で債務者がもっているプラスの財産とマイナスの財産を比べて、プラスとマイナスのどちらが大きいかを基準としていると考えてください。

これに対して、支払不能は、債務者が負っている債務のうち弁済期にあるものについて、一般的かつ継続的に弁済することができるか否かを基準とします。弁済期にない債務は原則として考慮しませんし、換価可能性の乏しい資産は弁済原資として考慮しません。

本当にお金のない人は、支払不能かつ無資力という場合が多いでしょう。しかし、次の

→ 2節②【2】

ような場合には、支払不能と無資力のどちらかしかみたさないことがあります。

たとえば、Aは、地方に広大な面積の甲土地を有しています。甲土地の１坪あたりの単価は低いですが、面積が広大であるため、甲土地には1000万円の価値がついています。Aは、甲土地以外に現金、預金、その他いっさいの資産をもっていないとします。他方で、Aは、800万円の債務を負っているとします。

この場合、Aのプラスの財産は1000万円、マイナスの財産は800万円ですから、プラスのほうが大きく、Aは無資力ではありません。しかし、かりに甲土地が駅や道路から遠く離れていて、買ってくれる人や甲土地を担保としてお金を貸してくれる人がいなかったらどうなるでしょう。Aは、1000万円もの価値がある甲土地をもっていながら、800万円の債務を支払うことができません。すなわち、Aは支払不能なのです。

次に、例で考えてみましょう。Bは、この春から働き始めた新社会人です。Bは、勤務先から毎月給料をもらっており、現在、30万円の貯金があります。Bは、30万円の貯金以外にいっさいの資産をもっていないとします。他方で、Bは、学生時代に借りていた奨学金の返還債務として500万円の債務を負っているとします。

この場合、Bのプラスの財産は30万円、マイナスの財産は500万円ですから、マイナスのほうが大きく、Bは無資力といえそうです。しかし、かりに奨学金の返済が毎月１万円ずつであり、Bが毎月の給料からきちんと弁済していたとしたらどうでしょう。Bは、弁済期にある債務について弁済することができていますから、支払不能ではありません。

このように、支払不能と無資力は、どちらかしかみたさない場面が生じることがあります。それぞれの概念を正しく理解し、適切な評価やあてはめができるようにしましょう。

支払不能は、もともと倒産法上の概念です。倒産法の勉強をしてから戻ってくると、ここに書いてある内容がよりいっそうわかるようになるでしょう。

なお、支払不能概念については、倒産法上次のような議論があります。

支払不能とは、弁済期にある債務について弁済できない客観的状態をいいます。表面的には弁済期にある債務について弁済を続けていても、その弁済原資が高利貸しや営業資産の投売りなどの無理算段をして調達しているような場合には、もはや支払不能といえます。

ここから一歩進んで、弁済期の到来していない債務について将来支払えないことが確実に予見できる場合にも、もはや支払不能とみてよいとする見解が有力に主張されています。

このように、支払不能が何かについては、学者の間でも議論があるほど難しい問題です。最初からすべて理解しようとしないで、少しずつ理解していきましょう。

➡ 大コンメンタール破産法 652頁

(ⅱ) **当該行為が、債務者と受益者とが通謀して他の債権者を害する意図をもって行われたものであること**

民法424条の３に基づく詐害行為取消権の場合、受益者が詐害行為性を認識していただけでは足りず、債務者と受益者との間に通謀的害意のあることが必要となる。受益者の悪意は、通謀的害意に包摂されると考えられる。

改正前民法のもとでも、判例は、特定の債権者に対する担保の供与等の行為の場合、債務者と受益者との間に通謀的害意のあるときにかぎって詐害行為性を認めていました。

なお、破産法上の偏頗行為否認では、通謀的害意まで要求されていません（破162条１項参照）。民法424条の３は、いわゆる逆転現象を解消し、破産法上の否認権より要件を加重して詐害行為性が認められる場面を限定する趣旨です。

➡ 中間試案の補足説明169頁

➡ 最判昭和33年９月26日 民集12巻13号3022頁

(b) 非義務行為の場合の例外（424条の３第２項）

(ⅰ) **第１項に規定する行為（偏頗行為）が、債務者の義務に属せず、またはその時期が債務者の義務に属しないものであること**

債務者の義務に属せず、またはその時期が債務者の義務に属しない行為のことを、一般に非義務行為という。

➡ 中間試案の補足説明170頁

← 「非義務行為」とは

前半の「債務者の義務に属」しない行為とは、偏頗行為のうち既存の債務についての担保供与行為を意味する。偏頗行為のうち債務の消滅に関する行為は、時期の問題を除けば、常に債務者の義務に属する行為だからである。具体的には、事前に担保を供与するとの合意がないにもかかわらず債務者に担保を供与させる行為が、「債務者の義務に属」しない行為に該当する。

　後半の「その時期が債務者の義務に属しない」行為とは、期限前弁済や、時期を指定した担保供与特約について当該時期前に担保を供与する行為をいう。

　なお、代物弁済は、その方法が債務者の義務に属しない行為といわれる（破162条2項2号参照）。弁済期到来後に行われているかぎり、代物弁済は民法424条の3第2項の非義務行為に該当しない。

> 　代物弁済が非義務行為に該当するか否かについては、解釈の余地が残されているといわれています。
>
> 　平成29年時点での破産法の解釈として、代物弁済は、その方法が債務者の義務に属しない行為にすぎず、弁済期到来後に行われるかぎり、非義務行為に該当しないと解されていました。そのため、代物弁済は、民法424条の3第2項の非義務行為にも該当しないと考えられます。
>
> 　他方で、代物弁済を諾成契約とする平成29年改正民法のもと、「代物弁済の合意とその合意に基づく履行」と捉えれば、代物弁済を非義務行為と捉えるのが適切であるとの見解も主張されています。

➡ 部会資料35・81頁

➡ 潮見・改正法案90頁、潮見・新債権総論I 786頁

(ii) 当該行為が、債務者が支払不能になる前30日以内に行われたものであること

　非義務行為の場合には、債務者が支払不能になる前30日以内に行われた行為にまで取消しの対象が拡張される。この趣旨は、破産法上の否認権にならって、債務者が近々支払不能になることを察知した債権者が、債務者に担保供与や期限前弁済を迫ることによって取消しの対象から免れることを防ぐ点にある。

➡ 部会資料73A・45頁

(iii) 当該行為が、債務者と受益者とが通謀して他の債権者を害する意図をもって行われたものであること

　債務者と受益者との間に通謀的害意のあることが必要となる。この点は、非義務行為ではない原則形態(424条の3第1項)と同じである。

平成29年改正事項　**特定の債権者に対する担保の供与等の特則**　**B3**

　改正前民法のもとで、判例は、特定の債権者に対する弁済について、原則として詐害行為にはあたらず、債務者が特定の債権者と通謀し、他の債権者を害する意思をもってその弁済をした場合にかぎり詐害行為にあたるとしていた。また、判例は、既存の債務につき担保を供与する行為について、債務者の事業の継続のためにやむをえないものであって、かつ、合理的な限度を超えないものである場合には、詐害行為にあたらないとする立場を採っているとされていた。

　これに対して、破産法は、特定の債権者に対する担保の供与等の行為について、原則として破産者が支払不能等になった後に行われた行為のみを否認の対象とした（破162条1項1号）。この規定は、特定の債権者に対する担保の供与等の行為についての否認の対象が不明確かつ広範であると、経済的危機に直面した債務者の経済活動に著しい支障を生じ、再建可能性のある債務者が破綻に追い込まれるおそれがあるという問題等を考慮したものである。

　しかし、破産法上の否認の対象を明確化・厳格化したとしても、詐害行為取消権の対象が不明確かつ広範であれば、結局、経済的危機に直面した債務者の経済活動に著しい支障を生じるという上記の問題点は解消されないこととなる。

　そこで、平成29年改正民法は、特定の債権者に対する担保の供与等の行為について、破産法

➡ 部会資料73A・41頁、一問一答103頁、潮見・改正法88頁

➡ 最判昭和33年9月26日（前出）

➡ 最判昭和32年11月1日民集11巻12号1832頁、最判昭和44年12月19日民集23巻12号2518頁

162条1項と同様の規律を定めることとした(424条の3)。

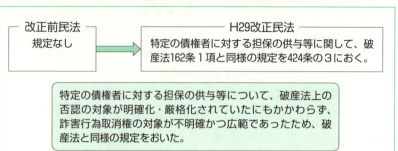

5-37 特定の債権者に対する担保の供与等の特則

改正前民法：規定なし → H29改正民法：特定の債権者に対する担保の供与等に関して、破産法162条1項と同様の規定を424条の3におく。

特定の債権者に対する担保の供与等について、破産法上の否認の対象が明確化・厳格化されていたにもかかわらず、詐害行為取消権の対象が不明確かつ広範であったため、破産法と同様の規定をおいた。

　破産法162条2項1号は、破産法161条2項と同様に、内部者について一定の事実の悪意を推定する旨定めています。
　また、破産法162条2項2号は、非義務行為(ここでは、代物弁済など、方法が破産者の義務に属しないものを含みます)がされた場合に、一定の事実の悪意を推定する旨定めています。この趣旨は、非義務行為の相手方は債務者の支払不能等の事実を知っている蓋然性が高く、また一般の場合に比べて偏頗性が大きいといえる点にあります。
　さらに、破産法162条3項は、支払の停止があった場合には支払不能を推定する旨定めています。支払停止とは、弁済能力の欠乏のために弁済期が到来した債務を一般的かつ継続的に弁済することができない旨を外部に表示する債務者の行為をいうとされています。すなわち、支払不能にあることを外部に表示する債務者の行為が支払停止です。
　民法424条の3には破産法162条2項1号、2号、3項のような推定規定はありませんが、破産法162条2項1号、2号、3項の類推適用や事実上の推定等によって、同様の処理がなされるものと考えられます。

⇨ 部会資料73A・46頁

⇨ 大コンメンタール破産法657頁

← 「支払停止」とは
⇨ 最判昭和60年2月14日判時1149号159頁

【4】過大な代物弁済等の特則
　代物弁済は債務の消滅に関する行為であるから、本来であれば特定の債権者に対する担保の供与等の特則(民法424条の3第1項)の要件をみたす場合にかぎり、詐害行為取消権を行使することができる。なお、代物弁済はその方法のみが債務者の義務に属しない行為であるから、弁済期到来後に行われるかぎり424条の3第2項の非義務行為に該当しないと解されることは、すでに述べたとおりである。
　ところが、たとえば100万円の債務のために150万円相当の財産をもって代物弁済した場合のように、過大な代物弁済がされた場合には、当該過大な部分については、債務者が自己の財産を贈与する行為と同様に、債務者の計数上の財産状態を悪化させるものといえる。そのため、少なくとも当該過大な部分については、特定の債権者に対する担保の供与等の特則(424条の3第1項)の要件をみたさない場合であっても、一般準則(424条)の要件をみたすかぎり詐害行為取消権の行使を認めるのが相当である。
　そこで、債務者がした債務の消滅に関する行為であって、受益者の受けた給付の価額がその行為によって消滅した債務の額より過大であるものについて、424条に規定する要件に該当するときは、債権者は、424条の3第1項の規定にかかわらず、その消滅した債務の額に相当する部分以外の部分については、詐害行為取消権を行使することができる(424条の4)。
　「受益者の受けた給付の価額がその行為によって消滅した債務の額より過大で

← 平成29年改正
●論証20

⇨ 本節②【3】(2)(b)(ⅰ)

⇨ 潮見・改正法91頁、潮見・新債権総論Ⅰ791頁

あるもの」とは、過大な代物弁済のほか、債務者がその所有する財産を第三者に対して適正価格で売却して、その売却代金を債務の弁済にあてる場合を含む。

← 「受益者の受けた給付の価額がその行為によって消滅した債務の額より過大であるもの」とは

➡ 部会資料73Ａ・46頁、83-2・13頁、一問一答103頁、潮見・改正法91頁

受益者に対する詐害行為取消権の各類型

要件		一般準則(424)	相当価格処分行為(424の2)	担保供与等(424の3)		過大な代物弁済等(424の4)
債権者側の要件	被保全債権の存在(424 I)	○	○	○		○
	被保全債権が詐害行為の前の原因に基づいて生じたものであること(424 III)	○	○	○		○
	被保全債権が強制執行により実現することができること(424 IV)	○	○	○		○
債務者側の要件	詐害行為(客観的要件)	「債権者を害する……行為」(424 I 本文)	財産処分行為のうち受益者から相当の対価を取得しているとき(424の2柱書)	既存の債務についての担保の供与または債務の消滅に関する行為(424の3 I 柱書)		債務の消滅に関する行為であって、受益者の受けた給付の価額がその行為によって消滅した債務の額より過大であるもの(424の4)※効果は、消滅した債務の額に相当する部分以外の部分にかぎる
			債務者において隠匿等の処分をするおそれを現に生じさせるものであること(424の2①)	債務者の義務に属せずまたはその時期が債務者の義務に属しない(424の3 II 柱書)		
				行為が債務者の支払不能時に行われた(424の3 I ①)	行為が債務者の支払不能前30日以内に行われた(424の3 II ①)	
	詐害意思(主観的要件)	「害することを知って」(424 I 本文)	隠匿等の処分をする意思(424の2②)	通謀的害意(424の3 I ②)	通謀的害意(424の3 II ②)	「害することを知って」(424の4・424 I 本文)
受益者側の要件	受益者の悪意	△(受益者に善意の主張立証責任)(424 I ただし書)	債務者が隠匿等の処分をする意思を有していたことを知っていたこと(424の2③)	通謀的害意(424の3 I ②)	通謀的害意(424の3 II ②)	(受益者に善意の主張立証責任)(424の4・424 I ただし書)

平成29年改正事項 過大な代物弁済等の特則 **B3**

改正前民法では、詐害行為取消権について規定した条文が424条から426条の3か条しかなく、過大な代物弁済等がされた場合について、特段の規定をおいていなかった。

過大な代物弁済等は、全体として偏頗行為の性質を有する一方で、過大な部分については財産減少行為の性質をも有する。そのため、特定の債権者に対する担保の供与等の特則(424条の3第1項)の要件をみたせば過大な代物弁済等の全体を取り消すことができるところ、当該要件をみたさない場合であっても、一般準則の要件をみたすときは、過大な部分については取消しを認めることが相当である。破産法においても、過大な代物弁済は、全体として偏頗行為否認の対象となる(破162条1項1号、2項2号)一方で、過大な部分については財産減少行為否認の対象となる(破160条2項、1項)。

そこで、平成29年改正民法は、過大な代物弁済等について、破産法と同様の規律を定めることとした(424条の4)。

5-3 詐害行為取消権　281

5-38 過大な代物弁済等の特則

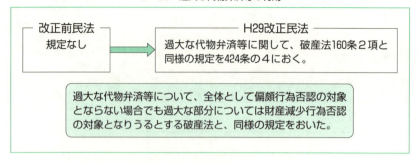

【5】転得者に対する詐害行為取消権の要件 ← 平成29年改正

民法は、受益者に対する詐害行為取消権の規定とは別に、転得者に対する詐害行為取消権の規定をおいている（424条の5）。転得者に対する詐害行為取消権は、次の要件をみたす場合にかぎり認められる。

(1) 受益者に対して詐害行為取消権を行使することができること（424条の5柱書）

転得者に対して詐害行為取消権を行使するためには、まず、受益者に対する詐害行為取消権の要件をみたす必要がある（424条の5柱書）。すなわち、取り消したい行為が相当の対価を得てした財産の処分行為（424条の2）や、特定の債権者に対する担保の供与等の行為（424条の3）である場合には、それぞれの要件をみたす必要がある。

> なお、取り消したい行為が通常の詐害行為（424条）や過大な代物弁済等（424条の4）である場合には、後述する転得者の悪意とは別に、受益者の悪意（424条1項ただし書）の要件もみたす必要があります。
> このとき、本来は抗弁事実である受益者の悪意（424条1項ただし書）について、債権者に受益者の悪意の立証責任が転換されるのか、それとも詐害行為取消権の相手方となった転得者が受益者の善意の立証責任を負うのかについては、解釈に委ねられています。
> 潮見先生は、受益者からの転得者の場合には、転得者が受益者の善意の立証責任を負い、他の転得者からの転得者の場合には、取消債権者が当該転得者にいたるまでのすべての転得者の悪意の立証責任を負うと解しています。

→ 潮見・改正法91頁、NBL1047号17頁

→ 潮見・新債権総論Ⅰ803頁、804頁

(2) 転得者の悪意（424条の5第1号、2号）

(a) 受益者からの転得者の場合には、転得者が、転得の当時、債務者がした行為が債権者を害することを知っていたこと（424条の5第1号）

受益者からの転得者の場合には、悪意の対象は「債務者がした行為が債権者を害すること」である。転得者が「前者（ここでは受益者）の悪意」について悪意であること（いわゆる**二重の悪意**）までは、要求されない。

ただし、取り消したい行為が相当の対価を得てした財産の処分行為（424条の2）である場合には、債務者が隠匿等の処分をする意思を有していたことおよび受益者がそのことを知っていたことについても、転得者の悪意が要求されると解される。また、取り消したい行為が特定の債権者に対する担保の供与等の行為（424条の3）である場合には、債務者が行為当時に支払不能であったことおよび債務者と受益者との間の通謀的害意についても、転得者の悪意が要求されると解される。すなわち、これらの場合には、いわゆる二重の悪意に類似した要件をみたす必要がある。

→ 中間試案の補足説明174頁、潮見・新債権総論Ⅰ803頁

悪意の存否は「転得の当時」が基準となる（424条の5第1号）。転得者の悪意の立証責任は、債権者が負担する。

(b) **他の転得者からの転得者の場合には、当該転得者およびその前に転得したすべての転得者が、それぞれの転得の当時、債務者がした行為が債権者を害することを知っていたこと（424条の5第2号）**

他の転得者からの転得者の場合には、当該転得者およびその前に転得したすべての転得者が、それぞれの転得の当時、債務者がした行為が債権者を害することを知っていたことが要求される（424条の5第2号）。各転得者の悪意の対象等については、(a)と同様である。

> 破産法170条1項2号は、転得者が債務者の親族、同居者、取締役、親会社その他の債務者の内部者であったときは、当該転得者について、悪意の立証責任を転換しています。この趣旨は、債務者との密接な関係から、経験則上、事情を知ったうえで債権者を害する行為がなされやすいといえる点にあります。
>
> 民法424条の5には破産法170条1項2号のような推定規定はありませんが、破産法170条1項2号の類推適用や事実上の推定等によって、同様の処理がなされるものと考えられます。
>
> また、悪意の転得者が、善意の受益者を「わら人形」として介在させるなど、不当な目的をもって善意の第三者を介在させた場合には、解釈上、その善意の受益者は悪意の転得者と区別される取引上の主体ではないと評価して、善意の受益者と悪意の転得者を一体の者として扱うことができると解されます。

➡ 部会資料73A・49頁

➡ 大コンメンタール破産法700頁

➡ 一問一答106頁

平成29年改正事項　転得者に対する詐害行為取消権　C2

改正前民法424条1項ただし書は、転得者に対する詐害行為取消権の要件について、「転得者が……転得の時において債権者を害すべき事実を知らなかったとき」は詐害行為取消権を行使できないとしていた。この点につき、判例は、転得者自身が悪意であれば、受益者が善意であっても、転得者に対して詐害行為取消権を行使することができるとしていた。

これに対し、破産法は、転得者に対する否認権の要件について、「転得者が転得の当時、それぞれその前者に対する否認の原因のあることを知っていた」ことを要するとしており（改正前破170条1項1号）、転得者の前者に否認の原因があることを前提としている。これは、転得者の取引安全を確保するという観点から、一度善意者を経由した場合の法律関係を画一的に処理することとし、転得者自身が悪意であっても当該転得者の前者が善意であれば、もはや当該転得者に対する否認権行使すら認めないこととしたものである。しかし、転得者の取引安全を確保するという観点から転得者に対する否認権の要件を限定したとしても、詐害行為取消権の要件も同様に限定しなければ、転得者の取引安全を実現することはできない。

そこで、平成29年改正民法は、転得者に対する詐害行為取消権の要件について、受益者に対する詐害行為取消権とは別途条項を設けることとし、その内容を破産法170条1項1号と同様の規律とした（424条の5）。その結果、改正前民法では転得者が自身の善意の立証責任を負っていたのに対し、平成29年改正民法では、債権者が転得者の悪意の立証責任を負うこととなった。また、平成29年改正民法では、受益者が善意であれば、たとえ転得者が悪意であっても転得者に対して詐害行為取消権を行使することができないこととなり、判例法理が変更された。

なお、改正前破産法170条1項1号は、「前者に対する否認の原因のあること」を転得者が知っていたことを要求していることから、転得者の悪意の内容として「債権者を害すべき事実を前者が知っていたこと」すなわち二重の悪意を要求するものと理解されていた。しかし、二重の悪意を要求することは、転得者に対する否認の要件として厳格にすぎると指摘されていた。

そこで、平成29年改正民法は、転得者に対する詐害行為取消権の要件として、二重の悪意を要求しないこととした。また、平成29年改正民法に伴い、転得者に対する否認の要件を定めた破産法170条1項も、二重の悪意を要求しないものとして改正されることとなった（民再134条1項、会更93条1項も同様である）。

➡ 部会資料73A・48頁、一問一答105頁、潮見・改正法92頁

➡ 最判昭和49年12月12日集民113号523頁

➡ 潮見・改正法93頁

5-39 転得者に対する詐害行為取消権

改正前民法	H29改正民法
ただし、その行為によって利益を受けた者または転得者がその行為または転得の時において債権者を害すべき事実を知らなかったときは、このかぎりでない(424Ⅰただし書)。	・転得者に対する詐害行為取消権の要件について、破産法170条1項1号と同様の規律とした。 ・転得者に対する詐害行為取消権の要件として、二重の悪意を要求しないこととした(424の5)。

転得者に対する詐害行為取消権の要件について、債権者が転得者の悪意の立証責任を負うとし、受益者が善意であれば転得者が悪意であっても転得者に対して行使できないとする破産法と同様の規律とすると同時に、二重の悪意を要求しないこととした。

3 詐害行為取消権の行使方法

【1】詐害行為取消請求

⑴ 訴えによる行使

債権者は、詐害行為取消権を行使する場合、**裁判所に請求**する方法によって行使しなければならない(424条1項本文参照)。すなわち、詐害行為取消権は訴えによって行使しなければならない。この場合における債権者の裁判所に対する請求を**詐害行為取消請求**という(424条3項、1項)。

← 「詐害行為取消請求」とは

← 平成29年改正

⑵ 請求の内容

債権者は、詐害行為取消請求において、**債務者がした行為の取消し**とともに、当該行為によって逸出した**財産の返還(現物返還)**を請求することができる(424条の6第1項前段、2項前段)。もっとも、現物返還が困難であるときは、債権者は、その**価額の償還(価額償還)**を請求することができる(424条の6第1項後段、2項後段)。

「その財産の返還をすることが困難であるとき」(424条の6第1項後段、2項後段)に関して、抵当権の目的不動産が詐害行為によって逸出した場合の処理が問題となる。抵当権の目的不動産が詐害行為によって逸出した場合には、被担保債権額の部分は債務者の責任財産とならない。そのため、詐害行為として取り消すことができる範囲は、**当該不動産の価額から被担保債権額を控除した部分にかぎられる**。この場合に、当該不動産に付された抵当権設定登記が受益者または転得者のもとでも維持されているとき(抵当権の負担付きで売買や譲渡担保に付された場合など)は、現物返還が可能と解される(判例)。

→ 最判昭和54年1月25日民集33巻1号12頁

これに対して、当該不動産に付された抵当権設定登記が受益者または転得者のもとで抹消されているときは、現物返還をしてしまうと、債務者のもとに抵当権の負担のない不動産が戻ってくることとなり、詐害行為前よりも責任財産が増大する結果、取消債権者および他の債権者を不当に利することとなる。そのため、当該不動産に付された抵当権設定登記が受益者または転得者のもとで抹消されているときは、現物返還が困難であるときに該当し、価額償還を請求することができるにとどまる(判例)。

→ 最大判昭和36年7月19日
(百選Ⅱ15事件)、
最判昭和63年7月19日
(百選Ⅱ18事件)

284 5章 責任財産の保全

平成29年改正民法のもとでは、抵当権の目的不動産が詐害行為によって逸出した場合に、当該不動産に付された抵当権設定登記が抹消されているときの処理について、一部判例法理が変更がされたとの評価があるので説明します。

　たとえば、債権者Aが債務者Bに対して500万円の甲債権を有しています。甲債権は無担保の債権です。債権者Cは債務者Bに対して800万円の乙債権を有しています。乙債権は、債務者Bの有する不動産（時価1000万円）に設定した抵当権によって担保されています。

　この場合に、債務者Bの有する不動産のうち、抵当権によって担保されている800万円部分については、債務者Bの責任財産となりません。残りの200万円部分だけが、債務者Bの責任財産となります。

　この際、債務者Bが、当該不動産を第三者Dに対して800万円で売却し、売買代金をCに対する弁済にあてたとします。弁済によって、当該不動産に付されていた抵当権設定登記が抹消されました。

　このとき、BのDに対する当該不動産売却行為が詐害行為として取り消せるとしても、抵当権設定登記が抹消された不動産の返還を認めてしまうと、Bの元に過大な財産が戻ってくることになり妥当ではありません。

　したがって、このような場合には、現物返還が困難であるときに該当し、200万円の価額償還を請求することができるにとどまります。この点については、平成29年改正前後で同じ結論となります。

　では、この事例で、債務者Bが当該不動産を抵当権者であるCに対して代物弁済した場合にはどうなるでしょうか。

　BのCに対する抵当不動産の代物弁済によって、当該不動産に付されていた抵当権設定登記が抹消される点は、先ほどの事例と同じです。

　この場合に、改正前民法のもとでは、詐害行為取消権の効果は債務者には及ばない（相対的取消し）と解されていました。そのため、BのCに対する代物弁済を詐害行為として取り消したとしても、Bには取消しの効果が及ばないこととなります。そうなると、抵当権を復活させることができないにもかかわらず、抵当権の負担のない不動産の返還を認めるわけにもいかないこととなり、200万円の価額償還によって解決するしかありませんでした（判例）。

　これに対して、平成29年改正民法のもとでは、詐害行為取消権の効果が債務者にも及びます（425条。絶対的取消し）。そのため、BのCに対する代物弁済を詐害行為として取り消す際に、抵当権を復活させることができ、現物返還が可能となります。

　したがって、抵当権者自身に抵当不動産が代物弁済された場合の処理については、平成29年改正民法によって判例法理が変更されたと考えることができるのです。

> 平野・債権総論210頁

> 最大判昭和36年7月19日（前出）

　価額償還がなされる場合に、その価額の算定をどの時点を基準として行うかが問題となる。

　この点について、判例は、詐害行為取消訴訟の認容判決確定時にもっとも接着した時点である事実審口頭弁論終結時を基準とすべきとする。

> 最判昭和50年12月1日民集29巻11号1847頁

平成29年改正事項　詐害行為取消請求の内容　　　　　**B3**

　詐害行為取消権の法的性質の項で説明したとおり、平成29年改正民法は、詐害行為取消訴訟では詐害行為の取消しの請求とともに逸出財産の返還の請求ができることを条文上明らかにし、判例法理を明文化した（424条の6第1項前段、2項前段）。

　改正前民法のもとでも、判例は、詐害行為取消請求の内容について、現物返還を原則としつつ、現物返還が困難であるときは価額償還を請求することができる旨判示していた。

　そこで、平成29年改正民法は、逸出財産の現物返還が困難であるときは、債権者は価額償還の請求をすることができることを条文上明らかにし、判例法理を明文化した（424条の6第1項後段、2項後段）。

> 部会資料73A・50頁、一問一答107頁、潮見・改正法94頁
> 本節①【3】

> 大判昭和7年9月15日民集11巻1841頁

5-40 詐害行為取消請求の内容

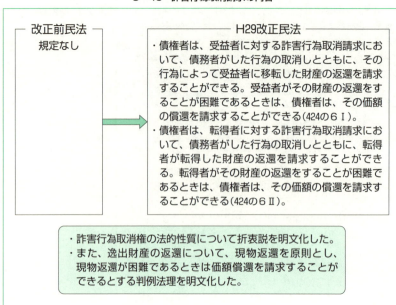

(3) 請求の相手方

債権者は、受益者に対する詐害行為取消請求にかかる訴えを提起する場合は**受益者**を被告とし、転得者に対する詐害行為取消請求にかかる訴えを提起する場合は当該**転得者**を被告としなければならず、また、それで足りる(424条の7第1項1号、2号)。すなわち、**債務者は詐害行為取消請求の相手方とならない**(424条の7第1項1号、2号の反対解釈)。

平成29年改正事項	詐害行為取消請求の相手方	B3

改正前民法424条は、だれを詐害行為取消請求の相手方とすべきかについて、特段の規定をおいていなかった。

もっとも、判例は、受益者または転得者のみを相手方とすれば足り、債務者を被告とする必要はないとしていた。

そこで、平成29年改正民法は、判例法理に従い詐害行為取消請求の相手方は受益者または転得者であって、債務者は相手方とならないことを明らかにした(424条の7第1項1号、2号)。

5-41 詐害行為取消請求の相手方

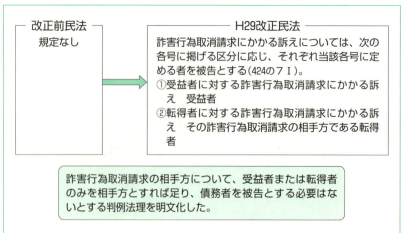

← 平成29年改正

→ 部会資料73A・51頁、潮見・改正法95頁

→ 部会資料73A・51頁、一問一答108頁、潮見・改正法95頁

→ 大連判明治44年3月24日
(百選Ⅱ14事件)

【2】債務者に対する訴訟告知の義務づけ

債権者は、詐害行為取消請求にかかる訴えを提起したときは、遅滞なく、債務者に対し、**訴訟告知**をしなければならない(424条の7第2項)。

> **平成29年改正事項** 債務者に対する訴訟告知の義務づけ　C2
>
> 改正前民法は、債権者が詐害行為取消訴訟を提起した場合に、債務者に対する訴訟告知を義務づける規定をおいていなかった。これは、改正前民法のもとでは詐害行為取消しの効果が債務者に及ばないと解されていたこととも整合性を有する。
>
> しかし、後述するように、平成29年改正民法は、詐害行為取消しの効果が債務者にも及ぶこととした(425条)。そのため、平成29年改正民法のもとでは、債務者にも詐害行為取消訴訟に関与する機会を与える必要がある。
>
> そこで、平成29年改正民法は、債権者は、詐害行為取消請求にかかる訴えを提起したときは、遅滞なく、債務者に対し、訴訟告知をしなければならないこととした(424条の7第2項)。

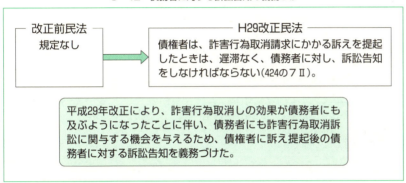

5-42　債務者に対する訴訟告知の義務づけ

【3】詐害行為の取消しの範囲

債権者は、詐害行為取消請求をする場合において、**債務者がした行為の目的が可分であるときは、自己の債権の額の限度においてのみ**、その行為の取消しを請求することができる(424条の8第1項)。債権者が価額償還請求をする場合にも、同様となる(424条の8第2項)。

たとえば、Aが無資力かつ支払不能のBに対して1000万円の金銭債権(甲債権)を有していたところ、BがCと通謀し、他の債権者を害する意図のもと、CのBに対する2000万円の金銭債権(乙債権)を弁済したとする。この場合には、Aは、甲債権の額である1000万円の限度においてのみ、乙債権への弁済の取消しを請求することができる。

これに対して、Aが無資力のBに対して1000万円の金銭債権(甲債権)を有していたところ、Bが唯一の財産である乙土地(時価2000万円)をCに贈与した場合は、Aは乙土地の贈与全体の取消しを請求することができる。Bの贈与行為の目的である乙土地は不可分であるため、被保全債権の額による限定をすることができないからである。ただし、この場合においても、Cがすでに乙土地を善意のDに譲渡していたなど現物返還が困難であるときは、AはCに対して甲債権の額である1000万円の限度においてのみ、価額償還を請求することができるにとどまる。

> **平成29年改正事項** 詐害行為の取消しの範囲　B3
>
> 改正前民法は、債権者が詐害行為をどの範囲で取り消すことができるかについて、特段の規

定をおいていなかった。

　もっとも、判例は、詐害行為の目的である財産が可分であり、かつ、被保全債権の額がその財産の価額にみたないときは、被保全債権の額の限度においてのみ詐害行為を取り消すことができる旨判示していた。また、判例は、詐害行為の目的である財産が不可分であるときは、債権者が被保全債権の額にかかわらず詐害行為全体を取り消すことができる旨判示していたものの、この場合であっても、現物返還が困難であり価額償還の請求がされるときは、前述の判例法理が同様に妥当する。

　そこで、平成29年改正民法は、判例法理を明文化する観点から、詐害行為の目的が可分であるときは取消しの範囲が被保全債権の額の限度に制限されること、債権者が価額償還請求をする場合も同様であることを明示した（424条の8）。

→ 大判明治36年12月7日民録9輯1339頁、大判大正9年12月24日民録26輯2024頁
→ 最判昭和30年10月11日民集9巻11号1626頁

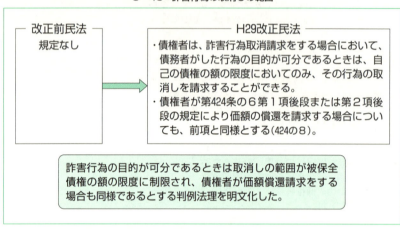

5-43　詐害行為の取消しの範囲

　平成29年改正民法は、詐害行為の目的が可分であるときは取消しの範囲が被保全債権の額の限度に制限されるという規定をおきました（424条の8第1項）。

　もっとも、中間試案の段階では、取消しの範囲について、判例法理を変更し、債権者が被保全債権の額の範囲を超えて詐害行為の全部を取り消すことができるとする規定をおくことが提案されていました。

　中間試案が詐害行為取消しの範囲を限定しない提案をしていた理由は、債権者代位権と同様に、詐害行為取消権の制度趣旨をどのように捉えるかと密接に関係しています。すなわち、詐害行為取消権についても、債権者代位権と同様に債権回収機能が認められていたところ、詐害行為取消権の債権回収機能を否定して債務者の責任財産を保全するという制度趣旨を貫けば、取消しの範囲を被保全債権の額に限定する必要はないといえます。中間試案は、詐害行為取消権の債権回収機能を否定する立場から、取消しの範囲を被保全債権の額に限定しないという提案をしたものです。

　しかし、平成29年改正では、債権者代位権と同様に、詐害行為取消権についても債権回収機能を事実上容認したため、取消しの範囲についても、判例法理を維持して被保全債権の額を限度とすることにしました。

→ 中間試案の補足説明175頁

【4】直接の引渡し等

　詐害行為取消権は債務者の責任財産を保全することによって強制執行の準備をするための制度であるから、原則として、債権者は、受益者または転得者に対し、詐害行為の取消しに加えて、詐害行為の目的物を債務者に返還することを求めることとなるはずである。

　しかし、実務上、債権者は、受益者または転得者に対して、詐害行為の目的物を**直接自己に引き渡すことを求める**ことがある。この場合に、詐害行為の目

的物を直接債権者に引き渡すことを求めることができるかについては、返還請求の内容に応じて検討する必要がある。

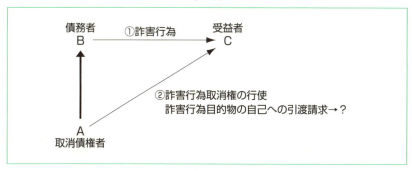

5-44

(1) 金銭の支払または動産の引渡し

債権者は、詐害行為取消請求により受益者または転得者に対して財産の返還を請求する場合に、その返還の請求が金銭の支払または動産の引渡しを求めるものであるときは、受益者に対してその支払または引渡しを、転得者に対してその引渡しを、自己に対してすることを求めることができる（424条の9第1項前段）。債務者が金銭や動産の受領を拒絶した場合には、詐害行為取消権の目的を達成することができないからである。

この場合に、受益者または転得者が債権者に対してその支払または引渡しをしたときは、これによって債務者に対する引渡義務が消滅する（424条の9第1項後段）。

また、債権者が受益者または転得者に対して価額の償還を請求する場合にも、上記と同様となる（424条の9第2項）。

← 平成29年改正

> 債権者は、詐害行為取消請求により、受益者に対して自己に直接金銭の支払を請求することや、受益者または転得者に対して価額償還請求をすることができます（424条の9第1項、2項）。この場合に、受益者または転得者は、債権者に対してその支払をしたときは、債務者に対する引渡義務を免れます（424条の9第1項、2項）。
>
> この場合に、債権者は、債務者に対して、自己が受領した金銭を返還する義務を負うこととなります。そして、債権者は、当該返還義務と被保全債権とを相殺することで、優先的に被保全債権を回収することができます。これを、詐害行為取消権の事実上の債権回収機能といいます（事実上の優先弁済）。
>
> このように、詐害行為取消権に債権回収機能を認めることに対しては、債権者代位権と同様に、債務者の責任財産を保全するという詐害行為取消権の趣旨に反するという批判があります。すなわち、債務者の責任財産の保全という趣旨にかんがみれば、詐害行為取消権を行使して責任財産の維持に貢献した債権者であっても他の債権者と平等に扱われるべきであり、当該債権者のみが他の債権者に優先して自己の債権の満足を図ることを認めるべきではないという批判です。
>
> そこで、平成29年改正の際、詐害行為取消権を行使した債権者が直接の支払を受けた金銭の返還義務と被保全債権とを相殺することができない旨の規律を設けることが提案されました。
>
> しかし、詐害行為取消権の債権回収機能を否定する規律を設ける提案に対しては、詐害行為取消権を行使するインセンティブが失われ、詐害行為取消権の有する詐害行為に対する抑止力としての機能を失わせることとなるうえ、単に手続的な負担を増加させるだけとなる可能性があるとの批判がなされました。また、返還義務と被保全債権との相殺禁止に関する規定を設けないとしても、個別の事案において相殺権の行使が濫用にあたると評価

→ 潮見・新債権総論Ⅰ829頁

→ 中間試案の補足説明177頁

→ 部会資料73A・55頁

できる場合には、相殺権を制限する余地があります。

このような経緯から、平成29年改正では、返還義務と被保全債権との相殺禁止に関する規定は設けられませんでした。債権者代位権においても同様の問題提起がされており、責任財産保全制度全体の趣旨に密接に関連する議論として理解しておく必要があります。

なお、詐害行為取消請求により動産の引渡しを請求した場合は、債権者は当該動産について強制執行することにより被保全債権の回収を図ることとなります。もっとも、この場合、他の債権者も当該動産に対する強制執行手続に加わることができるため、必ずしも取消債権者の優先弁済が確保されるわけではありません。

| 平成29年改正事項 | 直接の引渡し等 | B3 |

➡ 部会資料73Ａ・54頁、一問一答107頁、潮見・改正法97頁

改正前民法では、債権者が逸出財産を自己に直接引き渡すよう求めることができるかについて、明文規定をおいていなかった。

もっとも、判例では、逸出財産の返還として金銭の支払や動産の引渡し(価額償還を求めた事案を含む)において、債権者による直接の引渡請求を認めていた。また、このような直接の引渡請求を認める以上、受益者または転得者がその請求に応じて債権者に直接の引渡しをしたときは、それによって受益者または転得者の債務者に対する引渡義務がなくなることを前提とする必要がある。

そこで、平成29年改正民法は、金銭の支払と動産の引渡しについて、債権者が目的物を自己に直接支払または引渡しを求めることができること、および、この場合は当該支払または引渡しによって債務者に対する引渡義務が消滅することを明文化した(424条の9)。

➡ 大判大正10年6月18日民録27輯1168頁、大判昭和7年9月15日(前出)、最判昭和39年1月23日民集18巻1号76頁

5-45 直接の引渡し等

改正前民法 規定なし	H29改正民法
	・債権者は、424条の6第1項前段または2項前段の規定により受益者または転得者に対して財産の返還を請求する場合において、その返還の請求が金銭の支払または動産の引渡しを求めるものであるときは、受益者に対してその支払または引渡しを、転得者に対してその引渡しを、自己に対してすることを求めることができる。この場合において、受益者または転得者は、債権者に対してその支払または引渡しをしたときは、債務者に対してその支払または引渡しをすることを要しない。 ・債権者が424条の6第1項後段または2項後段の規定により受益者または転得者に対して価額の償還を請求する場合についても、前項と同様とする(424の9)。

・逸出財産の返還としての金銭の支払や動産の引渡し(価額償還を求めた場合も含む)において、債権者による直接の引渡請求を認めた判例法理を明文化した。
・その前提としてこのような直接の引渡しをしたときは債務者に対する引渡義務が消滅することを明文化した。

(2) 不動産の抹消登記または移転登記手続請求

逸出財産が不動産である場合について、判例は、逸出財産を債務者のもとに回復するという基本的な考え方に基づき、受益者または転得者への移転登記の抹消登記による方法および受益者または転得者から債務者への移転登記による方法の双方を認めている。

● 論点Ａランク
（論証21）
▶ 平成19年第1問
➡ 最判昭和39年7月10日民集18巻6号1078頁、最判昭和40年9月17日集民80号361頁

もっとも、債権者名義への移転登記を求めることはできないと解される（判例）。なぜなら、金銭または動産と異なり、債務者が抹消登記または自己名義への移転登記を拒絶することはできないため、抹消登記または債務者名義への移転登記をすることで詐害行為取消権の目的を達成することができるからである。

→ 最判昭和53年10月5日（後出重要判例）

> 不動産以外に登記・登録制度が整備されている物（自動車等）についても、原則として抹消登記・登録または債務者名義への移転登記・登録をすることとなると考えられますが、当該登記・登録制度の仕組みや登記・登録の対象物の性質等を考慮しつつ、個別具体的に検討する必要があるでしょう。

この点に関し、不動産が二重譲渡された場合の処理が問題となる。

たとえば、Bが、自己の有する甲土地（時価1000万円）を、Aに対して1000万円で売却したにもかかわらず、移転登記が未了であることを奇貨として、Cに対しても1000万円で売却し、Cへの移転登記をしたとする。このとき、Aは、Cが背信的悪意者でないかぎり、Cに対して甲土地の所有権を対抗することができない（177条）。Aは、甲土地の所有権を取得できなくなったことから、Bに対して売買契約の債務不履行（履行不能）に基づく損害賠償請求権を取得する（415条1項本文、2項1号）。

この場合に、AがBのCに対する甲土地売却行為について詐害行為取消請求をしたとき、どのように処理されるべきであろうか。なお、前提として、Bは無資力であるうえBC間の売買契約は424条の2の要件をみたすものとし、かつ、Cは背信的悪意者ではないものとする。

この事例では、①AのBに対する被保全債権が何か、②甲土地売却行為が取り消された場合にCはだれに甲土地の名義を戻せばよいか、③甲土地の名義がBに戻された場合にAが改めて当初の売買契約に基づきBに対して甲土地移転登記を求めることができるか、という3点が問題となる。

まず、①AのBに対する被保全債権が何かという点について、AがBに対して本来有していた債権は、甲土地引渡請求権（特定物債権）である。そのため、特定物債権である甲土地引渡請求権が被保全債権となりうるかが問題となる。

すでに説明したとおり、詐害行為取消権は債務者の責任財産を保全することによって強制執行の準備をするための制度であるから、被保全債権は金銭債権でなければならない。ただし、非金銭債権であっても、債務不履行によって損害賠償債権（金銭債権）が成立していれば、被保全債権となりうる。したがって、特定物債権である甲土地引渡請求権も被保全債権となりうる（判例）。

なお、一般に、非金銭債権を被保全債権とする場合には、詐害行為取消権を行使する時までに金銭債権が成立していればよいと考えられている。AのBに対する甲土地引渡請求権の履行不能時、すなわちCが甲土地の移転登記をした時に、損害賠償請求権が成立しているため、詐害行為取消権を行使する時までに金銭債権が成立している。したがって、詐害行為取消権の対象となる。

次に、②甲土地売却行為が取り消され

← 不動産が二重譲渡された場合の処理
● 論点Aランク
（論証22）
→ 潮見・新債権総論Ⅰ 750頁、平野・債権総論200頁

→ 最大判昭和36年7月19日（前出）

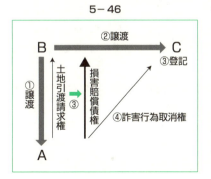

5-46

5-3 詐害行為取消権　291

た場合にＣはだれに甲土地の名義を戻せばよいかという点について、すでに説明
したとおり、Ｂに甲土地の名義を戻さなければならない。具体的な方法としては、
ＢのＣに対する移転登記の抹消登記をする方法と、ＣからＢへの移転登記をする
方法とがある。

また、このとき、Ａは、自己名義への移転登記を求めることはできないと解される。

最後に、③甲土地の名義がＢに戻された場合にＡが改めて当初の売買契約に基
づきＢに対して甲土地移転登記を求めることができるかという点について、**A
は甲土地移転登記を求めることができない**と考えられている。Ａは、金銭債
権者として、Ｂ名義となった甲土地について強制執行をして満足を受けることが
できるにとどまる。

このようにＡの詐害行為取消請求を認めると、二重譲渡の場合には登記の先後
によって優劣を決するという177条の趣旨に反するのではないかが問題となる。
しかし、以上のように、登記において劣後したＡが甲土地を取得することとなる
わけではないこと、また、Ｂの無資力その他の詐害行為取消権の要件を別途みた
さなければならないことから、177条の趣旨に反するものではないと理解されて
いる。

➡ 百選Ⅱ35頁［早川］

> **★重要判例**（最判昭和53年10月5日（百選Ⅱ16事件））
> 　「特定物引渡請求権（以下、特定物債権と略称する。）は、窮極において損害賠償債権に変
> じうるのであるから、債務者の一般財産により担保されなければならないことは、金銭債
> 権と同様であり、その目的物を債務者が処分することにより無資力となった場合には、該
> 特定物債権者は右処分行為を詐害行為として取り消すことができるものと解すべきことは、
> 当裁判所の判例とするところである（最高裁判所昭和30年（オ）第260号同36年7月19日大
> 法廷判決・民集15巻7号1875頁）。しかし、民法424条の債権者取消権は、窮極的には債
> 務者の一般財産による価値的満足を受けるため、総債権者の共同担保の保全を目的とする
> ものであるから、このような制度の趣旨に照らし、特定物債権者は目的物自体を自己の債
> 権の弁済に充てることはできないものというべく、原判決が『特定物の引渡請求権に基づ
> いて直接自己に所有権移転登記を求めることは許されない』とした部分は結局正当に帰す
> る。」
> **【争点】** 特定物債権者が目的物の処分行為を詐害行為として取り消した場合に目的物の所
> 　　　　有権移転登記を求めることができるか。
> **【結論】** できない。

4 詐害行為の取消しの効果

【1】詐害行為取消訴訟の判決の効力

詐害行為取消請求を容認する確定判決は、**債務者およびそのすべての債権
者**に対してもその効力を有する（425条）。ここでいうすべての債権者には、詐害
行為の時または判決確定の時より後に債権者となった者も含まれる。

なお、転得者に対してされた詐害行為取消しの効果は、債務者および当該転得
者に及ぶものの、当該転得者の前者（受益者および自己の前に位置する転得者）に
は及ばない。したがって、当該転得者が債務者に対して（または債権者に対して
直接に）現物返還または価額償還をした場合であっても、当該転得者は、前者に
対して、自己のした反対給付の返還を請求したり、もともと有していた債権の回

⬅ 平成29年改正
➡ 部会資料73Ａ・56頁
⬅ 「すべての債権者」
とは

➡ 潮見・改正法99頁、中
舎・債権法460頁

292　5章　責任財産の保全

復を求めたりすることはできないと考えられる。この場合の転得者は、民法425
条の４による救済を受けることができるにとどまる。

平成29年改正事項	詐害行為取消訴訟の判決の効力	C2

　改正前民法425条は、詐害行為の取消しは「すべての債権者の利益のためにその効力を生ずる」と規定していたものの、債務者にもその効力が及ぶかについては定めていなかった。この点につき、判例は、詐害行為取消しの効果は債務者には及ばない旨判示していた（相対的取消し）。
　しかし、実務上、たとえば逸出財産が不動産である場合には、当該不動産の登記名義が債務者のもとに戻り債務者の責任財産として強制執行の対象となるなど、詐害行為取消しの効果が債務者に及ばないことと整合しない場面が存在した。
　そこで、平成29年改正民法は、詐害行為取消しの効果が債務者にも及ぶことを明確にした（425条）。

→ 部会資料73Ａ・56頁、一問一答108頁、潮見・改正法99頁

→ 大連判明治44年３月24日（前出）

5-47　詐害行為取消訴訟の判決の効力

──改正前民法──	──H29改正民法──
前条の規定による取消しは、すべての債権者の利益のためにその効力を生ずる（425）。	詐害行為取消請求を認容する確定判決は、債務者およびそのすべての債権者に対してもその効力を有する（425）。

判例は詐害行為取消しの効果を相対的取消しとしていたが、それと整合しない場面が存在したため、詐害行為取消しの効果が債務者にも及ぶことを明確にした。

　詐害行為取消権についても、債権者代位権の場合と同様に、権利行使によって被保全債権の時効の完成が猶予・更新されるか否かが問題となります。
　平成29年改正前民法のもとで、判例は、詐害行為取消訴訟で債権者が債務者に対する被保全債権の存在を主張しても、被保全債権の時効は中断しないとしました。平成29年改正民法のもとでも、同様に、被保全債権の時効完成猶予・更新事由にあたらないと解されます。

→ 最判昭和37年10月12日民集16巻10号2130頁
→ 潮見・新債権総論Ⅰ753頁

← 平成29年改正

【2】 相手方の地位

(1) 受益者の地位

(a) 受益者の反対給付

　債務者がした財産の処分に関する行為（債務の消滅に関する行為を除く）が取り消されたときは、受益者は、債務者に対し、**その財産を取得するためにした反対給付の返還**を請求することができる（425条の２前段）。債務者がその反対給付の返還をすることが困難であるときは、受益者は、その**価額の償還**を請求することができる（425条の２後段）。
　たとえば、債務者Ｂが受益者Ｃに対して自己の有する時価300万円の甲動産をＣの有する時価100万円の乙動産と交換したところ、Ｂに対して債権を有するＡが、Ｃに対し、詐害行為取消権に基づき、当該交換契約の取消しと甲の引渡しを請求したとする。このとき、Ａの請求が認容されて、ＢＣ間の交換契約が取り消されたときは、Ｃは、Ｂに対し、甲動産を取得するために交付した乙動産の返還を請求することができる（425条の２前段）。

また、この事例において、Bがすでに乙動産を第三者に譲渡する等、乙動産の現物返還をすることが困難であるときは、CはBに対し、その価額である100万円の償還を請求することができる（425条の2後段）。
　「債務者がした財産の処分に関する行為（債務の消滅に関する行為を除く。）が取り消されたとき」とは、具体的には、民法424条の行為、424条の2の行為または424条の3のうち担保の供与がなされた場合に、これらの行為が取り消されたときをいう。

← 「債務者がした財産の処分に関する行為（債務の消滅に関する行為を除く。）が取り消されたとき」とは

→ 部会資料73Ａ・58頁、79-3・20頁、一問一答111頁、潮見・改正法99頁

| 平成29年改正事項 | 受益者の反対給付返還・価額償還請求権 | C2 |

　改正前民法は、詐害行為が取り消された場合に受益者が債務者に対して反対給付の返還を請求することができるかについて、特段の規定をおいていなかった。
　詐害行為取消しの効果が債務者に及ばないという理解（相対的取消し）を前提とすると、受益者は、債務者から取得した財産を返還したとしても、その財産を取得するためにした反対給付の返還を債務者に対して請求することはできないと考えられる。
　そのため、受益者は、債務者に対して返還した財産によって取消債権者を含む債権者がその債権の満足を受けたときにはじめて債務者に対して不当利得返還請求権（703条）を取得できるにすぎない。この場合、受益者は、債務者に対してした反対給付の返還請求権について、取消債権者および他の債権者に劣後することとなる。その一方で、取消債権者および他の債権者は、受益者が債務者に対して返還した財産と、受益者がその財産を取得するためにした反対給付の双方を、債務者の責任財産として把握することとなる。具体的には、債務者Bが自己の有する甲土地（時価1000万円）を500万円で受益者Cに売却した場合において、当該売買契約が詐害行為として取り消されると、取消債権者Aおよび他の債権者は、甲土地だけでなく、Bの手元に残っている売買代金500万円（Cのした反対給付）もBの責任財産として把握することとなる。
　しかし、このような結論は、取消債権者と受益者との間の利益衡量の観点からは相当でない。
　そこで、平成29年改正民法は、債務者がした財産の処分に関する行為が取り消されたときは、受益者は、債務者に対し、反対給付の返還またはその価額償還を請求することができることとした（425条の2）。
　なお、平成29年改正の際、「債務者がした財産の処分に関する行為（債務の消滅に関する行為を除く。）が取り消された場合において、受益者は、債務者から取得した当該財産を返還し又はその価額を償還したときは」という文言とすることが検討された。しかし、この文言を削除した趣旨は、受益者が逸出財産の価額償還をする場合において自己の反対給付の価額との差額を償還することができるかという点について解釈の余地を残す点にあり、それ以上に内容を変更する趣旨ではないとされている。

5-48　受益者の反対給付返還・価額償還請求権

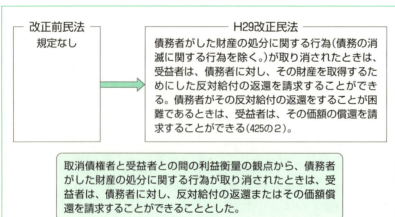

> 425条の3が受益者の現物返還または価額償還を先履行としていると解されることを考慮すれば、平成29年改正民法は、425条の2の場面においても、受益者による逸出財産の返還または価額償還を先履行と考えているものと解されます。
> もっとも、受益者が、逸出財産の価額償還をする場合に自己の反対給付の価額との差額を償還することができるかどうかは、解釈に委ねられています。

→ 部会資料79-3・20頁、潮見・改正法100頁

(b) 受益者の債権

債務者がした債務の消滅に関する行為が取り消された場合（過大な代物弁済等の特則〔424条の4〕により取り消された場合を除く）に、受益者が債務者から受けた給付を返還し、またはその価額を償還したときは、受益者の債務者に対する債権は、これによって**原状に復する**（425条の3）。

たとえば、債務者Bが受益者Cに対して300万円の金銭債務（乙債権）を負っている場合に、BとCが通謀し、他の債権者を害する意図をもって、当該債務を弁済したところ、Bに対して甲債権を有するAが、Cに対し、詐害行為取消権に基づき、当該弁済の取消しと300万円の支払を請求したとする。このとき、当該請求が認容されて、BのCに対する弁済が取り消され、CがAに対して300万円を返還したときは、CがBに対して有していた乙債権が原状に復する（425条の3）。

「債務者がした債務の消滅に関する行為が取り消された場合（第424条の4の規定により取り消された場合を除く。）」とは、具体的には、民法424条の3のうち債務の消滅に関する行為がなされた場合に、その行為が取り消されたときをいう。

受益者の債務者に対する債権の復活と受益者の現物返還または価額償還義務の関係は、受益者の現物返還または価額償還義務が先履行の関係に立つと解される。

← 「債務者がした債務の消滅に関する行為が取り消された場合（第425条の4の規定により取り消された場合を除く。）」とは

→ 潮見・改正法100頁

→ 部会資料73A・60頁、一問一答113頁、潮見・改正法101頁

→ 大判昭和16年2月10日民集20巻79頁

平成29年改正事項	受益者の債権の回復	B3

> 改正前民法は、詐害行為取消権によって債務消滅行為が取り消された場合に受益者の債務者に対する債権が回復するかについて、特段の規定をおいていなかった。
> この点について、判例は、債務者の受益者に対する弁済等の債務消滅行為が取り消されたときは、受益者の債務者に対する債権は回復する旨判示していた。このような結論は、詐害行為取消しの効果が債務者に及ばないという理解（相対的取消し）との間の整合性に疑問が残るものの、妥当といえる。また、平成29年改正民法は詐害行為取消しの効果が債務者にも及ぶ（425条）としており、理論的整合性を図ることもできる。
> そこで、平成29年改正民法は、債務消滅行為が取り消された場合において、受益者が債務者から受けた給付を返還しまたはその価額を償還したときは、受益者の債務者に対する債権が回復するものとした（425条の3）。

5-49 受益者の債権の回復

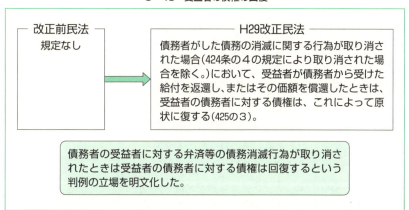

債務者が受益者に対して代物弁済をした場合に、その行為が民法424条の3の要件をみたすときは、その行為は民法424条の3に基づき取り消されます。このとき、受益者は、現物返還または価額償還をすることにより、債務者に対する債権を原状に復させることができます(425条の3)。

これに対して、債務者が受益者に対して過大な代物弁済をした場合に、その行為が民法424条の3の要件をみたさず、民法424条の4により取り消されたときはどのように処理されるでしょうか。具体的には、債務者Bが受益者Cに対して負っている300万円の金銭債務について、自己の有する時価500万円の甲土地をもって代物弁済をしたところ、Bに対して債権を有するAが、当該代物弁済のうち過大な部分を民法424条の4に基づき取り消したような場合が考えられます。

代物弁済は「債務の消滅に関する行為」であるため、民法425条の2の適用を受けません(425条の2前段括弧書)。また、民法424条の4により取り消された場合は、民法425条の3も適用されません(425条の3括弧書)。

したがって、この場合に、過大な代物弁済を受けた受益者は、当該過大な部分について価額償還(代物弁済の目的物が可分であれば現物返還をすることとなりますが、多くの場合、目的物が不可分であり現物返還は困難であると思われます)をすることとなり、その他反対給付の返還等の法律効果は生じません。

そうすると、上記の例でいえば、Cは、B(または直接A)に対して200万円の価額償還をすることとなり、その他反対給付の返還等の法律効果は生じません。この場合に、Cは、甲土地を強制的に時価で買い取らされるかたちになります。

➡ 部会第82回議事録60頁（中田発言）、部会第91回議事録47頁（中田発言、金関係官発言）

(2) 転得者の地位

前述したように、平成29年改正により、詐害行為取消訴訟の判決の効力は債務者にも及びます(相対的取消の否定。絶対的効力)。また、債務者に対する訴訟告知が義務づけられました(424条の7第2項)。

ただし、注意してほしいのは、前にも触れたように、転得者に対してなされた詐害行為取消しの効果は、債務者および当該転得者に及ぶものの、当該転得者の前者(受益者および自己の前に位置する中間転得者)には及ばないということです。つまり、転得者に対して訴訟を提起した場合には、その判決の効力は、その転得者の前の受益者や中間転得者には効果が及ばないのです。この意味では、判決の効力が相対効から絶対効に変更されたわけでないのです。したがって、当該転得者が現物返還または価額償還をした場合であっても、前者に対して、自己のした反対給付の返還を請求したり、もともと有していた債権の回収を求めたりすることができないということです。

しかし、これでは当該転得者は、一方的に不利な立場におかれることになります。そこで、このような転得者を保護するために特別の規定が設けられたわけです(425条の4)。詳しくは、後述する平成29年改正事項(転得者の権利)を参照してください。

➡ 潮見・改正法99頁、中舎・債権法460頁

(a) 転得者の反対給付

債務者がした行為(425条の2に規定するもの)が転得者に対する詐害行為取消請求によって取り消されたときは、その転得者は、その行為が受益者に対する詐害行為取消請求によって取り消されたとすれば425条の2の規定により生ずべき受益者の債務者に対する反対給付の返還請求権または価額償還請求権を行使することができる(425条の4第1号)。

たとえば、債務者Bが、受益者Cに対して、自己の有する時価300万円の甲動産をCの有する時価100万円の乙動産と交換したとする。その後、Cは、交換契約の経緯を知っている転得者Dに対し、甲動産を譲渡した。ところが、Bに対して債権を有するAが、Dに対し、詐害行為取消権に基づき、BC間の交換契約の取消しと甲の引渡しを請求したとする。このとき、Aの請求が認容されて、BC

間の交換契約が取り消されたときは、Dは、Bに対し、Cが甲動産を取得するために交付した乙動産の返還を請求することができる（425条の4第1号、425条の2前段）。

また、この事例で、Bがすでに乙動産を第三者に譲渡する等、乙動産の現物返還をすることが困難であるときは、DはBに対し、その価額である100万円の償還を請求することができる（425条の4第1号、425条の2後段）。

ただし、転得者が行使することのできる反対給付返還請求権または価額償還請求権は、**転得者がその前者から財産を取得するためにした反対給付またはその前者から財産を取得することによって消滅した債権の価額を限度**とする（425条の4柱書ただし書）。上記の事例でいえば、DがCから甲動産を譲り受けた際に、Cに対して売買代金として50万円を支払った場合や、Cに対して有する50万円の金銭債権の代物弁済として甲動産を取得した場合には、Dは、50万円の限度でBに対して乙動産の返還または価額償還請求をすることができるにとどまる。なお、このとき乙動産が不可分であれば、50万円の限度で現物返還を請求することは困難であるため、50万円の価額償還請求をすることとなると思われる。

(b) 転得者の債権

債務者がした債務の消滅に関する行為が転得者に対する詐害行為取消請求によって取り消されたとき（過大な代物弁済等の特則〔424条の4〕により取り消された場合を除く）は、その転得者は、その行為が受益者に対する詐害行為取消請求によって取り消されたとすれば425条の3の規定により回復すべき**受益者の債務者に対する債権**を行使することができる（425条の4第2号）。

たとえば、債務者Bが受益者Cに対して300万円の金銭債務（乙債権）を負っている場合に、BとCが通謀し、他の債権者を害する意図をもって、当該債務について、Bの有する丙動産（時価300万円）によって代物弁済したとする。その後、Cは、代物弁済の経緯を知っている転得者Dに対して、丙動産を譲渡した。ところが、Bに対して甲債権を有するAが、Dに対し、詐害行為取消権（424条の3第1項）に基づき、BC間の代物弁済の取消しと丙動産の引渡しを請求したとする。この場合に、Aの請求が認容されて、BC間の代物弁済が取り消されたときは、Dは、Bに対し、CがBに対して有していた乙債権を行使することができる（425条の4第2号、425条の3）。

ただし、この場合も、転得者が行使することのできる反対給付返還請求権または価額償還請求権は、**転得者がその前者から財産を取得するためにした反対給付またはその前者から財産を取得することによって消滅した債権の価額を限度**とする（425条の4柱書ただし書）。

| 平成29年改正事項 | 転得者の権利 | C2 |

→ 部会資料73A・61頁、一問一答111頁、113頁、潮見・改正法102頁

改正前民法は、転得者に対する詐害行為取消しの行使によって債務者の受益者に対する詐害行為が取り消された場合に、①転得者が債務者の逸出財産を取得するために、転得者の前者に対してした反対給付の返還を請求することができるか（転得者が反対給付をして逸出財産を転得した場合）、また、②転得者が逸出財産を取得することによって消滅した転得者の前者に対する債権が回復するか（転得者が代物弁済等によって逸出財産を転得した場合）について、特段の規定をおいていなかった。

詐害行為取消しの効果が債務者に及ばないという理解（相対的取消し）を前提とすると、転得

者が逸出財産を債務者に返還したとしても、前者に対してした反対給付の返還や前者に対する債権の回復は認められないと考えられる。

そのため、転得者は、債務者に対して返還した財産によって取消債権者を含む債権者がその債権の満足を受けたときにはじめて、債務者に対して不当利得返還請求権(703条)を取得するにすぎない。

この場合には、取消債権者および他の債権者は、①転得者が債務者に対して返還した財産と、受益者がその財産を取得するためにした反対給付の双方を、債務者の責任財産として把握することとなる(受益者が反対給付をして当該財産を取得した場合)か、②転得者が債務者に対して返還した財産を債務者の責任財産として把握しつつ、受益者がその財産を取得することによって消滅した受益者の債務者に対する債権が回復しないことによる利益をも享受する(受益者が代物弁済等によって当該財産を取得した場合)こととなりうる。

具体的には、債務者Bが自己の有する甲土地(時価1000万円)を500万円で受益者Cに売却した場合に、当該売買契約が詐害行為として取り消されると、取消債権者Aおよび他の債権者は、甲土地だけでなく、Bの手元に残っている売買代金500万円(Cのした反対給付)もBの責任財産として把握することとなる。また、Bが甲土地をCに対する1000万円の債務について代物弁済に供した場合に、当該代物弁済が詐害行為として取り消されると、Aおよび他の債権者は、甲土地をBの責任財産として把握しつつ、CのBに対する1000万円の債務が存在しないものとして配当等を受けることができる。

しかし、このような結論は、取消債権者と転得者との間の利益衡量の観点からは相当でない。

そこで、平成29年改正民法は、転得者に対する詐害行為取消請求によって債務者がした行為が取り消されたときは、当該詐害行為の内容に応じ、転得者は、債務者に対して、受益者が取得すべき反対給付返還請求権もしくは価額償還請求権または受益者が回復すべき債権を行使することができることとした(425条の4)。

なお、平成29年改正民法に伴い、破産法、民事再生法および会社更生法にも転得者の権利に関する規定が新設された(破170条の2、170条の3、民再134条の2、134条の3、会更93条の2、93条の3)。

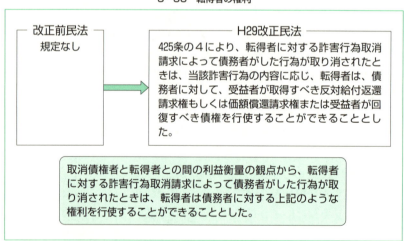

5-50 転得者の権利

5 詐害行為取消権の期間制限

←平成29年改正

詐害行為取消請求にかかる訴えは、債務者が債権者を害することを知って行為をしたことを債権者が知った時から2年を経過したときは、提起することができない(426条前段)。

ここでいう2年間という期間の性質は、出訴期間と解される。消滅時効ではないため、時効の完成猶予や更新に関する規定の適用を受けない。また、当該期間

→ 部会資料73A・63頁、潮見・改正法106頁

の起算点は、債権者が「債務者が債権者を害することを知って行為をしたこと」を知った時である。

また、行為の時から10年を経過したときも、詐害行為取消請求にかかる訴えを提起することができない（426条後段）。ここでいう10年間という期間の性質も、出訴期間と解される。

➡ 中間試案の補足説明187頁

平成29年改正事項　詐害行為取消権の期間制限　C1

改正前民法426条は、詐害行為取消権の期間制限について、「債権者が取消しの原因を知った時から2年間」と「行為の時から20年」という制限を設けていた。

改正前民法では、前者の2年間の期間について、債権者が「詐害行為の客観的事実」を知った時と、「債務者が債権者を害することを知って行為をした事実」を知った時の、いずれが起算点となるかが明らかではなかった。この点につき、判例は、債権者が「債務者が債権者を害することを知って行為をした事実」を知った時を起算点とすべき旨判示していた。

ただし、改正前民法では、前者の2年間の期間の性質は消滅時効と解されていた。しかし、詐害行為取消権は民法120条以下の取消権その他の実体法上の形成権とは異なるため、会社法865条2項等と同様に除斥期間または出訴期間と捉えるのが相当であると考えられた。

そこで、平成29年改正民法は、2年間の期間制限について、起算点に関する判例法理を明文化するとともに、期間の性質を出訴期間と捉えることとした。

また、後者の20年間の期間について、長期間にわたって詐害行為取消請求を認める必要性に乏しく、短期化すべきであるとの意見が主張されていた。

そこで、平成29年改正民法は、従前20年間とされていた除斥期間について、出訴期間と理解したうえで10年間に短期化した。

なお、平成29年改正民法に伴い、否認権の行使期間について規定する破産法176条の長期の期間も、従来20年間であったものが10年間に短縮された（民再139条、会更98条も同様）。

➡ 中間試案の補足説明187頁、部会資料73 A・63頁、一問一答114頁、潮見・改正法106頁

➡ 最判昭和47年4月13日判時669号63頁

5-51　詐害行為取消権の期間制限

——改正前民法——
424条の規定による取消権は、債権者が取消しの原因を知った時から2年間行使しないときは、時効によって消滅する。行為の時から20年を経過したときも、同様とする（426）。

——H29改正民法——
詐害行為取消請求にかかる訴えは、債務者が債権者を害することを知って行為をしたことを債権者が知った時から2年を経過したときは、提起することができない。行為の時から10年を経過したときも、同様とする（426）。

・2年間の期間制限について、起算点を「債務者が債権者を害することを知って行為をした事実」を知った時とする判例法理を明文化し、期間の性質を出訴期間と捉えることとした。
・20年間とされていた除斥期間を出訴期間と理解したうえで、10年間に短期化した。

本章では、債権者代位権と詐害行為取消権とを説明してきたが、最後に、両者の対比表を次頁に示しておくので、それぞれの内容を確認しておいてほしい。

債権者代位権と詐害行為取消権との対比

	債権者代位権	詐害行為取消権
制度趣旨	差押えの準備としての責任財産の保全	同左
適用の場面	一般財産の減少を放置する行為があったとき	一般財産を積極的に減少させる行為があったとき
被保全債権 ※	①代位の目的たる権利より前に成立したことを要しない ②原則として弁済期にあることが必要 　例外：保存行為 ③強制執行により実現できるものであることが必要	①詐害行為前の原因に基づいて生じたものであることが必要 ②弁済期は問わない ③強制執行により実現できるものであることが必要
無資力要件	原則：必要 例外：不要(転用事例)	常に必要
客体	債務者に属する権利 ただし❶行使上の一身専属権 　　　❷差押え不可能な権利は、 　　　除かれる	債権者を害する債務者の行為(詐害行為) ただし、財産権を目的としない行為は、除かれる
行使方法	裁判上、裁判外を問わない	裁判上行使することが必要
効果	①債務者へ代位の効果が直接に帰属する ②訴訟により代位権行使がされると、判決の既判力が債務者にも及ぶ(民訴115Ⅰ②)	①目的物の現物返還(原則) ②価額償還(例外) ③効果は債務者およびすべての債権者に対して生じる
期間制限の有無	なし	①知った時から2年(出訴期間) ②行為時から10年(出訴期間)

※　債権者取消権の場合には、被保全債権は金銭債権にかぎられる(判例)。

➡ 大連判大正7年10月26日
民録24輯2036頁

○×問題で実力チェック

1. 債権者代位権

01 債権者代位権を行使するためには、被保全債権が代位行使される債権よりも先に成立している必要はない。('16-19問-オ)

→ ○ 最判昭和33年7月15日

02 債権者は、自己の債権の履行期が到来していなくても、保存行為については、債務者に代位して債務者の権利を行使することができる。('17-17問-ア)

→ ○ 423条2項

03 AのBに対する100万円の債権を被保全債権として、BのCに対する50万円の債権につきAがCに対して債権者代位訴訟を提起したときには、Aは、請求原因において、Bの無資力を主張・立証する必要はない。('16-19問-エ)

→ × 最判昭和40年10月12日

04 債権者は、債務者が第三者に対して負う債務について、債務者に代わってその消滅時効を援用することができない。('15-16問-4)

→ × 最判昭和43年9月26日

05 判例によれば、離婚に伴う財産分与請求権は、審判によりその具体的内容が確定したときは、財産分与を受ける者の債権者が債権者代位の目的とすることができる。('12-19問-4、'15-16問-1)

→ ○ 最判昭和55年7月11日

06 金銭債権の債権者Aが、債務者Bの第三債務者Cに対する甲動産の引渡請求権を代位行使する場合、Aは、Cに対し、Aの債権額にかかわらず、Aに甲動産を引き渡すことを求めることができる。('17-17問-ウ)

→ ○ 423条の3

07 債務者に代位して登記の移転を求める場合には、債権者は、第三債務者から直接自己へ登記を移転すべき旨の請求をすることはできない。('16-19問-ア)

→ ○ 債務者に代位して登記の移転を求める場合には、債務者の受領がなくても債務者の名義に登記を移転することが可能であるから(不登59条7号)、債権者が第三債務者に対し直接自己へ登記を移転すべき旨の請求をすることは許されないと解されている

08 債権者Aが債務者Bに代位して、Bの有する債権を行使した場合において、第三債務者CがBに対して同時履行の抗弁を主張することができるときであっても、Cは、Aに対しては、同時履行の抗弁を主張することはできない。('16-19問-ウ)

→ × 423条の4。代位債権者は、債務者の権利を行使するのであるから、第三債務者は、債務者に対して主張することができた抗弁をすべて代位債権者に対抗することができる

09 債権者Aが債務者Bの第三債務者Cに対する債権を代位行使する場合において、CがBに対する債権を自働債権とする相殺の抗弁を提出したときは、Aは、BがCに対して主張することができる再抗弁事由のほか、Aの独自の事情に基づく再抗弁も提出することができる。('17-17問-エ)

→ × 最判昭和54年3月16日

10 AとBがCに対していずれも150万円の金銭債権を有している場合において、CがDに対し100万円の金銭債権を有しているときは、Aは、自己の債権を保全するため、50万円の限度でCのDに対する債権を代位行使することができる。('17-17問-イ)

→ × Aは、CのDに対する100万円の債権を代位行使することができる

11 債権者が代位権の行使に着手したとしても、債務者は、代位権行使の対象となった権利を自ら行使することができる。('12-19問-2改題)

→ ○ 423条の5

○×問題で実力チェック **301**

12 土地の所有者Aからその土地を賃借したBは、その土地を不法に占有するCがいる場合、賃借権について対抗要件を具備しているか否かにかかわらず、賃借権を保全するために、AのCに対する所有権に基づく返還請求権を代位行使することができる。（'17-17問-オ）

→ ○ 大判昭和4年12月16日。賃借人は賃貸人の不法占有者に対する妨害排除請求権を行使するのであるから、自己の賃借権について対抗要件を備えている必要はない

13 AがBに対して有している売買代金債権をAの債権者CがAに代わって行使し、売買代金の支払を求めて訴えを提起した場合において、この請求を認容する判決が確定すれば、このAのBに対する売買代金債権は、弁済により消滅したものとみなされる。（'12-19問-1）

→ × 債権者が債務者に代わって被代位債権を行使し、被代位債権の支払を求めて訴えを提起した場合、その認容判決が確定しても、それは被代位債権の債務名義となるにすぎない

14 債権者は、被代位権利の行使にかかる訴えを提起したときは、遅滞なく、債務者に対し、訴訟告知をしなければならない。

→ ○ 423条の6

15 いわゆる転用型の債権者代位権では、保全の必要性は要件とならない。

→ × 債務者の無資力は求められないが、保全の必要性は求められる

2. 詐害行為取消権

16 詐害行為取消権を行使するためには、被保全債権が詐害行為の時点で現に発生していなければならない。

→ × 424条3項

17 時効更新事由としての債務の承認は法律行為ではないため、詐害行為取消権の対象とならない。

→ × 424条1項本文

18 共同相続人間で成立した遺産分割協議は、詐害行為取消権の対象とならない。（'14-17問-ア）

→ × 最判平成11年6月11日

19 債務超過の状態にある者が離婚に伴う財産分与として配偶者に金銭の給付をする旨の合意は、その額が財産分与として不相当に過大で、財産分与に仮託された財産処分と認められる事情がある場合、不相当に過大な部分について、その限度において詐害行為として取り消すことができる。（'14-17問-ウ）

→ ○ 最判平成12年3月9日

20 詐害行為取消訴訟の事実審口頭弁論終結時点において債務者が無資力でない場合、詐害行為取消権は認められない。

→ ○ 大判大正15年11月13日

21 相当の対価を得てした財産の処分行為を詐害行為として取り消すためには、その行為が債務者において隠匿等の処分をするおそれを現に生じさせるものであり、かつ、債務者が行為当時隠匿等の処分をする意思を有していたことが必要となるが、受益者が行為当時債務者が隠匿等の処分をする意思を有していたことを知っていたことまで立証する必要はなく、抗弁として、受益者において知らなかったことを立証する責任を負う。

→ × 424条の2第3号

22 債務者Aが、既存の債務の債権者Bと通謀して、他の債権者を害する意図をもって、Aの義務に属しないにもかかわらずBのために自己の所有する不動産について抵当権を設定した場合において、その20日後にAが支払不能になったときであっても、Aが抵当権設定時に支払不能でない以上、詐害行為取消請求をすることはできない。

→ × 424条の3第2項

23 債務者Aが、既存の債務の債権者Bのために代物弁済をした場合、本来であれば代物弁済時点でAが支払不能であり、かつ、AとBとの通謀的害意がなければ詐害行為取消請求をすることができないが、当該代物弁済が過大なものであれば、過大な部分については、424条の要件をみたせば詐害行為取消請求をすることができる。

→ ○ 424条の4

302 5章 責任財産の保全

24 受益者が債権者を害すべき事実を知らない場合には、転得者がこれを知っていたとしても、債権者は、転得者に対し詐害行為取消権を行使することはできない。('11-18問-3)

→ ○ 424条の5第1号

25 詐害行為取消権は、訴訟において行使しなければならないが、訴えによる必要はなく、抗弁によって行使することもできる。('14-17問-オ)

→ × 最判昭和39年6月12日

26 詐害行為取消権を行使するためには、受益者又は転得者を相手方として訴えを提起すれば足り、債務者を相手方とする必要はない。('11-18問-4)

→ ○ 424条の7第1項

27 不動産の譲渡行為が詐害行為となる場合、詐害行為取消権を行使する債権者は、当該譲渡行為に基づき所有権移転登記を受けた譲受人に対して、直接自己に対する所有権移転登記を求めることができる。('11-18問-5)

→ × 最判昭和53年10月5日

28 債務者Bが受益者Cに対して自己の有する時価500万円の甲動産をCの有する時価300万円の乙動産と交換したところ、Bに対して債権を有するAが、Cに対し、詐害行為取消権に基づき、当該交換契約の取消しと甲の引渡しを請求した場合において、当該請求が認容されて、BC間の交換契約が取り消されたとき、Cは、Bに対し、甲動産を取得するために交付した乙動産の返還を請求することができる。

→ ○ 425条の2前段

29 詐害行為取消請求にかかる訴えは、債務者が債権者を害することを知って行為をしたことを知らなければ、行為の時から20年を経過するまでは、提起することができる。

→ × 行為の時から10年を経過したときは詐害行為取消訴訟を提起することができない（426条後段）

○×問題で実力チェック　303

第 **6** 章………多数当事者の債権および債務

1. | 総説

1 多数当事者の債権債務関係

【1】意義

　多数当事者の債権債務関係とは、同一の給付について、2人以上の債権者または債務者のある場合をいう（一般には、**多数当事者の債権関係**と表現される）。債権者が複数いたり、債務者が複数いたり、双方が複数いたりする場合である。

← **「多数当事者の債権債務関係」とは**

6－1

売主 → 買主A　50万円
売主 → （自動車）不可分債権
売主 → 買主B　50万円

　たとえば、1台の自動車を資金をだし合ってAB2人で購入したとします。この場合に、その1台の自動車を引き渡してほしいという自動車の引渡債権は、1台の自動車について買主ABの2人がもっていることになります。この場合の引渡債権を不可分債権とよびます。他方、売主のほうは、2人の買主に対して代金を支払ってほしいという代金債権をもっています。買主のほうからすれば、100万円の自動車だとすると、2人合わせて100万円を支払えばいいのですが、この場合の代金債務については当事者間の特約や法律の規定がないかぎり、50万円ずつの分割債務になると解されています。

　この場合は、買主側が2人ですから、買主側からみた債権が不可分債権であり、また、買主側からみた債務が分割債務ということになります。また、売主が2人いて、2人で共有している1台の自動車を2人の買主に売却したというような場合には、2人で共有しているその自動車の引渡債務については不可分債務ですし、2人の共有者が有している代金債権については分割債権ということになります。

【2】態様

　民法は、このような多数当事者の債権債務関係の態様として、

　　①**分割債権・分割債務**（427条）
　　②**不可分債権・不可分債務**（428条以下）
　　③**連帯債権**（432条以下）・**連帯債務**（436条以下）
　　④**保証債務**（446条以下）

の4種類を規定する。

　また、解釈上（講学上）、**不真正連帯債務**という概念が認められている。

　連帯債権は、平成29年改正前にも解釈上認められていましたが、平成29年改正により明文化されました。また、従来から、（真正の）連帯債務のほかに、解釈上（講学上）、不真

← 平成29年改正

正連帯債務という概念が認められていましたが、平成29年改正法では、後述するように、連帯債務の絶対的効力事由が極限まで限定され、かつ、求償のルールを不真正連帯債務にも適用するものとしている結果、真正の連帯債務と不真正連帯債務の区別を無用のものとする立場を基礎にしているとの指摘がされています。

→ 4節②【3】(2)、(3)
→ 潮見・改正法112頁

② 分析の視点──問題となる３場面

多数当事者の債権債務関係を分析する視点として、以下の３つの点が問題となる。この点については、しっかりと理解しておこう。

【1】 対外的効力

多数当事者の債権債務関係においては、数人の債務者に対してどのように履行の請求をすることができるのか、また、数人の債権者に対してどのように弁済を行うのかという点が問題となる。これは、債権者・債務者の対外的な関係(対外的効力)の問題である。

【2】 １人について生じた事由の効力

数人の債権者または債務者のうち、１人について生じた事由が他の債権者または債務者にどのように影響するかという点が問題となる。たとえば、債務者が複数いる場合に、債権者がそのうちの１人の債務者に対して請求をしたときに、他の債務者にも請求したことになるのかということが問題となる。

この点については、平成29年改正により、大きな変更がなされました。詳しくは、不可分債権・不可分債務、連帯債権・連帯債務のところで説明します。

この場合において、ある債権者・債務者に生じた事由の効力が他の債権者・債務者にも及ぶ場合を絶対効(絶対的効力)といい、及ばない場合を相対効(相対的効力)という。

【3】 内部関係(求償関係)

多数当事者間での債権の分与または債務の分担の割合関係の問題である。つまり、数人の債権者のうち１人が弁済を受けたとき、これを他の債権者に分与すべきか否か、また、数人の債務者のうち１人が弁済をしたとき、他の債務者に求償することができるか否かという問題である。

③ 多数当事者の債権債務関係の機能

民法の規定する多数当事者の債権債務関係の機能としては、２つの異なった機能があるといわれている。

第1は、文字どおり、２人以上の者が同一給付について債権者または債務者となった場合の法律関係の整序に関する機能である。

第2は、債権担保制度としての人的担保の役割を果たす機能である。

この点について、分割債権債務は第1の機能のみを果たすが、不可分債権債務

6-1 総説 **305**

と連帯債権債務は、両者の機能を果たすことになる。

> 　たとえば、連帯債務者が存在するということは、債務者が1人の場合と比べて、その債権の効力が強力になる、つまり人的担保の役割をも果たすわけです。

　また、保証債務は、人的担保の典型例であり、第2の人的担保の機能のみを果たすことになる。

　なお、このような多数当事者の債権債務関係に対して、物権では、所有権の共有を学んできた。所有権については、共有、合有、総有という共同所有関係があったが、債権債務についての共同関係が、ここでいう多数当事者の債権債務関係である。

➡ 『物権法』4章4節参照

第6章 多数当事者の債権および債務

2. 分割債権・分割債務

1 意義

【1】分割債権債務とは

　分割債権債務とは、可分な給付を目的として分割される債権および債務をいい、その場合の当事者の関係を**分割債権債務関係**という。

← 「分割債権債務」とは

> 　たとえば、甲・乙・丙の3人が共同所有している土地を丁に売却したとします。この場合、売主側である甲・乙・丙は売買代金債権を有するわけですが、かりにこの土地が900万円で売れたときには、甲・乙・丙それぞれが300万円の分割された売買代金債権を取得することになります。これが分割債権です。
> 　これに対して、売主のGが、買主のA・B・Cに対して900万円の土地を売却したとします。すなわち、買主側が複数いる場合です。この場合に、買主であるA・B・Cは900万円の代金について分割された300万円ずつの債務を負担することになります。これが分割債務ということになります。

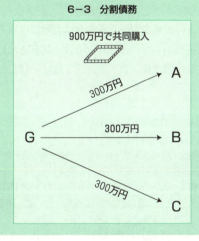

【2】民法の原則形態

　民法は、1個の**可分給付**について、「数人の債権者又は債務者がある場合において、別段の意思表示がないときは、各債権者又は各債務者は、それぞれ等しい割合で権利を有し、又は義務を負う」と規定し(427条)、分割債権債務関係が生じるのが原則であるとしている(**分割主義**または**分割原則**という)。

← 「分割主義(分割原則)」とは

> 　可分給付というのは、分割するのが可能な給付をいいます。典型的には、金銭債権・金銭債務です。

　その割合は、法律の規定(899条等)または当事者の特約があればそれにより、

それらのない場合は平等である（427条）。

このような分割債権債務関係は、民法の基底にある個人主義の考え方に合致し、法律関係も簡明であるという長所がある。しかし、実際にはこれを貫くと、不都合な結果を生じるという短所があるので、判例・学説は、適当な制限をすべきであるとしている。

> 先の例でいうと、Gが900万円で土地を売却した場合、買主がA・B・Cと3人いることによって、買主の代金債務は300万円の分割債務となってしまうため、GはAに対して300万円、Bに対しても300万円、Cに対しても300万円しか請求することができません。これは何を意味するかというと、もし、分割債務を負担する買主のうちの1人が無資力になった場合（たとえばAがその300万円を支払えない状態になった場合）には、Gは他の買主であるBやCに対しては、Aが負担すべき300万円を請求することはできないことになるのです。あくまでもGは、BやCに対してはそれぞれ300万円の分割請求しかできません。これでは、本来900万円請求できるところを、それぞれ300万円ずつしか請求できなくなってしまうわけですから、分割債務者の3人のうちに無資力者がいた場合、その不利益を債権者が負わされることになるわけです。このように、分割債務は、債権者に不利になり、債権の効力が弱められてしまうという短所をもちます。

2 要件

【1】分割債権の成立

分割主義から、債権が可分な場合には、別段の意思表示がないかぎり、分割債権が成立するのが原則である（427条）。

1個の可分給付について数人の債権者が生じる場合は実際には多くないと指摘されているが、判例は、金銭債権が共同相続された場合、共有物に対して第三者が不法行為をした場合の損害賠償請求権、数人が共同で金銭を貸し付けた場合について、分割債権としている。

→ 最判昭和29年4月8日
民集8巻4号819頁
→ 大判大正4年4月2日
刑録21輯341頁
→ 大判大正7年6月21日
新聞1444号24頁
→ 最判平成16年4月20日
判時1859号61頁ほか

→ 最大決平成28年12月19日
民集70巻8号2121頁

> 預金債権について、従来の判例は分割債権であるとしていましたが、現在の判例は、少なくとも共同相続の場合については、分割債権としていません。
>
> すなわち、現在の判例は、預貯金のうち、まず、普通預金債権および通常貯金債権について、「普通預金債権及び通常貯金債権は共同相続人全員に帰属する」が、「同一性を保持しながら常にその残高が変動し得るものとして存在し、各共同相続人に確定額の債権として分割されることはないと解される」とし、次に、定期貯金債権について、「相続により分割されると解すると、それに応じた利子を含めた債権額の計算が必要になるという事態を生じかねず、定期貯金に係る事務の定型化、簡素化を図るという趣旨に反する」とし、以上より、「各種預貯金債権の内容及び性質をみると、共同相続された普通預金債権、通常貯金債権及び定期貯金債権は、いずれも、相続開始と同時に当然に相続分に応じて分割されることはなく、遺産分割の対象となる」としました。

【2】分割債務の成立

1個の可分給付について数人の債務者が生じる場合は比較的多く、判例は、これらの場合には分割債務の成立を認めるものが多い。たとえば、相続した金銭債務や、数人が共同で買い受けた物の代金債務は分割債務とされている。

→ 大決昭和5年12月4日
民集9巻1118頁
→ 最判昭和45年10月13日
判時614号46頁

金銭は可分ですから、前記のような金銭債務は分割債務なのですが、判例は、賃借権を共同相続した場合の賃料支払債務（共同賃借人の賃料支払債務）は不可分債務であるとしています。

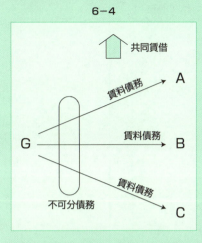

6-4

ところで、平成29年改正民法のもとでは、債務の内容が「性質上可分」であるときには、各債務者は、原則として分割債務を負うが（427条）、「法令の規定」または「当事者の意思表示」によって、例外的に連帯債務を負担することになります（436条）。これに対して、債務の内容が「性質上不可分」であるときは、各債務者は、もっぱら不可分債務を有するものとなります（430条）。性質上可分なときに、不可分債務となる余地はないのです。

それでは、平成29年改正民法のもとにおいて、上記判例のように共同賃借人の賃料支払債務を不可分債務と解釈する余地は残されているのでしょうか。これは、性質上可分か不可分かをどのように判断するかという問題です。

この点について、物の性質自体によって可分か不可分かを判断するという考え方に立てば、金銭債務は性質上可分ですから、共同賃借人の賃料支払債務を不可分債務と解釈する余地はなく、原則として可分債務であり、あとは黙示の合意などを認定して連帯債務と扱う余地があるにすぎないことになります。

これに対して、性質上可分か不可分かは、物の性質自体（金銭債務）かどうかだけでなく、何に対する対価であるかという契約の性質も考慮して判断するという考え方に立てば、共同賃借人は不可分の給付である賃貸物の使用収益させてもらう権利の対価を性質上不可分に享受しているとして、共同賃借人の賃料支払債務を不可分債務と考えることもできます。この立場からすれば、平成29年改正民法のもとでも、上記判例のように共同賃借人の賃料支払債務を不可分債務と解釈する余地は残されていることになるのです。

上記のいずれの立場もありうると考えられますので、今後の解釈に委ねられることになるでしょう。

以上に対して、潮見先生は、平成29年改正民法のもとでは、「連帯債務と不可分債務とでは混同を除き絶対的効力事由の範囲が同一とされた。その意味では、不可分債務は『性質上、給付が不可分』の場合に限ることとし、これに対して、『給付が可分』であるものの、各債務者が共同・不可分に受ける利益の対価としての性質を有する債務については、新法のもとでは連帯債務として性質決定をするのが適切である（連帯の特約があると捉えるか、または当該契約の趣旨に照らせば連帯債務であると性質決定すれば足りる）」としています。

→ 大判大正11年11月24日民集1巻670頁

→ 部会第77回議事録8頁（内田委員発言）

→ 部会第77回議事録7～8頁（笹井関係官発言）

→ 一問一答118頁

→ 潮見・新債権総論Ⅱ574頁

●論点B⁻ランク（論証23）
→ 最判昭和34年6月19日（後出重要判例）

ところで、連帯債務者の1人が死亡し複数の相続人がいる場合に、被相続人の負担していた債務がどのようなかたちで相続されるかが問題となる。判例は、連帯債務を共同相続した場合には、**相続人らは各自の相続分に応じて被相続人の債務の分割されたものを承継**し、その承継した範囲において本来の債務者とともに連帯債務者になるとしている。その理由としては、被相続人の金銭債務その他の可分債務は法律上当然分割され、各共同相続人がその相続分に応じてこれを承継すると解されること、また、相続という偶然の事情によって共同相続人全員が全額給付という重い負担を課されるいわれはなく、被相続人の財産の範囲で担保されれば足りるということがあげられている。これに対しても、債権者の立場を重視し、不可分承継を主張する見解から、連帯債務の担保的機能を弱めるべきではないという批判が加えられている。

たとえば、AとBとが1200万円の連帯債務を負担していたもののAが死亡したとします。この場合には、Aに相続人として妻C、子D・Eがいるとき、各々が1200万円全額を負担するのではなく、各自の相続分に応じて、たとえば法定相続分に従うのならば（900条）、Cが600万円、D・Eがそれぞれ300万円ずつを分割承継し、その範囲で本来の債務者Bとともに連帯債務を負担すると考えていくわけです。

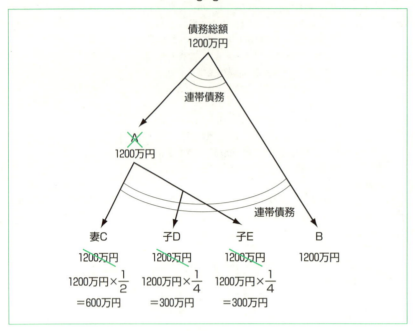

6-5

★**重要判例**（最判昭和34年6月19日〔百選Ⅲ62事件〕）
　「連帯債務は、数人の債務者が同一内容の給付につき各独立に全部の給付をなすべき債務を負担しているのであり、各債務は債権の確保及び満足という共同の目的を達する手段として相互に関連結合しているが、なお、可分なること通常の金銭債務と同様である。ところで、債務者が死亡し、相続人が数人ある場合に、被相続人の金銭債務その他の可分債務は、法律上当然分割され、各共同相続人がその相続分に応じてこれを承継するものと解すべきであるから……、連帯債務者の1人が死亡した場合においても、その相続人らは、被相続人の債務の分割されたものを承継し、各自その承継した範囲において、本来の債務者とともに連帯債務者となると解するのが相当である。」
【争点】連帯債務者の1人が死亡し、その相続人が数人ある場合に、相続人らは、どのような債務者となるか。
【結論】相続人らは、被相続人の債務の分割されたものを承継し、各自その承継した範囲において、本来の債務者とともに連帯債務者となる。

3 効力

【1】対外的効力

　各債権者または各債務者は、独立した分割債権・分割債務を有するが、前述したように、その割合は、法律の規定（899条等）または当事者間の特約があればそれによるが、原則として平等である（427条）。したがって、分割債権の各債権者は、自己の債権のみを単独で行使することができ、また、分割債務の各債務者は、

自己の債務のみを弁済すればよい。

　ただし、双務契約上の分割債権・債務が生じたときは、相手方全員が提供するまでは、自己の債務の履行を拒絶することができる(533条)と解すべきである。

> 　たとえば、Ａ・Ｂ・Ｃが共同してＧから30万円で物を買って10万円ずつ債務を負う場合(分割債務)のように、分割された債務が全体として双務契約上の一方の債務になっているときは、Ａ・Ｂ・Ｃが全部の履行をしない以上は、Ｇは、同時履行の抗弁権(533条)をもつと考えるべきです。

　また、1個の契約から分割債権・債務が生じたときの契約の解除は、すべての債権者からすべての債務者に対してしなければならない(544条1項)と解すべきである(解除権の不可分性)。

> 　たとえば、Ａ・Ｂ・Ｃが共同してＧから30万円で物を買って10万円ずつ債務を負う場合(分割債務)のように、分割債務関係が1個の双務契約から生じたものである以上、その契約の解除は、Ａ・Ｂ・Ｃ全員に対してのみ、またはその全員からのみなしうる(544条1項)と考えるべきです。

【2】 1人に生じた事由の効力

　分割債権債務においては、1人の債権者または1人の債務者について生じた事由については、すべて相対的効力しか有しない。すなわち、更改、免除、混同、時効などのほか、履行遅滞や履行不能も、すべて相対的・個別的に処理される。

【3】 内部関係(求償関係)

　分割債権・債務においては、債権者相互間・債務者相互間における内部関係の割合は、前述したように、法律の規定(899条等)または当事者間の特約があればそれによるが、法律の規定等のない場合は平等である(427条)。

　内部関係が平等でない場合において、自己に属する割合を超えて弁済を受領した債権者は、超過部分を他の債権者に分与しなければならないし、また、自己の負担すべき割合を超えて弁済した債務者は、他の債務者に対して求償をすることができる。

第6章 多数当事者の債権および債務

3. 不可分債権・不可分債務

1 総説

【1】不可分債権債務とは

不可分債権債務とは、不可分の給付を目的とする債権および債務をいい、その場合の当事者の関係を**不可分債権債務関係**という。

▶予備2015年度

←「不可分債権債務」とは

たとえば、甲・乙・丙の3人が共同して丁から1件の建物を購入し、丁に対して建物の引渡しを請求する権利を有する場合が不可分債権である。また、A・B・Cが共有する自動車をDに対し売却し、Dへの引渡債務を負う場合が不可分債務である。

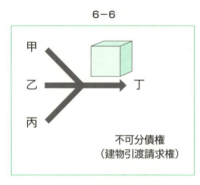

6-6 不可分債権（建物引渡請求権）

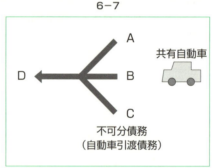

6-7 不可分債務（自動車引渡債務）

【2】不可分債権債務の性質

民法は、債権・債務の目的がその「**性質上不可分**である場合」について、不可分債権（428条）および不可分債務（430条）に関する規定を設けている。

このような不可分債権・債務は、本来ならばそれぞれ別個独立のものであるところ、性質上制約されているにすぎない。したがって、不可分債権・債務の目的である給付が不可分なものから可分なものに変じたときは、その債権・債務は分割債権・分割債務となる。すなわち、「不可分債権が可分債権となったときは、各債権者は自己が権利を有する部分についてのみ履行を請求することができ、不可分債務が可分債務となったときは、各債務者はその負担部分についてのみ履行の責任を負う」こととなる（431条）。

2 不可分債権

【1】要件

不可分債権は、「債権の目的がその性質上不可分である場合において、数人の債権者があるとき」に成立する（428条）。平成29年改正民法は、不可分債権が成

←平成29年改正

立する場合を、「債権の目的がその性質上又は当事者の意思表示によって不可分である場合」（改正前民法428条）から「債権の目的がその性質上不可分である場合」に限定した。

判例上、性質上不可分とされた債権としては、数人が供託した1枚の公債の取戻請求権、共有者の第三者に対する共有物引渡請求権、土地共有者の建物収去・土地明渡請求権、貸主が数人いる場合の家屋明渡請求権などがある。

➡ 大決大正4年2月15日
民録21輯106頁、
大判大正10年3月18日
民録27輯547頁、
最判昭和36年3月2日
民集15巻3号337頁、
最判昭和42年8月25日
民集21巻7号1740頁

【2】効力

⑴ 対外的効力

428条は432条を準用しており、不可分債権が成立する場合には、「各債権者は、全ての債権者のために全部又は一部の履行を請求することができ、債務者は、全ての債権者のために各債権者に対して履行をすることができる」（432条）。

すなわち、不可分債権者は、全員で権利を行使することは必要ではなく、各債権者は、自己の名で全部の履行を請求することができる。

> たとえば、A・B・CがGに対して自動車1台の引渡債権を有する場合には、Aは単独でGに対して全部の履行を請求することができるし、GはAのみに全部の履行をすることができます。

⑵ 1人について生じた事由の効力

⒜ 相対的効力の原則

不可分債権者の1人について生じた事由は、他の債権者にその効力を及ぼすであろうか。これが1人について生じた事由の効力の問題である。

この点について、428条は、433条（更改・免除の絶対的効力の規定）、435条（混同の絶対的効力の規定）の場合を除いて連帯債権の規定（432条から435条の2まで）を準用している。したがって、不可分債権においては、435条の2本文が規定する相対的効力の原則が妥当する。換言すれば、絶対的効力を規定した432条（履行の請求・履行）および434条（相殺）の場合を除き、不可分債権者の1人の行為または1人に生じた事由は、他の不可分債権者に対してその効力を生じないことになる（相対的効力）。

具体的には、更改（513条）・免除（519条）があった場合や代物弁済（482条）があった場合のような不可分債権者の1人の行為や、消滅時効の完成（166条）や混同（520条）のような不可分債権の1人に生じた事由は、他の不可分債権者に効力を生じないので、他の不可分債権者は、債務の全部の履行を請求することができる。

なお、平成29年改正により、前述したように、428条において連帯債権の相対的効力に関する435条の2の規定を準用していることから、相対的効力の原則を定めた改正前民法429条2項の規定は削除された。

➡ 部会資料84-3・20頁

⒝ 絶対的効力についての合意（特約）がある場合

不可分債権に関する428条は、連帯債権の絶対的効力事由についての合意を規定した435条の2ただし書を準用しているので、他の不可分債権者の1人および債務者が別段の意思を表示したときは、当該他の不可分債権者に対する効力は、その意思に従うことになる（428条・435条の2ただし書）。後述する連帯債務において詳しく説明することにする。

➡ 4節②【3】⑵⒜

6-3 不可分債権・不可分債務 313

(c) 更改・免除の場合の償還

　不可分債権者の１人と債務者との間に更改または免除があった場合においても、他の不可分債権者は、全部の履行を請求することができ（429条前段）、相対的効力の原則が妥当するが、民法は簡易な決済方法を定めている。すなわち、１人の不可分債権者がその権利を失わなければ分与されるべき利益を債務者に償還しなければならない（429条後段）。なお、平成29年改正により、「分与される利益」から「分与されるべき利益」へと表現が変更された。

> 　Ａ・ＢがＧに対して200万円相当の不可分債権（たとえば、200万円の価値のある絵画の引渡債権）を有する場合に、内部の割合が平等だとしましょう。
> 　この場合に、ＡがＧの債務を免除したとしても、他の不可分債権者Ｂは、免除の影響を受けないので、債務の全部の履行を請求することができます（429条前段）。しかし、Ａが免除しなかったら、Ｂは、Ａに対し受領した200万円相当の絵画の価値の半分である100万円相当の利益を分与すべきはずだったのですから、その分の利益を債務者Ｇに償還しなければなりません（429条後段）。償還方法としては、絵画の持分２分の１を償還する方法と、相当価額である100万円を金銭で償還する方法があります。結果的に、Ｂは、Ｇに対し100万円相当の利益のみを請求することができるのです。
> 　これは、ＡがＢからいったん分与を受けて不当利得によりＧにこれを返還するという煩雑さを避け、弁済を受ける債権者Ｂから直接債務者Ｇに利益を返還させるという趣旨なのです。

➡ 中田・債権総論438頁

(d) 絶対的効力が生ずる場合

　前述したように、絶対的効力について合意（特約）をした場合のほか、以下の事由については、絶対的効力が生じる。

(i) 履行の請求・履行（弁済）

　不可分債権が成立する場合には、「各債権者は、全ての債権者のために全部又は一部の履行を請求することができ、債務者は、全ての債権者のために各債権者に対して履行をすることができる」ので（428条・432条）、履行の請求と履行（弁済）については絶対的効力が認められる。

　すなわち、債権者の１人のした裁判上の請求（民事上の訴えの提起）、支払督促、和解・調停、破産手続参加・再生手続参加・更生手続参加による時効の完成猶予事由（147条１項各号）・更新事由（147条２項）や、裁判外の請求（催告）による時効の完成猶予事由（150条１項）、あるいは催告による付遅滞（412条３項）は、他の不可分債権者にもその効力が生じ、また、１人の債権者に対してなした債務者の弁済、弁済の提供、供託などの履行は、他の不可分債権者にもその効力を生ずる。

(ii) 相殺

　不可分債権に関する428条は、連帯債権者の１人との間の相殺に関する434条を準用しているので、債務者が不可分債権者の１人に対して債権を有する場合において、その債務者が相殺を援用したときは、その相殺は、他の不可分債権者に対しても、その効力を生ずることになる（428条・434条）。

⬅ 平成29年改正

> 　平成29年改正民法のもとでは、当事者の意思表示によって生じる不可分債権はなくなりましたし、しかも、不可分債権が金銭債権であることはほとんどなくなったと指摘されています。ですので、不可分債権においては、そもそも相殺適状にならず、相殺が問題になることは考えにくいといわれています。

➡ 部会資料83-2・17頁

(3) 求償関係(内部関係)

　不可分債権者の１人が全部の履行を受領したときは、他の債権者の利益部分に応じて分与が行われる。利益分与の割合について、改正前民法の場合と同様に、特別の事情がなければ、平等と推定されると解すべきである。

→ 潮見・改正法108頁

③ 不可分債務

【１】要件

　不可分債務は、「債務の目的がその性質上不可分である場合において、数人の債務者があるとき」に成立する(430条)。

　Ａ・Ｂ・Ｃが共有する自動車をＤに対して売却した場合の引渡債務は、債務の目的が性質上不可分であるから、不可分債務である。

　判例は、共同賃借人の賃料支払債務のほか、共同賃借人の賃貸借終了後における目的物返還義務や、共同相続人の所有権移転登記協力義務などを不可分債務としている。

← 「不可分債務」とは

→ 大判大正11年11月24日
　民集１巻670頁
→ 大判大正７年３月19日
　民録24輯445頁
→ 最判昭和36年12月15日
　民集15巻11号2865頁

【２】効力

(1) 対外的効力

　債権者の債務者に対する請求に関しては、430条により、連帯債務に関する436条の規定が準用される。したがって、債権者は、その不可分債務者の１人に対し、または同時にもしくは順次にすべての連帯債務者に対し、全部または一部の履行を請求することができる(430条・436条)。前述したＡ・Ｂ・Ｃが共有する自動車をＤに対して売却した場合の引渡債務についてみると、Ｄは、Ａ、Ｂ、Ｃのいずれに対してでも自動車の引渡しを請求することができるのであって、債権者Ｄにとって有利な扱いである。

> 　430条が準用する436条は複雑な条文構造になっていますが、この条文構造については連帯債務のところで説明します。

→ 4節[2]【3】(1)

　また、不可分債務が可分債務となったときは、各債務者はその負担部分についてのみ履行の責任を負う(431条)。

(2) １人について生じた事由の効力

(a) 相対的効力の原則

　不可分債務に関する430条は連帯債務者の１人との混同に関する440条を除いて連帯債務の規定を準用しているので、不可分債務においても、441条本文が規定する**相対的効力の原則**が妥当する。すなわち、不可分債務では、不可分債務者の１人に生じた事由は、440条不適用であることから(430条第２括弧書)、混同も含めて他の不可分債務者に対してその効力を生じない(430条・441条本文)。

　相対的効力の原則の具体例については、連帯債務のところで詳述する。なお、前述したように、不可分債権にあっては、履行の請求については絶対的効力が認められるが(428条・432条)、不可分債務にあっては、連帯債務と同様に、**履行の請求**には絶対的効力が生じないので、注意してほしい。

　ところで、不可分債務者の１人について生じた事由の影響関係については、上記のように連帯債務の規定を準用することで、連帯債務と同様の処理をすること

→ 4節[2]【3】(2)
→ 本節[2]【2】(2)(d)(ⅰ)

にしているが、その例外として、混同は、連帯債務の場合には絶対的効力事由とされている（440条）のに対し、440条は不可分債務には準用されず（430条第2括弧書）、相対的効力事由とされている点に注意してほしい。その理由は、以下のとおりである。

すなわち、連帯債務において混同を相対的効力事由とすると、他の連帯債務者は履行をしたうえでその履行を受けた者に対して求償するという迂遠な処理が必要になる。しかし、不可分債務では、履行すべき内容と求償の内容とが異なっており、同一の者に対して履行したうえで求償することが迂遠で無意味な処理であるとはいえない。そこで、不可分債務では、混同を相対的効力事由とする改正前民法の規律を改めなかった。

→ 部会資料67A・21頁

平成29年改正民法では、不可分債務を成立させる場合を「債務の目的がその性質上不可分である場合」に限定しています（430条）。その結果、「金銭債務が不可分債務である例は、ほとんどないことになる」ともいわれています。そうすると、不可分債務の場合には、連帯債務（性質上可分）の場合と異なり、履行すべき内容と求償の内容とがともに金銭であって同一であるということはないことになります。ですから、「不可分債務においては、履行すべき内容と求償の内容とが異なっており、同一の者に対して履行したうえで求償することが迂遠で無意味な処理であるとはいえない」ことになるのです。

→ 潮見・改正法111頁

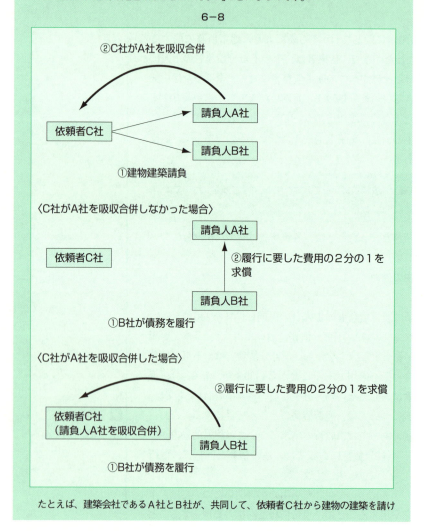

6-8

たとえば、建築会社であるA社とB社が、共同して、依頼者C社から建物の建築を請け

→ 平野・債権総論227頁

負ったとします。この場合には、AとBは、Cに対して、不可分債務として建物建築請負債務を負っていることとなります。このとき、CがAを吸収合併すると、CのAに対する債権は混同により消滅します。

混同は相対的効力事由なので、CがAを吸収合併したことは、CとBとの関係には影響しません。Bは、Cに対して、建物建築請負債務を履行しなければなりません。もっとも、Bは、本来であれば、建物の建築に際して負担した費用の2分の1について、Aに対して求償することができたはずです。AはCに吸収合併されているので、Bは、Cに対して、建物の建築に際して負担した費用の2分の1を求償することとなります。

かりに、混同が絶対的効力事由だとすると、この事例では、Bは、Cに対して、費用の2分の1を求償しない代わりに、建物の2分の1だけを建築して引き渡せばよいこととなるでしょう。しかし、そのような結論が当事者の意思にかなうとは考えにくいです。

このように、不可分債務では、履行すべき内容(建物の建築)と求償の内容(費用の2分の1の求償)とが異なっており、同一の者(C)に対して履行したうえで求償することが迂遠で無意味とはいえないのです。

(b) 絶対的効力についての合意(特約)がある場合

430条が準用する441条ただし書により、債権者および他の不可分債務者の1人が別段の意思を表示したときは、当該他の不可分債務者に対する効力は、その意思に従うこととされているため、絶対的効力についての合意(特約)を結ぶことができる。この点については、後述する連帯債務のところで詳しく説明する。

← 平成29年改正

➡ 4節②【3】(2)(a)

(c) 絶対的効力事由

前述したように、不可分債務に関する430条は、混同に関する440条の規定を除いて連帯債務の規定を準用しているので、**更改**(438条)および**相殺**(439条)については、不可分債務者の1人について生じた事由が他の不可分債務者にも効力を及ぼすことになる。更改および相殺の絶対的効力については、連帯債務のところで詳しく説明する。

➡ 4節②【3】(2)(c)(ii)(iii)

また、明文の規定はないが、**弁済(履行)**は、債権の消滅をきたす債権本来の目的であるから、当然に絶対的効力を有する。したがって、弁済と同視されるべき代物弁済(482条)、供託(494条)も絶対的効力を生じる。

ここで、不可分債権者と不可分債務者の1人について生じた事由の効力をまとめた表を示しておく。

○絶対効　×相対効

	不可分債権		不可分債務	
	改正前民法	平成29年改正民法	改正前民法	平成29年改正民法
履行・弁済	○	○(428・432)	○	○
履行の請求	○	○(428・432)	×	×(430・441本文)
無効・取消し	×	×(428・435の2本文)	×	×(430・437)
更改	×	×(428・435の2本文)	× ──▶ ○(430・438)	
相殺	× ──▶ ○(428・434)		○	○(430・439)
混同	×	×(428・435の2本文)	×	×(430・441本文)
免除	×	×(428・435の2本文)	×	×(430・441本文)
時効の完成	×	×(428・435の2本文)	×	×(430・441本文)

⑶ 求償関係（内部関係）

　不可分債務に関する430条は、求償関係についても連帯債務の規定を準用するので、442条以下の規定が準用される。したがって、負担部分に応じた求償が認められる。この点を含めて、連帯債務のところで詳述する。

→ 4節②【3】⑶

第6章 多数当事者の債権および債務

4. 連帯債権・連帯債務

1 連帯債権

【1】意義

(1) 連帯債権とは

連帯債権とは、複数の債権者が、債務者に対し、同一の可分給付について有する債権であって、各債権者はそれぞれ独立して全部の給付を請求する権利を有し、そのうちの１人の債権者がその給付を受領すればすべての債権者の債権が消滅するものをいう。

連帯債権については、改正前民法では明文の規定がなかったが、裁判例や学説において認めるものがあったほか、金融実務等において有用な概念であるとして、これに関する規定を設けるべきであるという指摘があった。

裁判例として認められた例としては、以下のものがある。

①甲・乙が共同して宅地・建物の売買の媒介行為をした場合に、買主より委託を受けていない甲も、信義誠実を旨とする業務上の一般的注意義務を負い、買主より委託を受けた乙とともに買主に対して報酬金債権を取得するが、当事者間の関係より考えて、甲・乙両者の報酬金債権は連帯債権関係にある。

②数名の弁護士が共同訴訟代理人となった場合に、各共同訴訟代理人は、委託者である当事者に対し、それぞれ受任事件の処理につき業務上の注意義務を負うとともに直接報酬請求権を有し、その性質上連帯債権者の地位に立つものとして、共同訴訟代理人の１人が、他の１人の死亡後も約定の報酬請求権を有する。

③賃貸人の転借人に対する賃料請求権と転貸人の転借人に対する賃料請求権とは連帯債権類似の関係になる。

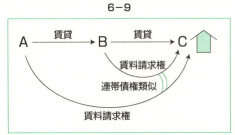
6-9

以上のようなことから、平成29年改正民法は、連帯債権に関する規律を新設した(432条から435条の２まで)。

(2) 連帯債権の特徴

連帯債権の特徴は、「各債権者は、全ての債権者のために全部又は一部の履行

← 「連帯債権」とは

→ 中間試案の補足説明207頁、部会資料67B・7頁

→ 中間試案の補足説明207頁参照

→ 京都地判昭和42年9月5日
判時504号79頁

→ 東京地判昭和54年4月27日
判タ394号111頁

→ 東京地判平成14年12月27日
判時1822号68頁

← 平成29年改正

を請求することができ、債務者は、全ての債権者のために各債権者に対して履行をすることができる」点にある（432条）。

【2】 要件

連帯債権は、「債権の目的がその**性質上可分**である場合において、**法令の規定**又は**当事者の意思表示**によって数人が連帯して債権を有するとき」に成立する（432条）。

法令の規定によって連帯債権が成立する例としては、復代理人に対する本人と代理人の権利（106条2項）や、転借人に対する賃貸人と転貸人の権利（613条1項前段）などがあげられる。

→ 部会資料8−2・34頁、中間試案の補足説明207頁

> 繰り返しになりますが、平成29年改正民法のもとでは、債権の内容が性質上可分であるときには、各債権者は、原則として分割債権を有することになりますが、法令の規定または当事者の意思表示によって、例外的に連帯債権として取り扱われることになります。これに対して、債権の内容が性質上不可分であるときは、各債権者は、もっぱら不可分債権を有するものとなります。
>
> 結局、連帯債権と不可分債権とは、債権の内容が性質上可分か不可分かによって区別されることになったのです。

【3】 効力

⑴ 対外的効力

前述したように、連帯債権が成立する場合には、「各債権者は、全ての債権者のために全部又は一部の履行を請求することができ、債務者は、全ての債権者のために各債権者に対して履行をすることができる」（432条）。

連帯債権の対外的効力について、後述する連帯債務の場合（436条）と同様の規律としているものである。

⑵ 1人について生じた事由の効力

⒜ 相対的効力の原則（435条の2）

連帯債権者の1人について生じた事由の効力について、435条の2本文は、「第432条から前条までに規定する場合〔履行の請求・履行、更改・免除、相殺、混同の場合〕を除き、連帯債権者の1人の行為又は1人について生じた事由は、他の連帯債権者に対してその効力を生じない」と規定し、連帯債権において**相対的効力の原則**を採用している。

ただし、435条の2ただし書は、「他の連帯債権者の1人及び債務者が別段の意思を表示したときは、当該他の連帯債権者に対する効力は、その意思に従う」と規定し、絶対的効力についての合意（特約）が可能であることを明記している。後述する連帯債務におけるのと同様の意味である。

→ 本節②【3】⑵⒜

⒝ 絶対的効力事由

⒤ 履行の請求・履行（弁済）

連帯債権が成立する場合には、「各債権者は、全ての債権者のために全部又は一部の履行を請求することができ、債務者は、全ての債権者のために各債権者に対して履行をすることができる」ので（432条）、**履行の請求**と**履行（弁済）**については絶対的効力が認められる。すなわち、債権者の1人のした裁判上の請求（民事上の訴えの提起）、支払督促、和解・調停、破産手続参加・再生手続参加・更

生手続参加による時効の完成猶予事由(147条1項1号から4号まで)・更新事由(147条2項)や、裁判外の請求(催告)による時効の完成猶予事由(150条1項)、あるいは催告による付遅滞(412条3項)は、他の連帯債権者にもその効力が生じ、また、1人の債権者に対してなした債務者の弁済、弁済の提供、供託などの履行は、他の連帯債権者にもその効力を生ずる。

(ii) **更改・免除**

433条は、「連帯債権者の1人と債務者との間に更改又は免除があったときは、その連帯債権者がその権利を失わなければ分与されるべき利益に係る部分については、他の連帯債権者は、履行を請求することができない」とし、持分割合型の絶対的効力事由を採用している。

→ 潮見・改正法109頁

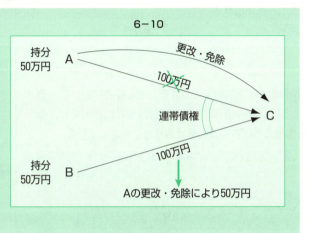

たとえば、A・Bが債務者Cに対し100万円の連帯債権(AとBの持分は各50万円とします)を有している場合に、AがCとの間で更改または免除をしたときには、Bは、Cに対して50万円を請求できるにすぎません。

| 平成29年改正事項 | 連帯債権者の1人との間の更改・免除 | B3 |

不可分債権では、更改または免除をした債権者以外の債権者は、債務者に対し、不可分債権全体につき履行を求めることができるが、その債権者は、更改または免除をした債権者に分与される利益を債務者に償還しなければならないとされる(改正前民法429条1項、現429条)。

しかし、性質上可分な給付を内容とする連帯債権(金銭債権であることが通常である)では、更改または免除をした債権者以外の債権者が、債務者に対し、連帯債権全体につき履行を求めつつ、その債権者が、更改または免除をした債権者に分与される利益を債務者に償還しなければならないとするのは迂遠である。

そこで、平成29年改正民法は、連帯債権について、不可分債権と異なり、更改・免除について絶対的効力事由とした(433条)。

→ 部会資料80-3・12頁、一問一答120頁、潮見・改正法109頁

6-11 連帯債権者の1人との間の更改・免除

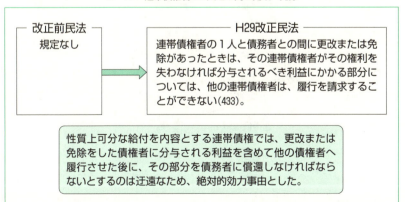

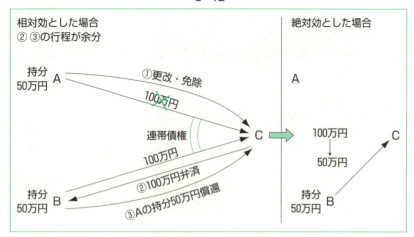

(iii) 相殺

434条は、「債務者が連帯債権者の1人に対して債権を有する場合において、その債務者が相殺を援用したときは、その相殺は、他の連帯債権者に対しても、その効力を生ずる」とし、連帯債権における相殺の絶対的効力を規定している。

→ 潮見・改正法110頁

たとえば、A・Bが債務者Cに連帯債権を有している場合に、CがAに対する反対債権αでAのCに対する(連帯)債権βを相殺したときは、BのCに対する(連帯)債権γも消滅することになります。あとは、A・B間での利益分与の請求の問題として処理されます。

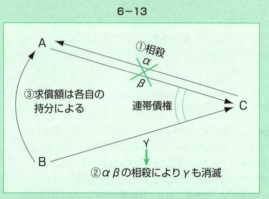

なお、明文にはありませんが、AがCに対する(連帯)債権βを自働債権としてCのAに対する反対債権γと相殺した場合には、BのCに対する(連帯)債権αも消滅することはいうまでもありません。

| 平成29年改正事項 | 連帯債権者の1人との間の相殺 | B3 |

→ 部会資料83-2・16頁、一問一答120頁

たとえば、AおよびBが債務者Cに対し100万円の連帯債権を有している場合に、その債務者CがAに対して有する100万円の債権をもって相殺をした事例を前提に考えてみる。

たしかに、その相殺の効果がBにも及ぶと、BはCに対して連帯債権を行使することができず、Aに対して求償権を行使することとなるので、

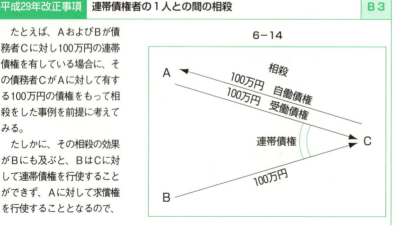

かりに、Cが資力を有し、他方で、Aが無資力であるような場合には、Bは害されることになるようにも思える。

しかし、そもそも、債務者が資力を有しないAに現金で弁済し、Aがその現金を費消したような場合には、BはAから償還を受けることができず、債務者に対しても連帯債権を行使することはできない。そうであれば、弁済と実質的に同じ効果を有する相殺の場合でAが無資力である危険をBが負担するのは、むしろバランスが取れているように思われる。また、Bに相殺の効力が及ばないとすると、相殺をした債務者Cの相殺に対する期待が害されるほか、Bは、債務者Cから全額を受け取りながら、Aに対しその持分を償還しなければならなくなるなど、その後の処理が迂遠なものになることは否定できない。

そこで、平成29年改正民法は、連帯債権における相殺の絶対的効力を定めた（434条）。

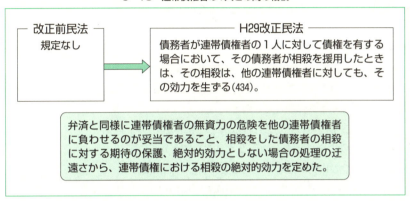

6-15 連帯債権者の1人との間の相殺

(ⅳ) 混同

435条は、「連帯債権者の1人と債務者との間に混同があったときは、債務者は、弁済をしたものとみなす」とし、連帯債権における混同を絶対的効力事由としている。

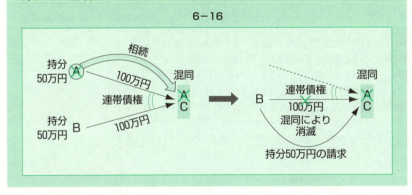

→ 潮見・改正法110頁

(3) 内部関係（求償関係）

連帯債権者の1人が全部の履行を受領したときは、他の債権者の利益部分に応じて分与が行われる。利益分与の割合について、連帯債権者間に何らの合意もないときは、平等であると解されている。

2 連帯債務

【1】意義
(1) 連帯債務とは

　連帯債務とは、数人の債務者が、同一の内容の可分給付につき、各自独立して全部給付すべき債務(**全部給付義務**)を負うが、そのうちの1人が給付すれば、全債務者の債務が消滅する(この性質を**給付の一倍額性**という)とされる場合の多数当事者の債務をいう。要するに、各自が全部給付義務を負う債務である。

　　← 「連帯債務」とは

　　← 「給付の一倍額性」とは

　たとえば、夫婦甲・乙が日常の家事に関して発生した債務を「連帯」して負担しなければならない場合(761条)のように法令の規定や、B・C・Dが共同して、Aから900万円を借り、それを連帯して返済することを約定した場合のように当事者の意思表示によって生じる。

(2) 連帯債務の特徴——各債務の独立性

　連帯債務の特徴は、**債務者の数に応じた数個の独立した債務**であるという点にある。この点をしっかりと押さえておこう。このような連帯債務における各債務の独立性という特徴から、以下のような具体的な点が導かれる。

　第1に、連帯債務者の1人について法律行為の無効または取消しの原因があっても、他の連帯債務者の債務は、その効力を妨げられないとされる(437条)。これは、各債務が独立しているから、1つの債務が意思無能力などによって無効であったり、行為能力の制限や錯誤、詐欺・強迫などによって取り消されたりしたとしても、他の債務は影響を受けないということである。

　第2に、連帯債務における各債務は、それぞれ期限や条件を異にしたり、利息付きや無利息としたりすることもできる。もちろん、債権額が異なってもよい(**不等額連帯**)。

　第3に、連帯債務者の1人についてのみ保証債務を成立させることができる(464条参照)。

　第4に、連帯債務者の1人のみに対する債権を、他人に譲渡することができる(判例)。この場合であっても、連帯債務関係は維持される。また、この場合には、債権者も複数になるため、連帯債権関係にもなる。なお、債権譲渡の対抗要件は債務者ごとに備えなければならない。

　　→ 大判大正8年12月15日民録25輯2303頁

> 　このように、連帯債務の場合には、数個の独立した債務、これが一定の事情に基づいて束ねられて横のつながりが認められるものと理解しておくとよいでしょう。
> 　前述した不可分債務というのは、もともと分けることができない1本の債務を数人が負担するというようなイメージですが、連帯債務は、もともと数人がそれぞれ独立の債務を負っていて、たまたまそれが連帯債務関係によって束ねられているだけだというイメージです。

6-17

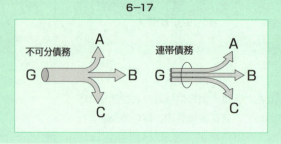

【2】要件

連帯債務は、「債務の目的がその性質上**可分**である場合において、**法令の規定又は当事者の意思表示**によって数人が連帯して債務を負担するとき」に成立する（436条）。

平成29年改正事項	連帯債務に関する規定	C1

→ 部会資料67 A・1頁、一問一答117頁

改正前民法432条は、数人が連帯債務を負担する場合について、債権者が1人またはすべての連帯債務者に対して履行を請求することができることを規定していた。

しかし、数人の債務者がどのような場合に連帯債務を負担することになるかは明らかでなく、また、改正前432条以下の連帯債務に関する規定がどのような場合に適用されるかも条文上不明な状態にあった。そのため、連帯債務に関する規定が適用される場面やどのような場合に成立するかに関する規定を設ける必要があると指摘されていた。

そして、複数の債務者が同一の給付を目的とする債務を負担する場合に、その給付内容が性質上不可分のときは不可分債務（430条）が成立するから、連帯債務が成立するのは、複数の債務者が、その目的が性質上可分な債務を負担するときである。また、連帯債務は、一般に、法令の規定または当事者の意思表示によって成立するとされる。

そこで、平成29年改正民法は、「債務の目的がその性質上可分である場合において、法令の規定又は当事者の意思表示によって数人が連帯して債務を負担するとき」に連帯債務が成立する旨規定した（436条）。

6−18　連帯債務に関する規定

改正前民法	H29改正民法
数人が連帯債務を負担するときは、債権者は、その連帯債務者の1人に対し、または同時にもしくは順次にすべての連帯債務者に対し、全部または一部の履行を請求することができる（432）。	債務の目的がその性質上可分である場合において、法令の規定または当事者の意思表示によって数人が連帯して債務を負担するときは、債権者は、その連帯債務者の1人に対し、または同時にもしくは順次にすべての連帯債務者に対し、全部または一部の履行を請求することができる（436）。

連帯債務に関する規定が適用される場面やどのような場合に成立するかが条文上不明であったため、不可分債務の成立範囲を考慮して条文化した。

すでに述べたように、連帯債務は法令の規定または当事者の意思表示で成立することが明記され、かつ、債務の目的がその性質上「可分」である場合に限定されていますので、性質上「不可分」である場合には、不可分債務となります。ですから、平成29年改正民法のもとでは、債権の目的が「その性質上可分である」が、意思表示により不可分債務となるというケースは認められないので、注意してください。金銭債権債務が不可分債権債務となることが、ほぼなくなると思われます。

→ 潮見・改正法112頁

（1）　法令の規定による連帯債務の成立

「法令の規定」によって連帯債務が成立する場合の例としては、共同不法行為者の責任に関する719条1項、日常家事債務の連帯責任に関する761条、多数当事者間の債務の連帯に関する商法511条1項、役員等の連帯責任に関する会社法430条、および役員等の連帯責任に関する一般法人法118条などがあげられる。

(2)　当事者の意思表示による連帯債務の成立

　「当事者の意思表示」によって連帯債務が成立する場合の例としては、債権者・債務者間の合意（契約）や遺言（負担付遺贈において複数の受遺者について連帯債務を負わせる場合）などがあげられる。

【3】効力

(1)　対外的効力

　連帯債務が成立する場合には、「債権者は、その連帯債務者の1人に対し、又は同時に若しくは順次に全ての連帯債務者に対し、全部又は一部の履行を請求することができる」と規定している（436条）。

> 　この436条は、一見すると複雑な条文構造なので、どのような請求ができるかを具体的に説明すると、債権者は、
> 　　①債務者の1人に対し全部の請求、
> 　　②債務者の1人に対し一部の請求、
> 　　③すべての債務者に対し同時に全部の請求、
> 　　④すべての債務者に対し同時に一部の請求、
> 　　⑤すべての債務者に対し順次に全部の請求、
> 　　⑥すべての債務者に対し順次に一部の請求
> のいずれでもすることができるということです。

　これは、債権者は、連帯債務者に対し、どのような請求の仕方であろうと、全額回収をすることができるということを意味している。すなわち、債権者にとっては、債権の効力が強化されたことになる（弁済の確実性）。前述したように、債権担保制度としての人的担保の役割を果たしているのである。

　具体的には、裁判上の請求（訴えの提起）の場合に問題となり、債権者は、連帯債務者の1人に対して給付の訴えを提起した後であっても、二重起訴の禁止（民訴142条）に触れることなく、他の連帯債務者に対する給付の訴えを提起することができるし、また、一部の連帯債務者に対する確定判決を得た後でも、その判決の既判力（民訴114条、115条1項各号）を受けずに、さらに複数の訴えを提起することができる。

> 　上記の具体例は、民事訴訟法を勉強したあとにもう一度立ち戻ってください。現時点では、そういうものかという理解で十分でしょう。

平成29年改正事項　連帯債務者についての破産手続の開始に関する規定の削除　**B1**

▶ 部会資料67A・14頁、一問一答123頁

　改正前民法441条は、連帯債務者の全員またはそのうちの数人が破産手続開始の決定を受けたときは、債権者は、その債権の全額について各破産財団の配当に加入することができると規定していた。
　しかし、連帯債務者の数人について破産手続開始決定があった場合の手続については、別途、破産法104条1項が、「数人が各自全部の履行をする義務を負う場合において、その全員又はそのうちの数人若しくは1人について破産手続開始の決定があったときは、債権者は、破産手続開始の時において有する債権の全額についてそれぞれの破産手続に参加することができる」と規定しており、この規定の存在によって、改正前民法441条は実際上適用されない規定となっていた。
　そこで、平成29年改正民法は、連帯債務者についての破産手続の開始に関する規定（改正前民法441条）を削除した。

6−19　連帯債務者についての破産手続の開始に関する規定の削除

```
┌─────────────── 改正前民法 ───────────────┐        ┌─ H29改正民法 ─┐
│ 連帯債務者の全員またはそのうちの数人が破産手  │   →    │     削除      │
│ 続開始の決定を受けたときは、債権者は、その債  │        │              │
│ 権の全額について各破産財団の配当に加入するこ  │        │              │
│ とができる(441)。                            │        └──────────────┘
└──────────────────────────────────────────┘

      ┌──────────────────────────────────────────┐
      │ 破産法104条1項により改正前民法441条は実際上適用されな │
      │ い規定となっていたため削除                        │
      └──────────────────────────────────────────┘
```

⑵　1人について生じた事由の効力

⒜　相対的効力の原則(441条)

441条本文は、「第438条〔更改〕、第439条1項〔相殺〕及び前条〔混同〕に規定する場合を除き、連帯債務者の1人について生じた事由は、他の連帯債務者に対してその効力を生じない」と規定し、**相対的効力の原則**を採用している。

　改正前民法440条も、連帯債務について相対的効力の原則を採用していましたが、履行の請求、更改、相殺、免除、混同および時効の完成という事由が連帯債務者の1人に生じると絶対的効力を有するという性質があるとして、絶対的効力(絶対効)が広く認められていました(改正前民法434条から439条まで)。

　このように、連帯債務について広く絶対的効力が生じるとされたのは、連帯債務者相互間の密接な横のつながり、つまり共同事業関係や共同生活関係など主観的関連(主観的共同関係)を重視したことによると説明されていました。

　しかし、絶対的効力を広く認めると、それだけ債権の効力(担保的機能)が弱められてしまいます。しかも、判例は、共同不法行為者が負担する損害賠償債務は、必ずしも主観的関連があるわけではなく、被害者の利害保護の観点から連帯債務の担保的機能を弱めることは適当でないとして、絶対的効力事由に関する一部の規定の適用がない不真正連帯債務に該当するとしていましたが、真正の連帯債務者間においても必ずしも主観的関連が強いとはかぎりません。

　そのため、平成29年改正民法では、絶対的効力が生じる場合を極限まで限定し、更改、相殺および混同の場合にかぎったのです。絶対的効力から相対的効力に変更された事項については後述しますが、あらかじめ表を掲げておきます。

⇨ 最判昭和45年4月21日判時595号54頁など

連帯債務　　　　　　　　　　　　　○絶対効　×相対効　△条件付き相対効

	改正前民法	平成29年改正民法
弁済	○	○
履行の請求	○ ――――――→	×(441本文)
無効・取消し	×	×(437)
更改	○	○(438)
相殺	○	○(439Ⅰ)
他人の債権での相殺	負担部分のみ援用可 ――→	負担部分のみ履行拒絶可
混同	○	○
免除	△ 負担部分のみ ――――→	×(441本文)
時効の完成	△ 負担部分のみ ――――→	×(441本文)

6-4　連帯債権・連帯債務　　327

もっとも、441条ただし書は、「債権者及び他の連帯債務者の1人が別段の意思を表示したときは、当該他の連帯債務者に対する効力は、その意思に従う」と規定し、絶対的効力をもたせる旨の合意(特約)ができることを明記している。たとえば、債権者G、連帯債務者A・B・Cがいる場合において、GとBとの間で、「GがAに対して履行の請求をした場合には、Bに対しても履行の請求をしたことにする」旨の合意をした場合などである。

　なお、GとBとの間で、「GがBに対して履行を請求した場合には、Aに対しても履行の請求をしたことにする」旨の合意をしたとしても、Aとの関係でBの履行の請求が絶対的効力を有することにならないことには注意してほしい。

→ 平成29年改正

→ 潮見・改正法115頁、潮見・新債権総論Ⅱ595頁

→ 潮見・改正法115頁、潮見・新債権総論Ⅱ595頁

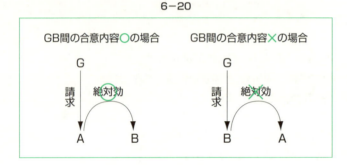

6-20

(b) 相対的効力事由の具体例

　以下では、相対的効力事由の具体例を説明することにする。前述したように、平成29年改正民法では、履行の請求、免除および時効の完成も相対的効力となった。ただし、前述したように、絶対的効力をもたせる旨の合意(441条ただし書)は可能である。

(i) 履行の請求

　連帯債務者の1人に対して履行の請求をしたとしても、他の連帯債務者に対して効力を生じない。したがって、債権者が連帯債務者の1人に対して裁判上の請求(民事上の訴えの提起)をしても、他の連帯債務者について時効の完成猶予(147条1項1号)・更新(147条2項)の効力は生じないし、また、債権者が連帯債務者の1人に対して裁判外の請求(催告)をしても、他の連帯債務者に時効の完成猶予(150条1項)の効力は生じない(これらの点は、後述する)。さらに、期限の定めのない債務について、連帯債務者の1人に対する請求によって他の連帯債務者をも履行遅滞に付する(412条3項)ということにはならない(この点について、後でも触れる)。

→ 本節②【3】(2)(b)(ii)

→ 本節②【3】(2)(b)(iii)

> **平成29年改正事項**　履行の請求の相対効　　C1
>
> 　改正前民法434条は、「連帯債務者の1人に対する履行の請求は、他の連帯債務者に対しても、その効力を生ずる」とし、履行の請求の絶対的効力を規定していた。これは、連帯債務者間の共同事業関係や共同生活関係が存在することが多いことから、請求に絶対的効力を認める処理が合理的であるという根拠に基づくなどとされていた。
> 　しかし、これに対しては、履行の請求を受けていない連帯債務者にとっては、自分の知らない間に履行遅滞に陥っていたり(412条3項参照)、消滅時効が中断していたりする(改正前民法147条1号)など不利益が大きい点で問題があるとの指摘があった。また、連帯債務者間の関係はさまざまであり、必ずしも主観的な共同関係が強いとはかぎらない。
> 　そこで、平成29年改正民法は、当事者間の特段の合意がない場合の原則的な規定としては、

→ 部会資料67A・3頁、一問一答122頁

328　6章　多数当事者の債権および債務

請求は相対的効力のみを有する立場を採用し、改正前民法434条を削除することにした(441条が適用されることになる)。

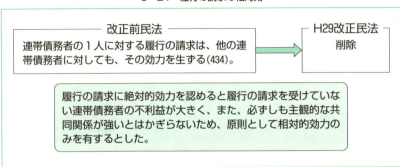

6-21　履行の請求の相対効

以上のように、連帯債務について、履行の請求が相対効とされたことによって、債権者は、連帯債務者ごとに請求をする必要があり、負担が増大することになりました。ですから、債権者は、この負担を回避するために、前述した各連帯債務者と絶対的効力の特約(441条ただし書)を結ぶ必要が生じます。

(ii)　**時効の完成猶予および更新・放棄**

　連帯債務者の1人について時効の完成猶予事由(147条1項各号、148条1項各号、149条各号、150条1項、151条、161条)・更新事由(147条2項、148条2項本文、152条)があっても、その効果は他の連帯債務者に及ばないので、他の債務者については時効が完成しうる。したがって、債権者は、すべての連帯債務者について時効の完成猶予・更新をしたければ、すべての連帯債務者に対して個別に完成猶予事由・更新事由をみたさなければならない。

　　時効の完成猶予事由・更新事由については、民法総則で勉強することになりますが、復習を兼ねて詳しくあげることにします。
　　まず、時効の完成猶予事由としては、裁判上の請求(147条1項1号)、支払督促(147条1項2号)、裁判上の和解・民事調停または家事調停の調停(147条1項3号)、倒産手続参加(破産手続参加・再生手続参加・更生手続参加、147条1項4号)、強制執行(148条1項1号)、担保権の実行(148条1項2号)、民事執行法195条に規定する担保権の実行としての競売の例による競売(148条1項3号)、民事執行法196条に規定する財産開示手続(148条1項4号)、仮差押え(149条1号)、仮処分(149条2号)および催告(150条1項)、協議を行う旨の書面による合意(151条)、天災等(161条)があげられます(その他、158条から160条まで)。
　　次に、時効の更新事由としては、裁判上の請求等(147条1項)が確定判決等により権利が確定したとき(147条2項)、強制執行等が終了した時(148条2項本文。ただし、取下げ等の場合を除く、148条2項ただし書)および承認(152条)があげられます。
　　これらはすべて、相対的効力しかないのです。

　また、連帯債務者の1人がした時効利益の放棄も相対効とされ、他の連帯債務者にはその効力を及ぼさない(判例)。

→ 大判昭和6年6月4日民集10巻401頁

(iii)　**帰責事由・遅滞**

　連帯債務者の1人に帰責事由があっても、他の連帯債務者に帰責事由があったことにはならない。また、請求による履行遅滞を含めて履行遅滞の責任も相対効とされる。

6-4　連帯債権・連帯債務　329

(ⅳ) 無効・取消し

連帯債務者の1人について法律行為の無効または取消しの原因があっても、他の連帯債務者の債務には影響を与えない（437条）。たとえ、連帯債務が1個の契約から生じた場合であっても、各自の債務は別個独立したものであるから、同様に影響を与えない。

(ⅴ) 免除

債権者が連帯債務者の1人に対して免除をした場合であっても、その効力は免除を受けた連帯債務者に対して及ぶにすぎず、他の連帯債務者に対して効力を有しない。

> **平成29年改正事項　免除の相対効**　C1
>
> 　改正前民法437条は、「連帯債務者の1人に対してした債務の免除は、その連帯債務者の負担部分についてのみ、他の連帯債務者の利益のためにも、その効力を生ずる」とし、免除の絶対的効力を規定していた。
> 　しかし、これに対しては、債権者が連帯債務者の1人に対して債務の免除をする場合には、債権者は単にその連帯債務者に対しては請求しないという意思を有しているにすぎず、他の連帯債務者に対してまで債務の免除をするという意思は有しないのが通常であるから、免除の絶対的効力は取引の実態に適合しないとの指摘がなされていた。
> 　そこで、平成29年改正民法は、一般的な債権者の意思との乖離を解消するため、改正前民法437条の規定を削除することとした。そして、441条が適用される結果、債権者が連帯債務者の1人に対して免除をした場合であっても、その効力は免除を受けた連帯債務者に対して及ぶにすぎず、他の連帯債務者に対して効力を有しないことになった。

→ 部会資料67A・7頁、一問一答122頁

6-22　免除の相対効

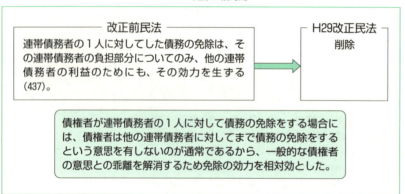

このように、平成29年改正により改正前民法437条が削除され、免除は絶対的効力事由から相対的効力事由へと改められたが、この改正によって、連帯債務者の1人に対する意思表示によって全員の債務を免除することもできるという判例法理に変更はないと解されている。

なお、連帯債務者の1人との間の免除と求償権との関係については、後述する。

(ⅵ) 時効の完成

連帯債務者の1人について時効が完成しても、その効力は他の連帯債務者には及ばない。

← 平成29年改正

→ 潮見・改正法115頁、百選Ⅱ45頁[福田]、最判平成10年9月10日（百選Ⅱ21事件）

→ 本節②【3】(3)(g)

> **平成29年改正事項　時効の完成の相対効**　C1
>
> 　改正前民法439条は、「連帯債務者の1人のために時効が完成したときは、その連帯債務者の負担部分については、他の連帯債務者も、その義務を免れる」とし、時効が完成した連帯債

→ 部会資料67A・10頁、一問一答123頁

者の負担部分の限度で絶対的効力を生じることを規定していた。これは、当事者間の関係を簡易に決済しようとしたものといわれていた。

しかし、実務上、債権者が、連帯債務者のうちの資力のあるAから弁済を受けるつもりで、その連帯債務者Aに対する債権が消滅時効にかかることを防いでいる場合がある。この場合に、他の連帯債務者Bに対する債権が時効によって消滅することによって、Aに対する債権もその影響を受けるのは疑問であるとの批判があった。

そこで、平成29年改正民法は、連帯債務者の1人についての時効の完成には相対的効力しか認めないことを原則とする立場をとることとし、改正前民法439条を削除することにした（441条が適用されることになる）。

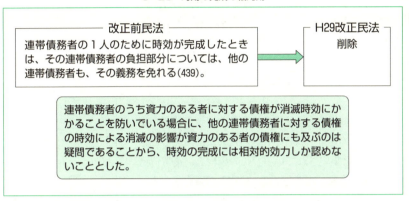

6-23 時効の完成の相対効

なお、連帯債務者の1人との間の時効の完成と求償権との関係については、後述する。

(vii) **確定判決**

連帯債務者の1人に対する確定判決の既判力（民訴114条）は、他の連帯債務者には及ばない。もっとも、判決に基づく弁済があれば、後述するように、弁済による債権消滅の絶対的効力が認められる。

(viii) **その他の相対的効力事由**

弁済をするについて正当な利益を有しない第三者が、連帯債務者の1人であるAの意思には反しないが、他の連帯債務者Bの意思に反して弁済したときは（474条2項）、その弁済は、Aに対しては有効であるが、Bに対してはその効力を生じない（判例）。

また、連帯債務者全員に対する債権が譲渡された場合には、譲渡通知（467条）は絶対的効力を有しないから、その通知は、その相手方に対してのみ効力を生じ、他の連帯債務者には効力を生じない（判例）。たとえば、債権者が、連帯債務者A・B・Cに対する3つの債権をすべて譲渡した場合に、Aに対する債権についてのみ譲渡通知をしたときは、Aに対しては債権譲渡を対抗することができるが、BおよびCについては債権譲渡を対抗することができない。

(c) **絶対的効力事由**

民法は、一定の範囲で、連帯債務者の1人について生じた事由が他の連帯債務者にも効力が及ぶものとした。明文の規定のない弁済のほか、更改（438条）、相殺（439条1項）および混同（440条）である。順に見ていこう。

(i) **弁済およびそれと同視すべき事由**

明文の規定はないが、弁済は、債権の消滅をきたす債権本来の目的であるから、

→ 本節②【3】(3)(g)

→ 大判昭和14年10月13日民集18巻1165頁

→ 大判大正8年12月15日民録25輯2303頁

当然に絶対的効力を有する。したがって、弁済と同視されるべき代物弁済(482条)、供託(494条)も絶対的効力を生じる。

(ii) 更改

連帯債務者の1人と債権者との間に更改があったときは、債権は、すべての連帯債務者の利益のために消滅するとされ(438条)、絶対的効力を生ずると規定されている。この趣旨は、更改自体が同一性を有しない新たな債務を成立させることによって従来の債務を消滅させるものであり、債務の消滅をきたすという弁済と同じ効果を有し、弁済と同様に扱うべきという点にある。

> 更改というのは、従来の債務に代えて、新たな債務を発生させるものですが(513条)、この更改によって従来の債務の消滅という部分について絶対的効力が生じるということです。新たな債務の成立という点については、あくまでも相対的効力にすぎないため、他の連帯債務者がただちに新たな債務を負うということにはならない点について、注意しておいてください。

(iii) 相殺

連帯債務者の1人が債権者に対して債権を有する場合に、その連帯債務者が相殺を援用したときは、債権は、すべての連帯債務者の利益のために消滅するとされ(439条1項)、絶対的効力を生ずると規定されている。この趣旨も、連帯債務者の1人が債権者に対して反対債権で相殺した場合には、債務の消滅をきたすという弁済と同じ効果を有し、弁済と同様に扱うべきという点にある。

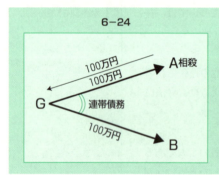

6-24

たとえば、AとBとがそれぞれ100万円の連帯債務を債権者Gに対して負担していたとしましょう。この場合、AがGに対してもっている100万円の反対債権で相殺を援用すると、Aの債務が消滅すると同時に、Bの連帯債務もまた消滅するわけです。

ただし、債権を有する連帯債務者が相殺を援用しない間は、その連帯債務者の負担部分の限度において、他の連帯債務者は、債権者に対して債務の履行を拒むことができるにすぎない(履行拒絶権構成、439条2項)。これは、連帯債務者間の関係を簡便に決済するための規定であるから、反対債権をもつ連帯債務者の**負担部分の限度**において、債務の履行を拒むことができるのである。

← 平成29年改正

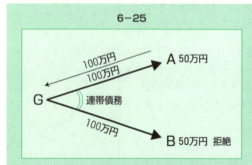

6-25

かりに、AとBの負担部分が50万円ずつで対等であったとしましょう。その場合、Bは、Aの負担部分50万円の限度で、Gに対して債務の履行を拒むことができるわけです。

| 平成29年改正事項 | 債権を有する連帯債務者が相殺を援用しない場合の規律 | B2 |

→ 部会資料67 A・5頁、一問一答122頁、潮見・改正法100頁

→ 大判昭和12年12月11日民集16巻1945頁

　改正前民法436条2項は、「前項の債権を有する連帯債務者が相殺を援用しない間は、その連帯債務者の負担部分についてのみ他の連帯債務者が相殺を援用することができる」と規定していた。そして、上記の「相殺を援用することができる」の意味については争いがあったが、判例は、反対債権を有する連帯債務者の負担部分の限度で、他の連帯債務者がその反対債権を自働債権とする相殺の意思表示をすることができるとの見解（相殺権限説）を採用していた。
　しかし、これに対しては、当事者間の関係を簡便に決済するという趣旨からすれば、債権者に対して反対給付を有する連帯債務者の負担割合の限度で、他の連帯債務者が履行を拒むことができるという抗弁権を与えれば足り（抗弁権説）、それを超えて、他の連帯債務者による債権の処分までを認めることは、他人の財産権に対する過剰な介入になるとの批判がなされていた。
　そこで、平成29年改正民法は、改正前民法436条2項の「相殺を援用することができる」の趣旨を明確にするため、「その連帯債務者の負担部分の限度において、他の連帯債務者は、債権者に対して債務の履行を拒むことができる」とし（439条2項）、相殺権限説から抗弁権説を前提とする履行拒絶権構成に改めた。

6-26　債権を有する連帯債務者が相殺を援用しない場合の規律

┌─ 改正前民法 ─────────┐　　┌─ H29改正民法 ─────────┐
│ 前項の債権を有する連帯債務者 │　　│ 前項の債権を有する連帯債務者 │
│ が相殺の援用をしない間は、そ │ → │ が相殺を援用しない間は、その │
│ の連帯債務者の負担部分につい │　　│ 連帯債務者の負担部分の限度に │
│ てのみ他の連帯債務者が相殺を │　　│ おいて、他の連帯債務者は、債 │
│ 援用することができる（436Ⅱ）。│　　│ 権者に対して履行を拒むことが │
│   │　　│ できる（439Ⅱ）。   │
└──────────────┘　　└──────────────┘

　当事者間の関係を簡便に決済するという趣旨からすれば、相殺権限説は他人の財産権に対する過剰な介入となると批判されていたため、抗弁権説を前提とする履行拒絶権構成に改めた。

(ⅳ)　混同

　連帯債務者の1人と債権者との間に混同があったときは、その連帯債務者は、弁済したものとみなされる（440条）。債務全額について絶対的効力を生じるわけである。

　たとえば、債権者Gに対して、A・B・Cが900万円の連帯債務を負っていたとし、負担部分は均等に300万円ずつとした場合に、Aが、Gから債権を譲り受けたり、Gの地位を相続したりしたときを考えてみましょう。

6-27

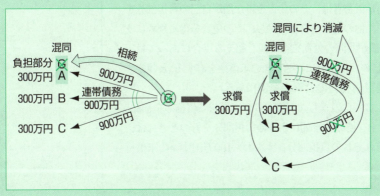

6-4　連帯債権・連帯債務　333

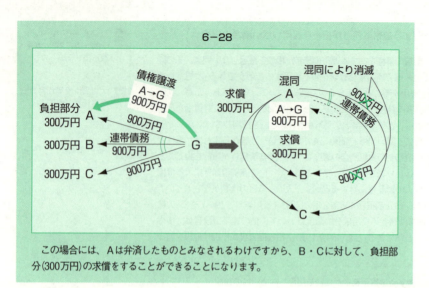

この場合には、Aは弁済したものとみなされるわけですから、B・Cに対して、負担部分（300万円）の求償をすることができることになります。

　ここで、連帯債権と連帯債務における1人について生じた事由の効力についての表を示しておく。

○絶対効　×相対効　△条件付き絶対効

	連帯債権	連帯債務
履行・弁済	○	○
履行の請求	○	×
更改	△ 本来当該連帯債権者に分与されるべき利益の分のみ	○
相殺	○	○ 他の連帯債務者が相殺を援用しない間、みずからの負担部分の限度で履行拒絶可
混同	○	○
免除	△ 本来当該連帯債権者に分与されるべき利益の分のみ	×
時効の完成	×	×

(3) 内部関係（求償関係）

(a) 求償権の意義

　442条1項は、「連帯債務者の1人が弁済をし、その他自己の財産をもって共同の免責を得たときは、その連帯債務者は、その免責を得た額が自己の負担部分を超えるかどうかにかかわらず、他の連帯債務者に対し、その免責を得るために支出した財産の額（その財産の額が共同の免責を得た額を超える場合にあっては、その免責を得た額）のうち各自の負担部分に応じた額の求償権を有する」と規定する。この求償権の根拠は、連帯債務者の公平の実現にある。

　たとえば、連帯債務者A・B・CのうちAが債権者Gに対して債務の全額300万円を弁済した場合に、A・B・Cが内部的に平等の負担部分をもつときには、Aは、BおよびCに対してそれぞれの負担部分、すなわち100万円ずつの求償権を行使することができる。

(b) 負担部分

負担部分とは、他の多数債務者の債権関係の場合と同じく、連帯債務において、連帯債務者の内部関係で各自が分担する割合をいう。

このような負担部分は、特約で決めることができるが、特約がないときは、連帯債務の負担によって受ける利益の割合で定まり（判例）、そうした事情がないときは平等の割合と解されている。

→ 大判昭和11年8月7日民集15巻1661頁

(c) 求償権の成立要件

(i) 共同の免責

連帯債務者の1人が共同の免責を得ることが必要である。

その共同の免責は「**自己の負担部分を超えるかどうかにかかわらず**」、認められる（442条1項）。すなわち、連帯債務者の1人が一部弁済をした場合に、それが自己の負担部分にみたないときであっても求償権が発生する。そして、連帯債務者間で求償が問題となる場面での負担部分とは、**割合**を意味するのであって、額を意味するものではないという判例法理を明文化したものである。要するに、弁済した額については、各自が割合的に分担するから、割合に応じて求償することができることになるのである。

← 平成29年改正

→ 潮見・改正法117頁

→ 大判大正6年5月3日民録23輯863頁

> たとえば、A・B・Cが債権者Gに対して900万円の連帯債務を負担する場合に、A（負担額300万円）が150万円を弁済したにすぎないときであっても、BおよびCに対し各50万円を求償することができますし、また、600万円を弁済したときには、同じく各200万円を求償することができるのです。

6-29

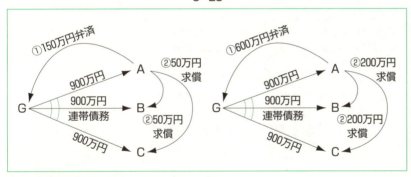

| 平成29年改正事項 | 負担部分未満の弁済の規律 | B2 |

改正前民法442条1項は、「連帯債務者の1人が弁済をし、その他自己の財産をもって共同の免責を得たときは、その連帯債務者は、他の連帯債務者に対し、各自の負担部分について求償権を有する」と規定しており、共同の免責が、自己の負担部分を超えることを要するか否かについて明確ではなかった。

この点について、一部求償を認めるほうが各連帯債務者の負担を公平にするし、自己の負担部分を超えなくても求償を認めることで連帯債務の弁済が促進され、債権者にとっても不都合は生じないと考えられる。判例も、連帯債務者の1人が自己の負担部分に満たない額の弁済をした場合であっても、他の連帯債務者に対して各自の負担部分の割合に応じた求償をすることができるとしていた。

そこで、平成29年改正民法は、「自己の負担部分を超えるかどうかにかかわらず」、求償権を認めることとした（442条1項）。

→ 部会資料67A・15頁、80-3・9頁、一問一答124頁

→ 大判大正6年5月3日（前出）

6−30 負担部分未満の弁済の規律

改正前民法	H29改正民法
連帯債務者の1人が弁済をし、その他自己の財産をもって共同の免責を得たときは、その連帯債務者は、他の連帯債務者に対し、各自の負担部分について求償権を有する(442 I)。	連帯債務者の1人が弁済をし、その他自己の財産をもって共同の免責を得たときは、その連帯債務者は、その免責を得た額が自己の負担部分を超えるかどうかにかかわらず、他の連帯債務者に対し、求償権を有する(442 I)。

共同の免責を受けたことによる求償が認められるには自己の負担部分を超えることを要するか否かについて不明確であったため、各連帯債務者の負担の公平、連帯債務の弁済の促進の観点から、不要とする判例に従って明文化した。

(ii) 自己の出えん

連帯債務者の1人が、自己の財産をもって共同の免責を得たこと、すなわち出えんしたことが必要である。出えんとしては、弁済のほか、代物弁済、供託、相殺、更改、混同があげられる。

(d) 求償権の範囲

求償権の範囲としては、第1に、「免責を得るために支出した財産の額」(支出額・出えん額)であるが(442条1項)、「その財産の額が共同の免責を得た額を超える場合にあっては、その免責を得た額」(共同免責額)である(442条1項括弧書)。

442条1項括弧書の内容について説明すると、債務額を超える財産をもって代物弁済をした場合に、求償の基準となるのはこの者の負担部分にかぎられ、免責のために供与した財産の額ではないことを明らかにしたものです。

たとえば、A・B・Cが債権者Gに対して900万円の連帯債務を負担する場合(各自の負担額300万円)に、Aが1200万円の財物で代物弁済をしたとしても、求償の基準となるのは、財物の額(1200万円)ではなく免責を得た額(900万円)のうち各自の負担部分に応じた額(B・Cに対してそれぞれ300万円ずつ)にかぎられ、400万円ずつとはならないということです。

平成29年改正事項	求償権の範囲	B2

→ 部会資料67 A・16頁、一問一答124頁

改正前民法442条1項は、「連帯債務者の1人が弁済をし、その他自己の財産をもって共同の免責を得たときは、その連帯債務者は、他の連帯債務者に対し、各自の負担部分について求償権を有する」と規定していた。連帯債務者の1人が代物弁済など、本来の債務の履行とは異なる行為をしたことにより共同免責を得た場合には、その連帯債務者が負担した経済的な支出の額と共同の免責を得た額が一致しないことがありうるところ、どの金額を基準として求償額を算出するかが明確にされていなかった。

この点について、一般には、代物弁済などをした連帯債務者は、出えん額が共同免責額以下であるときは出えん額が基準となり、その出えん額が共同免責額を超える場合にはその共同免責額が基準となると考えられており、この点について大きな異論は見られないとされていた。

そこで、平成29年改正民法は、代物弁済などをした場合の求償の基準について、求償権は共同の免責を得るために必要となった経済的負担を公平の観点から各連帯債務者に負担させようとするものであるから、基本的には出えん額が基準となるが、「その財産の額が共同の免責を得た額を超える場合」には、超える部分は他の債権者に何ら利益を与えるものではないことか

ら、求償の基準は「その免責を得た額」（共同免責額）と規定することとした（442条1項括弧書）。

6-31　求償権の範囲

```
┌─── 改正前民法 ───┐        ┌─── H29改正民法 ───┐
│ 連帯債務者の1人が弁済を │        │ 連帯債務者の1人が弁済をし、その │
│ し、その他自己の財産をもっ │  ──▶  │ 他自己の財産をもって共同の免責を │
│ て共同の免責を得たときは、 │        │ 得たときは、その連帯債務者は、他 │
│ その連帯債務者は、他の連帯 │        │ の連帯債務者に対し、その免責を得 │
│ 債務者に対し、各自の負担部 │        │ るために支出した財産の額（その財 │
│ 分について求償権を有する │        │ 産の額が共同の免責を得た額を超え │
│ （442Ⅰ）。 │        │ る場合にあっては、その免責を得た │
│ │        │ 額）のうち各自の負担部分に応じた │
│ │        │ 額の求償権を有する（442Ⅰ）。 │
└──────────┘        └──────────┘

   ┌────────────────────────────┐
   │ 本来の債務の履行とは異なる行為をしたことにより共同免責 │
   │ を得た場合の求償額算出の基準が不明確であったため、経済 │
   │ 的負担の公平という求償権の趣旨にかんがみ、基本的に出え │
   │ ん額を基準とし、財産の額が共同の免責を得た額を超える場 │
   │ 合には免責を得た額を基準とすることを規定した。 │
   └────────────────────────────┘
```

　求償権の範囲としては、第2に、「弁済その他免責があった日以後の法定利息」および「避けることができなかった費用その他の損害の賠償」である（442条2項）。

(e)　求償権の制限——事前および事後の通知

　前述したように、連帯債務者の1人が弁済その他自己の財産をもって共同の免責を得たことは、これを知らない他の債務者に大きな影響を及ぼすので、その事前および事後に債務者に通知をすべきことを規定し、これを怠った場合には、弁済した債務者は、一定の範囲で求償権を制限するものとした（443条）。順に見て行こう。

(ⅰ)　事前通知

　他の連帯債務者があることを知りながら、連帯債務者の1人が共同の免責を得ることを他の連帯債務者に通知しないで弁済をし、その他自己の財産をもって共同の免責を得た場合に、他の連帯債務者は、債権者に対抗することができる事由を有していたときは、その負担部分について、その事由をもってその免責を得た連帯債務者に対抗することができる（443条1項前段）。　　　　　←平成29年改正

　たとえば、連帯債務者の1人であるAが、他の連帯債務者Bが存在することを知りながら、共同の免責を得ることを通知しないで、債務の全額を弁済してBに対して求償権を行使したところ、実はBが債務の一部を弁済していたというときは、AのBに対する求償権の行使に対して、Bは、一部弁済をしていたという抗弁をすることができる。その限度で、Aの求償権の行使が制約されるわけである。

　なお、平成29年改正民法では、443条1項前段における通知の内容が、改正前の「債権者から履行の請求を受けたこと」から、「共同の免責を得ること」に変更された。　　　　　←平成29年改正

　また、事前通知をしなければならない場合を、弁済等の行為をした連帯債務者が他の連帯債務者の存在することを知っていたとき（悪意）にかぎられる旨を示した。連帯債務者は、みずからの知らない連帯債務者に対して事前の通知をする必　　　➡潮見・改正法119頁

6-4　連帯債権・連帯債務　**337**

要はないし、他の連帯債務者の存否を調査する義務も負わない。443条1項前段の反対解釈により、事前通知をしなかった連帯債務者が他の連帯債務者の存在を知らなかった場合（善意）には、後者に対する求償の際に、債権者に対抗することができる事由による対抗を受けないことになる。

また、以上のような場合において、相殺をもってその免責を得た連帯債務者に対抗したときは、その連帯債務者は、債権者に対し、相殺によって消滅すべきであった債務の履行を請求することができる（443条1項後段）。

難しい条文なので、具体例で説明します。たとえば、A・B・Cが債権者Gに対して900万円の連帯債務を負担する場合（各自の負担額300万円）に、Bが債権者Gに対して相殺のために反対債権を有するとき、AがBに通知をしないでGに弁済をしたとします。この場合には、Bは、自己の負担部分（300万円）だけは、Gに対する反対債権で、Aの求償債権と相殺することができます。そして、Bがこの相殺を主張したときは、BのGに対する反対債権はその負担部分（300万円）の範囲でAに移転し、Aは、Gに対して300万円の取戻請求ができるということになります。気をつけてほしいのは、本条の趣旨は、AのBに対する求償権の行使に際しBが抗弁をすることではなく、弁済者Aから債権者Gに対する返還請求を認めるということにある点です。

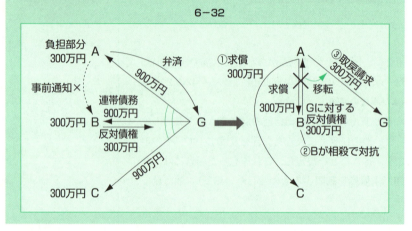

6-32

(ii) 事後通知

弁済をし、その他自己の財産をもって共同の免責を得た連帯債務者が、他の連帯債務者があることを知りながらその免責を得たことを他の連帯債務者に通知することを怠ったため、他の連帯債務者が善意で弁済その他自己の財産をもって免責を得るための行為をしたときは、当該他の連帯債務者は、その免責を得るための行為を有効であったものとみなすことができる（443条2項）。

← 平成29年改正

前に説明したように、債権者Gは、連帯債務者A・B・Cに対して順次に全部の請求をすることができます（436条）。そして、AがGの請求を受けて900万円全額を弁済したにもかかわらず、「もうすでに支払いましたので、あなたは支払う必要はありません」というように、弁済したことをBおよびCに通知しなかったところ、Bもまた900万円を弁済したとしましょう。このようなときは、Bの第2弁済を有効なものとみなすことができ（443条2項）、Bは、AおよびCに対して求償権を行使することができるのです。

ただし、これではAは、Gに弁済をしたにもかかわらず、Bの求償に応じなければならなくなりますから、不当利得（703条、704条）によって債権者Gから返還を求めることになります。このように、弁済後の事後通知をしておかないと、他の債務者（本件ではB）が二重弁済をするおそれがあるので、事後の通知が必要とされるのです。

→ 本節 ②【3】(1)

なお、平成29年改正民法では、事後の通知を怠った連帯債務者が劣後するのは、他の連帯債務者の存在することをこの者が知っていた場合(悪意)にかぎられる旨を示した。連帯債務者は、みずからの知らない連帯債務者に対して事後の通知をする必要がないし、他の連帯債務者の存否を調査する義務も負わない。443条2項の反対解釈により、事後通知をしなかった連帯債務者が他の連帯債務者の存在を知らなかった場合(善意)には、たとえ、他の連帯債務者が善意で弁済その他自己の財産をもって共同の免責を得るための行為をしたとしても、前者(事後通知をしなかった債務者)の弁済等が有効となる。

→ 潮見・改正法119頁

それでは、第1弁済者Aが事後通知を怠った場合の第2弁済者Bの弁済を、すべての債務者の関係で有効とみなしうるであろうか。

●論点B⁻ランク

この点について、第2弁済者Bの弁済をすべての債務者との関係で有効とみなしうるという見解がある(絶対的効果説)。この見解によれば、他の連帯債務者Cとの関係でもBの弁済が有効とされることになるので、BはAおよびCに対して求償権を行使することができ、Aは債権者Gに対して不当利得返還請求をすべきことになる。

しかし、必要な限度で第2弁済者Bを保護すれば足りるので、事後通知を怠った第1弁済者Aとの関係でのみ有効とみなしうるという見解(**相対的効果説**)が妥当であろう。判例も相対的効果説を採用している。この見解によれば、BはCに対しては求償権を行使することができず、Aに対してのみ求償権を行使することができることになる。この結果、AのCに対する求償権は認められるが、Cには損失がなく損失はBにあるから、Bが不当利得としてその移転を請求することができる。債権者Gに対する不当利得返還請求権はAが有することになる。

→ 大判昭和7年9月30日 民集11巻2008頁

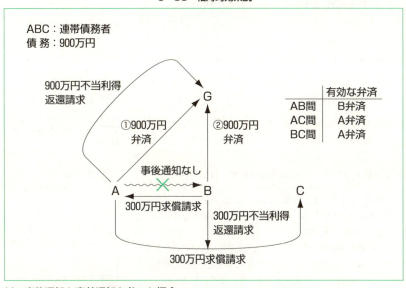

6-33 相対的効果説

(iii) 事後通知と事前通知を怠った場合

Aが弁済をして事後の通知を怠り、その結果、Bが二重弁済をしたが、Bが事前の通知をしなかった場合に、第2弁済者Bは、443条2項により自己の弁済を有効なものとみなすことができるか。

●論点Bランク

この点について、判例は、443条2項は443条1項を前提とし、その事前の通知につき過失ある連帯債務者まで保護するものではないとして、443条2項の適

→ 最判昭和57年12月17日 (百選Ⅱ20事件)

用を否定した。443条2項は善意の第2弁済者を保護する趣旨であるから、判例の立場でよいであろう。そうすると、443条1項および2項の適用はなく、一般原則どおり、先になされたAの弁済を有効とみて、AはBに対して求償権を行使することができ、Bは、無用な二重弁済をしたことになるので、債権者Gに対して不当利得返還請求をすることになる。

(f) 求償権の拡張——償還無資力者がある場合

連帯債務者のなかに償還をする資力のない者があるときは、その償還をすることができない部分は、求償者および他の資力のある者の間で、各自の負担部分に応じて分割して負担する(444条1項)。償還をすることができない部分を求償者1人に負担させることは不公平であり信義に反するからである。

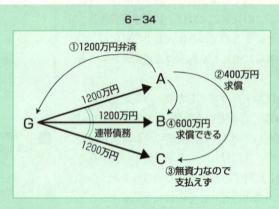

たとえば、連帯債務者の1人Aが1200万円を弁済し、他の債務者B・Cに対して400万円ずつ求償しようとしたところ、Cが無資力であった場合には、そのCが負担すべき負担部分400万円はAとBでそれぞれの負担部分の割合に応じて、すなわち200万円ずつ負担することになります。

上記の場合に、求償者および他の資力のある者がいずれも負担部分を有しない者であるときは、その償還をすることができない部分は、求償者および他の資力のある者の間で、等しい割合で分割して負担する(444条2項)。平成29年改正により、負担部分を有する者が無資力となった者のみであった場合に関する判例法理を明文化したものである。

← 平成29年改正

→ 潮見・改正法120頁
→ 大判大正3年10月13日民録20輯751頁

→ 部会資料67A・17頁、一問一答125頁

→ 大判大正3年10月13日(前出)

| 平成29年改正事項 | 求償者および有資力者のすべてが負担部分を有しない場合 | B3 |

改正前民法444条本文は、「連帯債務者の中に償還をする資力のない者があるときは、その償還をすることができない部分は、求償者及び他の資力のある者の間で、各自の負担部分に応じて分割して負担する」と規定していた(現444条1項も同じ)。

しかし、求償者および他の資力のある連帯債務者のすべてが負担部分を有しない者である場合には、その償還をすることができない部分をどのように分担するかは改正前民法444条本文からは明確ではなかった。この点について判例は、公平を旨とする同条の精神から考えれば、求償者および他の有資力者のすべてが負担部分を有しない者である場合においては、求償者および他の有資力者に平等に分担させるのが同条の法意であるとしていた。

そこで、平成29年改正民法は、上記判例法理を採用し、求償者および他の有資力者のすべてが負担部分を有しない者である場合には、求償者および他の有資力者が平等の割合で負担することを明示した(444条2項)。

6-35 求償者および有資力者のすべてが負担部分を有しない場合

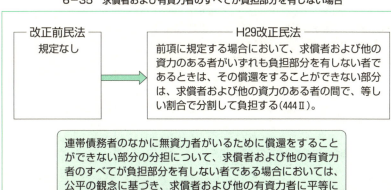

ただし、以上の各場合であっても、償還を受けることができないことについて求償者に過失があるときは、他の連帯債務者に対して分担を請求することができない(444条3項)。「償還を受けることができないことについて求償者に過失があるとき」とは、たとえばAが求償権の行使を怠っているうちに、Bの資力が減少し償還を受けられなくなった場合などである。改正前民法444条ただし書と同じ内容である。

> 改正前民法445条は、「連帯債務者の1人が連帯の免除を得た場合において、他の連帯債務者の中に弁済をする資力のない者があるときは、債権者は、その資力のない者が弁済をすることができない部分のうち連帯の免除を得た者が負担すべき部分を負担する」と規定していました。
> この改正前民法445条のもとにおいて、連帯の免除がなされた場合を説明すると、たとえば、A、B、Cの3名の連帯債務者が債権者Gに対して300万円の連帯債務を負い、その負担部分がそれぞれ平等である場合に、GがCに対して連帯の免除をしたとします。この場合に、Cは100万円の限度で債務を負うこととなりますが、AおよびBは、引き続き300万円の債務を負うことになります。そして、AがGに対して300万円を弁済したとすると、Aは、BおよびCに対してそれぞれ100万円を求償することができることになりますが、Bが無資力であった場合には、改正前民法444条本文(現444条1項)に基づき、Bが負担すべき100万円は、AおよびCが50万円ずつ負担すべきことになります。しかし、改正前民法445条は、この場合に、連帯の免除を得たCに追加的な負担をさせないため、Cが負担すべきであった50万円は債権者Gの負担とすることを定めていたのです。
> これに対して、平成29年改正民法のもとでは、債権者GがCに対して連帯の免除をした後、Aが300万円を弁済した場合に、Bが無資力であるときは、Bが負担すべき100万円は、AとCとが負担部分に応じて分割して負担することとなります。ですから、Aは、Cに対して追加的に50万円の負担を求めることができることになります。

➡ 部会資料67A・19頁

平成29年改正事項 連帯の免除をした場合の債権者の負担の規定の削除 B3

➡ 部会資料67A・19頁、一問一答125頁

改正前民法445条は、連帯債務者の1人が連帯の免除を得た場合に、他の連帯債務者のなかに無資力者がいるときは、その無資力者が弁済をすることのできない部分のうち、連帯の免除を得た者が負担すべき部分は、債権者がこれを負担することを規定していた。

連帯の免除とは、債権者が連帯債務者に対し、債務の額をその負担部分に限定して、それ以上は請求しないとする意思表示のことをいう。債権者が連帯債務者の1人に対して連帯を免除すると、これを受けた連帯債務者だけが自己の負担部分に応じた額の分割債務を負うことになり、その他の連帯債務者は依然として全額について連帯債務を負うとされていた。

6-4 連帯債権・連帯債務 341

しかし、これに対しては、連帯債務者の一部に対して連帯の免除をする債権者は、通常は、債権者との関係において、その連帯債務者の負担部分に債務を縮減するという意思であって、その連帯債務者が他の連帯債務者に対する関係で負担すべき分担額まで引き受ける意思はないのが通常であり、これを債権者に負担させる改正前民法445条の規定の当否には疑問があるという批判があった。

そこで、平成29年改正民法は、連帯の免除に関する改正前民法445条を削除することにした。その結果、求償を受ける連帯債務者のなかに弁済をする資力のない者が含まれていたときは、無資力者がいた場合の求償ルール（現444条）に従って処理されることになる。

→ 潮見・改正法121頁

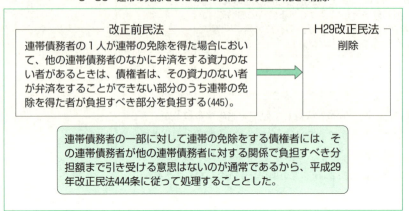

6-36 連帯の免除をした場合の債権者の負担の規定の削除

(g) 連帯債務者の１人との間の免除等と求償権

連帯債務者の１人に対して、債務の免除がされ、または連帯債務者の１人のために時効が完成した場合でも、他の連帯債務者は、その１人の連帯債務者に対し、442条１項の求償権を行使することができる（445条）。前述したように、平成29年改正により、免除および時効の完成については、絶対的効力事由から相対的効力事由へと改められた結果、連帯債務者の１人に対して免除がされ、または時効が完成した場合に、その連帯債務者に対して他の連帯債務者が求償をすることができることを定めたものである。

→ 本節(2)(b)(iv)(v)

なお、上記の場合では、条文で明記されていないが、求償に応じた連帯債務者が債権者に対して償還請求をすることができないことが当然の前提とされている。なぜなら、債権者は免除をしなかったり、時効が完成しなかったりした連帯債務者に対する債権に基づいて弁済を受けたのであり、法律上の原因のない利益を得たのではないので、債権者は、免除を受けたり、時効が完成したりした連帯債務者の損失において利得をしたという関係（不当利得の関係）にはないからである。

→ 部会資料67Ａ・9頁、11頁、83-2・14頁、潮見・改正法115頁

また、442条１項による求償は、弁済その他免責があった日以降の法定利息・避けることができなかった費用その他の損害の賠償を含む（442条２項）。平成29年改正により、法定利息を算定する際の法定利率が固定制から変動制へ変更された点（404条）には注意してほしい。

3 不真正連帯債務

【1】意義

不真正連帯債務とは、従来、多数の債務者が同一内容の給付について全部履

← 「不真正連帯債務」とは

行すべき義務を負い、しかも、一債務者の履行によって他の債務者も債務を免れるという点では連帯債務と同じであるが、もともと各債務者間に密接な関係がないため、一債務者について生じた事由が他の債務者に影響を及ぼさず、負担部分もなく、求償も当然には生じない点で連帯債務と区別される、多数当事者の債務関係をいう、と定義されていた。

【2】 具体例

不真正連帯債務の具体例としては、以下のような場合があげられていた。

① 法人の不法行為責任における法人の賠償債務と代表理事その他代表者の賠償債務（一般法人78条）

② 使用者責任における使用者の賠償債務と被用者の賠償債務（715条）

③ 数人の共同不法行為者が負担する賠償債務（719条）

④ 自動車損害賠償保障法3条所定の運行供用者の損害賠償債務を、自動車の所有者と自動車を借り受けて事故を起こした者とが負う場合

【3】 平成29年改正

(1) 不真正連帯債務の特徴

以上のような不真正連帯債務の特徴としては、①各債務の独立性が強いため、**民法の絶対的効力に関する規定は適用されない**こと、②連帯債務であることを理由とする**求償は認められない**ことがあげられていた。

> 本文はかつての通説の理解ですが、改正前民法下で、不真正連帯債務者間においても内部関係に応じて求償が認められるとする有力な見解がありました。そして、判例も、損害賠償を支払った共同不法行為者の1人が他の共同不法行為者に対して求償することを認め、その負担部分は各加害者の過失割合（責任割合）に従って認められるとしていました。

(2) 平成29年改正

平成29年改正は、前述したように、連帯債務の絶対的効力事由を最小限に限定し、かつ、求償のルールをすべての連帯債務に適用するものとしている。

その結果、平成29年改正民法のもとでは、（真正の）連帯債務と不真正連帯債務の区別は、法を適用する場面では無用のものとなった（連帯債務概念が広義になった）と指摘されている（ただし、判例の変更はない）。

> ただし、連帯債務と不真正連帯債務とは学理的に異なる概念であることを認めるべきであり、いまだ不真正連帯債務という概念を認める意義は残されているという考えもあります。その意義としては、求償権については、不真正連帯債務では自己の負担部分を超えた弁済をしたことが求償のためには必要であり、その超えた部分にかぎられるという差が残されることがあげられています。
> そして、不真正連帯債務には連帯債務の規定が適用されない場合があることを認め、個別的に制限解釈の要否を検討すべきであるとされます。

●論点B⁺ランク

➡ 大判昭和7年5月27日
民集11巻1069頁

➡ 大判昭和12年6月30日
民集16巻1285頁

➡ 最判昭和57年3月4日
判時1042号87頁

➡ 最判昭和48年1月30日
判時695号64頁

← 平成29年改正

➡ 最判昭和41年11月18日
民集20巻9号1886頁、
最判平成10年9月10日
（百選Ⅱ21事件）

➡ 本節②【3】(2)(3)

➡ 潮見・民法(全)331頁、
野澤・債権総論166頁、
中舎・債権法512頁

➡ 平野・債権総論232頁、
247頁

➡ 最判昭和63年7月1日
（百選Ⅱ97事件）

第 **6** 章 ········ 多数当事者の債権および債務

5. 保証債務

1 保証債務の意義

【1】保証債務とは

　保証債務とは、主たる債務者がその債務を履行しないときに、保証人がその履行をする責任を負うという債務をいう（446条1項）。たとえば、債権者Aから主たる債務者（主債務者）Bが100万円の借金をし、CがBの保証人となった場合に、Bが借金の弁済をしないときには、Cは、Bの債務を履行する責任を負う。

← 「保証債務」とは

6-37

```
債権者A ──主たる債務（主債務）──→ 主債務者B
         ↑                          ↕
       保証債務              保証委託関係
         ↓                          ↕
                          保証人C
```

　このような保証は、人的担保の典型例であって、物的担保と並んで債権確保のために重要な機能を果たすものである。すなわち、債権者は本来、債権の相対性から、債務者に対してのみ債務の履行を請求することができるにすぎない。そこで、債権者は、保証人との間で保証契約を締結することによって、当該保証人の全財産も債権の引当ての対象とするのである。これによって、たとえ本来の債務者（主たる債務者、主債務者）が無資力の場合であっても、債権者は、保証人に対して債務の履行を請求することができるから、債務の履行がより確実になるわけである。質権（342条）や抵当権（369条）のような担保物権が特定財産の価値をあてにして担保とするのに対し、保証にあっては、保証人の一般財産を担保とすることによって主たる債務を担保することになる。

　物的担保と人的担保の違いであるが、物的担保は、確実性はあるが、債務者が適当な担保物を有していなければ設定することができないのに対し、人的担保は、第三者の資力を引当てにする点で担保力の変動の危険が大きいものの、比較的容易に設定できる利点がある。保証は、その人的担保の代表的なものというわけである。

← 物的担保と人的担保の違い

【2】保証債務の性質

　保証債務には、独立債務性（別個独立性）、同一内容性（内容の同一性）、付従性、随伴性および補充性という5つの性質がある。順に見ていこう。

（1）独立債務性（別個独立性）

　保証債務は、主たる債務とは別個の債務である（独立債務性、別個独立性）。

● 論点Aランク

← 保証債務の5つの性質

← 「独立債務性」（別個独立性）

具体的には、主たる債務(主債務)は、債権者と主債務者との間の契約によって生じるものであるのに対し、保証債務は、債権者と保証人との間の契約によって生じるものであって、主たる債務とは別個の消滅原因等をもちうる。

(2) 同一内容性(内容の同一性)

保証債務は、主たる債務と内容を同じくする(同一内容性、内容の同一性)。債務自体は、別個独立であるけれども、給付内容は同一であるということである。たとえば、主たる債務について債務不履行があって損害賠償債務が発生すると、保証債務も同様の内容の債務となる。このように、主たる債務の内容が変更すると、保証債務の内容もこれに応じて変更する。

以上のように、保証債務の内容は主たる債務の内容と同じくすることから、保証債務は、金銭債務のような代替的給付(代替債務)の保証に適する。ただ、主たる債務が特定物の給付債務のように不代替的給付を内容とする場合であっても、保証債務は成立し、その内容は、主たる債務が債務不履行となって損害賠償債務が発生した場合にはその保証となり、保証人が目的物を取得して本来の給付が可能となった場合には本来の給付の保証となる(判例)。

> 以上の説明は、保証債務は主債務と同じ内容の債務である(保証人は主たる債務と同一内容の債務を自己の債務として負担する)が、ただ付従性が認められると考える通説的見解を前提としたものです。
> 保証債務の法律構成については、以上のような通説的見解のほか、近時は、保証債務の内容は、保証契約の解釈によって決すべきであって、主たる債務の内容と同一でなければならないという要件は不要であるという見解や、保証債務は主たる債務を代位弁済する義務であり、その内容は主たる債務次第である(合わせ鏡のように主たる債務と同じ内容になる)とする見解などが主張されていますが、試験対策上は、通説的見解に立って理解しておけば十分でしょう。

(3) 付従性

保証債務は、主たる債務を担保するものであるから、それに付従する(付従性)。すなわち、保証債務は、主たる債務が履行されない場合に、これに代わって履行することによって、債権者に対し主たる債務が履行されたのと同一の利益を与えるものである。そのため、保証債務は、主たる債務の存在を前提とし、主たる債務に従たる性質をもっているのである。付従性は、成立、内容および消滅に分けることができる。

(a) 成立に関する付従性

主たる債務が成立しなければ、保証債務も成立しない。言い換えると、保証債務の成立段階において、主たる債務が無効であったり、取り消されたりすると、保証債務も効力を生じない(ただし、例外として449条の定めがあるが、この点は後述する)。

← 「同一内容性」(内容の同一性)

→ 大決大正13年1月30日民集3巻53頁

→ 我妻・講義Ⅳ450頁、川井204頁

→ 平井307頁、内田Ⅲ348頁、中田・債権総論489頁

→ 平野・債権総論252頁

← 「付従性」

← 「成立に関する付従性」

→ 本節②【3】(2)

6-5 保証債務 345

(b) 内容に関する付従性(目的・態様に関する付従性)

保証債務は、その目的や態様において主たる債務より軽いことは差し支えないが、主たる債務より重くてはいけない。ここでいう目的とは、保証債務が金銭債務か不代替物の給付を目的とする債務かなどの給付内容をさし、態様とは、それが条件・期限付きか利息付きかなどの給付形態をいう。そして、保証人の負担が債務の目的または態様において主たる債務より重いときは、これを主たる債務の限度において縮減する(448条1項)。ただし、保証人がその保証債務についてのみ、違約金や損害賠償の額を約定することは妨げられない(447条2項)。この場合には、保証債務の目的や態様が主たる債務より重くなっているのではなく、保証債務の履行を確実にすることが意図されているにすぎないからである。

また、平成29年改正民法では、主たる債務の目的または態様が保証契約の締結後に加重されたときであっても、保証人の負担は加重されないと規定された(448条2項)。内容に関する付従性について学説で異論を見ない準則を明文化したものである。

(c) 消滅に関する付従性

主たる債務が、弁済、取消し、消滅時効の完成、更改によって消滅すると、従たる債務である保証債務も、付従性によって消滅する。

(4) 随伴性

主たる債務について債権の譲渡があると、保証債務もそれに伴って移転する(随伴性)。

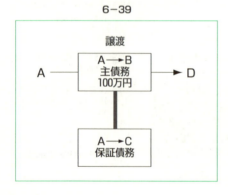

6-39

たとえば、債権者Aの債務者Bに対する債権について、保証人Cがいる場合に、その債権がAからDへ譲渡されると、保証債務もそれに伴って移転し、BのDに対する債務についてCは保証債務を負担することになる。

なお、この場合には対抗要件の問題があり、AからDへの債権譲渡については債務者Bへの通知またはBの承諾が対抗要件となる(467条)。保証人Cへの通知またはCの承諾があったとしても、対抗要件とならない(判例)。債権譲渡の対抗要件については、前述した。

主債務者に対する債権と保証人に対する債権は主従一体の関係にあるため、2つを切り離して主債務者に対する債権だけを譲渡することはできず、また、保証人に対する債権だけを譲渡することもできない。

(5) 補充性

保証債務は主たる債務に対する従たる債務であるから、保証人は、主たる債務者がその債務を履行しない場合にはじめて自己の債務を履行する責めに任ずる(446条1項)。これを保証債務の補充性という。この補充性から、債権者が保証人に弁済を求めてきた場合には、保証人に、催告の抗弁権(452条)、検索の抗弁権(453条)が与えられている。なお、連帯保証には補充性はない(454条)ことには注意してほしい。これらについては後述する。

2 保証債務の成立

【1】 保証契約

(1) 債権者・保証人間の契約

▶2013年第1問

保証債務は、保証人と債権者との間の保証契約によって成立する。主たる債務者から委託を受けることは保証契約の成立要件ではなく、主たる債務者の意思に反する場合であっても保証契約は有効に成立する。委託の有無や主たる債務者の意思に反するか否かは、求償権の内容において差を生じるにとどまる（459条から462条まで）。

> 実際には、債権者Aと主たる債務者Bとの間の契約にあたって、主たる債務者Bが第三者Cに保証人になってくれるように依頼し、Cが保証人欄に署名押印をして保証契約が締結される（AとCは直接会わない）ことが多いのですが、これは、保証人Cが主たる債務者Bを使者として保証契約を成立させることを意味するにすぎません。保証契約の当事者は、あくまでも債権者Aと保証人Cですから、注意してください。主たる債務者Bと保証人Cとの間の事情は、保証契約の内容とはならないのです。
>
> もっとも、主たる債務者Bが保証人Cに対して保証人となることを委託する際に、自身の信用状況など保証契約を締結するか否かを判断するのに重要な事項に関して虚偽の説明をした結果、Cが保証契約を締結したような場合に、債権者Aがこのような事情を知っていたときは、Cは、動機の錯誤や第三者詐欺を理由に保証契約を取り消せることがあります（95条1項2号、2項、96条2項）。また、平成29年改正により、事業のために負担する債務を主たる債務とする保証等の場合には、主たる債務者に対して、保証人に対する情報提供義務が課されており、この義務が履行されないときは保証契約が取り消されることがあります（465条の10第2項）。情報提供義務について、詳細は後述します。

➡ 本節⑤【3】(6)(c)

また、保証契約は、諾成契約である。

(2) 書面による契約 —— 要式性

保証契約は、書面でしなければ、その効力を生じない（要式行為、446条2項）。従来は、保証契約は不要式行為であったが、安易に保証が引き受けられやすいことから、平成16年改正により、要式行為とされるにいたった。契約締結の方式の自由（522条2項）の例外である（「法令に特別の定めがある場合」）。

また、保証契約がその内容を記録した電磁的記録（電子的方式、磁気的方式その他人の知覚によっては認識することができない方式で作られる記録であって、電子計算機による情報処理の用に供されるものをいう）によってされたときは、その保証契約は、書面によってされたものとみなして、保証契約の効力を生ずる（446条3項）。

> 保証契約は平成16年改正によって要式行為とされ、平成16年改正民法の施行日（平成17年4月1日）以降に締結された保証契約は、書面ですることが成立要件となりました（446条2項、3項）。これに対して、平成16年改正の施行日前に締結された保証契約は、平成16年改正前の民法が適用されるため、書面でしていなくても有効に成立しています（平成16年改正法附則3条）。保証契約の要件を検討する際は、契約締結日にも注意しましょう。

(3) 保証契約締結上の問題

保証契約の成立にあたって、保証人が、主たる債務者の資力が十分であったり、他に連帯保証人がいたりするものと誤信したような場合においては、錯誤（95条）の成否が問題となる。ただ、その多くの場合には、動機の錯誤（95条1項2号、

6-5 保証債務 347

２項）として処理され、取消しの要件をみたす事例は多くないと思われる。

また、主たる債務者が無断で他人を保証人とする契約を締結した場合には、表見代理（110条等）の成否が問題となることが多い。

6−40

A 債権者

主債務

保証債務？
（BがCに無断で締結）

B
債務者
＝
保証人の代理人

C
保証人

→ 最判昭和32年12月19日民集11巻13号2299頁、最判平成14年７月11日判時1805号56頁など

【２】保証人の資格

保証人の資格について、一般には、契約内容を決定する自由（内容決定の自由、521条２項）により制限はない。

もっとも、債務者が保証人を立てなければならない義務を負う場合には、保証人は、①行為能力者であること、②弁済をする資力を有すること、の要件を具備する者でなければならない（450条１項）。保証契約が取り消されたり、保証債務が実現できなかったりしたのでは無意味だからである。

> 「債務者が保証人を立てる義務を負う場合」には、契約による場合のほか、法律の規定による場合があります。たとえば、29条１項（不在者財産管理人の担保提供）、461条（主債務者が保証人に対して償還する場合の担保提供）、576条ただし書（権利取得不能等のおそれがある場合の売主の買主に対する担保提供）、650条２項後段（委任者の受任者に対する担保提供）などによって、担保の提供として保証人を立てる場合です。このとき、保証人は、①行為能力者で、②弁済をする資力がなければならないのです。

また、保証人が、上記②の要件（450条１項２号）を欠くにいたったときは、債権者は、前記①②の要件を具備する者をもってこれに代えることを請求することができる（450条２項）。ただし、450条１項および２項の規定は、債権者が保証人を指名した場合には、適用されない（450条３項）。

債務者は、この①②の要件を具備する保証人を立てることができないときは、他の担保を供してこれに代えることができる（451条）。

【３】主たる債務の存在

⑴ 原則

前述した付従性によって、主たる債務が成立しなかったり、すでに消滅していたりするときは、保証債務も成立しない。

⑵ 例外──取り消すことができる債務の保証（449条）

もっとも、⑴の原則に対する例外として、民法は、行為能力の制限によって取り消すことができる債務を保証した者は、保証契約の時においてその取消しの原因を知っていたときは、主たる債務の不履行の場合またはその債務の取消しの場合においてこれと同一の目的を有する独立の債務を負担したものと推定すると規定している（449条）。この場合には、主たる債務の成否にかかわらず債務を負担する意思があったものと推定するという趣旨である。

348　6章　多数当事者の債権および債務

449条は、行為能力の制限によって取り消されることを知りつつ保証する者は、取り消された場合について、主たる債務と同一内容を有する一種独立の債務（付従性のない債務）を負うという意思であると推定したのです。このような、保証とは異なり付従性を有さず、一定事項についての危険を引き受け、それにより生ずる損害を賠償することを目的とする契約は、**損害担保契約**とよばれています。

←「損害担保契約」とは

通説は、449条は保証契約の当時保証人が行為能力の制限による取消原因を知っていたときにかぎって適用され、たとえば、詐欺・強迫による取消原因を知っていたときや、行為能力の制限による取消原因を保証契約の後に知ったときには適用されないと解している。ただし、有力な見解は、債務者の側が詐欺をして貸付けを受け、債権者が取り消した場合には、債権者保護のために、449条を類推適用して、詐欺を知っている保証人の保証債務を存続させるべきであるとする。

➡ 内田Ⅲ346頁

③ 保証債務の内容

【1】 保証債務の範囲

保証債務の範囲については、主たる債務に関する利息、違約金、損害賠償その他その債務に従たるすべてのものを包含する（447条1項）。

また、保証人は、その保証債務についてのみ、違約金または損害賠償の額を約定することができる（447条2項）。保証債務の独立債務性（別個独立性）から導かれるものである。同様に、保証債務について質権や抵当権を設定したり、保証債務のために保証人を立てたり（副保証）することもできる。

【2】 一部保証（有限保証）

一部保証（有限保証）とは、主たる債務の一部を保証することをいう。たとえば、主たる債務が100万円で、そのうち50万円を保証するような場合である。

問題となるのは、この場合に主たる債務者が50万円を弁済すると、保証債務は消滅するのか、それとも残債務50万円について保証債務が存続するのかであるが、当事者の意思解釈の問題として、後者の立場が有力である。

←「一部保証（有限保証）」とは

➡ 我妻・講義Ⅳ467頁、奥田392頁

【3】 原状回復義務

(1) 契約解除における原状回復義務

主たる債務者が契約解除によって負う原状回復義務（545条1項）および損害賠償義務（545条4項）は、主たる債務とは別個独立の債務であって、保証人は保証責任を負わないとみるべきであるかが問題となる。

この点について、従来の判例は、原状回復義務の性質（直接効果説）を重視して保証人の責任を否定していた（ただし、判例は、賃貸借の解除のように遡及効がない場合は保証人の責任は肯定されるとする）。

しかしながら、保証人は通常主たる債務者の契約上のいっさいの債務を担保する意思を有するものと解すべきであるという学説からの批判が有力となり、最高裁は、特に反対の意思表示のないかぎり、保証の責めに任ずるものと認めるのを相当とする、と判例を変更するにいたった。

● 論点Aランク（論証24）

➡ 大判明治36年4月23日民録9輯484頁
➡ 大判昭和13年1月31日民集17巻27頁

➡ 我妻・講義Ⅳ468頁

➡ 最大判昭和40年6月30日（後出重要判例）

6-5　保証債務　**349**

★重要判例（最大判昭和40年6月30日〔百選Ⅱ22事件〕）

「特定物の売買における売主のための保証においては、通常、その契約から直接に生ずる売主の債務につき保証人が自ら履行の責に任ずるというよりも、むしろ、売主の債務不履行に基因して売主が買主に対し負担することあるべき債務につき責に任ずる趣旨でなされるものと解するのが相当であるから、保証人は、債務不履行により売主が買主に対し負担する損害賠償義務についてはもちろん、特に反対の意思表示のないかぎり、売主の債務不履行により契約が解除された場合における原状回復義務についても保証の責に任ずるものと認めるのを相当とする。」

【争点】売買契約解除による原状回復義務と保証人の責任。

【結論】特定物の売買契約における売主のための保証人は、特に反対の意思表示のないかぎり、売主の債務不履行により契約が解除された場合における原状回復義務についても、保証の責に任ずるものと解する。

【備考】本判例の射程については、原状回復義務をすべての保証に妥当すべきものとして、射程を広く理解する見解と、本判決は特定物売買における売主のための保証に関するもの、あるいは債務不履行により契約が解除された場合の原状回復義務に関するものであって、そのほかの場合に当然に及ぶものではないという限定的な理解をする見解とがある。

(2) 合意解除における原状回復義務

判例は、請負契約が合意解除された事例において、「請負契約が注文主と請負人との間において合意解除され、その際請負人が注文主に対し既に受領した前払金を返還することを約したとしても、請負人の保証人が、当然に、右債務につきその責に任ずべきものではない。けだし、そうでないとすれば、保証人の関知しない合意解除の当事者の意思によって、保証人に過大な責任を負担させる結果になるおそれがあり、必ずしも保証人の意思にそうものではないからである」としながらも、「**工事代金の前払を受ける請負人のための保証**は、特段の事情の存しないかぎり、請負人の債務不履行に基づき請負契約が解除権の行使によって解除された結果請負人の負担することあるべき前払金返還債務についても、**少なくとも請負契約上前払すべきものと定められた金額の限度においては、保証する趣旨でなされるものと解しえられる**のであるから……、請負契約が合意解除され、その際請負人が注文主に対し、請負契約上前払すべきものと定められた金額の範囲内において、前払金返還債務を負担することを約した場合においても、右合意解除が請負人の債務不履行に基づくものであり、かつ、右約定の債務が実質的にみて解除権の行使による解除によって負担すべき請負人の前払金返還債務より重いものではないと認められるときは、**請負人の保証人は、特段の事情の存しないかぎり、右約定の債務についても、その責に任ずべきものと解するのを相当とする**」として、保証人の責任を肯定した。判例は、合意解除の場合であっても、それが債務不履行に原因がある場合には、責任が過大とはならないし、保証人の意思にも反しないとして、保証人の責任が及ぶとしているのである。

(3) 無効・取消しにおける原状回復義務

それでは、主債務者が債権者から給付を受けていた場合には、主債務契約の無効・取消しにより原状回復義務（121条の2第1項）を負うが、保証人はこの債務についても責任を負うのであろうか。

この点について、判例は、保証人の意思に反すること、解除の場合と異なり、

●論点B⁺ランク

➡ 最判昭和47年3月23日
民集26巻2号274頁

➡ 最判昭和41年4月26日
民集20巻4号849頁

債権者が負うべき危険を保証人に転嫁することになるから、保証人はこの債務（原状回復義務）を負わないとする。これに対して、保証契約の解釈により、このような場合にも損害担保契約として責任を負うことはありうるという見解もある。

➡ 内田Ⅲ344頁

4 保証債務の効力

▶平成17年第1問

保証債務も、不可分債務、連帯債務と同様に、多数当事者の債務関係に属するので、その効力については、①**対外的効力**、②**主たる債務者・保証人に生じた事由の効力**および③**内部関係（求償関係）**という3つの問題がある。また、平成29年改正により、債権者の**情報提供義務**についての規定が設けられたので、この点もあわせて検討することにする。

なお、平成29年改正民法は、「事業に係る債務についての保証契約の特則」を新設したが（465条の6から465条の10まで）、この点は、保証契約のみならず根保証契約にも関わるので、根保証のところで触れることとする。

➡ 本節⑤【3】

【1】 対外的効力（保証人の抗弁権）

保証人の抗弁権としては、保証債務の補充性から導かれるものと付従性から導かれるものがあるので、順に説明していくことにする。

⑴ 補充性に基づく保証人の抗弁権

保証債務の**補充性**によって、債権者は、まず主たる債務者に対して履行の請求をしなければならない。そのため、保証人は、催告の抗弁権と検索の抗弁権をもつ。

⒜ 催告の抗弁権

債権者が保証人に債務の履行を請求したときは、保証人は、まず主たる債務者に催告をすべき旨を請求することができる（452条本文）。これを**催告の抗弁権**という。ただし、主たる債務者が破産手続開始の決定を受けたとき、またはその行方が知れないときは、保証人は催告の抗弁権を有しない（452条ただし書）。

← 「催告の抗弁権」とは

> 債権者Aが、主たる債務者Bに請求をしてもBには支払の意思はなさそうだとして、いきなり保証人Cに対して請求をしたときは、Cは、"まずBに対して請求せよ"という抗弁を主張することができるということです。ただ、債権者Aは、債務者Bに対して一言「支払え」と言えばそれでよいので、抗弁権としてはそれほど実効性のあるものではありません。

⒝ 検索の抗弁権

債権者が主たる債務者に催告をした後であっても、保証人が主たる債務者に弁済をする資力があり、かつ、執行が容易であることを証明したときは、債権者は、まず主たる債務者の財産について執行をしなければならない（453条）。これを**検索の抗弁権**という。弁済の資力については、債務の一部でも弁済ができることの証明があればよいとされている（判例）。また、執行の容易さについては、財産が外国にあるときは執行が容易とはいえないし、不動産に対する執行は一般には容易とはいえないと解されている。

検索の抗弁権を行使した効果として、債権者はまず主たる債務者の財産に対する執行をしなければならないほか、次の⒞で述べるように、執行を怠ったことに

← 「検索の抗弁権」とは

➡ 大判昭和8年6月13日民集12巻1472頁

6-5 保証債務　351

より債権者は不利益を受ける。

(c) 催告・検索の懈怠の効果

452条(催告の抗弁権)および453条(検索の抗弁権)により保証人の請求または証明があったにもかかわらず、債権者が催告または執行をすることを怠ったために主たる債務者から全部の弁済を得られなかったときは、保証人は、債権者がただちに催告または執行をすれば弁済を得ることができた限度において、その義務を免れる(455条)。このように、保証人は、催告の抗弁権・検索の抗弁権を行使しておくと、有利な立場に立つことになる。

たとえば、100万円の債権について、ただちに催告・検索すれば債務者の資産から60万円の弁済を受けることができたはずなのに、これを怠った結果、現在の債務者の資産は25万円しかないとしましょう。この場合に、債務者が25万円を弁済したら保証人はその金額の支払を免れ、35万円(60万円－25万円)は催告・検索の懈怠の効果として支払を免れることになります。結局、保証人は、40万円(100万円－60万円)についてのみ責任を負えばよいことになります。

(d) 連帯保証の場合の特則

保証人は、主たる債務者と連帯して債務を負担したときは、催告の抗弁権・検索の抗弁権を有しない(454条)。連帯保証は、通常の保証と異なり、補充性がないのである。したがって、債権者は、主たる債務者の資力の有無にかかわらず、ただちに連帯保証人に対し債権全額の請求をすることができる。

(2) 付従性に基づく保証人の抗弁権

前述した保証債務の付従性によって、保証人は、主たる債務者が債権者に対して有している権利を行使することができる。

(a) 主たる債務者の有する抗弁

保証人は、主たる債務者が主張することができる抗弁をもって債権者に対抗することができる(457条2項)。改正前民法457条2項は「保証人は、主たる債務者の債権による相殺をもって債権者に対抗することができる」と規定していたが、平成29年改正民法は、これを、主たる債務者が債権者に対して有している抗弁一般に拡張したものである。

→ 潮見・改正法124頁

← 平成29年改正

具体的には、保証人は、債権者に対して、主たる債務の不存在・無効の抗弁、同時履行の抗弁、主債務が時効で消滅したとの抗弁などを主張することができる。

| 平成29年改正事項 | 主たる債務者の有する抗弁 | B 1 |

改正前民法457条2項は「保証人は、主たる債務者の債権による相殺をもって債権者に対抗することができる」としていたが、保証人が主債務者のその他の抗弁を主張することができるかについては明文の規定はなかった。

この点について、判例は、保証人は保証債務の付従性に基づき、主債務者が債権者に対して有する抗弁権を主張することができるとしていたし、また、学説においても、主債務者が債権者に対して抗弁権を有するときに、保証人が主たる債務者の抗弁権を主張することができることについては、異論がなかった。

そこで、平成29年改正民法は、上記判例および一般的な理解を条文に反映させるべく、保証人は、主たる債務者が主張することができる抗弁をもって債権者に対抗することができるとした(457条2項)。

→ 部会資料67 A・24頁、一問一答127頁

→ 最判昭和40年9月21日民集19巻6号1542頁

6-41　主たる債務者の有する抗弁

改正前民法	H29改正民法
保証人は、主たる債務者の債権による相殺をもって債権者に対抗することができる（457Ⅱ）。	保証人は、主たる債務者が主張することができる抗弁をもって債権者に対抗することができる（457Ⅱ）。

保証人が保証債務の付従性に基づき、主債務者が債権者に対して有する抗弁権を債権者に主張することができる、という判例および一般的な理解を明文化した。

(b)　主たる債務者の有する相殺権、取消権、解除権

　主たる債務者が債権者に対して相殺権、取消権または解除権を有するときは、これらの権利の行使によって主たる債務者がその債務を免れるべき限度において、**保証人は、債権者に対して債務の履行を拒むことができる**（457条3項）。主たる債務者が債権者に対して相殺権、取消権、解除権を有する場合には、これらの権利の行使によって主たる債務者がその債務の行使を免れる限度で、保証債務の履行を拒絶することができるというものである。平成29年改正により、学説において異論を見ない準則を明文化したものである。本規定は、**履行拒絶の抗弁権**構成であって、保証人は主たる債務を発生させた契約や、主たる債務にかかる債務を消滅させることはできない点（処分権構成の否定）に注意してほしい。

→ 潮見・改正法124頁

← 平成29年改正

平成29年改正事項	主たる債務者の有する相殺権、取消権、解除権の規律	B2

→ 部会資料67Ａ・23頁、一問一答127頁

　改正前民法457条2項は「保証人は、主たる債務者の債権による相殺をもって債権者に対抗することができる」としていたが、この「相殺をもって債権者に対抗することができる」の意味については、①保証人が主債務者の債権を自働債権とする相殺の意思表示をすることができるという理解（処分権説）と、②保証人は、主債務者の有する反対債権を処分する権限をもつのではなく、相殺によって消滅する限度で、履行を拒絶することができるという抗弁を与えられたものであるという理解（抗弁権説）に分かれており、安定的な解釈が確立しているとはいえないことから、この点を条文上明らかにする必要があるとの指摘がなされていた。

　この点について、①の理解に対しては、保証債務は主債務の履行を担保するための従たる債務であることから、主債務者が反対債権を有する場合にまで保証人に全額履行させるのは不適当であるとしても、保証人が履行を拒絶することができることとすれば足り、それを超えて、主債務者の債権の処分までを認めることは、他人の財産権に対する過剰な介入になるとの批判がなされていた。

　また、改正前民法457条2項に関連する問題として、主債務者が取消権、解除権を有する場合に、保証人がこれらの権利を行使するなどにより主債務の履行を拒絶することができるかという問題があった。この問題についても解釈に委ねられていた。

　この点について、保証債務は主債務の履行を確保するための担保であり、主債務者が解除権や取消権を行使して主債務の履行を免れることができる可能性がある場合に、保証人に全額の履行を強いるのは適当ではない。そのため、同項は主債務者が相殺権を有する場合には保証人もこれを債権者に対抗することができると規定するが、同様の趣旨は、主債務者が取消権・解除権を有する場合にも同様に妥当する。

　以上から、平成29年改正民法は、主たる債務者が債権者に対して相殺権、取消権または解除権を有するときは、これらの権利の行使によって主たる債務者がその債務を免れるべき限度において、保証人は、債権者に対して債務の履行を拒むことができるとし（457条3項）、履行拒絶の抗弁権構成とした。

6−42　主たる債務者の有する相殺権、取消権、解除権の規律

改正前民法 規定なし	→	H29改正民法
		主たる債務者が債権者に対して相殺権、取消権または解除権を有するときは、これらの権利の行使によって主たる債務者がその債務を免れるべき限度において、保証人は、債権者に対して債務の履行を拒むことができる(457Ⅲ)。

・改正前民法457条2項の「相殺をもって債権者に対抗することができる」の解釈について、処分権説を否定して抗弁権説を条文化
・主債務者が取消権や解除権を有する場合にも同様の趣旨が妥当するため、履行拒絶の抗弁権構成として条文化

【2】主たる債務者・保証人に生じた事由の効力

(1) 主たる債務者に生じた事由の効力

前述した保証債務の付従性により、主たる債務者について生じた事由は、保証人にもその効力を生ずる。

(a) 主たる債務の消滅

主たる債務が弁済や時効によって消滅すると、保証債務も消滅する。

問題は、主たる債務について限定承認(915条、922条)があった場合に、保証人の責任に影響があるか否かであるが、限定承認は相続債務を減縮させるわけではなく、ただその引当てとなる責任を限定するにすぎないから、保証人の責任には影響がない(保証人は無限責任を負う)と解される。

また、主たる債務者の破産免責は、保証人の責任には影響しない(破産253条2項、民再177条2項、会更203条2項)。

(b) 主たる債務について時効の完成猶予・更新

主たる債務者に対する履行の請求その他の事由による時効の完成猶予および更新は、保証人に対しても、その効力を生ずる(民457条1項)。

(c) 主たる債務についての債権譲渡

主たる債務について債権の譲渡があると、保証債務もそれに伴って移転する。このことは、保証債務の随伴性としてすでに述べた。

→ 本節①【2】(4)

(2) 保証人に生じた事由の効力

保証人に生じた事由は、弁済その他債務を消滅させるもの(代物弁済、供託、相殺)を除き、原則として主たる債務に影響を及ぼさない。たとえば、保証人が債務を承認しても、主たる債務の時効を更新しないし(判例)、保証人に対して債権譲渡の通知(債権譲渡の対抗要件)をしても、主たる債務者に通知したことにならない(判例)。

→ 大判昭和5年9月17日 新聞3184号9頁

→ 大判昭和9年3月29日 民集13巻328頁

保証人が債務を承認すると、保証債務の時効は更新しますが、主たる債務には影響しません。その結果、先に主たる債務が時効によって消滅することがあります。この場合には、保証債務の付従性によって保証債務も消滅することになります。したがって、保証人は、時効の更新に該当する承認をした後であっても、主たる債務の時効消滅を理由に時効を援用することができるのです(145条)。

なお、連帯保証の場合には、これと異なり、連帯債務の規定が適用される(458条)。この点については、後述する。

➡ 本節⑤【1】(3)

【3】 内部関係(求償関係)

(1) 保証人の求償権

▶2016年第1問、予備2012年

保証債務は従たる債務であり、また、保証人は、実質的に他人の債務を弁済すべき立場にある。したがって、保証人が主たる債務者に代わって債権者に弁済した場合には、保証人には債務者に対する求償権が認められる(459条から464条まで。なお、主たる債務者が弁済した場合には求償の問題は生じない)。

保証人は通常、主たる債務者から依頼(委託)されて保証人になるが、その内部事情はざまざまであり、ときには主たる債務者に頼まれないにもかかわらず保証人となる場合もありうる。そうすると、保証人の求償権は、理論的には、主たる債務者から委託を受けて保証人となっていた場合には、委任事務処理のための費用の償還請求(649条、650条)になるのに対し、委託を受けずに保証人となっていた場合には、事務管理費用の償還請求(702条)の問題となるはずである。しかし、民法は、これらの規定に相当する特別規定(459条から464条まで)を設けたので、もっぱらこれらの**特別規定が適用される**。なお、保証人の求償権についての規定は、物上保証人にも準用されている(372条・351条)。

以下、委託を受けた保証人か否かで分けて見ていくことにする。

(2) 委託を受けた保証人の求償権

民法は、委託を受けた保証人の求償権について、弁済その他の出えんをした後の求償権(**事後求償権**)のほか、一定の要件のもとに弁済等の出えんをなす前にも求償権(**事前求償権**)を認めている。

(a) 事後求償権

保証人は、弁済などによって債務を消滅させた後に求償権を行使することができるのが原則である。すなわち、「保証人が主たる債務者の委託を受けて保証をした場合において、主たる債務者に代わって弁済その他自己の財産をもって債務を消滅させる行為(以下「債務の消滅行為」という。)をしたときは、その保証人は、主たる債務者に対し、そのために支出した財産の額(その財産の額がその債務の消滅行為によって消滅した主たる債務の額を超える場合にあっては、その消滅した額)の求償権を有する」(459条1項)。

⬅ 平成29年改正

「債務の消滅行為」(459条1項括弧書)には、弁済、供託、更改、相殺があたるが、**免除はこれにあたらない**。自己の財産をもってという要件をみたさないからである。

⬅「債務の消滅行為」とは

求償権の範囲としては、第1に、「支出した財産の額」(459条1項)であるが、「その財産の額がその債務の消滅行為によって消滅した主たる債務の額を超える場合にあっては、その消滅した額」(459条1項括弧書)である。

➡ 4節②【3】(3)(d)

平成29年改正事項	委託を受けた保証人の求償権の範囲	B2

改正前民法459条1項は、「保証人が主たる債務者の委託を受けて保証をした場合において、……自己の財産をもって債務を消滅させるべき行為をしたときは、その保証人は、主たる債務者に対して求償権を有する」と規定し、連帯債務におけるのと同様に、保証人が代物弁済など、本来の債務の履行とは異なる行為をしたことにより債務が消滅した場合には、その保証人が負

➡ 部会資料67A・16頁、26頁、84-3・2頁、一問一答127頁

6-5 保証債務 **355**

担した経済的な支出の額と消滅した額が一致しないことがあり、どの金額を基準として求償額を算出するかが明確にされていなかった。しかし、一般には、代物弁済などをした保証人の求償権について、出えん額（支出額）が消滅した額以下であるときは出えん額が基準となり、その出えん額が消滅した額を超える場合にはその消滅した額が基準となると考えられており、この点について大きな異論は見られないとされていた。

そこで、平成29年改正民法は、連帯債務におけると同様、基本的には「支出した財産の額」が基準となるが（459条1項）、「その財産の額がその債務の消滅行為によって消滅した主たる債務の額を超える場合」には、求償の基準は「その消滅した額」と規定することとした（459条1項括弧書）。

6−43　委託を受けた保証人の求償権の範囲

┌───┐
│ ┌─── 改正前民法 ───┐   ┌─── H29改正民法 ───┐   │
│ │ 保証人が主たる債務者の委託を │   │ 保証人が本来の債務の履行とは │   │
│ │ 受けて保証をした場合において、│   │ 異なる行為をしたことにより債 │   │
│ │ 過失なく債権者に弁済すべき旨 │   │ 務が消滅した場合における求償 │   │
│ │ の裁判の言渡しを受け、または │ → │ 額の基準について、基本的に支 │   │
│ │ 主たる債務者に代わって弁済を │   │ 出した財産の額を基準とする │   │
│ │ し、その他自己の財産をもって │   │ が、財産の額が消滅した主たる │   │
│ │ 債務を消滅させるべき行為をし │   │ 債務の額を超える場合にはその │   │
│ │ たときは、その保証人は、主た │   │ 消滅した額を基準とすることに │   │
│ │ る債務者に対して求償権を有す │   │ した（459Ⅰ）。   │   │
│ │ る（459Ⅰ）。   │   └──────────────┘   │
│ └──────────────┘   │
│   │
│ ┌─────────────────────────────────┐   │
│ │ 求償額の算定基準についての一般的な理解を明文化した。 │   │
│ └─────────────────────────────────┘   │
└───┘

　求償権の範囲として、第2に、弁済その他免責があった日以後の法定利息および避けることができなかった費用その他の損害の賠償を包含する（459条2項・442条2項）。

(b)　委託を受けた保証人が弁済期前に弁済等をした場合の事後求償権

　保証人が主たる債務者の委託を受けて保証をした場合に、主たる債務の弁済期前に債務の消滅行為をしたときは、その保証人は、主たる債務者に対し、主たる債務者がその当時利益を受けた限度において求償権を取得する（459条の2第1項前段）。期限前の弁済は保証委託の趣旨に反することがあるため、事後求償権が認められる範囲を、委託を受けない保証人の事後求償権の範囲を定めていた改正前民法462条1項の規定と同様に、「主たる債務者がその当時利益を受けた限度」にとどめることとしたものである。

← 平成29年改正

┌───┐
│ 平成29年改正事項 │ 委託を受けた保証人が弁済期前に弁済等をした場合の事後求償権 │ B3 │
├───┤
│ 　委託を受けた保証人が、主債務の弁済期が到来する前に、保証債務の期限の利益を放棄して │
│ 弁済等をすることがあるが、このような保証債務の期限前弁済は、保証委託の趣旨に反するこ │
│ とがある。たとえば、主債務者も保証人も債権者に対する反対債権を有していたところ、債権 │
│ 者の資力が悪化したため、保証人が保証債務の期限の利益を放棄して債権者に対して自己の反 │
│ 対債権を自働債権とする相殺を行うことがありうるが、これは、債権者の無資力のリスクを主 │
│ 債務者に負わせて自己の利益を図るものである。 │
│ 　そこで、平成29年改正民法は、委託を受けた保証人が弁済期前に弁済等をした場合の事後求 │
│ 償権の範囲を、委託を受けない保証人の事後求償権の範囲を定めていた改正前民法462条1項 │
│ と同様に、「主たる債務者がその当時利益を受けた限度」にとどめることとした（459条の2第1 │
│ 項前段）。 │
└───┘

→ 中間試案の補足説明214頁、一問一答128頁

6-44 委託を受けた保証人が弁済期前に弁済等をした場合の事後求償権

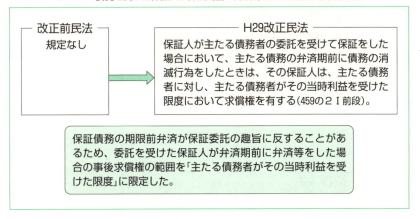

　この場合に、主たる債務者が債務の消滅行為の日以前に相殺の原因を有していたことを主張するときは、保証人は、債権者に対し、その相殺によって消滅すべきであった債務の履行を請求することができる（459条の2第1項後段）。委託を受けた保証人が弁済期以前に債務の消滅行為をした場合に、主たる債務者から相殺を理由として求償を拒絶されたときに、保証人は、債権者に対し、相殺にかかる債権を行使することができる旨定めたものである（後述する462条2項後段と同様の規律を定めるものである）。

← 平成29年改正

→ 部会資料84-3・2頁

　債権者Aに対して主たる債務者Bが弁済期を4月1日とする500万円の債務を負担し、Cがこれを保証しているとしましょう。保証人Cは、弁済期前である3月1日に500万円を弁済し、4月10日にBに対し求償権を行使しようとしました。ところが、Bは、2月1日にAに対して600万円の反対債権を取得しており、このことをCに対して主張しました。このとき、Cは、Bに対して求償できない代わりに、BのAに対する600万円の反対債権のうち500万円について、Aに対して履行を請求することができます。これにより、Cが、Aの無資力リスクを負うこととなるわけです。

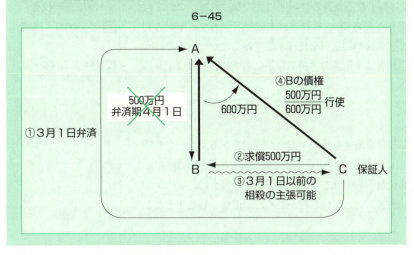

6-45

　以上のような459条の2第1項による求償は、主たる債務の弁済期以後の法定利息およびその弁済期以後に債務の消滅行為をしたとしても避けることができなかった費用その他の損害の賠償を包含する（459条の2第2項）。これは、委託を受けた保証人の求償権の範囲を定めた442条2項（459条2項）から、保証人が主債務の期限到来後に弁済等をしていれば求償することができなかったもの（たと

← 平成29年改正

→ 部会資料67A・28頁

えば、債務消滅行為の日から弁済期までの法定利率により算定される利息や、弁済期後に弁済をすれば避けられた費用など)を除外するため、期限前弁済をした保証人の求償権の範囲を、主債務の弁済期以後の法定利息およびその弁済期以後に履行したとしても避けることができなかった費用その他の損害の賠償に限定するものである。

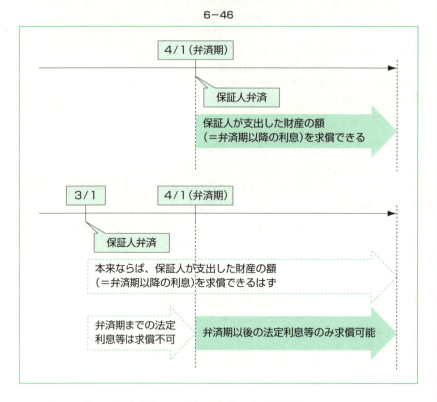

6-46

459条の2第1項の求償権は、主たる債務の弁済期以後でなければ、これを行使することができない(459条の2第3項)。これは、主債務者が有する期限の利益を害することのないよう、主債務の期限到来後に求償することができるという判例の立場を明文化し、主債務者は主債務の弁済期以後に求償に応じれば足りることを明らかにしたものである。

← 平成29年改正

→ 部会資料67A・28頁

→ 大判大正3年6月15日民録20輯476頁

(c) 事前求償権
(i) 事前求償権の要件
　保証人は、前述したように事後求償権を行使するのが原則であるが、一定の場合には、債務の消滅行為の前に求償権を行使することができる(**事前求償権**)。すなわち、保証人は、主たる債務者の委託を受けて保証をした場合に、次の①②③に掲げるときは、主たる債務者に対して、あらかじめ、求償権を行使することができる(460条)。
　①主たる債務者が破産手続開始の決定を受け、かつ、債権者がその破産財団の配当に加入しないとき(460条1号)
　　保証人は、取得した事前求償権(債権)によって、破産財団の配当に加入することができることになる。
　②債務が弁済期にあるとき(460条2号本文)
　　債権者が弁済期到来後も主たる債務者に請求しない場合に、なおこれを

358　6章　多数当事者の債権および債務

放置すれば、主たる債務者が無資力となることがありうるので、これを予防するためである。ただし、保証契約の後に債権者が主たる債務者に許与した期限は、保証人に対抗することができない（460条2号ただし書）。すなわち、主たる債務者の期限が猶予されたとしても、保証人は、その猶予にかかわらず本来の弁済期を基準として事前求償権を行使することができる。保証人は、本来の弁済期における主たる債務者の資力を前提にして保証しているので、これを基準として事前求償権を認めるべきだからである。

③保証人が過失なく債権者に弁済をすべき旨の裁判の言渡しを受けたとき（460条3号）

改正前民法は、「過失なく債権者に弁済をすべき旨の裁判の言渡しを受け」た場合を事後求償権に関する規律のなかで定めていた（改正前民法459条1項）。しかし、この部分は、保証人が主たる債務者に代わって債務の消滅行為のための財産を支出する前に、主たる債務者に対する求償権（事前求償権）の行使を認める旨を定めるものであって、事後求償権に関する規律とは性格を異にする。そこで、平成29年改正民法は、規定する箇所を改めて、事前求償権に関する460条のなかで定めることとした。

←平成29年改正
→部会資料84-3・2頁

「裁判の言渡しを受け」たとは、判決が確定したことをいう。また、過失のある保証人は事前求償権を有しない。過失がある場合とは、たとえば裁判において防御方法を講じなかった場合である。

←「裁判の言渡しを受け」たとは

→部会資料67A・28頁、一問一答128頁

平成29年改正事項　改正前民法460条3号の削除　　B2

改正前民法460条3号は、委託を受けた保証人が事前求償権を行使することができる場合として、「債務の弁済期が不確定で、かつ、その最長期をも確定することができない場合において、保証契約の後10年を経過したとき」をあげていた。同号は、その場合には、保証人はいつ保証債務を免れることができるか不明であり、かつ、将来、主債務者の資力が悪化して満足な求償を得ることができない危険があることから、事前の求償権を認めたものであるとされていた。たとえば、無期の年金や終身定期金債務について保証をした場合があげられていた。

しかし、弁済期が不確定でその最長期をも確定することができない場合には、元本額も確定せず、事前求償の額も不明確であるから、事前求償になじまない、実務上も同号はほとんど利用されていない規定であるという指摘がなされていた。

そこで、平成29年改正民法は、改正前民法460条3号を削除した。

6-47　改正前民法460条3号の削除

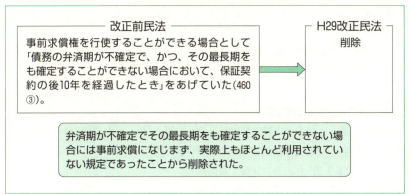

なお、委託を受けて抵当権を設定した物上保証人に事前求償権が認められるかという問題がある。この点について、判例は、「債務者の委託を受けてその者の

●論点Aランク（論証25）
▶予備2012年
→最判平成2年12月18日民集44巻9号1686頁

債務を担保するため抵当権を設定した者(物上保証人)は、被担保債権の弁済期が到来したとしても、債務者に対してあらかじめ求償権を行使することはできないと解するのが相当である。けだし、抵当権については、民法372条の規定によって同法351条の規定が準用されるので、物上保証人が右債務を弁済し、又は抵当権の実行により右債務が消滅した場合には、物上保証人は債務者に対して求償権を取得し、その求償の範囲については保証債務に関する規定が準用されることになるが、右規定が債務者に対してあらかじめ求償権を行使することを許容する根拠となるものではなく、他にこれを許容する根拠となる規定もないからである」としている。

　事前求償権の法的性質は委任事務処理のための費用の償還請求(649条、650条)と解されるところ、物上保証の委託は債務負担行為ではなく物権設定行為の委任であり、抵当不動産の売却代金の配当を委任事務処理と解することはできないことや、抵当権が実行されるまで求償権の存否や範囲が確定できないことからも、判例の見解でよい。

中田・債権総論503頁

(ii) 主たる債務者の保護

　事前求償権に関する460条の規定により主たる債務者が保証人に対して償還をする場合に、債権者が全部の弁済を受けない間は、主たる債務者は、保証人に担保を供させ、または保証人に対して自己に免責を得させることを請求することができる(461条1項)。また、この場合に、主たる債務者は、供託をし、担保を供し、または保証人に免責を得させて、その償還の義務を免れることができる(461条2項)。

(iii) 事前求償権と事後求償権の関係

　事前求償権は、事後求償権とは別個の権利である。したがって、事後求償権の消滅時効は、委託を受けた保証人が免責行為をした時から進行し、このことは、委託を受けた保証人が事前求償権を取得していた場合であっても異ならない(判例)。なお、事前求償権については、保証債務の履行責任が存在するかぎり、これと別個に消滅することはないと解される(裁判例)。

最判昭和60年2月12日民集39巻1号89頁

東京高判平成19年12月5日判時1989号21頁

最判平成27年2月17日民集69巻1号1頁

　もっとも、事前求償権は、事後求償権を確保するために認められた権利という関係にある。そのため、平成29年改正前のものではあるが、判例は、事前求償権を被保全債権とする仮差押えについて、事後求償権の消滅時効をも中断(平成29年改正後は完成猶予事由、149条1号)する効力を有するとした。

(3) 委託を受けない保証人の求償権

(a) 求償の要件

　求償の要件は、保証人が自己の出えんで弁済その他債務を消滅させる行為をしたことである。この点は、委託を受けた保証人の場合と同じである。

← 求償の要件

(b) 求償の範囲

(i) 主たる債務者の意思に反しないで保証人となった者の場合

　主たる債務者の委託を受けないで保証をした者が債務の消滅行為をした場合には、その保証人は、主たる債務者に対し、主たる債務者がその当時利益を受けた限度において求償権を取得する(462条1項・459条の2第1項前段)。

　この場合に、主たる債務者が債務の消滅行為の日以前に相殺の原因を有していたことを主張するときは、保証人は、債権者に対し、その相殺によって消滅すべきであった債務の履行を請求することができる(462条1項・459条の2第1項後

← 平成29年改正

360　6章　多数当事者の債権および債務

段)。

| 平成29年改正事項 | 委託を受けないが主債務者の意思に反しない保証人の求償権 | B3 |

改正前民法462条1項は、委託を受けないが主債務者の意思に反しない保証人の求償権の範囲を、弁済等の当時主債務者が利益を受けた限度に限定していた。したがって、保証人による弁済等の当時、主債務者が相殺の原因を有していたときは、主債務者が相殺権の行使によって債務を免れる分の金額は、求償することができないことになる。

しかし、この場合に、主債務者は保証人の行為によって主債務を免れ、しかも、求償をも免れるとするのは不適当であるから、改正前民法462条2項後段と同様に、保証人は、債権者に対し、主債務者が有していた債権の履行を請求することができる旨の規定を設ける必要がある。

そこで、平成29年改正民法は、主たる債務者の委託を受けないで保証した者が債務の消滅行為をした場合に、主たる債務者が債務の消滅行為の日以前に相殺の原因を有していたことを主張するときは、保証人は、債権者に対し、その相殺によって消滅すべきであった債務の履行を請求することができると規定した(462条1項・459条の2第1項後段)。

6-48 委託を受けないが主債務者の意思に反しない保証人の求償権

━━ 改正前民法 ━━
主たる債務者の委託を受けないで保証をした者が弁済をし、その他自己の財産をもって主たる債務者にその債務を免れさせたときは、主たる債務者は、その当時利益を受けた限度において償還をしなければならない(462Ⅰ)。

→

━━ H29改正民法 ━━
主債務者の委託を受けないで保証した者が債務の消滅行為をした場合において、主たる債務者が債務の消滅行為の日以前に相殺の原因を有していたことを主張するときは、保証人は、債権者に対し、その相殺によって消滅すべきであった債務の履行を請求することができると規定した(462Ⅰ、459の2Ⅰ後段)。

保証人による弁済等の当時主債務者が相殺の原因を有していたため、主債務者が相殺権の行使によって債務を免れる分の金額を求償することができない場合について、改正前民法462条2項後段と同様の規定を設けた。

なお、462条1項は459条の2第2項を準用していないので、保証人は、利息、費用その他の損害賠償の請求をすることができない点に注意してほしい。この場合の求償権の範囲は、本人の意思に反しない事務管理者の費用償還請求権(702条1項)の範囲と同様である。

(ⅱ) **主たる債務者の意思に反して保証人となった者の場合**

主たる債務者の意思に反して保証をした者は、主たる債務者が現に利益を受けている限度においてのみ求償権を有する(462条2項前段)。この場合には、最小限の求償権を認めれば足りるということである。この場合の求償権の範囲は、本人の意思に反した事務管理者の費用償還請求権(702条3項)の範囲と同様である。

この場合に、主たる債務者が求償の日以前に相殺の原因を有していたことを主張するときは、保証人は、債権者に対し、その相殺によって消滅すべきであった債務の履行を請求することができる(462条2項後段)。

(ⅲ) **弁済期前に弁済をした場合**

委託を受けない保証人の求償権は、主たる債務者の意思に反するか否かを問わず、保証人が主たる債務の弁済期前に債務の消滅行為をした場合には、主たる債

→ 部会資料67B・10頁、一問一答129頁

← 平成29年改正

6-5 保証債務 361

務の弁済期後でなければ、これを行使することができない（462条3項）。これは、前述したように、主債務者は主債務の弁済期到来後に求償に応じれば足りることを明らかにしたものである。

(4) 通知を怠った保証人の求償の制限等

(a) 保証人の通知義務

(i) 事前通知義務とその違反の効果

← 事前通知義務違反の効果

　保証人が主たる債務者の委託を受けて保証をした場合に、主たる債務者にあらかじめ通知をしないで債務の消滅行為をしたときは、主たる債務者は、債権者に対抗することができた事由をもってその保証人に対抗することができる（463条1項前段）。平成29年改正民法は、改正前民法463条（443条を準用）で認められていた保証人の事前通知義務とその違反の効果に関する規律を、**委託を受けた保証人にかぎって認める**ことに改めた。

← 平成29年改正

| 平成29年改正事項 | 委託を受けないが主債務者の意思に反しない保証人の通知義務の廃止 | C1 |

➡ 部会資料67B・9頁、一問一答129頁

　改正前民法463条1項は、同443条が準用される保証人の範囲を限定していなかったため、委託を受けない保証人についても、保証人の事前通知義務とその違反の効果を規律する同条が準用されていた。

　しかし、委託を受けないが主債務者の意思に反しない保証人については、もともと求償権の範囲は、主債務者が「その当時利益を受けた限度」にとどまるから（改正前民法462条1項）、主債務者に対する通知を怠ったかどうかにかかわらず、弁済等をした当時、主債務者が債権者に対抗することのできる事由を有していた場合には、その事由に関する分の金額について求償することができないことになる。

　そこで、平成29年改正民法は、委託を受けないが主債務者の意思に反しない保証人の通知義務を廃止した（463条1項前段は、委託を受けた保証人に限定することにした）。

6-49　委託を受けないが主債務者の意思に反しない保証人の通知義務の廃止

```
─── 改正前民法 ───          ─── H29改正民法 ───
463条はすべての保証          保証人が主たる債務者の委託を受けて保証
人について、通知を           をした場合において、主たる債務者にあら
怠った連帯債務者の    ➡      かじめ通知しないで債務の消滅行為をした
求償の制限に関する           ときは、主たる債務者は、債権者に対抗す
443条を準用してい            ることができた事由をもってその保証人に
た。                        対抗することができる（463Ⅰ前段）。
```

```
委託を受けないが主債務者の意思に反しない保証人について
は、主債務者に対する通知を怠ったかどうかにかかわらず、
求償権の範囲は主債務者が「その当時利益を受けた限度」にと
どまるため、通知義務を廃止した。
```

| 平成29年改正事項 | 委託を受けず主債務者の意思にも反する保証人の通知義務の廃止 | C1 |

➡ 部会資料67B・10頁、一問一答129頁

　改正前民法463条1項は、同443条が準用される保証人の範囲を限定していなかったから、委託を受けない保証人についても、保証人の事前通知義務とその違反の効果を規律する同条が準用されていた。

　しかし、委託を受けず、主債務者の意思にも反する保証人については、もともと、その求償権の範囲が、主債務者が「現に利益を受けている限度」にとどまるから（改正前民法462条2項）、事前通知を義務づける意義が乏しい。

　そこで、平成29年改正民法は、委託を受けず、主債務者の意思にも反する保証人の通知義務

362　6章　多数当事者の債権および債務

を廃止した(463条1項前段は、委託を受けた保証人に限定することにした)。

6-50　委託を受けず主債務者の意思にも反する保証人の通知義務の廃止

改正前民法	H29改正民法
463条はすべての保証人について通知を怠った連帯債務者の求償の制限に関する443条を準用していた。	保証人が主たる債務者の委託を受けて保証をした場合において、主たる債務者にあらかじめ通知しないで債務の消滅行為をしたときは、主たる債務者は、債権者に対抗することができた事由をもってその保証人に対抗することができる(463Ⅰ前段)。

委託を受けず主債務者の意思にも反する保証人については、もともと、その求償権の範囲が主債務者が「現に利益を受けている限度」にとどまるため、通知義務を廃止した。

	委託を受けた保証人		委託を受けないが主債務者の意思に反しない保証人		委託を受けずに主債務者の意思にも反する保証人	
	改正前	平成29年改正	改正前	平成29年改正	改正前	平成29年改正
消滅行為時の事前通知義務	必要(463Ⅰ)	必要(463Ⅰ)	必要(463Ⅰ)	不要	必要(463Ⅰ)	不要
求償内容	事前通知あり→支出額(459Ⅰ)　事前通知なし→主たる債務者の債権者対抗事由を除く金額(463Ⅰ・443Ⅰ)	事前通知あり→原則、支出額(459Ⅰ)　事前通知なし→主たる債務者の債権者対抗事由を除く金額(463Ⅰ)	事前通知あり→その当時利益を受けた限度(462Ⅰ)　事前通知なし→主たる債務者の債権者対抗事由を除く(463Ⅰ・443Ⅰ)	その当時利益を受けた限度(462Ⅰ・459の2Ⅰ)	事前通知あり→現存利益(462Ⅱ)　事前通知なし→現存利益(462Ⅱ)	現存利益(462Ⅱ)

　463条1項前段の場合に、主債務者が相殺をもってその保証人に対抗したときは、その保証人は、債権者に対し、相殺によって消滅すべきであった債務の履行を請求することができる(463条1項後段)。

6-51

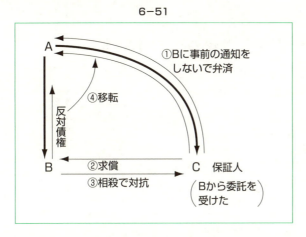

(ii) 事後通知義務等とその違反の効果

保証人が債務の消滅行為をした後に主たる債務者が債務の消滅行為をした場合には、①保証人が主たる債務者の意思に反して保証をしたときのほか、②保証人が債務の消滅行為をしたことを主たる債務者に通知することを怠ったため、主たる債務者が善意で債務の弁済行為をしたときも、主たる債務者は、その債務の消滅行為を有効であったものとみなすことができる（463条3項）。保証人の主たる債務者に対する求償権が制限されるわけである。

②の事後通知義務は、①との関係から、委託を受けた保証人のほか、委託を受けないが主たる債務者の意思に反しない保証人に対しても、事後の通知義務を課したものである。

← 平成29年改正
← 事後通知義務等に違反した場合

(b) 主たる債務者の事後通知義務

保証人が**主たる債務者の委託を受けて**保証をした場合に、**主たる債務者が**債務の消滅行為をしたことを保証人に**通知することを怠った**ため、その保証人が善意で債務消滅行為をしたときは、その保証人は、その債務の消滅行為を有効であったものとみなすことができる（463条2項）。保証人が善意で二重弁済した場合には、保証人の債務消滅行為が有効とみなされるため、保証人は求償権を行使することができるわけである。改正前民法463条2項の実質的内容を維持するものである。

← 平成29年改正

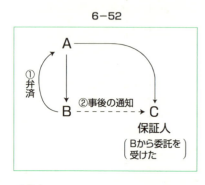

6-52

463条2項の規定は委託を受けた保証人に対する主たる債務者の事後通知義務を定めたにすぎないので、委託を受けていない保証人に対しては、主たる債務者は債務の消滅行為について事後の通知をする必要はない。その結果、委託を受けていない保証人は、事後通知がないため二重に弁済をしても、自己の債務の消滅行為を有効であったものとみなすことはできない。

(5) 主たる債務者が数人いる場合の保証人の求償権

この場合としては、債務者全員を保証する場合と債務者のひとりを保証する場合とに分けられる。

(a) 債務者全員を保証する場合

この場合には、主たる債務が分割債務であれば、保証人の取得する求償権も、各債務者の分割債務となる。

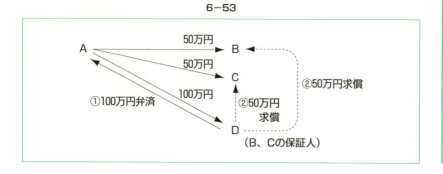

6-53

364　6章　多数当事者の債権および債務

また、主たる債務が不可分債務あるいは連帯債務であれば、保証人の取得する求償権も、不可分債務あるいは連帯債務となる。

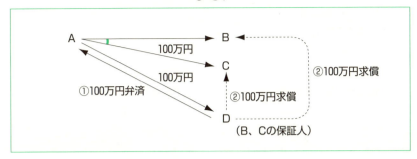

(b) 債務者のひとりを保証する場合

この場合には、主たる債務が分割債務であれば、保証人は、保証した債務者に対し、負担額の求償権を取得することになる。

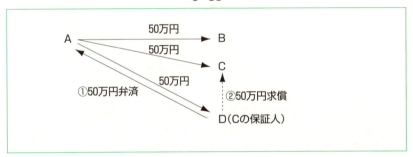

また、主たる債務が不可分債務あるいは連帯債務であれば、保証人は、保証した債務者に対して全額の求償をすることができるのは当然であるが、さらに、他の債務者に対してもその負担部分のみについて求償権を有する(464条)。債務者間の求償関係を簡易に決済する趣旨である。

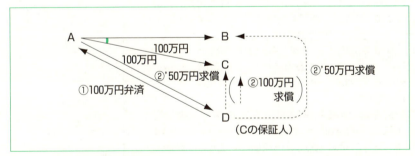

【4】債権者の情報提供義務

平成29年改正民法は、保証人保護の方策の拡充として、①契約締結時の情報提供義務(465条の10)、②主たる債務の履行状況に関する情報提供義務(458条の2)、③主たる債務者が期限の利益を喪失した場合における情報提供義務(458条の3)を規定したが、①は主たる債務者が「事業のために負担する債務」について保証を委託する場合等についての規定であるので、後述することとし、ここでは②と③

← 平成29年改正
← 情報提供義務規定の新設

→ 本節⑤【3】(6)(c)

について説明することとする。

　ちなみに、②は個人保証（保証人が個人であるもの）か法人保証（保証人が法人であるもの）かを問わず適用されるが、③は個人保証のみに適用される（法人保証は除かれる）点に注意してほしい（458条の3第3項）。

(1) 主たる債務の履行状況に関する情報提供義務

　保証人が主たる債務者の委託を受けて保証をした場合に、保証人の請求があったときは、債権者は、保証人に対し、遅滞なく、主たる債務の元本および主たる債務に関する利息、違約金、損害賠償その他その債務に従たるすべてのものついての不履行の有無ならびにこれらの残額およびそのうち弁済期が到来しているものの額に関する情報を提供しなければならない（458条の2）。この趣旨は、主債務の不履行の状況を保証人が知らないまま遅延損害金などが膨らんで、いきなり多額の請求を受けることを避けようとする点にある。

　この規定は、**個人保証・法人保証を問わず**、債権者は、**委託を受けた保証人に対して**、この者から請求があったときに、主たる債務の履行状況に関する所定の事項について情報を提供しなければならないとするものである。また、事業債務の保証に限定されておらず、個人保証についての保証にも適用される。

➡ 潮見・改正法125頁

　債権者に対して情報を求めることができる者を、委託を受けた保証人に限定した趣旨は、債務不履行の有無や主債務の額などは主債務者の信用に関する情報であるから、主債務者の委託を受けていない保証人に対してまで、これらの情報を請求する権利を与えるのは相当でないと考えられたためである。

➡ 部会資料76Ａ・11頁

　また、提供しなければならない情報は、①債務不履行の有無（主たる債務それ自体だけでなく、保証債務の対象となりそれに付随するもの〔447条1項参照〕についての不履行を含む）、②残額と弁済期が到来しているものの額（主たる債務それ自体だけでなく、保証債務の対象となりそれに付随するもの〔447条1項参照〕の額を含む）である。

➡ 部会資料76Ａ・11頁、部会資料80-3・20頁

平成29年改正事項	主たる債務の履行状況に関する情報提供義務	C2

➡ 部会資料76Ａ・11頁、一問一答132頁

　保証人は、主債務者による債務不履行があるかどうか、主債務がどれくらい弁済されていて残額がどれほどかを当然に知りうる立場にはなく、これらについて知るもっとも確実な方法は債権者に照会することであるところ、改正前民法は、保証人が債権者に対して照会した場合について、債権者がどのような義務を負うかについての規定は設けていなかった。

　しかし、主債務者が主債務について債務不履行に陥ったが、保証人が長期間にわたってそのことを知らず、保証人が請求を受ける時点では遅延損害金が積み重なって多額の履行を求められる、という酷な結果になる場合があることが指摘されていた。そのため、主債務の履行状況について保証人が知る手段を設ける必要があった。

　また、債権者の側からも、金銭消費貸借契約の貸主（債権者）となることの多い金融機関が守秘義務を負うことを考慮すると、保証人からの照会に対して回答することが許されるかどうか判断に迷う場合があるとの指摘があった。そのため、保証人から照会があった場合に債権者がとるべき行為に関する規律を設ける必要があった。

　そこで、平成29年改正民法は、委託を受けた保証人が請求したときは、債権者は、主債務者による債務不履行の有無や債務の残額などについて情報提供しなければならない旨の規定を設けた（458条の2）。

　なお、上記情報提供義務について、前述したように債権者が守秘義務の制約を免れる根拠となりうるものであることからすれば、法人である保証人もあわせてその対象とすべきであるという指摘を受けて、法人である保証人もその対象に含まれている。

➡ 部会資料83-2・22頁

6-57 主たる債務の履行状況に関する情報提供義務

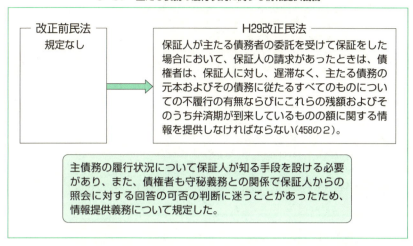

このような情報提供義務違反の効果については条文に明記されていない。この点について、債務不履行の一般法理に従った損害賠償、保証契約の解除が想定されると指摘されている。

また、458条の2は、そこで示された事項に関して、主たる債務者に対する関係において債権者を守秘義務から解放する意味をもつ。

(2) 主たる債務者が期限の利益を喪失した場合における情報提供義務

458条の3は、保証が**個人保証**の場合に、**主たる債務者が期限の利益を喪失したとき**の債権者の情報提供義務を定めるものである。

すなわち、①主たる債務者が期限の利益を有する場合に、その利益を喪失したときは、債権者は、保証人に対し、その利益の喪失を知った時から2か月以内に、その旨を通知しなければならない(458条の3第1項)。2か月の起算点は、主たる債務者が期限の利益を喪失した時ではなく、**債権者が、主たる債務者が期限の利益を喪失したことを知った時**とされていることに注意してほしい。

そして、②上記期間内に上記の通知をしなかったときは、債権者は、保証人に対し、主たる債務者が期限の利益を喪失した時から通知を現にするまでに生じた遅延損害金(期限の利益を喪失しなかったとしても生ずべきものを除く)にかかる保証債務の履行を請求することができない(458条の3第2項)。言い換えると、債権者は、保証人に対し、通知をした時以後の遅延損害金についての保証債務の履行を請求することができるだけである。この通知義務(情報提供義務)は、債権に付随する義務であるから、債務者が期限の利益を喪失したにもかかわらず、債権者が通知をしないままその債権を第三者に譲渡したときは、譲受人が通知義務(情報提供義務)を当然に引き継ぎ、これを負うことになると解される。

上記①②の規定は、保証人が法人である場合には、適用しない(458条の3第3項)。個人保証の場合にかぎられる点には注意してほしい。

> 債権者が458条の3第1項の通知をしなかったからという理由で、債権者が保証人に対して主債務についての期限の利益の喪失の効果を主張することができなくなるというわけではありません。言い換えると、通知をしないと、保証人に対して期限の利益を回復するというような制度ではありません。主債務者が期限の利益を失えば、保証人もまた、期限の利益を主張することができなくなるのです(期限の利益の有無を相対的に捉えることはしないのです)。ですから、たとえば、分割払いの金銭債務を負担している債務者が、あ

→ 潮見・改正法125頁、中舎・債権法475頁

→ 部会資料76A・11頁、83-2・22頁、潮見・改正法126頁

→ 潮見・改正法127頁

→ 一問一答134頁

→ 部会資料76B・3頁、潮見・改正法127頁

る回の支払期日に支払わなかったため期限の利益を喪失した場合には、保証人は、債権者から458条の3第1項の通知を受けなかったからといって、履行期未到来の抗弁をだせるわけではありません。保証人はあくまでも、残債務の全額（支払義務を負うものとされた遅延損害金を除く利息・遅延損害金込みの残債務の全額）に相当する保証債務の履行に応じなければならないのです。

　ただし、期限の利益を喪失したことが通知されず、請求された時点では利率よりも高い割合で計算された遅延損害金が積み重なっているという事態は保証人にとって酷なものです。ですから、458条の3第2項は、主債務者が期限の利益を失ったことを知った債権者が、2か月以内に保証人に通知しなかった場合には、通知の懈怠に対するサンクション（制裁）として、主債務者が期限の利益を失った時から通知の時までに生じた遅延損害金（期限の利益を喪失しなかったとしても生ずべきものを除きます）にかかる保証債務の履行を請求することができないという効果を与えたのです。

➡ 本節⑤【3】(6)(c)

	契約締結時の情報提供義務(465の10)	主たる債務の履行状況に関する情報提供義務(458の2)	主たる債務者が期限の利益を喪失した場合における情報提供義務(458の3)
義務の主体	主たる債務者(465の10Ⅰ)	債権者(458の2)	債権者(458の3Ⅰ)
義務の客体	委託を受ける者(保証人となる者)(465の10Ⅰ)ただし、個人保証人にかぎる(465の10Ⅲ)	委託を受けた保証人(458の2)法人保証人でもよい	保証人ただし、個人保証人にかぎる(458の3Ⅲ)
保証の内容に関する制限	・事業のために負担する債務を主たる債務とする保証または・主たる債務の範囲に事業のために負担する債務が含まれる根保証(465の10Ⅰ)	制限なし	制限なし
情報提供をすべき時期	保証の委託をするとき(465の10Ⅰ)	保証人の請求があったときは、遅滞なく(458の2)	・主たる債務者が期限の利益を有する場合に、その利益を喪失したときかつ・債権者が利益の喪失を知った時から2か月以内(458の3Ⅰ)
提供すべき情報の内容	・財産および収支の状況・主たる債務以外に負担している債務の有無ならびにその額および履行状況・主たる債務の担保として他に提供し、または提供しようとするものがあるときは、その旨およびその内容	主たる債務の元本および主たる債務に関する利息、違約金、損害賠償その他その債務に従たるすべてのものについての不履行の有無ならびにこれらの残額およびそのうち弁済期が到来しているものの額に関する情報	主たる債務者が期限の利益を喪失した旨(458の3Ⅰ)
義務違反の効果	主たる債務者が情報を提供せず、または事実と異なる情報を提供したために委託を受けた者がその事項について誤認をし、それによって保証契約の申込みまたはその承諾の意思表示をした場合に、主たる債務者が情報を提供せずまたは事実と異なる情報を提供したことを債権者が知りまたは知ることができたときは、保証人は、保証契約を取り消すことができる(465の10Ⅱ)	債務不履行の一般法理に従った損害賠償請求、保証契約の解除(415、541等)	保証人に対し、主たる債務者が期限の利益を喪失した時から通知を現にするまでに生じた遅延損害金(期限の利益を喪失しなかったとしても生ずべきものを除く)にかかる保証債務の履行を請求することができない(458の3Ⅱ)

5 特殊保証

これまで述べてきた通常の保証に対して、特殊な保証がある。連帯保証、共同保証、根保証および身元保証である。また、平成29年改正民法は、「事業に係る債務についての保証契約の特則」（465条の6から465条の10まで）を規定したが、この点については、根保証のなかで触れることにする。

→ 本節⑤【3】

【1】連帯保証

(1) 意義

連帯保証とは、保証人が主たる債務者と連帯して債務を負担するという保証債務をいう。これは、単なる保証と比べて、主たる債務に対する保証債務の主従の関係が薄くなっている。そのため、連帯保証には、保証債務の補充性（催告の抗弁権、検索の抗弁権）が欠けている（454条）。

← 「連帯保証」とは

もっとも、連帯保証は、連帯債務と類似するものの、その本質は保証債務であるから、付従性の性質を有するため、保証債務の付従性から導かれる特徴はそのまま妥当する。

(2) 要件——連帯保証の成立

連帯保証は、保証契約において連帯である旨の特約がされたときに成立する。商法は、保証人がある場合に、債務が主たる債務者の商行為によって生じたものであるときは、主たる債務者および保証人が各別の行為によって債務を負担したときであっても、その債務は、連帯保証となると規定している（商511条2項）。

なお、主たる債務が効力を生じないときは、付従性により連帯保証債務も成立しない。したがって、この関係においては、連帯債務者のひとりについての法律行為の無効等について規定する437条が適用される余地はない。

(3) 連帯保証の効力

(a) 対外的効力

前述したように、連帯保証には保証債務の補充性はないから、催告の抗弁権（452条）、検索の抗弁権（453条）はない（454条）。

もっとも、連帯保証の付従性により、連帯保証人は、主たる債務者の抗弁権等を行使することができる（457条2項、3項）。

(b) 主たる債務者または連帯保証人について生じた事由の効力

連帯債務に関する438条、439条1項、440条および441条の規定は、主たる債務者と連帯して債務を負担する保証人について生じた事由について準用される（458条）。しかし、連帯保証は、債務者間に主従の別のない連帯債務とは異なり、付従性を本質としているから、それによって制限を受けると解されている。

→ 我妻・講義IV499頁

(i) 主たる債務者に生じた事由

主たる債務者に生じた事由については、連帯保証の付従性により、すべての連帯保証人に影響を及ぼすと解される。

(ii) 連帯保証人に生じた事由

連帯保証人に生じた事由については、458条によって準用される438条、439条1項、440条および441条の規定によることになる。

したがって、連帯保証人に生じた事由については、原則として主たる債務者に対し効力を生じないが（441条、相対的効力の原則）、①更改（438条）、②相殺

6-5 保証債務　369

(439条1項)、③混同(440条)については、例外的に絶対的効力事由となる。

(c) 内部関係(求償関係)

連帯保証の効力における内部関係(求償関係)については、通常の保証の場合と同じである。

【2】共同保証

(1) 意義

共同保証とは、同一の債務について数人が保証債務を負担することをいう。共同保証には、3つの態様がある。 ←「共同保証」とは

第1に、普通保証である場合、すなわち単純に数人の保証人がある場合である。

第2に、連帯保証である場合、すなわち数人が連帯保証人である場合である。

第3に、保証連帯である場合、すなわち数人が普通の保証人であるが、保証人相互間で全額弁済の特約がある場合である。この保証連帯の場合には、保証債務の補充性は失われないので、催告の抗弁権(452条)・検索の抗弁権(453条)が認められる点で、連帯保証と区別されるので注意してほしい。

(2) 要件——共同保証の成立

共同保証は、債権者と共同保証人間の契約で成立するが、必ずしも一度に同一の債務について数人が保証契約を締結する必要はなく、最初に1人の保証人がいて順次複数の保証人が登場することによって共同保証が成立することもある(判例)。 ➡ 大判大正7年2月5日 民録24輯136頁

(3) 債権者に対する関係——分別の利益

(a) 原則——分別の利益

共同保証においては、保証人は分別の利益を有する。すなわち、数人の保証人がある場合には、それらの保証人が各別の行為により債務を負担したときであっても、427条の規定(分割債務の原則)を適用する(456条)。 ←「分別の利益」とは

> たとえば、C・Dの2人とも債務者Bの債権者Aに対する500万円の債務について普通の保証(共同保証)をした場合には、2人とも250万円ずつ負担すればよいのです。このように、数人の保証人がその頭数に応じて保証債務につき分割された債務を負担するという利益を分別の利益といいます。
>
>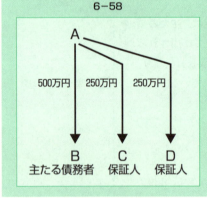
>
> そして、この分別の利益は、共同保証人C・DがBの債務について2人一緒(同時)にAと保証契約を結んだ場合だけでなく、「保証人が各別の行為により債務を負担したときであっても」、つまり、Cが最初にBのAに対する500万円の債務について保証債務を負担していたところ、その後もう1人DがBの同債務についてAと保証契約を締結したときであっても、CとDは、それぞれ250万円ずつの保証債務を負担することになるのです(456条)。

(b) 例外——分別の利益を有しない場合 ←分別の利益を有しない場合

もっとも、保証債務が分割債務となりえない場合、すなわち主たる債務が不可

分な場合や保証連帯の場合には、分別の利益はなく、共同保証人各人は、債務額の全額につき保証責任を負う。また、連帯保証の場合にも、連帯保証人は分別の利益を放棄したとみて分別の利益を有しないとされる（判例）。

→ 大判大正10年5月23日
民録27輯957頁

(4) 共同保証の効力

(a) 対外的効力

共同保証人は分別の利益を有するので、分割債務におけると同様に、債権者は、各保証人に対し全額の債権を行使することはできない。

(b) 1人について生じた事由の効力

主たる債務者と各共同保証人との関係は、一般の保証の場合と同じである。分別の利益を有する各共同保証人相互間では、1人について生じた事由は他の者にその効力を及ぼさない。

(c) 内部関係（求償関係）

共同保証人の1人が弁済して主たる債務を消滅させた場合には、主たる債務者に対して求償権を取得する。そして、その場合の求償の範囲は、委託があるか否か等で異なることは、一般の保証の場合と同様である。

しかし、民法は、弁済した保証人は更に他の共同保証人に対しても求償できることを規定している（465条）。そして、この場合の求償の範囲については、保証人に分別の利益があるか否かによって異なる。

(ⅰ) 分別の利益がない場合（465条1項）

数人の保証人がある場合において、そのうちの1人の保証人が、主たる債務が不可分であるためまたは各保証人が全額を弁済すべき旨の特約（分別の利益がない場合）があるため、その全額または自己の負担部分を超える額を弁済したときは、442条から444条まで（弁済した連帯債務者の求償権）の規定を準用する（465条1項）。すなわち、①主たる債務の不可分、②保証連帯の各場合には、連帯債務者間の求償関係と同じになるのである。③連帯保証の場合も同じである。

判例は、保証人の主たる債務者に対する求償権の消滅時効の中断事由（更新事由）がある場合であっても、共同保証人間の求償権について消滅時効の中断（更新）の効力は生じないとしている。

→ 最判平成27年11月19日
民集69巻7号1988頁

(ⅱ) 分別の利益がある場合（465条2項）

互いに連帯しない保証人の1人が全額または自己の負担部分を超える額を弁済したときは、462条（委託を受けない保証人の求償権）の規定を準用する（465条2項）。このような分別の利益がある場合には、保証人は分割債務部分を負担するにとどまり、他の者の負担部分を弁済したことは、一種の事務管理と考えられるからである。

【3】 根保証

(1) 意義

根保証契約とは、一定の範囲に属する不特定の債務を主たる債務とする保証契約をいう（465条の2第1項）。言い換えると、債務者が将来取引に伴って負担する債務につき金額の限度および期限を定めないで（包括根保証）、または、金額の限度、期限もしくは取引の種類を定めて（限定根保証）保証することをいう。具体的には、卸商と小売商との売掛取引とか、銀行と商人との間の当座貸越契約などの、一定の継続的取引関係から生じる将来の債務を保証するものである。1

← 「根保証契約」とは

6-5 保証債務　371

つひとつの債権ごとに保証契約するのは煩雑であり、包括的に一定の基準により確定された将来の債権を包括的に保証することに対する要請が高かったため、平成16年改正により規定が設けられる前から、根保証は有効とされていた。通常は、「5年間で極度額3000万円まで」というように、保証期間や保証限度額を定めて契約する。また、賃貸借契約の保証（賃借保証）も継続的な契約における保証であり、たとえば、賃借人の保証人は、継続的に賃料債務その他の債務（賃貸物保管義務、目的物返還義務等）について責任を負う。

> 従来は、根保証の意味について、学説上、①信用保証、②賃借保証、③身元保証のうち、①のみ、①②のみ、①②③すべて、というように多義的に理解されていましたが、平成29年改正民法のもとにおいて、本書では、①および②を含むものとして説明することにします（③身元保証については、後述します）。
> なお、継続的保証という用語も使われることもありますが、この意味も多義的であるため、本書ではこれを用いないこととします。

➡ 本節⑤【4】

　このような根保証は、一定の契約で何回もの取引や債務をまとめて保証するので、債権者にとって大変に便利である。しかし、保証人にはそれだけ長期に大きな負担が課せられ、予想を超える多額の保証債務の履行を求められるなどの問題があり、当初は判例法により規律されていた。そのため、平成16年改正民法は、個人のする貸金等債務の根保証については責任を制限する規定を設けたが（改正前465条の2から465条の5まで）、貸金等債務以外の根保証については依然として判例法により規律されていた。さらに、平成29年改正民法は、465条の2（極度額）、465条の4（元本の確定事由）および465条の5（求償権についての保証契約）について、個人根保証全般にこれを拡張したが、465条の3（個人貸金等根保証契約の元本確定期日）および465条の4第2項（個人根保証契約の元本の確定事由）については、貸金等債務の根保証への適用に限定することを維持した。

← 平成29年改正

平成29年改正事項	個人根保証	C1

➡ 部会資料70A・2頁、一問一答135頁

　根保証については、平成16年改正法により、保証人の保護を図る規定が設けられたところ（改正前465条の2から465条の5まで）、これらの規定は、根保証契約のうち、「その債務の範囲に金銭の貸渡し又は手形の割引を受けることによって負担する債務」とされた。すなわち貸金等債務が含まれるもの（保証人が法人であるものを除く。「貸金等根保証契約」）のみを対象としていた。

　しかし、このように対象を限定したのは、根保証契約はさまざまな経済取引において利用されているため、保証人保護のために講じるべき措置としても種々のものが想定され、そのような措置を講じた場合における取引への影響の有無およびその程度を把握することも容易でないことから、すべての根保証契約を対象としてその契約内容の適正化を図ろうとすれば、その検討作業に相当の時間を要すると見込まれたためにすぎず、貸金等根保証契約以外の根保証においても、保証人が予想を超える多額の保証債務の履行を求められるという問題が生じるとの指摘がなされていた。

　そこで、平成29年改正民法は、465条の2（極度額）、465条の4（元本の確定事由）および465条の5（求償権についての保証契約）については、貸金等根保証契約のみならず、貸金等債務が含まれない個人根保証全般に適用対象を拡張することとした。

　なお、465条の3（元本確定期日）については、個人根保証全般に適用対象を拡張せず、従前どおり貸金等根保証契約に限定されたままである。

6−59 個人根保証

改正前民法	H29改正民法
根保証における保証人の保護を図る規定（465条の2から5まで）の適用対象を根保証契約のうち「貸金等根保証契約」のみに限定していた。	根保証における保証人の保護を図る規定のうち、465条の2（極度額）、465条の4（元本確定事由）、465条の5（求償権についての保証契約）についてはその適用対象を個人根保証全般とした。

貸金等根保証契約以外の根保証においても、保証人が予想を超える多額の保証債務の履行を求められるという問題が生じるため、保証人の保護を図る規定の適用対象を拡大した。ただし、465条の3（元本確定期日）については限定されたままである。

　以下では、まず、従来の信用保証（一般の信用保証）、賃借保証について概観し、その後、個人根保証契約および個人貸金等根保証契約について触れることとする。

⑵　信用保証（一般の信用保証）

⒜　保証債務の範囲

　「Ａ・Ｂ間の売掛取引から生じる債務」と約定されればその範囲に限定されるが、「ＢがＡと間に発生せしめる一切の債務を保証する」という契約（包括根保証）も有効と解されている。

⒝　保証限度

　極度額、すなわち保証限度額が契約に定められない場合には、保証人は無限責任を負うことになるが、これでは保証人に過重な負担が課せられることになるので、合理的な制限が加えられるべきである。従来の判例も、包括的根保証について、当事者意思の解釈や信義則により、保証人の責任を取引の通念上相当な部分にとどまるとしていた。

➡ 大判大正15年12月2日
民集5巻769頁

⒞　保証期間

　判例は、期間の定めがなくても、公序良俗に違反して無効とはいえないとするが、他方で、保証期間の定めがない場合には、保証人は、相当の期間の経過後は保証契約を将来に向かって解除することができるとしている。また、判例は、保証期間の定めがない契約で保証人の主債務者に対する信頼関係が害されるにいたったなど、保証人として解約申入れをするについて相当な理由がある場合には、特段の事情がないかぎり、保証人から一方的に解約申入れができるとしている。

➡ 最判昭和33年6月19日
民集12巻10号1562頁
➡ 大判大正14年10月28日
民集4巻656頁
➡ 最判昭和39年12月18日
（百選Ⅱ23事件）

　判例は、包括根保証の事案について、根保証人と主債務者との間の信頼関係が害された場合の特別な解約権を認めました。しかし、平成29年改正民法は、個人根保証全般について極度額の定めがない場合には無効となる旨定めました（465条の2第2項）。そのため、特別な解約権を認めた判例法理が、極度額の定めのある個人根保証についても妥当するか否かについては、解釈の余地が残されています。

➡ 最判昭和39年12月18日
（前出）
➡ 百選Ⅱ49頁［平野］

⒟　随伴性

　判例は、法人保証の事例において、「被保証債権を譲り受けた者は、その譲渡が当該根保証契約に定める元本確定期日前にされた場合であっても、当該根保証契約の当事者間において被保証債権の譲受人の請求を妨げるような別段の合意が

➡ 最判平成24年12月14日
（百選Ⅱ24事件）

ない限り、保証人に対し、保証債務の履行を求めることができる」としている。

(e) 相続性

保証人が死亡した場合には、保証債務の相続性が問題となる。判例は、保証期間および限度額の定めのない包括根保証債務の相続性を否定している。

→ 最判昭和37年11月9日 民集16巻11号2270頁

(3) 賃借保証

(a) 保証期間

賃貸借契約における賃借人の保証人は、原則として賃貸借契約の存続期間において責任を負う。判例は、期間の定めのある建物賃貸借における賃借人のための保証は、反対の趣旨の特段の事情のないかぎり、更新後の賃貸借から生ずる賃借人の債務についても、保証の責めを負う趣旨で合意されたと解するのが相当であるとしている。

→ 最判平成9年11月13日 判時1633号81頁

また、判例は、保証期間が定められていない場合に、相当の期間が経過しても、保証人は解約することができないとし、さらに、判例は、保証期間の定めがない場合に、保証契約締結後相当の期間が経過し、かつ、賃借人が継続して賃料の支払を遅滞し、将来においても誠実に履行する見込みがないときにかぎって、解約が認められるとしている。

→ 大判昭和7年10月11日 法律評論22巻民56頁
→ 大判昭和14年4月12日 民集18巻350頁

(b) 相続性

判例は、賃貸借の保証による債務は相続の対象になるとしている。

→ 大判昭和9年1月30日 民集13巻103頁、 大判昭和12年6月15日 民集16巻931頁

(4) 個人根保証契約——平成29年改正

前述したように、個人根保証契約、すなわち一定の範囲に属する債務を主たる債務とする保証契約(根保証契約)であって、保証人が法人でないものについては、以下のような規定が設けられている。前述したように、平成29年改正により、個人貸金等根保証契約のみならず、個人根保証全般に拡張されたので、個人においては、信用保証のみならず、前述した賃借保証(賃貸借契約における賃料債務の根保証)や、継続的売買における代金債務の根保証などにも適用されることになる。

(a) 極度額

個人根保証契約の保証人は、主たる債務の元本、主たる債務に関する利息、違約金、損害賠償その他その債務に従たるすべてのものおよびその保証債務について約定された違約金または損害賠償の額について、その全部にかかる極度額を限度として、その履行をする責任を負う(465条の2第1項)。そして、個人根保証契約は、極度額を定めなければ、その効力を生じない(465条の2第2項)。この趣旨は、保証人の予測可能性を確保し、個人根保証契約締結時にその判断を慎重ならしめるためである。

極度額の定めは、保証人の予測可能性を確保できる内容である必要があるため、保証契約の締結の時点で確定的な金額であることが必要です。
たとえば、賃貸借契約における賃料等を主債務とする個人根保証契約の場合に、極度額を「賃料の3か月分」と記載してあるだけで、賃料の月額が明記されていないという状態では、極度額が定められているとはいえず個人根保証契約は無効となりえます。これに対して、書面上、賃料の月額も明記されており、極度額が確定的な金額といえるときは、個人根保証契約は有効といえるでしょう。

→ 一問一答135頁

このような極度額の定めは書面(電磁的記録を含む)に記載しなければ、その効

374　6章　多数当事者の債権および債務

力を生じない(要式性、465条の2第3項・446条2項、3項)。記載がないと、個人根保証契約は、極度額の定めがないものとして無効になるのである(465条の2第2項)。

(b) 元本の確定事由

次の①から③までの場合には、個人根保証契約における主たる債務の元本は、確定する(465条の4第1項柱書本文)。ただし、①の場合にあっては、強制執行または担保権の実行の手続の開始があったときにかぎる(465条の4第1項柱書ただし書)。

> ①債権者が、保証人の財産について、金銭の支払を目的とする債権についての強制執行または担保権の実行を申し立てたとき(1号)
> ②保証人が破産手続開始の決定を受けたとき(2号)
> ③主たる債務者または保証人が死亡したとき(3号)

この規定は、保証人保護のための規定であるから、保証人に不利な特約は認められないと解される。

➡ 部会資料83-2・18頁、潮見・改正法136頁

> 平成29年改正民法は、後述する個人貸金等根保証の場合と異なり、(i)債権者が主たる債務者の財産について強制執行等を申し立てたとき(465条の4第2項1号)や、(ii)主たる債務者が破産手続開始の決定を受けたとき(465条の4第2項2号)を、個人根保証全般における元本確定事由とはしていませんが、その理由は以下のとおりです。
> すなわち、ここで想定されている主な個人根保証は、賃貸借契約における賃料債務の根保証ですが、この場合、(i)の事由が生じても、債権者(賃貸人)は、賃貸借契約が存続しているかぎり、債務者(賃借人)の資産状態が悪化していると認識したとしても、原則として目的物を貸し続けなければならず、賃料債務の発生を防ぐことができないことがあります。賃借人が賃料の弁済を怠っているからといって、信頼関係の破壊があったと評価されないときには、賃貸借契約を解除することができないのです。そうすると、賃借人の資産状態が悪化し続けても賃貸人が目的物を貸し続けることは、ただちに不当とはいいがたいことになります。また、(ii)の事由が生じても、賃貸人はこのことを理由として賃貸借契約を解除することはできず、賃貸借契約が当然に終了することもありません。ですので、賃貸人は、目的物を貸し続けなければならず、賃料債務の発生を防ぐことができないのです。
> このように、(i)(ii)の事由の発生後に生じる賃料債務を保証人に負担させても不合理とはいえないので、元本確定事由としていないのです。
> そして、このことは、継続的売買における代金債務の根保証の場合にも妥当します。継続的売買契約においても、継続的な商品供給義務が売主に課されているときには、売主は継続的な供給を続けなければならず、売掛金債務の発生を防ぐことができないので、(i)(ii)の事由の発生後に売掛金債務を保証人に負担させても不合理とはいえないのです。
> ちなみに、以上に対し、主たる債務者が死亡したときは、個人根保証全般についての元本確定事由とされています(465条の4第1項3号)。それは、個人根保証人が主たる債務者としたのは被相続人であり、相続人のもとで生じる債務まで保証することは予定していないと考えられたためです。

(c) 保証人が法人である根保証契約の求償権

一定の範囲に属する不特定債務を主たる債務とする保証契約(根保証契約)であっても、保証人が法人であるものは、個人根保証契約にあたらないので、前述した465条の2(極度額)および465条の4(元本の確定事由)の規制は及ばない。しかし、その場合であっても、保証人である法人が主たる債務者に対して取得する求償権について、個人を保証人とする保証契約が締結されているときは、その個人保証人を保護することが、個人根保証契約に関する規律を設けた趣旨に沿う。

そこで、保証人が法人である根保証契約において、465条の2第1項に規定す

6-5 保証債務 **375**

る**極度額の定めがないとき**は、その根保証契約の保証人の主たる債務者に対する求償権にかかる債務を主たる債務とする保証契約（保証人が法人である場合を除く）は、その効力を生じない（465条の５第１項、３項）。

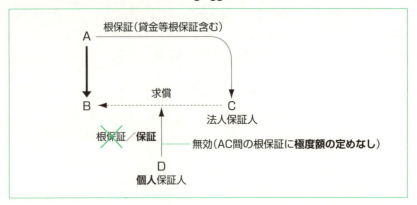

6-60

　465条の５第１項にいう主債務者への求償権に対する保証（個人求償保証）は、保証契約にかぎっており、根保証契約は含まれていません（これに対して、個人貸金等根保証に関する465条の５第２項後段では、根保証契約が含まれています）。これは、個人根保証は極度額の定めがなければ効力が生じないことから（465条の２第２項）、個人求償保証が根保証である場合には、求償根保証契約に極度額の定めがあるかどうかということを問題とすれば足り、もともとの根保証について極度額が定められている必要はないからです。

→ 潮見・改正法138頁

(5) 個人貸金等根保証契約

　(4)で述べた点については**個人貸金等根保証契約**（個人根保証契約であってその主たる債務の範囲に金銭の貸渡または手形の割引を受けることによって負担する債務（**貸金等債務**）が含まれるもの）にも妥当するが、個人貸金等根保証契約については、さらに以下のような規律に従う。

(a) 元本確定期日

(i) 元本確定期日の定めがある場合

　個人貸金等根保証契約の締結の日から５年を超える元本確定期日の定めは、その効力を生じない（465条の３第１項）。

(ii) 元本確定期日の定めがない場合

　個人貸金等根保証契約の締結の日から３年を経過する日が元本確定期日となる（465条の３第２項）。上記(i)で期間の定めが生じない場合も含む（465条の３第２項括弧書）。

(iii) 元本確定期日の変更

　個人貸金等根保証契約における元本確定期日の変更をする場合に、変更後の元本確定期日がその変更をした日から５年を経過する日より後の日となるときは、その元本確定期日の変更は、その効力を生じない（465条の３第３項本文）。変更は、そのつど行う必要があり、当初から自動更新条項をおいても無効と解されている。

　ただし、元本確定期日の前２か月以内に元本確定期日の変更をする場合に、変更後の元本確定期日が変更前の元本確定期日から５年以内の日となるときは、このかぎりではない（465条の３第３項ただし書）。

→ 潮見・新債権総論Ⅱ758頁

(iv) 要式性

個人貸金等根保証契約における元本確定期日の定めおよびその変更は、書面（電磁的記録を含む）に記載しなければならず、記載がないと無効となる（465条の3第4項）。もっとも、保証人に有利な一定の約定については、書面への記載等がなくても、その効力が認められる（465条の3第4項括弧書）。

(b) 元本確定事由

個人貸金等根保証契約における主たる債務の元本は、465条の4第1項の場合のほか、次の①②に掲げる場合にも確定する（465条の4第2項柱書本文）。ただし、①の場合にあっては、強制執行または担保権の実行の手続の開始があったときにかぎる（465条の4第2項柱書ただし書）。

①債権者が、主たる債務者の財産について、金銭の支払を目的とする債権についての強制執行または担保権の実行を申し立てたとき（1号）

②主たる債務者が破産手続開始の決定を受けたとき（2号）

(c) 保証人が法人である根保証契約の求償権

保証人が法人である根保証契約であってその主たる債務の範囲に貸金等債務が含まれるものにおいて、①元本確定期日の定めがないとき、または②元本確定期日の定めもしくはその変更が465条の3第1項もしくは第3項の規定を適用すればその効力を生じないものであるときは、その根保証契約の保証人の主たる債務者に対する求償権にかかる債務を主たる債務とする保証契約（保証人が法人である場合を除く）は、その効力を生じない（465条の5第2項前段、3項）。また、主たる債務の範囲にその求償権にかかる債務が含まれる根保証契約（保証人が法人である場合を除く）も、同様とする（465条の5第2項後段、3項）。

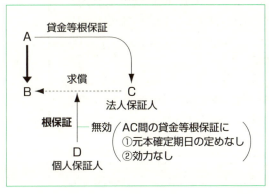

6-61　465条の5第2項前段

6-62　465条の5第2項後段

(6) 個人保証の制限 —— 事業にかかる債務についての保証契約の特則

← 平成29年改正

(a) 総説

　個人による保証は、物的担保の対象となる財産をもたない債務者の信用補完の手段として重要な役割を果たしている。しかし他方で、個人の保証人は必ずしも想定しなかった多額の保証債務の履行を求められることになり、生活の破たんに追い込まれる事例が生じているとの指摘がなされていた。

　そこで、平成29年改正民法は、個人の保証人の保護を図るため、一定の範囲および要件のもとに、個人を保証人とする保証契約・根保証契約の効力を無効とする規定を設けた。

　なお、この個人保証の制限は、事業にかかる債務についての根保証契約だけでなく保証契約にも妥当するものであるが、便宜上ここで説明するので、注意してほしい。

> 　「事業のために負担した（する）貸金等債務」(465条の6第1項)とはどのようなものをいうのか、ここで説明しておきます。
> 　「事業」とは、一定の目的をもってされる同種の行為の反復継続的遂行をいいます。「事業のために負担した（する）貸金等債務」とは、借主が借り入れた金銭等をみずからの事業に用いるために負担した貸金等債務をいいます。
> 　「事業のために負担した（する）貸金等債務」に該当するか否かは、借主がその貸金等債務を負担した時点を基準時として、貸主と借主との間でその貸付等の基礎とされた事情に基づいて客観的に定まると解されています。
> 　たとえば、貸主と借主が事業資金を使途とすることを前提として金銭を貸し付けた場合には、実際にその金銭が事業に用いられなかったとしても、「事業のために負担した（する）貸金等債務」に該当します。
> 　これに対して、借主が事業資金に用いる意図を有していたものの、それを黙って金銭の借入れを申し入れており、貸主も事業資金を使途とするものではないと認識して金銭を貸し付けた場合には、実際にその金銭が事業に用いられたとしても、「事業のために負担した（する）貸金等債務」に該当しないと解されます。

➡ 一問一答147頁

(b) 公正証書の作成

(i) 原則 —— 公正証書による保証債務履行意思の確認

　465条の6第1項は、「事業のために負担した貸金等債務を主たる債務とする保証契約」または「主たる債務の範囲に事業のために負担する貸金等債務が含まれる根保証契約」において、「その契約の締結に先立ち、その締結の日前1か月以内に作成された公正証書で保証人になろうとする者が保証債務を履行する意思を表示していなければ、その効力を生じない」と規定する（保証人になろうとする者が法人である場合を除く。465条の6第3項）。これは、保証意思の表示から1か月という熟慮期間をおくものではなく、公証人のチェックを経てから1か月以内ということが必要なだけである。したがって、同一書面ではできないが、保証契約と同じ機会に行ってもよいことになる。

　そして、この公正証書を作成するには、次の①から④までに掲げる方式に従わなければならない（465条の6第2項柱書）として、手続の細目が示されている（保証人になろうとする者が法人である場合を除く。465条の6第3項。なお、保証にかかる公正証書の方式の特則については、465条の7を参照してほしい）。

　　①保証人になろうとする者が、次のイまたはロに掲げる契約の区分に応じ、それぞれ当該イまたはロに定める事項を公証人に口授すること（465条の6

第2項1号)
　イ　保証契約(ロに掲げるものを除く)

　　　主たる債務の債権者および債務者、主たる債務の元本、主たる債務に
　　関する利息、違約金、損害賠償その他その債務に従たるすべてのものの
　　定めの有無およびその内容ならびに主たる債務者がその債務を履行しな
　　いときには、その債務の全額について履行する意思(保証人となろうと
　　する者が主たる債務者と連帯して債務を負担しようとするものである場
　　合には、債権者が主たる債務者に対して催告をしたかどうか、主たる債
　　務者がその債務を履行することができるかどうか、または他に保証人が
　　あるかどうかにかかわらず、その全額について履行する意思)を有して
　　いること

　ロ　根保証契約

　　　主たる債務の債権者および債務者、主たる債務の範囲、根保証契約に
　　おける極度額、元本確定期日の定めの有無およびその内容ならびに主た
　　る債務者がその債務を履行しないときには、極度額の限度において元本
　　確定期日または465条の4第1項各号もしくは2項各号に掲げる事由そ
　　の他の元本を確定すべき事由が生ずる時までに生ずべき債務の元本およ
　　び主たる債務に関する利息、違約金、損害賠償その他債務に従たるすべ
　　てのものの全額について履行する意思(保証人になろうとする者が主た
　　る債務者と連帯して債務を負担しようとするものである場合には、債権
　　者が主たる債務者に対して催告をしたかどうか、主たる債務者がその債
　　務を履行することができるかどうか、または他に保証人があるかどうか
　　にかかわらず、その全額について履行する意思)を有していること

②公証人が、保証人になろうとする者の口述を筆記し、これを保証人になろ
　うとする者に読み聞かせ、または閲覧させること(465条の6第2項2号)

③保証人となろうとする者が、筆記の正確なことを承認した後、署名し、印
　を押すこと。ただし、保証人になろうとする者が署名することができない
　場合は、公証人がその事由を付記して、署名に代えることができる(465条
　の6第2項3号)

④公証人が、その証書は①から③までに掲げる方式に従って作ったものであ
　る旨を付記して、これに署名し、印を押すこと(465条の6第2項4号)

　また、以上の規定(465条の6第1項、2項、465条の7)は、「事業のために負
担した貸金等債務を主たる債務とする保証契約」または「主たる債務の範囲に事業
のために負担する貸金等債務が含まれる根保証契約」の保証人の主たる債務者に
対する求償権にかかる債務を主たる債務とする保証契約(保証人になろうとする
者が法人である場合を除く)について、準用される(465条の8第1項前段、2項)。
主たる債務の範囲にその求償権にかかる債務が含まれる根保証契約(保証人にな
ろうとする者が法人である場合を除く)も、同様である(465条の8第1項後段、
2項)。

(ii)　例外——経営者保証の場合の適用除外

　以上の(i)に対し、465条の9は、公正証書を要しない場合の特則を定めてい
る。

　すなわち、保証人になろうとする者が、次の①から③までに掲げる者である保

証契約については、465条の6から8までの規定は適用されない(465条の9)。

	主たる債務者が法人である場合	主たる債務者が個人である場合
①	理事、取締役、執行役またはこれらに準ずる者(1号)	
②	次に掲げる者(2号) イ　主たる債務者の総株主の議決権(株主総会において決議をすることができる事項の全部につき議決権を行使することができない株式についての議決権を除く。以下この号において同じ)の過半数を有する者 ロ　主たる債務者の総株主の議決権の過半数を他の株式会社が有する場合における当該他の株式会社の総株主の議決権の過半数を有する者 ハ　主たる債務者の総株主の議決権の過半数を他の株式会社および当該他の株式会社の総株主の議決権の過半数を有する者が有する場合における当該他の株式会社の総株主の議決権の過半数を有する者 ニ　株式会社以外の法人が主たる債務者である場合におけるイ、ロまたはハに掲げる者に準ずる者	
③		・主たる債務者と共同して事業を行う者 または ・主たる債務者が行う事業に現に従事している主たる債務者の配偶者(3号)

→ 一問一答151頁

※主債務者が法人である場合のその法人の代表者等の配偶者については、①か②に該当しないかぎり、公正証書の作成が不要となる者に該当しない。

なお、465条の9第3号後段には「主たる債務者の配偶者」があげられているが、「**主たる債務者が行う事業に現に従事している**」者に**限定**されているし、個人保証について465条の6のような制約を加えたのは個人保証(とりわけ、近親者保証)の情誼性を考慮したからという点からすれば、465条の9第3号後段に該当するのは、465条の9第1号、第2号および第3号前段に該当する者と実質的に同視されるべき者にかぎられるべきといわれている。

→ 潮見・改正法144頁

(c)　契約締結時の情報提供義務

(i)　総説

保証契約では、保証人になろうとする者と主債務者との個人的情誼等から行われるものが多いことや、保証契約の際には保証人が現実に履行を求められるかどうかが不確定であることから、保証人になろうとする者が自己の責任を十分に認識しないまま安易に契約が結ばれる場合も多い。そのため、保証人が多額の保証債務の履行を求められるという、保証人の予測に反した結果になる事例が多く生じている。

→ 部会資料70A・12頁、潮見・改正法146頁

そこで、平成29年改正民法は、保証が個人保証である場合に、保証人に対する契約締結時の主債務者の情報提供義務を定めた(465条の10)。

← 平成29年改正

(ii)　情報提供義務の内容

主たる債務者は、「事業のために負担する債務を主たる債務とする保証」または「主たる債務の範囲に事業のために負担する債務が含まれる根保証」の委託をするときは、委託を受ける者に対し、次に掲げる事項に関する情報を提供しなければならない(465条の10第1項。保証をする者が法人である場合を除く。465条の10第3項)。

①財産および収支の状況(1号)

②主たる債務以外に負担している債務の有無ならびにその額および履行状況(2号)

③主たる債務の担保として他に提供し、または提供しようとするものがある
ときは、その旨およびその内容（3号）

これらの情報が提供されなければならないとされた趣旨は、保証人が予想に反
して多額の保証債務の履行を求められるという事態を回避しようとする点にある。

(iii)　**義務違反等の場合の効果**

主たる債務者が前記①から③までに掲げる事項に関して情報を提供せず、また
は事実と異なる情報を提供したために委託を受けた者がその事項について誤認を
し、それによって保証契約の申込みまたはその承諾の意思表示をした場合に、主
たる債務者がその事項に関して情報を提供せずまたは事実と異なる情報を提供し
たことを債権者が知りまたは知ることができたときは、保証人は、**保証契約を
取り消すことができる**（465条の10第2項。保証をする者が法人である場合を除
く。465条の10第3項）。

この規定は、第三者詐欺に関する規定（96条2項）と同様に、債権者が主債務者
による情報提供義務の不履行、虚偽の情報の事実を知り、または知ることができ
た場合にかぎって、保証契約の取消しを認めるものである。

← **情報提供義務違反
の効果**

➡ 部会資料70Ａ・13頁、
潮見・改正法147頁、中
舎・債権法493頁

保証・根保証	個人保証・法人保証	貸金等債務	事業のために負担する債務	適用条文
根保証	個人保証			465の2、465の4Ⅰ
根保証	個人保証	主たる債務の範囲に含まれる		個人貸金等根保証 465の3、465の4Ⅱ
根保証	個人保証		主たる債務の範囲に含まれる	465の10
根保証	個人保証	主たる債務の範囲に事業のために負担する貸金等債務が含まれる		465の6、465の7、465の8 ただし、465の9
根保証	法人保証			極度額の定めがないときは、その根保証契約の求償権にかかる債務を主たる債務とする保証契約は無効（465の5Ⅰ） ただし、当該保証契約が法人保証の場合は除外（465の5Ⅲ）
根保証	法人保証	主たる債務の範囲に含まれる		元本確定期日の定めがないとき、その変更が効力を生じないときは、この根保証契約の求償権にかかる債務を主たる債務とする保証契約・主たる債務の範囲に含まれる根保証契約は無効（465の5Ⅱ） ただし、当該保証契約・根保証契約が法人保証の場合は除外（465の5Ⅲ）
根保証	法人保証		主たる債務の範囲に含まれる	465の10の適用除外（465の10Ⅲ）
根保証	法人保証	主たる債務の範囲に事業のために負担する貸金等債務が含まれる		公正証書の作成等は適用除外（465の6Ⅲ）
保証	個人保証		主たる債務とする	465の10
保証	個人保証	事業のために負担した貸金等債務を主たる債務とする		465の6、465の7、465の8 ただし、465の9
保証	法人保証		主たる債務とする	465の10の適用除外（465の10Ⅲ）
保証	法人保証	事業のために負担した貸金等債務を主たる債務とする		公正証書の作成等は適用除外（465の6Ⅲ）

【4】 身元保証

　身元保証は、「身元保証ニ関スル法律」(身元保証法)という特別法で規定されているので、その要点を述べるにとどめる。

(1) 意義

　身元保証とは、雇用契約に関して被用者の身元を保証する契約をいう。

　世間一般では、「身元保証書」として、被用者に関するいっさいを引き受け、使用者に迷惑をかけない旨の文言が記載されている。

← 「身元保証」とは

(2) 適用範囲

　引受、保証その他名称のいかんを問わず、期間を定めずに被用者の行為によって使用者の受ける損害を賠償することを約束する身元保証契約は、身元保証法の適用を受ける(身元保証1条)。

(3) 身元保証期間

　身元保証の期間について、期間を定めない場合には3年であるが(身元保証1条本文。ただし、商工業見習者の保証は5年。身元保証1条ただし書)、保証の期間は、5年を超えることができず(身元保証2条1項前段)、もしこれより長い期間を定めたときは、5年に短縮される(身元保証2条1項後段)。

(4) 使用者の通知義務

　使用者は、次の場合においては、遅滞なく身元保証人に通知しなければならない(身元保証3条)。

　　①被用者に業務上不適任または不誠実な事跡があって、このために身元保証人の責任の問題を引き起こすおそれがあることを知ったとき(1号)

　　②被用者の任務または任地を変更し、このために身元保証人の責任を加重し、またはその監督を困難にするとき(2号)

(5) 身元保証人の解除権

　身元保証人は、(4)の通知を受けたときは、将来に向けて契約の解除をすることができる(身元保証4条前段)。身元保証人みずからが、上記①②の事実があることを知ったときも同じである(身元保証4条後段)。

(6) 身元保証責任の範囲

　裁判所は、身元保証人の損害賠償の責任およびその金額を定めるときは、被用者の監督に関する使用者の過失の有無、身元保証人が身元保証をするにいたった事由や保証の際に用いた注意の程度、被用者の任務または身上の変化その他いっさいの事情を斟酌する(身元保証5条)。

(7) 身元保証債務の相続

　判例は、身元保証契約は身元保証人と身元本人との相互の信用を基礎として成立するものであるから、当事者その人と終始すべき専属的性質を有し、その地位が相続されるものではないとしている。

➡ 大判昭和18年9月10日
民集22巻948頁

382　6章　多数当事者の債権および債務

◯×問題で実力チェック

1．分割債権・分割債務

01 相続開始から遺産分割までの間に相続財産である賃貸不動産から生ずる賃料債権は、各共同相続人が、その相続分に応じ、分割債権として確定的に取得する。（'13-18問-ア）

→ ◯ 最判平成17年9月8日

02 期限の定めのない貸金債権を共同相続した相続人の1人が、債務者に対して全額の弁済請求をした場合には、債務者は、共同相続人全員に対して履行遅滞の責任を負う。（'11-19問-3）

→ × 最判昭和29年4月8日

03 共同相続された普通預金債権、通常貯金債権および定期貯金債権は、いずれも、相続開始と同時に当然に相続分に応じて分割されることはなく、遺産分割の対象となる。

→ ◯ 最大判平成28年12月19日

2．不可分債権・不可分債務

04 不可分債権者の1人が債務者に対して債務を免除した場合であっても、他の不可分債権者は、債務者に対し、債務の全部の履行を請求することができる。（'16-17問-3）

→ ◯ 429条

05 債務者が不可分債権者の1人から請求を受け履行遅滞に陥った場合には、他の不可分債権者との関係でも履行遅滞責任を負う。

→ ◯ 428条・432条

06 別段の意思表示のないかぎり、不可分債務を負う債務者の1人が債権者から請求を受け履行遅滞に陥った場合には、他の不可分債務者も履行遅滞責任を負う。

→ × 430条・441条本文

3．連帯債権・連帯債務

07 債務者が連帯債権者の1人から請求を受け履行遅滞に陥った場合には、他の連帯債権者との関係でも履行遅滞責任を負う。

→ ◯ 432条

08 連帯債権者A、B、Cが債務者Dに対して300万円の連帯債権を有している（持分は均等）場合において、AがDに対して連帯債権を免除したときは、BとCは、Dに対して、300万円全額を請求することができるものの、100万円についてはDに償還しなければならない。

→ × 433条。不可分債権に関する429条とは異なる

09 2人が貸金業者から連帯して100万円を借り入れた後、当該連帯債務者のうちの1人が成年被後見人であることを理由に当該契約を取り消した場合、他の連帯債務者は、成年被後見人の負担部分の債務を免れる。（'11-19問-5）

→ × 437条

10 AとBがCに対して連帯債務を負う旨の契約をCとの間で締結した場合において、契約締結の当時Aが意思無能力であったときは、Bは、Aの負担部分について債務を免れる。（'17-18問-オ）

→ × 437条。大判明治38年5月11日

11 連帯債務者の1人について弁済期を他の連帯債務者と異にすることはできない。（'17-18問-ア）

→ ×

12 共同不法行為者の1人に対してした債務免除の意思表示は、被害者が他の共同不法行為者に対する債務免除の意思を有していなくても、他の共同不法行為者の利益のためにその効力を生ずる。（'13-18問-ウ）

→ × 441条本文

13 被害者が共同不法行為者の1人に対して損害賠償債務の履行を請求しても、別段の意思表示のないかぎり、他の共同不法行為者の損害賠償債務の消滅時効は完成猶予されない。（'13-18問-オ改題）

→ ◯ 441条本文

◯×問題で実力チェック　**383**

14 連帯債務者の1人と債権者との間に更改があったときは、他の連帯債務者は従来の債務を免れ、更改によって新たに発生した債務について責任を負わない。（'17-18問-イ）

→ ○　438条

15 連帯債務者の1人が債権者の地位を単独で相続した場合、他の連帯債務者は、依然として連帯債務を負担する。（'11-19問-2）

→ ×　440条

16 連帯債務者の1人がその連帯債務に係る債権を相続により取得し、当該債権が混同によって消滅した場合、その者は、他の連帯債務者に対して有する求償権の範囲内で、代位により連帯債務に係る債権を取得する。（予'13-10問-3）

→ ○　442条1項、440条（類推）適用

17 連帯債務者の1人が債務を承認したことによる時効更新の効力は、別段の意思表示のないかぎり、他の連帯債務者には及ばない。（'17-18問-エ改題）

→ ○　441条本文

18 AとBがCに対して連帯債務を負っている場合において、Aが債務全額の弁済をしたが、Bに対する通知を怠ったため、Bは、Aの弁済を知らなかった。この場合において、その後CがBに対し債務の履行を請求し、これに応じてBが債務全額の弁済をしたときは、BがAに対して事前にCから履行の請求を受けた旨の通知をしなかったとしても、Bは、Aに対し、自己の弁済が有効である旨主張することができる。（'17-18問-ウ）

→ ×　443条1項前段、2項。最判昭和57年12月17日

4．保証債務

19 賃借人の保証人は、賃貸借契約が更新された後の賃料債務についても保証債務を負うが、賃料不払によって賃貸借契約が解除された場合、賃借人が目的物を返還しないことにより賃貸人に与えた損害の賠償については保証債務を負わない。（'16-21問-ア）

→ ×　最判平成9年11月13日、大判昭和13年1月31日

20 AのBに対する債務に関して違約金の定めがなかった場合、ＢＣ間の保証契約において違約金の定めをすることはできない。（'14-19問-ア）

→ ×　447条2項

21 AのBに対する200万円の金銭債権（年利5パーセント）についてCが保証人となった後、ＡＢ間で年利を8パーセントに変更する旨の合意が成立した場合、付従性により、Cも年利8パーセントの責任を負う。

→ ×　448条2項

22 AのBに対する200万円の金銭債権（年利5パーセント）についてCが保証人となった後、Aが当該債権をDに譲渡し、Cにのみ譲渡通知が到達した場合、DはCに対して保証債務の履行を請求できる。

→ ×　大判昭和9年3月29日

23 Aが未成年者であって、その法定代理人の同意を得ないでBに対する債務を負担する行為をした場合において、保証人Cが、保証契約締結の当時、そのことを知っており、その後、Aの行為が取り消されたときには、Cは、Aの負担していた債務と同一の目的を有する独立の債務を負担したものと推定される。（'14-19問-イ改題）

→ ○　449条

24 保証人は、主たる債務者がその有する債権をもって相殺するまでは、債権者に対して債務の履行を拒絶することができない。（'11-19問-1改題）

→ ×　457条3項

25 主たる債務者の意思に反して連帯保証人となった者が、債権者から保証債務の履行を裁判上請求されたときは、別段の意思表示のないかぎり、主たる債務についての消滅時効が完成猶予される。（予'12-9問-2改題）

→ ×　458条・441条

26 主たる債務者から委託を受けて連帯保証人となった者が、債権者に対して保証債務を承認したときは、別段の意思表示のないかぎり、主たる債務についての消滅時効が更新する。（予'12-9問-3改題）

→ ×　458条・441条

27 連帯債務者の1人から委託を受け、その者のために保証人となった者が、債権者に対して保証債務の全額を弁済したときは、この保証人は、その連帯債務者に対し、その者の負担部分についてのみ求償権を有する。（予'12-9問-4）

→ × 459条1項。保証人は、委託をした連帯債務者に対し、その者の負担部分にかぎらず、全額の求償権を有する

28 委託を受けた保証人が債務の消滅行為をした場合、保証人は、原則として、主たる債務者に対してそのために支出した財産の額の求償権を取得するが、弁済期前に債務の消滅行為をしたときは、主たる債務者がその当時利益を受けた限度において求償権を取得するにとどまる。

→ ○ 459条1項、459条の2第1項前段

29 CがAの意思に反してBとの間で保証契約を締結し、Bに保証債務の弁済をした場合には、Cは、Aが現に利益を受けている限度でのみ、Aに対して求償をすることができる。（'14-19問-エ）

→ ○ 462条2項前段

30 AのBに対する債務の額が500万円であり、CがAの依頼を受けてBとの間で保証契約を締結した場合において、Aが、その後取得したBに対する300万円の金銭債権を自働債権として、Bに対する債務と相殺をしようと考えていたところ、CがAに対して通知することなくBに500万円を弁済したときには、AはCから500万円の求償を受けても、相殺をすることができる地位にあったことを主張して、300万円の範囲でこれを拒むことができる。（'14-19問-ウ）

→ ○ 463条1項前段

31 債権者が主たる債務の履行状況に関する情報の提供義務を負うのは、委託を受けた保証人であれば法人保証人であってもよい。

→ ○ 458条の2

32 主たる債務者が期限の利益を喪失した場合において、債権者が期限の利益喪失を知った時から3か月後に保証人に対してその旨を通知したときは、債権者は、保証人に対していっさいの遅延損害金を請求できない。

→ × 458条の3

33 保証人は、事業のために負担する債務を主たる債務とする保証の委託を受けた際に、主たる債務者から財産および収支の状況について虚偽の事実を告げられたためこの点について誤認をし、それによって保証契約について承諾の意思表示をした場合には、債権者の知不知にかかわらず、保証契約を取り消すことができる。

→ × 465条の10

34 共同保証人（いずれも単純保証かつ保証連帯の合意なし）の1人が債権者に対し保証債務を弁済し、他の共同保証人に対して求償をした場合において、求償を受けた保証人が、主たる債務者に弁済をする資力があり、かつ、執行が容易であることを証明したときは、債権者に弁済をした保証人は、まず主たる債務者に求償権を行使しなければならない。（予'12-9問-5改題）

→ × 共同保証人間の求償の場合に検索の抗弁権（453条）を認める規定はない

35 個人根保証契約は、書面でしなければ、その効力を生じない。（'12-20問-ア改題）

→ ○ 446条2項、3項

36 個人貸金等根保証契約の締結の日から3年を経過したときは、保証人は、主たる債務の元本の確定を請求することができる。（'12-20問-イ改題）

→ × 465条の3第2項

37 個人根保証契約は、極度額を定めなければ、その効力を生じない。（'12-20問-ウ改題）

→ ○ 465条の2第2項

38 個人根保証契約における主たる債務の元本は、保証人に対し債権者が金銭債権についての強制執行を申し立てた場合には、これに基づき強制執行が開始されたときにかぎり、確定する。（'12-20問-エ改題）

→ ○ 465条の4第1項柱書ただし書、1号

39 個人根保証契約における主たる債務の元本は、主たる債務者が死亡した場合でも当然には確定しない。（'12-20問-オ改題）

→ × 465条の4第1項3号

○×問題で実力チェック　385

40　個人貸金等根保証契約において元本確定期日がその個人貸金等根保証契約の締結の日から6年を経過する日と定められている場合、その元本確定期日は、その個人貸金等根保証契約の締結の日から5年を経過する日となる。（'16-21問-エ改題）

→　×　465条の3第1項、2項

41　根保証契約の元本確定期日前に根保証契約の主たる債務の範囲に含まれる債権が譲渡されたときは、その譲受人は、保証人に対し、当該保証債務の履行を求めることができない。（'16-21問-オ）

→　×　最判平成24年12月14日

42　事業のために負担した貸金等債務を主たる債務とする保証契約は、その契約の締結に先立ち、その締結の日前1か月以内に作成された公正証書で保証人となろうとする者が保証債務を履行する意思を表示していなければ、その効力を生じない。もっとも、主たる債務者が法人であり、保証人となろうとする者が当該法人の取締役であるときは、公正証書がなくとも保証契約は有効となる。

→　○　465条の6第1項、465条の9第1号

43　身元保証契約において、使用者が、被用者に業務上不適任又は不誠実な事跡があって、そのために身元保証人の責任を惹起するおそれがあることを知ったときは、使用者は、遅滞なく身元保証人にその旨を通知しなければならない。（'16-21問-ウ）

→　○　身元保証に関する法律3条1号

債権総論 第4版
論証カード

債権総論 1

種類債権の特定の時期（取立債務の場合）　　　Aランク

- **●問題提起**　　債務者が履行期に引渡しを準備して通知をしたが、まだ目的物を分離していない場合、目的物が特定したといえるか。債務者の行為が、401条2項の「物の給付をするのに必要な行為を完了」した場合にあたるかが問題となる。

- **●主張理由**　　思うに、目的物の特定により、目的物が滅失した場合には、債務者は無限の調達義務を免れる反面、債権者は債務者に帰責事由がないかぎり損害賠償を請求することもできなくなるから、特定の要件としては、このような特定の効果を正当化するものでなければならない。

- **●規範定立**　　そこで、「物の給付をするのに必要な行為を完了」したといえるためには、履行の場所で債権者が受け取ろうと思えば受け取れる状態に物を置いたことを要するというべきである。すなわち、取立債務においては、引渡しの準備および通知をするのみならず、目的物の分離を要すると解する。

コメント：この論点とともに契約不適合物では特定しないという論点も準備しておこう。
参考文献：中田・債権総論39頁、潮見・新債権総論Ⅰ219～223頁、平野・債権総論24頁、百選Ⅱ1事件。
出題：S.55-2
参照：1章2節③【2】(2)(ⅱ)

債権総論 2

変更権　　　B⁺ランク

- **●問題提起**　　種類債権について、いったん特定した目的物が滅失した場合に、債務者に目的物を変更する権利（変更権）を認めてよいか。

- **●主張理由**　　種類債権では、当事者はもともと当該種類に属する個々の物の個性に着目していない。そのため、たとえ特定が生じたとしても、その後に同じ種類に属する他の物への変更を認めたところで、債権の性質上問題がないといえる。

- **●規範定立**　　したがって、債権者に特に不利益がない場合には、信義則上、債務者に変更権が認められると解する。

コメント：関連して、債権者に変更権が認められるかという論点も確認しておこう。
参考文献：中田・債権総論43頁、潮見・新債権総論Ⅰ213頁。
参照：1章2節③【2】(4)

債権総論3

第三者の債権侵害と不法行為　　　　　　　　　　B⁺ランク

●問題提起　第三者が債権を侵害した場合、「権利……を侵害」したとして不法行為(709条)が成立するか。

●主張理由　思うに、債権も財産権であり、第三者に侵されることはないという権利の不可侵性を有する。したがって、第三者は債権者に対して債務を負うものではないが、他人の権利を侵害してはならないという一般的義務を負う。

●修　　正　もっとも、債権は物権と異なりその内容が公示されないため、第三者が債権の存在を知らないことがありうる。また、自由競争原理のもとでは、自由競争の範囲内であるかぎり債権を侵害する行為も正当化される。

●規範定立　このような債権侵害の特殊性から、債権侵害の態様を類型化し、類型ごとに不法行為責任が生じるための要件を修正するべきと解する。
　　　　　　具体的には、
　　　　　　①債権の帰属を侵害した場合には、一般の不法行為の要件をみたせば足りる。
　　　　　　②債権の目的を侵害した場合で、給付の侵害によって債権が消滅したときは、第三者が債権の存在を認識していることが必要となる。
　　　　　　③債権の目的を侵害した場合で、給付の侵害によって債権が消滅しないときは、事実行為による事案では第三者が債権の存在を認識していることが必要となり、取引行為による事例では、公序良俗に反する態様による不公正な競争で、かつ、故意ある加害行為であることが必要となる。

コメント：債権の相対性と侵害の違法性との相関関係をうまく表せられれば成功である。
参考文献：中田・債権総論280～286頁、平野・債権総論54～61頁。
出題：H.6-1
参照：1章3節②

債権総論4

原始的不能と後発的不能　　　　　　　　　　　　B⁺ランク

●問題提起　当事者間で売買契約が成立した時点で目的物が滅失していた場合に、売買契約は有効に成立するか。原始的不能であっても契約が有効に成立するかが問題となる。

●主張理由　改正前民法のもとでは、原始的不能の場合には契約は無効であり、契約締結上の瑕疵の問題になるにすぎないと解する見解が有力であった。
　　　　　　しかし、契約の有効性は両当事者がどのような契約をしたのかという当事者意思を基準として判断するべきであって、物理的な履行可能性を基準とするべきでない。
　　　　　　平成29年改正民法412条の2第2項の文言は、原始的不能の場合にも契約が有効であることを前提としている。

●規範定立　したがって、原始的不能であっても契約は有効に成立すると解する。

コメント：平成29年改正民法によって従来の通説が変更された部分のため、論証形式でも確認しておこう。原始的不能の事例で債務不履行に基づく損害賠償請求を論じる際には、前提の理解として言及が求められる。
参考文献：中田・債権総論25～26頁、潮見・新債権総論Ⅰ76～85頁。
参照：2章3節②【2】(3)(b)

論証カード3・4　389

債権総論5

安全配慮義務 B⁺ランク

●問題提起　　公務員が公務中の事故によって負傷した場合に、国に対して、安全配慮義務違反を理由に債務不履行責任を追及することができるか。国が公務員に対して安全配慮義務を負うかが問題となる。

●主張理由　　思うに、安全配慮義務は、ある法律関係に基づいて特別な社会的接触関係に入った当事者間において、その法律関係の付随義務として当事者の一方または双方が相手方に対して**信義則**上負う義務として一般的に認められるべきものである。

　　このことは、国と公務員の間においても別異に解すべき理由はない。

●規範定立　　したがって、国は公務員に対し、公務遂行のための場所・施設・器具等の設置管理またはその遂行する公務の管理にあたって、公務員の生命および健康等を危険から保護するように配慮する義務を負うと解する。

コメント：履行補助者の故意・過失の論点とセットで問われることが多いので、あわせて押さえておこう。また、運転上の注意義務は安全配慮義務の内容に含まれず、不法行為責任が生じるにとどまることも理解しておこう。

参考文献：中田・債権総論117～120頁、潮見・新債権総論Ⅰ169～178頁、平野・債権総論101～107頁。

参照：2章3節[2]【2】(4)(b)(ⅰ)

債権総論6

情報提供義務（説明義務）違反に基づく
損害賠償請求の法的性質

Bランク

●問題提起　契約を締結するか否かの判断にあたって必要な情報の提供を受けなかった場合に、情報提供義務違反に基づいて損害賠償請求をすることができるか。そもそも契約当事者に情報提供義務が認められるかが問題となる。

●主張理由　思うに、契約自由の原則のもとでは、私人は、原則として、契約をするかどうか、どのような契約を締結するかを自由に決定することができる（521条1項、2項）。契約当事者は対等な関係にあり、必要な情報はみずから収集することが求められる。

　　　　　　したがって、原則として、契約当事者は情報提供義務を負わない。

●修　　正　しかし、当事者間に情報量や情報処理能力の点で大きな格差があるような場合にまで情報提供義務を否定すると、実質的に対等な関係にない弱者の利益が害されるおそれがある。

●規範定立　したがって、以下の各要件をみたす場合には、信義則上、契約の相手方は情報提供義務を負うと解する。

　　　　　　①相手方が当該情報を契約締結前に知り、または知ることができたこと。
　　　　　　②自身が当該情報を契約締結前に知っていれば当該契約を締結せず、またはその内容では当該契約を締結しなかったと認められ、かつ、それを相手方が知ることができたこと。
　　　　　　③契約の性質、当事者の知識および経験、契約を締結する目的、契約交渉の経緯その他当該契約に関するいっさいの事情に照らし、自身がみずから当該情報を入手することを期待することができないこと。
　　　　　　④その内容で当該契約を締結したことによって生ずる不利益を自己に負担させることが、③の事情に照らして相当でないこと。

●問題提起　では、情報提供義務違反に基づいて損害賠償請求をする場合の法的性質をどう考えるべきか。債務不履行と不法行為のいずれと解すべきか問題となる。

●主張理由　思うに、情報提供義務を負う当事者が当該義務に違反した結果、本来締結しなかったはずの契約を締結したことによって損害を被ったのであれば、情報提供義務は契約に先立って存在していなければならないはずである。

　　　　　　そのため、情報提供義務を契約に基づいて生じた義務と位置づけることは一種の背理である。

●規範定立　したがって、情報提供義務に基づく損害賠償請求の法的性質は不法行為責任と解する。

コメント：個別の事案に応じて、情報提供義務の内容（どの程度の情報を提供すべきか）を認定したうえで、義務違反の有無を判断することも重要である。

参考文献：中田・債権総論124頁、潮見・新債権総論Ⅰ145頁、部会資料75B・1頁。

参照：2章3節②【2】(4)(b)(ii)

論証カード6　391

債権総論7

履行補助者の故意・過失の理論

B⁺ランク

●問題提起 　債務者が債務の履行のために使用する者(履行補助者)の故意・過失により損害が発生した場合に、債務者が債務不履行責任を負うか。どのようにして「債務者の責めに帰することができない事由」(415条1項後段)の有無を判断すべきかが問題となる。

●主張理由 　思うに、債務者の帰責事由の有無は、「契約その他の債務の発生原因及び取引上の社会通念に照らして」判断されるべきである(415条1項後段)。

●規範定立 　したがって、「契約その他の債務の発生原因及び取引上の社会通念に照らして」履行補助者の存在を考慮しつつ、債務者に帰責事由があると評価できるか否かによって判断すべきと解する。

コメント：改正前民法のもとでは頻出論点であり、平成29年改正後も理解を問われる可能性の高い論点である。平成29年改正の経緯をふまえて説得的に論じられるように準備しておくこと。
参考文献：中田・債権総論139〜144頁、潮見・改正法68頁、潮見・新債権総論Ⅰ405〜414頁、平野・債権総論112〜116頁。
出題：2007-2、2013-1
参照：2章3節②【3】(3)(b)

債権総論8

損害賠償の範囲(相当因果関係説)

B⁺ランク

●問題提起 　いかなる「損害」(415条)が債務不履行に基づく損害賠償の範囲に含まれるか。416条の意義と関連して問題となる。

●主張理由 　この点、債務不履行による「損害」は、財産の減少額としての金銭と解される(差額説)。
　しかし、債務不履行と事実的因果関係のある損害をすべて賠償の範囲とすることは、賠償の範囲を無限に拡大し、当事者間の公平を図ろうとする損害賠償制度の趣旨に反する。

●規範定立 　そこで、416条1項は、当該債務不履行によって現実に生じた損害のうち、特有の損害を除き、そのような債務不履行から一般に生じるであろうと認められる(相当因果関係のある)損害に、賠償の範囲を限定した規定であると解する。そして、同条2項は、特別の事情によって生じた損害であっても、その事情が債務者にとって予見すべきであった場合には因果関係の基礎とすることを定めた規定であり、かかる事情と相当因果関係のある損害は賠償の範囲に含まれるものと解する(相当因果関係説)。

コメント：問題文で損害の範囲が拡大しているようだったらこの論点が問題になる。また、次の算定基準時もあわせて問題になることも多い。
参考文献：中田・債権総論162〜167頁、平野・債権総論122〜125頁。
出題：2007-2、2012-1、予備2016
参照：2章3節③【3】(1)

392　論証カード7・8

債権総論9

損害額算定の基準時 　　　　　　　　　　　　　　　Aランク

●問題提起　物または権利を引き渡す債務の不履行の場合には、目的物または目的たる権利の時価が損害賠償額の基準となる。

　　　　　では、目的物等の価格が変動している場合に、損害賠償額をどのように算定すべきか。損害賠償額算定の基準時が問題となる。

●規範定立　(1)履行不能

　　　　　①原則：履行不能時の価格。

　　　　　②目的物の価格が騰貴しつつあるという特別の事情がある場合に、債務者が履行不能時に当該特別の事情を予見すべきであったとき：騰貴した価格。

　　　　　　　ただし、債権者が当該騰貴した価格の時点まで目的物を保持せず、騰貴前に目的物を処分していたであろうと予想される場合：当該処分時の価格。

　　　　　③価格がいったん騰貴した後に下落した場合に、債権者が転売等によって当該騰貴した価格(中間最高価格)による利益を確実に取得できたであろうと債務者が予見すべきであったとき：中間最高価格。

　　　　　④現在も価格が騰貴している場合：事実審の口頭弁論終結時の価格。

　　　　　(2)履行遅滞の場合で塡補賠償を求めるときは、解除時(解除しない場合は事実審の口頭弁論終結時)を基準とすべきと解する。

コメント：基本的な考え方を理解したうえで事案に応じた評価・あてはめができるとよいだろう。
参考文献：中田・債権総論173〜180頁、潮見・新債権総論Ⅰ492〜500頁。
参照：2章3節③【4】(2)

債権総論10

譲渡制限の意思表示のなされた債権の譲渡 　　　　　　Aランク

●問題提起　譲渡制限の意思表示のなされた債権が譲渡された場合に、譲受人から履行を求められた債務者は、履行を拒絶することができるか。また、任意に履行することはできるか。

●主張理由　譲渡制限の意思表示は、債権譲渡の効力を妨げない(466条2項)。そうすると、債権譲渡は有効であり、譲受人が債権者となっているから、債務者は履行を拒絶できないとも思える。

　　　　　しかし、譲渡制限の意思表示によって債権者を固定するという債務者の利益にも配慮すべきである。

　　　　　そのため、債務者は、譲渡制限の意思表示がなされたことについて悪意または善意重過失の譲受人に対しては、債務の履行を拒絶することができる(466条3項)。

　　　　　もっとも、債務者自身が債権者を固定するという利益を放棄することは差し支えない。

　　　　　したがって、債務者は、譲渡制限の意思表示について悪意または善意重過失の譲受人に対して、任意に履行することができる。

コメント：論点ではないものの、平成29年改正によって制度設計が大きく変わった部分のため、論証形式でも処理手順を確認しておこう。
参考文献：潮見・新債権総論Ⅱ394〜402頁、平野・債権総論312〜313頁。
参照：3章1節②【2】

論証カード9・10　393

債権総論11

将来債権の譲渡と譲渡禁止特約

B⁺ランク

- ●問題提起　将来債権が譲渡された後、譲渡した債権について譲渡人と債務者が譲渡禁止特約をした場合に、債務者は譲受人に譲渡禁止特約を対抗することができるか。

- ●主張理由　将来債権も譲渡することができる（466条の6第1項）。

　そして、将来債権譲渡について債務者対抗要件が具備された時までに譲渡禁止特約がなされた場合には、債務者は、譲受人を悪意とみなして譲渡禁止特約を対抗することができる（466条の6第3項）。

　債務者対抗要件が具備された後に譲渡禁止特約がなされた場合には、譲渡禁止特約付きで成立する債権であることが前提とされていたなどの特段の事情がないかぎり、債務者は、譲受人に対して譲渡禁止特約を対抗することができない。

コメント：論点ではないものの、論証形式でも譲渡禁止特約に関する平成29年改正を確認しておこう。
参考文献：潮見・新債権総論Ⅱ418〜421頁、平野・債権総論314頁。
参照：3章1節②【6】

債権総論12

債権が二重譲渡された場合における
譲受人相互間の優劣の基準

Aランク

- ●問題提起　債権が二重に譲渡され、いずれの譲受人も確定日付のある証書による通知を得ている場合、どちらの譲受人が優先するのか。その判断基準につき明文の規定がなく、問題になる。

- ●趣　　旨　思うに、467条1項が通知または承諾を債権譲渡の対抗要件とした趣旨は、債権譲渡の事実に関する債務者の認識を通じて、債務者をして公示機能を営ませようとしたことにある。

- ●主張理由　そして、通知が到達してはじめて債務者は公示機能を営むことが可能となる。

- ●規範定立　とすれば、いずれの譲受人も確定日付のある証書による通知を得ている場合の優劣は、確定日付の先後ではなく、通知の到達の先後を基準とするのが、467条の趣旨に合致し、妥当である（到達時説、判例に同旨）。

- ●趣　　旨　なお、467条2項が確定日付を要求した趣旨は、譲渡人・債務者・第2譲受人が通謀して通知・承諾の日時を遡及させる不正を可及的に防止することにあるにすぎない。

コメント：債権譲渡の対抗要件についての基本論点である。しっかり書けるようにしておくこと。なお、承諾については承諾の確定日付の日時の先後で決まることになるので注意。
参考文献：中田・債権総論545〜547頁、潮見・新債権総論Ⅱ467〜468頁、平野・債権総論330〜331頁。
出題：S.60-2、2006-2
参照：3章1節③【2】(4)(c)

債権総論13

確定日付のある通知の同時到達と債権譲受人の優劣　Aランク

●**問題提起**　確定日付のある通知が同時に債務者のもとへ到達した場合、いずれの譲受人が優先するか。

●**主張理由**　思うに、このような事態は民法自体が想定しておらず、解釈により決するほかない。
　そして、譲受人は互いに対第三者対抗要件（467条2項）を具備している。

●**規範定立**　とすれば、譲受人相互の関係では、自己のみが唯一の優先的譲受債権者であると主張することはできないものと解する（判例に同旨）。

●**問題提起**　では、確定日付のある通知が同時に債務者のもとへ到達した場合、各譲受人は債務者に対して全額弁済請求できるのか、それとも譲受人の人数に応じた分割請求しかできないのか。

●**主張理由**　思うに、債務者との関係では、それぞれ通知をしている以上、完全に債権者であることを主張しうる。

●**規範定立**　そこで、各譲受人は債務者に対して全額弁済請求でき、債務者は単に同順位の譲受人がほかに存在することを理由として、弁済の責めを免れることはできないと解する（判例に同旨）。

●**規範定立**　ただし、債務者の二重払の危険を防止するため、債務者が1人の債権者に弁済すれば債務が消滅するものと解する。

●**問題提起**　では、この場合に、ほかの譲受人はその譲受人に対して分配請求ができるか。

●**規範定立**　思うに、譲受人相互の間に優劣関係はない。そこで、公平の理念に基づき、他の譲受人は全額弁済を受けた譲受人に対し、債権額に応じて案分した額について分配請求できると解するのが相当である。

●**主張理由**　この点、判例も債務者が弁済金を供託した場合において、供託金還付請求権の案分分割を認めており、かかる帰結も認められるものと解する。

コメント：ここでは内容の違うことを3つ言っているので、今、何について書いているのかを明確にすることが大切である。
参考文献：中田・債権総論547〜549頁、潮見・新債権総論Ⅱ469〜472頁、平野・債権総論331〜332頁。
出題：S.60-2、2006-2
参照：3章1節③【2】(4)(d)

論証カード13　395

債権総論14

預金担保貸付と478条

B⁻ランク

●前　　提　　Ａ銀行は、Ｂ名義の1000万円の定期預金を担保として、Ｂに対して1000万円を貸し付けたものの、弁済期を過ぎてもＢが弁済しなかったため定期預金債権と相殺した。ところが、Ｂ名義の定期預金の実際の出えん者はＣであった。Ｃは、Ａ銀行に対して、定期預金債権の真の債権者は自身であるとして、履行を請求した。

●問題提起　　預金債権は預金行為者と出えん者のどちらに帰属するか。

●主張理由　　思うに、預金契約が締結されたにすぎない段階では、銀行はだれが預金者であるかについて格別利害関係をもたない。

●規範定立　　したがって、預金行為者が金銭を横領して自己の預金とする意図で預金契約を締結したなどの特段の事情のないかぎり、預金債権は出えん者に帰属すると解する。

●主張理由　　Ｂは預金債権の債権者ではないため、Ａ銀行の相殺は無効である。

　　　　　　　しかし、このような相殺が有効となる余地がないとすると、銀行の相殺に対する期待が害されることとなり妥当でない。

　　　　　　　思うに、定期預金への担保設定、相殺予約、貸付、相殺という一連の行為を全体として捉えれば、定期預金の期限前解約による払戻しと実質的に同視することができる。

●結　　論　　したがって、478条を類推適用し、478条の要件をみたす場合には、相殺は有効になると解する。

　　　　　　　また、貸付時点で定期預金の期限前解約による払戻しと同視することができるから、銀行が善意無過失か否かの判断は貸付時が基準となると解する。

　　　　　　　ただし、支払義務を負っている弁済の場合と異なり、銀行は貸付義務を負っているわけではないため、銀行が払うべき注意義務の程度は478条が直接適用される場面よりも重いと解すべきである。

コメント：預金担保貸付以外にも同様の法律構成で478条を類推適用することがありうるので、論証の流れをきちんと理解しておこう。

参考文献：中田・債権総論341〜342頁、潮見・新債権総論Ⅱ223〜227頁、平野・債権総論363〜365頁。

参照：４章１節③【２】(4)(d)(ii)

396　論証カード14

債権総論15

保証人と物上保証人の二重資格者と弁済による代位　　B⁺ランク

●問題提起　保証人と物上保証人との間においては、その数に応じて、債権者に代位する（501条3項4号本文）。では、保証人が物上保証人を兼ねる場合に、この二重資格者を1人と数えるべきか、2人と数えるべきか、法文上明らかでなく問題となる。

●主張理由　思うに、501条3項3号、4号の趣旨は、保証人、物上保証人らの公平を図る点にある。
●規範定立　したがって、二重資格者も1人と数えるべきと解する。
●問題提起　では、二重資格者を保証人として数えるべきか、物上保証人として数えるべきか。代位の割合が頭数に応じるのか、財産の価格に応じるのかで扱いが異なるため問題となる。
●規範定立　501条3項3号、4号の趣旨たる公平の理念にかんがみれば、二重資格者を保証人として数え、代位者の頭数に応じて代位の割合を算定すべきと解する。

　もっとも、二重資格者は物上保証人としての地位も有するので、代位者は、二重資格者に対して頭数で分割された額まで保証債権および抵当権の一方または双方を代位行使できると解する。

コメント：条文の趣旨から説得的に論じることが求められる。
参考文献：中田・債権総論364〜366頁、潮見・新債権総論Ⅱ159〜164頁、平野・債権総論399〜401頁。
参照：4章1節④【3】(3)(c)(v)

債権総論16

代物として給付された物の不適合　　B⁻ランク

●問題提起　代物弁済によって給付された代物が契約内容に不適合であった場合に、債権者は債務者に対して何を主張することができるか。

●規範定立　思うに、代物弁済は諾成契約であるところ、代物弁済契約も有償契約の一種であるから、給付された物に不適合があった場合には、債権者は、債務者に対して、損害賠償や解除権を行使できる（564条、415条、541条、542条）ほか、追完請求（562条）と代金減額請求（563条）ができると解する。

コメント：代物弁済では、まず、代物の所有権移転時期、債務の消滅時期がそれぞれいつかをきちんと理解しよう。
参考文献：潮見・新債権総論Ⅱ88〜89頁、平野・債権総論456〜457頁。
参照：4章2節③【2】

論証カード15・16　397

債権総論17

自働債権・受働債権ともに悪意による不法行為等によって生じた場合の相殺の可否

Bランク

● 問題提起　自働債権と受働債権がともに悪意による不法行為等により生じた場合、相殺は許されるか。509条は、受働債権が悪意による不法行為等により生じた場合のみを規定しているので問題となる。

● 趣　　旨　思うに、509条の趣旨は、悪意による不法行為等によって発生した債務を必ず現実に弁済させることにより被害者の保護を図る点、および不法行為誘発を防止する点にある。

● 規範定立　そうだとすれば、自働債権と受働債権がともに悪意による不法行為等によって生じた場合にも相殺を否定することが、不法行為の誘発防止という趣旨に合致し、妥当である。

● 結　　論　したがって、この場合、相殺は許されないものと解する（判例に同旨）。

コメント：交通事故のように同時に起こった事故の場合にはこのようにはいえない場合もあるので注意。
参考文献：潮見・新債権総論Ⅱ291～293頁。
参照：4章4節②【2】(2)(a)

債権総論18

債権者代位権と虚偽表示

B⁺ランク

● 問題提起　被代位権利の発生原因となるＡＢ間の契約が虚偽表示により無効である場合（94条1項）に、代位債権者Ｃは、虚偽表示について善意の第三者である（94条2項）と主張することができるか。

● 主張理由　たしかに、代位債権者が被代位権利を行使したときは、相手方は債務者に対して主張することができる抗弁をもって、代位債権者に対抗することができる（423条の4）。そのため、代位債権者は、原則として、虚偽表示により無効であることを対抗される。

　　　　　　しかし、代位債権者が94条2項の第三者保護規定に該当する場合には、虚偽表示について善意の第三者であると主張することができる。

● 規範定立　94条2項の「第三者」とは、当事者またはその一般承継人以外の者であって、虚偽表示の目的について新たに独立した法律上の利害関係を有するにいたった者をいうと解する。

・代位債権者が差押債権者の場合は、新たに独立した法律上の利害関係を有するにいたったといえるため、「第三者」に該当すると解する。

・代位債権者が一般債権者の場合は、まだ保護に値するほどの正当な利害関係を有するにいたったとはいえない。債権者代位権を行使しただけで差押えをしていない一般債権者も同様と解する。

・虚偽表示によって売買された目的物を取得した第三者が移転登記手続請求権を被代位権利として債権者代位権を行使したという転用事例の場合には、代位債権者は新たに独立した法律上の利害関係を有するにいたったといえるため、「第三者」に該当すると解する。

コメント：代位債権者が94条2項や96条3項などの第三者保護規定における「第三者」に該当するかを丁寧に検討しよう。
参考文献：中田・債権総論216～217頁、潮見・新債権総論Ⅰ685～686頁。
参照：5章2節③【3】

債権総論19

債権者代位権の転用　　　　　　　　　　　　　　　　　　Ａランク

- **●問題提起**　　債権譲渡の通知請求権のような非金銭債権につき、債権者代位権（423条）を転用できるか。
- **●趣　　旨**　　思うに、債権者代位権は、債務者の責任財産を保全し、強制執行の準備的機能を果たすために認められた制度である。
- **●原　　則**　　そうだとすれば、被保全債権は本来金銭債権にかぎられるとともに、債務者は無資力であることを要するのが原則である。
- **●主張理由**　　しかし、①423条１項本文の文言が被保全債権を金銭債権に限定していないこと、②423条の７が非金銭債権について債権者代位権の転用を認めていること、③転用を認める社会的要請が強い。
- **●規範定立**　　したがって423条の７以外の場面にも債権者代位権の転用を肯定すべきと解する。
　　また、転用の場合には、金銭債権を保全するものではないことから、債務者は無資力であることを要しないものと解する。

コメント：この論点はかなり頻出である。さまざまなところで使えるので十分準備しておくべきである。
参考文献：中田・債権総論222〜229頁、潮見・新債権総論Ⅰ706〜721頁。
出題：S.57-1、H.16-2
参照：5章2節⑥【3】

債権総論20

過大な代物弁済の特則　　　　　　　　　　　　　　　　　Ｂ⁺ランク

- **●問題提起**　　債務者Ｂが、Ｃに対する200万円の債務に対する弁済として自己の有する1000万円の土地を代物弁済に供した結果、無資力となった場合に、債権者Ａは、Ｂの代物弁済を詐害行為として取り消すことができるか。
- **●主張理由**　　この場合、Ｂの代物弁済は、過大な代物弁済といえる。
- **●規範定立**　　したがって、消滅した債務の額に相当する部分（200万円部分）については、424条の2の要件をみたす場合にかぎり、代物弁済を詐害行為として取り消すことができる。
　　また、消滅した債務の額に相当する部分以外の部分（800万円部分）については、424条の要件をみたせば代物弁済を詐害行為として取り消すことができる（424条の4）。

コメント：論点ではないが、424条の4の条文構造を論証でも確認しておこう。
参考文献：潮見・新債権総論Ⅰ790〜792頁。
参照：5章3節②【4】

論証カード19・20　　399

債権総論21

詐害行為取消請求と債権者への移転登記請求　　　　Aランク

●問題提起　　無資力の債務者が自己の有する唯一の財産である不動産甲を第三者に贈与して所有権移転登記を完了した場合に、贈与契約を詐害行為として取り消した取消債権者は、第三者に対して、直接自己に甲の所有権移転登記をするように求めることができるか。

●主張理由　　424条の9は、金銭の支払または動産の引渡しを求める場合について、取消債権者が直接自己に対して引渡しを求めることを認めている。この趣旨は、債務者が金銭や動産の受領を拒絶した場合には、責任財産の保全という詐害行為取消権の目的を達成することができないため、直接の引渡しを認める点にある。

しかし、不動産の移転登記手続の場合には、**債務者が抹消登記や自己への移転登記を拒絶することはできない**ため、取消債権者への直接の移転登記を認める必要がない。

●規範定立　　したがって、取消債権者は、第三者に対して、直接自己に甲の所有権移転登記をするように求めることはできない。

コメント：責任財産の保全という詐害行為取消権の目的を達成できるか否かという観点から検討することが求められるであろう。

参考文献：中田・債権総論265〜266頁、平野・債権総論202頁。

参照：5章3節③【4】⑵

債権総論22

不動産の二重譲渡と詐害行為取消権　　　　　　Aランク

●問題提起　　Cが背信的悪意者でない場合には、Bは、不動産の二重譲渡においてCに劣後するはずである（177条）。ところが、Aが無資力であることから、Bは、A・C間の売買を詐害行為として取り消すことができるか。BのAに対する債権は特定物債権であるところ、特定物債権を被保全債権として詐害行為取消権を行使できるかが問題となる。

●主張理由　　思うに、特定物債権であっても金銭債権たる損害賠償請求権になる可能性があり、究極的には債務者の一般財産によって保全される必要がある。

●規範定立　　そこで、行使の際に履行に代わる損害賠償請求権が成立していれば、詐害行為取消権を行使できると解する。このように解しても、424条以下と177条とでは保護されるための要件が異なるため、177条の趣旨に反しない。

●問題提起　　Bは、A・C間の売買を詐害行為として取り消すことができる場合に、直接自己に移転登記するよう求めることができるか。
　　　　　　※【詐害行為取消請求と債権者への移転登記請求】の論証を参照

●問題提起　　Bは、A・C間の売買を詐害行為として取り消し、Aのもとに所有権登記が戻った後、Aに対して、改めて自己への移転登記手続を求めることができるか。

●主張理由　　思うに、かりに自己への移転登記手続請求ができるとすると、実質的には、取消債権者に直接の移転登記を認めるのと同様の結果となってしまい、177条の趣旨を没却する。

●規範定立　　したがって、取消債権者は、債務者に対して、改めて自己への移転登記手続を求めることはできないと解する。

コメント：Cへの譲渡が廉価売買の場合には424条、相当価格売買の場合には424条の2、Cが第1譲受人の場合には424条の3に基づいて詐害行為取消請求をすることになるだろう。
参考文献：中田・債権総論264〜267頁、潮見・新債権総論Ⅰ750〜752頁。
備考＝使用問題例：無資力のAは、自己の有する唯一の不動産をBとCに二重に譲渡し、第2譲受人Cが登記を具備した。Cに対する売買が相当価格での売買であった場合、第1譲受人Bは、424条の2に基づいて、A・C間の売買を取り消すことができるか。
参照：5章3節③【4】(2)

論証カード22　401

債権総論23

連帯債務の相続 　　　　　　　　　　　　　　　　　　　　　B⁻ランク

- **●問題提起**　連帯債務者の1人が死亡して複数人が共同相続した場合、その者の負担していた連帯債務はいかなるかたちで相続人に承継されるか。
- **●主張理由**　思うに、**金銭債務の場合は可分給付**となることは、連帯債務の場合であってもかわらない。
　　また、**相続という偶然の事情で連帯債務の担保的機能が強化されるのは不都合**である。
- **●規範定立**　したがって、被相続人の債務は**分割された形で相続人らに承継**され、**各自その承継した範囲において、本来の債務者とともに連帯債務者**になるものと解する(判例に同旨)。

コメント：相続に関連する数少ない論点である。
参考文献：中田・債権総論443頁、潮見・新債権総論Ⅱ580～581頁。
参照：6章2節②【2】

債権総論24

契約解除における原状回復義務等と保証の範囲 　　　　　Aランク

- **●問題提起**　主たる債務者が契約解除によって負う原状回復義務(545条1項)や損害賠償義務(545条4項)について、保証人は保証債務を負うか。
- **●主張理由**　たしかに、契約解除によって負う原状回復義務(545条1項)や損害賠償義務(545条4項)は、主たる債務とは別個独立の債務である。
　　しかし、保証人は、**通常、主たる債務者の契約上のいっさいの債務を担保する意思を有する**ものと解すべきである。
- **●規範定立**　したがって、特に反対の意思表示のないかぎり、保証人は、契約解除によって負う原状回復義務(545条1項)や損害賠償義務(545条4項)についても保証債務を負うと解する。

コメント：主たる債務とは別個独立の債務であるという原則を示したうえで、保証人の通常の意思から保証の範囲に含まれるという結論を導いている。このような原則・修正パターンをきちんと押さえておこう。
参考文献：中田・債権総論490～492頁、潮見・新債権総論Ⅱ665～669頁、平野・債権総論265～266頁。
参照：6章5節③【3】

> 債権総論25

物上保証人の事前求償権　　　　　　　　　　Bランク

●前　　提	物上保証人については、条文上、事後求償権しか認められていない(351条、372条)。
●問題提起	それでは、物上保証人について460条を類推適用して事前求償権が認められるか。
●主張理由	思うに、事前求償権は委任事務費用の前払請求権(649条)としての性質を有するが、保証人は債務を負担するのに対して物上保証人は責任を負担するにすぎないから、委任事務費用の前払請求権のような費用を観念できない。 　また、物上保証人の求償権の有無・範囲は、実行されないかぎり不確定である。
●規範定立	したがって、物上保証人に460条を類推適用することはできないと解する(判例に同旨)。

コメント：短答式試験でも重要な判例である。

参考文献：中田・債権総論503頁、潮見・新債権総論Ⅱ724〜726頁、平野・債権総論280〜281頁。

参照：6章5節④【3】(2)(c)(ⅰ)

論証カード25　403

★附則（平成29年6月2日法44号）に定められた経過規定［債権総論］

附則（条）	項　目	経過事項
14	特定物債権の保存義務(400)	施行日前に生じた債権―従前の例による
15	法定利率(404)	施行日前に利息が生じた場合におけるその利息を生ずべき債権―従前の例による
16	選択債権の不能による特定(410)	施行日前に生じた債権―従前の例による
17 I	債務不履行等(412 II、412の2、413、413の2、415、416 II、418、422の2)	施行日前に生じた債務(施行日以後に債務が生じた場合であって、その原因である法律行為が施行日前にされたときを含む)―従前の例による
17 II	中間利息の控除(417の2、722 I)	施行日前に生じた、将来において取得すべき利益または負担すべき費用についての損害賠償請求権―改正法が適用されない
17 III	遅延損害金の法定利率(419 I)	施行日前に債務者が遅滞の責任を負った場合における、遅延損害金を生ずべき債権―従前の例による
17 IV	損害賠償額の予定(改正前420 I、421)	施行日前にされた、損害賠償の額の予定にかかる合意および金銭でないものを損害の賠償にあてるべき旨の予定にかかる合意―従前の例による
18 I	債権者代位権(改正前423 I)	施行日前に、債務者に属する権利(被代位権利)が生じた場合―従前の例による
18 II	債権者代位権(423の7)	施行日前に生じた、同条に規定する譲渡人が第三者に対して有する権利―改正法が適用されない
19	詐害行為取消権(改正前424 I)	施行日前に、債務者が債権者を害することを知ってした法律行為―従前の例による
20 I	不可分債権(改正前428)	施行日前に生じた不可分債権(その原因である法律行為が施行日前にされたものを含む)―従前の例による
20 II	不可分債務・連帯債務(改正前430、432)	施行日前に生じた不可分債務・連帯債務(これらの原因である法律行為が施行日前にされたものを含む)―従前の例による
20 III	連帯債権(432〜435の2)	施行日前に生じた連帯債権(その原因である法律行為が施行日前にされたものを含む)―改正法は適用されない
21 I	保証債務	施行日前に締結された保証契約にかかる保証債務―従前の例による
22	債権譲渡(466〜469)	施行日前に債権譲渡の原因である法律行為がされた場合―従前の例による
23	債務引受(470〜472の4)	施行日前に締結された債務の引受けに関する契約―改正法は適用されない
24	記名式所持人払債権(改正前471)	施行日前に生じた記名式所持人払債権(その原因である法律行為が施行日前にされたものを含む)―従前の例による
25 I	弁済	施行日前に生じた債務―従前の例による
25 II	弁済の充当(488〜491)	施行日前にされた弁済の充当―従前の例による
26 I	相殺制限の意思表示(改正前505 II)	施行日前にされた相殺制限の意思表示―従前の例による
26 II	不法行為債権等を受働債権とする相殺(509)	施行日前に生じた、509条各号に規定する債権を受働債権とする相殺―従前の例による
26 III	差押えと相殺(511)	施行日前の原因に基づいて生じた債権を自働債権とする相殺(差押えを受けた債権を受働債権とするものにかぎる)―従前の例による
26 IV	相殺の充当(512、512の2)	施行日前に相殺の意思表示がされた場合―従前の例による
27	更改(改正前513)	施行日前に締結された更改契約―従前の例による
28	有価証券(520の2〜520の20)	施行日前に発行された証券―改正法は適用されない
31	契約上の地位の移転(539の2)	施行日前にされた契約上の地位を譲渡する旨の合意―改正法は適用されない

改正条文一覧

条数	条文見出し	改正	備考
399	債権の目的	A1	
400	特定物の引渡しの場合の注意義務	B2	「するまで」の後に「契約その他の債権の発生原因及び取引上の社会通念に照らして定まる」を追加した
401	種類債権	A1	
402	金銭債権	A1	
403	(同上)	A1	
404	法定利率	C1	「年５分とする」を、「その利息が生じた最初の時点における法定利率による」に改め（１項）、２項から５項までを追加した
405	利息の元本への組入れ	A1	
406	選択債権における選択権の帰属	A1	
407	選択権の行使	A1	
408	選択権の移転	A1	
409	第三者の選択権	A1	
410	不能による選択債権の特定	C1	１項中「、初めから不能であるもの又は後に至って不能となったものがある」を、「不能のものがある場合において、その不能が選択権を有する者の過失によるものである」に改め、２項を削除した
411	選択の効力	A1	
412	履行期と履行遅滞	B2	２項中「債務者は、」の後に「その期限の到来した後に履行の請求を受けた時又は」を、「知った時」の後に「のいずれか早い時」を追加した
412の2	履行不能	Ⅰ－B3 Ⅱ－C2	
413	受領遅滞	B2・B3	
413の2	履行遅滞中又は受領遅滞中の履行不能と帰責事由	B3	
414	履行の強制	B2	
415	債務不履行による損害賠償	Ⅰ－B2 Ⅱ－B3	
416	損害賠償の範囲	B2	２項中「予見し、又は予見することができた」という表現を「予見すべきであった」に改めた
417	損害賠償の方法	A1	
417の2	中間利息の控除	C3	
418	過失相殺	B2	「不履行」の後に「又はこれによる損害の発生若しくは拡大」を追加した
419	金銭債務の特則	C1	１項中「額は、」の後に、「債務者が遅滞の責任を負った最初の時点における」を追加した
420	賠償額の予定	B2	１項後段を削除した
421	(同上)	A1	ただし、「前条」（420）の内容は変更がある
422	損害賠償による代位	A1	
422の2	代償請求権	B3	
423	債権者代位権の要件	B2・B3・C1	見出しを「（債権者代位権の要件）」に改め、１項中「保全するため」の後に「必要があるときは」を、「に属する権利」の後に「（以下「被代位権利」という。）」を追加し、ただし書中「権利」の後に「及び差押えを禁じられた権利」を追加し、２項中「裁判上の代位によらなければ、前項の権利」を「被代位権利」に改め、３項を加えた
423の2	代位行使の範囲	B3	
423の3	債権者への支払又は引渡し	B3	
423の4	相手方の抗弁	B3	
423の5	債務者の取立てその他の処分の権限等	C2	
423の6	被代位権利の行使に係る訴えを提起した場合の訴訟告知	C2	
423の7	登記又は登録の請求権を保全するための債権者代位権	B3	
424	詐害行為取消請求	B3	見出しを「（詐害行為取消請求）」に改め、１項中「法律行為」を「行為」に改め、１項ただし書中「又は転得者がその行為又は転得」を「（以下この款において「受益者」という。）」

条数	条文見出し	改正	備考
424	詐害行為取消請求	B3	がその行為」に改め、3項、4項を追加した
424の2	相当の対価を得てした財産の処分行為の特則	B3	
424の3	特定の債権者に対する担保の供与等の特則	B3	
424の4	過大な代位弁済等の特則	B3	
424の5	転得者に対する詐害行為取消請求	C2	
424の6	財産の返還又は価額の償還の請求	B3	
424の7	被告および訴訟告知	B3・C2	
424の8	詐害行為の取消しの範囲	B3	
424の9	債権者への支払又は引渡し	B3	
425	認容判決の効力が及ぶ者の範囲	C2	
425の2	債務者の受けた反対給付に関する受益者の権利	C2	
425の3	受益者の債権の回復	B3	
425の4	詐害行為取消請求を受けた転得者の権利	C2	
426	【詐害行為取消権の期間の制限】	C1	【 】内は条文見出しではなく「第四目」名
427	分割債権および分割債務	A1	
428	不可分債権	C1	
429	不可分債権者の一人との間の更改又は免除	B1	見出しを「(不可分債権者の一人との間の更改又は免除)」に改め、1項中「分与される」を「分与されるべき」に改め、2項は削除した
430	不可分債務	C1	
431	可分債権又は可分債務への変更	A1	
432	連帯債権者による履行の請求等	B3	改正前432条は436条に繰り下げられた
433	連帯債権者の一人との間の更改又は免除	B3	改正前433条は437条に繰り下げられた
434	連帯債権者の一人との間の相殺	B3	改正前434条は削除された
435	連帯債権者の一人との間の混同	B3	
435の2	相対的効力の原則	B3	
436	連帯債務者に対する履行の請求	C1	改正前432条が436条に繰り下げられた
437	連帯債務者の一人についての法律行為の無効等	A1	改正前433条が437条に繰り下げられた
438	連帯債務者の一人との間の更改	B1	改正前435条が438条に繰り下げられ、「すべて」を「全て」に変更した
439	連帯債務者の一人による相殺等	B2	改正前436条が439条に繰り下げられた。改正前439条は削除された
440	連帯債務者の一人との間の混同	A1	改正前438条が440条に繰り下げられた
441	相対的効力の原則	C1	改正前440条が441条に繰り下げられた。改正前441条は削除された
442	連帯債務者間の求償権	B2	
443	通知を怠った連帯債務者の求償の制限	B2	
444	償還をする資力のない者の負担部分の分担	B2・B3	
445	連帯債務者の一人との間の免除等と求償権	B3	見出し「(連帯債務者の一人との間の免除等と求償権)」を含めて、改正された
446	保証人の責任等	B1	3項中、電磁的記録の括弧書を削除した
447	保証債務の範囲	A1	
448	保証人の負担と主たる債務の目的又は態様	B2	見出しを「(保証人の負担と主たる債務の目的又は態様)」に改め、2項を追加した
449	取り消すことができる債務の保証	A1	
450	保証人の要件	A1	
451	他の担保の供与	A1	
452	催告の抗弁	A1	
453	検索の抗弁	A1	
454	連帯保証の場合の特則	A1	
455	催告の抗弁および検索の抗弁の効果	A1	
456	数人の保証人がある場合	A1	
457	主たる債務者について生じた事由の効力	B1・B2	1項中「中断」を「完成猶予及び更新」に改め、2項中の「の債権による相殺」を「が主張することができる抗弁」に改め、3項を追加した
458	連帯保証人について生じた事由の効力	C1	
458の2	主たる債務の履行状況に関する情報の提供義務	C2	
458の3	主たる債務者が期限の利益を喪失した場合における情報の提供義務	C2	

条数	条文見出し	改正	備考
459	委託を受けた保証人の求償権	B2	1項中「過失なく債権者に弁済をすべき旨の裁判の言渡しを受け、又は」および「をし、」を削除し、「消滅させるべき行為」を「消滅させる行為(以下「債務の消滅行為」という。)」に改め、関連する459条の2を追加した。改正前459条1項前段の「過失なく債権者に弁済をすべき旨の裁判の言渡しを受け」たときの事前求償権については、460条に移行した
459の2	委託を受けた保証人が弁済期前に弁済等をした場合の求償権	B3	
460	委託を受けた保証人の事前の求償権	B1・B2	
461	主たる債務者が保証人に対して償還をする場合	B1	1項中「前二条」を「前条」に改めた
462	委託を受けない保証人の求償権	B1・B2	1項の変更と合わせて、3項を追加した
463	通知を怠った保証人の求償の制限等	C1	
464	連帯債務又は不可分債務の保証人の求償権	A1	
465	共同保証人間の求償権	A1	
465の2	個人根保証契約の保証人の責任等	C1	見出しを「(個人根保証契約の保証人の責任等)」に改め、1項中「その債務の範囲に金銭の貸渡し又は手形の割引を受けることによって負担する債務(以下「貸金等債務」という。)が含まれるもの(保証人が法人であるものを除く。以下「貸金等根保証契約」)」を「保証人が法人でないもの(以下「個人根保証契約」)」に、「すべて」を「全て」に改め、2項および3項中「貸金等根保証契約」を「個人根保証契約」に改めた
465の3	個人貸金等根保証契約の元本確定期日	B1・C1	見出しを「(個人貸金等根保証契約の元本確定期日)」に改め、1項中「貸金等根保証契約に」を「個人根保証契約であってその主たる債務の範囲に金銭の貸渡し又は手形の割引を受けることによって負担する債務(以下「貸金等債務」という。)が含まれるもの(以下「個人貸金等根保証契約」という。)に」に改め、「貸金等根保証契約の」を「個人貸金等根保証契約の」に改め、2項から4項までの規定中「貸金等根保証契約」を「個人貸金等根保証契約」に改めた
465の4	個人根保証契約の元本の確定事由	C1	見出しを「(個人根保証契約の元本の確定事由)」に改め、1項ただし書を追加し、1号中「主たる債務者又は」を削除し、ただし書を削除し、2号中「主たる債務者又は」を削除し、2項を追加した
465の5	保証人が法人である根保証契約の求償権	C1	
465の6	公正証書の作成と保証の効力	C2	
465の7	保証に係る公正証書の方式の特則	C2	
465の8	公正証書の作成と求償権についての保証の効力	C2	
465の9	公正証書の作成と保証の効力に関する規定の適用除外	C2	
465の10	契約締結時の情報の提供義務	C2	
466	債権の譲渡性	C1・C2	
466の2	譲渡制限の意思表示がされた債権に係る債務者の供託	C2	
466の3	(同上)	C2	
466の4	譲渡制限の意思表示がされた債権の差押え	C2	
466の5	預金債権又は貯金債権に係る譲渡制限の意思表示の効力	C2	
466の6	将来債権の譲渡性	B3・C2	
467	債権の譲渡の対抗要件	B1・B2 (A2)	見出し中「指名債権」を「債権」に改め、1項中「指名債権の譲渡」を「債権の譲渡(現に発生していない債権の譲渡を含む。)」に改めた
468	債権の譲渡における債務者の抗弁	C1	
469	債権の譲渡における相殺権	B3・C2	改正前469条(指図債権の譲渡の対抗要件)は削除された。なお、520条の2(指図証券の譲渡)参照
470	併存的債務引受の要件及び効果	B3	改正前470条(指図債権の債務者の調査の権利等)は削除された。なお、520条の10(指図債権の債務者の調査の権利等)参照
471	併存的債務引受における引受人の抗弁等	B3	改正前471条(記名式所持人払債権の債務者の調査の権利等)は削除された。なお、520条の18(指図証券の規定の準用)、520条の10参照

条数	条文見出し	改正	備考
472	免責的債務引受の要件及び効果	B3・C2	改正前472条(指図債権の譲渡における債務者の抗弁の制限)は削除された。なお、520条の6(指図証券の譲渡における債務者の抗弁の制限)参照
472の2	免責的債務引受における引受人の抗弁等	B2	
472の3	免責的債務引受における引受人の求償権	B2	
472の4	免責的債務引受による担保の移転	B2	
473	弁済	B3	改正前473条(無記名債権の譲渡における債務者の抗弁の制限)は削除された。なお、520条の20(無記名証券に関する規定)、520条の6参照
474	第三者の弁済	B2	1項ただし書を削除し、2項中「利害関係を有しない」を「弁済をするについて正当な利益を有する者でない」に改め、2項に「ただし、債務者の意思に反することを債権者が知らなかったときは、この限りではない。」を追加し、3項、4項を追加した
475	弁済として引き渡した物の取戻し	A1	改正前476条(弁済として引き渡した物の取戻しに関する規定)は削除された
476	弁済として引き渡した物の消費又は譲渡がされた場合の弁済の効力等	B1	改正前476条の削除に伴い、改正前477条の「前二条」が「前条」改められたうえで、476条に繰り上がった(実質的な改正はない)
477	預金又は貯金の口座に対する払込みによる弁済	B3	
478	受領権者としての外観を有する者に対する弁済	B1	見出しを「(受領権者としての外観を有する者に対する弁済)」に改め、「債権の準占有者」を「受領権者(債権者及び法令の規定又は当事者の意思表示によって弁済を受領する権限を付与された第三者をいう。以下同じ。)以外の者であって取引上の社会通念に照らして受領権者としての外観を有するもの」に改めた
479	受領権者以外の者に対する弁済	B1	見出しを「(受領権者以外の者に対する弁済)」に改め、「弁済を受領する権限を有しない者」を「受領権者以外の者」に改めた(文言上の変更にすぎない)
480	削除【受領証書の持参人に対する弁済】	B1	【 】内は改正前の条文見出し
481	差押えを受けた債権の第三債務者の弁済	B1	見出しを「(差押えを受けた債権の第三債務者の弁済)」に改め、1項中「支払の差止めを受けた」を「差押えを受けた債権の」に改めた(文言上の変更にすぎない)
482	代物弁済	B2	「債務者が、債権者の承諾を得て、その」を「弁済をすることができる者(以下「弁済者」という。)が、債権者との間で、債務者の」に改め、「給付」の後に「することにより債務を消滅させる旨の契約をした場合において、その弁済者が当該他の給付を」を加えた
483	特定物の現状による引渡し	B2	「である」の後に「場合において、契約その他の債権の発生原因及び取引上の社会通念に照らしてその引渡しをすべき時の品質を定めることができない」を加えた
484	弁済の場所及び時間	Ⅰ－A1 Ⅱ－B3	見出しを「(弁済の場所及び時間)」に改め、2項を追加した
485	弁済の費用	A1	
486	受取証書の交付請求	B1	「した者は」を「する者は、弁済と引換えに」に、「受領した」を「受領する」に改めた
487	債権証書の返還請求	A1	
488	同種の給付を目的とする数個の債務がある場合の充当	B1	見出しを「(同種の給付を目的とする数個の債務がある場合の充当)」に改め、1項中「すべて」を「全て」に改め、「とき」の後に「(次条第1項に規定する場合を除く。)」を加え、4項を加えた
489	元本、利息及び費用を支払うべき場合の充当	B1	改正前491条と本質的に同じである
490	合意による弁済の充当	B3	改正前490条は491条に繰り下げられた
491	数個の給付をすべき場合の充当	B1	
492	弁済の提供の効果	B1	「の不履行」を「を履行しないこと」に改め、「一切の」を削除した(文言上の変更にすぎない)
493	弁済の提供の方法	A1	
494	供託	B1・B2	
495	供託の方法	A1	
496	供託物の取戻し	A1	
497	供託に適しない物等	B2	
498	供託物の還付請求等	A1・B3	見出しを「(供託物の還付請求等)」に改め、改正前の条文を2項とし、1項を追加した

条数	条文見出し	改正	備考
499	弁済による代位の要件	C1	見出しを「(弁済による代位の要件)」に変更し、1項中「、その弁済と同時に債権者の承諾を得て」および「ことができる」を削除し、2項を削除した
500	(同上)	B1	
501	弁済による代位の効果	C1	「、自己の権利に基づいて求償をすることができる範囲内において」を削除し、後段および各号を削除し、2項、3項を加えた
502	一部弁済による代位	C1	1項中「代位者は」の後に「、債権者の同意を得て」を、「行使する」の後に「ことができる」を追加し、2項中「前項」を「第1項」に改め、2項を4項とし、1項の次に2項、3項を追加した
503	債権者による債権証書の交付等	A1	
504	債権者による担保の喪失等	B2・B3	「第500条の規定により代位をすることができる者」を「弁済をするについて正当な利益を有する者(以下この項において「代位権者」という。)」に、「その代位をすることができる者は、その」を「その代位権者は、代位をするに当たって担保の」に、「できなくなった」を「できなくなる」に改め、後段として、「その代位権者が物上保証人である場合において、その代位権者から担保の目的となっている財産を譲り受けた第三者及びその特定承継人ついても、同様とする。」とし、2項を追加した
505	相殺の要件等	A1・C1	
506	相殺の方法及び効力	A1	
507	履行地の異なる債務の相殺	A1	
508	時効により消滅した債権を自働債権とする相殺	A1	
509	不法行為等により生じた債権を受働債権とする相殺の禁止	B2・C1	
510	差押禁止債権を受働債権とする相殺の禁止	A1	
511	差押えを受けた債権を受働債権とする相殺の禁止	B2・C2	見出しを「(差押えを受けた債権を受働債権とする相殺の禁止)」に改め、「支払の差止めを受けた」を「差押えを受けた債権の」に、「その」を「差押え」に、「ができない」を「はできないが、差押え前に取得した債権による相殺をもって対抗することができる」に改め、2項を追加した
512	相殺の充当	B2・C1	
512の2	(同上)	B3	
513	更改	B2・C1	1項中「債務の要素を変更する」を「従前の債務に代えて、新たな債務であって次に掲げるものを発生させる」に、「その」を「従前の」に改め、1項に各号を追加し、2項を削除した
514	債務者の交替による更改	C1	ただし書を削除し、後段と2項を追加した
515	債権者の交替による更改	B3	改正前515条を515条2項とし、1項を追加した
516	削除	C1	改正前516条は、債権者の交替による更改に関する規定
517	削除【更改前の債務が消滅しない場合】	C1	【 】内は改正前の条文見出し
518	更改後の債務への担保の移転	B1・C1 (A2)	「更改の当事者」を「債権者(債権者の交替による更改にあっては、更改前の債権者)」に改め、2項を追加した
519	【免除】	A1	【 】内は条文見出しではなく「第四款」名
520	【混同】	A1	【 】内は条文見出しではなく「第五款」名
520の2	指図証券の譲渡	C2	
520の3	指図証券の裏書の方式	C2	
520の4	指図証券の所持人の権利の推定	C2	
520の5	指図証券の善意取得	C2	
520の6	指図証券の譲渡における債務者の抗弁の制限	C2	
520の7	指図証券の質入れ	C2	改正前365条(指図債権を目的とする質権の対抗要件)参照
520の8	指図証券の弁済の場所	C2	
520の9	指図証券の提示と履行遅滞	C2	
520の10	指図証券の債務者の調査の権利等	C2	改正前470条(指図債権の債務者の調査の権利等)、改正前471条(記名式所持人払債権の債務者の調査の権利等)参照
520の11	指図証券の喪失	C2	
520の12	指図証券喪失の場合の権利行使方法	C2	
520の13	記名式所持人払証券の譲渡	C2	改正前471条を参照

改正条文一覧　409

条数	条文見出し	改正	備考
520の14	記名式所持人払証券の所持人の権利の推定	C2	
520の15	記名式所持人払証券の善意取得	C2	
520の16	記名式所持人払証券の譲渡における債務者の抗弁の制限	C2	
520の17	記名式所持人払証券の質入れ	C2	改正前363条(債権質の設定)参照
520の18	指図証券の規定の準用	C2	
520の19	【その他の記名証券】	C2	【 】内は条文見出しではなく「第三款」名
520の20	【記名式証券】	C2	【 】内は条文見出しではなく「第四款」名。改正前86条3項(無記名債権は、動産とみなす)、改正前363条、改正前473条(無記名債権の譲渡における債務者の抗弁の制限)参照

条数	条文見出し	改正	備考
539の2	契約上の地位の移転	B3	

＊A型：改正前民法の維持(A1型：規定の維持、A2型：規定の不補充・不新設)
　B型：改正前民法の確認・補充(B1型：規定の整備、B2型：規定の修正、B3型：規定の補充・新設)
　C型：改正前民法の修正(C1型：規定の修正、C2型：規定の補充・新設)

旧司法試験論文本試験問題

平成元年度

第1問　Aは、Bに対し、自己の所有する中古のステレオ・セットを贈与することを約し、BへのⅠ送付をCに委託した。ところが、Cによる輸送の途中、Dがこのステレオ・セットを盗み、Eに売り渡した。

(1) この場合に、A、B及びCは、Eに対し、ステレオ・セットの引渡しを請求することができるか。

(2) A、B、Cいずれもがステレオ・セットを取り戻すことができなかった場合に、BがAに対してすることができる請求及びAがその請求を拒むことができる根拠について説明せよ。

➡ 『物権法』2章2節②、3章3節②
『債権各論』2章1節③

第2問　Aは、Bに対し、売主をC、買主をBとする売買契約に基づくCの目的物引渡債務を保証することを約し、Bは、売買代金を前払いした。ところが、弁済期が到来したにもかかわらず、Cは目的物を引き渡さない。

1(1) Bは、Aに対し、どのような請求をすることができるか。

(2) Aが死亡し、D及びEが相続をした場合には、Bは、D及びEに対し、どのような請求をすることができるか。

2 BがCの債務不履行を理由として売買契約を解除した場合には、Bは、Aに対し、どのような請求をすることができるか。

➡ 『債権総論』6章5節③
『債権各論』1章4節⑤
『親族・相続』9章1節②

平成2年度

第1問　Aは、夫であるBの事業が不振で家計にも窮するようになったため、Bに無断で、Bから預かっていたBの実印等を利用し、Bの代理人としてB所有の土地をCに売り渡した。

1(1) Cは、Bに対し、その土地の所有権移転登記手続をするよう請求することができるか。

(2) Cは、Aに対し、どのような請求をすることができるか。Cの請求に対するAの反論についても含めて説明せよ。

2 Cが請求しないでいる間にBが死亡した。A、B間には子Dがいたが、Dは、相続を放棄した。この場合に、Cは、Aに対し、どのような請求をすることができるか。Dが相続を放棄しなかった場合には、どうか。

➡ 『民法総則』6章4節③
『親族・相続』9章1節②

第2問　Aは、B所有の茶器を所持していたところ、Cから100万円を借り受けるに当たり、この茶器をCに質入れした。

1 この茶器は、AがBから預かっていたにすぎないのに、Bの承諾なしに、自己のものとしてCに質入れしたものであった場合に、Cは、質権の実行により、100万円の貸金債権の弁済を受けることができるか。次の3つの場合のそれぞれについて検討せよ。

(1) 現在、Cが茶器を所持している場合

(2) 質権の設定後にAの懇願をうけてCがこの茶器をAに引き渡し、現在は、Aがこれを所持している場合

(3) Cから茶器の引渡しを受けたAがこれを更にBに返還し、現在は、Bがこれを所持している場合

2 この茶器は、AがBに貸し付けた50万円の貸金債権の担保のためにBからAに質入れされたもので、これを、AがBの承諾なしに更にCに質入れしたものであった場合に、Cは、自己の質権の実行により、100万円の貸金債権の弁済を受けることができるか。

➡ 『物権法』8章2節①、8章5節②③④

旧司法試験論文本試験問題　411

平成3年度

第1問 Aは、甲土地の所有者Bを強迫して土地売却に関する委任契約を締結させ、Bの代理人として甲土地をCに売り渡した。Cは、駐車場として利用させるためDに甲土地を引き渡し、賃料に代えてDに甲土地の舗装工事をさせたが、その後に、Bが強迫を理由として右委任契約を取り消した。この場合におけるBとC・Dとの法律関係について説明せよ。

➡ 『民法総則』5章2節[7]、6章2節[2]
『物権法』3章3節[3]、9章2節[2]

第2問 A、B及びCは、共同してD所有のリゾートマンションの一室を代金1500万円で買い受けた。A・B・Cの間では、売買代金を各自500万円ずつ負担するとの約束があった。
(1) 約定の日に、B及びCは、それぞれ代金として500万円を持参し、Dはこれを受領したが、Aは、代金を持参せず、その後も支払おうとしない。この場合、Dの採りうる法律上の手段について述べよ。
(2) A、B及びCは、マンションを買い受けた後、これを交代で利用していたが、A及びBは、Cに無断で、マンションをEに賃貸し、Eがこれを使用している。この場合、Cの採りうる法律上の手段について述べよ。

➡ 『物権法』4章4節[3]
『債権各論』1章4節[1]

平成4年度

第1問 Aは、Bに対して負う貸金債務を担保するため、自己所有の建物をBに譲渡して所有権移転登記をしたが、引き続き建物を占有していた。ところが、Aが期限に債務を弁済しなかったので、BはAに対し、建物の評価額から被担保債権額を控除した残額を提供し、建物の明渡しを求めたが、Aはこれに応じなかった。その後、AはBに対し、債務の弁済の提供をした上、建物をCに賃貸した。Cは、Aを建物所有者と信じて、長期間にわたりAに賃料を支払ってきたが、この間に、建物はBからDに譲渡され、その旨の登記がされた。
この場合における建物をめぐるAD間、CD間の法律関係について述べよ。

➡ 『民法総則』8章3節
『物権法』2章4節[4]、11章2節[1][2]

第2問 債権者取消権における「相対的取消(取消の相対効)」とはどういうことか。どうしてそのような考え方が出てきたのか。そのような考え方にはどのような問題があるかについて論ぜよ。

➡ 『債権総論』5章3節[1]

平成5年度

第1問 Aは、Bに対して、売却納品した物品の代金を支払うよう求めたところ、Bは、この取引はBの従業員Cが勝手にしたものであると主張して、支払わない。
Aは、Bに対し、表見代理(民法第110条)による代金請求と使用者責任(同法第715条)による損害賠償請求とを考えている。Aが考えている2つの制度の関係について論ぜよ。

➡ 『民法総則』6章5節[4]
『債権各論』5章3節[2]

第2問 A社は、B社に対し、実験用マウス30匹を売り渡した。ところが、この中に、人及びマウスに有毒なウイルスに感染したものが混じっていた。その後、Bの従業員Cがこのウイルスに感染して発病し、長期の入院治療を余儀なくされた。Bは、このウイルスに感染した他のマウス200匹を殺すとともに、Bの実験動物飼育施設に以後の感染を防止するための処置を施した。
右の事例において、(1)Aに過失がなかったときと、(2)Aに過失があったときとに分けて、AB間及びAC間の法律関係について論ぜよ。

➡ 『債権総論』2章3節[2]
『債権各論』2章2節[3]

平成6年度

第1問 債権は相対的な権利であると言われている。そのことと、債権が第三者により不法に侵害された場合に、債権者が、その第三者に対して、不法行為責任を追及し、あるいは侵害行為の差止めを請求することができる場合もあるとされていることとの関係について論ぜよ。

➡ 『債権総論』1章1節[2]
『債権各論』5章1節[2]

第2問 Aは、債権者からの差押えを免れるため、Bと通謀の上、売買仮装して、その所有する建物及びその敷地(以下、これらを総称するときは「本件不動産」という。)の登記名義をBに移転するとともに、本件不動産を引き渡した。その後、

➡ 『民法総則』5章2節[3]
『債権各論』1章3節[4]

412　旧司法試験論文本試験問題

Aは、右の事情を知っているCとの間で、本件不動産につき売買契約を締結し、代金の支払を受けたが、その直前に、Bが、Dに本件不動産を売却し、引き渡していた。Dは、AB間の右事情を知らず、かつ、知らないことにつき過失がなかった。ところが、右建物は、Cの買受け後に、第三者の放火により焼失してしまった。なお、その敷地についての登記名義は、いまだBにある。以上の事案において、本件不動産をめぐるCD間の法律関係について論じた上、CがA及びBに対してどのような請求をすることができるか説明せよ。

平成7年度

第1問　飲食店経営者のAは、不要になった業務用冷蔵庫を、知人のBに頼んで廃棄してもらうことにした。Aが、店の裏の空き地にその冷蔵庫を出しておいたところ、近所の住人Cも、不要になった冷蔵庫を廃棄したいと思い、勝手にAの冷蔵庫のそばに自分の冷蔵庫を捨てた。Bは、トラックで空き地に乗り付け、そこに置いてあった二つの冷蔵庫を回収して、Dの所有する山林に不法に投棄した。これを発見したDは、付近が近所の子供たちの遊び場になっているため、二つの冷蔵庫に各5万円の費用を費やして危険防止に必要な措置を講ずるとともに、A、Cをつきとめた。なお、Bの所在は、不明である。
　　　この場合に、DがA、Cに対してどのような請求ができるかについて、A、Cからの反論を考慮して論ぜよ。

→ 『物権法』3章3節②、4章2節③
　『債権総論』5章3節②③
　『債権各論』3章1節②③、4章1節③、2節①

第2問　A社団の事務・事業をその理事Bが行うにつき、Bの過失によりCが損害を被った場合において、責任の性質を踏まえながら、AのCに対する不法行為責任、BのCに対する不法行為責任、AがCに損害を賠償した場合におけるAのBに対する求償の可否・範囲について、Bが被用者である場合と対比して論ぜよ。

→ 『民法総則』2章2節⑤
　『債権各論』5章3節②

平成8年度

第1問　Aは、Bに対する債務を担保するため、自己所有の甲建物に抵当権を設定し、その旨の登記を経由した。その後、Aは、Cに甲建物を売却したが、Cへの所有権移転登記を経由する前に、Dの放火により甲建物が全焼した。
　　　この場合に、A、B及びCは、それぞれDに対して損害賠償を請求することができるか。
　　　AがDに対して損害賠償を請求することができるとした場合、AのDに対する損害賠償請求権又はDがAに支払った損害賠償をめぐるB及びCの法律関係はどうなるか。

→ 『物権法』2章2節②、7章3節④、5節①

第2問　Xは、Yに国際見本市の会場の一つとなる乙建物の建築を注文した。Zは、見本市の期間中、乙建物を出展用に使用するため、Xと賃貸借契約を締結した。この契約には、乙建物を使用させられないときはXがZに1000万円を支払う旨の損害賠償額の予定条項が含まれていた。
　　　ところが、乙建物は、完成後引渡し前に地震により全壊して使用不能となり、見本市の期間中には再築も間に合わなくなった。Xは、Zに予定どおり乙建物を使用させていれば、2000万円の収益を得られるはずであった。
　　　右の事例において、㈠地震の震度が極めて大きく、Yが耐震基準に適合した設計・施工をしていたにもかかわらず、乙建物が全壊した場合と、㈡地震の震度は標準的な建物であれば十分耐え得る程度のもので、Yの施工上の手抜き工事が原因で乙建物が全壊した場合とに分けて、XY間及びXZ間の法律関係について論ぜよ（なお、XY間の請負契約には民法の規定と異なる特約はなかったものとする。）。

→ 『債権各論』2章8節③⑥

平成9年度

第1問　Aは、その所有する甲土地にBのために抵当権を設定して、その旨の登記をした後、Cに対し、甲土地を建物所有目的で期間を30年と定めて賃貸した。Cは、甲土地上に乙建物を建築し、乙建物にDのために抵当権を設定して、その旨の

→ 『物権法』7章3節②③、7章4節②
　『債権各論』2章6節③

旧司法試験論文本試験問題　413

登記をした。その後、Cは、甲土地上の庭先に自家用車のカーポート(屋根とその支柱だけから成り、コンクリートで土地に固定された駐車設備)を設置した。

　　右の事案について、次の問いに答えよ(なお、各問いは、独立した問いである。)。

　一　Bの抵当権が実行され、Eが競落した場合、乙建物及びカーポートをめぐるEC間の法律関係について論ぜよ。

　二　Dの抵当権が実行され、Fが競落した場合、乙建物及びカーポートをめぐるFA間の法律関係について論ぜよ。

第2問　多数当事者の債権関係において、複数の債務者全員を連帯債務者とするよりも、一人を主たる債務者とし、その他の者を連帯保証人とする方が債権者に有利であるという考え方がある。

➡『債権総論』6章4節②、5節④

　　この考え方について、契約の無効・取消し、債権の存続、譲渡、及び回収という側面から論ぜよ。

平成10年度

第1問　Aは、Bに対し、自己所有の甲建物を賃料月額10万円で賃貸した。Bは、Aの承諾を得た上で、甲建物につき、大規模な増改築を施して賃料月額30万円でCに転貸した。その数年後、Bが失踪して賃料の支払いを怠ったため、AB間の賃貸借契約は解除された。そこで、Aは、Cに対し、「甲建物を明け渡せ。Bの失踪の日からCの明渡しの日まで1か月につき30万円の割合で計算した金額を支払え。」と請求した(なお、増改築後の甲建物の客観的に相当な賃料は月額30万円であり、Cは、Bの失踪以後、今日に至るまで賃料の支払をしていない。)。これに対し、Cは、「自らがBに代わってBの賃料債務を弁済する機会を与えられずに明渡しを請求されるのは不当である。AB間の賃貸借契約が解除されたとしても、自分はAに対抗し得る転借権に基づいて占有している。Bの増改築後の甲建物を基準とした金額を、しかもBの失踪の日から、Aが請求できるのは不当である。」と主張して争っている。

➡『債権各論』2章6節⑤

　　AC間の法律関係について論ぜよ。

第2問　消滅時効と除斥期間につき、どのような違いがあるとされているかを論じた上で、次に掲げる権利が服する期間制限の性質やその問題点について論ぜよ。

➡『民法総則』8章1節③

　一　瑕疵担保による損害賠償請求権
　二　不法行為による損害賠償請求権
　三　取消権
　四　債務不履行による解除権

平成11年度

第1問　Aは、工作機械メーカーのBとの間で、平成10年1月10日、「Bは、Aに対し、同年5月31日までに、Aの工場専用の工作機械を製作してAの工場に設置して引き渡す」「代金(設置費用の実費200万円を含む。)は、800万円とし、AはBに対し、契約締結日に内金300万円の支払をし、工作機械の引渡しの日の翌月末日に残代金500万円の支払をする」との約定で契約を締結し、代金の内金300万円の支払をした。なお、工作機械を設置するには、Aが工場を事前に改造する必要がある。

➡『債権総論』2章4節
　『債権各論』1章4節②⑤

　　Bは、同年4月30日に工作機械を完成したため、その旨を直ちにAに連絡して工場の改造を求め、その後も度々改造を求めたけれども、Aが一向に工場の改造に取り掛からないため、工作機械を設置することができないまま、同年5月31日が経過した。なお、Bは、金融業者から工作機械の製作費用として300万円を借り、同年5月31日までの利息として20万円の支払をした。

　　Bは、Aに対し、契約を解除する旨の意思表示をし、損害賠償として代金相当額800万円及び金融業者に対する利息金相当額20万円の合計820万円の支払を請求した。これに対し、Aは、その解除及び損害賠償額を争っている。

まず、Ｂの契約解除が認められるかどうかについて論じた上で、仮に契約解除が認められるとした場合のＡＢ間の法律関係について論ぜよ。

第２問　民法の規定によれば、①詐欺による意思表示は取り消すことができるとされている（第96条第１項）のに対し、法律行為の要素に錯誤がある意思表示は無効とするとされており（第95条本文）、②第三者が詐欺を行った場合においては相手方がその事実を知っていたときに限り意思表示を取り消すことができるとされている（第96条第２項）のに対し、要素の錯誤による意思表示の無効の場合には同様の規定がないし、③詐欺による意思表示の取消しは善意の第三者に対抗することができないとされている（第96条第３項）のに対し、要素の錯誤による意思表示の無効の場合には同様の規定がない。

「詐欺による意思表示」と「要素の錯誤のある意思表示」との右のような規定上の違いは、どのような考え方に基づいて生じたものと解することができるかを説明せよ。その上で、そのような考え方を採った場合に生じ得る解釈論上の問題点（例えば、動機の錯誤、二重効、主張者）について論ぜよ。

→『民法総則』5章2節②⑥

平成12年度

第１問　Ａは、画商Ｂから著名な画家Ｃの署名入りの絵画（以下「本件絵画」という。）を代金2000万円で買い受け、代金全額を支払って、その引渡しを受けた。当時、ＡＢは、本件絵画をＣの真作と思っており、代金額も、本件絵画がＣの真作であれば、通常の取引価格相当額であった。Ａは、自宅の改造工事のために、画廊を経営するＤに対し、報酬１日当たり１万円、期間50日間との約定で、本件絵画の保管を依頼し、報酬50万円を前払して、本件絵画を引き渡した。その後、本件絵画がＣの真作を模倣した偽物であって100万円程度の価値しかないことが判明したので、ＡがＢに対し、本件絵画の引取りと代金の返還を求めて交渉していたところ、本件絵画は、Ｄへの引渡後20日目に、隣家からの出火による延焼によって画廊とともに焼失した。

以上の事案におけるＡＢ間及びＡＤ間の法律関係について論ぜよ。

→『民法総則』5章2節⑤
『債権各論』2章10節④

第２問　１　Ｘは、Ｙから甲土地とその地上建物（以下「甲不動産」という。）を代金2000万円で買い受け、代金全額を支払った。当時、Ｙは、長年にわたって専ら家事に従事していた妻Ｚと婚姻中であり、甲不動産は、その婚姻中に購入したものであった。甲不動産につき、ＹからＸへの所有権移転登記を経由しないうちに、ＹＺの協議離婚届が提出され、離婚に伴う財産分与を原因としてＹからＺへの所有権移転登記がされた。

この事案において、ＹＺの協議離婚がどのような場合に無効になるかを論ぜよ。

２　上記の事案において、Ｙには、甲不動産以外にめぼしい資産がなく、Ｘのほかに債権者が多数いるため、Ｙは、既に債務超過の状態にあったものとする。また、ＹＺが財産分与の合意をした当時、Ｚは、Ｙが債務超過の状態にあったことは知っていたが、甲不動産をＸに売却していたことは知らなかったものとする。

仮に、ＹＺの協議離婚が有効であるとした場合、Ｘは、裁判上、だれに対してどのような請求をすることができ、その結果、最終的にどのような形で自己の権利ないし利益を実現することになるかを説明せよ。

→『債権総論』5章3節②
『親族・相続』2章2節②⑤

平成13年度

第１問　Ａは、Ｂに対し、自己所有の甲建物を売却して引き渡し、Ｂは、Ｃに対し、甲建物を、使用目的は飲食店経営、賃料月額50万円、期間３年、給排水管の取替工事はＣの負担で行うとの約定で賃貸して引き渡した。Ｃが300万円をかけて甲建物の給排水管の取替工事をした直後、Ａは、Ｄに対し、甲建物を売却して所有権移転の登記をした。

この事案において、ＤがＡからＢへの甲建物の売却の事実を知らなかったも

→『物権法』2章4節①、9章2節
『債権各論』2章6節③、2章8節③

旧司法試験論文本試験問題　**415**

のとして、DがCに対してどのような請求をすることができ、これに対し、Cがどのような反論をすることができるかについて論じた上で、ＢＣ間の法律関係についても論ぜよ。

第2問　1　不法行為責任と責任能力との関係について説明した上で、責任能力が必要とされている理由を過失概念の変容と関連付けながら論ぜよ。

→ 『債権各論』5章1節⑤、5章3節①

2　未成年者の加害行為に対する親権者の不法行為責任を問う法的構成について論ぜよ。

平成14年度

第1問　Aは、妻とともに、子B(当時18歳)の法定代理人として、Cに対し、Bが祖父からの贈与により取得した甲土地を、時価の500万円で売却して引き渡し、所有権移転の登記をした。Aは、妻の了解の下に、その売却代金を、AのDに対する500万円の債務の弁済に充てた。Aは、Dに弁済する際、甲土地の売却代金により弁済することを秘していたが、Dは、そのことを知っていた。AがDに弁済した時、A夫婦は無資力であった。その後、Bは、成人した。

→ 『民法総則』6章2節③
『債権各論』4章1節③、2節⑤
『親族・相続』4章1節③

1　A夫婦が売却代金をAのDに対する債務の弁済に充てるために甲土地を売却したものであり、Cは、甲土地を買い受ける際、そのことを知っていた場合において、次の各問について論ぜよ。

⑴　Bは、Cに対し、甲土地の返還を請求することができるか。

⑵　CがBに対して甲土地を返還したとき、Cは、Bに対し、500万円の支払を請求することができるか。

2　A夫婦が売却代金をBの教育資金に用いるつもりで甲土地を売却したが、売却後に考えが変わり、売却代金をAのDに対する債務の弁済に充てた場合において、Bは、Dに対し、500万円の支払を請求することができるかについて論ぜよ。

第2問　Aは、20歳の息子Bが資産もないのに無職でいることに日ごろから小言を言っていたところ、BがCから500万円の借金をしていることを知り、その借金を返済してやりたいと考えた。しかし、Bは、「親の世話になりたくない。」と言って、これを拒否している。AがBの上記債務を消滅させてやるためには、いかなる法律的方法があるか。ＡＣ間に新たな合意を必要としない場合と必要とする場合とに分けて論ぜよ。

→ 『債権総論』3章1節、2節②③、4章1節③、4章5節①

平成15年度

第1問　酒屋を営むAは、飼育している大型犬の運動を店員Bに命じた。Bが運動のために犬を連れて路上を歩いていたところ、自転車で走行していたCが運転を誤って自転車を犬に追突させ、驚いた犬はBを振り切って暴走した。反対方向から歩いてきた右足に障害のあるDは、犬と接触しなかったものの、暴走する犬を避けようとして足の障害のために身体の安定を失って転倒し、重傷を負った。

DがA、B及びCに対して損害賠償を請求できるかについて、それぞれに対する請求の根拠と、A、B及びCの考えられる反論を挙げ、自己の見解を論ぜよ。

→ 『債権各論』5章3節②④⑥

第2問　Aは、Bから登記簿上330平方メートルと記載されている本件土地を借り受け、本件土地上に自ら本件建物を建てて保存登記を行い、居住していた。Aは、本件建物を改築しようと考え、市の建築課と相談し、敷地面積が330平方メートルならば希望する建物が建築可能と言われたため、本件土地を売ってくれるようBに申し込み、Bは、これを承諾した。売買契約では、3.3平方メートル当たり25万円として代金額を2500万円と決め、Aは、代金全額を支払った。

以上の事案について、次の問いに答えよ(なお、各問いは、独立した問いである。)。

→ 『物権法』2章1節①
『債権各論』2章2節③

1　本件土地の売買契約締結直後に、本件土地建物を時価より1000万円高い価格で買い受けたいというCの申込みがあったため、Aは、Cとの間で本件

416　旧司法試験論文本試験問題

土地建物の売買契約を締結した。しかし、専門業者の実測の結果、本件土地の面積が実際には297平方メートルであることが判明し、面積不足のためにCの希望していた大きさの建物への建て替えが不可能であることが分かり、AC間の売買契約は解除された。

　　Aは、Bに対してどのような請求ができるか。

2　数年後、Bは、Aへの移転登記が未了であることを奇貨として、本件土地をDに売却しようと、「Aはかつて賃借人だったが、賃料を支払わないため契約を解除した。」と虚偽の事実を告げた。Dは、事情を確かめにA方に出向いたが、全く話をしてもらえなかったため、Bの言い分が真実らしいと判断し、本件土地を買い受け、移転登記をした。

　　AD間の法律関係について論ぜよ。

平成16年度

第1問　AはBとの間で、A所有の土地上に2階建住宅を新築する工事について、請負代金を2000万円とし、内金1000万円は契約締結時に、残金1000万円は建物引渡し後1か月以内に支払うとの約定で請負契約を締結した。この事案について、以下の問いに答えよ。なお、各問いは独立した問いである。

➡ 『債権各論』2章8節③④⑥

1　Aは、Bが行ったコンクリートの基礎工事が不完全であるとして、Bに工事の追完を求めたが、Bは基礎工事に問題はないと主張してその後の工事を進めようとしている。AはBとの契約関係を終了させるためにどのような主張をすることができるか。

2　Aは、Bに内金1000万円を支払い、Bは約定の期日までに建物を完成させてAに引き渡した。ところが、屋根の防水工事の手抜きのため、引渡し後1週間目の大雨によって建物の2階の書斎に雨漏りが生じ、書斎内のA所有のパソコン等が使い物にならなくなってしまった。雨漏りによるパソコン等の損害を50万円、屋根の補修工事に要する費用を100万円とした場合、AはBの請負残代金請求に対してどのような主張をすることができるか。

第2問　Aは、Bに2000万円の金銭を貸し付け、その担保としてBの父親Cが所有する甲不動産（時価2500万円）に第1順位の抵当権の設定を受け、その旨の登記をした。Bは支払期限までにその債務を弁済せずに行方をくらませた。

➡ 『民法総則』8章5節②　『債権総論』5章2節②

　　そこで、Cは、この抵当権の実行を避けるため、Aに対して複数回に分けて合計800万円をBに代わって弁済するとともに、残りの債務も代わって弁済する旨繰り返し申し出たので、Aはその言を信じてBに対して上記貸金債権について特に時効中断の手続をとらないまま、支払期限から10年が経過した。他方、その間に、Cに対してDが1000万円、Eが1500万円の金銭を貸し付け、その担保として、甲不動産につきそれぞれDが第2順位、Eが第3順位の抵当権の設定を受け、いずれもその旨の登記を了した。

　　以上の事実関係の下で（Cが無資力である場合も想定すること）、Aが甲不動産に対して有する第1順位の抵当権設定登記の抹消を請求するため、Eはいかなる主張をし、他方、Aはこれに対していかなる反論をすることが考えられるかを指摘し、それぞれについて考察を加えよ。

平成17年度

第1問　工場用機械メーカーAは、Bから工場用機械の製作を請け負い、これを製作してBに引き渡した。その工場用機械（以下「本件機械」という。）は、Bが使用してみたところ、契約では1時間当たり5000個程度の商品生産能力があるとされていたのに不具合があって1時間当たり100個程度の商品生産能力しかないことが判明した。そこで、Bは、直ちに本件機械の不具合をAに告げて修理を求めた。この事案について、以下の問いに答えよ。なお、各問いは独立した問いである。

➡ 『債権総論』5章2節、6章5節　『債権各論』4章2節⑤

1　Bはこうした不具合があったのでは本件機械を導入する意味がないと考え

旧司法試験論文本試験問題　**417**

ているが、本件機械を契約どおりの商品生産能力の機械とする修理は可能である。Aが修理をしようとしないので、Bは代金を支払っておらず、また、Bには商品の十分な生産ができないことによる営業上の損害が発生している。この場合に、Bの代金債務についての連帯保証人であるCは、Aからの保証債務の履行請求に対してどのような主張をすることができるか。

2　Aが修理をしようとしないため、Bはやむを得ずDに本件機械の修理を依頼し、Dは修理を完了した。その後、Bは、営業不振により高利貸からの融資を受ける状態になり、結局、多額の債務を残して行方不明となり、Dへの修理代金の支払もしていない。この場合に、Aは本件機械の引渡しの際にBから代金全額の支払を受けているものとして、Dは、Aに対してどのような請求をすることができるか。

第2問　Aは、Bから3000万円を借り受け、その担保としてAの所有する甲土地及び乙建物(後記の庭石を除いた時価合計2900万円)に抵当権を設定して、その旨の登記をした。甲土地の庭には、抵当権設定前から、庭石(時価200万円)が置かれていたが、抵当権設定登記後、A宅を訪問したCは、同庭石を見て、それが非常に珍しい物であったことから欲しくなり、Aに同庭石を譲ってくれるよう頼んだところ、Aは、これを了承し、Cとの間で同庭石の売買契約を締結し、同庭石は後日引き渡すことにした。このAC間の売買契約を知ったDは、日ごろよりCを快く思っていなかったことから、専らCに嫌がらせをする意図で、Aとの間で同庭石の売買契約を締結して、Cが引渡しを受ける前に、A立会いの下で同庭石をD自らトラックに積んで搬出し、これを直ちにEに転売して、Eに引き渡した。

➡『物権法』2章4節⑤、7章3節③

この事案について、次の問いに答えよ。

1　CE間の法律関係について論ぜよ。

2　Bは、Eに対して物権的請求権を行使したいが、その成立の根拠となるBの主張について考察せよ。

平成18年度

第1問　Aは、Bに対し、A所有の甲絵画(時価300万円。以下「甲」という。)を200万円で売却して引き渡し、BはAに代金全額を支払った。Bは、その1か月後、Cに対し、甲を300万円で売却して引き渡し、CはBに代金全額を支払った。現在、甲はCが所持している。AB間の売買は、Bの詐欺によるものであったので、Aは、Bとの売買契約を取り消し、Cに対し甲の返還を求めた。

➡『民法総則』5章2節⑥

1(1)　Aの取消しがBC間の売買契約よりも前になされていた場合、AC間の法律関係はどうなるか。考えられる法律構成を2つ示し、両者を比較しつつ、論ぜよ。

(2)　(1)の場合において、Cが甲をAに返還しなければならないとき、BC間の法律関係はどうなるか。

2　Aの取消しがBC間の売買契約よりも後になされた場合、AC間の法律関係はどうなるか。考えられる法律構成を2つ示し、両者を比較しつつ、論ぜよ。なお、これらの構成は、1(1)で示した2つの構成と同じである必要はない。

第2問　Aは、B所有名義で登記されている建物(以下「本件建物」という。)をBから賃借して引渡しを受け、本件建物で店舗を営んでいる。Aは、賃借に当たってBに敷金を支払い、賃料もBに遅滞なく支払ってきた。ところが、本件建物は、真実はBの配偶者であるCの所有であり、CがBに対し、Bの物上保証人として本件建物に抵当権を設定する代理権を付与し登記に必要な書類を交付したところ、Bが、Cに無断でB名義に所有権移転登記を経由した上、Aに賃貸したものであった。

➡『民法総則』6章4節③、6章5節④

以上の事案について、次の問いに答えよ(なお、各問いは、独立した問いである。)。

1　Aが本件建物を賃借してから1年後に、Aは、その事実を知ったCから本件建物の明渡しを請求された。Aは、Cに対し、どのような主張をすることが考えられるか。

2　Aは、本件建物がBの所有でないことを知った後、Cに対してBとの賃貸借契約が当初から有効であることを認めてほしいと申し入れたものの、Cは、これを拒絶した。その後、Cが死亡し、BがCを単独相続したところ、Bは、Aが本件建物を賃借してから1年後に、Aに対し本件建物の明渡しを請求した。

(1)　Aは、Bに対し、BがCを単独相続したことを理由に本件建物の明渡しを拒絶することができるか。

(2)　仮に(1)の理由で明渡しを拒絶することができないとすれば、Aは、Bに対し、どのような主張をすることができるか。特に敷金の返還を受けるまで本件建物の明渡しを拒絶すると主張することができるか。

平成19年度

第1問　買主Xは、売主Aとの間で、Aが所有する唯一の財産である甲土地の売買契約を締結した。ところが、XがAから所有権移転登記を受ける前に、Aは、Bに対して、甲土地について贈与を原因とする所有権移転登記をした。

→ 『物権法』2章2節②、2章3節②【2】、2章4節②、2章4節⑤
『債権総論』5章3節③
『民法総則』5章2節③

1　上記の事案において、(1)AB間の登記に合致する贈与があった場合と、(2)AB間に所有権移転の事実はなくAB間の登記が虚偽の登記であった場合のそれぞれについて、Xが、Bに対して、どのような権利に基づいてどのような請求をすることができるかを論ぜよ。

2　上記の事案において、Bは、甲土地について所有権移転登記を取得した後、Cに対して、甲土地を贈与し、その旨の所有権移転登記をした。

この事案において、(1)AB間の登記に合致する贈与があった場合と、(2)AB間に所有権移転の事実はなくAB間の登記が虚偽の登記であった場合のそれぞれについて、Xが、Cに対して、どのような権利に基づいてどのような請求をすることができるかを論ぜよ。

第2問　Aは、平成18年4月1日に、Aが所有する建物(以下「本件建物」という。)をBに「賃貸期間平成18年4月1日から平成21年3月末日までの3年間、賃料月額100万円、敷金500万円」の約定で賃貸し、Bは、敷金500万円をAに支払い、本件建物の引渡しを受けた。Bは、平成19年4月1日に、Aの承諾を得て、本件建物をCに「賃貸期間平成19年4月1日から平成21年3月末日までの2年間、賃料月額120万円、敷金600万円」の約定で転貸し、Cは、敷金600万円をBに支払い、本件建物の引渡しを受けた。その後、平成19年7月1日に、AとBは、両者間の本件建物に関する建物賃貸借契約を合意解約すること、及び合意解約に伴ってAがBの地位を承継し、Cに対する敷金の返還はAにおいて行うとともに、平成19年8月分以降の賃料はAがCから収受することを合意した。そして、Bは、Aに預託した敷金500万円の返還を受けて、Cから預託を受けた敷金600万円をAに交付するとともに、Cに対して、AB間の上記合意により平成19年8月分以降平成21年3月分までのCに対する賃料債権全額をAに譲渡した旨を通知した。

→ 『債権各論』2章6節②③⑤

以上の事案において、CがAB間の建物賃貸借契約の合意解約に同意しない場合、Cに対する賃貸人がAとBのいずれであるかについてどのような法律構成が考えられるか、また、Cに対して敷金返還債務を負担する者がだれかについてどのような法律構成が考えられるかに言及しつつ、BC間及びAC間の法律構成を論ぜよ。

平成20年度

第1問　Aは、工作機械(以下「本件機械」という。)をBに代金3000万円で売却して、引き渡した。この契約において、代金は後日支払われることとされていた。本件

→ 『債権各論』1章4節⑤、2章6節③⑤

旧司法試験論文本試験問題　419

機械の引渡しを受けたBは、Cに対して、本件機械を期間1年、賃料月額100万円で賃貸し、引き渡した。この事案について、以下の問いに答えよ。

1　その後、Bが代金を支払わないので、Aは、債務不履行を理由にBとの契約を解除した。この場合における、AC間の法律関係について論ぜよ。

2　AがBとの契約を解除する前に、Bは、Cに対する契約当初から1年分の賃料債権をDに譲渡し、BはCに対し、確定日付ある証書によってその旨を通知していた。この場合において、AがBとの契約を解除したときの、AC間、CD間の各法律関係について論ぜよ。

第2問　Aは、Bに対して、100万円の売買代金債権(以下「甲債権」という。)を有している。Bは、Cに対して、自己所有の絵画を80万円で売却する契約を締結した。その際、Bは、Cに対して、売買代金を甲債権の弁済のためAに支払うよう求め、Cもこれに同意した。これに基づき、CはAに対して80万円を支払い、Aはこれを受領した。この事案について、以下の問いに答えよ。なお、各問いは、独立した問いである。

➡ 『債権各論』1章3節⑤、4章2節⑤

1　甲債権を発生させたAB間の売買契約がBの錯誤により無効であったとき、Cは、Aに対して80万円の支払を求めることができるか。Bに対してはどうか。

2　甲債権を発生させたAB間の売買契約は有効であったが、BC間の絵画の売買契約がBの詐欺を理由としてCによって取り消されたとき、Cは、Aに対して80万円の支払を求めることができるか。Bに対してはどうか。

平成21年度

第1問　18歳のAは、唯一の親権者で画家である父Bに対し、真実はバイクを買うためのお金が欲しかったのに、知人からの借金を返済するためにお金が必要であるとうそをついて、金策の相談をした。この事案について、以下の問いに答えよ。なお、各問いは、独立した問いである。

➡ 『民法総則』6章2節③、6章5節①②③『親族・相続』4章1節③

1　Bは、Aに対し、Aの借金を返済する金銭を得るために、Bが描いた甲絵画を、これまで何度か絵画を買ってもらったことのある旧知の画商Cに売却することを認め、売却についての委任状を作成し、Aに交付した。しかし、その翌日、Bは、気が変わり、Aに対して、「甲絵画を売るのはやめた。委任状は破棄しておくように。」と言った。ところが、その後、Aは、Bに無断で、委任状を提示して、甲絵画をCに50万円で売却した。この場合、Bは、Cから、甲絵画を取り戻すことができるか。

2　Bは、かねてからAがその所有する乙自動車を売却したいと言っていたのを幸いとして、その売却代金を自己の株式購入の資金とするため、Aの代理人として、Dに対し、乙自動車を60万円で売却した。この場合、Aは、Dから乙自動車を取り戻すことができるか。

　また、Bが、以前A名義の不動産を勝手に売却したことがあったことなどから、Aの伯母の申立てにより、家庭裁判所において、乙自動車の売却の1か月前に、親権の喪失の宣告がされ、確定していたのに上記のような売却をしたときはどうか。

第2問　被相続人Aは、A名義の財産として、甲土地建物(時価9000万円)、乙マンション(時価6000万円)及び銀行預金(3000万円)があり、負債として、Bから借り受けた3000万円の債務があった。

➡ 『親族・相続』9章3節

　Aが死亡し、Aの相続人は嫡出子であるC、D及びEだけであった。C、D及びEの間で遺産分割の協議をした結果、甲土地建物及びBに対する負債全部はCが、乙マンションはDが、銀行預金全部はEが、それぞれ相続するということになり、甲土地建物はC名義、乙マンションはD名義の各登記がされ、Eが預金全額の払戻しを受け、Bに遺産分割協議書の写しが郵送された。

　ところが、Cは、Bに対する債務のうち1000万円のみを返済し、相続した甲土地建物をFに売却した。

420　旧司法試験論文本試験問題

この事案について、特別受益と寄与分はないものとして、以下の問いに答えよ。なお、各問いは、独立した問いである。

1　Bに対する債務に関するB、C、D及びE間の法律関係について論ぜよ。

2　乙マンションは、Aが、死亡する前にGに対して売却して代金も受領していたものの、登記はA名義のままになっていた。この場合、Dは、だれに対し、どのような請求をすることができるか。

平成22年度

第1問　現在90歳のAは、80歳を超えた辺りから病が急に進行して、判断能力が衰え始め、2年前からしばしば事理弁識能力を欠く状態になった。絵画の好きなAは、事理弁識能力を欠いている時に、画商Bの言うままに、Bの所有する甲絵画を500万円で売買する契約をBと締結し、直ちに履行がされた。

➡『民法総則』2章1節②【2】(1)
『債権各論』1章3節③【3】(3)(a)、④【2】、4章1節②【2】
『親族・相続』5章1節②【3】(2)(a)

この事案について、以下の問いに答えよ。なお、小問1と小問2は、独立した問いである。

1(1)　Aは、甲絵画をBに戻して500万円の返還を請求することができるか。また、Bに甲絵画を800万円で購入したいという顧客が現れた場合に、Bの方からAに対して甲絵画の返還を請求することはできるか。

(2)　AがBに500万円の返還を請求する前に、Aの責めに帰することができない事由によって甲絵画が滅失していた場合に、AのBに対するこの返還請求は認められるか。Bから予想される反論を考慮しつつ論ぜよ。

2　AB間の売買契約が履行された後、Aを被後見人とし、Cを後見人とする後見開始の審判がされた。AB間の甲絵画の売買契約に関するCによる取消し、無効の主張、追認の可否について論ぜよ。

第2問　Bは、Aから300万円で購入した鋼材（以下「本件鋼材」という。）を自分の工場で筒状に成形し、それに自己所有のバルブを溶接して暖房設備用のパイプ（以下「本件パイプ」という。）を製造した。その後、Bは、Cから本件パイプの取付工事を依頼され、Cとの間で代金を600万円（その内訳は、本件パイプの価格が500万円、工事費用が100万円である。）とする請負契約を締結した。工事は完成し、本件パイプは壁に埋め込まれて建物と一体化したが、CからBへの代金の支払はまだされていない。

➡『物権法』2章7節②【5】、4章3節②【4】、11章2節②【2】

この事案について、以下の問いに答えよ。なお、小問1と小問2は、独立した問いである。

1　Bは、Aに代金を支払う際、Dから300万円の融資を受けたので、本件パイプにDのために譲渡担保権を設定し、占有改定による引渡しも済ませたが、BD間の約定では、Bの請け負った工事について本件パイプの使用が認められていた。

(1)　CD間の法律関係について論ぜよ。

(2)　BC間で請負契約が締結された直後、BはCに対する請負代金債権をEに譲渡し、確定日付のある証書によってCに通知していたという事実が加わったとする。この場合における、請負代金債権に関するDE間の優劣について論ぜよ。

2　AがBに売却した本件鋼材の所有者は、実はFであり、Aは、Fの工場から本件鋼材を盗み、その翌日、このことを知らないBに本件鋼材を売却した。本件鋼材の時価は400万円であるにもかかわらず、Aは、Bに300万円で慌てて売却しており、このようなAの態度からしてBには盗難の事実を疑うべき事情があった。他方、Cは、Bが専門の建築業者であったことから、盗難の事実を知らず、また知ることができなかった。この場合における、BF間及びCF間の法律関係について論ぜよ。

旧司法試験論文本試験問題　421

司法試験予備試験
論文式試験問題［民法］

平成23年

Aは、平成20年3月5日、自己の所有する甲土地について税金の滞納による差押えを免れるため、息子Bの承諾を得て、AからBへの甲土地の売買契約を仮装し、売買を原因とするB名義の所有権移転登記をした。次いで、Bは、Aに無断で、甲土地の上に乙建物を建築し、同年11月7日、乙建物についてB名義の保存登記をし、同日から乙建物に居住するようになった。

Bは、自己の経営する会社の業績が悪化したため、その資金を調達するために、平成21年5月23日、乙建物を700万円でCに売却し、C名義の所有権移転登記をするとともに、同日、Cとの間で、甲土地について建物の所有を目的とする賃貸借契約（賃料月額12万円）を締結し、乙建物をCに引き渡した。この賃貸借契約の締結に際して、Cは、甲土地についてのAB間の売買が仮装によるものであることを知っていた。

その後、さらに資金を必要としたBは、同年10月9日、甲土地をDに代金1000万円で売却し、D名義の所有権移転登記をした。この売買契約の締結に際して、Dは、甲土地についてのAB間の売買が仮装によるものであることを知らず、それを知らないことについて過失もなかった。

同年12月16日、Aが急死し、その唯一の相続人であるBがAの一切の権利義務を相続した。この場合において、Dは、Cに対し、甲土地の所有権に基づいて、甲土地の明渡しを求めることができるかを論ぜよ。

平成24年

次の文章を読んで、後記の〔設問1〕及び〔設問2〕に答えなさい。

I
【事実】

1. A（女性、昭和22年生）は、配偶者がいたが、平成2年5月頃から、B（男性、昭和27年生）と交際するようになり、同年10月には、配偶者との離婚の協議を始めた。

2. Aは、平成3年8月、配偶者と離婚した。A及びBは、これを契機として、マンションを賃借し、そこで同居をするようになった。もっとも、離婚を経験したAは、Bとの婚姻の届出をすることをためらい、Bと話し合いの上、その届出をしないままBとの生活を続けた。

3. 平成3年当時、Aは、甲土地を所有しており、甲土地についてAを所有権登記名義人とする登記がされていた。A及びBは、相談の上、甲土地の上にBが所有する建物を建築することを計画した。この計画に従い、平成5年3月、甲土地の上に所在する乙建物が完成して、乙建物についてBを所有権登記名義人とする所有権の保存の登記がされ、同月、A及びBは、乙建物に移り住んだ。

4. Aは、かねてよりヨーロッパのアンティーク家具や小物の収集を趣味としていたが、平成18年秋頃から、そうした家具などを輸入して販売する事業を始めた。Aは、同年9月、この事業の資金として3000万円を銀行のCから借り入れた。その返済の期限は、平成22年9月30日と定められた。

5. 同じく平成18年9月に、この借入れに係る債務を担保するため、Aは、甲土地についてCのために抵当権を設定し、また、Bも乙建物についてCのための抵当権を設定し、同月中に、それぞれその旨の登記がされた。乙建物については、Bが、Aから依頼されて、Aの事業に協力する趣旨で、抵当権を設定したものである。

6. Aの事業は、しばらくは順調であったものの、折からの不況のため徐々に経営が悪化し、平成22年9月30日が経過しても、Aは、Cからの借入金を返済することができなかった。そこで、Cは、甲土地及び乙建物について抵当権を実行することを検討するに至った。

〔設問1〕

【事実】1から6までを前提として、以下の(1)及び(2)に答えなさい。

(1) Aが、銀行のDに対し預金債権を有しており、その残高がCに対する債務を弁済するのに十分な額であると認められる場合において、Bは、乙建物について抵当権を実行しようとするCに対し、AがCに弁済をする資力が

422　司法試験予備試験論文式試験問題［民法］

あり、かつ、執行が容易である、ということを証明して、まずAの財産について執行しなければならないことを主張することができるか、理由を付して結論を述べなさい。

(2) Bは、Aに対し、あらかじめ、求償権を行使することができるか。また、仮にCが抵当権を実行して乙建物が売却された場合において、Bは、Aに対し、求償権を行使することができるか。それぞれ、委託を受けて保証をした者が行使する求償権と比較しつつ、理由を付して結論を述べなさい。

Ⅱ 【事実】1から6までに加え、以下の【事実】7から10までの経緯があった。

【事実】

7. その後、Aの事業は、一時は倒産も懸念されたが、平成22年12月頃から、一部の好事家の間でアンティーク家具が人気を博するようになったことを契機として、収益が好転してきた。Aは、抵当権の実行をしばらく思いとどまるようCと交渉し、平成23年4月までに、Cに対し、【事実】4の借入れに係る元本、利息及び遅延損害金の全部を弁済した。

8. 平成23年9月、Aは、体調の不良を感じて病院で診察を受けたところ、重篤な病気であることが判明した。Aは、同年11月に手術を受けたものの、手遅れであり、担当の医師から、余命が3か月であることを告げられた。
   そこで、Aは、平成24年1月18日、Bとの間で、AがBに甲土地を贈与する旨の契約を締結し、その旨を記した書面を作成した。

9. Aは、平成24年3月25日、死亡した。Aは、生前、預金債権その他の財産を負債の返済に充てるなどして、財産の整理をしていた。このため、Aが死亡した当時、Aに財産はなく、また、債務も負っていなかった。

10. Aが死亡した当時、Aの両親は、既に死亡していた。また、Aの子としては、前夫との間にもうけたE(昭和62年生)のみがいる。

〔設問2〕

Eは、Bに対し、甲土地について、どのような権利主張をすることができるか。また、その結果として、甲土地の所有権について、どのような法律関係が成立すると考えられるか。それぞれ理由を付して説明しなさい。

平成25年

次の文章を読んで、後記の〔設問1〕及び〔設問2〕に答えなさい。

【事実】

1. Aは、太陽光発電パネル(以下「パネル」という。)の部品を製造し販売することを事業とする株式会社である。工場設備の刷新のための資金を必要としていたAは、平成25年1月11日、Bから、利息年5%、毎月末日に元金100万円及び利息を支払うとの条件で、1200万円の融資を受けると共に、その担保として、パネルの部品の製造及び販売に係る代金債権であって、現在有しているもの及び今後1年の間に有することとなるもの一切を、Bに譲渡した。A及びBは、融資金の返済が滞るまでは上記代金債権をAのみが取り立てることができることのほか、Aが融資金の返済を一度でも怠れば、BがAに対して通知をすることによりAの上記代金債権に係る取立権限を喪失させることができることも、併せて合意した。

2. Aは、平成25年3月1日、Cとの間で、パネルの部品を100万円で製造して納品する旨の契約を締結した。代金は同年5月14日払いとした。Aは、上記部品を製造し、同年3月12日、Cに納品した(以下、この契約に基づくAのCに対する代金債権を「甲債権」という。)。Aは、同月25日、Dとの間で、甲債権に係る債務をDが引き受け、これによりCを当該債務から免責させる旨の合意をした。

3. Aは、平成25年3月5日、Eとの間で、パネルの部品を150万円で製造して納品する旨の契約を締結した。代金は同年5月14日払いとした。Aは、上記部品を製造し、同年3月26日、Eに納品した(以下、この契約に基づくAのEに対する代金債権を「乙債権」という。)。乙債権については、Eからの要請を受けて、上記契約を締結した同月5日、AE間で譲渡禁止の特約がされた。Aは、Bに対してこの旨を同月5日到達の内容証明郵便で通知した。

4. その直後、Aは、大口取引先の倒産のあおりを受けて資金繰りに窮するようになり、平成25年4月末日に予定されていたBへの返済が滞った。

5. Aの債権者であるFは、平成25年5月1日、Aを債務者、Cを第三債務者として甲債権の差押命令を申し立て、同日、差押命令を得た。そして、その差押命令は同月2日にCに送達された。

6. Bは、平成25年5月7日、Aに対し、同年1月11日の合意に基づき取立権限を喪失させる旨を同年5月7日

司法試験予備試験論文式試験問題〔民法〕 423

到達の内容証明郵便で通知した。Aは、同年5月7日、D及びEに対し、甲債権及び乙債権をBに譲渡したので、これらの債権についてはBに対して弁済されたい旨を、同月7日到達の内容証明郵便で通知した。

〔設問1〕
(1) 【事実】1の下線を付した契約は有効であるか否か、有効であるとしたならば、Bは甲債権をいつの時点で取得するかを検討しなさい。
(2) Cは、平成25年5月14日、Fから甲債権の支払を求められた。この場合において、Cの立場に立ち、その支払を拒絶する論拠を示しなさい。

〔設問2〕
Eは、平成25年5月14日、Bから乙債権の支払を求められた。この請求に対し、Eは、【事実】3の譲渡禁止特約をもって対抗することができるか。譲渡禁止特約の意義を踏まえ、かつ、Bが乙債権を取得した時期に留意しつつ、理由を付して論じなさい。

平成26年
次の文章を読んで、後記の〔設問1〕及び〔設問2〕に答えなさい。

【事実】
1. Aは、自宅近くにあるB所有の建物（以下「B邸」という。）の外壁（れんが風タイル張り仕上げ）がとても気に入り、自己が所有する別荘（以下「A邸」という。）を改修する際は、B邸のような外壁にしたいと思っていた。
2. Aは、A邸の外壁が傷んできたのを機に、外壁の改修をすることとし、工務店を営むCにその工事を依頼することにした。Aは、発注前にCと打合せをした際に、CにB邸を実際に見せて、A邸の外壁をB邸と同じ仕様にしてほしい旨を伝えた。
3. Cは、B邸を建築した業者であるD社から、B邸の外壁に用いられているタイルがE社製造の商品名「シャトー」であることを聞いた。CはE社に問い合わせ、「シャトー」が出荷可能であることを確認した。
4. Cは、Aに対し、Aの希望に沿った改修工事が可能である旨を伝えた。そこで、AとCは、工事完成を1か月後とするA邸の改修工事の請負契約を締結した。Aは、契約締結当日、Cに対し、請負代金の全額を支払った。
5. 工事の開始時に現場に立ち会ったAは、A邸の敷地内に積み上げられたE社製のタイル「シャトー」の色がB邸のものとは若干違うと思った。しかし、Aは、Cから、光の具合で色も違って見えるし、長年の使用により多少変色するとの説明を受け、また、E社に問い合わせて確認したから間違いないと言われたので、Aはそれ以上何も言わなかった。
6. Cは、【事実】5に記したA邸の敷地内に積み上げられたE社製のタイル「シャトー」を使用して、A邸の外壁の改修を終えた。ところが、Aは、出来上がった外壁がB邸のものと異なる感じを拭えなかったので、直接E社に問い合わせた。そして、E社からAに対し、タイル「シャトー」の原料の一部につき従前使用していたものが入手しにくくなり、最近になって他の原料に変えた結果、表面の手触りや光沢が若干異なるようになり、そのため色も少し違って見えるが、耐火性、防水性等の性能は同一であるとの説明があった。また、Aは、B邸で使用したタイルと完全に同じものは、特注品として注文を受けてから2週間あれば製作することができる旨をE社から伝えられた。
7. そこで、Aは、Cに対し、E社から特注品であるタイルの納入を受けた上でA邸の改修工事をやり直すよう求めることにし、特注品であるタイルの製作及び改修工事のために必要な期間を考慮して、3か月以内にその工事を完成させるよう請求した。

〔設問1〕
【事実】7に記したAの請求について、予想されるCからの反論を踏まえつつ検討しなさい。

【事実（続き）】
8. 【事実】7に記したAの請求があった後3か月が経過したが、Cは工事に全く着手しなかった。そこで、嫌気がさしたAは、A邸を2500万円でFに売却し、引き渡すとともに、その代金の全額を受領した。
9. なお、A邸の外壁に現在張られているタイルは、性能上は問題がなく、B邸に使用されているものと同じものが用いられていないからといって、A邸の売却価格には全く影響していない。

〔設問2〕

Aは、A邸をFに売却した後、Cに対し、外壁の改修工事の不備を理由とする損害の賠償を求めている。この請求が認められるかを、反対の考え方にも留意しながら論じなさい。

なお、〔設問1〕に関して、AのCに対する請求が認められることを前提とする。

平成27年

次の文章を読んで、後記の〔設問1〕及び〔設問2〕に答えなさい。

【事実】

1. Aは、A所有の甲建物において手作りの伝統工芸品を製作し、これを販売業者に納入する事業を営んできたが、高齢により思うように仕事ができなくなったため、引退することにした。Aは、かねてより、長年事業を支えてきた弟子のBを後継者にしたいと考えていた。そこで、Aは、平成26年4月20日、Bとの間で、甲建物をBに贈与する旨の契約（以下「本件贈与契約」という。）を書面をもって締結し、本件贈与契約に基づき甲建物をBに引き渡した。本件贈与契約では、甲建物の所有権移転登記手続は、同年7月18日に行うこととされていたが、Aは、同年6月25日に疾病により死亡した。Aには、亡妻との間に、子C、D及びEがいるが、他に相続人はいない。なお、Aは、遺言をしておらず、また、Aには、甲建物のほかにも、自宅建物等の不動産や預金債権等の財産があったため、甲建物の贈与によっても、C、D及びEの遺留分は侵害されていない。また、Aの死亡後も、Bは、甲建物において伝統工芸品の製作を継続していた。

2. C及びDは、兄弟でレストランを経営していたが、その資金繰りに窮していたことから、平成26年10月12日、Fとの間で、甲建物をFに代金2000万円で売り渡す旨の契約（以下「本件売買契約」という。）を締結した。本件売買契約では、甲建物の所有権移転登記手続は、同月20日に代金の支払と引換えに行うこととされていた。本件売買契約を締結する際、C及びDは、Fに対し、C、D及びEの間では甲建物をC及びDが取得することで協議が成立していると説明し、その旨を確認するE名義の書面を提示するなどしたが、実際には、Eはそのような話は全く聞いておらず、この書面もC及びDが偽造したものであった。

3. C及びDは、平成26年10月20日、Fに対し、Eが遠方に居住していて登記の申請に必要な書類が揃わなかったこと等を説明した上で謝罪し、とりあえずC及びDの法定相続分に相当する3分の2の持分について所有権移転登記をすることで許してもらいたいと懇願した。これに対し、Fは、約束が違うとして一旦はこれを拒絶したが、C及びDから、取引先に対する支払期限が迫っており、その支払を遅滞すると仕入れができなくなってレストランの経営が困難になるので、せめて代金の一部のみでも支払ってもらいたいと重ねて懇願されたことから、甲建物の3分の2の持分についてFへの移転の登記をした上で、代金のうち1000万円を支払うこととし、その残額については、残りの3分の1の持分と引換えに行うことに合意した。そこで、同月末までに、C及びDは、甲建物について相続を原因として、C、D及びEが各自3分の1の持分を有する旨の登記をした上で、この合意に従い、C及びDの各持分について、それぞれFへの移転の登記をした。

4. Fは、平成26年12月12日、甲建物を占有しているBに対し、甲建物の明渡しを求めた。Fは、Bとの交渉を進めるうちに、本件贈与契約が締結されたことや、【事実】2の協議はされていなかったことを知るに至った。

　Fは、その後も、話し合いによりBとの紛争を解決することを望み、Bに対し、数回にわたり、明渡猶予期間や立退料の支払等の条件を提示したが、Bは、甲建物において現在も伝統工芸品の製作を行っており、甲建物からの退去を前提とする交渉には応じられないとして、Fの提案をいずれも拒絶した。

5. Eは、その後本件贈与契約の存在を知るに至り、平成27年2月12日、甲建物の3分の1の持分について、EからBへの移転の登記をした。

6. Fは、Bが【事実】4のFの提案をいずれも拒絶したことから、平成27年3月6日、Bに対し、甲建物の明渡しを求める訴えを提起した。

〔設問1〕

FのBに対する【事実】6の請求が認められるかどうかを検討しなさい。

〔設問2〕

Bは、Eに対し、甲建物の全部については所有権移転登記がされていないことによって受けた損害について賠償を求めることができるかどうかを検討しなさい。なお、本件贈与契約の解除について検討する必要はない。

平成28年

次の文章を読んで、後記の〔設問〕に答えなさい。

【事実】

1. Aは、自宅の一部を作業場として印刷業を営んでいたが、疾病により約3年間休業を余儀なくされ、平成27年1月11日に死亡した。Aには、自宅で同居している妻B及び商社に勤務していて海外に赴任中の子Cがいた。Aの財産に関しては、遺贈により、Aの印刷機械一式（以下「甲機械」という。）は、学生の頃にAの作業をよく手伝っていたCが取得し、自宅及びその他の財産は、Bが取得することとなった。

2. その後、Bが甲機械の状況を確認したところ、休業中に数箇所の故障が発生していることが判明した。Bは、現在海外に赴任しているCとしても甲機械を使用するつもりはないだろうと考え、型落ち等による減価が生じないうちに処分をすることにした。

   そこで、Bは、平成27年5月22日、近隣で印刷業を営む知人のDに対し、甲機械を500万円で売却した（以下では、この売買契約を「本件売買契約」という。）。この際、Bは、Dに対し、甲機械の故障箇所を示した上で、これを稼働させるためには修理が必要であることを説明したほか、甲機械の所有者はCであること、甲機械の売却について、Cの許諾はまだ得ていないものの、確実に許諾を得られるはずなので特に問題はないことを説明した。同日、本件売買契約に基づき、甲機械の引渡しと代金全額の支払がされた。

3. Dは、甲機械の引渡しを受けた後、30万円をかけて甲機械を修理し、Dが営む印刷工場内で甲機械を稼働させた。

4. Cは、平成27年8月に海外赴任を終えて帰国したが、同年9月22日、Bの住む実家に立ち寄った際に、甲機械がBによって無断でDに譲渡されていたことに気が付いた。そこで、Cは、Dに対し、甲機械を直ちに返還するように求めた。

   Dは、甲機械を取得できる見込みはないと考え、同月30日、Cに甲機械を返還した上で、Bに対し、本件売買契約を解除すると伝えた。

   その後、Dは、甲機械に代替する機械設備として、Eから、甲機械の同等品で稼働可能な中古の印刷機械一式（以下「乙機械」という。）を540万円で購入した。

5. Dは、Bに対し、支払済みの代金500万円について返還を請求するとともに、甲機械に代えて乙機械を購入するために要した増加代金分の費用（40万円）について支払を求めた。さらに、Dは、B及びCに対し、甲機械の修理をしたことに関し、修理による甲機械の価値増加分（50万円）について支払を求めた。

   これに対し、Bは、本件売買契約の代金500万円の返還義務があることは認めるが、その余の請求は理由がないと主張し、Cは、Dの請求は理由がないと主張している。さらに、B及びCは、甲機械の使用期間に応じた使用料相当額（25万円）を支払うようDに求めることができるはずであるとして、Dに対し、仮にDの請求が認められるとしても、Dの請求が認められる額からこの分を控除すべきであると主張している。

〔設問〕

【事実】5におけるDのBに対する請求及びDのCに対する請求のそれぞれについて、その法的構成を明らかにした上で、それぞれの請求並びに【事実】5におけるB及びCの主張が認められるかどうかを検討しなさい。

平成29年

次の文章を読んで、後記の〔設問1〕及び〔設問2〕に答えなさい。

【事実】

1. Aは、年来の友人であるBから、B所有の甲建物の購入を持ち掛けられた。Aは、甲建物を気に入り、平成23年7月14日、Bとの間で、甲建物を1000万円で購入する旨の契約を締結し、同日、Bに対して代金全額を支払った。この際、法律の知識に乏しいAは、甲建物を管理するために必要であるというBの言葉を信じ、Aが甲建物の使用を開始するまでは甲建物の登記名義を引き続きBが保有することを承諾した。

2. Bは、自身が営む事業の資金繰りに窮していたため、Aに甲建物を売却した当時から、甲建物の登記名義を自分の下にとどめ、折を見て甲建物を他の者に売却して金銭を得ようと企てていた。もっとも、平成23年9月に入り、親戚から「不動産を買ったのならば登記名義を移してもらった方がよい。」という助言を受けたAが、甲建物の登記を求めてきたため、Bは、法律に疎いAが自分を信じ切っていることを利用して、何らかの方法でAを欺く必要があると考えた。そこで、Bは、実際にはAからの借金は一切存在しないにもかかわらず、AのBに対す

426 　司法試験予備試験論文式試験問題〔民法〕

る300万円の架空の貸金債権(貸付日平成23年9月21日、弁済期平成24年9月21日)を担保するためにBがAに甲建物を譲渡する旨の譲渡担保設定契約書と、譲渡担保を登記原因とする甲建物についての所有権移転登記の登記申請書を作成した上で、平成23年9月21日、Aを呼び出し、これらの書面を提示した。Aは、これらの書面の意味を理解できなかったが、これで甲建物の登記名義の移転は万全であるというBの言葉を鵜呑みにし、書面を持ち帰って検討したりすることなく、その場でそれらの書面に署名・押印した。同日、Bは、これらの書面を用いて、甲建物について譲渡担保を登記原因とする所有権移転登記(以下「本件登記」という。)を行った。

3. 平成23年12月13日、Bは、不動産業者Cとの間で、甲建物をCに500万円で売却する旨の契約を締結し、同日、Cから代金全額を受領するとともに、甲建物をCに引き渡した。この契約の締結に際して、Bは、【事実】2の譲渡担保設定契約書と甲建物の登記事項証明書をCに提示した上で、甲建物にはAのために譲渡担保が設定されているが、弁済期にCがAに対し【事実】2の貸金債権を弁済することにより、Aの譲渡担保権を消滅させることができる旨を説明し、このことを考慮して甲建物の代金が低く設定された。Cは、Aが実際には甲建物の譲渡担保権者でないことを知らなかったが、知らなかったことについて過失があった。

4. 平成24年9月21日、Cは、A宅に出向き、自分がBに代わって【事実】2の貸金債権を弁済する旨を伝え、300万円及びこれに対する平成23年9月21日から平成24年9月21日までの利息に相当する金額を現金でAに支払おうとしたが、Aは、Bに金銭を貸した覚えはないとして、その受領を拒んだ。そのため、Cは、同日、債権者による受領拒否を理由として、弁済供託を行った。

〔設問1〕

Cは、Aに対し、甲建物の所有権に基づき、本件登記の抹消登記手続を請求することができるかどうかを検討しなさい。

【事実(続き)】

5. 平成25年3月1日、AとCとの間で、甲建物の所有権がCに帰属する旨の裁判上の和解が成立した。それに従って、Cを甲建物の所有者とする登記が行われた。

6. 平成25年4月1日、Cは甲建物をDに賃貸した。その賃貸借契約では、契約期間は5年、賃料は近隣の賃料相場25万円よりも少し低い月額20万円とし、通常の使用により必要となる修繕については、その費用をDが負担することが合意された。その後、Dは、甲建物を趣味の油絵を描くアトリエとして使用していたが、本業の事業が忙しくなったことから甲建物をあまり使用しなくなった。そこで、Dは、Cの承諾を得て、平成26年8月1日、甲建物をEに転貸した。その転貸借契約では、契約期間は2年、賃料は従前のDE間の取引関係を考慮して、月額15万円とすることが合意されたが、甲建物の修繕に関して明文の条項は定められなかった。

7. その後、Eは甲建物を使用していたが、平成27年2月15日、甲建物に雨漏りが生じた。Eは、借主である自分が甲建物の修繕費用を負担する義務はないと考えたが、同月20日、修理業者Fに甲建物の修理を依頼し、その費用30万円を支払った。

8. 平成27年3月10日、Cは、Dとの間で甲建物の賃貸借契約を同年4月30日限り解除する旨合意した。そして、Cは、同年3月15日、Eに対し、CD間の甲建物の賃貸借契約は合意解除されるので、同年4月30日までに甲建物を明け渡すか、もし明け渡さないのであれば、同年5月以降の甲建物の使用について相場賃料である月額25万円の賃料を支払うよう求めたが、Eはこれを拒絶した。

9. 平成27年5月18日、Eは、Cに対し、【事実】7の甲建物の修繕費用30万円を支払うよう求めた。

〔設問2〕

CD間の賃貸借契約が合意解除された場合にそれ以後のCE間の法律関係はどのようになるかを踏まえて、【事実】8に記したCのEに対する請求及び【事実】9に記したEのCに対する請求が認められるかどうかを検討しなさい。

平成29・30年司法試験 論文式試験問題［民法］

平成29年（第12回）

〔第1問〕（配点：100〔**〔設問1〕**、**〔設問2〕**及び**〔設問3〕**の配点は、30：40：30〕）

次の文章を読んで、後記の**〔設問1〕**、**〔設問2〕**及び**〔設問3〕**に答えなさい。

I
〔事実〕

1. 甲土地と乙土地は、平成14年3月31日以前は長い間いずれも更地であり、全く利用されていなかった。Aが所有する乙土地は、南側が公道に面するほかはBが所有する甲土地に囲まれた長方形の土地であるが、乙土地の実際の面積は登記簿に記載されている地積よりも小さかった。また、甲土地と乙土地の境界にはもともと排水溝があった。

2. 平成14年4月1日、Aは、排水溝が埋没したのを奇貨として、登記簿記載の地積にほぼ合致するように、乙土地の東側と西側をそれぞれ5メートルほど広げる形で、柵を立てた（公道に面する南側部分を除く。以下では、この柵と南側の公道に囲まれた土地全体を「本件土地」といい、乙土地の東側に隣接する甲土地の一部を「甲1部分」と、西側に隣接する甲土地の一部を「甲2部分」という。なお、本件土地の位置関係は別紙図面のとおりであり、〔本件土地＝乙土地＋甲1部分＋甲2部分〕という関係にある。本件土地の東側・北側・西側の外周に、それぞれ柵が立てられている状態である。）。Aは、柵を立てた後も、本件土地を更地のままにしていた。

3. 医師であるCは、診療所を営むことを考えており、それに適する場所を探していたところ、知人からAを紹介され、本件土地に診療所用の建物を建築することを計画した。そこで、Cは、乙土地の登記簿を閲覧した上で、Aと共に本件土地を実地に調査し、本件土地の東側・北側・西側の外周に柵があることを確認した。また、Cは、本件土地の測量を行い、その面積が乙土地の登記簿に記載されている地積とほぼ合致することを確認した。

4. AとCは、平成16年9月15日、本件土地につき、Aを賃貸人、Cを賃借人、契約期間を同年10月1日から30年間、賃料を月額20万円、使用目的を診療所用の建物の所有とする賃貸借契約（以下「本件土地賃貸借契約」という。）を締結した。

5. 平成16年9月25日、Cは、建築業者との間で、本件土地に診療所用の建物を建築することを目的とする請負契約を締結した（以下では、この請負契約に基づき行われる工事を「本件工事」という。）。

6. 平成16年10月1日、Aは、本件土地賃貸借契約に基づき、本件土地をCに引き渡した。Cは、約定どおり、Aが指定する銀行口座に同月分以降の賃料を振り込んでいた。

7. 本件工事の開始は請負人である建築業者の都合で大幅に遅れた。その間、【事実】2の柵は立てられたままであったが、本件土地は全く利用されておらず、更地のままであった。

8. 平成17年6月1日になってようやく本件工事が始まった。本件工事は、乙土地と甲1部分の上で行われ、Cは、同日以降、甲2部分を工事関係者に駐車場や資材置場として利用させていた。

9. 本件工事は平成18年2月15日に終了し、同日、乙土地と甲1部分の上に建築された建物（以下「丙建物」という。）につきC名義で所有権保存登記がされた。丙建物は、乙土地と甲1部分のほぼ全面を利用する形で建築された。Cは、同年4月1日に診療所を開設した。甲2部分は、それ以降、患者用駐車場（普通自動車3台分）として利用されている。

10. Bは、長い間甲土地を利用しないまま放置していたが、平成26年8月になって甲土地に建物を建築することを計画した。Bは、その際、丙建物が甲1部分に越境して建築されていること及びCが駐車場として利用している甲2部分も甲土地の一部であることに気付いた。

11. そこで、平成27年4月20日、Bは、Cに対し、所有権に基づき、甲1部分を明け渡すことを求める訴えを提起した。

〔設問1〕 【事実】1から11までを前提として、次の問いに答えなさい。

Cは、Bが甲1部分を所有することを認めた上でBの請求の棄却を求める場合、どのような反論をすることが考えられるか、その根拠及びその反論が認められるために必要な要件を説明した上で、その反論が認められるかどうかを検討しなさい。なお、丙建物の収去の可否及び要否について考慮する必要はない。

Ⅱ 【事実】1から11までに加え、以下の【事実】12から16までの経緯があった。
【事実】

12. 平成27年11月10日、Aは、Bから、甲1部分及び甲2部分を買い受けた。同日、甲土地を甲1部分、甲2部分及びその余の部分に分筆する旨の登記がされ（以下では、甲1部分を「甲1土地」、甲2部分を「甲2土地」といい、乙土地、甲1土地及び甲2土地を「本件土地」という。）、甲1土地と甲2土地のそれぞれにつきBからAへの所有権移転登記がされた。Bは、これを受けて、【事実】11の訴えを取り下げた。Aは、Cに対し、これらの事実を伝えるとともに、本件土地賃貸借契約については従来と何も変わらない旨を述べた。また、同月20日に、丙建物につき、その所在する土地の地番を、「乙土地の地番」から「乙土地の地番及び甲1土地の地番」に更正する旨の登記がされた。

13. 平成28年1月に、Cは、友人Dから、勤務医を辞めて開業したいと考えているが、良い物件を知らないかと相談を受けた。Cは、健康上の理由で廃業を考えていたところであったため、Dに対し、丙建物を貸すので、そこで診療所を営むことにしてはどうか、と提案した。Dは、この提案を受け入れることにした。

14. CとDは、平成28年5月1日、丙建物について、賃貸人をC、賃借人をD、契約期間を同日から5年間、賃料を月額60万円、使用目的を診療所の経営とする賃貸借契約（以下「丙賃貸借契約」という。）を締結した。その際、CとDは、専らCの診療所の患者用駐車場として利用されてきた甲2土地について、以後は専らDの診療所の患者用駐車場として利用することを確認した。

15. 平成28年5月1日以降、Dは、丙建物で診療所を営んでいる。丙建物の出入りは専ら甲1土地上にある出入口で行われ、甲2土地は、従前と同様、診療所の患者用駐車場として利用されており、3台の駐車スペースのうち1台は救急患者専用のものとして利用されている。

16. 平成28年9月3日、Aは、CD間で丙賃貸借契約が締結されたこと、Dが丙建物で診療所を営み、甲2土地を診療所の患者用駐車場として使っていることを知った。同月5日に、Aは、Cに対し、事前に了解を得ることなく、①Cが丙建物をDに賃貸し、そこでDに診療所を営ませていること、②Cが甲2土地を診療所の患者用駐車場としてDに使用させていることについて抗議をした。

〔設問2〕 【事実】1から16までを前提として、次の問いに答えなさい。
　Aは、本件土地賃貸借契約を解除することができるか、【事実】16の下線を付した①及び②の事実がそれぞれ法律上の意義を有するかどうかを検討した上で、理由を付して解答しなさい。

Ⅲ 【事実】1から16までに加え、以下の【事実】17から20までの経緯があった。
【事実】

17. その後、Aは、Cだけでなく、Dにも連日苦情を述べるようになった。Dから対処を求められたCは、平成28年9月20日、Aに対し、50万円を支払うので今回の件をこれ以上問題にしないでほしいと申し入れた。Aは、不満ではあったものの、金策に追われていたことから、Cの申入れを受け入れることにし、AとCとの間で和解が成立した。同月25日に、Cは、Aに対し、前記和解に基づき、50万円を支払った。Dは、Cから、Aとの間で和解が成立した旨の報告を受け、引き続き診療所を営んでいる。

18. 平成28年12月10日、Aは、資金繰りの必要から、Eとの間で、本件土地（甲1土地、甲2土地及び乙土地）を6000万円でEに売却する旨の契約（以下「本件売買契約」という。）を締結した。その際、Aは、Eに対し、Cの契約違反を理由に本件土地賃貸借契約は解除されており、Cは速やかに丙建物を収去して本件土地を明け渡すことになっている旨の虚偽の説明をした。Eがこの説明を信じたため、前記代金額は、それを前提として決定され、建物の収去及び土地の明渡しが未了であることを考慮し、本件土地の更地価格（7000万円）より1000万円低く設定された。

19. 平成28年12月16日、Eは、Aに対し、本件売買契約に基づき、その代金として6000万円を支払った。また、同日、本件土地の3筆それぞれにつき、本件売買契約を原因として、AからEへの所有権移転登記がされた。

20. 平成29年2月20日、Eは、Cに対し、本件土地の所有権に基づき、丙建物を収去して本件土地を明け渡すことを求める訴えを提起した。

平成29・30年司法試験論文式試験問題［民法］　429

〔設問3〕【事実】1から20までを前提として、次の問いに答えなさい。
　Cは、Eの請求に対しどのような反論をすることが考えられるか、その根拠を説明した上で、その反論が認められるかどうかを検討しなさい。

【別紙　図面】

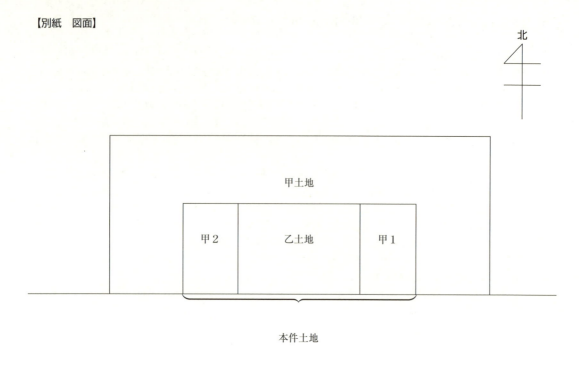

平成30年（第13回）
〔第1問〕（配点：100〔〔設問1〕、〔設問2〕及び〔設問3〕の配点は、40：35：25〕）
　次の文章を読んで、後記の〔設問1〕、〔設問2〕及び〔設問3〕に答えなさい。

Ｉ
【事実】
1．Aは、トラック1台（以下「甲トラック」という。）を使って、青果物を生産者から買い受け、小売業者や飲食店に販売する事業を個人で営んでいた。
2．平成29年9月10日、Aは、Bとの間で、松茸（まつたけ）5キログラムを代金50万円でBから購入する契約（以下「本件売買契約」という。）を締結した。本件売買契約においては、松茸の引渡しは、同月21日の夜に、Bのりんご農園のそばにあるB所有の乙倉庫において、代金の支払と引換えですることが定められた。
3．同月21日午前11時頃から午後2時頃にかけて、Bは、本件売買契約の目的物とするための松茸を秋の収穫期に毎年雇っているCと共に収穫し、これを乙倉庫に運び入れ、同日午後4時頃には、本件売買契約の約定に合う松茸5キログラムの箱詰めを終えた。そこで、Bは、直ちに、引渡準備が整った旨をAに電話で連絡したところ、Aは同日午後8時頃に乙倉庫で引き取る旨を述べ、Bはこれを了承した。
4．同日午後6時頃、Aが松茸を引き取るため甲トラックで出掛けようとしたところ、自宅前に駐車していた甲トラックがなくなっていた。
　Aがすぐに電話で事情と共に松茸の引取りが遅れる旨をBに伝えたところ、Bからは、しばらく待機している旨の返答があった。Aは、自宅周辺で甲トラックを探したが見付からなかった。そこで、Aは、同日午後8時頃、今日は引取りには行けないが、具体的なことは翌朝に改めて連絡する旨を電話でBに伝えた。
5．Bは、Aからのこの電話を受けて、引渡しに備えて乙倉庫で待機させていたCに引き上げてよい旨を伝えた。

その際、Bは、近隣で農作物の盗難が相次いでおり警察からの注意喚起もあったことから、Cに対し、客に引き渡す高価な松茸を入れているので乙倉庫を離れるときには普段よりもしっかり施錠するよう指示した。乙倉庫は普段簡易な錠で施錠されているだけであったが、Cは、Bの指示に従って、強力な倉庫錠も利用し、二重に施錠して帰宅した。

6. 同月22日午前7時頃、Aは、Bに、車を調達することができたので同日午前10時頃に松茸を乙倉庫で引き取りたい旨を電話で伝えた。Bは朝の作業をCに任せて自宅にいたため、Aが車でまずBの自宅に寄り、Bを同乗させて乙倉庫に行くことになった。

7. Aは、代金としてBに支払う50万円を持参して、同日午前10時過ぎに、Bと共に乙倉庫に到着した。ところが、乙倉庫は、扉が開け放しになっており、収穫した農作物はなくなっていた。

8. 警察の捜査により、収穫作業道具を取り出すため乙倉庫に入ったCが、同日午前7時頃、同月21日の夜にBから受けた指示（【事実】5参照）をうっかり忘れて、りんご農園での作業のため普段どおり簡易な錠のみで施錠して乙倉庫を離れたこと、その時から同月22日の午前10時過ぎにAとBが乙倉庫に到着するまでの間に何者かがその錠を壊し、乙倉庫内の松茸、りんごなどの農作物を全部盗み去ったことが判明した。

9. その後、Bは、Aに対し、本件売買契約の代金50万円の支払を求めたが、Aは、Bが松茸5キログラムを引き渡すまで代金は支払わないと述べた。これに対し、Bは、一度きちんと松茸を用意したのだから応じられないと反論した。

〔設問1〕
【事実】1から9までを前提として、【事実】9のBの本件売買契約に基づく代金支払請求は認められるか、理由を付して解答しなさい。

Ⅱ 【事実】1から9までに加え、以下の【事実】10から14までの経緯があった。
【事実】
10. 甲トラックは、Aが次の経緯でDから入手したものであった。

平成27年11月9日、AとDは、Dが所有する中古トラックである甲トラック（道路運送車両法第5条第1項（関連条文後掲）が適用される自動車である。）を目的物とし、代金額を300万円とする売買契約を締結した。この売買契約においては、次のことが定められていた。①Aは、代金の支払として、甲トラックの引渡しと引換えにDに対し内金60万円を現金で支払い、以後60か月の間、毎月4万円をDの指定する銀行口座に振り込んで支払う。②甲トラックの所有権は、Aが①の代金債務を完済するまでその担保としてDに留保されることとし、その自動車登録名義は、Aが代金債務を完済したときにDからAへと移転させる。③Aは、①の振込みを1回でも怠ったときは代金残債務について当然に期限の利益を喪失し、Dは、直ちに甲トラックの返還を求めることができる。④Aは、Dから甲トラックの引渡しを受けた後、甲トラックを占有し利用することができるが、代金債務の完済まで、甲トラックを善良な管理者の注意をもって管理し、甲トラックの改造をしない。⑤Dが③によりAから甲トラックの返還を受けたときは、これを中古自動車販売業者に売却し、その売却額をもってAの代金債務の弁済に充当する。⑥Dは、⑤の充当後に売却額に残額があるときは、これをAに支払う。

同日、AはDに対し内金60万円を支払い、DはAに対し甲トラックを引き渡した。

11. Aは、同年12月以降毎月、遅滞することなく、Dが指定した銀行口座に4万円を振り込んで代金を支払っている。

12. Aは、甲トラックの消失後（【事実】4参照）、レンタカーを借りて事業を続けていたが、廃業して帰郷することにし、平成29年12月22日、居住していた借家を引き払った。Aは、Bら取引先等に廃業の通知を出したものの、転居先を知らせることはしなかった。

13. 平成30年2月20日、Eは、その所有する丙土地（山林）の上に、甲トラックが投棄されているのを見付けた。その後、Eは、甲トラックがD名義で自動車登録されていることを知った。

14. 同年3月10日、Eは、Dに、甲トラックが丙土地上に放置されている事実を伝え、甲トラックの撤去を求めた。ところが、Dは、㋐「Aとの間で所有権留保売買契約をしたので、私は甲トラックを撤去すべき立場にない。その立場にあるのは、Aである。」、㋑「登録名義はまだ私にあるが、そうであるからといって、私が甲トラックの撤去を求められることにはならない。」と述べ、応じなかった。EがDにAの所在を尋ねたところ、Dは、Aの所在は知らないと述べた。また、Dによれば、甲トラックの盗難の事実と警察に盗難を届け出た旨の知らせが平成29年9月22日にAからあったが、銀行口座にはAから毎月4万円の振込みが滞りなくされていたこともあり、Aとの間で互いに連絡をすることがなかったとのことであった。

平成29・30年司法試験論文式試験問題〔民法〕　431

その後も、Eは、Aの所在を把握することができないままでいる。

〔設問2〕
　【事実】1から14までを前提として、以下の⑴及び⑵に答えなさい。
⑴　Eの【事実】14の撤去の請求に関し、【事実】14の下線を付した㋐のDの発言は正当であると認められるか、理由を付して解答しなさい。
⑵　仮に㋐のDの発言が正当であると認められるものとした場合、Eの請求は認められるか、【事実】14の下線を付した㋑のDの発言を踏まえつつ、理由を付して解答しなさい。

（参照条文）道路運送車両法（昭和26年法律第185号）
第5条　登録を受けた自動車の所有権の得喪は、登録を受けなければ、第三者に対抗することができない。
2　（略）

　Ⅲ　【事実】1から14までに加え、以下の【事実】15から20までの経緯があった。
　【事実】
15.　数年前に妻に先立たれたCは、持病が悪化して、平成30年1月20日、死亡した。
16.　Cは、積極財産として、それぞれの金額が1200万円、600万円及び200万円の定期預金を残した。Cには、3人の子F、G及びHがいたが、Hについては、Cが家庭裁判所に廃除の申立てをしており、それを認める審判が平成27年に確定していた。
17.　平成30年1月21日、Cの通夜の席で、CがBに対し同月31日を期限とする300万円の借入金債務を負っていたことが判明した。
18.　Fは、Cが負っていた借入金債務全額の返済をBから強く求められたため、同月31日、Bに対し300万円を支払った。
19.　同年3月1日、同年1月1日付けのCの適式な自筆証書遺言（以下「本件遺言」という。）があることが判明し、同年5月7日、検認の手続がされた。
20.　本件遺言の証書には、「①私が残す財産は、1200万円、600万円及び200万円の定期預金である。②遠方に住みながらいつも気にかけてくれたFには、Gよりも多く、1200万円の定期預金を相続させる。③Gには600万円の定期預金を相続させる。④Hは、まだ反省が足りないので、廃除の意思を変えるものではないが、最近結婚をしたことから、200万円の定期預金のみを与える。」と記されていた。

〔設問3〕
　【事実】1から20までを前提として、次の問いに答えなさい。
　Fは、CがBに対して負っていた借入金債務300万円を全額支払ったことを根拠に、Gに対し、幾らの金額の支払を請求することができるか。本件遺言について、遺言の解釈をした上で、理由を付して解答しなさい。なお、利息及び遅延損害金を考慮する必要はない。

432　平成29・30年司法試験論文式試験問題〔民法〕

平成29年司法試験
論文式試験問題出題趣旨

【民法】
平成29年（第12回）
〔第1問〕

　本問は、⑴Aが隣接するB所有の甲土地の一部（甲1部分・甲2部分）を自己所有の乙土地（以下では、甲1部分、甲2部分と合わせて「本件土地」という。）とともにCに賃貸し、Cが乙土地及び甲1部分の上に丙建物を建築し、診療所を営んでいたため、Bが、Cに対し、所有権に基づき甲1部分の明渡しを求めた事例（設問1）、⑵その後に、AがB所有の甲土地の一部（甲1部分・甲2部分）を買い受け、甲土地を甲1部分、甲2部分等に分筆してその旨の登記がされたが、CがDとの間で丙建物について賃貸借契約を締結したことから、Aが、Cに対し、⑴の賃貸借契約を解除する旨の意思表示をした事例（設問2）、⑶さらに、AC間の紛争について和解が成立したが、Aが本件土地をEに売却したため、EがCに対して丙建物の収去及び本件土地の明渡しを求めた事例（設問3）を素材として、民法上の問題についての基礎的な理解とともに、その応用力を問う問題である。当事者の利害関係を法的な観点から分析し構成する能力、その前提として、様々な法的主張の意義及び法律問題相互の関係を正確に理解し、それに即して論旨を展開する能力などが試される。

　設問1は、賃借権の取得時効の要件とその成否に対する理解を問うことにより、民法の基本的知識及びそれに基づく論理構成力を問うものである。

　設問1で問われているのは、まず、Bの所有権に基づく土地明渡訴訟に対し、Cはどのような反論をすることができるかである。この場面では、いわばCの弁護士の立場に立ってBの請求を争う根拠を提示することが求められている。丙建物を所有することによって甲1部分を占有しているCが、甲1部分のB所有を認めた上でBの請求を争う方法としては、占有権原の抗弁を主張することが考えられる。Cは、Aから甲1部分を賃借しているが、Aには甲1部分の所有権その他の賃貸権原がないから、この賃借権をもって所有者Bに対抗することはできない。そこで、Cは、甲1部分の賃借権の時効取得を主張することが考えられる。用益期間の関係から問題となるのは、起算点をCの占有開始時（平成16年10月1日）とする10年の時効取得である。

　次に、反論が認められるために必要な要件、すなわち賃借権の取得時効の要件を説明することが求められている。ここでは、実体法上の要件について説明をすることが求められており、その対象はCが主張・証明責任を負う抗弁の要件事実に限られない。

　民法第163条・第162条第2項によると、賃借権の10年の取得時効の要件は、「10年間」「賃借権を」「自己のためにする意思をもって」「平穏に」かつ「公然と」「行使すること」、賃借権の行使の開始の時に「善意であり」かつ「過失がなかったこと」である。そして、「賃借権を行使すること」は民法第601条によると「物の使用及び収益」である。また、「自己のためにする意思」は、賃借権の取得時効については「賃借意思」として具体化される（物の用益と賃借意思が相まって賃借権の行使の意味内容を示すという理解もある）。賃借意思は、使用借権や地上権の取得時効と区別するために必要である。なお、賃借意思の有無は、民法第162条の「所有の意思」の判断と同じく、占有取得の原因たる事実（権原の性質）によって客観的に定められる。判例（最判昭和43年10月8日民集22巻10号2154頁）も、不動産賃借権の取得時効の要件として、不動産の継続的な用益という外形的事実と、賃借意思の客観的表現を挙げている。また、民法第145条により、時効の利益を受けるには時効の援用が必要である。

　最後に、Cの反論の当否について検討することが求められており、この場面では、いわば裁判官の立場に立ってBの請求の当否を検討することが求められている。

　まず、判例（最判昭和62年6月5日集民151号135頁）は、本問と同じく他人物が賃貸された事案において賃借権の時効取得を認めているが、かかる事案については賃借権の時効取得を認めない説もあり、また賃借権の時効取得を一般的に否定する説もあるので、賃借権の時効取得を一般的に認める場合にもそうでない場合にも、その理由を挙げて検討することが望ましい。

　他人物が賃貸された事案において賃借権の時効取得を認める場合には、次に、その要件が充足されるか否かが問題となる。

　特に問題となるのは、Cが用益を開始した時点である。Cが甲1部分の占有を開始したのは平成16年10月1日

であるが、実際にその利用を開始したのは本件工事が始まった平成17年6月1日である。前者が時効の起算点だとすると10年の時効が完成していることになるが、後者が起算点だとすると10年の時効は完成していないことになる。そのため、Bによる時効中断の可能性と関連付けるなどして、いずれの時点が時効の起算点となるかを検討する必要がある。

　また、賃借意思の客観的表現とCの無過失という要件については、その要件に当てはまる具体的事実を【事実】から拾い上げることが求められる。

　設問2は、建物所有を目的とする土地賃貸借契約がされた場合において、賃借人がその土地の上に有する建物を賃貸人の知らないうちに第三者に賃貸したときに、賃借人はその上に建物がある土地部分を無断転貸したこととなり、賃貸人は土地賃貸借契約を民法第612条により解除することができるか（下線部①）、土地賃貸借契約の目的物たる土地に含まれるがその上に建物がない部分についてはどうか（下線部②）を問うものである。

　この点に関しては、土地賃借人がその所有する地上建物を第三者に賃貸しても、その建物の「敷地」を転貸したことにならないとする判例がある（大判昭和8年12月11日判決全集1輯3号41頁）。学説においても、同様に解するのが通説である。もっとも、本問の賃貸人Aによる解除が認められるかどうかについて、この判例・通説に従うだけで一義的に答えが出るわけではない。判例・通説と同じ立場を採る場合であっても、そこにいう「敷地」とは賃貸借の目的とされた土地のうちどの土地部分を指すのかといった点の理解により、Aの解除が認められるかどうか、又はその結論となる理由が異なる可能性がある。そこで、本問に答えるためには、「敷地」はどの範囲に及ぶか、その範囲となるのはなぜかを考える必要があり、これを考えるためには、建物の賃貸によりその「敷地」について転貸がされたこととならないのはなぜかを明らかにすることが必要になる。

　これに対し、建物を利用するためにはその「敷地」の利用が必要となることから、建物の賃貸はその「敷地」の利用権の設定を当然に伴うとして、「敷地」についても転貸がされたと認めること（以下「反対説」という。）も、論理的にはあり得る。この反対説を採る場合には、判例・通説の基礎を踏まえつつ、そのように解すべき理由を明らかにすることが求められる。

　設問2においてAによる解除の可否を論ずるためには、解除の原因を明らかにしなければならない。本問における事実関係の下では、Cの無断転貸を理由とする民法第612条による解除が考えられる。

　民法第612条による解除に関して、下線部①では、賃借人Cが借地上に所有する建物を第三者Dに賃貸した場合、Cはそれにより民法第612条に違反したことになるかが問題となる。判例・通説は、上述のとおり、土地賃借人による地上所有建物の第三者への賃貸は「敷地」の転貸に当たらないとしている。これによると、下線部①の事実のみでは、Aによる解除は認められないことになる。

　ところが、下線部②の事実は、Dが、CD間の丙賃貸借契約によって、本件土地のうちその上に建物がない土地部分（甲2土地）も使用することを認められ、現に使用していることを示している。甲2土地が判例・通説のいう建物の「敷地」に含まれるのであれば、Aによる解除は認められない。甲2土地が「敷地」に含まれないのであれば、Aによる解除が認められる可能性がある。そこで、甲2土地が「敷地」に含まれるのかどうかを、そのように解する理由を付して明らかにすることが求められることになる。

　これを考えるためには、そもそも借地上建物の賃貸によりその建物の「敷地」が転貸されたことにならない理由を明らかにする必要がある。建物の使用は必然的にその敷地の使用を伴うとみて、建物の賃貸による敷地の転貸を肯定することも論理的には可能である。そうであれば、建物の賃貸による敷地の転貸の否定は何らかの規範的判断の結果であることになり、その規範的判断が敷地の範囲を画する規準（の1つ）になるはずだからである。

　次に、甲2土地についてCからDへの転貸が認められるとする場合には、Aによる承諾の有無が問題になる。Aがこの転貸につき個別の承諾をしたことを示す事実はない。もっとも、Aは、本件土地を一団のものとして賃貸借契約の目的物とし、その一団の土地につきCの建物所有を契約目的とする本件土地賃貸借契約を締結したことから、包括的に、Cが敷地以外の土地部分につき建物の使用とそれに付随する使用を建物賃借人にさせることを承諾していたとすることも、論理的には成り立ち得る。ただし、その場合には、甲2土地を敷地から除外したこととの論理的整合性が問題になる。

　さらに、甲2土地の転貸につきAの承諾がないとしても、更に不動産賃貸借契約について確立した法理である信頼関係破壊の法理に照らしてAの解除が認められるかどうかを検討する必要がある。

　この検討に際しては、まず、Aは、無断転貸により信頼関係が破壊されたと認められる場合に解除することができるのか、無断転貸があれば原則として解除することができるが、信頼関係が破壊されたと認められない特段の事情がある場合には別であるとされるのか（判例（最判昭和28年9月25日民集7巻9号979頁ほか）・通説はこの立場である。）を、理由を付して明らかにすることが望ましい。その上で、信頼関係の破壊に係る判断に際して考慮すべき事実を拾い出し、それらの事情を総合的に考慮した上で結論を出すことになる。

434　平成29年司法試験論文式試験問題出題趣旨

なお、下線部①の事実により既にＣはＤに本件土地を転貸したことになるとする反対説を採る場合には、下線部②の事実は、転貸範囲の拡大及び転借人による目的物の直接利用のために、賃貸人Ａに不利益を生じさせる危険が増大する、という意味を持つことになる。このことを踏まえて、Ａによる解除の可否を論ずる必要がある。

以上のとおり、本問においては、下線部①及び②が有する法律上の意義について種々の考え方ないし立場があり得るところであり、Ａによる解除の可否の判断も異なり得る。それらの考え方ないし立場のうちいずれを採るか、あるいは解除の可否につきいずれと考えるかそれ自体によって、評価の上で優劣がつけられることはない。評価に際しては、どの考え方ないし立場を採る場合であっても、あるいは解除の可否につきいずれの結論とする場合であっても、その理由が説得的に述べられているかどうか、その考え方ないし立場から本問の事実を踏まえて論理的にも実質的にも適切な結論が導かれているかどうかが重視される。

設問３は、複数筆の土地が建物所有を目的とする１個の賃貸借の目的物とされたが、それらの土地のうちの一部の上にのみ建物があり、その建物につき土地賃借人の所有名義の登記がされている場合に、その登記による賃借権の土地取得者に対する効力は、その上に建物のない別筆の土地にも及ぶかどうか、仮に及ばないときには、土地取得者は所有権に基づいてその建物のない筆の土地の返還を求めることができるかどうかを問うものである。設問２と設問３は、いずれも、１個の賃借権の目的物となっている(複数筆の)土地のうち一部の上に建物がある場合に、その建物のあることが建物のない土地(部分)にどのような影響を及ぼすかを問題とするものであるが、設問２は、当該賃貸借関係の当事者間においてこれを問題とするものであるのに対し、設問３は、賃借人と当該土地の取得者との間でこれを問題とするものである。

Ｃは、Ｅの請求に対し、まず、占有権原(賃借権)があることをもって反論することが考えられる。本件土地賃貸借契約は、建物所有を目的とするもので借地借家法の適用があるため、この反論は、甲１土地及び乙土地については、Ｃが、Ｅの本件土地の所有権取得の登記に先立って、甲１土地及び乙土地上に所有する丙建物につき自己名義の保存登記を備えたことにより(借地借家法第10条第１項)、認められることになる。

これに対し、甲２土地は、Ｅが現れた時点では、【事実】12に記載の事情により甲１土地及び乙土地とは別筆の土地となっており、甲２土地につき賃借権の登記(民法第605条)がされたことを示す事実はなく(この点は、甲１土地及び乙土地についても同じである。)、また、その上に建物が存在しないため借地借家法第10条第１項が適用されることもない。したがって、Ｃは、本来、賃借権をもってＥに反論することができないものと考えられる。

もっとも、本件土地賃貸借契約は、もともと甲１土地及び乙土地のほか甲２土地を含む一筆の土地を目的として締結されたものである。また、本件土地の周りには公道に面する南側を除いて柵が張り巡らされているから、甲２土地は、外形上も、甲１土地及び乙土地と一団の土地を成している。さらに、甲２土地は丙建物を利用するために不可欠とはいえないが、甲２土地を利用することができなければ丙建物の経済的効用が減じられ、Ｄの診療所の患者も不便を強いられる可能性もある。こういった事情に鑑みれば、甲２土地についても、Ｅの請求に対してＣに何らかの反論が認められないかを検討する必要がある。

仮にＣの反論が認められる場合には、Ｃは特別の保護を受ける一方で、Ｅはその所有権の行使を例外的に制限されることになる。そのため、Ｃの反論が認められるのは、Ｅにおいてそのような制限を受けても仕方がないと認められる事情があるときに限られる。

このようにＥの主観的事情を考慮してＣが保護されるかどうかを判断する構成としては、①Ｅの請求が権利濫用に当たるかどうかを判断するもの(以下「権利濫用構成」という。)と、②ＣＥ間の争いをＥがＣの賃借権の対抗要件の不存在を主張するものと見て、Ｅがその主観的事情において対抗要件の不存在を主張する正当な利益を有しない者(民法第177条の「第三者」から除外される者に相当するもの)に当たるかどうかを判断するもの(以下「対抗関係構成」という。)があり得る。

対抗関係構成は、Ｃの権利がＥに対しても効力を有することが前提となっており、ただ、対抗要件が備わっていないためにＥに対してその効力を主張することができない、と法律構成するものである。しかし、Ｃの権利は賃借権であり、賃借権は、それが不動産に関するものであっても債権であるとするのが民法の前提である。そうであれば、対抗関係構成を採用する場合には、この民法の前提をどのように考えるかをまず説明することが望まれる。他方、判例は、本問のような場合に、別筆の隣地上にある丙建物の登記により甲２土地についても賃借権の土地取得者に対する効力が認められることはないとした上で(最判昭和40年６月29日民集19巻４号1027頁、最判昭和44年10月28日民集23巻10号1854頁、最判平成９年７月１日民集51巻６号2251頁)、権利濫用構成を採用している(前掲最判平成９年７月１日)。もっとも、別の構成(対抗関係構成)も成り立ち得ると考えられる場合に権利濫用構成を採るのであれば、その理由を示すことが望ましい。例えば、「Ｃの賃借権は、土地を目的とするものであっても債権であり、賃借権の登記又は借地上に所有する建物に自己所有名義の登記を備えることによって初めて土地取得者であるＥに対する効力が認められる。そのため、Ｃが上記の登記を備えていない場合には、そもそもＥとの間で対抗

平成29年司法試験論文式試験問題出題趣旨　435

関係は生じない。したがって、この場合には、Eは、所有権に基づいて甲2土地の明渡しを請求することができることになるが、この請求は権利行使の一種であるから、例外的に権利濫用を基礎付ける事情がある場合にはその権利行使が否定され得る。」というように実質的な理由を示すことが望まれる。

　Eの主張の権利濫用該当性を検討する場合には、権利濫用の判断枠組みを述べ、その枠組みの下で本問の諸事情に照らして結論を述べることが求められる。権利濫用の一般的な判断枠組みについては、権利の行使と認められることにより権利者が得る利益（又は権利濫用とされることにより権利者が受ける不利益）の程度とその権利の行使により他の者又は社会が受ける不利益の程度を比較衡量し、さらに、権利者の主観的態様も併せて総合的に判断する、という考え方が判例・学説上定着している。これ以外の枠組みを採ることが否定されるものではないが、別の枠組みを採るのであれば、定着した考え方をあえて否定する理由を示す必要がある。

　これに対し、Eの請求の可否を対抗関係構成により判断する場合には、まず、対抗要件制度の趣旨に照らし、その主観的態様のため対抗要件の不存在を主張することができない第三者につき一般的な立場を示した上で、本問の諸事情の下でどのように解すべきかを検討する必要がある。対抗関係構成の下でEがその主観的態様により例外的に第三者性を否定されることがないかどうかを検討するのは、Cの賃借権を特別に保護すべき場合に当たるかどうかを判断するためである。そのため、Eの主観的態様による上記検討に関して、不動産賃借権の特別の保護とそのための要件設定の趣旨がどのような意味を持つかを考慮することが望ましい。

　以上の考え方とは異なり、借地借家法第10条第1項の趣旨の理解次第で、C名義の丙建物の登記により甲2土地についてもCがその賃借権をEに主張することが認められる（本問でいえば、丙建物の登記による甲2土地への賃借権の効力の拡張を認める）とすることも考えられる。もっとも、これは本則に対する例外を認めようとするものであるから、そのような論理を展開するのであれば、例外を正当化するに足る十分な根拠を挙げ、かつ、その根拠に照らして例外が認められるべき範囲を明らかにした上で、甲2土地についてのCの賃借権の主張がその例外に該当することを述べる必要がある。

（出典：法務省ホームページ）

司法書士試験ランク表

第1章　債権法序説	
1.債権総論の全体像	
1　債権総論とは　B	
2　債権の概念　B	
3　債権の発生原因	
【1】法律行為　B	
【2】法律の規定　B	
【3】信義則（社会的接触関係）　B	
4　給付の要件	
【1】給付の適法性　B	
【2】給付の実現可能性　B	
【3】給付の確定性　B	
5　債権総論の全体像　B	
6　債権の実現に問題が生じた場合の処理　B	
2.債権の目的	
1　債権の分類	
【1】分類の視点　B	
【2】履行の強制方法による分類　B	
【3】債務者がどのような場合に責任を負うかによる分類　B	
2　特定物債権	
【1】意義　A	
【2】特定物債権の特徴　A	
3　種類債権（不特定物債権）	
【1】意義　B	
【2】目的物の特定　A	
【3】制限種類債権（限定種類債権）　A	
4　金銭債権	
【1】意義　B	
【2】金銭債権と通貨　B	
【3】金銭債権の特徴　B	
5　利息債権	
【1】意義　A	
【2】法定利率　A	
【3】重利（複利）　A	
【4】利息制限法　A	
6　選択債権	
【1】意義　C	
【2】選択債権の特定　B	
3.第三者による債権侵害	
1　総説　B	
2　不法行為に基づく損害賠償請求	
【1】債権侵害の特殊性　B	
【2】債権侵害の類型　B	
3　債権に基づく妨害排除請求	
【1】物権的請求権との比較　A	
【2】不動産賃借権に基づく妨害排除請求　A	

第2章　債権の効力	
1.総論	
1　債権に含まれる力	

【1】債権の4つの力　B	
【2】一部または全部の力の欠如　B	
2　債権の具体的権能	
【1】当事者間の効力　B	
【2】債務者の責任財産に対する効力　B	
【3】第三者に対する効力　B	
2.履行強制	
1　履行強制の意義　B	
2　履行強制の具体的方法	
【1】直接強制　C	
【2】代替執行　B　＊民事執行法で重要	
【3】間接強制　B	
【4】問題となるケース　B	
3.債務不履行に基づく損害賠償	
1　債務不履行の概念	
【1】債務不履行の意義　B⁺	
【2】債務不履行の類型　B⁺	
【3】債務不履行と不法行為　B⁺	
2　債務不履行に基づく損害賠償の要件	
【1】債務の存在　A	
【2】債務が履行されないこと（事実としての不履行）　A	
【3】帰責事由　A	
【4】損害の発生　A	
【5】債務不履行と損害の因果関係　A	
3　債務不履行に基づく損害賠償の効果	
【1】損害賠償の方法　B	
【2】損害の概念と種類　B	
【3】損害賠償の範囲　B	
【4】損害の金銭的評価　B	
【5】損害賠償に関する特別な規定　B	
4.受領遅滞	
1　意義　C	
2　要件・効果	
【1】要件　A	
【2】効果　A	
3　法的性質	
【1】法的性質論の意義　B	
【2】法定責任説　C	
【3】債務不履行責任説　C	
【4】平成29年改正法下における実益　B	

第3章　債権債務の移転	
1.債権譲渡	
1　債権譲渡序説	
【1】意義　B	
【2】債権譲渡の諸目的　B	
【3】法的性質　B	
2　債権の譲渡性とその制限	
【1】債権の譲渡性とその例外　A	
【2】譲渡制限の意思表示　A	

司法書士試験ランク表　**437**

【3】 譲渡制限の意思表示がされた債権にかかる債務者の供託　A		1　意義
		【1】 代物弁済契約とは　B
【4】 譲渡制限の意思表示がされた債権の差押え　A		【2】 法的性質　B
【5】 預貯金債権の例外　A		【3】 代物弁済の合意と「債務者の負担した給付」（当初の給付）　B
【6】 将来債権の譲渡性　A		
3　債権譲渡の対抗要件		2　代物弁済の要件
【1】 債務者に対する対抗要件　A		【1】 当初の給付（債権）の存在　A
【2】 第三者に対する対抗要件　A		【2】 当初の給付に代わる給付をすることについての合意　A
4　債権譲渡における債務者の抗弁および相殺権		
【1】 債権譲渡における債務者の抗弁　A		3　効果——代物給付の完了と債権の消滅
【2】 債権譲渡における債務者の相殺権　A		【1】 代物給付の完了　A
5　動産債権譲渡特例法		【2】 代物として給付された物の不適合　A
【1】 趣旨　B		3.供託　　＊供託法で重要
【2】 適用範囲　B		1　意義
【3】 債権譲渡登記制度　B		【1】 供託とは　B
6　有価証券に表示される債権および電子記録債権の譲渡等		【2】 性質　B
		2　要件
【1】 有価証券に表示される債権の譲渡等　B		【1】 供託原因があること　B
【2】 電子記録債権の譲渡　B		【2】 債務の本旨に従った供託であること　B
2.債務引受		3　供託の方法
1　債務引受序説		【1】 供託の当事者　B
【1】 意義　B		【2】 供託の通知　B
【2】 履行の引受け　B		4　効果
2　併存的債務引受		【1】 債権の消滅　B
【1】 要件　B		【2】 供託物の所有権の移転　B
【2】 効果　B　　＊不動産登記法で重要		【3】 供託物の交付請求権　B
3　免責的債務引受		【4】 弁済者の取戻請求権　B
【1】 要件　B		4.相殺
【2】 効果　B　　＊不動産登記法で重要		1　意義
3.契約上の地位の移転		【1】 相殺とは　A
1　意義　B		【2】 趣旨（存在理由）と機能　A
2　要件　A		【3】 相殺の法的性質　B
3　効果　A		2　要件
		【1】 相殺適状にあること　A
第4章　債権の消滅		【2】 相殺の禁止がないこと　A
序.債権の消滅原因総論		3　相殺の方法
1　総説　B		【1】 相殺の意思表示　B+
2　債権消滅原因の全体像　B		【2】 条件・期限付相殺の禁止　B+
1.弁済		4　相殺の効力
1　弁済の意義と性質		【1】 債権の消滅　B+
【1】 弁済の意義　B		【2】 相殺の遡及効　B+
【2】 弁済の性質　B		【3】 時効の中断効（完成猶予・更新の効力）の有無　B+
2　弁済の提供　　＊供託法で重要		【4】 相殺の充当　B+
【1】 意義　B		5.その他の消滅原因
【2】 債務の本旨に従った弁済の提供　B		1　更改
【3】 弁済の提供の方法　B		【1】 意義　B+
【4】 弁済の提供の効果　B		【2】 要件　B+
3　弁済の主体（当事者）——弁済者と弁済受領者		【3】 効果　B+
【1】 弁済者　B		2　免除
【2】 弁済受領者　B		【1】 意義　B
4　弁済の効果		【2】 要件　B
【1】 債権の消滅　B		【3】 効果　B
【2】 弁済の証明のための弁済者の権利　B		3　混同
【3】 弁済による代位（代位弁済、弁済者代位）　B		【1】 意義・要件　A
2.代物弁済　　＊不動産登記法で重要		【2】 効果　A

第5章　責任財産の保全

1.責任財産の保全──総論

1　責任財産の意義　B

2　責任財産保全制度の必要性　B

2.債権者代位権

1　意義

　【1】債権者代位権とは　A

　【2】債権者代位権の具体例　A

　【3】債権者代位権の転用　A

2　要件

　【1】被保全債権　A

　【2】保全の必要性(423条1項本文)　A

　【3】被代位権利　A

3　債権者代位権の行使方法

　【1】債権者の地位　A

　【2】自己への引渡請求　A

　【3】第三債務者の抗弁　A

4　代位行使の範囲　A

5　債権者代位権行使の効果

　【1】債務者の取立てその他の処分の権限等　A

　【2】訴えによる債権者代位権の行使　A

6　債権者代位権の転用　＊不動産登記法でも重要

　【1】総論　B

　【2】登記または登録請求権の代位行使　A

　【3】転用型の債権者代位権が認められたその他の事例　A

　【4】転用型の債権者代位権が認められなかった事例　A

3.詐害行為取消権

1　意義

　【1】詐害行為取消権とは　B

　【2】詐害行為取消権の類型と具体例　B

　【3】詐害行為取消権の法的性質　B

2　詐害行為取消権の各類型と個別的要件

　【1】受益者に対する詐害行為取消権の要件　A

　【2】相当の対価を得てした財産の処分行為の特則　A

　【3】特定の債権者に対する担保の供与等の特則　A

　【4】過大な代物弁済等の特則　A

　【5】転得者に対する詐害行為取消権の要件　A

3　詐害行為取消権の行使方法

　【1】詐害行為取消請求　A

　【2】債務者に対する訴訟告知の義務づけ　A

　【3】詐害行為の取消しの範囲　A

　【4】直接の引渡し等　A

4　詐害行為の取消しの効果

　【1】詐害行為取消訴訟の判決の効力　B

　【2】相手方の地位　B

5　詐害行為取消権の期間制限　A

第6章　多数当事者の債権および債務

1.総説

1　多数当事者の債権債務関係

　【1】意義　B

　【2】態様　B

2　分析の視点──問題となる3場面

　【1】対外的効力　B

　【2】1人について生じた事由の効力　A

　【3】内部関係(求償関係)　B

3　多数当事者の債権債務関係の機能　B

2.分割債権・分割債務

1　意義

　【1】分割債権債務とは　B

　【2】民法の原則形態　B

2　要件

　【1】分割債権の成立　B

　【2】分割債務の成立　B

3　効力

　【1】対外的効力　B

　【2】1人に生じた事由の効力　A

　【3】内部関係(求償関係)　B

3.不可分債権・不可分債務

1　総説

　【1】不可分債権債務とは　B

　【2】不可分債権債務の性質　B

2　不可分債権

　【1】要件　B

　【2】効力　B

3　不可分債務

　【1】要件　B

　【2】効力　B

4.連帯債権・連帯債務

1　連帯債権

　【1】意義　B

　【2】要件　B

　【3】効力　B

2　連帯債務

　【1】意義　A

　【2】要件　A

　【3】効力　A

3　不真正連帯債務

　【1】意義　B

　【2】具体例　B

　【3】平成29年改正　B

5.保証債務

1　保証債務の意義

　【1】保証債務とは　B

　【2】保証債務の性質　B

2　保証債務の成立

　【1】保証契約　A

　【2】保証人の資格　A

　【3】主たる債務の存在　A

3　保証債務の内容

　【1】保証債務の範囲　A

　【2】一部保証(有限保証)　B

　【3】原状回復義務　A

4　保証債務の効力

　【1】対外的効力(保証人の抗弁権)　A

　【2】主たる債務者・保証人に生じた事由の効力　A

　【3】内部関係(求償関係)　B

司法書士試験ランク表　439

【4】債権者の情報提供義務　A	
5　特殊保証	
【1】連帯保証　A	
【2】共同保証　B	
【3】根保証　B	
【4】身元保証　B	

事項索引

あ

与える債務 …………………………… 13,45,46
安全配慮義務 ……………………………… 58

い

異議をとどめない承諾 …………………… 122
一部代位 …………………………………… 186
一物一権主義 ………………………………… 4
一部保証 …………………………………… 349
逸失利益 …………………………………… 66
一身専属権 ………………………………… 249
　帰属上の―― …………………………… 251
　行使上の―― …………………………… 249
一般財産 ……………………………… 40,344
違約金 ………………………………… 82,349
違約罰 ……………………………………… 82

う

受取証書 ……………………………… 170,179
内入弁済 …………………………………… 186
裏書 ………………………………………… 129

か

解除 …………………… 42,121,162,349
　契約の―― ……………………………… 42
解除権の不可分性 ………………………… 311
価額償還 …………………………………… 300
掴取力 ……………………………………… 40
拡大損害 …………………………………… 58
確定期限付き債務 ………………………… 54
確定日付 …………………………………… 112
過失責任主義 …………………………… 62,63
過失相殺 …………………………………… 74
可分債権 …………………………………… 12
可分債務 …………………………………… 12
間接強制 ………………………………… 45,47
完全賠償の原則 …………………………… 71
貫徹力 ……………………………………… 40
観念の通知 …………………………… 111,112

き

期限の定めのない債務 …………………… 55
期限の利益喪失約款 ……………………… 224
危険負担 …………………………… 10,16,151
帰責事由 ………………………………… 10,62
寄託契約 …………………………………… 205
記名式所持人払債権 ……………………… 128
記名式所持人払証券 ………………… 128,131

逆相殺 ……………………………………… 227
求償 ………………………………………… 343
求償権 ………………………… 180,334,364
　――の制限 ……………………………… 337
給付 ………………………………………… 6
　――の一倍額性 ………………………… 324
給付義務 …………………………………… 57
給付保持力 ………………………………… 39
強制執行 ……………………… 44,244,263
供託 ………………………………………… 205
供託原因 …………………………………… 206
共同相続 ……………………………… 308,309
共同賃借人 …………………………… 309,315
共同保証 …………………………………… 370
極度額 ……………………………………… 373
金銭債権 ……………………… 12,21,243
金銭賠償の原則 …………………………… 65

け

契約 ………………………………………… 5
契約自由の原則 …………………………… 61
契約上の地位の移転 ……………………… 146
契約締結上の過失 ………………………… 6
結果債務 …………………………………… 13
原債権 ……………………………………… 182
検索の抗弁権 ………………………… 346,351
現実の提供 …………………………… 17,158
原始的不能 …………………………… 7,32,56
原状回復義務 ……………………………… 349
限定種類債権 ……………………………… 20
限定承認 …………………………………… 354

こ

合意充当 …………………………………… 177
更改 …………………………… 95,199,231
公示 …………………………………… 35,117
公正証書 …………………………………… 378
合同行為 …………………………………… 5
口頭の提供 …………………………… 158,159
後発的不能 …………………………… 7,32,56
抗弁の切断 ………………………………… 122
個人根保証契約 …………………………… 374
個人保証 …………………………………… 367
混同 ………………………………………… 237

さ

債権 ………………………………………… 3
　――に基づく妨害排除請求 …………… 37
　――の準占有者 ………………………… 169

事項索引　441

——の譲渡予約 ················· 110	主債務(主たる債務) ············· 345
——の相対性 ····················· 43	主債務者 ························· 344
——の流動化 ····················· 94	手段債務 ·························· 13
債権者代位権 ················· 244,245	受働債権 ························· 210
——の転用 ······················ 259	受領権者 ························· 169
債権者の確知不能 ············· 206,207	——としての外観を有する者に対する弁済··········· 169
債権者の受領拒絶 ··············· 206	受領遅滞 ·························· 85
債権者の受領不能 ··············· 206	種類債権 ······················ 12,16
債権者の情報提供義務 ··········· 365	種類物 ··························· 13
債権者平等の原則 ··············· 43	準占有者 ························· 172
債権証書 ······················· 180	債権の—— ···················· 169
債権譲渡 ·············· 9,93,95,184	準備 ···························· 17
——の通知請求権 ··············· 260	準物権契約 ······················ 202
債権譲渡登記 ···················· 127	準物権行為 ······················ 95
催告の抗弁権 ················· 346,351	準法律行為 ······················ 271
財産権 ··························· 4	準法律行為説 ················· 152,153
財産的損害 ······················ 66	消極的損害 ······················ 66
財産分与 ························· 273	証券的債権 ······················ 128
裁判上の代位 ···················· 247	使用者責任 ······················ 343
債務の本旨 ······················ 51	承諾 ··················· 98,112,143
債務引受 ························· 135	譲渡禁止特約 ··················· 98,99
債務不履行 ······················ 51	譲渡制限の意思表示 ··············· 96
債務不履行責任説 ··············· 86,87	譲渡担保 ····················· 236,284
債務名義 ························· 44	譲渡人に対して生じた事由 ········· 120
詐害意思 ························· 274	情報提供義務 ··················· 60,351
詐害行為 ························· 271	消滅時効 ························· 216
詐害行為取消権 ················· 244,263	将来債権の譲渡性 ················· 106
詐害行為取消請求 ··············· 284	除斥期間 ····················· 216,299
詐害性 ··························· 271	処分行為 ························· 94
差額説 ··························· 66	自力救済 ························· 44
作為債務 ························· 12	信義則 ··························· 5,6
差押禁止債権 ···················· 220	人的担保 ························· 344
差押債権者 ······················ 220	信用保証 ························· 373
差押えを禁じられた権利 ··········· 251	信頼利益 ························· 69
指図債権 ························· 128	
指図証券 ························· 128	**す**
詐称代理人 ··················· 171,172	随伴性 ······················· 344,346
三面契約 ························· 136	
	せ
し	請求権競合説 ····················· 52
事後通知 ························· 338	請求権の競合関係 ················· 185
持参債務 ························· 17	請求力 ··························· 39
事実的因果関係 ··················· 71	制限種類債権 ····················· 20
自然債務 ························· 40	制限説 ······················· 220,224
事前通知 ························· 337	制限賠償の原則 ··················· 71
執行力 ··························· 40	精神的損害 ······················ 66
指定充当 ························· 177	正当な利益 ······················ 165
自働債権 ························· 210	責任 ···························· 40
支払能力を欠く ··················· 277	——なき債務 ··················· 41
支払不能 ························· 277	責任財産 ······················ 40,243
事務管理 ························· 6	責任能力 ························· 65
指名債権 ························· 128	積極的損害 ······················ 66
重利 ···························· 28	絶対効 ··························· 305
受益者 ··························· 264	絶対性 ··························· 4

442　事項索引

説明義務 ……………………………… 60
善管注意義務 ………………………… 14,19
選択債権 ……………………………… 12,31
　　――の特定 ……………………… 31

そ

相関関係説 …………………………… 271
相殺 …………………………………… 210
　　――の担保機能 ………………… 211
相殺契約 ……………………………… 211
相殺適状 ……………………………… 212
相殺予約 ……………………………… 223
相対効 ………………………………… 305
相対性 ………………………………… 4
相対的取消し ………………………… 267,293
相対的無効 …………………………… 268
相当因果関係説 ……………………… 69
送付債務 ……………………………… 18
訴求力 ………………………………… 39
損益相殺 ……………………………… 77
損害軽減義務 ………………………… 45
損害事実説 …………………………… 66
損害担保契約 ………………………… 349
損害の金銭的評価 …………………… 71,73
損害の種類 …………………………… 66
損害賠償額の予定 …………………… 80
損害賠償による代位 ………………… 82
損害賠償の範囲 ……………………… 69,72

た

代位債権者 …………………………… 245
代位弁済 ……………………………… 167
対抗することができない …………… 114
対抗要件具備時 ……………………… 119
第三債務者 …………………………… 245
第三者 ………………………………… 114,235
　　――による債権侵害 …………… 34
第三者弁済 …………………………… 163
第三取得者 …………………………… 190
代償請求権 …………………………… 83
代替執行 ……………………………… 46
代替物 ………………………………… 14
代物弁済契約 ………………………… 199
代物弁済の予約 ……………………… 200
諾成契約 ……………………………… 199,347
多数当事者の債権債務関係 ………… 304
建物買取請求権 ……………………… 262
単独行為 ……………………………… 5,211
担保保存義務 ………………………… 197
単利 …………………………………… 28

ち

遅延損害金 …………………………… 23
遅延賠償 ……………………………… 67

中間最高価格 ………………………… 73
重畳的債務引受 ……………………… 135
調達義務 ……………………………… 17
直接強制 ……………………………… 45
賃貸人たる地位の移転 ……………… 146

つ

追完請求権 …………………………… 50,203
通貨 …………………………………… 21
通常事情 ……………………………… 70
通常損害 ……………………………… 71
通知 …………………………………… 17,110,111
　　観念の―― ……………………… 111,112
　　債権譲渡の―― ………………… 111,112

て

定期預金の期限前払戻し …………… 172
抵当権 ………………………………… 10,186
電子記録債権 ………………………… 133
転得者 ………………………………… 264
転売利益 ……………………………… 69,71
転付債権者 …………………………… 227
転付命令 ……………………………… 104,171
填補賠償 ……………………………… 67,68

と

同一内容性 …………………………… 344,345
登記請求権 …………………………… 255
動機の錯誤 …………………………… 347
動産及び債権の譲渡の対抗要件に関する民法の特例等
　　に関する法律(動産債権譲渡特例法) … 126
同時交換的行為 ……………………… 275
同時通達 ……………………………… 118
同時履行の抗弁権 …………………… 55,161
到達時説 ……………………………… 116,117
徳義上の債務 ………………………… 40
徳義上の約束 ………………………… 40
特定 …………………………………… 17
特定物 ………………………………… 13
特定物債権 …………………………… 12,13
特定物ドグマ ………………………… 15
特別事情 ……………………………… 72
特別損害 ……………………………… 71
独立債務性 …………………………… 344
取消債権者 …………………………… 264
取立債務 ……………………………… 17
取引の安全 …………………………… 125

な

内容証明郵便 ………………………… 112
内容の同一性 ………………………… 344,345
なす債務 ……………………………… 13,46

事項索引　443

に

二重譲渡 … 291
任意規定 … 14,15,177
任意代位 … 182

ね

根保証契約 … 371

は

排他性 … 4
売買は賃貸借を破る … 5
判決代用 … 47

ひ

非義務行為 … 279
非財産的損害 … 66
被代位権利 … 245
被担保債権 … 176
否認権 … 266
被保全債権 … 246,269
表見代理 … 169

ふ

不確定期限付き債務 … 54
不可侵性 … 4,34
不可分債権 … 12,304,312
不可分債権債務 … 312
不可分債務 … 12,315
不可分承継 … 309
不完全履行 … 51,57
付記登記 … 189
複利 … 28
不作為債務 … 13
付従性 … 344,345,352,354
　消滅に関する―― … 346
　成立に関する―― … 345
　担保物権の―― … 176
　内容に関する―― … 346
　保証債務の―― … 176
不真正連帯債務 … 342
付随義務 … 58
不訴求の合意 … 41
不訴求の特約 … 41
不代替物 … 14
負担部分 … 335
　――の限度 … 332
物権 … 4
物上保証人 … 184,359
物的担保 … 184,344
不動産賃借権 … 5,37
不当利得 … 6
不特定物 … 13
不法行為 … 6

へ

――に基づく損害賠償請求 … 34
分割原則 … 307
分割債権 … 307,308
分割債権債務 … 307
分割債権債務関係 … 307
分割債務 … 307,308
分割主義 … 307
分別の利益 … 370
分離 … 17

へ

併存的債務引受 … 135,136
別個独立性 … 344
別債権性 … 185
変更権 … 20
弁済 … 152
　――による代位 … 180
　――の充当 … 176
　――の提供 … 153
　受領権者としての外観を有する者に対する―― … 169
弁済受領者 … 167
偏頗行為 … 277

ほ

妨害排除請求権 … 37
法定債権 … 6
法定充当 … 177
法定責任説 … 86
法定代位 … 182
法定利率 … 24
法律行為 … 5
保護義務 … 58
保護範囲 … 71
保護範囲説 … 71
補充性 … 344
保証契約 … 347
保証債務 … 344
保証人 … 347
　――の資格 … 348
保証連帯 … 370
保全の必要性 … 248
保存行為 … 246

み

身元保証 … 382

む

無記名債権 … 128
無記名証券 … 128,132
無資力要件 … 248
無制限説 … 123,220,225

め

名目主義 … 22

免除………………………………237,355	履行強制………………………………42,44
連帯の――………………………… 341	履行請求権……………………………… 39
免除特約………………………………… 197	履行遅滞………………………………51,54
免責的債務引受……………………135,140	履行の請求……………………………314,320
	履行の引受け…………………………… 136
も	履行不能………………………………51,55
目的物…………………………………… 7	履行補助者……………………………… 62
	――の故意過失……………………… 62
や	履行利益………………………………… 68
約定利率………………………………… 24	利息………………………………………22,24
	――の天引き………………………… 29
ゆ	利息債権………………………………12,22
有価証券………………………………… 127	基本権たる――……………………… 22
有限保証………………………………… 349	支分権たる――……………………… 22
	利息制限法……………………………… 28
よ	留置権…………………………………… 55
要式行為………………………………… 347	
預金担保貸付…………………………172,174	**れ**
予見可能性……………………………… 72	連帯債権………………………………12,319
預貯金債権……………………………… 104	連帯債務………………………………12,324
	連帯保証………………………………369,370
り	連帯保証人……………………………… 369
履行期…………………………………… 54	

事項索引　445

判例索引

明治

大判明34・4・26民録7-4-87	233
大判明36・4・23民録9-484	349
大判明36・12・7民録9-1339	288
大判明39・2・5民録12-136	276
大判明39・2・13民録12-213	237
大判明41・1・23新聞479-8	170
大判明42・5・14民録15-490	121
大判明43・4・5民録16-273	73
大連判明44・3・24〔百選Ⅱ14事件〕	267,286,293
大判明44・10・3民録17-538	276
大判明44・12・11民録17-772	162
大判明45・1・25民録18-25	112
大連判明45・3・23民録18-315	53

大正

大判大2・5・12民録19-327	56
大判大2・7・10民録19-654	237
大判大3・6・15民録20-476	358
大判大3・10・13民録20-751	340
大判大3・11・20民録20-963	120
大決大4・2・15民録21-106	313
大判大4・2・24民録21-180	226
大判大4・3・10〔百選Ⅱ19事件〕	34
大判大4・4・1民録21-418	226
大判大4・4・2刑録21-341	308
大判大4・5・12民録21-692	65
大判大4・6・12民録21-931	68
大判大5・2・24民録22-329	233
大判大5・4・26民録22-805	162
大判大5・5・8民録22-918	236
大判大5・10・27民録22-1991	74
大判大6・5・3民録23-863	335
大判大6・9・22民録23-1488	96
大判大6・10・30民録23-1624	269
大判大7・2・5民録24-136	370
大判大7・3・19民録24-445	315
大判大7・6・21新聞1444-24	308
大判大7・8・14民録24-1650	159
大判大7・8・27〔百選Ⅱ7事件〕	72
大判大7・9・25民録24-1811	121
大連判大7・10・26民録24-2036	300
大判大7・11・14民録24-2169	74
大判大7・11・21民録24-2222	225
大判大7・12・7民録24-2310	171
大判大8・2・8民録25-75	249
大判大8・6・26民録25-1178	111,260
大判大8・7・4民録25-1215	249
大判大8・7・15民録25-1331	159

大判大 8・8 ・28民録25-1529 ································· 159
大判大 8 ·12·15民録25-2303 ······························ 324, 331
大判大 8 ·12·25民録25-2400 ···························· 17
大判大 9・2 ·28民録26-158 ···························· 159
大判大 9 ·12·18民録26-1947 ························· 159
大判大 9 ·12·24民録26-2024 ·························· 288
大判大 9 ·12·27民録26-2096 ·························· 269
大判大10・2 ・2 民録27-168 ························· 227
大判大10・2 ・3 民録27-193 ······················· 65
大判大10・3 ·18民録27-547 ························ 313
大判大10・3 ·23民録27-641 ························· 159
大判大10・4 ·30民録27-832 ························ 206
大判大10・5 ・9 民録27-899 ················· 141, 231, 234
大判大10・5 ·23民録27-957 ························ 371
大判大10・6 ・2 民録27-1048 ······················ 236
大判大10・6 ·18民録27-1168 ······················ 290
大判大10・7 ・8 民録27-1449 ····················· 158
大決大10・7 ·25民録27-1354 ····················· 49
大判大11・3 ・1 民集1-80 ·························· 144
大判大11·10·25民集1-616 ························ 206
大判大11·11·24民集1-670 ····················· 309, 315
大判大11·11·24民集1-738 ························ 237
大決大13・1 ·30民集3-53 ························· 345
大判大13・7 ·18民集3-399 ························ 159
大判大14·10·15民集4-500 ························ 112
大判大14·10·28民集4-656 ························ 373
大判大14·12・3 民集4-685 ························ 160
大判大14·12·15民集4-710 ······················· 95
大判大15・3 ·25民集5-219 ························ 137
大連判大15・5 ·22民集5-386 ···················· 69, 73
大判大15·11·13民集5-798 ························ 274
大判大15·12・2 民集5-769 ························ 373

昭和元～9 年

大判昭 2・3 ·15法律評論16-民773 ················· 14
大判昭 2・4 ·21民集6-166 ························· 31
大判昭 2・6 ·22民集6-408 ······················· 170, 171
大判昭 3・3 ·10法律評論17-民631 ················· 236
大判昭 3・5 ·31民集7-393 ························ 162
大判昭 3 ·12·19民集7-1119 ······················ 112
大判昭 4・3 ·30〔百選Ⅱ 5 事件〕 ················ 63
大判昭 4 ·12·16民集8-944 ······················· 261
大判昭 5・4 ・7 民集9-327 ························ 159
大判昭 5・6 ·12民集9-532 ························· 238
大判昭 5・9 ·17新聞3184-9 ························ 354
大決昭 5・9 ·30民集9-926 ························ 47
大判昭 5 ·10·10民集9-948 ······················· 111
大決昭 5 ·12・4 民集9-1118 ······················ 308
大決昭 6・4 ・7 民集10-535 ······················ 186, 187
大判昭 6・6 ・4 民集10-401 ······················ 329
大判昭 7・5 ·27民集11-1069 ····················· 343
大判昭 7・6 ・3 民集11-1163 ····················· 269
大判昭 7・9 ·15民集11-1841 ····················· 285, 290
大判昭 7・9 ·30民集11-2008 ····················· 339

大判昭 7 ·10·11法律評論22-民56 ··· 374
大判昭 8 · 5 ·30民集12-1381 ··· 215,249
大判昭 8 · 6 ·13民集12-1437 ··· 68
大判昭 8 · 6 ·13民集12-1472 ·· 351
大判昭 8 ·12· 5 民集12-2818 ··· 214
大判昭 9 · 1 ·30民集13-103 ·· 374
大判昭 9 · 3 ·29民集13-328 ·· 346,354
大判昭 9 · 5 ·22民集13-799 ·· 252

昭和10～19年

大判昭10· 3 ·12民集14-482 ··· 253
大判昭10· 4 ·25法律評論24-民406 ·· 41
大判昭11· 6 · 2 民集15-1074 ··· 184
大判昭11· 7 ·14民集15-1409 ··· 184
大判昭11· 8 · 7 民集15-1661 ··· 335
大判昭12· 6 ·15民集16-931 ·· 374
大判昭12· 6 ·30民集16-1285 ··· 343
大判昭12·12·11民集16-1945 ··· 333
大判昭13· 1 ·31民集17-27 ··· 349
大判昭13· 2 ·15民集17-179 ·· 184
大判昭14· 4 ·12民集18-350 ·· 374
大判昭14· 5 ·16民集18-557 ·· 252,257
大判昭14·10·13民集18-1165 ··· 165,331
大判昭15· 5 ·29民集19-903 ·· 171
大判昭15· 9 ·28民集19-1744 ··· 216
大判昭16· 2 ·10民集20-79 ·· 295
大判昭16· 3 · 1 民集20-163 ·· 180
大判昭16· 6 ·20民集20-921 ·· 171
大判昭18· 9 ·10民集22-948 ·· 382
大判昭18·11·13民集22-1127 ··· 169

昭和20～29年

大判昭20· 8 ·30民集24-60 ·· 269
最判昭23·12·14民集2-13-438 ··· 159,160
最判昭28· 5 ·29民集7-5-608 ··· 112
最判昭28·11·20民集7-11-1229 ··· 73
最判昭28·12·14民集7-12-1401 ··· 37
最判昭28·12·18〔百選Ⅱ 8 事件〕 ··· 74
最判昭28·12·18〔百選Ⅱ57事件〕 ··· 37
最判昭29· 4 · 8 民集8-4-819 ··· 308
最判昭29· 7 ·20民集8-7-1408 ··· 37
最判昭29· 9 ·24民集8-9-1658 ··· 254

昭和30～39年

最判昭30· 1 ·21民集9-1-22 ··· 74
最判昭30· 3 ·25民集9-3-385 ·· 53
最判昭30· 4 · 5 民集9-4-431 ··· 37
最判昭30· 4 ·19民集9-5-556 ·· 68
最判昭30·10·11民集9-11-1626 ··· 288
最判昭30·10·18〔百選Ⅱ 1 事件〕 ·· 18,20
最大判昭31· 7 · 4 民集10-7-785 ··· 48
最判昭32· 2 ·22民集11-2-350 ··· 216
最判昭32· 3 · 8 民集11-3-513 ··· 227
最大判昭32· 6 · 5 民集11-6-915 ·· 160

最判昭32・6・27民集11-6-1154·····························159
最判昭32・11・1民集11-12-1832·····························279
最判昭32・12・19民集11-13-2299·····························348
最判昭33・2・21民集12-2-341·····························269
最判昭33・6・19民集12-10-1562·····························373
最判昭33・6・20〔百選Ⅰ52事件〕·····························19
最判昭33・9・26民集12-13-3022·····························278,279
最判昭34・5・14民集13-5-609·····························162
最判昭34・6・19〔百選Ⅲ62事件〕·····························309,310
最判昭35・4・21民集14-6-930·····························56
最判昭35・4・26民集14-6-1046·····························248,274
最判昭35・5・6民集14-7-1136·····························154
最判昭35・6・23民集14-8-1507·····························238
最判昭35・6・24民集14-8-1528·····························19
最判昭35・11・1民集14-13-2781·····························68
最判昭35・12・15民集14-14-3060·····························207
最判昭36・3・2民集15-3-337·····························313
最判昭36・4・14民集15-4-765·····························216
最判昭36・4・28民集15-4-1105·····························74
最判昭36・6・20民集15-6-1602·····························22
最大判昭36・7・19〔百選Ⅱ15事件〕·····························284,285,291
最判昭36・11・24民集15-10-2519·····························129
最判昭36・12・15民集15-11-2865·····························315
最判昭37・8・21民集16-9-1809·····························169,171,172
最判昭37・9・4民集16-9-1834·····························55
最判昭37・9・21民集16-9-2041·····························159
最判昭37・10・12民集16-10-2130·····························293
最判昭37・11・9民集16-11-2270·····························374
最判昭37・11・16民集16-11-2280·····························73
最判昭38・4・23民集17-3-536·····························262
最判昭38・11・5民集17-11-1510·····························52
最判昭39・1・23民集18-1-76·····························290
最判昭39・4・17民集18-4-529·····························249
最判昭39・4・21民集18-4-566·····························165
最判昭39・7・10民集18-6-1078·····························290
最大判昭39・11・18民集18-9-1868·····························30
最判昭39・11・26民集18-9-1984·····························203
最判昭39・12・18〔百選Ⅱ23事件〕·····························373
最大判昭39・12・23民集18-10-2217·····························220,224

昭和40～49年

最判昭40・4・30民集19-3-768·····························203
最大判昭40・6・30〔百選Ⅱ22事件〕·····························349,350
最判昭40・9・17集民80-361·····························290
最判昭40・9・21民集19-6-1542·····························352
最判昭40・10・12民集19-7-1777·····························248
最判昭40・12・21民集19-9-2221·····························238
最判昭41・4・26民集20-4-849·····························350
最判昭41・5・27民集20-5-1004·····························276
最判昭41・10・4民集20-8-1565·····························172
最判昭41・11・18民集20-9-1886·····························343
最判昭41・12・20〔百選Ⅱ31事件〕·····························137
最判昭41・12・23〔百選Ⅱ10事件〕·····························83,84
最判昭42・2・23民集21-1-189·····························31

大阪地判昭42・6・12判時484-21‥‥‥‥‥‥‥‥‥‥‥‥‥‥‥‥‥‥‥‥‥‥‥‥‥‥‥‥‥‥‥‥‥‥‥‥‥81
最判昭42・8・25民集21-7-1740‥‥‥‥‥‥‥‥‥‥‥‥‥‥‥‥‥‥‥‥‥‥‥‥‥‥‥‥‥‥‥‥‥‥313
京都地判昭42・9・5判時504-79‥‥‥‥‥‥‥‥‥‥‥‥‥‥‥‥‥‥‥‥‥‥‥‥‥‥‥‥‥‥‥‥‥‥319
最判昭42・10・27〔百選Ⅱ27事件〕‥‥‥‥‥‥‥‥‥‥‥‥‥‥‥‥‥‥‥‥‥‥‥‥‥‥‥‥121,122
最判昭42・11・9民集21-9-2323‥‥‥‥‥‥‥‥‥‥‥‥‥‥‥‥‥‥‥‥‥‥‥‥‥‥‥‥‥‥‥‥276
最判昭43・9・26民集22-9-2002‥‥‥‥‥‥‥‥‥‥‥‥‥‥‥‥‥‥‥‥‥‥‥‥‥‥‥‥‥‥‥‥249
最大判昭43・11・13民集22-12-2526‥‥‥‥‥‥‥‥‥‥‥‥‥‥‥‥‥‥‥‥‥‥‥‥‥‥‥‥‥‥‥30
最判昭43・11・19民集22-12-2712‥‥‥‥‥‥‥‥‥‥‥‥‥‥‥‥‥‥‥‥‥‥‥‥‥‥‥‥‥‥203
最判昭43・12・24民集22-13-3454‥‥‥‥‥‥‥‥‥‥‥‥‥‥‥‥‥‥‥‥‥‥‥‥‥‥‥‥75,77
最判昭43・12・24判時546-60‥‥‥‥‥‥‥‥‥‥‥‥‥‥‥‥‥‥‥‥‥‥‥‥‥‥‥‥‥‥‥‥‥201
最判昭44・5・1民集23-6-935‥‥‥‥‥‥‥‥‥‥‥‥‥‥‥‥‥‥‥‥‥‥‥‥‥‥‥‥‥‥‥‥‥161
最判昭44・6・24〔百選Ⅱ11事件〕‥‥‥‥‥‥‥‥‥‥‥‥‥‥‥‥‥‥‥‥‥‥‥‥‥‥‥‥‥‥256
東京地判昭44・9・22判時602-76‥‥‥‥‥‥‥‥‥‥‥‥‥‥‥‥‥‥‥‥‥‥‥‥‥‥‥‥‥‥‥219
最判昭44・11・6判時579-49‥‥‥‥‥‥‥‥‥‥‥‥‥‥‥‥‥‥‥‥‥‥‥‥‥‥‥‥‥‥‥‥‥19
最判昭44・11・25民集23-11-2137‥‥‥‥‥‥‥‥‥‥‥‥‥‥‥‥‥‥‥‥‥‥‥‥‥‥‥‥‥‥30
最判昭44・12・19民集23-12-2518‥‥‥‥‥‥‥‥‥‥‥‥‥‥‥‥‥‥‥‥‥‥‥‥‥‥‥‥‥279
最判昭45・4・10民集24-4-240‥‥‥‥‥‥‥‥‥‥‥‥‥‥‥‥‥‥‥‥‥‥‥‥‥‥‥‥‥‥‥104
最判昭45・4・21判時595-54‥‥‥‥‥‥‥‥‥‥‥‥‥‥‥‥‥‥‥‥‥‥‥‥‥‥‥‥‥‥‥‥‥327
最大判昭45・6・24〔百選Ⅱ39事件〕‥‥‥‥‥‥‥‥‥‥‥‥‥‥‥‥‥‥‥‥211,220,225
最大判昭45・7・15民集24-7-771‥‥‥‥‥‥‥‥‥‥‥‥‥‥‥‥‥‥‥‥‥‥‥‥‥‥205,209
最判昭45・8・20民集24-9-1243‥‥‥‥‥‥‥‥‥‥‥‥‥‥‥‥‥‥‥‥‥‥‥‥‥‥‥‥‥‥161
最判昭45・10・13判時614-46‥‥‥‥‥‥‥‥‥‥‥‥‥‥‥‥‥‥‥‥‥‥‥‥‥‥‥‥‥‥‥308
最判昭46・3・18判時623-71‥‥‥‥‥‥‥‥‥‥‥‥‥‥‥‥‥‥‥‥‥‥‥‥‥‥‥‥‥‥‥‥144
最判昭46・3・25判時628-44‥‥‥‥‥‥‥‥‥‥‥‥‥‥‥‥‥‥‥‥‥‥‥‥‥‥‥‥‥‥‥‥111
最判昭46・4・23〔百選Ⅱ41事件〕‥‥‥‥‥‥‥‥‥‥‥‥‥‥‥‥‥‥‥‥‥‥‥‥‥‥‥‥‥147
最判昭46・9・21民集25-6-823‥‥‥‥‥‥‥‥‥‥‥‥‥‥‥‥‥‥‥‥‥‥‥‥‥‥‥‥‥‥‥269
最判昭46・12・16〔百選Ⅱ55事件〕‥‥‥‥‥‥‥‥‥‥‥‥‥‥‥‥‥‥‥‥‥‥‥‥‥‥‥‥‥87
最判昭47・3・23民集26-2-274‥‥‥‥‥‥‥‥‥‥‥‥‥‥‥‥‥‥‥‥‥‥‥‥‥‥‥‥‥‥‥350
最判昭47・4・13判時669-63‥‥‥‥‥‥‥‥‥‥‥‥‥‥‥‥‥‥‥‥‥‥‥‥‥‥‥‥‥‥‥‥299
最判昭47・4・20〔百選Ⅱ9事件〕‥‥‥‥‥‥‥‥‥‥‥‥‥‥‥‥‥‥‥‥‥‥‥‥‥‥‥‥‥‥73
最判昭47・4・20判時668-47‥‥‥‥‥‥‥‥‥‥‥‥‥‥‥‥‥‥‥‥‥‥‥‥‥‥‥‥‥‥‥‥238
最判昭48・1・30判時695-64‥‥‥‥‥‥‥‥‥‥‥‥‥‥‥‥‥‥‥‥‥‥‥‥‥‥‥‥‥‥‥‥343
最判昭48・3・1金法679-34‥‥‥‥‥‥‥‥‥‥‥‥‥‥‥‥‥‥‥‥‥‥‥‥‥‥‥‥‥‥‥‥‥197
最判昭48・3・27民集27-2-376‥‥‥‥‥‥‥‥‥‥‥‥‥‥‥‥‥‥‥‥‥‥‥‥‥‥‥173,174
最判昭48・7・19民集27-7-823‥‥‥‥‥‥‥‥‥‥‥‥‥‥‥‥‥‥‥‥‥‥‥‥‥‥‥‥‥‥105
最判昭48・10・11判時723-44‥‥‥‥‥‥‥‥‥‥‥‥‥‥‥‥‥‥‥‥‥‥‥‥‥‥‥‥‥22,80
最判昭48・11・30民集27-10-1491‥‥‥‥‥‥‥‥‥‥‥‥‥‥‥‥‥‥‥‥‥‥‥‥‥‥‥‥274
最判昭49・3・7〔百選Ⅱ29事件〕‥‥‥‥‥‥‥‥‥‥‥‥‥‥‥113,116,117,118
最判昭49・6・28民集28-5-666‥‥‥‥‥‥‥‥‥‥‥‥‥‥‥‥‥‥‥‥‥‥‥‥‥‥‥‥‥‥‥219
最判昭49・9・20民集28-6-1202‥‥‥‥‥‥‥‥‥‥‥‥‥‥‥‥‥‥‥‥‥‥‥‥‥‥‥‥‥273
最判昭49・11・29〔百選Ⅱ13事件〕‥‥‥‥‥‥‥‥‥‥‥‥‥‥‥‥‥‥‥‥‥‥‥‥‥‥‥262
最判昭49・12・12集民113-523‥‥‥‥‥‥‥‥‥‥‥‥‥‥‥‥‥‥‥‥‥‥‥‥‥‥‥‥‥‥‥283

昭和50〜59年

最判昭50・2・25〔百選Ⅱ2事件〕‥‥‥‥‥‥‥‥‥‥‥‥‥‥‥‥‥‥‥‥‥‥‥‥‥‥‥‥‥‥59
最判昭50・3・6〔百選Ⅱ12事件〕‥‥‥‥‥‥‥‥‥‥‥‥‥‥‥‥‥‥‥‥‥‥‥‥‥‥‥‥261
最判昭50・7・17民集29-6-1119‥‥‥‥‥‥‥‥‥‥‥‥‥‥‥‥‥‥‥‥‥‥‥‥‥‥‥‥‥271
最判昭50・12・1民集29-11-1847‥‥‥‥‥‥‥‥‥‥‥‥‥‥‥‥‥‥‥‥‥‥‥‥‥‥‥285
最判昭50・12・8〔百選Ⅱ28事件〕‥‥‥‥‥‥‥‥‥‥‥‥‥‥‥‥‥‥‥‥‥‥‥‥‥‥‥125
最判昭51・3・4民集30-2-48‥‥‥‥‥‥‥‥‥‥‥‥‥‥‥‥‥‥‥‥‥‥‥‥‥‥‥216,217
最判昭51・11・25民集30-10-939‥‥‥‥‥‥‥‥‥‥‥‥‥‥‥‥‥‥‥‥‥‥‥‥‥‥‥220
最判昭52・3・17民集31-2-308‥‥‥‥‥‥‥‥‥‥‥‥‥‥‥‥‥‥‥‥‥‥‥‥‥‥‥‥‥98
東京地判昭53・9・20判時911-14‥‥‥‥‥‥‥‥‥‥‥‥‥‥‥‥‥‥‥‥‥‥‥‥‥‥‥‥81
最判昭53・10・5〔百選Ⅱ16事件〕‥‥‥‥‥‥‥‥‥‥‥‥‥‥‥‥‥‥‥‥‥‥‥291,292

最判昭54・1・25民集33-1-12‥‥‥‥‥‥‥‥‥‥‥‥‥‥‥‥‥‥‥‥‥‥‥‥‥‥‥‥284
最判昭54・3・16民集33-2-270‥‥‥‥‥‥‥‥‥‥‥‥‥‥‥‥‥‥‥‥‥‥‥‥‥‥‥255
東京地判昭54・4・27判タ394-111‥‥‥‥‥‥‥‥‥‥‥‥‥‥‥‥‥‥‥‥‥‥‥‥319
最判昭54・7・10民集33-5-533‥‥‥‥‥‥‥‥‥‥‥‥‥‥‥‥‥‥‥‥‥‥‥‥‥‥‥227
最判昭54・9・7判時954-29‥‥‥‥‥‥‥‥‥‥‥‥‥‥‥‥‥‥‥‥‥‥‥‥‥‥‥‥‥219
最判昭55・1・11民集34-1-42‥‥‥‥‥‥‥‥‥‥‥‥‥‥‥‥‥‥‥‥‥‥‥‥‥‥‥‥119
最判昭55・1・24民集34-1-110‥‥‥‥‥‥‥‥‥‥‥‥‥‥‥‥‥‥‥‥‥‥‥‥‥‥‥272
最判昭55・10・28判時986-36‥‥‥‥‥‥‥‥‥‥‥‥‥‥‥‥‥‥‥‥‥‥‥‥‥‥‥‥262
最判昭55・11・11判時986-39‥‥‥‥‥‥‥‥‥‥‥‥‥‥‥‥‥‥‥‥‥‥‥‥‥‥‥‥184
最判昭56・7・2民集35-5-881‥‥‥‥‥‥‥‥‥‥‥‥‥‥‥‥‥‥‥‥‥‥‥228,229
最判昭57・3・4判時1042-87‥‥‥‥‥‥‥‥‥‥‥‥‥‥‥‥‥‥‥‥‥‥‥‥‥‥‥‥343
最判昭57・6・4判時1048-97‥‥‥‥‥‥‥‥‥‥‥‥‥‥‥‥‥‥‥‥199,200,203
最判昭57・12・17〔百選Ⅱ20事件〕‥‥‥‥‥‥‥‥‥‥‥‥‥‥‥‥‥‥‥‥‥‥‥339
最判昭58・4・7民集37-3-219‥‥‥‥‥‥‥‥‥‥‥‥‥‥‥‥‥‥‥‥‥‥‥‥‥‥‥‥76
最判昭58・5・27民集37-4-477‥‥‥‥‥‥‥‥‥‥‥‥‥‥‥‥‥‥‥‥‥‥‥‥59,60
東京地判昭58・9・26判時1105-63‥‥‥‥‥‥‥‥‥‥‥‥‥‥‥‥‥‥‥‥‥‥‥‥222
最判昭58・10・6民集37-8-1041‥‥‥‥‥‥‥‥‥‥‥‥‥‥‥‥‥‥‥‥‥‥‥‥‥‥250
最判昭58・12・19民集37-10-1532‥‥‥‥‥‥‥‥‥‥‥‥‥‥‥‥‥‥‥‥‥‥‥‥‥273
最判昭59・2・23〔百選Ⅱ34事件〕‥‥‥‥‥‥‥‥‥‥‥‥‥‥‥‥173,174,175
最判昭59・4・10民集38-6-557‥‥‥‥‥‥‥‥‥‥‥‥‥‥‥‥‥‥‥‥‥‥‥‥‥‥‥59
最判昭59・5・29〔百選Ⅱ36事件〕‥‥‥‥‥‥‥‥‥‥‥‥‥‥182,185,195
最判昭59・9・18〔百選Ⅱ3事件〕‥‥‥‥‥‥‥‥‥‥‥‥‥‥‥‥‥‥‥‥‥‥‥‥‥6

昭和60〜63年

最判昭60・1・22判時1148-111‥‥‥‥‥‥‥‥‥‥‥‥‥‥‥‥‥‥‥‥‥‥‥‥‥‥186
最判昭60・2・12民集39-1-89‥‥‥‥‥‥‥‥‥‥‥‥‥‥‥‥‥‥‥‥‥‥‥‥‥‥‥360
最判昭60・2・14判時1149-159‥‥‥‥‥‥‥‥‥‥‥‥‥‥‥‥‥‥‥‥‥‥‥‥‥‥280
最判昭60・5・23民集39-4-940‥‥‥‥‥‥‥‥‥‥‥‥‥‥‥‥‥‥‥‥‥‥‥‥‥‥187
最判昭60・12・20判時1207-53‥‥‥‥‥‥‥‥‥‥‥‥‥‥‥‥‥‥‥‥‥‥‥‥‥‥200
最判昭61・2・20民集40-1-43‥‥‥‥‥‥‥‥‥‥‥‥‥‥‥‥‥‥‥‥‥‥‥‥‥‥‥185
最判昭61・4・11〔百選Ⅱ33事件〕‥‥‥‥‥‥‥‥‥‥‥‥‥‥‥‥‥‥‥114,171
最判昭61・7・15判時1209-23‥‥‥‥‥‥‥‥‥‥‥‥‥‥‥‥‥‥‥‥‥‥‥‥‥‥184
最判昭61・11・27民集40-7-1205‥‥‥‥‥‥‥‥‥‥‥‥‥‥‥‥‥‥‥‥‥192,194
最判昭62・4・23金法1169-29‥‥‥‥‥‥‥‥‥‥‥‥‥‥‥‥‥‥‥‥‥‥‥‥‥‥187
最判昭63・7・1〔百選Ⅱ32事件〕‥‥‥‥‥‥‥‥‥‥‥‥‥‥‥‥‥‥‥‥‥‥‥165
最判昭63・7・1〔百選Ⅱ97事件〕‥‥‥‥‥‥‥‥‥‥‥‥‥‥‥‥‥‥‥‥‥‥‥343
最判昭63・7・19〔百選Ⅱ18事件〕‥‥‥‥‥‥‥‥‥‥‥‥‥‥‥‥‥‥‥‥‥‥‥284

平成元〜9年

最判平元・4・11民集43-4-209‥‥‥‥‥‥‥‥‥‥‥‥‥‥‥‥‥‥‥‥‥‥‥‥‥‥‥78
最判平2・4・12金法1255-6‥‥‥‥‥‥‥‥‥‥‥‥‥‥‥‥‥‥‥‥‥‥‥‥‥‥‥‥‥197
最判平2・7・5集民160-187‥‥‥‥‥‥‥‥‥‥‥‥‥‥‥‥‥‥‥‥‥‥‥‥‥‥‥‥‥‥6
東京地判平2・10・26判時1394-94‥‥‥‥‥‥‥‥‥‥‥‥‥‥‥‥‥‥‥‥‥81,82
最判平2・12・18民集44-9-1686‥‥‥‥‥‥‥‥‥‥‥‥‥‥‥‥‥‥‥‥‥‥‥‥‥‥359
最判平3・4・11判時1391-3‥‥‥‥‥‥‥‥‥‥‥‥‥‥‥‥‥‥‥‥‥‥‥‥‥‥‥‥‥59
最判平3・9・3民集45-7-1121‥‥‥‥‥‥‥‥‥‥‥‥‥‥‥‥‥‥‥‥‥‥‥197,198
最大判平5・3・24民集47-4-3039‥‥‥‥‥‥‥‥‥‥‥‥‥‥‥‥‥‥‥‥‥‥‥‥‥‥77
最判平5・3・30〔百選Ⅱ30事件〕‥‥‥‥‥‥‥‥‥‥‥‥‥‥‥‥‥‥‥‥‥‥‥119
最判平5・10・19民集47-8-5099‥‥‥‥‥‥‥‥‥‥‥‥‥‥‥‥‥‥‥‥‥‥‥48,49
最判平6・4・21裁時1121-1‥‥‥‥‥‥‥‥‥‥‥‥‥‥‥‥‥‥‥‥‥‥‥‥‥‥‥‥‥81
最判平7・6・23〔百選Ⅱ37事件〕‥‥‥‥‥‥‥‥‥‥‥‥‥‥‥‥‥‥‥197,198
最判平8・2・8判時1563-112‥‥‥‥‥‥‥‥‥‥‥‥‥‥‥‥‥‥‥‥‥‥‥‥‥‥‥269
最判平9・2・25判時1607-51‥‥‥‥‥‥‥‥‥‥‥‥‥‥‥‥‥‥‥‥‥‥‥‥‥‥‥‥41
最判平9・4・24民集51-4-1991‥‥‥‥‥‥‥‥‥‥‥‥‥‥‥‥‥‥‥‥‥‥‥‥‥‥175

判例索引　451

最判平 9 · 6 · 5 〔百選Ⅱ25事件〕 ································· 98
最判平 9 · 10·14判時1621-86 ······························· 8
東京地判平 9 ·11·12判タ981-124 ························· 81,82
最判平 9 ·11·13判時1633-81 ······························ 374
最判平 9 ·12·18判時1629-50 ······························ 194

平成10～19年

最判平10· 4 ·24判時1661-66 ······························ 68
最判平10· 6 ·12〔百選Ⅱ17事件〕 ························· 272
最判平10· 9 ·10〔百選Ⅱ21事件〕 ··················· 330,343
最判平11· 1 ·29〔百選Ⅱ26事件〕 ························· 106
最判平11· 6 ·11民集53-5-898 ···························· 273
最判平11·10·21民集53-7-1190 ·························· 249
最判平11·11· 9 民集53-8-1403 ···························· 41
最大判平11·11·24民集53-8-1899 ······················· 261
最判平12· 3 · 9 民集54-3-1013 ·························· 273
最判平12· 4 ·21民集54-4-1562 ·························· 110
東京地判平13· 9 ·28裁判所ウェブサイト ·················· 75
最判平13·11·22〔百選Ⅲ93事件〕 ··················· 249,250
最判平13·11·22民集55-6-1056 ·························· 110
最判平13·11·27民集55-6-1090 ·························· 110
最判平13·11·27民集55-6-1334 ·························· 209
最判平14· 7 ·11判時1805-56 ······························ 348
東京地判平14·12·27判時1822-68 ······················· 319
最判平15· 2 ·21〔百選Ⅱ73事件〕 ························· 174
最判平15· 4 · 8 〔百選Ⅱ35事件〕 ························· 175
最判平16· 4 ·20判時1859-61 ······························ 308
最判平17· 1 ·27民集59-1-200 ···························· 188
最判平17· 6 · 2 民集59-5-901 ····························· 78
最判平17· 6 ·14民集59-5-983 ····························· 79
最判平18· 1 ·13〔百選Ⅱ56事件〕 ·························· 30
東京高判平19·12· 5 判時1989-21 ······················· 360

平成20年～

東京地判平20· 3 · 3 判タ1282-181 ························· 75
東京地判平20· 4 ·18裁判所ウェブサイト ·················· 75
最判平20· 6 ·10民集62-6-1488 ···························· 30
最判平21· 1 ·19〔百選Ⅱ 6 事件〕 ·························· 76
最判平21· 3 ·27民集63-3-449 ····························· 98
東京地立川支決平21· 4 ·28家月61-11-80 ················· 48
東京地判平21· 9 ·15先物取引裁判例集57-188 ············· 75
最判平23· 4 ·22〔百選Ⅱ 4 事件〕 ·························· 61
最判平24· 5 ·28民集66-7-3123 ····················· 123,222
最判平24·12·14〔百選Ⅱ24事件〕 ························· 373
最判平25· 2 ·28〔百選Ⅱ38事件〕 ························· 215
東京地判平25· 3 ·19ジュリ1472-103 ··················· 81,82
最判平27· 2 ·17民集69-1-1 ······························ 360
最判平27· 6 · 1 民集69-4-672 ···························· 122
最判平27·11·19民集69-7-1988 ·························· 371
最大決平28·12·19民集70-8-2121 ························ 308
津地判平29· 1 ·30労判1160-72 ····························· 78

♠伊藤　真（いとう　まこと）

　1958年東京で生まれる。高校時代までは理科系の科目のほうが好きであったが、あるきっかけで法律の世界のおもしろさに惹かれ、1977年東京大学文科Ⅰ類に入学。1981年、大学在学中に１年半の受験勉強で司法試験に短期合格。同時に、司法試験受験指導を開始する。自分の受験勉強の際にすでに編み出していた論点ブロックカードと、趣味だったコンピュータを使ったフローチャートを法律の世界にはじめて導入した。

　1982年、東京大学法学部卒業。1984年、弁護士登録。弁護士として活動しつつ受験指導を続け、法律の体系や全体構造を重視した学習方法を構築し、短期合格者の輩出数、全国ナンバー１の実績を不動のものとする。

　1995年、憲法の理念をできるだけ多くの人々に伝えたいとの思いのもとに15年間培った受験指導のキャリアを生かし、伊藤メソッドの司法試験塾をスタートする。

　現在は、予備試験を含む司法試験や法科大学院入試のみならず、法律科目のある資格試験や公務員試験をめざす人達の受験指導のため、毎日白熱した講義を行いつつ、「一人一票実現国民会議」や「安保法制違憲訴訟の会」の発起人となり、社会的問題にも積極的に取り組んでいる。

　わかりやすい講義、効率的な学習法、受験生の身になった指導がこの「試験対策講座」ではじめて公開されている。

（一人一票実現国民会議URL：https://www2.ippyo.org）

伊藤塾
〒150-0031　東京都渋谷区桜丘町17-5　03(3780)1717
https://www.itojuku.co.jp

債権総論［第４版］【伊藤真試験対策講座３】

1997（平成９）年12月15日	初版１刷発行	
1999（平成11）年８月15日	第２版１刷発行	
2001（平成13）年11月30日	第２版補正版１刷発行	
2005（平成17）年５月30日	第２版補正２版１刷発行	
2009（平成21）年10月30日	第３版１刷発行	
2018（平成30）年６月30日	第４版１刷発行	
2024（令和６）年６月30日	同　　５刷発行	

著　者　伊藤　真

発行者　鯉渕　友南

発行所　株式会社　**弘文堂**　101-0062　東京都千代田区神田駿河台１の７
　　　　　　　　　　TEL 03(3294)4801　　振替 00120-6-53909
　　　　　　　　　　https://www.koubundou.co.jp

装　丁　笠井亞子

印　刷　図書印刷

製　本　井上製本所

©2018 Makoto Ito. Printed in Japan

JCOPY　《(社)出版者著作権管理機構　委託出版物》
本書の無断複写は著作権法上での例外を除き禁じられています。複写を希望される場合は、そのつど事前に、(社)出版者著作権管理機構(電話 03-5244-5088、FAX 03-5244-5089、e-mail:info@jcopy.or.jp)の許諾を得てください。
また本書を代行業者等の第三者に依頼してスキャンやデジタル化することは、たとえ個人や家庭内での利用であっても一切認められておりません。

ISBN978-4-335-30493-4

伊藤真試験対策講座

論点ブロックカード・フローチャートなど司法試験受験界を一新する勉強法を次々
と考案し、導入した伊藤真が、全国の受験生・法学部生・法科大学院生に贈る、
初めての本格的な書き下ろしテキスト。伊藤メソッドによる「現代版基本書」！

● 論点ブロックカードで、答案の書き方が学べる。
● フローチャートで、論理の流れがつかめる。
● 図表・2色刷りによるビジュアル化。
● 試験に必要な重要論点をすべて網羅。
● 短期集中学習のための効率的な勉強法を満載。
● 司法試験をはじめ公務員試験、公認会計士試験、司法書士試験に、
　 そして、大学の期末試験対策にも最適。

憲法[第3版]	4200円
行政法[第5版]	3800円
刑法総論[第4版]	4000円
刑法各論[第5版]	4000円
スタートアップ民法・民法総則	3700円
物権法[第4版]	2800円
債権総論[第4版]	3400円
債権各論[第4版]	4400円
親族・相続[第4版]	3500円
商法〔総則・商行為〕・手形法小切手法[第3版]	4000円
会社法[第4版]	4200円
刑事訴訟法[第5版]	4200円
民事訴訟法[第4版]	4500円
労働法[第4版]	3800円
倒産法[第3版]	3800円

弘文堂

＊価格（税別）は2024年6月現在

伊藤塾試験対策問題集

●予備試験論文

伊藤塾が満を持して予備試験受験生に贈る予備試験対策問題集！
過去問と伊藤塾オリジナル問題を使って、合格への最短コースを示します。
合格者の「思考過程」、答案作成のノウハウ、復習用の「答案構成」や「論証」など工夫満載。出題必須論点を網羅し、この1冊で論文対策は完成。

1	刑事実務基礎[第2版]	3200円	6	民法[第2版]	2800円
2	民事実務基礎[第2版]	3200円	7	商法[第2版]	2800円
3	民事訴訟法[第2版]	2800円	8	行政法[第2版]	2900円
4	刑事訴訟法[第2版]	2800円	9	憲法[第2版]	2800円
5	刑法[第2版]	2800円			

●短答

短答式試験合格に必須の基本的知識がこの1冊で体系的に修得できる！
伊藤塾オリジナル問題から厳選した正答率の高い良問を繰り返し解き、完璧にマスターすれば、全範囲の正確で確実な知識が身につく短答問題集です。

1	憲法	2800円	4	商法	3000円
2	民法	3000円	5	民事訴訟法	3300円
3	刑法	2900円			

新 伊藤塾試験対策問題集

●論文

合格答案作成ビギナーにもわかりやすい記述試験対策問題集！
テキストや基本書で得た知識を、どのように答案に表現すればよいかを伝授します。
法的三段論法のテクニックが自然に身につく、最新の法改正に完全対応の新シリーズ。
「伊藤塾試験対策講座」の実践篇として、効率よく底力をつけるための論文問題集です。

1	民法	2800円	5	刑事訴訟法	2800円
2	商法	2700円	6	憲法	3000円
3	民事訴訟法	2900円	7	刑法	3000円
4	行政法	2800円			

弘文堂

＊価格（税別）は2024年6月現在

伊藤真の判例シリーズ

厳選された重要判例の読み方・学び方を、伊藤メソッドを駆使して伝授！
各判例は、論点と結論、事実、裁判の経緯、判決の流れ、学習のポイント、
判決要旨、伊藤真のワンポイント・レッスン、等の順にわかりやすく解説。
試験に役立つ学習書に徹した伊藤真による初めての判例ガイド、誕生！

憲法[第2版]	3800円
民法[第2版]	3500円
刑法[第2版]	3500円
行政法[第2版]	3800円
刑事訴訟法	3800円
民事訴訟法	3500円
商法	3500円

伊藤真の条文シリーズ

法律の学習は、条文に始まり条文に終わる！　基本六法を条文ごとにわかり
やすく説明する逐条解説シリーズ。条文の意味・趣旨、解釈上の重要論点、
要旨付きの関連判例をコンパクトに整理。「事項索引」「判例索引」の他に、「条
文用語索引」で検索機能も充実。基礎的な勉強に、受験に、そして実務でも
役立つ伊藤メソッドによるスーパー六法。

民法Ⅰ【総則・物権】	3200円
民法Ⅱ【債権・親族・相続】	3200円
商法・手形法小切手法	2700円
憲法	3000円
刑法	3300円
民事訴訟法	2800円
刑事訴訟法	3100円

伊藤真の全条解説 会社法

平成26年改正をふまえた会社法の全条文をオールマイティにわかりやすく解説。
全ての条文に、制度趣旨、定義、口語訳、論点、関連判例、重要度ランク、
過去問番号が入り、さらに引用条文・読替条文の内容をダイレクトに付記。
実務書として学習書として、安心して利用できる便利なコンメンタール。**6400円**

弘文堂

＊価格(税別)は2024年6月現在

伊藤真ファーストトラックシリーズ

Fast Trackとは、重要で大切なものに速く効率よく辿り着くための他とは別
扱いのルート（＝特別の早道、抜け道、追い越し車線、急行列車用の線路）
のことです。わかりやすく、中味が濃い授業をユーモアで包むと、Fast
Track になりました。初学者にとっての躓きの石を取り除いてくれる一気読
みできる新シリーズ。圧縮された学習量、適切なメリハリ、具体例による親
しみやすい解説で、誰もが楽しめる法律の世界へLet's Start!

▶法律学習の第一歩として最適の入門書
▶面白く、わかりやすく、コンパクト
▶必要不可欠な基本事項のみに厳選して解説
▶特に重要なテーマについては、具体的な事実関係をもとにしたCaseと
　その解答となるAnswerで、法律を身近に感じながら学習
▶判例・通説に基づいたわかりやすい解説
▶図表とイラスト、2色刷のビジュアルな紙面
▶側注を活用し、重要条文の要約、判例、用語説明、リファレンスを表示
▶メリハリを効かせて学習効果をあげるためのランク表示
▶もっと先に進みたい人のためのプラスα文献
▶知識の確認や国家試験等の出題傾向を体感するためのExercise
▶時事的な問題や学習上のコツを扱うTopics

1	憲法［第2版］	1900円
2	民法［第2版］	2000円
3	刑法［第2版］	1900円
4	商法［第2版］	1900円
5	民事訴訟法［第2版］	1900円
6	刑事訴訟法［第2版］	1900円
7	行政法［第2版］	2000円

弘文堂

＊価格（税別）は2024年6月現在

伊藤塾呉明植基礎本シリーズ

愛弟子の呉明植が「伊藤真試験対策講座」の姉妹シリーズを刊行した。切れ味鋭い講義と同様に、必要なことに絞った内容で分かりやすい。どんな試験でも通用する盤石な基礎を固めるには最適である。
　　　　　　　　　　　　　　　　　　　　　　　　伊藤塾塾長 **伊藤　真**

▶どこへいっても通用する盤石な基礎を固める入門書
▶必要不可欠かつ必要十分な法的常識が身につく
▶各種資格試験対策として必要となる論点をすべて網羅
▶一貫して判例・通説の立場で解説
▶シンプルでわかりやすい記述
▶つまずきやすいポイントをライブ講義感覚でやさしく詳説
▶書き下ろし論証パターンを巻末に掲載
▶書くためのトレーニングもできる
▶論点・項目の重要度がわかるランク付け
▶初学者および学習上の壁にぶつかっている中級者に最適

憲法［第2版］	3000円
民法総則［第3版］	3000円
物権法・担保物権法［第2版］	2600円
債権総論	2200円
債権各論	2400円
家族法（親族・相続）	2300円
刑法総論［第3版］	2800円
刑法各論［第3版］	3000円
商法（総則・商行為）**・手形法小切手法**	
会社法	
民事訴訟法	
刑事訴訟法［第3版］	3900円

弘文堂　　　　　　　　　　＊価格（税別）は2024年6月現在